毛泽东年谱

第三卷

中共中央党史和文献研究院 编

主编 逄先知

副主编 冯蕙 姚旭 赵福亭 吴正裕

中央文献出版社

参加本卷编写的有：

姚　旭　陈　廉　李兴仁　徐　焰

周炳钦　李　捷

目　录

1945年　五十二岁

8月10日　晚上，得知日本政府发出乞降照会。

同日　为中共中央起草致郑位三、李先念、陈少敏〔1〕并告华中局电："苏联参战，日本投降，内战迫近。你们所处地位不可能夺取大城市，而应乘机扩大地区，夺取武装，夺取小城市，发动群众，准备对付内战。"

同日　晚十二时，朱德总司令在延安总部发布命令，要求各解放区抗日部队向附近敌伪送出通牒，限其于一定时间内缴出全部武装，在缴械后，我军当保护其生命安全，如敌伪拒绝投降，予以坚决消灭。

8月11日　为中共中央起草《关于日本投降后中国共产党任务的决定》，指出："苏联参战后，日本已宣布投降。国民党积极准备向我解放区收复失地，夺取抗日胜利的果实。这一争夺战，将是极猛烈的。""目前阶段，应集中主要力量迫使敌伪向我投降，不投降者，按具体情况发动进攻，逐一消灭之，猛力扩大解放区，占领一切可能与必须占领的大小城市与交通要道，夺取武器与资源，并放手武装基本群众，不应稍有犹豫。为此目的，

---

〔1〕郑位三，曾任中共鄂豫边区委员会书记。1945年10月任中共中央中原局代理书记、中原军区政治委员。李先念，当时任中共鄂豫皖湘赣区委员会书记、新四军第5师师长兼政治委员。1945年10月任中共中央中原局常委、中原军区司令员。陈少敏，当时任中共鄂豫皖湘赣区委员会副书记兼妇女工作委员会书记。

各地应将我军大部迅速集中，脱离分散游击状态，分甲乙丙三等，组织成团或旅或师，变成超地方性的正规兵团，集中行动，以便在解决敌伪时保证我军取得胜利。解决敌伪后，主力应迅速集结整训，提高战斗力，准备用于制止内战方面。但各地均应保留必要数量之地方兵团与游击队，放手提拔地方干部带兵，用以保卫地方，民兵枪支必须保留，决不可一切皆集中。”“将来阶段，国民党可能向我大举进攻，我党应准备调动兵力，对付内战。”“今冬明春，必须在一万万人民中，放手发动减租（已经减好的照旧），在一切新解放区一律减租，放手发动与组织群众，建立地方党、地方政府与提拔地方干部，以便迅速确立我党在基本群众中的基础，迅速巩固一切新解放区。但是，绝对不可损害中农利益（中农也是基本群众）；富农除封建剥削部分实行减租外，不应加以打击；地主须使之可以过活，没收分配土地是过早的。”“国共谈判将以国际国内新动向为基础，考虑其恢复，延安对美国与国民党的批评暂时将取和缓态度〔1〕。但各地对蒋介石绝对不应存在任何幻想，必须在人民中揭破其欺骗，对蒋介石发动内战的危险，应有必要的精神准备，但目前阶段主要注意力应集中于解决敌伪，勇敢、坚决、彻底地夺取最大的胜利，不可分散注意力。”

同日 为中共中央起草致王震、王首道〔2〕电：“苏联参战，日本投降，内战迫近，你们任务仍是迅速到达湘粤边与广东部队会合，坚决创造根据地准备对付内战。”

---

〔1〕 蒋介石于1945年8月11日命令第18集团军（八路军）就原地待命，不许向敌伪收缴枪械，因而暂时和缓对国民党的批评这一决定未能实现。

〔2〕 王震、王首道，当时分别任八路军独立第1游击支队（南下支队）司令员、政治委员。

8月12日 为中共中央起草致晋绥、晋察冀两分局电："我绥远部队务用全力歼灭傅作义东进部队[1]，我晋冀、平北、冀东三区部队务速分兵北进，迎接外蒙军及红军。"按照中共中央指示，晋绥军区全力抗击自归绥[2]沿平绥线向张家口进攻的傅作义部队。晋察冀部队八月二十三日从日伪军手中攻占察哈尔省会张家口，打通与晋绥军区的联系，配合长城以外的苏蒙军解放察哈尔全省。冀东三个军分区部队分别向承德、赤峰、沈阳进军。

同日 为中共中央起草致山东分局电：万毅东北军[3]速即完成出发准备，待命开往东北。

同日 为中共中央起草致华中局电，指出："江南力量就现地向四周发展，夺取广大乡村及许多县城，准备内战战场"。江北力量的任务是"力争占领津浦路及长江以北，津浦以东，淮河以北一切城市，消灭伪军，准备与李品仙、何柱国[4]作战，并以有力部队配合八路军占领陇海路"。

同日 中共中央决定建立鄂豫皖中央局（十月三十日改称为中原局），郑位三为代理书记。本日，毛泽东为中共中央起草致郑位三、李先念及河南区党委电：鄂豫皖中央局成立后，河南区

〔1〕 傅作义，当时任国民党军第十二战区司令长官。率领自五原东进部队中的4个军，在占领归绥后继续向张家口东进。

〔2〕 归绥，今内蒙古呼和浩特。

〔3〕 万毅，当时任八路军山东滨海军区副司令员兼滨海支队支队长。曾任国民党军东北军第111师第333旅旅长，中共秘密党员。1942年8月第111师脱离国民党军，接受八路军第115师领导，9月万毅任第111师师长。1943年夏第111师改称滨海支队。

〔4〕 李品仙，当时任国民党军第十战区司令长官兼第21集团军总司令。何柱国，当时任国民党军第十战区副司令长官兼第15集团军总司令。

党委受鄂豫皖中央局之领导。

8月13日 起草第十八集团军总司令朱德致蒋介石公开电，指出：在你给我们的命令上说“所有该集团军所属部队，应就原地驻防待命”，还有不许向敌人收缴枪械一类的话。现在日本侵略者尚未实行投降，而且每时每刻都在杀中国人，都在同中国军队作战，都在同苏联、美国、英国的军队作战，苏美英的军队也在每时每刻同日本侵略者作战，为什么你叫我们不打了呢？“我们认为这个命令你是下错了，并且错得很厉害，使我们不得不向你表示：坚决拒绝这个命令。因为你给我们的这个命令，不但不公道，而且违背中华民族的民族利益，仅仅有利于日本侵略者和背叛祖国的汉奸们。”这个电报和八月十六日朱德致蒋介石电合为一篇编入《毛泽东选集》，题为《第十八集团军总司令给蒋介石的两个电报》。

同日 为新华社写的评国民党中宣部发言人谈话和蒋介石命令的评论，本日在《解放日报》发表。评论指出：“国民党中央宣传部发言人发表谈话说，第十八集团军朱德总司令于八月十日在延安总部所发表的限令敌伪投降的命令，是一种‘唐突和非法之行动’。这种评论，荒谬绝伦。根据这种意见，可以逻辑地解释为朱德总司令根据波茨坦公告和敌人投降的意向，下令给所属部队促使敌伪投降，倒反错了，应该劝使敌伪拒绝投降，才是对的，才算合法。无怪中国法西斯头子独夫民贼蒋介石，在敌人尚未真正接受投降之前，敢于‘命令’解放区抗日军队‘应就原地驻防待命’，束手让敌人来打。无怪这同一个法西斯头子，又敢于‘命令’所谓地下军（实际上就是实行‘曲线救国’的伪军和敌伪合流的戴笠系特务）和伪军，‘负责维持地方治安’，而不许解放区抗日军队向敌伪‘擅自行动’。这样的敌我倒置，真是由蒋介石自己招供，活画出他一贯勾结敌伪、消除异己的全部心理了。可是中国解放区的人民抗日军队，绝不会中此毒计。”“现在我们向全国同胞和世界盟邦呼吁，一致起来，同解放区人民一道，坚决制止这个危及世界和平的中国内战”。这个评论编入《毛泽东选集》时，题为《蒋介石在挑动内战》。

同日 在延安干部会议上作关于抗日战争胜利后的时局和我们的方针的讲演。讲演指出：“对于蒋介石发动内战的阴谋，我党所采取的方针是明确的和一贯的，这就是坚决反对内战，不赞成内战，要阻止内战。今后我们还要以极大的努力和耐心领导着人民来制止内战。但是，必须清醒地看到，内战危险是十分严重的，因为蒋介石的方针已经定了。按照蒋介石的方针，是要打内战的。按照我们的方针，人民的方针，是不要打内战的。”“蒋介石对于人民是寸权必夺，寸利必得。我们呢？我们的方针是针锋相对，寸土必争。”“人民得到的权利，绝不允许轻易丧失，必须用战斗来保卫。”“从整个形势看来，抗日战争的阶段过去了，新的情况和任务是国内斗争。蒋介石说要‘建国’，今后就是建什么国的斗争。是建立一个无产阶级领导的人民大众的新民主主义的国家呢，还是建立一个大地主大资产阶级专政的半殖民地半封建的国家？这将是一场很复杂的斗争。目前这个斗争表现为蒋介石要篡夺抗战胜利果实和我们反对他的篡夺的斗争。”“全国性的内战不论哪一天爆发，我们都要准备好。早一点，明天早上就打吧，我们也在准备着。这是第一条。现在的国际国内形势，有可能把内战暂时限制在局部范围，内战可能暂时是若干地方性的战争。这是第二条。第一条我们准备着，第二条是早已如此。总而言之，我们要有准备。有了准备，就能恰当地应付各种复杂的局面。”这个讲演编入《毛泽东选集》。

8月14日 苏联政府和国民党政府在莫斯科签订《中华民

国和苏联友好同盟条约》。〔1〕

8月15日　日本电台广播天皇裕仁投降诏书。美国总统杜鲁门任命麦克阿瑟为驻日占领军司令官，指定蒋介石享有在中国（除满洲外）受降的权利。〔2〕

同日　为中共中央起草致华中局电，指出："关于各城市的警察，我方入城前，即应以军事机关命令他们负责维持秩序。入城后不可将警察拘捕起来，以免秩序无人维持，更易引起混乱，所有警察局长，在能服从我们军事管制命令的条件下，亦可暂时不加调换。"

8月16日　起草朱德总司令致蒋介石电，再次指出蒋介石命令第十八集团军"就原地驻防待命"是完全错误的，并且提出："凡被解放区军队所包围的敌伪军由解放区军队接受其投降，你的军队则接受被你的军队所包围的敌伪军的投降。"

〔1〕这个条约规定，在东北"一俟收复区域任何地方停止为直接军事行动之地带时，中华民国国民政府即担负管理公务之全权"。条约还规定，经过外蒙古公民投票后，国民党政府应承认外蒙古独立；由满洲里至绥芬河及由哈尔滨至旅顺、大连的中国长春铁路为中苏"共同所有，并共同经营"，"共同所有权应平均属于两方"；大连为一"自由港"，苏联经该港进出货物"均免除关税"，苏联在旅顺"有权驻扎陆海空军"。

〔2〕杜鲁门在他的回忆录中说："事情是很清楚地摆在我们面前，假如我们让日本人立即放下他们的武器，并且向海边开去，那么整个中国就会被共产党人拿过去。因此我们就必须以异乎寻常的步骤，利用敌人来做守备队……等到蒋介石的军队一到，日本军队便向他们投降。这种利用日本军队阻止共产党人的方法是国防部和国务院联合决定而经我批准的。"

同日 为新华社写的评蒋介石发言人谈话〔1〕的评论，本日播发。评论指出：这是“蒋介石公开发出的全面内战的信号”。制止内战唯一的办法是：“坚决迅速努力壮大人民的民主力量，由人民解放敌占大城市和解除敌伪武装，如有独夫民贼敢于进犯人民，则取自卫立场，给以坚决的反击，使内战挑拨者无所逞其伎。”这个评论编入《毛泽东选集》。

同日 致电张云逸、饶漱石、曾山、赖传珠〔2〕并告河南区党委、新四军第五师：“作战决定于打法，不浪打，非确能聚歼不打，养精蓄锐，以多胜少，例如以五六个团打一个团，可能聚歼”；“以打胜仗为目的，不以占地为目的，津浦能全占则全占之，不能则占一部，又不能则让顽伪全部代替了日寇位置，亦胜于过去局面，只要日寇投降，大局于我有利”。

同日 复蒋介石八月十四日第一次邀请毛泽东去重庆谈判的来电，复电说：“朱德总司令本日曾有一电给你陈述敝方意见，待你表示意见后，我将考虑和你会见的问题。”

8月18日 为中共中央军委起草致河南文年生、张启龙〔3〕并告王树声、戴季英〔4〕电，指出：“你们及整个河南我军必须学会机动作战及分散游击，无把握的硬仗应避免”。

---

〔1〕 蒋介石的发言人1945年8月15日在重庆记者招待会上指责共产党违反蒋委员长对朱德总司令的命令，说“委员长之命令，必须服从”，“违反者即为人民公敌”。

〔2〕 张云逸，当时任新四军代理军长。饶漱石，当时任中共中央华中局书记兼新四军政治委员。曾山，当时任中共中央华中局组织部部长。赖传珠，当时任新四军参谋长。

〔3〕 文年生、张启龙，当时分别任八路军独立第3游击支队司令员、独立第2游击支队政治委员。他们率部进至河南新安时，正值日本投降。

〔4〕 王树声、戴季英，当时分别任八路军河南（豫西）军区司令员、政治委员。

同日 为中共中央军委起草致罗荣桓、黎玉、萧华〔1〕电："万毅支队即调东北，经河北至热河边境待命。该支队现有二千五百人，汰去老弱及开小差者外，能有一千五百到达目的地即好。东北干部凡能调动者尽可能调至万部。"

同日 中共中央书记处会议决定，组织晋察冀中央局，聂荣臻、程子华、罗瑞卿、刘澜涛、萧克、赵振声〔2〕为常委，成仿吾、李运昌、胡锡奎、刘仁、杜理卿〔3〕、朱良才、詹才芳、赵尔陆为委员，聂荣臻为书记兼军区司令员和政治委员，程子华、罗瑞卿、刘澜涛为副书记兼军区副政治委员，萧克为军区副司令员。

8月19日 为中共中央军委起草致贺龙、林枫〔4〕电：李井泉已动身来你处任副政委，张宗逊率两团到延安来你处，张任副司令。林枫准备去东北。去东北干部一千二百人一星期后由延安出发，交林枫率领北进。"包围大同由冀察晋担任，你处北方任务仍是阻止傅作义。"

8月20日 为中共中央起草复华中局八月十九日报告〔5〕的

---

〔1〕 罗荣桓，当时任中共中央山东分局书记、八路军山东军区司令员兼政治委员。黎玉、萧华，当时分别任八路军山东军区副政治委员、政治部主任。

〔2〕 赵振声，李葆华的曾用名。

〔3〕 杜理卿，许建国的原名。

〔4〕 贺龙，当时任中共中央西北局常委、八路军陕甘宁晋绥联防军司令员、晋绥野战军司令员。林枫，当时任八路军晋绥军区政治委员。

〔5〕 中共中央华中局1945年8月19日报告说："上海我可掌握控制的力量总共有20万人，我能掌握大部分水电工人、邮政工人、电车工人、电话工人、铁路工人。日本厂10万失业工人可动员，沪东、沪西各可动员数万。沪西大部分巡捕我可控制。伪方只有税警团、保安队维持秩序，甚恐慌。根据目前主客观力量可以发动群众武装起义，但暂不向驻守不动的日军攻击。""即使将来万一不能长期坚持，亦可退到农村发展游击战争取得胜利。"

电报："你们发动上海起义的方针是完全正确的，望坚决彻底执行此方针，并派我军有力部队入城援助。其他城市如有起义条件，照此办理。"本日，又为中共中央起草致晋察冀分局并告各分局电："对于北平、天津、唐山、保定、石家庄，应迅速布置城内人民的武装起义，以便于不失时机配合攻城我军实行起义，夺取这些城市，主要是平津。"

同日 中共中央决定撤销北方局，成立晋冀鲁豫中央局，邓小平任书记，薄一波任副书记，刘伯承等为委员。决定成立晋冀鲁豫军区，刘伯承任司令员，邓小平任政治委员，滕代远任第一副司令员，王宏坤任第二副司令员，薄一波任第一副政治委员，张际春任第二副政治委员兼政治部主任，李达任参谋长，下辖太行、太岳、冀南、冀鲁豫四个军区。

同日 中共中央书记处会议决定彭德怀任中共中央军委总参谋长，叶剑英任副总参谋长。

8月21日 为中共中央起草致华中局电，改变上海起义的方针，指出："浙东主力到上海有被消灭危险，不如仍在浙东，困难时可退浙南。日本投降条约即将签字，蒋介石已委任上海官吏，在此形势下上海起义变为反对蒋介石，必被镇压下去，宜改为群众组织各种团体发动清查汉奸斗争，立即建立群众性及《新华日报》上海版两种报纸，分开出版，而不建立政府。"

8月22日 复蒋介石八月二十日第二次邀请毛泽东赴重庆谈判电，复电说："兹为团结大计，特先派周恩来同志前来进谒"。

同日 审阅修改中共中央和中央军委关于改变占领大城市方

针的指示〔1〕稿，加写一句话："对大城市仍应积极派人去发动群众，争取伪军，出版报纸，布置秘密工作，争取我党在城市中的地位。"

8月23日　主持中共中央政治局扩大会议。在会上作长篇发言，分析国内外形势，说明党在新的环境下所采取的方针和对策。毛泽东说：现在情况是抗日战争的阶段已经结束，进入和平建设阶段。全世界，欧洲、东方，都是如此。不能有第三次世界大战，这是肯定的。中国有两种可能进入和平情况，一种是我们可以得到一部分大城市，一种得不到。现在是得不到，原因有二：一是苏联为了国际和平和受中苏条约的限制，不可能帮助我们；二是蒋利用其合法地位，使日本完全投降他。我们只能承认这个事实，只能在得不到大城市的情况下进入和平阶段。蒋介石的地位，有利的方面是，有合法地位与大城市；不利的方面是，在他面前摆着强大的解放区，他内部有矛盾，他不能满足人民的民主、民生的要求。我们的地位，有利的方面是，抗日的功劳蒋介石不能磨灭，在全国人民中的地位为大革命和内战时期所没有过，为民主、民生而奋斗的纲领能解决蒋介石所不能解决的问题；不利的方面是，没有大城市，没有机械化的军队，没有合法地位。我们现在新的口号是：和平、民主、团结（过去是抗战、团结、进步）。和平是能取得的，因为苏美英需要和平，不赞成中国内战；中国人民需要和平；国民党也不能下决心打内战，因为它的摊子未摆好，兵力分散，内部矛盾，无论如何弱于日军加伪军，加上解放区的存在，我们不易被消灭，人民与国际反对内

〔1〕中共中央、中央军委的指示指出，蒋介石利用合法地位，接受敌军投降，敌伪只能将大城市及交通要道交给蒋介石。在此种形势下，我军应改变方针，除个别地点仍可占领外，着重于夺取小城市及广大乡村。

战，因此内战是可以避免与必须避免的。提出和平、民主、团结三大口号是有现实基础的。蒋介石想消灭共产党的方针没有改变也不会改变，他所以可能采取暂时的和平，是由于有上述诸条件，以便医好自己的创伤，壮大自己的力量，将来等待机会消灭我们。关于承认解放区、解放军的争论，一定是非常激烈的，可能要打打停停，甚至可能要打痛他才能逼他让步。对国民党的批评，本来是决定停一下的，因日本突然投降，蒋下令要我们"驻防待命"，不得不再批评一下，今后要逐渐缓和下来。以后仍是"蒋反我亦反，蒋停我亦停"，以斗争达团结，有理有利有节。不可能设想在蒋的高压下，没有斗争可以取得地位。中国的局面，现在是独裁加若干民主，并将有相当长的时期。我们还是钻进去给蒋介石"洗脸"，而不是"砍头"。这个弯路将使我们党在各方面达到更成熟，中国人民更觉悟，然后实现新民主主义的中国。准备以中央委员会名义发表一个宣言，提出和平、民主、团结的口号。这次谈判应该去，不能拖，而且估计也不会有什么危险。各解放区要作持久之计。打仗一定要有利，无把握的仗不打。不增加人民负担，今冬大减租，明春大生产。只要我们站稳脚跟，保持清醒的头脑，就不怕一切大风大浪。

在会议结束前，毛泽东再次发言。他说：今天的方针是七大定下来的，七大的方针就是反对内战。当前内战的威胁是存在着的，但国民党有很大困难，至少今年不会有大内战，故和平是可能的。我们要准备有所让步以取得合法地位，利用国会讲坛去进攻。我们很需要这样一个时期来教育全国人民，来锻炼我们自己。谈判不成，国民党进攻我们，是否打？应该打。条件是打胜仗。我是否去重庆？还是出去。出去的时机由政治局、书记处决定。先派恩来同志出去。我出去，决定少奇同志代理我的职务，书记处另推陈云、彭真同志为候补书记，以便我和恩来同志出去后，书记处还有五人开会。会议根据毛泽东的提议，决定在毛泽东去重庆期间，刘少奇代理其主席职务，并增选陈云、彭真为中央书记处候补书记。会议还决定毛泽东任中共中央军委主席，朱德、刘少奇、周恩来、彭德怀任副主席。

8月24日　复蒋介石八月二十三日第三次邀请毛泽东赴重庆谈判的来电，复电说："鄙人极愿与先生会见，商讨和平建国大计。俟飞机到，恩来同志立即赴渝晋谒。弟亦准备随即赴渝。"

同日　致电饶漱石、张云逸、赖传珠并转粟裕、叶飞〔1〕："（一）时局变化，抗日阶段结束，和平建设阶段开始；（二）我党口号是和平、民主、团结；（三）大城市进行和平、民主、团结的工作，争取我党的地位，不取军事占领政策；（四）力争占领小城市及乡村；（五）中央正向重庆谈判，避免内战，实现和平建国；（六）蒋介石困难甚多，加上国内外压力，可能赞成和平建国；（七）江南、江北我军主力各就现地集结整训，恢复疲劳，养精蓄锐，准备于顽军进攻时，坚决彻底干净全部消灭之（不要轻打，打则必胜，每次消灭其一部，各个击破之），打得几个大胜仗，威震大江南北，对于促成国共谈判非常有利，顽军亦不敢轻视你们；（八）一切作持久打算，依靠人民。"

8月25日　为中共中央起草复王震、王首道电，指出："你们艰苦行军，到达仁化、汝城间，中央甚为怀念。望依三省边大山休息，恢复疲劳。"同时，为中共中央起草复郑位三、李先念电，同意他们关于王震、王首道鄂南支队留在鄂南的建议。

同日　毛泽东、周恩来等七位中共中央政治局委员同从重庆

---

〔1〕粟裕，当时任中共苏浙区委员会书记、新四军苏浙军区司令员兼代理政治委员。叶飞，当时任苏浙军区副司令员。

回来的王若飞[1]再次研究毛泽东去重庆的问题。经过反复权衡利弊，决定毛泽东去重庆。在这以前，接到斯大林来电说，日本投降，国共应言归于好，共商建国大事。如果继续打内战，中华民族有毁灭的危险。

同日 复美军中国战区司令官魏德迈八月二十五日来电，复电说："鄙人承蒋委员长三电相邀，赫尔利大使两次表示愿望来延，此种诚意，极为心感。兹特奉达，欢迎赫尔利大使来延面叙，鄙人及周恩来将军可以偕赫尔利大使同机飞渝，往应蒋委员长之约，以期早日协商一切大计。"

同日 刘伯承、邓小平乘美军观察组飞机回太行[2]。他们离延安时，毛泽东说：我们的口号是和平、民主、团结，首先立足于争取和平，避免内战。我们提出的条件中，承认解放区和军队为最中心的一条。中间可能经过打打谈谈的情况，逼他承认这些条件。今后我们要向日本占领地进军，扩大解放区，取得我们在谈判中的有利地位。你们回到前方去，放手打就是了，不要担心我在重庆的安全问题。你们打得越好，我越安全，谈得越好。别的法子是没有的。

同日 中共中央发表对目前时局的宣言，指出："中国共产党认为在这个新的历史时期中，我全民族面前的重大任务是：巩

---

〔1〕王若飞，当时任中共中央南方局工作委员会书记，负责主持南方局日常工作。

〔2〕同机飞抵太行的还有：陈毅、薄一波、陈赓、萧劲光、李天佑、邓华、陈锡联、陈再道、宋时轮、滕代远、张际春、杨得志、林彪等。1945年9月9日，聂荣臻、萧克、刘澜涛、罗瑞卿搭乘自延安去晋察冀接回被救的美军飞行员的飞机返回。由于苏联出兵东北未曾事先通知中共中央，参加中共七大的几个大战略区主要负责人在大反攻开始时尚未离开延安。

固国内团结，保证国内和平，实现民主，改善民生，以便在和平、民主、团结的基础上，实现全国的统一，建设独立、自由与富强的新中国，并协同英美苏及一切盟邦巩固国际间的持久和平。”宣言要求国民党政府立即实施六项措施：承认解放区的民选政府和抗日军队；划定八路军、新四军及华南抗日纵队接受日军投降的地区；严惩汉奸，解散伪军；公平合理地整编军队；承认各党派的合法地位；立即召开各党派和无党派代表人物会议成立举国一致的民主的联合政府。

8月26日 主持中共中央政治局会议，会议继续讨论去重庆谈判的问题。毛泽东在会上发言说，我去重庆的问题，昨晚政治局七同志与若飞同志商谈，决心答复魏德迈的电报，去，这样可以取得全部主动权。要充分估计到蒋介石逼我城下之盟的可能，但签字之手在我。必须作一定的让步，在不伤害双方根本利益的条件下才能得到妥协。我们让步的第一批是广东至河南，第二批是江南，第三批是江北，要在谈判中看看。在有利条件下是可以考虑让步的。陇海路以北迄外蒙一定要由我们占优势。东北行政大员由国民党派，我们去干部，一定有文章可做。如果这些还不行，那末城下就不盟，准备坐班房。我们党的历史上除何鸣事件〔1〕外，还没有随便缴枪的事。如果是软禁，那倒不怕，正是要在那里办点事。红军不入关，美国不登陆，形式上是中国自己解决问题，实际上是三国过问。三国都不愿中国内战，国际压力是不利于蒋的独裁的。所以重庆是可以去，必须去。领导核心还在延安，党内也不会有什么扰乱，将来还可能有多一些的同志

〔1〕 何鸣事件，指1937年7月当时任中共闽粤边特委代理书记、闽南抗日独立大队大队长的何鸣，由于对国民党借谈判消灭闽粤边区红军的阴谋毫无察觉，致使所率独立第3团近千人被包围缴械。

到外面去。因为有了里面的中心，外面也就能保得住。延安不要轻易搬家。由于有我们的力量、全国的人心、蒋介石自己的困难、外国的干预四个条件，这次去是可以解决一些问题的。

同日　起草中共中央关于同国民党进行和平谈判的通知（党内通知）。通知指出："蒋介石垄断了受降权利，大城要道暂时（一个阶段内）不能属于我们。""现在苏美英三国均不赞成中国内战，我党又提出和平、民主、团结三大口号，并派毛泽东、周恩来、王若飞三同志赴渝和蒋介石商量团结建国大计，中国反动派的内战阴谋，可能被挫折下去。""同时我党力量强大，有来犯者，只要好打，我党必定站在自卫立场坚决彻底干净全部消灭之（不要轻打，打则必胜），绝对不要被反动派的其势汹汹所吓倒。"通知还指出，在谈判中，我方准备给以必要的、不伤害人民根本利益的让步。可能在谈判后，"造成两党合作（加上民主同盟等）、和平发展的新阶段"。"至于东北三省为中苏条约规定的范围，行政权在国民党手里，我党是否能派军队进去活动，现在还不能断定。但是派干部去工作是没有问题的，中央决派千余干部由林枫同志率领去东北。"这个通知编入《毛泽东选集》。

同日　为中共中央起草致林枫并转吕正操[1]及贺龙电，指出："（一）赴东北四省工作之干部团一千二百人及赵副旅长[2]所率一个团不日由延安出发，交林枫率领开至热河边境，相机进入东四省[3]工作；（二）军队是否能去辽吉黑三省，现在尚不知道。目前晋绥争夺战极其重要，故正操及其所部暂时仍在现地执行原任务"。

---

〔1〕吕正操，当时任八路军晋绥军区司令员。

〔2〕指八路军陕甘宁晋绥联防军教导第1旅副旅长赵承金。

〔3〕东四省，指辽宁、吉林、黑龙江、热河4省。热河省于1955年撤销，原辖区分别划归河北、辽宁两省和内蒙古自治区。

同日 为中共中央起草致华中局电，告以陈毅昨日飞抵太行转赴华中，决定饶漱石任华中局书记及新四军政治委员，陈毅任新四军军长及华中局副书记，其余不变。

8月27日 为中共中央起草致各中央局、分局，各区党委通知："在毛离延期间，刘少奇同志代理主席职务，并增选陈云、彭真二同志为候补书记。"

同日 复电贺龙，指出目前正在同国民党谈判中，应积极向敌占区发展，暂时不宜向石楼、隰县深入。

8月28日 上午十一时许，和周恩来、王若飞在二十七日来延安迎接的蒋介石代表张治中〔1〕和美国驻华大使赫尔利陪同下，乘飞机离开延安。下午三时许，到达重庆，在机场对中外记者发表书面谈话："本人此次来渝，系应国民政府主席蒋介石先生之邀请，商讨团结建国大计。现在抗日战争已经胜利结束，中国即将进入和平建设时期，当前时机极为重要。目前最迫切者，为保证国内和平，实施民主政治，巩固国内团结。国内政治上军事上所存在的各项迫切问题，应在和平、民主、团结的基础上加以合理解决，以期实现全国之统一，建设独立、自由与富强的新中国。希望中国一切抗日政党及爱国志士团结起来，为实现上述任务而共同奋斗。本人对于蒋介石先生之邀请，表示谢意。"毛泽东与欢迎者握手并合影，然后乘车至张治中官邸桂园稍事休息。随即会见郭沫若〔2〕与夫人于立群及王世杰〔3〕，接见记者，赴红岩八路军办事处参加中共南方局欢迎晚会，会见南方局负责

〔1〕 张治中，当时任国民党政府军事委员会政治部部长、三青团中央干事会书记长。

〔2〕 郭沫若，文学家、历史学家、无党派民主人士。

〔3〕 王世杰，当时任国民党政府外交部部长。

人和新华日报社、群众周刊社的章汉夫、许涤新、胡绳、戈宝权等人。晚八时半，在张治中、邵力子〔1〕陪同下，和周恩来、王若飞应邀赴蒋介石在林园官邸举行的欢迎宴会。作陪者有张群、陈诚、吴国桢、王世杰、周至柔、蒋经国〔2〕、赫尔利、魏德迈。应蒋介石之请，当晚下榻林园。

8月29日 上午，和周恩来、王若飞在林园同张治中商谈谈判的内容和程序问题。下午，同蒋介石第一次直接商谈。蒋介石表示一切问题愿听取中共方面意见，并重提所谓中国无内战的说法。毛泽东列举十年内战和抗日战争中的大量事实指出，说中国没有内战是欺骗。最后蒋介石提出谈判三原则：一、所有问题整个解决；二、一切问题之解决，均须不违背政令军令之统一；三、政府之改组，不得超越现有法统之外。晚上，同张治中、王世杰、张群等继续商谈，双方同意先作一般性交换意见。当晚应蒋介石之请，仍下榻林园。

同日 国民党政府陆军总司令何应钦密令各战区印发蒋介石在一九三三年“围剿”红军时编订的《剿匪手本》。

8月30日 中午，由林园返回桂园。

同日 下午，分别访晤宋庆龄〔3〕、赫尔利。后又前往中国民主同盟总部特园（又称“民主之家”）访问民盟中央主席张澜，民盟中央委员、特园的主人鲜特生在座。毛泽东首先向张澜转达

〔1〕 邵力子，当时任国民参政会秘书长、国民党政府军事委员会战地党政委员会秘书长。

〔2〕 张群，当时任国民党四川省政府主席。陈诚，当时任国民党政府军政部部长。吴国桢，当时任国民党政府外交部政务次长。1945年8月31日任国民党中央宣传部部长。周至柔，当时任国民党政府军事委员会航空委员会主任。蒋经国，蒋介石的长子。当时任国民党军青年军总政治部主任。

〔3〕 宋庆龄，当时任保卫中国同盟主席。

朱德对老师的问候，转达吴玉章对老友的问候。张澜为毛泽东的安全担心，表示不相信蒋介石有和平民主的诚意，是假戏。毛泽东说，我们就来一个假戏真做，让全国人民当观众，看出真假，分辨是非，这场戏就大有价值了。

同日　在住地桂园同来访的柳亚子、沈钧儒、陈铭枢、王昆仑、黄炎培、左舜生、章伯钧、冷遹、傅斯年、王云五〔1〕等谈话。后柳亚子赠毛泽东七律一首，以“弥天大勇”、“霖雨苍生”称赞毛泽东，并向毛泽东索诗留念。

同日　晚上，出席张治中的宴会，于右任、孙科、邹鲁、叶楚伧〔2〕作陪。饭后，于右任辞去，吴铁城〔3〕来，毛泽东同他们交谈。

同日　致电刘少奇并转告中共中央，下月初准备向国民党提出的十一条意见是：（一）在和平、民主、团结基础上实现全国的统一，建设独立、自由和富强的新中国，彻底实现三民主义。（二）拥护蒋先生，承认蒋先生在全国的领导地位。（三）承认国共两党及抗日党派的平等合法地位，确立长期合作、和平建国方针。（四）承认解放区部队及地方政权在抗日战争中的功绩和合法地位。（五）严惩汉奸，解散伪军。（六）重划受降地区，解放区抗日军队参加受降工作。（七）停止一切武装冲突，各部暂留原地待命。（八）实现政治民主化，军队国家化，党派平等合法。（九）政治民主化的必要办法：由国民政府召集各党派及无党派

---

〔1〕柳亚子、陈铭枢、王昆仑，当时任三民主义同志联合会常务干事。王昆仑还是中国民主革命同盟负责人之一。沈钧儒、黄炎培、左舜生、章伯钧，当时任中国民主同盟中央常委。冷遹、傅斯年、王云五，当时任国民参政会参政员。

〔2〕于右任，当时任国民党政府监察院院长。孙科，当时任国民党政府立法院院长。邹鲁、叶楚伧，当时任国民党中央执行委员会常委。

〔3〕吴铁城，当时任国民党中央秘书长。

代表人物的政治会议，各党派参加政府，重选国民大会；由中共推荐陕甘宁边区及热河、察哈尔、河北、山东、山西五省省府主席，绥远、河南、江苏、安徽、湖北、浙江、广东及东北十省[1]副主席，北平、天津、开封[2]、上海四特别市副市长；推行地方自治，实行普选。（十）军队国家化的必要办法：公平合理的整编全国军队，确定分期实施计划；解放区部队编成十六个军四十八个师，驻地集中于淮河流域及陇海路以北地区；中共及地方军事人员，参加军委会及其他各部的工作；设立北平行营及北方政治委员会，任中共人员为主任。（十一）党派平等的必须办法：释放政治犯，取消一切不合理禁令，取消特务等。

8月31日 上午，和周恩来、王若飞到国民参政会，出席邵力子的宴请。下午，在桂园会见中国民主革命同盟领导人王昆仑、许宝驹、屈武、侯外庐、曹孟君、谭惕吾等，畅谈近三个小时。晚上，和周恩来、王若飞在桂园会见阳翰笙、冯乃超、于伶。后到红岩村看电影，并进行交谈。

9月1日 晚七时，和周恩来、王若飞参加中苏文化协会会长孙科、副会长邵力子为庆祝中苏友好同盟条约签订而举行的盛大鸡尾酒会。散会后，当毛泽东出门时，聚集在大门口的几千群众鼓掌高呼："欢迎！欢迎！"八时，和周恩来、王若飞应张群、王世杰、吴铁城的邀请，在冯玉祥[3]的陪同下，到吴铁城住宅出席宴会。

9月2日 日本政府正式签署投降书。第二次世界大战宣告

---

〔1〕 指东北9省和热河省。

〔2〕 在1945年9月3日将这11条意见交给国民党代表之前，毛泽东将开封市改为青岛市。

〔3〕 冯玉祥，当时任国民党中央执行委员会常委。1937年8月、9月曾先后任国民党军第三、第六战区司令长官。同年9月、10月，先后被蒋介石解除第三、第六战区司令长官职务。这时在重庆闲居。

结束。

同日 上午十时，在桂园约见王世杰。中午，和周恩来、王若飞到特园，出席张澜以中国民主同盟名义举行的宴会。毛泽东说：这是“民主之家”，我也回到家里来了。今天我们聚会“民主之家”，今后共同努力，生活在民主之国。参加宴会的有民盟负责人沈钧儒、黄炎培、冷遹、鲜特生、章伯钧、罗隆基、张申府、左舜生等。在宴会上，毛泽东反复强调“和为贵”，并同沈钧儒谈健身运动，同黄炎培谈职业教育，同张申府谈五四运动往事。宴毕，特园主人拿出纪念册，请毛泽东题词留念，毛泽东题写“民主在望”四个字，并说，道路尽管曲折，前途甚是光明。下午，会见邹鲁及各方友好。晚八时半，和周恩来、王若飞去林园赴蒋介石的晚宴，在座的还有孙科、吴铁城、张群、王云五、张伯苓〔1〕、傅斯年等。宴会后，同蒋介石就中共领导下的军队编组数目和驻地、解放区、政治会议、国民大会代表等问题直接商谈。

9月3日 上午，会见王世杰。下午往访于右任、戴季陶、白崇禧、吴稚晖〔2〕。下午五时，会见韩国临时政府〔3〕官员。六时，会见郭沫若、于立群、翦伯赞、邓初民、冯乃超、周谷城〔4〕等，征询他们对时局的意见。晚七时半，赴苏联大使彼得

---

〔1〕 张伯苓，当时任国民参政会主席团主席。

〔2〕 戴季陶，当时任国民党政府考试院院长。白崇禧，当时任国民党政府军事委员会军训部部长。吴稚晖，当时任国民党中央监察委员。

〔3〕 韩国临时政府，全称大韩民国临时政府。这是1919年3月1日朝鲜反日起义失败后，流亡中国的朝鲜民族主义者于同年4月1日在中国建立的流亡政府。

〔4〕 翦伯赞，当时任《中苏文化》杂志副主编。邓初民，当时任中国民主同盟中央委员。冯乃超，当时任中共中央南方局文委委员。周谷城，历史学家。当时任复旦大学教授。

洛夫的宴会，会见英、美、法等国大使和荷、比等国使馆官员。

同日 将八月三十日拟定的中共十一条意见略加修改后，由周恩来、王若飞面交张群、张治中、邵力子转蒋介石。

9月4日 上午，会见来桂园回访的白崇禧。

同日 蒋介石将他自拟的《对中共谈判要点》交张群、王世杰、张治中、邵力子，正式指定他们四人为谈判代表，要他们拟具对中共九月三日所提方案的复案。蒋自拟要点如下：一、中共军队之编组，以十二个师为最高限度。二、承认解放区，绝对行不通。三、拟将原国防最高委员会改组为政治会议，由各党派人士参加。四、原当选之国民大会代表，仍然有效，可酌量增加名额。

同日 中共代表周恩来、王若飞在毛泽东领导下，同国民党政府代表张群、张治中、邵力子自本日起至十月五日止，共进行十二次谈判。

同日 和周恩来、王若飞应赫尔利大使邀请共进午餐，美国访华团团长史奈德亦在座。下午五时，应蒋介石邀请，参加在军委会举行的庆祝抗战胜利茶会。会后，毛泽东同蒋介石直接商谈。晚上，出席英国驻华军事代表团团长魏亚特将军的招待会。

9月5日 和周恩来赴邹鲁的午宴。毛泽东在桂园会见《大公报》记者，他说：目前尚未可能有确切结果以慰国人。我国政令军令的统一必须建于民主政治的基础之上。只有包括各党各派及无党派代表人士的政治会议，始能解决当前国是，民主统一之联合政府始能带给全国人民以幸福。边区和各解放区情形与其他地区不同，有民选政府，有自卫军，无保甲长。保甲长为统治人民者，最要不得。协商的另一结果为国民大会将延缓举行。对代表问题则双方意见犹未能一致，中共方面不主张维持旧代表，原则上主张普选。下午，毛泽东还会见中国妇女联谊会代表和各方友好。晚上，出席曾访延安的国民参政会参政员黄炎培、章伯钧等的宴会。

9月6日 和周恩来、王若飞赴于右任的午宴，在座的还有陈立夫[1]、叶楚伧等。下午，访晤居正[2]。往中正学校、中央大学访问故旧。到沙坪坝南开中学访柳亚子、张伯苓。晚上，和周恩来、王若飞出席宋庆龄的宴会。宴会后访晤苏联大使彼得洛夫。

9月7日 和周恩来、王若飞赴覃振[3]的午宴。下午，和周恩来、王若飞往访英国大使薛穆、法国大使贝志高，各谈一小时余。应邀赴加拿大大使欧德伦茶会，谈二小时。和周恩来、王若飞赴冯玉祥的晚宴。

9月8日 下午四时，和周恩来在桂园举行茶会，招待在重庆的各国援华救济团体负责人，保卫中国同盟主席宋庆龄出席。毛泽东致词感谢各方人士八年来对陕甘宁边区及各解放区的援助，并希望能继续这种援助。晚七时半，和周恩来、王若飞赴孙科的宴会。

9月9日 下午，在红岩村会见郭沫若、于立群等，并同他们共进晚餐。在谈到郭沫若在文化界应采取的态度时，毛泽东认为态度应该强硬些，要有斗争，指出“前途是光明的，道路是曲折的”。

9月10日 刘伯承、邓小平指挥晋冀鲁豫军区主力部队及地方部队三万余人，对侵入上党解放区的国民党军第二战区司令长官阎锡山所部开始进行自卫反击。至十月十二日，上党战役胜

---

〔1〕 陈立夫，当时任国民党中央执行委员会常委、中央组织部部长。

〔2〕 居正，当时任国民党政府司法院院长。

〔3〕 覃振，当时任国民党政府司法院副院长。抗战期间，曾自愿担任中共湖南省委创办的“塘田战时讲学院”院长。

利结束，歼国民党军三万五千余人，生俘军长史泽波和师长多名。

同日 晚上，在桂园宴请张澜、沈钧儒、黄炎培等，向他们介绍了两党谈判情况，并征询他们的意见。席间，周恩来报告了国民党军队向上党地区进攻的消息，在座者皆为之愤愤不平。

9月11日 收到中共中央来电。来电说：胶东派一个排乘汽船到大连已返回，苏军在东北仅控制大城市及要道，乡村及小城市相当混乱，伪组织有的等待交代，有的畏罪逃跑，有的小城市被土匪占领。群众情绪极高，这个排在大连登陆后，一经号召便有数百人参加工作。从胶东去东北水路甚便，亦甚安全，部队过海船只不成问题。根据上述情况，已电告山东抽调四个师共二万五千人至三万人，由萧华率领即日分散进入东北，并已电华北各地去东北干部即日集中启程。

9月12日 上午，在红岩会见许德珩、劳君展夫妇。许德珩谈了民主与科学座谈会的情况。毛泽东勉励他们说，既然有许多人参加，就把座谈会搞成一个永久性的政治组织。许德珩说，我们也在考虑这样做，但担心成立组织人数太少。毛泽东说，人数不少，即使少也不要紧，你们都是科学文教界有影响的代表人物，经常在报上发表意见和看法，不是也起到很大宣传作用吗？随后，和周恩来应蒋介石之邀去林园共进午餐，餐后同蒋介石直接商谈。

9月13日 和周恩来、王若飞首次招待在渝外国记者。毛泽东发表谈话说：目前双方保证不向外公布会谈情形，但希望会谈成功。“全国人民都期望和平，我到重庆来尽一切努力以达到和平。我们共产党人希望会谈将有良好结果，使中国能由抗战转到和平建设的时期。”本日，应邀先后赴赫尔利的午宴和戴季陶的晚宴。

同日　关于重庆谈判情况，中共中央书记处通知各中央局、分局、区党委："（一）我们与国民党初步交换意见的谈判，已告一段落，国党毫无诚意，双方意见相距甚远，谈判将拖延一时。（二）蒋对具体问题表示：政府法统不容紊乱，军令政令必须统一，国大要速开，旧代表有效，但可增加名额容纳各方，容纳各党派参加政府。对党派合法问题将制定政治结社法。不主张似法国的多党状况。对释放政治犯及大赦均不同意，只允许我提名单释放若干。对于人民自由，说已切实实行人身自由保障法。特务不能取消。（三）关于两党关系的重要问题：对军队只允编十二个师，需完全服从命令，按指定地区集中。对解放区民主政府，则表示含糊。对参加受降、停止进攻、反对利用伪军等，则避而不答。"

9月14日　和周恩来致电中共中央并转告张云逸、饶漱石，李先念，林平〔1〕："上海《新华日报》及南京、武汉、香港等地以群众面目出版的日报，必须尽速出版，根据国民党法令，可先出版后登记，早出一天好一天，愈晚愈吃亏。""华中可去上海等地公开活动的，如范长江、钱俊瑞、阿英、梅雨〔2〕等，要多去，快去。除日报外其他报纸、杂志、通讯社、书店、印刷所、戏剧、电影、学校、工厂等方，无不需要，就近请即先到上海工作，在今后和平时期中有第一重大意义"。

同日　和周恩来会见日本反战作家鹿地亘和池田幸子，以及各方来访友好。晚上赴白崇禧的宴会。

---

〔1〕林平，即尹林平。当时任中共广东省临时委员会书记。

〔2〕范长江，新闻记者。当时任新华社华中分社社长、华中新华日报社社长。钱俊瑞，当时任新四军政治部宣教部部长。阿英，即钱杏邨，作家。当时任华中文艺界抗敌协会常委。梅雨，即梅益，当时任中共上海文委书记。

9月15日 复中共中央九月十四日来电〔1〕和十五日来电〔2〕，指出："浙东、苏南、皖南三地部队须立即开始注意控制北上通路，保障北上安全，并准备将来适当时机渡江北上，请通知华中拟具体意见。"

同日 下午，到特园看望张澜，向张澜介绍和谈情况。告诉他关于承认党派合法地位、保障人民自由权利、召开政治会议等项大致获得协议，国大代表问题尚待继续磋商，目前症结仍在军队数字和驻地、解放区政府和区划两大问题。蒋介石正在美国支持下运送兵员，名为接收，实为准备发动内战。张澜建议，将两党已谈拢的问题公之于众，免得蒋介石将来不认账；如你们不便说，我可以采取给两党公开信的方式，把问题摊开来。毛泽东赞同这个意见。〔3〕下午五时，在桂园宴请中国青年党中央委员左

---

〔1〕 中共中央1945年9月14日电告：苏军在东北的马林诺夫斯基元帅的代表贝鲁罗索夫中校与我冀热辽第16分区司令曾克林（当时任沈阳卫戍司令员）乘飞机于本日同来延安，该中校向朱德总司令转达马林诺夫斯基口头通知，请命令八路军已到沈阳、平泉、长春、大连等地的各部退出。朱德表示，热河、辽宁各一部在中日战争爆发时即有八路军活动并创有根据地，请允许该地区八路军仍留原地。

〔2〕 中共中央1945年9月15日电告：已决定迅速地坚决争取东北，在东北发展我党强大力量；彭真、陈云、伍修权、叶季壮已去东北；决定组织东北局，彭真为书记，陈云、程子华、伍修权、林枫为委员。同日，毛泽东还接到中央转来新四军第3师师长黄克诚9月14日的电报，黄建议山东应调3万至5万人去东北，华中应调3万至6万人去山东，江南的第1师应调江北。

〔3〕 毛泽东和张澜商谈后，张澜于1945年9月18日在重庆《新民报》发表《给国共两党领袖的公开信》。信中说："今日商谈内容，似应随时公诸国人，既能收集思广益之效，更可得国人共商国是之实。""所作成的解决方案，必须不与国人之公意相违"。"吾人虽不获事前参与，事后必须保留批评之自由。"

舜生、陈启天、余家菊等，周恩来、王若飞、徐冰、潘梓年作陪。

9月16日 下午四时半，在红岩八路军驻重庆办事处会见美国驻华第十四航空队总部的霍华德·海曼、爱德华·贝尔、杰克·埃德尔曼三位士兵。他们希望了解中国解放区的情况。毛泽东向他们介绍解放区的情况，并阐明了中共有关国际、国内问题的主张。还请他们吃晚饭，向他们询问美国的情况。

9月17日 应邀到林园同蒋介石共进午餐，张群、吴国桢、赫尔利在座。餐后，同蒋介石直接商谈，双方的争执仍在军队和政权问题。下午，在桂园举行茶会，招待产业界人士，到会者有刘鸿生、范旭东、胡西园、吴羹梅、吴蕴初、章乃器、潘昌猷。毛泽东赞扬他们为发展中国民族工业所作的贡献，同时指出，在半殖民地半封建社会的中国，民族资本是得不到发展的，只有在国家独立、民主、自由之下，民族工商业才有发展前途。并向他们介绍了中国共产党对待民族资本的政策。

同日 蒋介石写信给阎锡山并附《剿匪手本》两册。当时阎部正在进犯以长治为中心的晋东南解放区。蒋介石在重庆谈判开始后，至本日止，还命令四个战区的司令长官傅作义、胡宗南、孙连仲、李品仙等，分别率领所部沿铁路线向解放区进犯。中共中央、中央军委决心开展交通破击战，打击沿铁路线进犯的国民党军，以求达到争取和平的目的。

同日 和周恩来复中共中央十七日来电〔1〕，表示完全同意

---

〔1〕 刘少奇1945年9月17日为中共中央起草的致毛泽东、周恩来的电报，提出我们全国战略方针必须确定向北推进、向南防御，否则我之主力分散，地区太大，处处陷于被动；建议新四军江南主力立即转移到江北，皖南、皖中新四军第7师也向北撤退，从山东、华中抽调10万至15万人北上。

力争东北的方针。指出，东北及热河、察哈尔控制在手，全党团结一致，什么也不怕。并告国共谈判无进展。

9月18日 出席国民参政会的欢迎茶会并致词，指出："今后当为和平发展、和平建国的新时代，必须团结统一，坚决避免内战，除此方针之外，其他任何方针均属错误。"

9月19日 复中共中央本日来电〔1〕，说："（一）浙东、苏南、皖南、皖中部队北撤，同意你们及张、饶计划〔2〕，越快越好，此间已当作一个让步条件，向对方提出，且有好影响。（二）同意陈、饶〔3〕去山东，罗及萧〔4〕去东北，林彪去热河〔5〕，亦以快为好。华中由谭、邓〔6〕组织分局。"

同日 同周恩来、王若飞共同研究军队缩编及驻地问题的新

---

〔1〕 刘少奇1945年9月19日为中共中央起草的电报中说："全国战略方针是向北发展，向南防御。""目前全党全军的主要任务，是继续打击敌伪，完全控制热、察两省，发展东北我之力量并争取控制东北，以便依靠东北和热、察两省，加强全国各解放区及国民党地区人民的斗争，争取和平民主及国共谈判的有利地位"。此电并决定几个战略区领导人的调配。

〔2〕 中共中央1945年9月19日致毛泽东、周恩来电，提出长江以南部队北撤计划，并告知张云逸、饶漱石的建议，其内容是将江南主力迅速北调，越快越好，浙东和皖南部队及党政干部全部转移，以此作为对国民党的一个让步。

〔3〕 陈、饶，指陈毅、饶漱石。

〔4〕 罗、萧，指罗荣桓、萧华。

〔5〕 林彪之前被任命为山东军区司令员，1945年8月25日飞抵太行后，即前往山东，途中得知中央调令后，转道出山海关。1945年10月，林彪任东北人民自治军总司令。

〔6〕 谭，指谭震林，当时任中共淮南区委书记、新四军第2师政治委员兼淮南军区政治委员。邓，指邓子恢，当时任中共淮北区委书记、新四军第4师兼淮北军区政治委员。

方案，由周恩来、王若飞在本日举行的国共谈判中向张群、张治中、邵力子提出。新方案要点是：一、关于我方军队与国民党军队的比例，我方愿让步到一与六之比，如国民党方面缩编为一百二十个师，我方应为二十个师；国民党方面缩编为六十个师，则我方应为十个师。二、关于军队、军队驻地和解放区，第一步，我方将海南岛、广东、浙江、苏南、皖南、湖北、湖南、河南等八个地区之军队撤退，集中于苏北、皖北及陇海路以北地区。第二步，再将苏北、皖北、豫北地区之军队撤退，将我方所有军队集中驻于山东，河北、察哈尔、热河与山西之大部分，绥远之小部分，及陕甘宁边区等七个地区。解放区随军队驻地之调整而合并。山东、河北、察哈尔、热河与陕甘宁边区之主席，山西、绥远两省之副主席，天津、北平、青岛三个特别市之副市长，由我方推荐。对中共的新方案要点，国民党方面仍认为违背“军令统一”，指责中共分裂。中共方面据理反驳。双方未获协议。

同日 设午宴招待燕京大学校长司徒雷登。

9月20日 访陈立夫、叶楚伧、程潜〔1〕、贺耀祖〔2〕。

同日 收到中共中央本日来电。来电说，据西安确息，蒋介石密示所属：“目前与奸党谈判，乃系窥测其要求与目的，以拖延时间，缓和国际视线，俾国军抓紧时机，迅速收复沦陷区中心城市。待国军控制所有战略据点、交通线，将寇军受降后，再以有利之优越军事形势与奸党作具体谈判。彼如不能在军令政令统一原则下屈服，则以土匪清剿之。”

同日 和周恩来、王若飞、董必武出席大公报总经理胡政之

---

〔1〕 程潜，当时任国民党政府军事委员会副参谋总长兼战地党政委员会主任委员、武汉行营主任。

〔2〕 贺耀祖，当时任国民党政府重庆市市长。

在李子坝报社举行的宴会。席间，大公报社一位负责人重提所谓共产党“不要另起炉灶”。毛泽东回答说：不是我们要另起炉灶，而是国民党的炉灶里不许我们造饭。毛泽东为大公报社职工题词：“为人民服务”。

9月21日 周恩来、王若飞同张群、张治中、邵力子就军队和解放区问题继续商谈。国民党方面全面否定中共的方案，指责中共“割据地盘”。中共方面指出：割据是军阀所为，革命党人焉有割据之理！国民党方面自高自大，视我党为被统治者，不愿平等对待中国共产党是无助于谈判进行的。谈判陷于僵局。会后，九月二十二日至二十六日休会五天。本日，赫尔利约毛泽东谈话，要求中共交出军队，要么破裂。毛泽东的回答是：还要讨论。

9月22日 上午，邀请青年党领导人蒋匀田来桂园，双方就政治主张、斗争方式、国内形势等问题进行讨论。随后，会见在重庆的作家和戏剧界人士。

9月23日—26日 访问友好。

9月26日 收到中共中央本日来电，来电说：九月初我军扩大到一百二十七万，解放区人口一亿二千五百五十万，县城二百八十五座（人口与县城均不包括东北在内，反攻前县城八十九座在内）。

同日 关于重庆谈判情况，中共中央通知各中央局、分局，各区党委：“在最近的继续谈判中，除军队允许增加几个预备师，特务机关可不再捉人杀人，政治犯可释放一部分外，基本上无若何进展，即起草联合公报事，亦为蒋所阻，谈判乃遭受挫折。”“谈判将坚持原定方针转入第二阶段。”

9月27日 答路透社记者甘贝尔问在《新华日报》发表。毛泽东说：“在实现全国和平、民主、团结的条件下，中共准备作重要的让步，包括缩减解放区的军队在内。”“中共的主张见于中共中央最近的宣言，这个宣言要求国民党政府承认解放区的民选政府与人民军队，允许他们参加接受日本投降，严惩汉奸伪军，公平合理地整编军队，保障人民自由权利，及成立民主的联合政府。”“除了军事与政治的民主改革外，中共将向政府提议，实行一个经济及文化建设纲领。这纲领的目的，主要是减轻人民负担，改善人民生活，实行土地改革与工业化，奖励私人企业（除了那些带有垄断性质的部门应由民主政府国营外），在平等互利的原则下欢迎外人投资与发展国际贸易，推广群众教育消灭文盲等等。”“我们完全赞成军队国家化与废止私人拥有军队，这两件事的共同前提就是国家民主化。”

同日 周恩来、王若飞同张群、张治中、邵力子恢复谈判。关于缩编军队问题，双方商定成立另一小组，先行商谈再议。关于解放区问题，双方同意交政治会议解决。

9月28日 周恩来、王若飞同张群、张治中、邵力子谈判达成两项协议。关于参加军队整编小组人员名单，中共方面为叶剑英，国民党方面为林蔚、刘斐〔1〕。关于政治会议，双方同意在结束训政、实施宪政以前，设政治会议，由国民政府召集之，各党各派及社会贤达推荐代表出席，协议和平建国方案与召开国民大会问题。按照周恩来提议，双方初步商谈各党派和无党派人士代表名额。

同日 中共中央军委发出《关于争夺东北方针部署的指示》，指出：不应将主力部署在满洲门口抵住蒋介石，“我发展东北的部署，应将重心首先放在背靠苏联、朝鲜、外蒙、热河有依托的

---

〔1〕 林蔚，当时任国民党政府军事委员会军政部次长。刘斐，当时任国民党政府军事委员会军令部次长。

有重点的城市和乡村，建立持久斗争的基点”。十月九日中央指示指出：进入东北部队“必须迅速摆开分散，每县一连一排，迅速发展扩大，收编改造伪军、伪警”。“只有在目前高度分散发展之后，下一时期才有大量部队集中作战”。

9月29日 周恩来往访张治中，告知他毛泽东拟早日返回延安的意向。张治中表示：我既然迎接毛先生来，当然要负责送他回去。

9月30日 下午，在红岩会见青年学生，勉励他们努力学习，努力工作，准备担负更重要的任务。

同日 谈判休会。周恩来、王若飞和张治中、邵力子、张群在国民参政会联名宴请张澜、沈钧儒、黄炎培、左舜生、章伯钧、罗隆基、张申府、王云五、曾琦、傅斯年等，共商政治会议的组织等问题。

同日 美国海军陆战队一万八千余人从日本冲绳岛开至塘沽登陆。十月一日，美国海军陆战队一千四百余人，在冀东解放区的秦皇岛登陆，配合国民党军侵占了冀东解放区的北戴河、留守营、海阳镇、深河堡等港口和城镇，进驻天津、北平、唐山等地，为国民党进占华北、抢占东北建立战略基地。

10月2日 约柳亚子到红岩见面。四日，致信柳亚子，信中说：“前曾奉告二语：前途是光明的，道路是曲折的。吾辈多从曲折（即困难）二字着想，庶几反映了现实，免至失望时发生许多苦恼。而困难之克服，决不是那么容易的事情。此点深望先生引为同调。”

10月5日 周恩来、王若飞同张群、张治中、邵力子举行最后一次谈判。谈毕，周恩来提出，毛泽东来此一月有余，拟于下周返回延安。周恩来将他起草的《会谈纪要》〔1〕提交对方以供讨论。

10月7日 复信柳亚子，指出：关于和谈结果，“目前发表文章、谈话，仍嫌过早。人选种种均谈不到”。“初到陕北看见大雪时，填过一首词，似于先生诗格略近，录呈审正。”毛泽东随信附上《沁园春·雪》手迹。

10月8日 国共双方代表就《会谈纪要》交换意见并修改定稿，预定十月十日签字。

同日 晚上，出席张治中在国民党军委礼堂举行的欢送宴会，周恩来、王若飞陪同前往。到会各党派、各界人士四五百人。毛泽东发表讲话，指出：“这次商谈，全国的人民、全世界的友人与各同盟国的政府都很关心，因为商谈不是仅仅关于两党，而且是与全国人民的利害有关的问题。商谈的情况如张先生所说，是可以乐观的。”“中国今天只有一条路，就是和，和为贵，其他的一切打算都是错的。”“不能否认，困难是有的，不指出这一点是不好的。”

10月9日 和周恩来、王若飞应蒋介石夫妇邀请，到林园共进午餐，宋子文〔2〕、王世杰、张群、张治中、邵力子等在座。餐后，毛泽东同蒋介石直接商谈。蒋介石仍然提出要中共放弃军队和解放区。毛泽东表示不能同意。

10月10日 下午，周恩来、王若飞同王世杰、张群、张治中、邵力子在桂园客厅签署《政府与中共代表会谈纪要》（简称

---

〔1〕 这个《会谈纪要》，不仅把双方已一致同意的内容在文字上确定下来，而且对没有取得一致的问题也分别说明双方各自看法。在解放区地方政府问题上说明了中共先后提出的四种解决方案和双方争执所在。

〔2〕 宋子文，当时任国民党中央常委、国民党政府行政院院长。1945年11月又任国民党政府最高经济委员会主席。

《双十协定》)。签字后，邵力子说，这次商谈得以初步完成，多赖于毛先生不辞辛苦奔波，我们请他见面。毛泽东正在桂园二楼，下楼和在场者一一握手。下午四时，蒋介石到桂园回访毛泽东，谈十余分钟，毛泽东、周恩来、王若飞同蒋介石乘车去国民政府礼堂参加双十节国庆招待会。会后毛泽东回桂园。晚上，和周恩来、王若飞到林园蒋介石官邸辞行，毛泽东同蒋介石直接商谈。当晚毛泽东下榻林园。

同日　美国海军陆战队又在青岛登陆，美国海军航空队三个大队进驻北平、青岛。

10月11日　晨，同蒋介石作最后一次直接商谈。蒋介石表示在解放区问题上不再让步。毛泽东告诉蒋介石，周恩来、王若飞将在重庆继续商谈。上午九时半，由张治中、周恩来陪同，乘车到九龙坡机场。陈诚代表蒋介石到机场送行。到机场送行的有重庆各界人士和八路军办事处及《新华日报》工作人员等五百余人。毛泽东同各界代表握手话别；同陈诚、张治中、陶行知〔1〕夫妇在飞机旁合影留念。他还同在桂园服务的国民党宪兵握手说，你们辛苦了，谢谢你们。登机前，毛泽东向中外记者发表简短谈话，他说：中国问题是可以乐观的，困难是有的，但是可以克服的。然后和张治中、王若飞登机，九时四十五分起飞，下午一时三十分回到延安。

同日　主持中共中央政治局会议，报告重庆谈判的经过。毛泽东说：重庆会谈纪要是恩来同志起草的，采纳国民党方面意见略有修改。其中，国民大会与解放区问题未解决，对我们重要的是和平与解放区问题。蒋介石不给解放区几个省主席，省以下可以给。我们乃提出维持现状，将来解决。赫尔利回美国前，要我

---

〔1〕 陶行知，教育家。当时任中国民主同盟中央常委兼教育委员会主任委员。

们交出解放区，说要末承认蒋介石的要求，要末破裂。我说不承认也不破裂，问题复杂，还要讨论。本来说解决军队数目之后发公报的，后来又说要解决解放区以后才发公报，从此就停了几天。民主同盟说我们调子低。这样，我们就开始攻势，恩来十天之内向文化、妇女、产业、新闻、小党派、国民党民主派各界活动。但我们守约，谈判情况可以口头说，不登报。我们清楚地表示要和平，而他们不能这样讲。这些话大后方听得进去，要和之心厉害得很。但他们给不出和平，他们的方针不能坚决明确。我们是路线清楚而调子很低。社会舆论造成了非发会谈公报不可。这个会谈纪要，第一个好处是采取平等的方式双方正式签订，这是历史上没有过的。第二，有成议的六条，都是有益于中国人民的。如地方自治，在纪要发表后，我们提出省府民选，可以找出根据来的，因为孙中山说过。还有言论、集会、出版自由等。我原准备九号走，蒋介石留我过双十节。张治中讲，不发表这个会谈纪要不行，你这么大的面子来了，就总得搞个什么。解放区问题，还要经过斗争。我对王芸生〔1〕说："我们对国民党，只是有所批评，留有余地，并无另起炉灶之意。"王芸生听了说，多年写社论没有方针，今后有了。陈立夫表明是他首先主张签订中苏友好同盟条约的，有许多人说CC派破坏谈判，我看很多CC派人物包括陈立夫在内是动摇的。毛泽东报告结束后，会议一致同意《政府与中共代表会谈纪要》。

10月12日 同张治中共进早餐，朱德、彭德怀、叶剑英、吴玉章〔2〕、王若飞、杨尚昆〔3〕作陪。当张治中询问对今后谈判

---

〔1〕 王芸生，当时任重庆《大公报》总编辑。

〔2〕 吴玉章，当时任陕甘宁边区政府文化委员会主任。

〔3〕 杨尚昆，当时任中共中央军委秘书长、中央外事组副组长。

的意见时，毛泽东说，希望此次谈判中尚未获得协议的国民大会问题与解放区问题，早日商得共同意见，以便政治协商会议能及早顺利开幕。上午九时，张治中和王若飞乘原机飞往重庆，毛泽东到机场送行。在去机场路上，毛泽东对同车的张治中说：你为和平奔走是有诚意的，你把《扫荡报》改为《和平日报》就是一个例子。《扫荡报》是在江西围攻我们时办的，你改了报纸的名字，有些人是一定不赞成的。

同日　为中共中央起草给各中央局、分局、区党委的指示。指示指出：双十节国共协定今日公布。“和平基本方针虽已奠定，但暂时许多局部的大规模的军事冲突仍不可避免，除粤、鄂、豫、浙及苏南等地顽军正在向我进攻外，沿平汉、津浦、同蒲、正太等路顽军正在向我大举进攻，争夺北宁、胶济、平绥三路的战斗亦将到来，我方必须提起充分注意，战胜这些进攻，绝对不可松懈。”“解放区问题未能在此次谈判中解决，还须经过严重斗争，方可解决。这个极端重要的问题不解决，全部和平建国的局面即不能出现。”“解放区军队一枪一弹均必须保持，这是确定不移的原则。”“目前伪军未解散，敌军未缴械，解放区问题未解决，谈不到编整部队问题。即将来实行编整时，我方亦自有办法达到一枪一弹均须保存之目的。过去中央指示各地扩大军队整编主力计划，继续执行不变。”“东北问题未在此次谈判中提出，我党一切既定计划照样执行。”

同日　中共中央军委致电山东罗荣桓、陈毅：华东的中心任务，除调兵东北外，是切断津浦铁路，阻止国民党军北上，并消灭其一部或大部。

10月13日　蒋介石发布进攻解放区的“西元密令”[1]，要

---

〔1〕“西元密令”，即蒋介石1945年10月13日密令。这个密令，在邯郸战役中被晋冀鲁豫部队缴获，新华社于1945年11月6日公布。

求国民党军队将领："遵照中正所订的剿匪手本，督励所属，努力进剿，迅速达成任务，其功于国家者必得膺赐，其迟滞贻误者，当必执法以罪。希转饬所属剿共部队官兵一体悉遵为要。"

10月16日　就东北应坚决阻止蒋军登陆问题，致电彭真：大连为自由港，苏方已拒绝国民党军登陆，旅顺亦不许登陆，故蒋方从营口、锦州试探登陆，还可能从安东〔1〕等处试探。"蒋军从秦皇岛登陆，向山海关、锦州攻击前进，是必然的。除令在途各部兼程急进，胶东方面星夜海运，并令林彪急至沈阳助你指挥外，望你就现有力量加强训练，并动员民众坚决阻止登陆，争取时间。"

同日　为中共中央起草致晋察冀中央局、晋绥分局并告东北、晋冀鲁豫两中央局电：即将开始的平绥战役，关系我党在北方的地位及争取全国和平局面，极为重大。蒋介石令傅作义集结五万余人于归绥、集宁、大同之线，一俟陆运、空运、海运兵力集中北平、天津、秦皇岛等地，即将配合傅部进攻张垣〔2〕，并进攻沈阳、承德。顽伪军企图切断我东北、华北、西北之通路。此次平绥战役，系为收复失地打开交通道路而战，具有充分的理由，望鼓励士气，坚决、彻底、干净、全部地消灭反共反人民之顽伪军，完成你们的神圣任务。

同日　电告聂荣臻："蒋系十六军主力已达石家庄〔3〕，可能迅到北平，九十二军从武汉、九十四军从上海均于酉东〔4〕开始

---

〔1〕　安东，今辽宁丹东。

〔2〕　张垣，今河北张家口。

〔3〕　第十六军属国民党军第一战区第34集团军建制。是由山西运城沿同蒲路、正太路运至石家庄的。邯郸战役（即平汉战役）中，该军由石家庄南下，以配合孙连仲部北上，企图南北夹击刘伯承、邓小平领导的晋冀鲁豫军区主力。因刘邓部队在邯郸战役中迅速取胜，该军缩回石家庄。

〔4〕　酉东，即10月1日。

空运平、津，现已半月，月底运完，故本月底蒋系至少有三个军到平、津，望注意平、津蒋军动向之侦察。”

10月17日 为中共中央起草致王震电：“南支在王、王〔1〕领导下，克服了由于突然事变所产生的极大困难，胜利地北渡长江，保存了基本力量，中央对全体指战员深表慰问之忱。目前五师及王、戴〔2〕处境较为困难，南支既加入五师野战兵团序列，望在郑、李〔3〕领导下，协助五师及王、戴争取一个至几个战役的胜利。南支尔后行动当与五师及王、戴的整个行动加以考虑。目前鄂豫我军的胜利行动，对于争取华北及东北的胜利有重大帮助。”

同日 关于举行平汉战役（又称邯郸战役），以歼灭国民党军第十一战区司令长官孙连仲率领自新乡沿平汉路北犯邯郸的三个军，为中共中央起草致晋冀鲁豫中央局电。电报指出：“即将到来的新的平汉战役，是为着反对国民党主要力量的进攻，为着争取和平局面的实现。这个战役的胜负，关系全局极为重大。你们须准备一个半月以上的时间，在连续多次的战斗中，争取歼灭八万顽军的一半左右或较多的力量，方能解决问题。望利用上党战役的经验，动员太行、冀鲁豫两区全力，由刘、邓亲临指挥，精密组织各个战斗，取得第二个上党战役的胜利。”随后，刘邓部诱敌深入至漳河以北、邯郸以南的袋形战场，于二十四日突然出击，二十五日将敌包围，利用夜间进行近迫作战、逐点割歼和渗入袭扰，以削弱和疲惫敌人，待后续部队赶到参加总攻。

同日 为中共中央起草致各中央局、分局及各军区电，指

---

〔1〕 南支，指八路军南下支队。王、王，指王震、王首道。1945年10月上旬该部由广东北部北返到达大悟山地区，同新四军第5师会合。

〔2〕 指王树声、戴季英领导的河南军区部队。

〔3〕 郑、李，指郑位三、李先念。

出："在反对顽军向解放区进攻争取和平局面的战斗中，望各地注意收集顽军反共反解放区的证件，不论是文字的或俘虏官佐的口供，都甚重要。文字证件及俘虏官佐均加拍照，送来延安。"

同日 在延安干部会议上作关于重庆谈判的报告，指出："谈判的结果，国民党承认了和平团结的方针。这样很好。国民党再发动内战，他们就在全国和全世界面前输了理，我们就更有理由采取自卫战争，粉碎他们的进攻。""我们的方针是保护人民的基本利益。在不损害人民基本利益的原则下，容许作一些让步，用这些让步去换得全国人民需要的和平和民主。"并强调："人民的武装，一枝枪、一粒子弹，都要保存，不能交出去。"这个报告编入《毛泽东选集》。

10月19日 为中共中央军委起草致郑位三、李先念电："鄂南及九江附近之力量须立即北移。"

同日 修改中共中央关于目前东北发展方针给东北局的指示稿，加写一段话："我党方针是集中主力于锦州、营口、沈阳之线，次要力量于庄河、安东之线，坚决拒止蒋军登陆及歼灭其一切可能的进攻，首先保卫辽宁、安东，然后掌握全东北，改变过去分散的方针。"二十日，为中共中央军委起草致林彪、萧劲光[1]电，要他们两人均赴沈阳，愈快愈好。二十三日，又为中央起草致东北局电，要求竭尽全力独占全东北，万一不成亦造成对抗力量，以利将来谈判。

同日 为中共中央起草致罗荣桓、陈毅、黎玉电，指出：

---

〔1〕 萧劲光之前被任命为山东军区副司令员，1945年8月25日飞抵太行后，即前往山东，途中得知中央调令后，转道出山海关。1945年10月31日，萧劲光任东北人民自治军第三副总司令（同年11月2日改任第四副总司令兼第一参谋长）。

“山东除竭尽全力组织渡海外，陈、黎组织津浦战役是一件关系全局的大事。望陈、黎精心计划，组织一支至少三万五千至四万人的野战军，在徐州、济南间适当地区占领铁路一段并向南北扩大占领区，然后选择时机，歼灭蒋军一两个师，打一个开始的好胜仗。”国民党军第十二军及骑兵第二军在十月份乘我山东主力部队开赴东北、新四军入山东部队尚未到达之隙，在日伪军掩护下，从徐州沿津浦线北上进占济南。山东部队于十月十八日发起津浦战役，至一九四六年一月七日胜利结束，共歼国民党军二万八千余人，控制津浦线二百余公里，截断徐州国民党军继续经济南向天津及东北开进的陆上道路。

10月20日 关于和平建设过渡阶段的形势和任务，为中共中央起草致各中央局、区党委，各兵团首长电。电报指出：“目前开始的六个月左右期间，是为抗日阶段转变至和平建设阶段的过渡期间。今后六个月的斗争，是我们在将来整个和平阶段中的政治地位的决定关键。在这一期间内，我党在国民党统治区域（例如重庆、上海、北平）内的任务，是扩大民族民主的统一战线工作，与广大友好的及可能争取的中外人士合作，组织广大群众，发动要求民主、惩治汉奸、挽救经济恐慌、救济失业人民与援助还乡人民等项运动，并与政府当局继续谈判尚待解决的问题。我党在解放区的中心任务，是集中一切力量反对顽军的进攻及尽量扩大解放区。为此目的，除移动大量军队与干部去东北及热河等地，并在那里组织人民，扩大军队，阻止与粉碎顽军侵入外，在一切解放区，是组织强大的野战军，有计划地歼灭向我进攻的顽军，歼灭的愈多愈干净愈彻底愈好。”“和平、民主、团结、统一，这是我党既定方针，也是国民党被迫不得不走的道路，这在双十重庆协定上已经规定下来，但国民党力图在最近几个月内控制更多地方，力求他们在华北、东北占优势，力图削弱我党我军，以便在有利于他们的条件下实现和平妥协，故在目前过渡阶段上发生了大规模的猛烈的军事斗争（不能把目前这种大规模的军事斗争误认为内战阶段已经到来）。这一不可避免与已经到来的当前形势，我党必须认识清楚，必须坚持又团结又斗争，以斗争之手段达到团结之目的这一方针，毫不动摇地争取目前的胜利，以便有利地转到和平发展的新阶段。目前斗争的胜利愈伟大，和平实现的时间将愈迅速，愈对全中国人民有利。”

10月21日　关于各方参加政协的代表名额问题，周恩来同国民党代表谈判达成协议：国民党代表八人，共产党代表七人，民主同盟六人，青年党五人，无党派人士九人。

10月22日　为中共中央起草致中原局郑位三、李先念电：“你们须准备至少六个月内在豫鄂活动。三部会师后，集中强大野战军打几个大胜仗，方能有助于整个局势，也方能转变你们自己的局势。”“目前你们野战军会合王、戴〔1〕、二王〔2〕，以夺取桐柏山区域最为适宜，不可过早向其他区域去，反而增加你们的困难，且于大局不利。”“只要打胜仗，财政就有办法，几个胜仗以后，占领大块地区（至少七八个县），不怕不能解决财政问题。”二十四日，王树声、戴季英率河南军区部队到达桐柏山区，与新四军第五师及南下支队会合。三十日，中共中央决定李先念任中原军区司令员，郑位三任政治委员，王树声任副司令员，王震任副司令员兼参谋长，戴季英任副政治委员，王首道任副政治委员兼政治部主任。

10月23日　关于组织晋察冀第二野战军问题，为中共中央

〔1〕 指王树声、戴季英领导的河南军区部队。

〔2〕 指王震、王首道领导的八路军南下支队。

起草致聂荣臻、萧克、罗瑞卿、刘澜涛并告彭真、程子华[1]，林彪、萧劲光电，指出：至下月上旬，顽方即将有三个军八个师集中北平，判断除以一部保护北平及平津线外，主力将向承德进攻，并威胁张家口。决定迅速组织晋察冀第二野战军，由晋冀、冀中、平北现有精干地方兵团抽调至少三万人，编成十二个至十五个大团，限于两星期至多三星期内集中平北军区，完成作战准备。其任务为协同热河、冀东部队，坚决歼灭向承德进攻之顽军，巩固热河及平北。第二野战军以萧克为司令员，罗瑞卿为政治委员。林彪、萧劲光野战军以歼灭由天津、秦皇岛线向东北进攻之顽军为目的，位于沈阳、山海关线。

10月24日 中共中央决定成立华中分局，以邓子恢、谭震林、粟裕、张鼎丞、刘晓五人为常委（十一月二十六日又增补曾山为常委），邓子恢任书记兼华中军区政治委员，谭震林任副书记兼华中军区副政治委员，粟裕任华中军区司令员，张鼎丞任副司令员。二十九日，中央采纳粟裕的建议，张鼎丞任华中军区司令员，粟裕任华中军区副司令员兼华中野战军司令员。以后又任命谭震林兼华中野战军政治委员。

同日 为中共中央起草致郑位三、李先念电："庆祝你们占

---

〔1〕 彭真，当时任中共中央政治局委员、中央书记处候补书记、东北局书记、东北军区（至10月31日撤销）第一政治委员。1945年10月31日又任东北人民自治军第一政治委员。程子华，当时任中共冀热辽中央分局书记、东北军区（至10月31日撤销）司令员、冀热辽军区政治委员（1945年11月改称第一政治委员）。1945年10月31日又任东北人民自治军副政治委员。

领桐柏[1]。望努力扩大战果，大批歼灭顽军，占领多数县城，创造新局面。”

10月25日 关于组织冀东纵队，为中共中央军委起草致彭真、程子华转告李运昌[2]电，指出：蒋介石正由陆海空运兵至平津、唐山、秦皇岛线，其数达二十万。其中十万将位于平津、唐山、秦皇岛线，是进攻东北的；十万位于北平、天津线，除一部守备该线外，主力将向热河进攻。我已决定组织晋察冀第二野战军。李运昌所部冀东部队，迅速从现有全部队伍中抽调较有战斗力者一万五千至二万左右，编为七个至十个大团，总称为冀东纵队，由李运昌亲率位于机动地区，依将来情况决定，或者配合辽宁野战军打击由关内向关外进攻之顽军，或者配合萧克、罗瑞卿及程子华野战军打击由北平向承德进攻之顽军。

同日 在抗大七分校作报告，欢送即将上前方去的学员。毛泽东说，我们解放区，华北、华中、东北、陕甘宁边区，共有一万万五千万人口的地方，一百三十万军队，二百五十万以上的民兵。国民党进攻解放区的军队共有八十万，包围陕甘宁边区的还不算在内。已经打了好几仗，头几仗他们都没有争到面子。仗还要打下去，恐怕半年还不一定。如果我们打赢了，我们派代表和他说：蒋委员长，我们从前谈判过，我们还是和平吧！那时候就可以和平了。如果是他打赢了，解放区就要变成黑暗的地方。我们总的任务，是为全国和平而奋斗，把敢于进攻我们的反动派打垮下去，取得和平。这是第一条。第二条，希望你们扩大自己的

〔1〕 桐柏战役，于1945年10月20日发起。中原军区主力经过1个半月连续作战，相继攻克豫鄂边境平汉路以西的桐柏、枣阳、新野、唐河4座县城，歼国民党军2000余人。

〔2〕 李运昌，当时任冀热辽军区副司令员。

队伍，巩固自己的队伍，一定要把官兵关系搞好。我们党内要有民主，对同志要有同志的、朋友的、兄弟的、姐妹的态度，全党团结一致，什么敌人也不怕。第三条，要和老百姓搞好关系，关心他们，解决他们的困难，我们的军队要和全体人民团结起来。

10月27日 为中共中央军委起草致刘伯承、邓小平、薄一波、张际春、李达电，认为平汉战役部署甚当。“俟后续到齐，养精蓄锐，那时敌必饥疲，弱点暴露，我集中主力寻求弱点，歼灭其一两个师，敌气必挫。”二十八日，后续部队到齐，当晚发起总攻。三十日，国民党军第十一战区副司令长官兼第八军军长高树勋率部约一万人起义。当天，毛泽东为中央军委起草致刘伯承、邓小平电：胡宗南部在石家庄的第十六军三个师久未作战，估计每师不超过五千人，似不十分积极南下，如北面地方兵团及民兵能作有力之阻击、困扰，可能迷惑该顽不敢冒进，给我以充分时间，集中优势兵力各个歼灭当面之敌。三十一日，黎明前，国民党军第十一战区另一副司令长官马法五率主力向南突围。当晚，刘邓所部突入马法五长官部，马部失去指挥，顿时大乱，四散奔逃，刘邓所属各部围追堵截溃逃之敌。十一月一日，毛泽东为中共中央起草致刘伯承、邓小平电，指出“高树勋起义意义很大，你们处置很对”，并建议高部改称“民主建国军”或“人民建国军”。十一月二日，毛泽东、朱德电贺高树勋率部起义：“闻兄率部起义，反对内战，主张和平，凡属血气之伦，莫不同声拥护。特电驰贺，即颂戎绥。”这一天，平汉战役结束。此役俘国民党军第十一战区副司令长官兼第四十军军长马法五，共歼国民党军三万人。由石家庄南援之胡宗南部第十六军闻风回撤。

10月28日 为中共中央起草致东北局电：“蒋已展开八十万军队向我华北、华中进攻及准备进攻东北，我党决心动员全力，控制东北，保卫华北、华中，六个月内粉碎其进攻，然后同蒋开谈判，迫他承认华北、东北的自治地位，才有可能过渡到和平局面，否则和平是不可能的。”

10月29日 为中共中央连续起草两电致重庆中共代表团，指出：“目前最急者是停止内战问题，不停止内战，一切无从谈起。”“东北、华北、苏北、皖北及边区实行孙中山民选地方自治，不得委派人员。”

10月30日 为中共中央起草致热河分委〔1〕并告彭真电：“本年两个月内是决定胜负的关键，望动员热河全党全军紧张工作，一切为着粉碎蒋介石向热河进攻之总目标而努力。”

10月31日 为中共中央起草致东北局电：“决定以林彪为东北人民自治军总司令，吕正操为第一副司令，李运昌为第二副司令，萧劲光为第三副司令兼参谋长，彭真为第一政治委员，罗荣桓为第二政治委员，程子华为副政委。”十一月二日，为中央起草复东北局电：“同意周保中为第四副司令，伍修权为第二参谋长”。决定“组织北满分局，陈云为书记，林枫为副书记，任务为控制北满各地，组织军队，建立政权，发动民众，镇压反动，巩固东北之后方”。中央并决定高岗、张闻天为北满分局委员，高岗兼北满军区司令员，陈云兼北满军区政治委员。

11月1日 关于十一月作战部署，为中共中央军委起草致各战略区电：“我党任务是夺取东北、巩固华北华中，而十一月开始之主要作战方向已转至东北方面，第二个作战方向则是华北华中。”“东北方面，林、彭立即布置内线作战，先在葫芦岛至锦州、营口至海城之线尽力阻滞登陆之蒋军，以待已到部队之组成及路上部队之到达，并于适当时机坚决歼灭蒋军，不使进沈阳。”

---

〔1〕 中共热河分委是晋察冀中央局1945年9月20日决定成立的，胡锡奎为分委书记。

“聂、贺军[1]待绥远作战完毕，则以主力转至平津方面，策应东北作战。”“刘邓、陈黎[2]及华中三处，除开东北者外，仍服原任务，准备歼灭必然继续向北进攻之蒋军主力。”

同日 为中共中央起草致重庆中共代表团电，指出：各主要铁路均被切断，蒋军各部均不得进。谈判时我已提出各铁路双方不驻兵，运兵要协商，但实际上我方不能同意彼方运兵，因运兵即是内战。对美政策仍取友好态度，只在美军向我进攻条件下我方不能不自卫。

同日 美国军舰将国民党军第十三军从上海运抵秦皇岛，随后，又从越南海防市将国民党军第五十二军运抵秦皇岛。

11月2日 电告彭真：“沈阳得失决于美军是否协助蒋军进攻，如不协助，依靠你们现有兵力及不久到达之兵力，很能打胜孤立前进之蒋军；如协助，亦需坚决作战，争取时间，控制东西北满。”“葫芦岛打枪[3]，重庆已有反映，王世杰请苏方令中共撤退，苏方说，这是中国自己的事，他们不与闻。似此如我在葫岛、营口、安东等地坚决抵抗，可能使蒋方有所顾虑，先在关内集中兵力。”

11月3日 为中共中央军委起草致刘伯承、邓小平等电：“国民党诬蔑我党发动内战，亟应作有力回答，请从高树勋处及缴获文件中，清出最有用者用新华社明码发表。蒋介石发有剿匪手册，每师数十本，注意清查公布，至要。”新华社于六日、七日、十一日发表缴获的国民党发动内战的密令七件。

---

〔1〕 指聂荣臻指挥的晋察冀军区第一野战军和贺龙指挥的晋绥野战军。

〔2〕 陈黎，指陈毅、黎玉。

〔3〕 指运送国民党军的美国军舰，企图在葫芦岛港口靠岸，被东北人民自治军击退。

同日 为中共中央起草致重庆中共代表团电，指出："关于放弃鄂豫解放区及其军队北移问题，请不要再提，相反，应和华北、华东同样实现人民自治，因为我们看到浙东、苏南、皖中、皖南解放区自我军退出后遭受屠杀。"本日又电中共代表团："华北、东北、苏北、皖北及边区全部归人民自治（孙中山主张）……中央政府不得违背自治原则派遣官吏，已派者须取消。东北问题现在就应提出，华北各地敌伪受降全部归我。……东北由东北人民自治军保护治安，中央军不得开入，否则，引起内战由彼负责。"

11月5日 以中共发言人名义发表谈话，指出："国民党当局正在大举调兵，像洪水一样，想要淹没我整个解放区。他们在九、十两月几个进攻失败之后，正在布置新的更大规模的进攻。而阻碍这种进攻，亦即有效地制止内战的武器之一，就是不许他们在铁路上运兵。我们和旁人一样，主张交通线迅速恢复，但是必须在受降、处置伪军和实行解放区自治三项问题获得解决之后，才能恢复。""交通问题应该迅速解决，这三大问题尤其应该迅速解决。三大问题不解决而言恢复交通，只是使内战扩大延长，达到内战发动者们淹没解放区的目的。"这个谈话编入《毛泽东选集》时，题为《国民党进攻的真相》。

同日 为中共中央起草致重庆中共代表团电："（一）刚才博古[1]说，前在焦作被迫降落之国民党飞机，内有军委会（蒋署名）给阎锡山的信及剿匪手册两本，此信由太行拍来总社，博古已发广播，此事一下揭穿了蒋的秘密，且看反映如何。（二）你可借此转入主动地位，采取有理有利态度。"本日，又致电中共代表团，指出邯郸战役缴获大批文件证明政府有全盘反共内战计

〔1〕 博古，即秦邦宪，当时任延安解放日报社社长。

划，请考虑采取强硬态度，说政府一面谈判，一面大举进攻，现并大举调兵，所谈尽是欺骗，我们不能信任；如欲取信，必须立即解决受降（包括撤兵驻防）、处置伪军、解放区自治三大问题。

11月7日 为中共中央起草关于减租和生产的指示。指示指出："我党当前任务，是动员一切力量，站在自卫立场上，粉碎国民党的进攻，保卫解放区，争取和平局面的出现。为达此目的，使解放区农民普遍取得减租利益，使工人和其他劳动人民取得酌量增加工资和改善待遇的利益；同时又使地主还能生活，使工商业资本家还有利可图；并于明年发展大规模的生产运动，增加粮食和日用必需品的生产，改善人民的生活，救济饥民、难民，供给军队的需要，成为非常迫切的任务。"这个指示编入《毛泽东选集》时，题为《减租和生产是保卫解放区的两件大事》。

同日 为中共中央起草致重庆中共代表团电，指出："美国政府深堪注意，友人〔1〕意见值得考虑，但在美蒋坚决进攻方针下，我们无法退让，只有自卫一法。""目前的谈判，彼方全为缓兵之计，并无诚意解决问题，彼方一切布置均为消灭我党。我方宣传弱点甚多，你提出的意见是很对的，应当采取'哀者'态度，应当照顾中间派，不要剑拔弩张，而要仁至义尽；但是总的情况，我处内线，彼处外线，我是防御，彼是进攻，再过一时期各方均会看得清楚。目前谈判方针在不束缚手足"。"今日新华社发表国民党军队百余万向我进攻的详细番号〔2〕，当有利于揭破

---

〔1〕 指苏联方面。

〔2〕 新华社1945年11月7日发表的《国民党军进攻解放区之番号及进攻事略》中，列举了进攻解放区的国民党军49个军127个师的番号（共100余万人）及其进攻地点。尚不包括海运东北的第52军和第13军5个师及包围陕甘宁边区的部队在内。

彼方之欺骗。”

11月9日 为中共中央起草致程子华、热河分委、冀热辽区党委、晋察冀中央局、东北局电，指出：热河军队、财政及干部均依靠晋察冀解决，而东北局集中注意组织内线作战，无暇兼顾，因此，改变过去决定，成立冀热辽中央分局，仍归晋察冀中央局指挥。冀热辽中央分局以程子华为书记，以萧克、罗瑞卿、李运昌、胡锡奎、赵毅敏、吴德、詹才芳为委员。以萧克为冀热辽军区司令，李运昌为副司令，程子华为第一政治委员，罗瑞卿为第二政治委员。萧克、罗瑞卿指挥的晋察冀第二野战军改称冀察晋辽热第二野战军，仍以萧、罗为该野战军首长，任务主要是保卫热河及坚持冀东、平北斗争。

11月10日 为中共中央起草致东北局电："迅速发动群众创造战场，向民众宣传蒋介石收复东北无功、抛弃东北有罪，造成民众反蒋热潮；派大批民运党务干部去沈阳山海关线、沈阳营口安东线，把发动民众创造战场当作当前紧急战略任务，千万注意。”

11月12日 主持中共中央政治局扩大会议，在会上发言说：要组成强大的野战军，聂荣臻七万，贺龙三万，刘伯承七万，陈毅七万，李先念三万，粟裕五万，关内六大军区共三十二万野战军。东北二十万。总共五十二万。再过几个星期可以完成。蒋介石的基本弱点有两个，兵心不固，民心不归。高树勋起义影响很大，起义通电传得很广，现在已令各处庆祝〔1〕。我们破路是制止内战手段之一，我们组织破路司令部，群众得铁轨、枕木，积极得很。我们承认蒋介石来势很凶，但除了抵抗以外，别无办法。现在要搞生产与减租，新地区还要搞大的减租运动，

〔1〕 中共中央1945年11月12日发出《关于扩大邯郸起义宣传的指示》。

否则，群众情绪不能提高，生产也无兴趣。

11月15日 致电林彪、彭真，提出："应令李运昌、杨国夫[1]两部坚持山海关、绥中之线，节节抗击，消耗疲惫敌人，而令黄、梁[2]两部从冷口、界岭口分路隐蔽开至锦州、锦西、兴城三角地区处于内线休整部队，恢复疲劳，补充枪弹，熟悉地理民情，创造战场，演习夜战，俟敌进至绥中地区或兴城地区，业已疲劳消耗至相当程度，我则可集中最大兵力，计黄克诚三万五千，梁兴初七千，杨国夫七千，李运昌、沙克[3]在盘山、锦州至山海关一带者至少二万（新部队可以参战作为辅助兵力），共约七万人，于最有利之时机地点，由林彪或荣桓亲去指挥，举行反攻，分作几个战斗，每次歼灭二三个师，最后全部歼灭三个军[4]，即能从战略上解决问题。冀东已编成两个野战旅，可调至山海关、绥中、兴城之线的西面山地隐蔽集结，于正面主力举行决战时，从侧面切断敌人后路。总之从内线作战着眼，此种方针最为有利。"十六日，山海关被国民党军占领。

11月16日 蒋介石对参加复员整军会议的各战区司令长官、各方面军司令官、各集团军总司令讲述《剿匪战术之研究与高级将领应有之认识》，宣称："我们回想这二十年来，奸匪始终是本党唯一的敌人"。

11月中旬—12月中旬 因疲劳过度，患病住院。

11月19日 彭真、林彪致电中共中央，报告苏军通知他

---

〔1〕 杨国夫，当时任山东军区第7师师长。

〔2〕 黄，指黄克诚。梁，指梁兴初，当时任山东军区第1师师长。

〔3〕 沙克，当时任晋察冀军区冀中纵队参谋长。1945年9月下旬率部进军东北。

〔4〕 指已到秦皇岛正向山海关进攻的国民党军第13军、第52军和准备从石家庄开至山海关的第16军。

们，长春铁路沿线及城市全部交给蒋军，有苏联红军之处，不准我军与蒋军作战，要我军退出铁路线若干里以外，以便蒋军能接收，他们能回国。二十日，刘少奇为中共中央起草复电，指出："长春路沿线及大城市让给蒋军，我们应作秘密工作布置"，"大城市让出后，应力求控制次要城市，站稳脚跟，准备和蒋军斗争"。"迅速在东满、北满、西满建立巩固的基础"，"只要我们能争取广大乡村及许多中小城市，紧靠着人民，我们就能争取胜利"。二十六日，东北人民自治军主动撤出锦州，改变了在锦州决战的计划。十一月底，东北局撤离沈阳，迁往本溪。十二月二十四日，刘少奇电告东北局："你们今天的中心任务是建立可靠的根据地，站稳脚跟"。"主力在紧张情况下从城市撤走是困难的，必将引起混乱。你们应趁顽军尚未到达时，将主力从容移至安全地带，在冬季好好进行发动群众建立根据地工作，这样明春才有办法应付。黄克诚及梁、罗[1]等部亦须迅速分散到西满各地，才能过活，否则严冬一到，分散与剿匪均难进行，冬季工作将不能获得很好结果"。

12月3日 中共中央军委决定，新四军军长陈毅兼山东军区司令员，新四军政治委员饶漱石兼山东军区政治委员，新四军副军长张云逸兼山东军区副司令员，黎玉为新四军副政治委员兼山东军区副政治委员，舒同为新四军政治部主任兼山东军区政治部主任。本月初，新四军军部和华中局到达临沂与陈毅会合。十八日，中共中央决定成立华东局，陈毅、张云逸、黎玉、饶漱石、舒同为常委，饶漱石为书记，陈毅、黎玉为副书记。

12月15日 出席中共中央会议。会议讨论通过毛泽东为中

---

〔1〕 梁，指梁兴初。罗，指罗华生，当时任派往东北的山东军区第2师师长。

共中央起草的党内指示。指示指出“尽一切努力粉碎国民党的进攻，仍是各解放区的中心任务”，并要求各解放区抓紧做好练兵、减租、生产等十项工作，以巩固解放区，提高我军战斗力。指示强调“不论时局发展的情况如何，我党均须作持久打算，才能立于不败之地”。这个指示编入《毛泽东选集》时，题为《一九四六年解放区工作的方针》。会议决定：周恩来、董必武、王若飞、邓颖超、叶剑英、陆定一、吴玉章七人为中共代表出席政治协商会议；成立南方局（目前称作重庆局），董必武为书记，王若飞为副书记。

12月17日 中共中央发言人就杜鲁门十五日发表的对华政策声明发表谈话：“要求中国内战之立时的、全面的与无保留的终止；并要求即将在重庆召开的政治协商会议执行各党派代表会议的职权，结束一党专政与改组国民政府。”

12月20日 中共中央致电东北局：“为加强西满分局，中央决定：李富春为书记兼西满军区政委，黄克诚为副书记兼副政委，林彪为西满军区司令员，吕正操、李运昌为副司令员，由李、黄、林、吕、李再加张平化组成西满分局常委。”

12月22日 美国总统特使马歇尔到达重庆。二十三日，周恩来、董必武、叶剑英会见马歇尔，提出停止内战，召开政治协商会议草拟宪法，然后由改组了的政府筹备国民大会通过宪法。

12月25日、26日 读普列汉诺夫《论一元论历史观的发展》。

12月27日 中共代表团同国民党政府代表团恢复谈判〔1〕。

〔1〕1945年10月10日国共双方签订《双十协定》后，自10月20日至11月17日，中共代表团同国民党政府代表团又进行10次谈判。11月25日周恩来等返回延安，国共谈判暂停。12月16日周恩来等抵达重庆，27日恢复谈判。

中共代表团书面提出关于无条件停止内战的建议："双方下令所属部队在全国范围内均暂各驻原地，停止一切冲突。"当日，周恩来应邀赴马歇尔的宴会，并就政协和东北问题进行会谈。

12月28日 为中共中央起草致东北局的指示。指示指出：我党现时在东北的任务，是在东满、北满、西满建立巩固的军事政治的根据地。"建立这种根据地的地区，现在应当确定不是在国民党已占或将占的大城市和交通干线，这是在现时条件下所作不到的。也不是在国民党占领的大城市和交通干线的附近地区内。这是因为国民党既然得了大城市和交通干线，就不会容许我们在其靠得很近的地区内建立巩固的根据地。这种地区，我党应当作充分的工作，在军事上建立第一道防线，决不可轻易放弃。但是，这种地区将是两党的游击区，而不是我们的巩固根据地。因此，建立巩固根据地的地区，是距离国民党占领中心较远的城市和广大乡村。"指示还指出，我党在东北的工作重心是群众工作，群众工作的内容，是发动人民进行清算汉奸的斗争，是减租和增加工资运动，是生产运动。我党必须给东北人民以看得见的物质利益，群众才会拥护我们，反对国民党的进攻。指示要求将正规军的相当部分，分散到各军分区去，从事发动群众，消灭土匪，建立政权，组织游击队、民兵和自卫军，以便稳固地方，配合野战军，粉碎国民党的进攻。这个指示编入《毛泽东选集》时，题为《建立巩固的东北根据地》。

同日 中共中央致电陈毅，张鼎丞、邓子恢，郑位三、李先念，指出："中央同意五师主力即作战略上之转移，只以一部主力配合地方部队坚持原来根据地。"二十九日，中共中央又致电郑位三、李先念和中原局，指出："估计国内和平的趋势已经确定，只是具体实现和平还有许多曲折。因此，我们在鄂豫多年奋斗所创造的成绩必须保持，也可能保持，以便在和平实现时能争取我在鄂豫皖区一定的地位。目前因为困难，你们主力之一部应该转移，但必须留有力之一部（能作分散游击战者），在各根据地坚持，李先念同志最好还是留下，万不可全部开走。只要我能坚持下去（时间可能也不会很长），就不独能增强我在谈判中的地位，而且可能争取到我在将来湖北、河南、安徽政府中某种地位。望你们根据这种考虑来布置你们的工作，并将布置电告。”

12月31日　重庆中共代表团收到国民党政府关于停止军事冲突的复文，国民党政府表示原则上同意停战。下午，国共双方代表继续商谈。

1946年 五十三岁

1月5日 中共代表同国民党政府代表就停止军事冲突、恢复交通问题达成协议。随后，双方开始讨论并拟定停战命令以及在北平设立军事调处执行部等问题。

1月7日 苏联派来为毛泽东治病的阿洛夫和米尔尼柯大夫飞抵延安。毛泽东的长子毛岸英随同回到延安。

1月8日 复信在苏联学习的蔡博[1]等青年："永福[2]回来，接到你们的信，十分高兴。正如你们信上所说，新中国需要很多的学者及技术人员，你们向这方面努力是很适当的。"

1月9日 关于中原军区部队停止转移问题，中共中央复电中原局："停战谈判已有结果，命令可能在日内下达。""你们停止东进北上的计划，在原地坚持是对的。[3] 望你们在最近一星期内计划控制较大的地区及若干城镇，以便在停战时刻到后你们能有较大地区立足及生存。"

1月10日 国民党政府代表同中共代表商定的停止军事冲突的协议公布，确定一月十三日午夜生效。十一日，北平军事调处执行部由美国驻华代表罗伯逊、国民党政府军事委员会军令部第二厅厅

---

〔1〕 蔡博，蔡和森的儿子。

〔2〕 永福，即毛岸英。

〔3〕 中共中央中原局1946年1月8日致电中央：由于停战最近有很大可能，又由于到豫北、华东没把握走通，我们已决定全部留原地坚持。

长郑介民、第十八集团军参谋长叶剑英组成，十三日赴北平工作。

同日　中国共产党中央委员会主席毛泽东和国民党政府军事委员会委员长蒋介石同时下达停战令。毛泽东在停战令中指出：“本党代表和国民政府代表对于停止国内军事冲突之办法、命令及声明，业已成立协议，并于本日公布在案。凡在中国共产党领导下之一切部队，包括正规军、民兵、非正规军及游击队，以及解放区各级政府，共产党各级委员会，均须切实严格遵行，不得有误。全中国人民在战胜日本侵略者之后，为建立国内和平局面所作之努力，今已获得重要之结果。中国和平民主新阶段，即将从此开始。”

同日　政治协商会议在重庆开幕。周恩来率领中共代表团出席会议。会上，蒋介石宣布四项诺言：保证人民自由，各政党一律平等，实行地方自治和普选，释放政治犯。政治协商会议于三十一日闭幕。

1月11日　关于停战后在东北（满洲）的政策问题，中共中央致电东北局，指出：“国共停战协议及命令已公布，望遵行。停战是包括满洲在内的，但我们同意国军开入满洲及在满洲境内调动，并在谈判记录上取得默契四点，即在满洲不得驻兵过多；经过秦皇岛登陆的国军只能开入满洲；如派遣国军经过华北我区其他路线而入满洲，须事先经过协商；进入满洲各地的国军调动，须按日报告北平执行总部。”在停战令下达后，蒋介石推翻上述默契，坚持认为东北是接受主权问题，不包括在停战协定之内，并继续向东北增兵进攻中共部队。十三日，中共中央致电东北民主联军〔1〕总司令林彪、东北局书记兼东北民主联军第一

〔1〕从1946年1月起，东北人民自治军改称东北民主联军，该军的其他领导人员是：第二政治委员罗荣桓，副总司令吕正操、李运昌、周保中、萧劲光（兼参谋长），副政治委员程子华。

政治委员彭真，指出：国民党拒绝与我谈判东北问题，国民党军队进入东北后要向我们进攻是不能避免的。望东北局立即布置一切，在顽军进入东北向我进攻时，坚决击破其进攻。

1月27日　到机场迎接周恩来等返回延安。

1月28日　复信柳亚子："一病数月，未能奉复，甚以为歉。闻报先生已迁沪，在于再[1]追悼会上慷慨陈词，快何如之。""贱恙是神经疲劳，刻已向好。"

2月1日　中共中央发出经毛泽东修改审定的《关于目前形势与任务的指示》。指示指出：重庆政治协商会议"已获得重大结果"，"从此中国即走上和平民主建设的新阶段"。"国际国内反民主势力依然强大，蒋介石国民党此次开始实行民主改革，如同他们过去实行抗日一样，带着极大被迫性，因而中国民主化的道路，依然是曲折的，长期的。""中国革命的主要斗争形式，目前已由武装斗争转变为非武装的群众的议会斗争，国内问题由政治方式来解决。"同时指出："除开个别地方，国民党都依然可能向我们进行武装袭击，我们应严加警惕。武装斗争是一般的停止了，为了保障国内和平，各地应利用目前时机大练兵三个月。一切准备好，不怕和平的万一被敌人破坏。""要抓紧生产运动的领导，以迅速克服财经的困难。练兵、减租与生产是目前解放区三件中心工作。"

2月2日　中共中央致电陈毅，指出必须巩固华中现有地区，因中央机关将来可能迁淮阴办公。

2月4日　农历正月初三，和朱德等请延安西区居民代表一起吃饭，共度春节。

---

〔1〕　于再，昆明南菁中学教师。1945年在昆明学生反对内战、要求和平的一二一运动中牺牲。

2月6日 为中共中央起草致重庆中共代表团电，同意周恩来、董必武、吴玉章、秦邦宪和何思敬[1]五人为宪草审议委员的我方人选，毛泽东、林伯渠、董必武、吴玉章、周恩来、刘少奇、范明枢[2]（如范不能去则提彭真）、张闻天为国民政府委员的我方人选，以便将来指导中心移至外边。并指出："同意以周、林、董、王（若飞）分任行政院副院长、两部长及不管部。"三月十七日，毛泽东为中共中央起草致重庆中共代表团电："如果蒋介石坚决要修改宪法原则，我们便须考虑是否参加政府及是否参加国大的问题。我党国府名单及国大代表名单暂勿提出，民盟亦然，请与民盟商酌。"根据这一指示，中共代表团未交出参加国民政府的名单。

同日 为中共中央起草致刘伯承、邓小平等电，告知军队整编时，我们当力争有高树勋部的地位。

2月9日 同美联社记者谈话，说："政治协商会议成绩圆满，令人兴奋。但来日大难，仍当努力，深信各种障碍都可加以扫除。""总的方面，中国走上民主舞台的步骤，已经部署完成，其间马歇尔特使促成中国停止内战，推进团结、和平与民主，其功殊不可没。实际上中国恢复和平，建立民主政府，世界各国也交相有利。""各党当前的任务，最主要的是在履行政治协商会议的各项决议，组织立宪政府，实行经济复兴。共产党于此准备出力拥护。"

2月10日 董必武、王若飞返延，毛泽东同他们共进晚餐。十一日晚，董、王来毛泽东住所谈话。十三日，送董、王赴渝。

---

〔1〕 何思敬，法学家。当时任延安大学法学院院长，重庆中共代表团法律顾问。

〔2〕 范明枢，当时任解放区山东省参议会议长。

2月12日 主持中共中央政治局会议，会议讨论同国民党谈判整军方案问题。毛泽东在会上说：美国和蒋介石要以全国军队统一来消灭我们，我们要统一而不被消灭。军党分立还不是最危险的，合编分驻才是最危险的。杂牌军还没有与蒋介石的嫡系部队合编的，连杂牌的集团军都没有与蒋介石嫡系部队掺杂合编。我们现在只有对付好，才能摆脱危险。全国军队统一，原则上我们只好赞成，实行步骤要看具体情况，这是我们与法国不同的。

2月13日 中共中央发言人阐明中国共产党在东北问题上的态度，说明苏军开入东北后，原东北抗日联军保存下来的部队、被俘后获得自由的八路军战士和华北游击队员及民兵，以及前往东北消灭敌伪的八路军、新四军一部已在东北发展了力量。发言人说："东北人民在这些抗日武装领导下，现已组成为一支数近三十万人的东北民主联军，分布于苏军所未驻防或已撤退的东满、南满、西满、北满各地，此外还有各地的保安队与警察，协力肃清敌伪残余，维护社会秩序。敌伪消灭以后，各地人民又根据地方自治的原则，推选各方公正人士，成立了各县民主政权，负责地方行政。""为了实现东北的和平民主与团结建设，我们认为以下的原则是应该确定的：（一）现在国民政府接收东北的机构是国民党一党包办的，不合于东北与全国的民意，因此从行营及其政治委员会、经济委员会到各省政府，都应该改组，尽量吸收东北民主人士与国内各党派无党派人士参加，使一切民主分子享有公平有效的代表权；（二）对于东北现有抗日民主部队应予承认并整编，使与国民政府派去的军队共维地方治安，消灭伪军土匪，避免军事冲突；（三）对于东北各县民主自治政权应予承认。如认为他们的基础尚有不够广泛之处，亦应采取协商改组办法，或另行选举。不应不予承认，或坚持委派的不民主办法，而反对人民选举的民主办法；（四）现在中苏友好，国共停战，全国要求裁兵复员，东北治安又有地方部队协力维持，故国民政府为恢复主权而开入东北的军队，应限制在一定数量之内，以轻民负，以利和平。至于收编东北伪军及利用华北伪军（如姜鹏飞部新二十七军）去接收东北之权，则应予以禁止。”

2月19日 周恩来回延安向中共中央汇报工作，毛泽东到机场迎接。二十一日，周恩来飞抵重庆，向马歇尔提出，军事三人小组应去东北，停战令适用于东北，军队整编方案应包括东北。

2月25日 审阅胡乔木为《解放日报》起草的社论稿《重庆事件与东北问题》，加写一段话：“国民党军事当局对于东北伪军尽量收编，甚至把伪军姜鹏飞部开入长春‘接收主权’，为什么对于东北人民的爱国武装必加以消灭然后甘心呢？”

3月4日 军事三人小组成员马歇尔、张治中、周恩来飞抵延安，中共中央和陕甘宁边区领导人毛泽东、朱德、刘少奇、林伯渠等和各界群众六千人到机场欢迎。同日，中共中央举行欢迎晚会，毛泽东同张治中交谈。张治中说，政府改组了，中共中央应该搬到南京去，您也应该住到南京去。毛泽东回答说，我们将来当然要到南京去，不过听说南京热得很，我怕热，希望常住在淮阴，开会就到南京。

3月5日 上午，和朱德、林伯渠等及延安各界代表到机场欢送马歇尔、张治中、周恩来离延安赴武汉。马歇尔在登机前对毛泽东表示感谢，并说“我们的会晤是具有历史意义的”。毛泽东答称：“我也愿意重申我们对您帮助中国人民和平、民主、团结、统一事业的努力的衷心感谢。”

同日 马歇尔、张治中、周恩来飞抵武汉，听取武汉执行小组的汇报。周恩来提出，新四军第五师驻地粮食不足，要求将全师四万人调驻安徽东北部五河地区。国民党政府对此故意拖延不予解决。

3月6日 关于精兵简政问题，为中共中央起草致华东局、晋冀鲁豫中央局、华中分局并告聂荣臻、贺龙电，指出：“无论将来情况如何，我们均须精兵简政，减轻民负，方有利于解放区之巩固与坚持。你们三处兵额最大，负担极重，如何实行精简，应速决定方针。我们意见，第一期精简三分之一，并于三个月内外完成。被精简人员武器，有计划地妥善地分配到农村生产中去。第一期完成后，取得经验，第二期再精简三分之一。”因国民党挑动内战，至五月间停止了精简复员工作。经过这次精简，全军总数由一百三十八万人减至一百二十七万人。

3月7日 就叶挺五日致电中共中央和毛泽东提出入党申请一事，为中共中央起草致董必武、王若飞电：“同意叶入党。叶来电与中央复电，均于今晚广播，收到时请在《新华日报》发表，并先告叶，但不要登广告。”八日，《解放日报》、《新华日报》发表经毛泽东修改的中共中央复叶挺电：“你为中国民族解放与人民解放事业进行了二十余年斗争，经历了种种严重考验，全中国都已熟知你对民族与人民的无限忠诚。兹决定接受你加入中国共产党为党员，并向你致热烈的慰问与欢迎之忱。”

3月12日 为中共中央起草致各中央局、分局电，询问：“你们区域工业及工运中好的与坏的倾向表现如何？（一）是否有因劳动条件提得太高，致有生产低落资本家畏避之事发生，如有此种现象，你们采取了何种对策？（二）经过斗争，工人有了组织，又适当地满足了工人改善生活的要求，而这些要求并不过火，没有伤害资本家的企业兴趣，只是提高了工人们的劳动热忱，因而发展了生产，繁荣了经济，对劳资双方均为有利，此种事例，在你区多不多？是否成了一般倾向？（三）工会及党支部的工作方针是和厂方合作（不论公营私营），以发展生产繁荣经济为共同任务，就是说，实行了解放区工业与工运的正确方针。或者不是这样，而是工会及支部与厂方对立，只顾工人暂时片面利益，不管生产是否发展，经济是否繁荣，即是说，承袭内战时期的白区工运方针。这两种方针，在你们区域内，党与工会干部了解情况如何？以上三个问题，请就所知于最短时间用简电答复我们。”

同日 复延安鲁迅艺术文学院文学系研究室洪禹一月间的申诉信。复信说：“到今天才复你，这是由于我几个月来都在病中的原故，请你原谅。在详细看了你的信以后，我感觉应当同意你的意见。”“在你的问题得到解决的时候，请你告知我是如何解决的，我愿意知道这事的结果。总之我感觉对你及许多同志很负疚，因为我们工作中做得不好的事实在太多了。”在毛泽东的过问下，洪禹在延安审干期间受到错误审查的问题得到了解决。

同日 苏联红军撤离沈阳。十三日，国民党军进入沈阳。

3月15日 为中共中央起草致周恩来电：“哈尔滨决不能让国民党驻兵，抚顺及营口要力争双方不驻兵。”并指出重庆苏联友人态度过于软弱，他们的话不要全听。十六日，周恩来在同国民党政府代表张治中会谈时，说明中共军队在东北所占地方不能让，国民党军只能进驻现时苏军撤出的地区。张治中坚持删去“现时”二字，双方在东北问题上未能达成协议。此时由美国军舰运去东北的国民党军已达五个军，包括其精锐的“五大主力”中的新一军、新六军。

同日 出席中共中央政治局会议。毛泽东在会上发言说：关于时局，有四条分析，大家看是否恰当。第一，法西斯主力军打倒了，替人民民主向前发展开辟了道路。第二，法西斯残余势力与同盟国内的亲法西斯势力，已经在并一定要继续组织反苏反共反民主的反革命运动，并企图掀起第三次世界大战。这些反动势力是当今的主要敌人。第三，在各资本主义国家内有两部分民主势力，即广大人民及资产阶级内部的和苏和共派。不但广大的人民在此次大战中极大地提高了觉悟，能反对反动派，而且资产阶级内部继续分裂，这曾是打倒法西斯主力军的条件。只有张伯伦，没有丘吉尔，只有汪精卫，没有蒋介石，就打不倒法西斯主力军。英美法中的资产阶级与德意日的资产阶级分为两大集团，今后还是继续分裂，成为反苏反共与和苏和共两大派。我们应促进它。蒋介石的主张有两条：第一条，对一切革命党全部消灭之；第二条，即如一时不能消灭，则暂时保留，以待将来消灭之。和苏和共派中的中、左两派，今天都是能与我们合作的，因为中派还主张“暂时保留”。不要以为天下都是黑的，无缝的，因此有可能击破反苏反共的阴谋，有可能走到以内战代替世界大战的前途，至少是迟滞大战的爆发。第四，党的路线是联合广大人民及资产阶级的中、左两派，打倒法西斯残余势力和资产阶级中的反革命。这是党历来的路线。凡是最顽固的、不能妥协的就反对，凡是能妥协的就联合。不管风浪多么大，我们要有个把握。蒋介石的两条，第一条很清楚，第二条是人们容易忘记的，稍为平静一点就忘了。二月一日到九日就忘了，较场口事件〔1〕以后就不忘记了。马歇尔能放长线，蒋介石也较何应钦不同。假如有一个放长线的，放半年我们就会忘了，那就危险得很。

3月16日 审阅中共中央关于反对国民党修改政协决议和宪草原则问题致周恩来的电报稿，加写一段话：“最近时期一切

---

〔1〕 1946年2月10日，重庆各界20余团体在较场口举行庆祝政协成功大会，国民党特务捣乱会场，打伤郭沫若、李公朴及新闻记者等60余人。

事实证明，蒋介石反苏反共反民主的反动方针一时不会改变。只有经过严重斗争，使其知难而退，才有作某些较有利于民主的妥协之可能。”

同日 为中共中央起草致周恩来电：“若无政治上、军事上、地盘上之交换条件并同时解决，我决不能让出地方。停战协定并未规定让国民党接收全路及全撤退区〔1〕，可见具体问题须再协商决定”。“过去让彼占领锦州，现又让其占沈阳，即是履行协定。一切均应到前方与前方将领去谈。”

3月17日 为中共中央起草致周恩来电，提出对东北停战协定的修改意见：我们决不能承认小组只随政府军，这是侮辱中共的规定。必须增加一项政府保证按政治协商会议各项决议之原则迅速与中共商讨解决东北政治问题，否则不要签字。本日，为中央起草致彭真、林彪电，指出：“国民党还不停战，沈阳以北长春路沿线之苏军撤退区同意你们派兵进驻，以为将来谈判之条件，时间愈快愈好。”“全满各地均须注意：除罪大汉奸外，不杀一人，以收人心而利谈判。”

3月18日 苏军撤出四平，东北民主联军进入该城，从而阻断了国民党军沿长春铁路北进的通路。与此同时，进占沈阳的国民党军开始向辽阳、抚顺、鞍山、海城、营口、铁岭、法库等地进攻，并先后占领上述各城市。

3月24日 为中共中央起草致东北局并告林彪，黄克诚、李富春〔2〕电：“我党方针是用全力控制长、哈两市及中东全线，不惜任何牺牲反对蒋军进占长、哈及中东路，而以南满、西满为

---

〔1〕 指东北的长春铁路全线及苏军完全撤退区域。

〔2〕 黄克诚、李富春，当时分别任东北民主联军西满军区司令员、政治委员。

辅助方向。”“黄李部动员全力坚决控制四平街地区，如顽军北进时，彻底歼灭之，决不让其向长春前进。”

同日 为中共中央起草致各中央局电：“为使工业与工运问题在党内展开讨论，纠正目前严重存在着的过左偏向，请将中央关于工业与工运三个问题询问电转发至区党委（或省委）及分区党委两级讨论，特别注意抄给从事工业与工运的干部加以讨论，并将他们意见反映到中央来。但在纠正偏向时，须着重于干部思想上打通，不要着重于犯错误的责任。对于他们领导群众艰苦奋斗，还须给以勉励与安慰，以便好好地将‘左’倾偏向纠正过来，而不是泼冷水。”

3月27日 吉伦〔1〕、张治中、周恩来签订《调处东北停战的协议》。协议规定：（一）执行小组到东北的任务仅限于军事调处工作；（二）小组应在国共双方驻地工作；（三）小组应前往冲突地点或双方军队密接地点，作公平之调处；（四）关于政治问题则另行商谈迅求解决。但是三人会议未就东北停战日期达成协议，国民党军在东北继续进攻，迫近四平和本溪。

同日 关于东北主力军和地方兵团的当前任务问题，为中共中央起草致东北局及林彪电，指出：目前时机，对蒋对匪两项任务中，第一是对蒋。必须使用主要力量，并须迅赴事机。但是为了防止蒋军与股匪联络，在我区设置据点，贻害将来，必须在乡区留下次要力量，配合地方党政，迅速剿匪。

3月28日 审阅《中共中央关于经济建设的几项通知》稿，加写一段话：“解放区劳资关系必须取合作方针，以达发展生产繁荣经济之目的，无论公营、私营，都是如此。任何工厂工会与

〔1〕 吉伦，为马歇尔1946年3月11日返美述职后代理马歇尔在中国的工作的美方代表。

党支部，必须与厂方协同制定生产计划并协同执行之，力求以较低之成本，得较多较好之产品，从此获得较多之盈利，劳资双方有利。工人之福利必须于发展生产繁荣经济中求之，任何片面的过火要求，都将破坏解放区的经济。”

3月31日 致信胡乔木：“起草了一个关于土地问题的指示电，请你到少奇同志处拿了看一看。请你清出一九四二年中央关于土地政策的决定〔1〕加以审查，看其中是否已有现时已不适用之处，列举告我为盼！”

3月 坚持读英语，每周两次（星期一和星期五）。

4月1日 国民党飞机八架到延安上空示威。

4月5日 为中共中央起草致各中央局及军队首长电，指出：“目前正是国际国内反动逆流高涨之时，望提高警觉，加强侦察，加强防御配置，严防敌人突袭，切勿大意。”

同日 为中共中央起草致东北局及林彪电：“（一）美蒋决以十五个军（已到七个，尚有八个待运）向我大举进攻，尽占东北点线，然后与我谈判。（二）我方对策，一方面利用停战小组力争停战；另一方面不要被停战小组所迷惑，必须同时有对付十五个军进攻的全盘与持久计划。”

4月6日 为中共中央起草复林彪并告彭真电，指出：“林支日从四平所发电〔2〕悉。集中六个旅在四平地区歼灭敌人，非常正确。党内如有动摇情绪，哪怕是微小的，均须坚决克服。”“本溪方面亦望能集中兵力，歼灭进攻之敌一个师。”“上述两仗

---

〔1〕 即1942年1月28日中共中央政治局会议通过的《中共中央关于抗日根据地土地政策的决定》。

〔2〕 林彪1946年4月4日在四平前线致电中共中央和东北局：“我此刻已到四平街……集中近六个旅的兵力拟坚决与敌决一死战。”

如能打胜，东北局面即可好转。”“在当前数日内，争取四平、本溪两个胜仗，则是关键。”并指出：“各军区后方剿匪与发动群众斗争，一刻不能松懈，望同时严督实行。”十四日，东北局发出《剿匪指示》，强调进一步肃清各地股匪、残匪仍是当前的战略任务之一，并强调清匪最根本的办法是深入减租减息，分配土地，发展生产，实行基本群众之武装自卫。

4月7日 延安《解放日报》发表题为《驳蒋介石》的社论，驳斥蒋介石四月一日的讲演。社论指出：蒋介石在这里一连撕毁两项诺言。第一，蒋介石在东北联合敌伪进攻东北民主联军，屠杀中国人民，还不叫军事冲突，而叫“接收主权行使国家行政权力”，这样他就撕毁了东北停战协议中关于执行组“应前往冲突地点或政府军与中共军密接地点，使其停止冲突，并作必要及公平之调处”的诺言。第二，蒋介石用武力推翻东北人民自治政府，执行法西斯恐怖统治，这叫做“没有内政问题可言”，这样，他就撕毁了东北停战协议中“关于政治问题则另行商谈迅求解决”的诺言。蒋介石才在三月二十七日完全虚伪地接受了东北停战的协议，而在仅仅五天以后的四月一日讲演中，就连忙公开撕毁了它。社论还列举大量事实，证明“蒋介石及其党羽丧失东北有罪，恢复东北无功”。社论表示，中国人民已经决心制止东北和其他地方的内战，为坚持东北与全国人民的民主权利而奋斗。

同日 为中共中央起草致重庆中共代表团电，指出：“《驳蒋介石》一文，收到后请立即在《新华日报》照样全文发表，并印单行本广为散布。”同时电告各中央局：“《驳蒋介石》一文，除在我区发表外，沪、宁、港、粤、武汉、平、津、青、济、云、贵、川及东北各大城市，速印单行本广为散发，不能公开者，则秘密散发之，愈多愈好。”

4月8日 王若飞、秦邦宪、叶挺、邓发[1]等乘美国飞机回延安，因遇恶劣天气，飞机在山西兴县黑茶山失事，机上人员全部遇难。因飞机失踪，毛泽东心绪不宁，不胜悬念。十三日，得知飞机失事。随即成立毛泽东等二十六人组成的治丧委员会。二十日，《解放日报》发表毛泽东为“四八”烈士的题词：“为人民而死，虽死犹荣。”同时发表他的《向“四八”被难烈士致哀》一文，文中说：“你们的死是一个号召，它号召全党党员和全国人民团结起来，为和平、民主、团结的新中国而奋斗到底！”

4月10日 为中共中央起草致叶剑英、饶漱石[2]、周恩来并告彭真、林彪电：“此次国、美急于要三人会议去沈，目的全在压迫我方承认国方占领长哈齐[3]三市及沈哈铁路线。恩来在渝已据理力争，根本拒绝，望叶、饶注意，切勿答应国、美任何要求。”

同日 为中共中央起草致聂荣臻、程子华电，要求迅速加强察哈尔北部和热河北部两处工作，指出：“国、美两方通同一气，久欲寻找借口在热察两省建立反苏反共据点，因此察北、热北两处匪患必须迅速肃清，两处之无秩序状态必须迅速消除，两处之群众斗争必须迅速发动。为此目的，须选派大批得力干部前往工作，并派有威信之领导人前往领导一切”。

4月11日 关于纠正群众工作中的错误问题，为中共中央起草复陈毅电。电报指出：“（一）群众工作中的错误有两类。第一类是空白村子及命令主义。空白村子是右的领导，完全不去发动

---

〔1〕 邓发，当时任中共中央职工运动委员会书记、民运工作委员会书记。1945年9月代表解放区职工出席在巴黎召开的世界工会代表大会。1946年1月回到重庆。

〔2〕 饶漱石，当时任中共中央华东局书记、山东军区政治委员、北平军事调处执行部第27小组中共方面组长。

〔3〕 长哈齐，指吉林长春和黑龙江哈尔滨、齐齐哈尔。

群众的结果。命令主义，表面上是在积极发动群众，实际上是用少数人包办及强迫群众服从的办法，代替群众自觉的与有组织的斗争，即用非群众路线代替群众路线，其结果亦仍然是空白村子，并使群众受到坏影响。故凡属存在这一类错误现象的地方必须注意研究与纠正。（二）第二类是党在领导群众斗争过程中所发生的过火行动，即'左'的错误。其中，首先应当注意的，是侵犯中农利益，一经发现，必须迅速纠正。其次，是除减租减息外，过分地打击了富农与中小地主，亦必须注意于适当时机加以纠正。（三）至于给汉奸、豪绅、恶霸、反动分子以严重打击，只要是真正群众的行动，则不是错误，而是必需。大城市中豪绅地主的大声叫喊，是必然现象，我们绝不应为其所动。但是，到了群众斗争已经胜利，清算减租已经实现之时，党便应当劝告群众，对地主阶级由打的政策，改变为拉的政策。例如让逃亡地主还乡，给地主以生活上的出路，并联络开明绅士参加某些工作等。拉的政策，其目的在于减少反对力量，使紧张空气和缓下来，因此是必须的。但应注意不要拉得过早，损害群众利益与影响群众情绪。（四）只要是真正的群众运动，当我们纠正'左'的错误，即纠正干部及群众对于中农、富农及中小地主的过火行动时，应当用极大的善意与热忱去说服他们，使他们在自觉与高兴的基础之上纠正他们的错误，想出补救的办法，绝对不可泼冷水，绝对不可使他们感觉受了挫折。"

4月12日　为中共中央起草致东北局及林彪电："同意林真子电〔1〕，以集中力量歼灭敌人为主，不以固守城市为主，并须

〔1〕真子电，指林彪1946年4月11（真）日子时电。电报说：根据目前东北形势及蒋介石继续增兵的情况，我固守四平和夺取长春、迅速实现东北和平的可能性均不大。因此我军似应以消灭敌人为主，而不以保卫城市为主，以免既不能保卫城市又损失了力量，造成以后虽遇有利条件亦不能消灭敌人。

统筹全局，作长期打算。”“望你们重视破路，看作战胜敌人的重要方法。”“注意组织民兵，全满普遍实施民兵制度。”“注意组织受县区指挥之游击队，全满各县均应有游击队。”“全满普遍实行减租减息，发动群众，巩固后方，一切从长期打算出发。”

同日 《解放日报》发表《东北应无条件停战》社论。毛泽东在修改社论稿时加写一段话。在要国民党当局“首先实行停止进攻，停止增兵”一句话后面加写：“解决东北问题应当从这里着手，舍此再无他道。东北应无条件停战，难道这不是全国人民的要求吗?”

4月13日 为中共中央起草致林彪并告彭真电：“马歇尔有于文日〔1〕动身来华说。马到华后东北可能停战，国方必于数日内尽力攻夺四平、本溪。望注意在可能条件下击退其进攻，守住四平、本溪，以利谈判。”

4月16日 为中共中央起草致重庆中共代表团电：“长春守军全部是伪军〔2〕，东北人民现在与将来都有权利消灭这些伪军，谈判时不要承认伪军为政府军。”

同日 为中共中央起草致东北局及林彪电：“马歇尔到华后，可能迅速停战，马、周、陈诚〔3〕之三人会议可能在二十号至二十五号之间到沈阳。长、哈问题必须争取于停战前解决。”本日，又为中央起草致东北局及林彪电，要求：“夺取长、哈、齐后，注意纪律，给市民以好影响。”“保护国民党一切文职人员，不要杀害一人，以利谈判，军事俘虏亦不杀害。”

---

〔1〕 文日，即12日。

〔2〕 当时驻守长春的是原伪满洲国的“铁石”部队。

〔3〕 陈诚1946年4月3日接替张治中为军事三人小组国民党政府方面的代表，张治中奉国民党政府之命前往新疆。

4月18日 国民党军向四平发动猛烈进攻。四平保卫战开始。本日，东北民主联军占领长春，驻守的伪军全部被歼。

同日 为中共中央起草致各中央局并告叶剑英等电，转告周恩来十六日由重庆来电的内容（蒋表面愿求妥协以欺骗国人，暗中布置军事，阴谋甚大，马歇尔来后态度如何，尚难断定），并指出："望准备一切条件，应付任何事变。各战略区主要负责人不得中央许可，不要离开队伍。"

同日 为中共中央起草复重庆中共代表团电，指出："铣夜电〔1〕悉。估计及应付甚当。民盟及国民党民主派两方动态关系甚大，望多做工作。""如长、哈、齐三地占领，后方巩固，军队锻炼更多，蒋要大打也不怕。"

同日 得知东北民主联军占领长春的消息后，致电东北局："我应力争保持长春于我手中，如我能在四平地区大量歼灭顽军，此种可能性是有的。但目前尚难作最后决定，须看斗争结果如何而定。在未作最后决定前，你们应作长期保持计划。"

4月19日 为中共中央起草致林彪、彭真并转周保中〔2〕，陈云、高岗电，指出："（一）长春占领，对东北及全国大局有极大影响，望对有功将士，传令嘉奖。（二）杨师〔3〕立即或休息数日南下参战，必须增加四平方面兵力，歼灭新一军主力，并准备继续打几个大胜仗，方能保卫长春。（三）用全力夺取哈、齐二市。（四）用全力发动长、哈、齐三市及长哈齐线东西两侧各二百里左右地区的数百万群众，帮助他们组织起来与武装起来，作为控制全满之中心区域。迅速准备一切，为保卫长春而战。"并

---

〔1〕 指周恩来1946年4月16日夜致中共中央并转东北局的电报。

〔2〕 周保中，当时任东北民主联军副总司令兼东满军区司令员。

〔3〕 指杨国夫任师长的东北民主联军北满军区第7师。

指出：必须注意坚持广泛民族统一战线。为群众所反对之汉奸、豪绅、恶霸，必须惩办，但不要牵连太广。“工人工资及其他劳动条件切不可提得过高，必须采取劳动合作，发展生产，繁荣经济，劳资两利的政策，决不可只顾工人暂时片面利益，结果害了自己。”

同日 为中共中央起草致重庆中共代表团电：“长春已得，已令彭、林、周、陈、高夺取哈、齐，并发动群众，整顿军队，为保卫长春而战。同时增强四平兵力，歼灭进攻之敌，坚决保卫整个北满。至西满、南满我军已打出经验，寸土必争，决不退让。”“如国、美要求我让出长春，请断然拒绝。”

同日 关于在四平地区举行战役决战问题，为中共中央起草致彭真、林彪电，指出：“要战胜顽敌保卫长春，必须准备对付飞机坦克（参加过抗日的将士有办法对付之），并集中绝对优势兵力，于四平南北地区举行数次大的战役决战，才能解决问题。”

4月20日 为中共中央起草致东北局及林彪电，提出“长春防御工事一概保留，准备于必要时把长春变为马德里〔1〕”，并要求“南满部队速调一部北上，交林直接指挥作战”。根据这一指示，在本溪方向的东北民主联军第三纵队于四月下旬北调参加四平保卫战，东北民主联军约十万人在四平一线同国民党军展开激战。

同日 为中共中央起草致周恩来、叶剑英电：“为争取时局好转之可能，东北美机轰炸事除由报纸发表外，请叶向罗伯逊提

---

〔1〕 马德里是西班牙的首都。该城以20世纪30年代西班牙共和军和国际纵队为反对西班牙将军佛朗哥发动的反政府武装叛乱，在此顽强坚守而闻名一时。

出抗议，周暂时不用抗议形式。因马歇尔初来[1]，周应和他维持过去那样的良好关系，以期争取东北停战，并解决一切国内大问题。看马歇尔在这些问题上所取态度如何，再考虑我们是否应取强硬态度。”

同日 为中共中央起草致周恩来电，强调对美、蒋要区别对待，指出：“不要准备对国、美两方同时弄僵。我们坚决反对国民党内战与独裁方针，力争和平与民主，为此目的，不怕与国民党弄僵。但对美国则除非他恢复赫尔利政策，公开全面地赞助国民党实行内战与独裁，我们不应和他弄僵。因此，我党一切反内战反独裁的主张（东北、宪草、国大、自由、组府、运兵、借款等），均应向马歇尔严正表示意见，但应避免用激烈态度与抗议形式。周、马之间仍应尽可能保持友好关系，使国民党无隙可乘。”二十二日，周恩来同马歇尔会谈，周说：中共愿执行三月二十七日指令，而国民党违背指令，武力占领我方七个城市，我方遂也进占长春。他们既不遵守这些条款，我们只能被迫采取自卫行动。苏军即将撤完，东北已无接收问题，因此不应再有军队调动，东北应无条件停战。

同日 为中共中央起草复李富春、黄克诚电：“巧午电[2]悉。望克服一切困难争取胜利，十天之后可能好转。”

4月21日 为中共中央起草致林彪、彭真电，指出：“过去蒋军作战重心放在南面，是因估计长、哈苏军不会速撤。现在蒋军作战重心已经放在北面，以争夺长、哈为目标，故南满我军宜

---

〔1〕 马歇尔于1946年4月18日到达中国。

〔2〕 指李富春、黄克诚1946年4月18（巧）日午时致中共中央电，其中说：“新一军已到距四平七八里之地点，连日飞机助战，四平已难保持。目前最大问题，敌有新力量源源增加，而我无新力量增加。”

多抽调向北，并须兼程开进，以便集中优势兵力歼灭大量敌人(至少三四个师)，保卫长、哈。一切决定于战场胜负，不要将希望放在谈判上。”本日，又为中央起草致东北局及林彪电：“新一军是缅甸远征军蒋军主力，我必须集中绝对优势兵力，养精蓄锐，待其疲劳不堪，粮弹两缺，选择良好地形条件，以数日之连续战斗，将其各个击破，全部或大部歼灭之，就可顿挫蒋方攻势。望照林电令杨国夫、曹里怀〔1〕及第八旅等星夜南下，南满两个旅兼程北上，必要时还应加调部队，总期集中优势兵力，争取这一有决定性的战役胜利。”

4月22日 自本日起重读列宁《国家与革命》。

4月23日 致电彭真并告林彪：“东北局近来几次指示我都看了，都好，特别是卯皓五条指示〔2〕很好，望切实执行。速将南北主力依林彪电向四平集中，速招新兵补充前线，速组织民兵及地方部队剿匪保乡，速发动四平以北哈市以南广大群众为保卫长、哈而战，速在全满解决土地问题，放手地大量地用本地人做事。取得长、哈后，一定有许多人把眼光集中于大城市，忘记乡村，忘记艰苦工作，须再三指出纠正。”

同日 为中共中央起草致重庆中共代表团电，提出要求延期召开国大：“关于国大问题：我们希望在和平民主条件下，各党派合作开国大，但现在一切重要问题都未解决，东北在打仗，宪

---

〔1〕 曹里怀，当时任东北民主联军吉林军区司令员。

〔2〕 指彭真1946年4（卯）月19（皓）日为中共中央东北局起草的五条指示，即：一、除一部分干部及部队负责进行长、哈、齐等城市之攻取与巩固工作外，其他应在原地区加紧发动群众，特别是肃清土匪；二、大量抽出地方武装编成独立团、营，以便及时补充主力；三、在四平以北松花江以南准备新的战场；四、在防匪自卫口号下大量发展民兵；五、精简机关，绝大部分人员应分散下乡或到工厂去发动群众。

草未定，政府未改组，自由无保障，五五[1]时间太促，决不能开，必须延期，请与民盟协同力争延期为要。”

4月24日　东北民主联军在苏军从齐齐哈尔撤退后，占领该市。

4月26日　为中共中央起草致程世才、萧华、罗舜初[2]并告林彪、彭真电，指出："如敌向你们进攻，未能在野战中粉碎其进攻时，你们应以有力一部（例如两个团）死守本溪，以主力在外面行动，挫敌锐气，争取时间，以待停战到来。停战时机已不在远。”本日，又为中央起草致林彪并告彭真电："马歇尔已提出停战方案，有停战之可能。望加强四平守备兵力，鼓励坚守，挫敌锐气，争取时间。”

4月27日　为中共中央军委起草致林彪电："四平守军甚为英勇，望传令奖励。”"请考虑增加一部分守军（例如一至二个团），化四平街为马德里。”

4月28日　为中共中央起草致重庆中共代表团周恩来电，指出："马歇尔说为蒋设想，总要接收一些地方才行。你应告马，蒋除占沈阳及北宁线外，近一个半月又占我抚顺、鞍山、辽阳、海城、营口、铁岭、昌图、开原直至四平附近。这一带是满洲主要工业区，我占地面积虽较宽，但工业甚微，故我决难再让。东北军民对蒋军屠杀政策甚愤慨，要求设立民主机构。”

同日　为中共中央军委起草致林彪电："目前情况，马歇尔虽急于停战，但蒋尚想击破我主力，打到长春。因此，我从长春及南满调来的生力军集中后，我们意见只在有充分把握能击溃新

---

〔1〕指国民党拟于1946年5月5日召开国民大会。

〔2〕程世才、萧华、罗舜初，当时分别任东北民主联军南满军区司令员、政治委员、副司令员兼参谋长。

一军，并歼灭一大部，根本改变战争局面这样的条件下，才应当使用生力军。否则不宜轻易使用，留待将来使用为有利。”

同日 为中共中央起草致彭真、林彪电：“请考虑打下去为有利，还是迅速停战为有利。如打下去，须准备五月间顽方能增加一个军的兵力（九十三军卯号〔1〕第一批上船，估计全部到东北当在五月中旬及下旬）。如我能于五月上半月歼灭及击溃现攻四平之新一军，则以打一仗再停战为有利”。

同日 苏军自哈尔滨撤退，东北民主联军占领该市。

4月29日 因中原军区部队在国民党军包围封锁下供应极端困难，处境十分危险，为中共中央起草致周恩来电。电报指出：“（一）为反对国民党阴谋围击五师〔2〕，本日已发表公开声明；（二）迅向马歇尔交涉保证五师不被围攻，并迅即转移；（三）请考虑是否可以向马歇尔借美金百万元，为五师粮食及转移之用，六个月后由苏鲁两省筹还；（四）五师问题办妥你再赴东北。”五月一日，周恩来同国民党政府代表徐永昌谈判交涉，指出国民党军三十万人包围中原解放区郑位三、李先念部六万人，并准备发起进攻以发动全国性内战，要求国民党政府对此阴谋立即加以制止；同时致电已去南京的马歇尔，指出国民党军敢于进攻中原解放区，破坏停战协定，以致全国糜烂，其全部责任当由国民党负之。就在五月一日这天，中共中央发言人声明：“根据可靠情报，国民党军事当局即将对被围已久的我中原军区李先念将军所部六万余人实行凶恶的‘围歼’计划。”“如果国民党当局竟纵容国民党内挑战分子掀起中原的血战，则中国共产党

---

〔1〕 卯号，即4月20日。

〔2〕 因中原军区部队大部分是原新四军第5师部队，当时习惯上仍将中原军区部队称为5师。

不能不认为中国全国范围内的内战，已由国民党方面再一次发动，其一切后果，均须由国民党当局负其全责。”

4月30日　为中共中央起草致郑位三、李先念、王震电，指出“只要顽军不破裂，应依原计争取合法转移为上策”，并要求“五月上半月必须将二万人复员完毕”。

4月　针对当时对于国际形势一种悲观估计，写《关于目前国际形势的几点估计》的内部文件。文件指出：“世界反动力量确在准备第三次世界大战，战争危险是存在着的。但是，世界人民的民主力量超过世界反动力量，并且正在向前发展，必须和必能克服战争危险。因此，美、英、法同苏联的关系，不是或者妥协或者破裂的问题，而是或者较早妥协或者较迟妥协的问题。”同时指出：美、英、法同苏联之间的这种妥协，“并不要求资本主义世界各国人民随之实行国内的妥协。各国人民仍将按照不同情况进行不同斗争。反动势力对于人民的民主势力的原则，是能够消灭者一定消灭之，暂时不能消灭者准备将来消灭之。针对这种情况，人民的民主势力对于反动势力，亦应采取同样的原则。”这个文件编入《毛泽东选集》。

5月1日　中共中央致电郑位三、李先念、王震：“你们须立即准备突围，以最大决心，坚决奋斗，团结一致，才能克服困难，战胜危险，但主力突围方向应详细考虑。”并指出：“主力向西当然亦有许多困难与危险，但比向东地区广大（豫西、鄂西、陕南、川东），便于机动，且早麦将熟，如和平破裂，即准备在这一广大地区作长期游击战争，牵制敌人，配合华北、东北，将起重大战略作用。”

同日　为中共中央起草致各中央局、分局电：“国民党反动派除在东北扩大内战外，现正准备发动全面内战。在此种情况下，我党必须有充分准备，能够于国民党发动内战时坚决彻底粉碎之。”“接此指示后，立即下令全军练兵，上级督促检查，将此看成决定胜负的关键之一。”

同日 致电林彪：“东北战争，中外瞩目。蒋介石已拒绝马歇尔、民盟和我党三方同意之停战方案〔1〕，坚持要打到长春。因此，我们必须在四平、本溪两处坚持奋战，将两处顽军打得精疲力竭，消耗其兵力，挫折其锐气，使其以六个月时间调集的兵力、武器、弹药，受到最大消耗，来不及补充，而我则因取得长、哈，兵力资材可以源源补充，那时便可能求得有利于我之和平。”

5月2日 为中共中央起草复中原局电，同意中原局一日提出的向西突围的计划，指出：“顽进攻时，在原地打几仗不轻走，以免中敌挑拨之计和自取困难。万不得已向西突围，方针甚好，即照此执行，但一切准备工作宜快。”四日，周恩来同马歇尔会谈，说明国民党军将向中原解放区进攻，这是新的全面内战，我方将自卫还击。为制止进攻，希望政府派代表到湖北协商解决第五师的转移问题。经马歇尔和国民党政府代表徐永昌同意，八日周恩来同美方代表、国民党政府代表一起抵达中原解放区中心宣化店。九日回武汉。十日，周恩来同徐永昌及美方代表白鲁德签订停止中原战事的协议，当天，他们飞回南京。

5月3日 为中共中央起草致林彪、彭真电：“自蒋介石拒绝停战后，东北我军须作长期打算。前方不要攻坚，除必须数量之守城部队外，应控制强大机动部队，以为有利时机在运动战中打击敌人之用。除坚持四平阵地外，速准备公主岭及他处之第二

〔1〕这个方案是：东北民主联军退出长春，国民党政府只派行政人员和平接收长春，不得派军队进入；同时，依据政协决议和整军方案，谈判解决东北问题。

线阵地。”[1]

同日　为中共中央起草致聂荣臻、刘澜涛、程子华、萧克并告叶剑英、罗瑞卿[2]，林彪、彭真电：“同意冀热辽分局辰东[3]电，在一星期内发动对朝阳、平泉铁路线上顽军之攻击及彻底破坏该段铁路线，理由是顽方违约调动两个师去东北打内战，为阻止再调动，我不能不破路。”“攻敌及破路时，各部应集中力量攻击某几点，每一部只应选择一点举行攻击，得手后再打第二点、第三点，切忌处处都打，分散兵力。并应保留预备队，以利继续战斗。”

同日　为中共中央起草致程子华、萧克并转詹才芳[4]电，对詹才芳部破路成绩表示甚为欣慰，指示继续不断破毁锦榆线[5]。

同日　周恩来率中共代表团飞抵南京（中共代表团对内称南京局）。另在重庆设中共代表团联络处，吴玉章任联络代表，党内任四川省委书记。五日，国民党政府还都南京。

5月4日　出席中共中央会议，会议讨论关于土地问题的指示。毛泽东发言说：（一）解决土地问题的方针，七大讲的是减租减息，寻找适当方法实现耕者有其田。当时七大代表多数在延安时间太久，各地新的经验没有能够充分反映。现在中央的这个

---

〔1〕这时，东北民主联军为保障四平侧翼安全，将主力向四平两侧延长防线至百余里，因而已无机动兵力。

〔2〕罗瑞卿，当时任北平军事调处执行部中共方面参谋长。

〔3〕辰东，即5月1日。

〔4〕詹才芳，当时任冀东军区司令员。

〔5〕锦榆线，指锦州至山海关的铁路，今京哈线的一段。

指示，就是群众所创造的适当方法，为中央所批准的[1]。（二）国民党统治地区人多，有大城市，有外国帮助，他大我小。但是，他有一大弱点，即不能解决土地问题，民不聊生。我们只有依靠人民同他们作斗争。如能在一万万几千万人口中解决了土地问题，即可长期支持斗争，不觉疲倦。（三）解决土地问题，是一个最根本的问题，是一切工作的基本环节，全党必须认识这一点。（四）不要怕农民得到土地，推平平均分配一次不要紧。农民的平均主义，在分配土地以前是革命的，不要反对，但要反对分配土地以后的平均主义。平均分配土地一次不要紧，但不能常常平分下去。旧式富农实际上要侵犯一些的，新式富农则不应侵犯。（五）现在类似大革命时期，农民伸出手来要土地，共产党是否批准，今天必须表明态度。（六）土地改革时期，不要怕自由资产阶级动摇，只要我们实行了土地改革，农民得到土地，我们的力量更强大，则更能巩固地团结他们。（七）暂不宣传耕者有其田，仍叫反奸清算、彻底减租减息，将来一定要宣传。（八）对工商业政策和工人运动与此不同。我们在抗战中就提出了劳资合作、劳资两利口号。但在党内思想上没有弄通，工会与厂长总是对立的，口号下面缺少具体办法。要工人方面与厂方共同订出

〔1〕1946年4月，薄一波、邓子恢、黎玉到达延安，参加刘少奇主持的汇报会。在会上，他们反映在深入减租减息的运动中，若干地区展开了清算斗争，农民利用清算租息，清算负担，清算抢掠和霸占，清算黑地和挂地，清算劳役及其他剥削等方式方法，使地主以土地偿还农民，地主土地大量转移到农民手中，实际上开始了土地改革。刘少奇听取汇报后，认为各地各搞各的，须要有一个统一的政策，应发一个指示，以便各地有所遵循。于是，由刘少奇主持，薄一波、邓子恢、黎玉参加，胡乔木执笔，起草了《中共中央关于土地问题的指示》。这一文件经毛泽东修改过。

生产计划，做到原料足，成本低，产品多，销路广，实现发展生产、繁荣经济。在公营工厂毫无疑问应该这样做，在私营工厂也要尽力提倡这种办法，但要得到资方同意。第二国际提出的劳资合作的口号是反动的，因为是帮助垄断资本的；我们同样的口号是革命的，因为是反对垄断资本的。解放区的工厂，不论公营的、私营的，利润必须比国民党区域高才行，否则，解放区外面的资本家不来。只管工人眼前的、片面的利益，不顾资本家乃至公营工厂的死活，那是自杀。就是在国民党统治区，在官僚资本压迫下的民族工业，工人也是与资本家同命运的。这个道理，希望各地同志切实说明。这次会议原则上通过《中共中央关于土地问题的指示》(通称“五四指示”)。

5月5日　周恩来飞抵武汉同国民党政府代表、美方代表会谈，要求尽早让新四军第五师部队撤出。

5月6日　为中共中央军委起草致萧华并告林彪电，指出：“本溪虽失[1]，你们牵制敌人甚多，这就是胜利。望鼓励各旅继续在本溪周围阻击敌人，并派部袭击敌之来路，务使新六军、五十二军不能北上为要。”

5月9日　为中共中央军委起草致贺龙、李井泉[2]并告聂荣臻电：“你们须加紧准备对付傅作义之进攻。”“速在卓资山、集宁、凉城、丰镇等处构筑强固工事，并预先指定守城部队（数目不要太多），屯集粮弹，准备死守，以待主力从机动位置歼灭敌人。”

同日　为中共中央起草致东北局，林彪并转吕正操、萧华电，要求开展对滇军的工作，指出：六十军及九十三军系云南部

〔1〕本溪于1946年5月3日被国民党军占领。

〔2〕贺龙、李井泉，当时分别任晋绥军区司令员、政治委员。

队，归孙渡指挥，孙驻锦州，六十军军长曾泽生驻新民。“你们应设专门机关派专门负责人进行该军工作，东北干部中一切滇籍干部尽可调作此项工作。收集该军每一个逃兵，加以训练，进行兵运。”五月下旬，东北民主联军围攻海城时，国民党军滇军系统的第六十军第一八四师直属队及一个团在师长潘朔端率领下起义。

5月12日 为中共中央起草致南京中共代表团电：“请考虑强调停战。不停战，宪草、整军等事无从谈起，以打破国民党一面在东北大打，一面又和各党派谈宪草、要我党交整军材料之阴谋。我们应强调东北停战是先决问题，不停战一切不谈，整军材料也不交。”

同日 致信薄一波，认为刘伯承、邓小平九日来电提出的准备在敌进攻中原五师时，出击焦作、新乡、开封以策应五师的计划甚妥。信中根据周恩来赴湖北宣化店，在十日迫使国、美代表和我方达成停止中原内战协议的情况，指出：“目前五师虽获致临时协定，根本危机依然存在，故仍须准备对策。”本日，为五师筹款事致信刘少奇、任弼时，指定华中、山东、晋冀鲁豫、晋察冀四处再负担五师一个月经费。与此同时，驻安徽的国民党军向华中军区四分区（淮南津浦路以西的解放区）发起进攻，至十三日占领了四分区中心城市定远县城和其他主要城镇，扩大了中原军区与苏皖解放区的间隔。

5月14日 东北国民党军将新六军由本溪方向调至四平方向，共集中十个师的兵力，向四平发起总攻。

5月15日 为中共中央起草致林彪、彭真电，通报美蒋对东北问题的态度，并提出我方的对策。电报指出：“现在是马歇尔第二次出面调停，请你们考虑军事全局，再打下去是否有利，应否考虑有条件地让出长春换得其他地区的合法，并取得时间整补军队，以便将来之用。望复。”“作战方面，务望用全力击溃新六军，并坚守四平。同时令萧华率南满各旅积极动作，热河方面及詹才芳纵队正在积极动作，可能将九十三军大部吸引于锦州地区（该军一个师守备绥中，其余两师大约月底可到锦州）。在此形势下和美蒋成立妥协较为有利。”

同日　为中共中央起草复周恩来电：可向马歇尔提出，（一）东北停战一星期，（二）长春国共双方不驻兵。

同日　关于时局和我之对策问题，为中共中央起草致各中央局、分局及周恩来、叶剑英、罗瑞卿、饶漱石、李立三、伍修权[1]电。电报指出：“国民党除在东北大打外，积极准备全国内战，但因美国政策除一般扶蒋及助蒋在东北作战外，对全国内战尚不赞成，蒋对我军实力、国际舆论及国内人心有所顾虑，故尚不敢立即发动全国内战，但其准备是异常积极的。”我党方针是力争东北停战及制止全国内战，至少也要推延全国内战时间。因此我应采取如下对策：（甲）“不向国民党挑战，如国方向我蚕食或进攻，我必须坚决将其击退，收复失地，否则彼方得寸进尺，大内战将来得更快；但我必须坚守自卫立场，不向彼方主动进攻；纠纷发生，经过斗争之后，由执行小组加以调处，使我处于有理有利之地位。”（乙）“对执行部及各执行小组的工作加以调整，改善对美国人关系，无论美国人如何偏袒国方，我除据理力争外，只要美国未恢复赫尔利政策，策动全国内战，我即应尽可能争取美国人。”“即对国方代表及国方官长，亦须注意争取。总之，我方权利所在，必须力争，彼方无理要求，必须拒绝；但总的精神是求得在不吃亏的基础上解决纠纷，而不是使纠纷扩

〔1〕　李立三、伍修权，当时分别任北平军事调处执行部第27小组中共方面政治顾问、参谋长。

大。”（丙）“东北方面是，一方面坚决作战，四平街保卫战支持的时间愈长愈有利；另方面是我对外谈判人员应强调停战与争取停战。热河方面，因彼方源源调兵扩大东北内战，故我不能不对锦热路〔1〕加以破击”。（丁）“除东北加紧作战，同时抓紧减租生产外，各解放区均应抓紧练兵、减租、生产三大任务，必须于今后六个月内做出显著成绩，即以此制止全国内战，如国民党必欲发动内战，我亦能将其彻底粉碎而使自己立于不败之地。”（戊）“在一切大城市中除发展群众工作外，应用极大力量争取各部分中间派及国民党中间派。”

同日　为中共中央军委起草致冀热辽军区司令员萧克、第一政治委员程子华并转冀东军区司令员詹才芳电，指出：“（一）东北战局异常紧急，务望萧、程指挥热河各部积极动作，尽量歼灭顽军有生力量及彻底破毁铁路；（二）至作战第二阶段时，望考虑抽出黄朱文纵队〔2〕东出阜新、义县地区举行袭击，吸引九十三军（云南军，其主力目前正在葫芦岛登陆）；（三）詹纵队主力速向锦西、锦州地区推进，广泛破击北宁路吸引九十三军，是为至要。”根据中央军委的电令，从即日起冀热辽部队开始破击北宁铁路的作战。十八日，毛泽东又为中央军委起草致林彪电，指出：“我热河破击战已进行四天，除吸引十三军全部不能动外，又吸引九十三军新到之一个师开至热河。在此形势下，九十三军只能对付热河及北宁路。”

5月19日　为中共中央起草致林彪并告彭真电，指出：“巧

〔1〕锦热路，指锦州至承德的铁路，即今锦承线。

〔2〕黄朱文纵队，指黄永胜任司令员、朱涤新任政治委员、文年生任副司令员的晋察冀军区热辽纵队。

电[1]悉。（一）四平我军坚守一个月，抗击敌军十个师，表现了人民军队高度顽强英勇精神，这一斗争是有历史意义的。（二）如果你觉得继续死守四平已不可能时，便应主动地放弃四平[2]，以一部在正面迟滞敌人，主力撤至两翼休整，准备由阵地战转变为运动战。（三）如果采取此项方针，我军必能从目前的被动与不利地位转变到主动与有利地位，而敌则愈前进愈分散，粮弹愈困难，其力量必减弱下来。（四）长春以南铁路应迅速彻底破坏。”二十七日，为中共中央起草的致各战略区的电报中又指出：“东北四平街之所以能久守，主要是因敌未料我军有防线，故逐次增兵，便于为我各个击破，使敌遭受我军重大打击。故四平防御战为一时特殊条件所致，不能成为我一般的作战方针。”

同日　为中共中央起草致东北局和林彪电，指出：“四平退出，我兵力获得自由使用，顽占领面积愈大，补给线愈长，将愈困难”。“鉴于在敌北进以前未能破坏沈阳四平段铁路，使我吃了大亏，现应动员一切力量昼夜不停彻底破坏长春至四平段铁路”。“立即开始在稳固后方建立兵工厂，自己制造枪弹，作长期战争打算”。“长春卫戍部队应立即开始布置守城作战，准备独立坚守一个月，不靠主力援助，而我主力则将在敌人两侧及远后方行动”。

同日　为中共中央起草致萧克、程子华并告聂荣臻、唐延杰[3]，叶剑英、罗瑞卿电：“热河作战之主要目的在于吸引十三军、九十三军并消耗他们，此战役应着重破路与部分歼灭及消耗其有生力量，破路应十分彻底，务使长期不能修复。此战役应延

---

〔1〕林彪1946年5月18（巧）日致电中共中央和东北局，说：“四平以东阵地失守数处，此刻敌正猛攻，情况危急。”

〔2〕在此电发出的前一天（5月18日），东北民主联军已撤出四平。

〔3〕唐延杰，当时任晋察冀军区参谋长。

长至月底，再看情形考虑调处问题，不要收束太早，以利援助东北。”

同日 为中共中央起草致周恩来、叶剑英电：“（一）四平已难再守，决定放弃该城，打运动战；（二）最近一星期，顽方连夺我安次、萧县、夏邑、定远四城，并向我水东区[1]进攻，每处使用兵力约二万之众，明为挑衅行动。我在大局上仍忍耐，惟须取局部报复手段。”

同日 为中共中央起草致东北局、北满分局电：“我们虽已得了长、哈两个大城市，但乡村及中小城市工作仍是第一位，切不可将大批干部堆积在长、哈两市。应令各县加紧练兵、剿匪及解决土地问题，今年务必将土地问题全部或大部解决完毕。土地问题解决，兵也有了，匪也容易剿了，大城市也巩固了。”

同日 为中共中央起草致张鼎丞、粟裕、谭震林并告陈毅，周恩来电：“顽占我萧县、夏邑、定远，应速向执行组提出抗议”。

5月21日 为中共中央起草致陈毅、舒同和张鼎丞、粟裕、谭震林电：“四平已失，为不给顽方以发动大战之借口，各地除对顽方进攻之地区例如定远、夏邑、萧县等处予以还击收复失地外，仍应保持平静，不要有所动作。”

同日 中共中央发出党内通知，指出：“必须使全国性内战爆发的时间尽可能推迟，方对我有利。如不能推迟半年，即推迟三个月、两个月以至一个月的时间爆发，亦将使我之准备比较充分。因此，我在目前对时局的基本方针，是避免挑衅，拖延时间，积极准备”。

同日 为中共中央起草致聂荣臻、刘澜涛电：“必须将发动

---

〔1〕水东区，指河南省东部陇海铁路以南、新黄河以东地区，又称睢（县）、杞（县）、太（康）地区。当时为冀鲁豫军区第12军分区。

群众解决土地问题与剿匪任务联系起来，方能达根除匪患目的。”“望通令晋察冀热辽全军协助地方党政，动员民众，解决土地问题，至要至要。”

5月22日　鉴于东北局提出坚守长春困难，为中共中央起草致周恩来电：“在目前条件下我应决心让出长春，请你根据此项决心负责进行谈判”。“让出长春有三种方案。第一种如中央上次所提，双方不驻兵，中间派任市长；第二种如马歇尔所提，执行小组先去，一切谈好后蒋军再去；第三种蒋军无条件即进长春，这种情况最坏，结果恐谈不好，仍是要打”。本日，又致电周恩来，提出对于时局的估计及我党的方针，指出：“马歇尔二十日声明似是美政府授意，对于马歇尔愿和态度及民盟五人三点主张〔1〕，我们应表欢迎。”“延安宣传即日转向缓和。”

同日　东北民主联军撤出长春，国民党军进占该市。

5月23日　致电民盟张君劢、黄炎培、沈钧儒、章伯钧、梁漱溟，对于他们关于东北停战的提议，“原则上极表赞同，一切由恩来面商”。

5月24日　为中共中央起草致南京中共代表团电，指出：“退出长春后，无论政治上、军事上我方已获自由，并非不利。”

同日　蒋介石飞赴沈阳，行前交马歇尔三项条件与中共谈判。主要内容为：坚持“接收东北主权”，“恢复交通”，在国共双方发生争执时由美方行使“最后决定权”。对这三项条件，中共方面坚决拒绝。

---

〔1〕中国民主同盟张君劢、黄炎培、沈钧儒、章伯钧、梁漱溟5人提出的3项主张是：（一）共产党军队撤出长春；（二）国民党政府军不再进军长春，但进行和平接收长春；（三）现有东北政务委员会今后移驻长春，但委员会人选应由各方面包括东北地方有代表性的团体在内，进行协商推定。

5月26日 为中共中央起草致周恩来并告叶剑英、罗瑞卿电："东北方面，我们让到长春双方不驻兵为止，此外再不能有任何让步。美蒋要打，让他们打去，要占地，让他们占去。我们绝不能在法律上承认他们的打与占为合法。"

5月27日 为中共中央起草致东北局及林彪电，指出："目前军事方针，除以一部与敌保持接触，给以扰乱及破路外，主力应不怕丧失地方，脱离并远离敌人，争取时间休整补充，恢复元气，再行作战。""总之，东北是未了之局，我党须准备长期斗争，最后总是要胜利的。"

同日 南京中共代表团召开会议，听取滕代远〔1〕传达中共中央的意见。会议认为，内战不可避免，但尚有缓和与推迟的可能。我党方针仍是避免挑衅，推延战争，积极准备反击。次日，周恩来电告中共中央："蒋自进长春后，在全国更积极备战"，"现内战已临全面化边缘"。

5月29日 为中共中央起草致各军区首长及政治部主任电："望根据中央五四土地问题指示，通令全军协同地方党政帮助农民群众解决土地问题。此项通令应在连队中宣布，并解释其重要性。"

同日 为中共中央军委起草致各军区首长电，要求充分准备对付国民党大举进攻，指出："国民党在东北扩大战争，在关内积极准备对我大举进攻，因此我应有对敌作战之充分准备。"本日，再次致电各军区首长，指出："黄色炸药为攻城之重要武器，各军区应设法大量购办，储存备用，每旅应有数百斤至数千斤。各大战略单位应自己制造黄色炸药。在练兵中，除练三大技术〔2〕，练守城，练夜战等项之外，应着重练习攻城战，其中包

〔1〕 滕代远，当时任北平军事调处执行部中共方面军事顾问。

〔2〕 指射击、刺杀、投弹。

括练习黄色炸药之使用。此事甚为重要，望唤起全军注意。”

同日　为中共中央军委起草关于鞍山战斗及俘虏官兵的处理问题的指示，指出“对六十军〔1〕之俘虏官兵，予以特别优待，详细调查其内部情形，抓紧顽军反蒋情绪，转变为反内战，号召他们学习高树勋，建立民主建国军。对这些俘虏应举行热烈的群众欢迎大会，负责人分别进行谈话，造成六十军反内战的热烈情绪，然后分途遣送一部比较进步分子回队，每一个据点送回十数名，并给以较多旅费。”

5月30日　为中共中央起草致叶剑英、罗瑞卿电：“时局紧迫，凡不在执行部及执行小组工作之人员而又已经暴露难于立足者，应速向解放区疏散。北平新华社及《解放》三日刊被迫停刊后，全部人员应去解放区。”

5月31日　为中共中央起草致周恩来、叶剑英电：“国民党在东北扩大战争，占我长春、吉林等十余城，现正向哈尔滨进攻中。在关内五个月来，占我城镇乡村数百处。本日悉，北平十一战区出动兵力数万，大举攻我冀东三河、宝坻、香河、宁河等县，而不用任何事先通牒。因此，我将在各地采用报复手段，如国、美质问时，你们可以上述理由答之。”

同日　为中共中央起草复华东局并告刘伯承、邓小平、薄一波，邓子恢、张鼎丞、粟裕、谭震林电，指出：国民党在东北扩大战争，占我四平、长春、吉林等十余城，在关内五个月来占我城镇乡村数百处，近日又占我安次、萧县、夏邑、定远，攻我水东。本日悉北平十一战区司令部不用事先任何通牒，即出动数万兵力进攻我冀东数县。“因此你们已用不着事先提出照会即可动手攻取泰安、大汶口、张店、周村、德州、枣庄等地。”六月七

〔1〕　六十军，系滇军，同国民党军蒋介石的嫡系部队有矛盾。

日至十六日，山东军区部队在胶济线、津浦线上发动以伪军为目标的讨逆作战，攻克泰安、德州、枣庄、周村、张店、胶县等城镇，歼伪军三万多人。

同日 为中共中央军委起草致贺龙、李井泉电："为便于集中兵力对付傅作义之进攻，请贺、李考虑是否有把握在短期内夺取大同、怀仁、山阴、朔县、神池、宁武、代县、繁峙等据点。"六月四日，又为中央军委起草致贺龙、李井泉并告聂荣臻、刘澜涛，刘伯承、邓小平电："大同口泉地区敌多守固，又有日军，又可能牵动傅作义，因此暂时只作准备工作，加强侦察及内应，准备黄色炸药，不要动手。""朔县、宁武敌较少，又不致牵动傅作义，你们可首先攻取一处。"从六月中旬至七月中旬，晋绥部队和晋察冀部队之一部向长期以来不断进犯解放区的国民党军阎锡山部发起反击，于六月十七日攻克朔县。

6月1日 为中共中央起草致郑位三、李先念、王震电，指出："（一）美蒋对我极为恶劣，全面内战不可避免。要求美机运款接济你们，恐已希望甚小，你们须求自救之道。如一方面节省用费留出准备突围时费用；另方面麦子已熟，向民众征收粮税。（二）必须准备对付敌人袭击及突围作战，预拟突围后集中行动及分散行动两个计划。大概在突围及突围后一个时期内以全军集中行动为有利；而在敌人追剿紧急，行军给养均极困难时，便应分为两股或三股，各自独立行动，可以避免集中行动之困难，而利于分别牵制敌人与互相作战略上之策应。（三）目前时机紧迫，你们应充分注意，并团结内部，准备艰苦斗争。"

6月5日 收到周恩来关于蒋介石已同意马歇尔在东北停战十五天进行谈判的报告，为中共中央起草致东北局及林彪电，转告这一情况，并指出：望立即部署坚守哈尔滨十天，至要至要。

次日，又致电东北局，林彪，并告萧华、曾克林[1]，李富春、黄克诚，陈云、高岗："十五天停战协定七日起实行，至二十一日为止。在此十五天内，我党代表团在宁与国民党进行谈判，我东北民主联军各部应利用此十五天时间，休息补充，提高士气，准备再战"。七日，为中共中央起草致林彪、彭真、罗荣桓电，指出："（一）你们如不在哈尔滨，望即去哈尔滨，主持和战大计。（二）我党基本方针应是在不丧失基本利益下实现和平，长期战争于我不利。（三）恩来本日来延开会，佳日[2]返宁，约寒日[3]赴哈尔滨和你们见面。（四）哈尔滨机场如有破坏，速即修好，勿误。（五）全军加紧休整，准备再战。"蒋介石因在东北的兵力不足，下令从六月七日起在东北休战十五天。

同日 《解放日报》发表《美国应即停止助长中国内战》社论。毛泽东在修改社论稿时，加写几段话，其中写道："很明白，华北和东北的内战，是由美国代替国民党运送军队和军火之后，才能发生与加剧的，如果没有美国的军事运输，中国反动派要在东北华北进行大规模的内战，就根本没有可能。"

6月11日 为中共中央军委起草复张鼎丞、粟裕、邓子恢、谭震林并告陈毅电，指出："鱼电[4]悉。国民党攻我淮南路东，现又攻我路西及南通区，我向国民党某区取主动攻势在政治上是没有问题的。""我必须用一切方法歼灭敌人于南线，保卫九百万人口的南线各区。"华中野战军接到中央军委的复电后，即准备

---

〔1〕 曾克林，当时任东北民主联军南满军区副司令员。

〔2〕 佳日，即9日。

〔3〕 寒日，即14日。

〔4〕 指华中军区1946年6月6（鱼）日致中共中央军委电。电报中建议：拟集中第1、第6两师及第7纵队，攻占扬州至泰州公路线上的宜陵、白塔两个据点，相机夺取泰州，以巩固南线苏中900万人口之富裕区。

在苏中地区向国民党军进行反击。

同日　为中共中央起草致陈毅、舒同和刘伯承、邓小平、薄一波电，要求对驻守济南、徐州、开封等地的国民党军开展高树勋运动。

6月12日　为中共中央起草致华东局、华中分局电，指出："我山东及华中部队麦收后，均应补充新兵。每连补足一百二十人，以利将来作战。"

同日　为中共中央起草致周恩来、叶剑英电："我为报复起见，攻克枣庄、泰安、大汶口、张店、周村、德州、胶州等处，如美国人讲话，应驳斥之。数月来国民党攻占我村镇数百处，县城四十处（尚有二十六处未恢复），人口三百万，美国人不说话。现在他们说话了，可见不公平。如果国民党不停止进攻，我方的报复也不会停止。"本日，又为中央起草致华东局并告周恩来电，指出六月七日至九日周恩来回延安讨论时局，党中央"决定竭力争和平，哪怕短时期也好"。要求"山东我军肃清大汶口伪军后，暂时告一结束，全军休整练兵，准备于国民党不愿和平时，能够进行有力作战"。

同日　为中共中央起草致陈毅并告周恩来、叶剑英电："我占枣庄、泰安、德县后，声威大振，美怕我攻青，国怕我攻济，此时我如在彼方不攻五师及不增加军队等条件下保证不攻青、济，美蒋即可安心。"本日，周恩来同马歇尔会谈，指出国民党方面军事行动未停，针对蒋介石散布的谣言，声明共产党军队绝不攻济南、青岛，除非国军要消灭我第五师。

6月13日　为中共中央起草致饶漱石，林彪、彭真，周恩来，叶剑英电："我党方针是竭力争取和平，争取于十五天内保持平静，争取延长停战时间，变暂时停战为长期停战"；"同时我东北全军应积极准备再战，并应准备长期战争"。

6月16日　经毛泽东修改的刘少奇为中共中央起草的关于东北局主要领导干部重新分工的决定指出："目前东北形势严重，为了统一领导，决定以林彪为东北局书记、东北民主联军总司令兼政治委员，以彭真、罗荣桓、高岗、陈云四同志为东北局副书记兼副政委。并以林、彭、罗、高、陈五人组织东北局常委。"

6月17日　为中共中央军委起草致林彪，饶漱石，叶剑英，周恩来电，通报东北国民党军七十军二十一个师的分布情况和国民党方面的一些动向。本日，为中共中央起草致饶漱石、李立三及林彪、彭真、罗荣桓电，指出："在停战问题上国、美有矛盾，望注意利用。"

同日　蒋介石经由马歇尔向中共提出停战条件，即要中共退出热河、察哈尔两省，山东的烟台和威海，东北的哈尔滨、安东、通化、牡丹江和白城子，以及六月七日以后在山东解放的大小城镇。二十五日，蒋介石又要求中共退出胶济铁路沿线、苏北和六月七日后在山西、河北解放的大小城镇。

6月18日　周恩来同马歇尔会谈，对国民党方面十七日对整军方案提出所谓补充办法，即要中共军队退出热河、察哈尔、烟台、威海、哈尔滨、佳木斯、牡丹江、安东等地，表示愤慨，说无考虑的可能。本日，毛泽东接周恩来电称：我们观察，马、蒋区别日益缩小，"东北案系马提，关内案系蒋提，马并非完全反对"，"因此，美马作用亦值得重新估计"。

同日　为中共中央起草致陈毅、舒同和刘伯承、邓小平、薄一波电，指出："对夺取兖州及聊博〔1〕两战役，望在本月内准备完毕，但在未得中央最后电令前不要实行攻击。""如蒋方于十五日期满后重新发动向东北进攻，或大举攻我苏北，你们便可夺取

〔1〕聊博，指山东聊城、博平（1956年并入茌平县）。

兖州、聊、博。”

6月19日 为中共中央起草致郑位三、李先念、王震电，指出：南京周恩来电称：蒋决定大打，你处须随时注意敌情，准备突围。“突围后有两个可能前途，第一个能达向北目的；第二个被敌阻隔不能达向北目的。”“因此你们须作两个准备：第一个争取一切可能向北；第二个在向北不可能时，准备在国民党区域创造根据地，以待时局之变化。”

同日 为中共中央军委起草致刘伯承、邓小平、薄一波电：“中原郑、李电，他们准备于垣曲、济源间渡河，请你们准备船只及接护。请你们计算郑李部从该地渡河可能条件如何。”二十一日，刘、邓、薄电报中央：北岸部队很难进入南岸活动，故派队过河接护实感困难，须五师自行负责，黄河北岸我们可负完全责任。同时，五师突围后，有大军尾追，在陇海线必遇有力堵击，而我们又无法直接配合，如走直线，恐难实现过河目的，此点似应顾及。

同日 为中共中央起草致陈毅、舒同并告刘伯承、邓小平、薄一波电，指出：南京周恩来电称，蒋介石决定大打，除围攻五师外，胶东、苏中两区必定进攻，望根据此种情况进行准备。“统一胶东、滨海两区指挥，集中兵力于即墨、胶州、高密之线，待敌进攻时歼灭之，此处须准备对付三个美械军，如能歼灭其二三个师，即可顿挫敌锋，阻其西进”；准备夺取济南；准备粉碎徐州北进之敌；华中须准备于蒋军大举进攻苏中时坚决粉碎之。为推迟蒋军大举进攻时间，目前我不应有进攻行动。

同日 为中共中央起草致刘伯承、邓小平、薄一波，贺龙、李井泉，聂荣臻、刘澜涛并告陈毅、舒同电，指出：“观察近日形势，蒋介石准备大打，恐难挽回。大打后，估计六个月内外时间如我军大胜，必可议和；如胜负相当，亦可能议和；如蒋军大胜，则不能议和。因此，我军必须战胜蒋军进攻，争取和平前途。”“大打后，我晋察冀热辽主力应对付热河及平津方面蒋军主力，以一部协助贺、李对付傅作义及夺取同蒲北线，以又一部协助刘、邓、薄夺取正太线。”“我贺、李统一指挥晋绥主力及聂刘一部，准备粉碎傅作义之进攻及夺取同蒲北线，以一部协助刘、邓、薄夺取晋西南及同蒲南线。”“我晋冀鲁豫主力应对付河南方面蒋军主力，其余用于夺取正太线、同蒲南线及晋西南，最后协同晋西北、晋东北，夺取太原。”电报强调：“我大打必须在蒋大打之后，以示衅由彼启。”

6月20日 为中共中央起草致南京中共代表团电：“站在有理立场取强硬态度是很对的，只有如此，才有出路。”“已令各地准备一切，粉碎蒋之大举进攻，估计打六个月后又将讲和。”“东北方面须尽可能争取延长休战时间。”本日亥时，为中央起草复周恩来辰时来电，说：“同意对马歇尔暂不作针锋相对的批评。”

6月21日 为中共中央起草致郑位三、李先念、王震电，指出：“国民党危机空前扩大：大城市人民对国民党极大不满，酝酿反战运动；各省灾荒甚重；杂牌军动摇者多；美国舆论已开始批评国民党。如重新爆发内战，估计打不长久，半年之后，可能议和。”

同日 为中共中央起草致聂荣臻、刘澜涛，程子华、萧克电，指出：“如果敌于平泉集中三个师西进，我不能于野战中歼灭其主力，承德即有被占之可能。假如将来出现这一形势，则应考虑固守承德或者主动放弃承德的问题。如有把握歼灭敌军主力，从根本上粉碎其进攻，则应当固守承德；如无此种把握，则应准备放弃承德。一则保存杨苏纵队〔1〕及其他部队有生力量不

〔1〕 杨苏纵队，指杨得志任司令员、苏振华任政治委员的晋察冀军区第1纵队。

至过于消耗，坚持冀热辽广大区域，俟土地问题解决，兵力即可增强，那时可能收复锦热路及承德；二则抽出赵纵队[1]回晋冀，协同太行、冀中夺取保府[2]、石门[3]及正太路。”

同日　为中共中央军委起草致陈毅、舒同，刘伯承、邓小平、薄一波电，指出“蒋在济南增加一个军，暂难攻击”，同时要求十日内外完成夺取聊博区、兖州、元氏之准备。

同日　中共代表团周恩来等七人联名致函蒋介石，提议由三人会议立即宣布东北长期停战并重申全国停战命令，规定停止一切军事冲突之具体办法，命令双方部队严格遵守。本日，蒋介石宣布，东北停战再延长八天，至三十日止。

同日　致电周恩来：“美国在华舆论界已开始批评国民党，反对中国内战，深堪注意。望本既定方针，争取美国人，打击反动派。”次日，又致电周恩来：“今日用中共中央主席名义发表声明，抗议美国军事援华法案。你收到后，请即正式具函送交马歇尔，请其转达美国政府。”

6月22日　周恩来致电中共中央，报告出席三人会议情况：国、美方案，不仅在东北即在关内也想侵入我区。国方一切为了大打，八天[4]后整军方案也难得协议。故应在此八天积极备战。

同日　关于全局破裂后太行、山东两区的作战计划，为中共中央起草致刘伯承、邓小平、薄一波，陈毅、舒同电，要求南线部队实行外线出击，向南作战。电报指出：全局破裂后请你们考虑下列方案：太行区以豫东地区为主要作战方向，集中主要兵力

---

〔1〕 赵纵队，指赵尔陆任司令员的晋察冀军区冀晋纵队。

〔2〕 保府，即河北保定。

〔3〕 石门，即河北石家庄。

〔4〕 指1946年6月21日蒋介石宣布东北停战延长8天，至6月30日为止。

尽可能攻取十几个县城，主要着重在野战中消灭敌军有生力量，相机占领开封。山东区以徐州地区为主要作战方向，攻取徐州、蚌埠间若干县城，主要着重调动徐州之敌于野战中歼灭之，相机占领徐州。只要占领开封、徐州间及徐州、蚌埠间主要铁路线及上述各县城之半数左右，即为有利。中原部队突围向河南出动，其任务为钳制河南之敌。华中部队粟谭主力对付江北之敌。“上述作战胜利（不一定要取得开封、徐州）后，如形势有利，可考虑以太行、山东两区主力渡淮河向大别山、安庆、浦口之线前进。”“这一计划的精神着重向南，与蒋的精神着重向北相反，可将很大一部蒋军抛在北面，处于被动地位。”这一计划可保障五师不致被消灭或吃大亏。这一计划依靠老根据地，逐步向南，稳扎稳打，并不冒险。如能逐步渡淮而南，即可从国民党区域征用人力物力，使我老区不受破坏。蒋现延长休战至本月三十日，七月初即将大打，我须速定战略方针，以利作战。

同日 为中共中央起草致东北局并转各分局、各省委、各纵队电，指出：“蒋介石为着完成进攻准备，延长休战八天至三十日止。如我党不能承认其苛刻条件（例如东北只给旧黑龙江，其余一切不给），七月初将向东北及全国进攻。你们现在即应准备于谈判破裂时，动员全党全军克服任何动摇犹疑恐惧心理，利用我方各项有利条件，紧紧依靠群众建立根据地，粉碎国民党的进攻，在我党取得大的胜利之后，必能实现国内和平。”

同日 中共中央主席毛泽东发表反对美国对华军事援助的声明。声明指出，美国实行所谓军事援助，实际上只是武装干涉中国内政，只是以强力支持国民党独裁政府继续陷中国于内战、分裂、混乱、恐怖和贫困。声明坚决要求美国立即停止与收回对华的一切所谓军事援助，立即撤回在华的美国军队。

6月23日 为中共中央起草致中原局电：“（一）二十一日

电[1]悉。所见甚是，同意立即突围，愈快愈好，不要有任何顾虑，生存第一，胜利第一。（二）今后行动，一切由你们自己决定，不要请示，免延误时机，并保机密。（三）望团结奋斗，预祝你们胜利。”

同日 为中共中央起草致东北局并告李富春、黄克诚电：“南京谈判，蒋介石只许兴安、齐齐哈尔、北安、延吉四处由我党驻兵，白城子、哈尔滨、佳木斯、牡丹江、安东均由蒋驻兵，我们认为不能接受”。

6月24日 为中共中央军委起草致陈毅、舒同并告刘伯承、邓小平、薄一波电，提出作战重点的兵力部署：“（一）开徐间陇海线之占领及豫东淮北各城之占领全归刘、邓、薄负担；（二）陈、舒全力担负占领徐蚌间铁路线及调动徐敌出击而歼灭之；（三）以苏中地方兵团吸引并牵制通扬线上之敌，粟、谭率主力占领蚌浦间铁路线，歼灭三、四分区[2]之敌，策应北面作战；（四）动员民众，公私兼顾，彻底破坏陇海路、津浦路；（五）必须策动杂牌军及伪军举行起义；（六）以上为第一阶段，渡淮向南为第二阶段；（七）郑李主力在豫鄂西吸引敌人，一部在原地吸引敌人；（八）准备时间为半个月，必要时酌量延长；（九）不要阻止敌方向青、济等地增兵，彼方向北增兵愈多愈好。”

6月25日 为中共中央起草致华中局并告陈毅、舒同电：“苏中地区在蒋优势兵力进攻下，有暂时失陷可能。你们宜作事先准备，以免临事仓卒，受过大损失。”

同日 为中共中央起草致南京中共代表团电：“我党方针是

---

〔1〕 中共中央中原局1946年6月21日关于突围问题致电中央，建议“中央能允许我们在本月底即开始实施主力突围计划，即经鄂中，分两个纵队分别向陕南及武当山突围，然后转至陕甘宁边区”。

〔2〕 指华中军区所属淮南军区津浦路以东的第3分区和以西的第4分区。

争取长期全面和平；如不可能则争取再延长休战时间；又不可能则请考虑恩来托故回延，准备召开人民代表会议，并带必要人员回来，而留董老及其他同志坚持代表团工作，以待时局之变化。大概半年之后又可能和。”

同日 为中共中央起草致林彪电，指出：“（一）国民党一切布置是打，暂时无和平希望；（二）谈判破裂，全国大打，不限于东北；（三）全靠自力更生；（四）半年至一年内如我打胜，和平有望；（五）友邦〔1〕在将来可能在外交上给以援助；（六）我党在南京谈判中当尽最后努力，付出最大让步，以求妥协，但你们不要幻想。”

同日 为中共中央起草复周恩来电：“同意整军方案”。

同日 和朱德致电周恩来转上海人民团体请愿代表马叙伦等，对于他们二十三日在南京下关车站遭国民党特务殴打表示慰问。

6月26日 为中共中央起草致华东局并告陈毅、舒同电：“（一）八天期满后国民党即将向我大举进攻。（二）为粉碎国民党之进攻，决令刘邓主力出陇海、豫东，陈舒主力出徐蚌间，调动敌人而歼灭之。（三）你区应以一部在苏中吸引并牵制通扬线上之敌，粟、谭率主力（不少于十五个团）位于三分区与陈、舒配合，一举占领蚌浦间铁路线，彻底破坏铁路，歼灭该地之敌，恢复三、四分区失地，并准备打大仗，歼灭由浦口北进之敌。〔2〕

〔1〕 指苏联。

〔2〕 粟裕1946年6月27日电告：在淮南集中大兵团作战，粮食、民夫和交通运输均极困难，目前主力集中于苏中，民夫及作战用具都已准备完毕，是否在苏中打一仗再西移。邓子恢、张鼎丞、粟裕、谭震林6月29日又电告：如苏中失陷、淮南战局万一不能速胜，则我将处于进退两难（苏中大部为水网，如被顽占据，不易夺回），如不在苏中打仗便西移，不仅对群众很难说服，即对部队亦难说服。30日，毛泽东为中央军委起草复电：“部队暂缓调动”。于是，华中野战军主力仍留苏中。

（四）用全力策动孙良诚起义。（五）午灰[1]前完成一切攻击准备，待命攻击。（六）你们一切听陈、舒指挥。（七）为应付长期连续作战，你们应准备动员并适当使用自己的各项后备力量，一切作长期打算。”

同日 国民党军向中原解放区大举进攻，全面内战爆发。

同日 收到李先念、郑位三本日下午二时火急电：“七十二军、新十五师今日拂晓由河口出动，向我佛塔山一线阵地突然猛攻。当将我咀子山、大成炮占领，刻仍在激战中。国方这一行动，显为大规模围歼之开始。请速强硬提出，并广为宣传。（请转南京周）。”随即，皮定均率第一纵队第一旅佯装主力向东突围往华中军区转移，鄂东军区就地坚持斗争，以吸引和迷惑来犯之敌。李先念、郑位三、王震率中原局、军区机关及主力组成北路突围军，王树声率南路突围军，于晚间开始突围，先后于六月二十九日、七月一日西越平汉铁路，而后分别向陕南、鄂西北方向前进。

6月27日 为中共中央起草致周恩来并告刘伯承、邓小平、薄一波，陈毅、舒同，邓子恢、张鼎丞电，指出：“蒋介石所谓四十八小时后有惊人举动，是指阴谋歼灭我中原部队而言。蒋于月中下令聚歼，有不许漏网之语。昨宥[2]起实行攻击，我中原部队不得不起而自卫。这一自卫斗争是否能不受严重损失，现尚不能预计。请对外广泛揭发国民党之阴谋。”

同日 为中共中央起草致周恩来、叶剑英电：“中央正考虑由各解放区发行土地公债发给地主，有代价地征收土地分配农民。其已经分配者，补发公债，如此可使地主不受过大损失。惟

---

〔1〕 午灰，即7月10日。

〔2〕 宥，即26日。

汉奸、土豪劣绅、贪官污吏、特务分子不在此例。你们可向中间派非正式地透露此项消息。”根据毛泽东等关于以有偿赎买方式解决土地问题的考虑，中共中央于七月十九日发出《关于研究答复制定土地政策中的几个问题的指示》，提出以赎买方式解决土地问题，并要求各地迅速研究其实施的可能性电告中央。由于全面内战爆发，各地对此反映不一，有些地区要求暂缓发布新政策，因而以赎买方式解决土地问题的设想没有实行。

6月28日　关于北线夺取三路四城〔1〕的兵力部署问题，为中共中央起草致聂荣臻、萧克、刘澜涛、罗瑞卿并告程子华电：“在国民党大打后，你们基本任务是保卫地方与夺取三路四城。”“当敌进攻承德时，你们的主力不是保卫承德（因为这将劳而无功），而是乘敌北进，集中杨、杨、郭、赵四个纵队〔2〕及冀中、冀晋全力举行平汉战役，占领从长辛店至石门整个平汉路，相机占领保定、石门两城。”电报列举了组织平汉战役的七点利益后指出：“希望你们用全力组织平汉战役，于半月内准备完毕，待命攻击。”“所有对平汉、正太、同蒲三路之进攻，均是攻城战”。夺取三路四城“须准备六个月或较多时间，但是必须完成此任务”。

同日　关于南线作战问题，为中共中央起草致刘伯承、邓小平，陈毅、舒同并告邓子恢、张鼎丞电：“陈、舒电请由刘、邓统一指挥，中央认为甚为必要”。“必须待谈判破裂国民党动手打我，然后方能打他，争取有理地位。”根据陈、舒建议，为准备

---

〔1〕三路，指平汉铁路、正太铁路、同蒲铁路。四城，指保定、石门（石家庄）、太原、大同。

〔2〕杨、杨、郭，指杨得志、杨成武、郭天民，当时分别任晋察冀野战军第1纵队、第3纵队、第2纵队司令员。赵，指赵尔陆。1946年6月冀晋赵尔陆纵队和冀晋陈正湘纵队合编为晋察冀野战军第4纵队，陈正湘当时任司令员。赵尔陆，当时任北平军事调处执行部第5小组中共代表。

充分，避免仓卒作战起见，将准备时间延长至七月二十日，必要时延长至七月三十日。

同日 中共中央向各中央局发出关于时局近况的通报，介绍内战的形势及国内外舆论的反映，同时说明："我解放区自日本投降后十个月以来，比较日本投降以前发生了如下各项变化：第一，地区扩大了两倍至三倍，特别是创造了东北战略区域，这是过去没有的；第二，人口增加一倍半，现在有人口一万万三千万，而在去年八月以前，一面负担人口实际上只有五千万左右；第三，军队主力由分散变为集中，技术条件提高了，我军开始能攻城，能守城；第四，解决了或正在解决土地问题，农村面目改观，根据地更加巩固，干部信心提高；第五，没有了日本人，代替日本人位置的中国反动军队，不管美国怎样帮助，总比日军战斗力要差。"

6月29日 为中共中央起草致周恩来电："中原部队被攻，再不突围即被歼灭，为求生存该部决定日内突围，此举完全为求生存，并不牵涉和战问题。如政府愿和，应停止攻击与追击，允许该军由豫西渡河入山西或由陕西入陕北"。同日，又为中央起草致周恩来、叶剑英电，指出："国民党二十一个师攻击我中原军区，我军突围求生存，理由全在我方，国民党毫无理由，切不可以为我军突围是不对的。"

6月30日 为中共中央起草致东北局电："（一）蒋介石在各方逼迫下明日起继续停战〔1〕；（二）望利用此时机加紧进行军事、政治、群众工作各方面之准备；（三）敌不攻我，我亦不攻敌，保持平静；（四）克服党内一部分同志的恐惧心理，准备持久战争；（五）提倡自力更生，不要依赖外援。"

---

〔1〕 1946年6月30日，东北停战延长8天的期限已满，蒋介石出于各方面的压力和兵力不足，宣布在东北继续停战。

同日　为中共中央起草致周恩来电："以后局面是边打边谈，我们须准备应付此种局面。"

同日　致信新华社代理社长余光生："从现时起，凡各地蒋军向我进攻之消息，均请发表，并广播；因蒋口头说停战，实际在作战，我应发表新闻予以揭穿。"

同日　为中共中央军委起草致刘伯承、邓小平、陈毅、舒同，邓子恢、张鼎丞电，决定推迟原定的外线出击时间，指出："蒋为各方所迫将发继续停攻命令，似此我各部暂时宜位于待机位置，以免集中过早暴露企图。"

同日　为中共中央起草致即将赴苏联治病的罗荣桓电："你到目的地后，除治病外，请找菲里波夫〔1〕对满洲情况有所陈述，但勿作过高与过多要求，东北斗争主要靠自力更生。此外，请就你所知对关内解放区情况有所陈述，勿作任何要求，因关内应完全靠自力更生。"七月，罗荣桓赴苏联治病，翌年五月回国。

7月1日　针对蒋介石本日发布给各战区长官的命令〔2〕，和朱德公开发布致全体战地司令员命令："在任何地点，如国民党军队不攻击我军，我军即不应主动地攻击国民党军。但如被攻击，我军将坚决采取自卫手段，以保护人民之生命财产，并维持民主政府的法令。"

7月2日　关于蒋介石的边打边谈政策和我方对策问题，为中共中央起草致各中央局电："（一）据恩来巳三十〔3〕电称：蒋介石政策如中央所指是边打边谈。东北方面因兵力不足一时不致

---

〔1〕菲里波夫，斯大林的代称。

〔2〕蒋介石1946年7月1日通过广播演说公开发布给各战区长官的命令，声称："如共军不进攻我军，则我军亦不进攻共军。"

〔3〕巳三十，即6月30日。

有大动作，关内则必在所谓自卫、恢复交通及难民还乡等口号掩护之下向我中原、苏北、山东、热河等地进攻，同时保持谈判。这样一则便于美国军事援助，二则不过于刺激群众。（二）望各地照原定计划加紧准备粉碎国民党进攻，同时对执行部及小组工作仍取积极态度，适应边打边谈之情况。”

同日 周恩来同蒋介石会谈。蒋要中共让出安东、胶济线、苏北、承德、察哈尔省张家口以南地区，由国民党军进驻。周恩来予以拒绝。

同日 为中共中央军委起草致聂荣臻、刘澜涛并告孙毅、林铁〔1〕电，指出：“在二十天至一个月内请令冀晋、冀中两区对平汉线保持绝对平静，不要有任何破击扰乱之事，以便麻痹敌人放松对我之戒备。”

7月4日 根据各地情报，为中共中央军委起草致刘伯承、邓小平，陈毅和华中分局电，指出：“胶济、徐州、豫北、豫东、苏北之顽可能同时向我进攻，果如此，我先在内线打几个胜仗再转至外线，在政治上更为有利”。

7月5日 为中共中央起草致周恩来并告叶剑英、李克农〔2〕电：“（一）时局有好转可能，主要原因是我党力量存在及坚决斗争。（二）我军主力现作准备，如坏转则大打，如好转则不打，如拖延则小打。（三）请根据中央七七宣言（今夜广播）精神，坚持政治、军事同时解决，即全面长期无条件停战，全部实现政协决议及整军原则；蒋介石一切无理要求，坚决拒绝。

---

〔1〕 孙毅，当时任晋察冀军区所属冀中军区司令员。林铁，当时任中共冀中区委员会书记、冀中军区政治委员。

〔2〕 李克农，当时任北平军事调处执行部中共方面秘书长。

(四) 我五师已脱危险期，到了随、枣[1]南北地区，堵兵甚少，追兵不力。我军休息数日后即自由行动。如时局好转，则在国民党不追不堵条件下可以退到华北；如时局坏转，又堵又追，该部将在广大区域自由活动，以求生存。”

同日　为中共中央军委起草致郑位三、李先念电：“你们任务是活动于鄂西北、豫西南广大地区，一面保存自己，同时钳制大量敌人，对全局贡献极大。”

同日　为中共中央军委起草致聂荣臻电：“同意你们攻大同计划[2]。望令张、罗、杨[3]精心计划，充分准备，坚决夺取之。同时准备歼灭傅作义向我进攻之部队。”

7月6日　为中共中央起草致各中央局、分局及周恩来、叶剑英、伍修权电：“中央七七宣言尖锐批评美国及中国反动派，唤起国人起来救国，足以振奋人民意志，置反动派于困难地位，以便在人民面前孤立他们。但同时指出，加强对美国民主人士之联系，主张国内开各党派在内的政治协商会议，不论何人，只要赞成政协者均表欢迎。因此，各地对北平执行部及各小组仍应照前指示尊重国、美两方代表，并注意拉拢美国一切人员。对马歇尔不要公开说他好，也不要公开说他不好，在谈判中仍须经过他来缓和局面。对各地美军，仍应避免冲突；对国民党军队，则看彼方态度，彼打我亦打，彼停我亦停。对谈判，我党已有所让步，但国民党贪得无厌，提出很多无理要求，应予拒绝。”

---

〔1〕随、枣，指湖北随县、枣阳。

〔2〕聂荣臻、刘澜涛1946年6月24日致电中央军委，建议：“如政治上许可，在步骤上以攻占大同为有利，然后沿同蒲路南归。”

〔3〕张、罗、杨，指张宗逊、罗瑞卿、杨成武。

同日　为中共中央起草致聂荣臻电："我打平汉应在国民党向我大打，例如打苏北、打承德之时，现在只作准备。请争取于本月内大体准备完毕。""打时四个纵队（陈正湘[1]不在内）中以一个位于平绥路，以三个打平汉，配合冀晋、冀中，兵力很够。"

7月7日　《中国共产党中央委员会为"七七"九周年纪念宣言》发表。毛泽东修改宣言稿时加写两段话，指出："目前中国反动派的猖獗，不是表示他们的强大和有生命力，而是表示他们的软弱和回光返照。任何国家的法西斯统治，都具有这种性质，中国不能是例外。法西斯主义是最丑恶的，因而又是最软弱的最无生命力的。""我们一定要打败中外反动派的一切反动企图，我们一定要实现独立、和平与民主，我们一定要实现停战令、政协决议与整军方案。凡愿意实现这些的，不论什么人，我们就表示欢迎。凡属反对这些的，不论什么人，我们就表示反对。"

同日　为中共中央起草致周恩来并告叶剑英电："对五师，要求彼方停追停剿"；"各地大员不要出外谈判"。

同日　为中共中央起草致郑位三、李先念电："希望你们不但生存，而且发展，并为全局牵制大批敌人，这有极大战略意义。"

7月8日　为中共中央起草致曾生[2]电，庆祝东江纵队自广东海运安全到达烟台。该纵队到达山东后改称两广纵队。

7月9日　为中共中央起草致周恩来、叶剑英电："（一）一月十三日后，顽在关外占我二十余县及重镇，在关内除收复者

---

〔1〕 指陈正湘任司令员的晋察冀野战军第4纵队。

〔2〕 曾生，当时任山东野战军东江纵队司令员。

外，亦占十余县，最重要者为占我二千余村镇，五百万人口之中原解放区被占是其中之最显著者。（二）顽如能全面长期停战，我自可停止报复，否则绝无片面停止理由。（三）大同、太原两点决暂时不打，待顽攻苏北或承德或他处时再打，但山西其余各县凡能打者，我必打之。除非全局及五师能真正和平解决，不应考虑派小组到山西来束缚自己手足。（四）朔县、繁峙是攻占，山阴、宁武、代县是顽自己放弃，尚拟攻占怀仁、应县、崞县〔1〕、五台、定襄、忻县、介休、灵石、霍县、孝义、中阳、石楼、汾西、蒲县、隰县、大宁等县，使几个解放区打成一片，以为丧失中原解放区之代价。”

7月10日　为中共中央起草致各中央局、分局电，通报马歇尔转来蒋介石发给全国各长官的一个以自卫为名进行内战的命令。电报指出：“必须认识蒋介石此种作法的两面性：一方面，国际国内大局迫使他不能全国大打，有些地方兵力不够也无法大打，故声言要停战，要和平，我党力量强大及坚决斗争是迫使他如此做的最主要因素；另方面，对五师，对胶济，已在大打，对苏皖即将大打，对豫北对热河亦在准备打，均以自卫为名。此种边打边谈以打为主的局面，至少还将继续一时期，各地应充分注意粉碎蒋介石的进攻。”

7月11日　为中共中央起草致林彪电，对东北局关于东北形势及任务的决议提出修改意见。对决议中和战问题的一段内容，修改成为：“克服和战问题上的混乱思想，准备以长期艰苦斗争取得和平。目前英美矛盾增长，美国内部矛盾又极严重。蒋介石在全国范围说来仍感兵力不敷分配，且人心不顺，经济困难。尤其重要的是我党我军的力量强大与坚决斗争，因此迫使蒋

〔1〕崞县，今山西原平。

介石不得不于十五天及八天停战期满后，又宣布无期停战。在某些蒋军力量不足地区，停战对于蒋军亦属有利；但在蒋军力量充足地区，例如对中原区，对胶济路，蒋介石已经发动大打，对苏皖有很快大打可能。对东北，目前蒋军兵力不足，利于停战，但如增兵到来，便有极大可能向我再进攻。蒋介石在此次南京谈判中，除允许给我兴安省、新黑龙江省及嫩江省〔1〕一部与延吉地区外，其余均要接收，不但要占点，而且要占面，此为我方所绝不能接受者。与其不战而失如此广大地方，将来不能收复，不如战而失地，将来还可收复。况且战的结果，除若干城市要道还可能失去外，我亦有粉碎蒋军进攻收回许多失地之极大可能。因此，全党必须下最大决心，努力准备一切条件，粉碎蒋军进攻，以战争的胜利去取得和平。一切游移不定及侥幸取得和平的想法，都应扫除干净。”

同日　为中共中央军委起草致陈毅、张云逸、黎玉，张鼎丞、邓子恢、粟裕、谭震林并告刘伯承、邓小平电：周恩来七月十日自南京来电，说国民党拟于本月十二日开始大举进攻苏皖区。望充分注意。接此电后，粟裕率部于七月十三日发起苏中战役。

7月12日　为中共中央起草致各中央局转各部队首长的指示电：“任何部队，在每一次行动前，必须进行一次公开的全体的纪律教育，并以按照当前具体情况应当注意的具体事项，在不泄露机密的条件下，明确地告诉一切指战员，方能于行动时使一切指战员遵守政治纪律，给人民以良好影响。”

---

〔1〕兴安省、新黑龙江省、嫩江省，是国民党政府于日本投降后在东北新划定的省份。当时国民党将东北划为9省，兴安省、新黑龙江省和嫩江省所辖范围为今内蒙古自治区东北部和黑龙江省西部。

7月13日 为中共中央军委起草致陈毅、张云逸、黎玉，刘伯承、邓小平、薄一波，张鼎丞、邓子恢、粟裕、谭震林电，提出山东、苏北的作战部署，指出："对桂顽进攻淮北，应有反击准备，但鲁南大军[1]仍不宜此时南下，以免陷于被动地位"；"刘、邓所部亦在现地整训待机，不要轻动"。电报告知周恩来十二日南京来电内容：苏北大战即将开始，蒋军将由徐州向南，由津浦向东，由江北向北，三方面同时动作，先求解决苏北，然后打通津浦、平汉。电报指示："在此情况下，待敌向我苏中、苏北展开进攻，我苏中、苏北各部先在内线打起来，最好先打几个胜仗，看出敌人弱点，然后我鲁南、豫北主力[2]加入战斗，最为有利。"

同日 为中共中央起草致郑位三、李先念电："蒋介石决心大打，其计划是先攻苏皖，后攻华北，并企图消灭我中原军。""我中原军之任务，是以机动灵活之行动，在鄂、豫、皖、川、陕广大地境内，在外线牵制反动派大量军队，帮助我内线作战部队取得胜利，是为作战之第一阶段；然后我内线部队渡淮向南，与中原军会合，夺取信阳、大别山、安庆之线，是为第二阶段。"

同日 到中央党校，看望由新疆出狱回到延安的马明芳、杨之华等一百二十九位同志。十六日，同朱德等出席中共中央书记处办公厅举行的宴会，招待出狱归来的同志。

同日 和朱德致电在昆明被国民党特务暗杀的李公朴[3]的夫人张曼筠："惊悉李公朴先生为反动派狙击逝世，无任悲愤！

---

〔1〕 指当时集结在鲁南的山东野战军。

〔2〕 指当时分别集结在鲁南、豫北的山东野战军和晋冀鲁豫野战军。

〔3〕 李公朴，爱国民主人士，当时任中国民主同盟中央委员。1946年7月11日在昆明被国民党特务暗杀。

先生尽瘁救国事业与进步文化事业，威武不屈，富贵不淫，今为和平民主而遭反动派毒手，是为全国人民之损失，抑亦为先生不朽之光荣。全国人民必将以先生之死为警钟，奋起救国，即以自救。肃电致唁。”

7月15日 为中共中央军委起草复陈毅、宋时轮[1]并告刘伯承、邓小平电：午寒电[2]悉。“在蒋军尚未进攻苏皖时，我军仍在现地待机，最近几天可看一看泰兴战斗[3]结果如何”。本日，又为中央军委起草致张鼎丞、邓子恢、谭震林转粟裕并告陈毅、宋时轮电，指出：“此次泰兴作战不论胜败如何，均须于结束战斗后，立即整理部队，准备再战。即使打了大胜仗，也要如此，因敌人会继续进攻，我军在南线须准备打四五个大胜仗，方能解决问题。”

同日 宣家堡、泰兴战斗结束，华中野战军歼灭国民党军美械部队两个团三千余人。

同日 为中共中央起草致中原局电，就中原部队的战略任务作出指示：“胡宗南[4]有强兵节节堵击，北上很难通过，且牵制大批敌军在敌后建立根据地是我中原军的光荣战略任务。因此，我中原军全部应遵中央午文[5]电，在鄂、豫、皖、川、陕五省境内进行机动灵活之作战”。七月下半月，李先念、郑位三等所

---

〔1〕 陈毅，当时任中共中央华东局副书记、山东军区司令员兼山东野战军司令员。宋时轮，当时任山东野战军参谋长。

〔2〕 陈毅、宋时轮1946年7（午）月14（寒）日致电中共中央军委，建议“立即执行前定作战计划，截断津浦南段、陇海徐西段，造成山东、太行主力在淮北之会合，准备渡淮作战”。

〔3〕 泰兴战斗，即苏中战役的第一仗，后称宣（家堡）泰（兴）战斗。

〔4〕 胡宗南，当时任国民党军郑州绥靖公署副主任兼第一战区司令长官。

〔5〕 午文，即7月12日。

率的中原局、中原军区直属队和第二纵队主力进入鄂豫陕边界地区，王震所率的第三五九旅进入陕南，王树声所率的第一纵队主力进入鄂西北武当山一带，张体学所率的鄂东独立旅分散在鄂豫皖边的大别山区进行游击活动，皮定均所率的第一旅穿越淮南地区于七月二十日进入苏皖解放区。

同日 为中共中央军委起草致郑位三、李先念、戴季英并告王震电，指出："整个突围战役是胜利的，敌人毫无所得。你们这一行动已调动程潜、刘峙[1]、胡宗南三部力量，给反动派以极大震动与困难，故你们的行动关系全局甚大。"

7月16日 为中共中央军委起草致各中央局、各军区电，要求学习陈赓[2]部集中主力各个歼敌的作战方法。电报指出："此次阎军万余，胡宗南第一、第二十七两军五万余向我晋南解放区进攻。我陈赓纵队现已开始作战[3]，采取集中主力打敌一部、各个击破之方针，取得两次胜利。我各地作战亦应采取此种办法，每次集中大力打敌一部，其比例应为三对一，最好是四对一，以求必胜，各个击破敌人。望将此种战法普遍教育团级以上将领，是为至要。"

同日 为中共中央军委起草致刘伯承、邓小平，陈毅、宋时轮并告华中分局、中原局电："请你们考虑，鲁南、太行两军现在是否已至开始行动之时机，两军准备情况如何，华中原定破击蚌浦路之九个团已准备完毕否。以上各点盼告"。本日，刘伯承、邓小平、薄一波复电中央军委："依晋冀鲁豫情况，若敌人先我

---

〔1〕 程潜，当时任国民党政府军事委员会委员长武汉行营主任。刘峙，当时任国民党军郑州绥靖公署主任。

〔2〕 陈赓，当时任晋冀鲁豫野战军第4纵队司令员。

〔3〕 指1946年7月13日至22日进行的闻（喜）夏（县）战役。

出动，我可乘其弱点，最为有利。”“我们原来因为黄河问题，故主早日发动，现黄河堵口大汛前不能完成，自以迟动为有利。现我们正扩兵，如能于八月中旬开始则很从容”。二十日，刘伯承、邓小平致电中央军委，建议先将野战军领导机关移至菏泽。当天毛泽东为中央军委起草复刘、邓并告陈、宋电：“同意刘、邓率野战司令部进至菏泽地区，三纵进至朝城、濮县地区待机。”二十六日，毛泽东又为中央军委起草复刘、邓电，指出：“对陇海线总以准备充分、攻击奏效为原则，时间上可酌量推迟数天，一切由你们依前线情况决定。”原定南线七月底外线出击的计划就此后推。

7月17日 就三人小组向突围的中原部队空投通知要求谈判一事，为中共中央起草致郑位三、李先念并告周恩来、叶剑英电：“目前国方重心在歼灭我军，无意和平。你们应集中注意对付敌人，不要上当。只有到敌人无法歼灭我军，我军反而严重威胁敌人大后方之时，才有可能迫使敌人改变计划，停止追击，恢复和平。因此你们暂时不要派代表出去，但可写信给两小组（由地方交顽军转达），要求国方停止追击，以便派遣代表出去谈判。”

同日 和朱德致电在昆明被国民党特务暗杀的闻一多〔1〕的家属：“惊悉一多先生遇害，至深哀悼。先生为民主而奋斗，不屈不挠，可敬可佩。今遭奸人毒手，全国志士必将继先生遗志，再接再厉，务使民主事业克底于成，特电致唁。”

7月19日 为中共中央起草致郑位三、李先念、王震等电，请他们考虑将部队以团营为单位化整为零，在陕南分散游击，然

〔1〕闻一多，诗人、教授。当时任中国民主同盟中央委员、昆明民主周刊社社长，1946年7月15日在昆明被国民党特务暗杀。

后分枝以团营为单位向豫西、川东、陇南发展。本日，又为中央起草致王树声、刘昌义、张才千[1]并告郑位三、李先念电，指出："你们必须下决心在鄂西山地各县建立根据地"，"以团营为单位，分散在鄂西各县游击活动"。"成败关键是取得人民拥护，目前抢食办法非常危险，必须改变政策，分散游击，依靠民众。"

同日　为中共中央军委起草致陈毅、宋时轮并告刘伯承、邓小平电："徐州附近之作战关系全局，如打得好，歼灭蒋军东进主力，则我军可以南打九十九及五十八等军[2]，可以切断徐蚌路，配合刘邓大军发展新局面，杂牌军亦可能起来反内战；如打得不好，则苏中、淮北将处于困难地位。因此，你们必须等候八八师、二八师出来，并进至有利我们之地点，然后集中全力歼灭其一个师，得手后再歼第二个师。此两师解决，则全局胜利。"次日，山东野战军自鲁南隐蔽进入淮北地区。

7月20日　为中共中央起草关于粉碎蒋介石进攻的指示，指出："我党我军正准备一切，粉碎蒋介石的进攻，借此以争取和平。蒋介石虽有美国援助，但是人心不顺，士气不高，经济困难。我们虽无外国援助，但是人心归向，士气高涨，经济亦有办法。因此，我们是能够战胜蒋介石的。全党对此应当有充分的信心。"战胜蒋介石的作战方法，一般地是运动战。为着粉碎蒋介石的进攻，必须和人民群众亲密合作，必须争取一切可以争取的人，还必须作持久打算。"总之，我们是一切依靠自力更生，立

---

〔1〕王树声、刘昌义、张才千，当时分别任进入鄂西北的中原军区第1纵队司令员、副司令员、参谋长。

〔2〕此处用的是旧番号。国民党军第99军和第58军，这时已分别改称整编第69师和整编第59师。

于不败之地，和蒋介石的一切依靠外国，完全相反。”这个指示编入《毛泽东选集》时，题为《以自卫战争粉碎蒋介石的进攻》。

同日 为中共中央军委起草复聂荣臻电，指示平汉战役的准备分为侦察、训练、移动三部，目前着重侦察事宜，主力部队及地方部队之攻城训练各就原地进行。

7月21日 为中共中央起草致东北局电，指出：“为使军队补充好，训练好，并使群众工作做出成绩，东北方面，在八、九两月内仍应保持平静，人不犯我，我不犯人；但同时须准备于一个月后能作战。”

同日 为中共中央起草致南京中共代表团电，指出：“请你们考虑目前是否可能经过马歇尔要求国方对中原军停战，以利谈判”。二十六日，周恩来分别访马歇尔和司徒雷登〔1〕，提出马上实行全面长期无条件停战，改组政府，按照政协原则处理地方行政。下午马歇尔飞庐山转告蒋介石。

同日 为中共中央军委起草致刘伯承、邓小平、薄一波，郑位三、李先念、王震，陈赓、谢富治〔2〕电，通报粟裕集团（十二个团）七月十五日在苏中歼敌一个旅之后，又于七月二十日歼敌两个旅，俘师长王铁汉。同时，为中央军委起草致粟裕电：“（一）庆祝你们打了大胜仗；（二）敌情尚严重，望将参战主力集中休整，补充缺额，恢复疲劳，以利再战。”

同日 为中共中央军委起草致刘伯承、邓小平并告陈毅、宋时轮电，指出：“估计陈、宋第一个战役〔3〕可能于数日内结束，第二个战役可能于月底开始，我刘邓军来不及配合第一个战役，

---

〔1〕 司徒雷登，1946年7月11日继赫尔利任美国驻中国大使。

〔2〕 谢富治，当时任晋冀鲁豫野战军第4纵队政治委员。

〔3〕 指朝阳集战役。

但是可能与必须配合第二个战役。因此，提议刘邓军日内即开始运动，俭〔1〕前或艳〔2〕前到达攻击准备位置，于三十或世〔3〕动手，夺取汴徐线，尔后依情况向南发展，夺取豫东、淮北诸县。”八月二日，刘伯承、邓小平复电中央军委，报告本日召开军事会议，决定八月十日夜开始作战。晋冀鲁豫野战军随即由鲁西南向陇海路开封、徐州段运动。

同日　关向应〔4〕去世。随后，毛泽东、刘少奇、朱德等组成治丧委员会，延安各界举行悼念活动。毛泽东致送挽词：“忠心耿耿，为党为国，向应同志不死。”

7月22日　为中共中央起草致晋察冀中央局并告晋绥分局电，指出：“大同由你们负责攻取，请即加筹划，能于八月内取得为最好。”“平汉、正太、同蒲三路及吕梁各县均须争取于八月内取得，一到九月，时局可能发生变化。”二十四日，聂荣臻致电中共中央，提议先攻取大同，第二步向平汉路挺进，第三步再向正太路进攻。二十五日，毛泽东为中央起草复聂荣臻电：“同意先取大同，再取平汉，再取正太。”当天，大同前线指挥部组成，以晋绥军区副司令员张宗逊为司令员，晋察冀军区副政治委员罗瑞卿为政治委员。三十一日，晋察冀军区和晋绥军区集中九个旅和地方武装共三十个团的兵力开始大同外围作战。

7月23日　为中共中央军委起草致王树声、刘昌义、张才千并告郑位三、李先念电：“你们与郑、李之间有第七十六、第十、第十五、第六十六等师重兵隔断，你们万万不可再北进。你

〔1〕俭，即28日。

〔2〕艳，即29日。

〔3〕世，即31日。

〔4〕关向应，当时任中共中央晋绥分局书记、陕甘宁晋绥联防军政治委员。

们必须就现地歼灭敌人，建立根据地，作长久打算。”次日，又为中央军委起草致王树声、刘昌义、张才千并告郑位三、李先念、戴季英、王震电，指出：“你们任务是在长江以北、襄河以西以南广大区域内实行机动灵活之作战，各个歼灭敌人，发动民众，建立根据地。这一任务必须说服全体指战员坚决执行。必须逐步转变向华北归队及向郑、李会合的思想，因为敌人重重阻碍不许可你们这样做。只要你们善于作战，再打几个二十一日那样的胜仗（集中优势兵力，每次歼敌一营一团，各个击破），只要你们能解决军民关系，你们就能够建立根据地。”根据中央军委指示，王树声等率领的中原军区第一纵队主力会同鄂中军区部队，分散于鄂西北武当山一带开展游击活动，并于八月下旬建立以王树声为司令员兼政治委员的鄂西北军区，开始创建鄂西北根据地。

同日 为中共中央军委起草致舒同并告陈毅、张云逸、黎玉电：“叶赖纵队〔1〕决定使用于南线”。

7月25日 为中共中央起草致李先念、文建武、任质斌〔2〕电：“只要你们能生存，恢复谈判及实行停战是有希望的，因国民党对我中原军四出游击深为恐惧。”“你们应下决心以团为单位，分散于陕南各县，划分区域，每团管一县至二县，分散的程度以能打民团及国民党一连一营为标准”。中原局所率的直属部队于七月下旬在陕南龙驹寨（今属丹凤县）与中共领导的陕南游击队会合后，又与河南军区部队在豫西卢氏会合，八月三日成立

〔1〕叶赖纵队，指叶飞、赖传珠分别任司令员、政治委员的山东野战军第1纵队。当时该部在山东北线（胶济线）的南侧。

〔2〕文建武，当时任中原军区第2纵队司令员。任质斌，当时任中原军区副政治委员兼第2纵队政治委员。

了以文建武为司令员、汪锋为政治委员的豫鄂陕军区。

同日　为中共中央起草致叶剑英、李维汉〔1〕并告周恩来电，指出：（一）据李先念电，军事调处执行第三十二小组由飞机抛下公函，称该小组及第九小组已到龙驹寨，要李派代表去龙驹寨谈判，然后经三人委员会决定停战驻地及给养问题。如联络不上，则该两小组于二十五去西安停三天，然后去北平请示等语。（二）计时该小组今日已到西安，已令周子健〔2〕代表李先念去接洽，声明愿意谈判，惟须政府军停止围追以利谈判〔3〕。（三）望你注意此事，并适当处理。如政府及马歇尔要谈苏北问题，我们则要谈中原军问题。

同日　和朱德致电陶行知家属，对陶行知于当日去世表示哀悼："先生为人民教育家，为民族解放与社会改革事业奋斗不息。忽闻逝世，实为中国人民之巨大损失。"八月十一日，《解放日报》发表毛泽东题写的挽词："痛悼伟大的人民教育家陶行知先生千古"。

7月28日　为中共中央军委起草致刘伯承、邓小平，陈毅、宋时轮，张鼎丞、邓子恢电："蒋军经过整编，其战斗力一般加强，我军对其作战时，必须取集中优势分割歼灭方针，其比例为三对一或四对一，否则不易解决战斗，欲速不达。无好打之机会时，宁可迟几天，等候机会。"

---

〔1〕李维汉，当时是南京中共代表团成员。

〔2〕周子健，当时任八路军驻西安办事处处长。

〔3〕与此同时，在陕南的中原部队根据飞机抛下的执行小组的公函，派出张文津等为代表，直接找陕南国民党军交涉停战。国民党军却继续以重兵围攻，并于8月秘密杀害了中原部队派出的谈判代表张文津（干部旅旅长）、吴祖贻（干部旅政治部主任）和毛楚雄（干部旅工作人员、毛泽覃的儿子）。

7月29日 为中共中央起草致黄林、张水泉[1]电："你们暂时即在洛南、商南、卢氏一带打游击，再不要西进了。"

同日 为中共中央军委起草致王震并告李先念、文建武、任质斌电："（一）你们通过商山大道到达安武、黑山，布置分散游击战争，甚慰。（二）李、任、文等不再西进，分为七股就地打游击。"

7月30日 为中共中央军委起草致张鼎丞、邓子恢、粟裕电，指出："在我军主力未获充分补充休息恢复疲劳以前，及敌未进至有利于我之地形条件以前，宁可丧失一些地方，不可举行勉强的无把握的作战。此次粟部歼敌二万，打得很好，今后作战亦不要过于性急，总以打胜仗为原则。"

同日 为中共中央军委起草致陈毅、宋时轮电："庆祝你们歼灭九十二旅之胜利。"山东野战军第二纵队等部于七月二十七日至二十九日在徐州东南之朝阳集歼灭国民党军第九十二旅五千余人。

7月31日 为中共中央军委起草致吴诚忠、张体学、熊作芳[2]并告郑位三、李先念和华中分局电，指出："你们决定分散游击甚慰"；"大别山各游击队统一归你们指挥"；"到处扶植地方游击队，到处创立游击根据地"。

8月1日 关于攻打大同问题，为中共中央军委起草致聂荣臻、刘澜涛并告贺龙、李井泉电：询问"应县久攻不下，你们对攻大同把握如何？""如大同久攻不下，其结果将如何，此种可能

---

〔1〕 黄林、张水泉，当时分别任河南军区司令员兼政治委员、副司令员兼参谋长。

〔2〕 吴诚忠、张体学、熊作芳，当时分别任中原军区鄂东独立第2旅旅长、政治委员、副政治委员。

性应当估计到。”根据中央军委这一指示，二日，聂荣臻主持召开阳高会议。三日，聂电告中央军委，说会议认为攻占大同对今后各方执行任务均为有利。六日，毛泽东为中央军委起草致聂荣臻电：“你在布置大同战役后，望集中注意于准备平汉战役。”

8月2日　收到粟裕建议速将淮南第五旅东移苏中作战以及陈毅建议粟裕率部西调开展淮上新区两电后，为中共中央军委起草致粟裕，并告张鼎丞、邓子恢，陈毅、宋时轮电：“一个月内在苏中再歼敌两个旅有可能否？如你们能在八月内歼敌两个旅，南线情况即将改观，那时粟可率主力转至淮南作战。”六日，又为中央军委起草致陈毅电：“似以同意粟裕意见，在苏中再打一仗然后主力西调为有利。因粟部西调过早，一则苏中人心不顺，二则敌军亦将早日西调”。

8月4日　为中共中央起草致贺龙、李井泉电，指出：“在全国和平未实现以前，你们不要接受阎锡山缓兵之计，签订任何停战协定，束缚自己手足。”

同日　为中共中央军委起草致陈毅、宋时轮电：“叶赖纵队决定南调不再改变”。“你们手里有五万机动兵力，只要有耐心，不性急，总可找到各个歼敌之机会”，“如能打三四次每次歼敌二三个团之仗，即可转换局势”。

8月6日　在延安杨家岭会见美国记者斯特朗，同她就国际国内形势作重要谈话。毛泽东在谈话中，提出了“一切反动派都是纸老虎”的著名论断。他说：“从长远的观点看问题，真正强大的力量不是属于反动派，而是属于人民。”在谈到美国是否可能举行反苏战争的问题时，毛泽东说：“美国反苏战争的口号，在目前的实际意义，是压迫美国人民和向资本主义世界扩张它的侵略势力。”“美国和苏联中间隔着极其辽阔的地带，这里有欧、亚、非三洲的许多资本主义国家和殖民地、半殖民地国家。美国反动派在没有压服这些国家之前，是谈不到进攻苏联的。”这个谈话编入《毛泽东选集》时，题为《和美国记者安娜·路易斯·斯特朗的谈话》。

8月7日 为中共中央军委起草致粟裕并告陈毅电：“由你率主力与陈军长会合集中力量打开淮北局面，或出淮南切断蚌浦线，直接配合陈宋、刘邓之作战，这是一个方案。照你微午〔1〕电办法，八月内再在苏中打一仗然后西移，这是又一个方案。你对以上两方案意见如何盼告”。本日，国民党军一部自海安向东昌进至华中野战军主力隐蔽集结地区，粟裕电告中央军委，“歼敌良机已到”，并希望调淮南第五旅去苏中参战。次日，毛泽东为中央军委起草复粟裕并告陈毅、宋时轮，张鼎丞、邓子恢、谭震林电：“歼敌良机已至，甚好甚慰”。“如连续歼敌两个旅有便利条件，则可连续歼敌两个旅，否则可先歼其一个旅，休息数日再找机会歼其另一个旅。”“预备部队或钳制部队如有可调者，望张、邓、谭尽可能满足粟之要求，集中最大兵力于主要方向。”十日晚，华中野战军主力向冒进至李堡之敌发起突然攻击，次日晨结束战斗，歼敌一个半旅共九千余人。

8月8日 为中共中央起草致东北局并转各满分局、各省委电：“（甲）鱼日〔2〕司徒〔3〕向周转达蒋介石五条：（一）让出苏皖边区；（二）让出胶济线；（三）让出承德及其以南；（四）东北在十月十五日以前退至黑龙江、兴安、嫩江及延吉，其余均交出；（五）鲁晋两省须让出六月七日后占领地区。周答绝对不能接受，一条也不行。（乙）你们须积极准备作战，务于八、九两

---

〔1〕 微午，即5日午时。

〔2〕 鱼日，即6日。

〔3〕 司徒，即司徒雷登。

月准备完毕，待命行动。在两个月内，人不犯我，我不犯人。”

同日 为中共中央起草复周恩来电：“蒋之五条绝对不能接受，一条也不行。你的答复很对。我各解放区正在动员全力粉碎蒋介石进攻。”

同日 审阅中共中央致华中分局并陈毅、张云逸、黎玉的电报稿，加写一段话：“我们必须自觉地向富农让步，坚持中央不变动富农自耕土地的原则。但在已经解决并取得多数人民同意的地方，不要再变动。此外，对待一般中小地主亦应与对待汉奸豪绅恶霸有所区别。”

8月9日 为中共中央军委起草致刘伯承、邓小平，陈毅，粟裕电，指出：中原军负担极重，急需援助。八月十日至九月十日一个月内，“如我粟裕军能在苏中歼敌二至三个旅，陈宋军能在徐蚌线及其以东歼敌二至三个旅，刘邓军能占领汴徐线及豫东淮北十余城，并歼敌二至三个旅，共歼敌六至九个旅，则于大局有极大利益。一则蒋军向苏中、苏北之进攻必受顿挫，二则新黄河受我军威胁，这两点均将迫使蒋介石从我中原军方面抽调至少数个旅向东向北增援。如嗣后我军有更大胜利，中原军面前之蒋军被调向东向北者必愈多，因而使我中原军能在陕南、豫西、川东、鄂西、鄂中、鄂东、皖西等七八处地方站住脚跟，即是战略上一大胜利”。

8月10日 为中共中央起草复李先念、任质斌、文建武电：“划定数个军分区，以营为单位，依靠民众，分散游击，是唯一出路，甚好甚慰。”

同日 为中共中央军委起草致林彪电，告知关内粉碎蒋军进攻之战争正在发展的情况，并指出：“东北我军还可能有两个月时间或更多时间从事休整、剿匪及做群众工作，在此时间内可放手分散以利工作。”

同日 关于调查安平事件[1]问题，为中共中央起草致周恩来、叶剑英电："此次安平调查，国、美合作造假证据，说成一切为中共有计划袭击美军是必然的。在此种情况下，我们应准备宣布国、美进攻我方被迫自卫之一切证据，并准备向国际申诉。此案对美方不利之处是暴露国、美站在一边，美方之假中立已难保持，而内战结果我方日益胜利，三个月后将使美蒋陷入困境。"

同日 马歇尔和司徒雷登发表联合声明，说战争日益扩大，且有席卷全国之势，国共双方所谈判的问题似无获得解决可能。

8月11日 得知王震所率的三五九旅自八月上旬进入陕南镇安、柞水地区遭敌二十个团的兵力围攻，为中共中央军委起草致王震电，指出："你部应坚决就地分散和敌人打小圈子，只要是小部队就可从敌人间隙中穿过来穿过去，望按情决定。"随后，王震率三五九旅继续突围向西前进。

8月12日 关于华中野战军继续在苏中作战问题，为中共中央军委起草致陈毅、宋时轮电，指出："粟裕军前日在苏中第二个胜仗[2]，不但使苏中蒋军陷入极大困难，亦将使淮南第五军无法北调。粟部在苏中民情熟悉，补给容易，地形便利，苏中敌军装备亦比第五军差，较易取胜。马上调淮南，因敌人硬，地势险，不一定能完成切断蚌浦路任务。不如令粟部再在苏中作战一时期，再打一二个胜仗，使苏中蒋军完全转入守势，保全苏中解放区，对全局有极大利益。这样配合淮北作战，更为有利。"

---

〔1〕 安平事件，指1946年7月29日，驻天津美国海军陆战队和国民党军同冀东解放区部队在河北香河县安平镇的武装冲突事件。

〔2〕 苏中战役中的宣泰战斗，如（皋）南战斗和海安战斗，因连续进行，当时合称为苏中第一次胜利，将李堡战斗称为第二次胜利。

同日　中共中央致电周恩来："今后将有一个相当时期是大打大闹时期，而主要是靠打得好，消灭蒋力量来解决问题。"

8月13日　为中共中央军委起草致刘伯承、邓小平、张际春，并告陈毅、宋时轮电，祝贺晋冀鲁豫野战军占领陇海路的大胜利，并要求第二步应夺取豫东各县，"威胁新黄河，迫使刘峙从陕豫调动之军队向新黄河布防，不敢集中开封一处向我攻击，如此可以争取半月以上时间，占领豫东全境（主要的）及涡河流域，推迟主力决战时间"。

同日　为中共中央军委起草致粟裕、谭震林并告陈毅、宋时轮电，指出："苏中各分散之敌利于我各个击破，望再布置几次作战。即如交通总队〔1〕凡能歼灭者一概歼灭之。你们如能彻底粉碎苏中蒋军之进攻，对全局将有极大影响。"十五日，为中央军委起草复粟裕、谭震林电，认为他们留在苏中内线作战的意见很对，指出："望利用苏中各种有利条件，继续在那里作战，如你们能在今后一个月内再打二三个胜仗，继续歼敌二三个旅，则对整个局势助益极大。"二十日，又为中央军委起草致张云逸、邓子恢并粟裕、谭震林电："粟谭主力留在苏中作战，暂时不要西移。待苏中作战任务彻底完成，而淮南方面又有十分必要时，再行考虑西移。"二十一日，华中野战军发起丁（堰）林（梓）战斗，当天结束，歼敌五千余人，切断了南通至如皋的公路，打开了主力西进黄桥的通道。

8月上中旬　致信胡乔木："请写一篇号召解放区军民起来

---

〔1〕交通总队，即国民党政府的交通警察总队，系由戴笠指挥的忠义救国军和国民党军事委员会淞沪别动军（投降日伪后驻上海，改称税警总团）于1945年9月经蒋介石批准合编而成。该部配有美制武器，用于华中战场。

粉碎反动派进攻的社论。目前亟需这样一篇社论，以利公开动员。”胡乔木根据毛泽东的指示起草的社论《全解放区人民动员起来，粉碎蒋介石的进攻!》，八月十六日在《解放日报》发表。

8月17日 为中共中央起草致华中分局电：“淮北路西分区工作十分重要，你们应派吴芝圃〔1〕及其他党政军民工作干部一大批迅去该区工作，至要。”

同日 为中共中央起草致王震电，指出：“我们希望你率所部进至陇南后，即在两当、徽县一带分散游击，建立陇南游击根据地，对于目前牵制敌人，帮助五师及粉碎蒋介石向整个解放区进攻，帮助必大。对于将来我军向南发展则是一准备步骤。”但在国民党军重兵紧紧包围和不断攻击的情况下，王震所率的三五九旅难以在陕南和陇南立足，乃于八月十九日突破敌设在川陕公路上的封锁线，随后北渡渭河，向陕甘宁边区急进。二十二日，毛泽东为中央军委起草致王震电，对其率部渡渭河向陕甘宁边区前进表示甚慰，并告知已令关中、陇东部队策应。二十九日，三五九旅突破胡宗南部的围堵，在陇东同陕甘宁边区接应部队胜利会合。

8月19日 为中共中央军委起草致刘伯承、邓小平电，指出：应集中兵力歼灭向我军进攻的国民党军第十八师，“我集中兵力之程度最好四比一，至少三比一”。本日，又为中央军委起草致刘、邓电：“你们须准备用各个歼敌方法，每次歼其一个旅，连续打几个胜仗，方能解决问题。在打一个旅时，须集中主力先歼其一个团，然后再歼其另一团。”

8月21日 为中共中央军委起草致陈赓、谢富治电，通告

---

〔1〕 吴芝圃，当时任中共中央华中分局第8地委书记、华中军区第8军分区政治委员。

国民党军胡宗南部主力第一师、第二十七师等部共五个旅向北进攻的情况，指出："你们宜利用目前时间迅速夺取霍、灵[1]，创造战场，以利将来作战。"随后，陈、谢指挥晋冀鲁豫野战军第四纵队和太岳军区部队以小部阻击阎锡山部南下，隐蔽集中主力三个旅在临汾、浮山间待机捕歼胡宗南部的第一师。

8月22日　为中共中央军委起草致刘伯承、邓小平并告各首长电，庆祝晋冀鲁豫野战军出击陇海路战役取得歼灭国民党军两个师的大胜利[2]，并指出："望集中主力至少十八个团于路北休整，补充新兵，以利再战。""凡无把握之仗不要打，打则必胜；凡与顽正规军作战，每战必须以优势兵力加于敌人，其比例最好是四比一（四千人打一千人，四万人打一万人），至少是三比一，歼其一部，再打另一部，再打第三部，各个击破之。望以此教育干部，克服战役上及战斗上平均用力普遍求胜之轻敌观念"。随后，当东西援敌靠近时，晋冀鲁豫野战军顺利地转移到陇海路以北休整。此次出击陇海路战役，共歼敌一万六千余人。

8月23日　为中共中央军委起草致刘伯承、邓小平，陈毅电，通报如下："蒋介石直接向我进攻之兵力，伪军及保安队不算，单算正规军计有汤恩伯[3]十一个旅（扬州、如皋线），薛岳[4]三十五个旅，刘峙三十个旅，程潜七个旅，胡宗南十六个

---

〔1〕 霍、灵，指山西霍县、灵石。

〔2〕 1946年8月10日，刘伯承、邓小平率晋冀鲁豫野战军第3、第6、第7纵队乘敌之虚，向陇海路出击，至12日，连克兰封、砀山等城镇、车站十余处，迫使敌军从围攻中原军的部队中抽出3个整编师救援开封，从徐州和蚌埠抽调"五大主力"中的两支主力第5军和整编11师救援砀山。13日至21日，晋冀鲁豫野战军又在豫东连克杞县、通许、虞城等地。

〔3〕 汤恩伯，当时任国民党军徐州绥靖公署第1绥靖区司令官。

〔4〕 薛岳，当时任国民党军徐州绥靖公署主任。

旅（晋南、陕南及边区），王耀武[1]十四个旅，孙连仲[2]十四个旅，杜聿明[3]二十四个旅，共计百五十一个旅。这是最高限度的兵力，全部摆上来了，难再增加，即增为数不大。我们任务就是要从这一五一个旅中歼灭约四十几个旅，就能解决问题。过去在东北歼灭的不算，热河及胶济线歼灭小部亦不算，午元至未马[4]共已歼十个旅。"

同日　为中共中央起草致李先念、戴季英，文建武、任质斌电，通报刘邓军出击陇海路后在民权以南又歼敌一个旅另一个团，迫使刘峙仓卒从陕南、豫西南和鄂西、鄂中调兵应战，指出："我陕南、豫西、鄂西各部乘此时机，部队越分散越好，控制的地方越广大越好。给养被服可用此法解决，疲劳体力可用此法恢复，民众武装可用此法培植（只有培植了民众武装才算生根）。"

8月24日　为中共中央起草致东北局，热河分局以及李立三、伍修权、边章伍[5]、周恩来、叶剑英电："最近三个月，国、美密谋诱致林彪、陈毅、李先念、贺龙诸重要负责人去大城市谈判，企图羁留他们，以利进攻，但为我识破拒绝。最近国、美密谋在进攻热河之前诱致李运昌，现已拒绝。蒋军攻热得手后，将攻哈尔滨，彼时可能又发生诱骗企图，望东北局及李、伍、边先有精神准备，切勿上当。八个月来我们受国、美密谋欺骗之事极多极大，应当提高警惕性。"

8月25日　为中共中央军委起草致李先念、文建武、任质

---

〔1〕 王耀武，当时任国民党军第2绥靖区司令官。

〔2〕 孙连仲，当时任国民党政府主席北平行辕第十一战区司令长官。

〔3〕 杜聿明，当时任国民党军东北保安司令部司令长官。

〔4〕 午元至未马，即7月13日至8月21日。

〔5〕 边章伍，又名边章五，当时是北平军事调处执行部长春执行分部中共方面小组成员。

斌和王树声、刘子久、罗厚福、文敏生[1]电，指示："你们解决衣服时不必一律做军装，最好穿便衣，以便与民众打成一片，目标又小。"本日，又起草中央军委致方正平[2]并告李先念、文建武、任质斌电："我军恢复疲劳后，必须着重歼灭反动保安团队（不反动者则联络之），才能建立根据地。但目前时期不要打任何县城，以免引起大的震动。"

8月27日　为中共中央军委起草致陈毅并告刘伯承、邓小平，张云逸、黎玉电："现在秋高水落，正是歼敌时机。薛岳手中有三十几个旅，我军不论在津浦线上，在陇海线上，或在两线之间，或在他处，总之，必须寻找机会，歼灭薛部正规军八个至十个旅（刘邓则须歼灭刘峙八个至十个旅），方能初步解决问题。"

8月28日　为中共中央军委起草致各野战军、各军区首长电，通报粟裕、谭震林部的作战经验，指出："我粟谭军从午元至未感[3]一个半月内，作战六次[4]，歼敌六个半旅及交警总队五千，造成辉煌战果。而我军主力只有十五个团，但这十五个团是很充实与很有战斗力的，没有采取平均主义的补充方法。每战集中绝对优势兵力打敌一部（例如未宥[5]集中十个团打敌两个团，未感集中十五个团打敌三个团），故战无不胜，士气甚高；

---

〔1〕王树声、刘子久、罗厚福、文敏生，当时分别任鄂西北军区司令员兼政治委员、第一副政治委员、第二副司令员、第二副政治委员。

〔2〕方正平，当时任豫鄂陕军区副政治委员。

〔3〕午元至未感，即7月13日至8月27日。

〔4〕此时中共中央军委尚未接到华中野战军邵伯保卫战的报告，故称"作战六次"。邵伯保卫战上报中央军委后，《解放日报》乃称"苏中七战七捷"。

〔5〕未宥，即8月26日。

缴获甚多，故装备优良；凭借解放区作战，故补充便利；加上指挥正确，既灵活，又勇敢，故能取得伟大胜利。这一经验是很好的经验，希望各区仿照办理，并望转知所属一体注意。”

同日 关于热东、冀东作战问题，为中共中央军委起草致程子华、李运昌并告聂荣臻、萧克、刘澜涛电，指出：“（一）蒋军进攻计划是先攻热东、冀东及长城线，以一部向承德佯攻，俟热东、冀东及长城线得手后，再以全力攻承德；（二）你们应动员全力在热东、冀东及长城线上打击与消耗敌人，迟滞敌人前进时间，对佯攻承德之敌必须给以有力回击以阻止之；（三）上述斗争时间愈延长，愈对我先取大同再取平汉之作战计划有利。”

同日 为中共中央军委起草致张宗逊、罗瑞卿并告聂荣臻、贺龙电：“（一）蒋军北线作战计划规定，大同属十二战区〔1〕，傅部有相机占领卓资山、凉城之任务；（二）你们必须立即开始部署歼灭傅军向卓资山、凉城进攻之部队，同时不影响我对大同之攻击；（三）你们所得情况如何，歼灭傅部把握如何，及是否可以不影响对大同之攻击，均盼告。”本日，张宗逊、罗瑞卿致电中央军委并聂荣臻、贺龙，报告：“大同战役计划本已包括打击傅顽出援在内，在野战中消灭傅顽一个到两个师是比较有把握的。进行对傅作战时，大同亦能围困和保持既得阵地，俟消灭傅顽后，再回师继续攻击夺取之。”

同日 国民党军集中三个军向冀热辽解放区中心城市承德进攻，冀热辽部队主动放弃承德。

8月29日 为中共中央军委起草致陈毅电，指出：“现在敌

---

〔1〕 1946年8月10日，蒋介石为促使国民党政府主席北平行辕第十二战区司令长官傅作义增援大同，将原属第二战区司令长官阎锡山所辖的大同划归第十二战区管辖。

人逐步向东企图打通陇海线，并威胁淮阴、临沂，我军必须寻找机会歼敌。我军休整一个月之计划事实上不可能，将使自己陷入被动地位。你率主力应在睢宁以东地区待机，仿粟裕办法，集中主力歼敌一部，休整若干天又打，打后又休整若干天，如此常保高度士气，纪律亦可改善。九月正是作战时机，刘邓军、中原军均希望你军配合。此时不打，敌占地愈多，威风愈大，我士气民气均将受损，故必须寻机作战，灭敌人威风，壮自己志气，每次歼敌一团一旅，打五六次，即可造成有利局势。”

同日 为中共中央起草致王震电：“庆祝你们到达边区的胜利。”

同日 为中共中央起草致东北局电：“蒋军可能于十月向你们大举进攻，望利用九月加紧准备一切作战条件。”

同日 根据国民党军调集其主力第五军、整编第十一师、整编第三师等部共三十二个旅三十余万人，乘晋冀鲁豫野战军结束陇海路战役尚未休整之机，由郑州、徐州分路向鲁西南解放区内的定陶、曹县一带进行合击这一敌情，为中共中央军委起草致刘伯承、邓小平电。电报指出：“俟第三师两个旅进至适当位置时，集中全力歼灭其一个旅，尔后相机再歼其一个旅。该师系中央军，如能歼灭影响必大”。在刘伯承、邓小平指挥下，集中四个纵队五万余人，九月三日将国民党军整编第三师诱至定陶以西，发起定陶战役，至六日将其全歼，俘敌中将师长赵锡田。七日，乘胜追击敌整编第四十七师，歼其两个旅。定陶战役历时四天，共歼敌四个旅一万七千余人。七日，毛泽东为中央军委起草致刘、邓电：“庆祝你们歼灭第三师的大胜利，望传令全军嘉奖。”“敌人尚有进攻力量，我军此次参战主力立即集结休整补充，准备再战。”《解放日报》于九月十二日发表题为《蒋军必败》的社论，指出这一胜利，“是继续中原我军突围与苏中大捷之后又一次伟大胜利。这三个胜利，对于整个解放区的南方战线，起了扭转局面的重要作用”。

8月31日 为中共中央军委起草致粟裕、谭震林并告陈毅，张鼎丞、邓子恢，刘伯承、邓小平电，认为粟、谭二十九日来电提出的争取七至十天休息，一面休整，一面包围海安的建议“所见甚是”。“不管敌情变化如何，一、六师至少休整十天加以补充。五旅攻占黄桥后，亦须休整，养精蓄锐，以备再战。”本日，华中野战军第五旅攻占黄桥。至此苏中七战七捷结束，共歼敌六个旅五个交警大队共五万三千余人，俘国民党将军十三名。

9月1日 为中共中央起草复周恩来并告叶剑英电：“同意你的估计及彻底揭露美蒋阴谋的方针，望坚决执行；目前只有这一方针才能与解放区胜利的自卫战争相配合，彻底击破反动派的进攻。”“各国人民觉悟程度日益增长，进步舆论日益发展，配合苏联坚决反对各国反动政策的活动，使整个局势日益有利于民主派，不利于反动派。”

9月2日 为中共中央军委起草复李先念、任质斌、文建武电，强调应集中兵力着重消灭保安团，指出：“一日电悉。完全同意你们计划，望按具体情况粉碎敌之进攻。作战时，着重打保安团。只要你们用各个击破方法歼灭大部分保安团，顽正规军即被孤立，那时再打正规军不迟。”“作战时应集中优势兵力打敌一部（例如集中一千五百至二千人包围歼灭保安团五百人），期于速决尽歼，得手后休整数日，再打第二仗。只要每次都是歼灭战，打三四个胜仗，即可开展局面。”

9月4日 为中共中央军委起草致陈赓、谢富治电：“蒋军北进可能极大，你们决定集中主力给北进顽军以坚决打击很对。望迅速将主力移至机动位置，隐蔽集结，准备作战，以歼灭顽军一个旅为目标。”随后，陈赓等率晋冀鲁豫野战军第四纵队和太岳军区部队以主力在晋西南的洪洞一带隐蔽集中，待胡宗南部整编第一旅于九月二十二日北进至临汾、浮山间官雀村时，将其包围，至二十四日将该旅四千余人歼灭。

同日 为中共中央军委起草致粟裕、谭震林并告陈毅电：“希望能于九月上半月完成东面作战任务，下半月休整，十月上旬攻取扬泰[1]线，中旬休整，下旬进入淮南作战。”这样，又一次延长了内线作战时间。

同日 为中共中央军委起草致大同前线张宗逊、罗瑞卿电：傅作义九月一日部署进攻集宁，“望令丰镇守军沉着应战，于顽来攻时相机反击而歼灭之”。大同前线指挥部随即以主力北上寻求首先歼灭傅作义援兵，留下第三纵队等部继续围攻大同。六日，毛泽东为中央军委起草致聂荣臻、萧克、刘澜涛并告张宗逊、罗瑞卿电，指出：“绥傅大举进攻，必须集中优势兵力迅速歼灭该敌。此战役归你们总负责，如何部署，速告。”七日，聂荣臻、萧克复电中央军委：“傅顽东犯，尚不能取得东西两面之直接配合，我先集中力量打傅顽与继续围攻大同，尚属有利”。当日，毛泽东又为中央军委起草复张宗逊、罗瑞卿并告聂荣臻、贺龙电：“集中十三个团于机动地区，于敌东进时于运动中或于其立足未稳时歼灭其一部，得手后再歼第二部、第三部，你们的部署很好，望按实情处理。”“命令集宁守军死守，任何情况下不许放弃，否则执行纪律。”

9月6日 为中共中央起草致南京中共代表团电，提出：“无条件停战之要求，现在已感不适宜，蒋军已占我二十余县，其中有承德、淄博、台儿庄等要地，无条件停战可使蒋军获得休整以利再战，而我则不能恢复失地，因此必须开始考虑改变此要求。必须（一）蒋军退出被侵占之解放区，（二）蒋军从东北、

〔1〕 扬泰，指江苏扬州、泰州。

华北、华中、西北撤退二分之一开往华南各省，方能保证停战之后不再打，否则无保证。我军现正开始动员起来，决心将蒋军驱出解放区，在六个月至八个月内，歼灭第一线全部进犯军三分之一，即一六二个旅中五十四个旅（阎傅马〔1〕及伪军保安队交警等不在内）。你们意见如何，望讨论见告。”八日，周恩来复电，认为中央决定歼敌三分之一力量的胜利以转变局势，是绝对正确与需要的。

9月8日 为中共中央军委起草致陈毅，张鼎丞、邓子恢并告张云逸、黎玉电：“我刘、邓已大胜，对你们必有帮助。同意八师暂不北调，俟秋高水落，集中兵力在淮海歼敌，并与粟、谭南北配合〔2〕，巩固两淮〔3〕，开展局面。”

9月9日 关于粟裕、谭震林八日提出的撤围海安北上泗阳、稳定两淮局势的建议，为中共中央军委起草复粟、谭电，指出：“同意放弃海安，休整十天，准备向北机动。”此电改变了中央军委本月四日关于华中野战军攻取扬泰线和西进淮南的决定。

9月10日 为中共中央起草致鄂西北区党委〔4〕各同志并告中原局电：“我们完全同意中原局八日电，以十五旅全部即调陕南，另派一部分力量到大洪山，联系当地力量发展大洪山根据

〔1〕 阎傅，指阎锡山、傅作义。马，指国民党政府主席北平行辕第十二战区副司令长官马占山。

〔2〕 这里的南，指华中野战军主力所在的苏中地区；这里的北，指山东野战军所在的淮海地区。

〔3〕 指江苏淮阴、淮安。

〔4〕 鄂西北区党委，由中共中央1946年9月1日批准组成，王树声任书记，刘子久任第一副书记，文敏生任第二副书记兼组织部部长，刘昌义、罗厚福、张才千、吕振球、刘子厚任委员。

地。这样，鄂西、鄂中、陕南成犄角之势，牵制蒋军一大部分力量，协助华北、华中、西北粉碎国民党进攻，这是你们的伟大战略任务。你们应把这一战略任务传达每一指战员，坚决克服归队思想。”

同日 为中共中央军委起草致陈毅并告粟裕、谭震林电：“陈电决定待宿迁蒋军渡运东进，我军准备于宿迁、新安、沭阳之间歼敌，或进至睢泗[1]地区歼敌，以打中央系为目标，不打桂系，此项计划甚好。待打一二胜仗后，台儿庄地区之敌必分兵南顾，不敢向鲁南深入，那时可将叶纵[2]南调和主力一起继续开展局面。”

同日 为中共中央军委起草复张宗逊、罗瑞卿并告聂荣臻、贺龙电：“（一）张、罗九日十九时电悉。敌攻集宁，正是歼灭傅部良机。（二）速令杨得志部四个团开到集宁西南地区作为最后决胜之用。（三）严令集宁防军死守一星期，我军主力务于三天至七天内彻底歼灭窜至集宁附近之敌。（四）歼敌方法最好将我主力突入敌后由西向东打，集中绝对优势兵力（例如四对一），先解决一个师，得手后再解决一个师，最后全部解决该敌。望按实情处理。（五）集宁附近之敌彻底歼灭后，乘胜收复卓资山，相机占领三道营、旗下营及陶林。”晋察冀、晋绥部队二十五个团于九月十一日包围了傅作义三个师并将其打乱，歼敌五千余人，但未能对已被打乱之敌组织连续攻击，而转兵西进打援，结果打援未能奏效，原已被打乱之敌又乘隙重新整顿，于十三日攻入集宁，继续向大同前进。晋察冀、晋绥部队于十六日撤除对大同的包围。

---

〔1〕 睢泗，指江苏睢宁、泗阳。

〔2〕 指叶飞任司令员的山东野战军第1纵队。

9月11日 为中共中央起草致中原局、鄂西北区党委、鄂皖边地委诸同志电，通报各地战况，并指出：在陕南、鄂西、鄂中、鄂东对付我中原军者共十四个旅，分属胡宗南、程潜、刘峙三人指挥。“我中原军的任务就是咬紧牙关，克服困难，在当地立稳脚跟，创立根据地，钳制这十四个旅，协助老解放区粉碎国民党进攻。你们过去两个多月英勇斗争已起了极大的战略作用，中央希望并责成你们今后还要起同样的作用，全党全军均关心你们，你们不是孤立的。”

同日 对中共中央宣传部部长陆定一送审的社论稿及来信〔1〕写如下批语：“不但澄清对美幻想，主要应澄清悲观思想，指出必胜前途，这是目前的中心问题。”

同日 为中共中央军委起草致陈毅、宋时轮，张鼎丞、邓子恢，粟裕、谭震林电：“敌六个旅南下，两淮危急〔2〕，粟率苏中主力（一、六师）立即开两淮，准备配合陈宋主力彻底歼灭该敌。但陈、宋现应独立作战，务于粟、谭到达前歼灭南下之敌一个至两个旅，顿挫敌之前进，争取时间，以待苏中主力到达，协力歼敌全部。”华中野战军主力随即由海安兼程北上淮阴。但两地相距五百华里，一路经水网地带，又缺少船只，天雨不断。本日，谭震林于淮安电告中共中央和陈毅、宋时轮：“华中主力最快要二十号才能赶到两淮。”十二日，毛泽东为中央军委起草致陈毅电：“你们务必在泗阳、淮阴之间歼敌一个至两个旅，顿挫敌锋，以待粟谭主力到达，歼灭余敌。此战关系大局，望集中全

---

〔1〕 指1946年9月12日《解放日报》发表的题为《蒋军必败》社论的送审稿。陆定一在送审社论稿时写给毛泽东的信中说：“在战争过程中，宣传上主要目标，为揭露美国，澄清同志对美的各种幻想。”

〔2〕 1946年8月上旬，山东野战军进攻泗县失利后，撤至泗阳休整。9月10日起国民党军沿运河两岸南下，进犯两淮（淮阴、淮安）。

力以赴。”十九日，两淮被国民党军占领。

9月13日　原杨虎城部组成西北民主联军第三十八军[1]，毛泽东发去贺电：祝你们胜利地参加了人民军队大家庭，希望你们团结一致，为中华民族的解放而奋斗到底。

9月14日　周恩来向马歇尔提交备忘录，指出美国政府售与国民党政府八亿二千五百万美元的剩余物资和设备，使中国人民感到极大的不安与愤怒；要求美国政府在中国和平团结及联合政府未实现时，将决定售与国民党的物资船舶等全部冻结。

9月16日　为中共中央军委起草关于集中优势兵力各个歼灭敌人的指示，指出：“集中优势兵力，各个歼灭敌人的作战方法，不但必须应用于战役的部署方面，而且必须应用于战术的部署方面。”“这种战法的效果是：一能全歼，二能速决。全歼，方能最有效地打击敌军，使敌军被歼一团少一团，被歼一旅少一旅。”“集中兵力各个歼敌的原则，以歼灭敌军有生力量为主要目标，不以保守或夺取地方为主要目标。”这个指示编入《毛泽东选集》。

同日　为中共中央军委起草致李先念、任质斌、文建武电：“四分区反顽战斗迭获胜利，甚好甚慰，望传令嘉奖。”“望将陕南、豫西建立根据地的经验经常通知王、刘、罗、文及张体学[2]，鼓励他们学习照办。”

9月17日　接见当天到达延安的王震。

9月18日　为中共中央军委起草致聂荣臻、萧克、刘澜涛、

---

〔1〕西安事变和平解决后，杨虎城的第17路军被蒋介石撤销总部，缩编为第38军。该部第17师和55师分别于1945年7月17日和1946年5月15日在洛宁、巩县相继起义，起义后接受晋冀鲁豫军区领导。

〔2〕王、刘、罗、文，指王树声、刘子久、罗厚福、文敏生。张体学，当时任鄂东独立第二旅政治委员。中原军区突围后，率部在鄂东坚持斗争。

罗瑞卿电："我们同意你们十六日十八时电之精神〔1〕，除各方布置外，集中主力于适当地区待敌分路前进，歼灭其一个师（两个团左右），得手后看情形如有可能，则再歼其一部，即可将敌第一次进攻打破。""此种歼敌计划，是在保卫察哈尔之口号下进行动员，但以歼灭敌有生力量为主，不以保守个别地方为主，使主力行动自如，主动地寻找好打之敌作战。如届时敌数路密集不利于我，可以临时决定不打。若预先即决定不打，则将丧失可打之机，对于军心士气亦很不利。"中央军委此电，实际上改变了原定夺取大同、保定、石家庄、太原四城和平汉、同蒲、正太三路的外线出击计划，而采取内线歼敌的方针。

9月19日 为中共中央军委起草致王树声、刘昌义〔2〕、罗厚福、刘子久、文敏生电，指出："（一）占领草店〔3〕歼敌一个营，甚慰，望传令嘉奖。（二）望鼓励各部多打此类胜仗，每次歼灭保安团一营一团，正规军一连一排，就能振奋军心民心，解决衣粮，建立根据地。"

9月20日 为中共中央军委起草致陈毅、粟裕、谭震林并告张鼎丞、邓子恢电："我放弃淮阴后，各部主力撤至距敌较远地区休整，以一部扰击敌人，待一、六师到达之后，待敌分散有机可乘之时，各个歼灭敌人。依据苏中经验，敌分散占领我区，利于我各个歼敌，人民亦可从战争中获得锻炼，惟军事工业须迁往安全地点。"

同日 为中共中央起草致晋察冀中央局并告在北平的叶剑

---

〔1〕聂荣臻、萧克、刘澜涛、罗瑞卿1946年9月16日18时电报说，平绥线处于敌人严重进攻之中，我已集结主力准备打击进攻之敌，保卫察哈尔。

〔2〕刘昌义，当时任鄂西北军区第一副司令员。

〔3〕草店，湖北省均县县城以西的一个镇。

英、李克农电，询问法学家陈瑾昆教授由北平到张家口后的情况，要求中央局向陈解释，因战争紧张，在他访延安时毛主席曾答应同他合办法律大学暂时不能开办，同时托中央局向他转致问候并在生活上给予优待。二十二日，毛泽东致电陈瑾昆："今日阅悉尊著《余为何参加中共工作》，义正词严，足以壮斗士之志，夺奸邪之魄，拟付《解放日报》发表，并广播全国。蒋军正大举进攻张垣，拟请先生来延安共策工作之进行。"随后陈瑾昆到达延安。

9月22日　为中共中央起草致陈毅、张鼎丞、邓子恢、粟裕、谭震林电，同意他们的建议，集中山东、华中两个野战军，"统一指挥，向淮海行动，打开战局，望即按此方针坚决执行"。次日，为中央起草致陈毅等电，指出："山野、华野两军集中行动，两个指挥部亦应合一。提议陈毅为司令员兼政委，粟裕为副司令员，谭震林为副政委。如同意请即公布（对内）执行。"二十五日，为中央军委起草致陈毅并告张云逸、黎玉、张鼎丞、邓子恢、粟裕、谭震林电，指出以陈士榘任合并后指挥部参谋长为适宜。二十六日，为中央军委起草致粟、谭电："山野、华野会合后第一仗必须打胜。"二十八日，为中央军委起草致陈毅电，对两军会合后第一仗的打法提出意见："（一）不要打桂系，先打中央系；（二）不要分兵打两个敌人，必须集中打一个敌人。"

9月23日　为中共中央军委起草致聂荣臻、刘澜涛并萧克、罗瑞卿电，提出歼灭进攻张家口之敌的部署："作战时注意第一仗只包围一至两个团，集中最大兵力及全部炮兵攻击一点（切勿同时攻击两点以上），得手后扩张战果，逐一歼灭之。第一仗胜利后，依情况再决定新行动。""先以一部阻敌，使其疲劳消耗，引其进入有利于我之地点，然后歼击之。"

9月25日　获悉晋冀鲁豫野战军第四纵队及地方武装在浮

山城附近歼灭胡宗南整编第一师第一旅后，为中共中央军委起草致陈赓、谢富治等电，传令嘉奖作战部队。本日，为中共中央起草致周恩来、叶剑英及林彪、李富春电，通报这一胜利，并指出："不管淮阴、菏泽、集宁甚至其他某些要地已被或将被敌占，我野战歼灭敌四五十个旅是完全可能的（七月至今已歼二十旅）。只要此目的达到，局面即将改观。蒋之后备已用尽，歼一旅即少一旅。"

9月27日　致信陆定一，指出："文章的写法宜改变，因为在解放区军民中目前的中心问题不是对美蒋的幻想问题，存在这种幻想的时期已经过去了；向军民描写美蒋怎么厉害，怎么凶，这在七月以前是必要的，七月以后则不但不必要，且有副作用了。目前解放区军民心目中的中心问题是能否胜利与如何取得胜利，尤其在失了一些地方之后大家很关心。因此我们的文章与新闻立论之重点，不是说敌人如何压迫，如何凶狠，而是要解释敌人虽有二百师兵力，虽有美国援助，虽已经占去一些地方与还可能占去一些地方，但是有种种条件我军必胜蒋军必败。"

同日　为中共中央起草致晋察冀中央局、冀热辽分局、冀东区党委电，提出平绥等地下一步作战的战略意图："你区除阎、傅外，蒋军正规部队共为二十四个旅（师），你们首先应为歼敌三分之一即八个旅而斗争。""此次平绥作战，必须力争打几个胜仗，每次歼敌一团一旅。如能在几次作战中共歼敌二三个旅，此次进攻即可粉碎。热河、冀东两区应积极行动多打胜仗援助平绥。"

9月28日　为中共中央起草致南京中共代表团并叶剑英电，指出："一切按照今年一月停战协定及政协决议解决问题。如国、美进行和平攻势，我们即提出双方退至一月十三日前的位置。这包括：（一）退出侵占地；（二）一月十三日以后调动至长江以北的一切军队均须复员。这样咬住停战令与政协，便可击败一切无理进攻。”

9月29日　同美国纽约《先驱论坛报》记者斯蒂尔谈话。在斯蒂尔问到美国调解中国内战是否已告失败时，毛泽东回答说：“我很怀疑美国政府的政策是所谓调解。根据美国大量援助蒋介石使得他能够举行空前大规模内战的事实看来，美国政府的政策是在借所谓调解作掩护，以便从各方面加强蒋介石，并经过蒋介石的屠杀政策，压迫中国民主力量，使中国在实际上变为美国的殖民地。”毛泽东还说：“蒋介石如能按照今年一月间的停战协定和政治协商会议的共同决议处理中国政治军事经济等项问题，而不是按照所谓‘五项’或十项违反上述协定和决议的片面要求，那末，我们是仍然愿意和他共事的。”这个谈话编入《毛泽东选集》时，题为《美国“调解”真相和中国内战前途》。

同日　国民党军开始向晋察冀解放区首府张家口发起进攻。本日，为中共中央起草致南京中共代表团并告中共驻北平军调部代表电，指出：“请向国、美提备忘录，如彼方攻张家口，即是表示最后决裂，一切后果由彼方负之，并公布备忘录。”三十日，中共代表团周恩来等公开发表声明指出，如果国民党政府不立即停止对张家口及其周围的军事行动，中共不能不认为即公然宣告全面破裂，因此而造成的一切后果，均由国民党方面负责。

9月30日　为中共中央起草致冯白驹、黄康、李振亚〔1〕电：“祝贺你们粉碎国民党进攻的胜利。希望全党全军团结一致，为消灭敌人扩大解放区而斗争。”

同日　为中共中央军委起草致陈毅、粟裕、谭震林并告刘伯

〔1〕冯白驹、黄康、李振亚，当时分别任琼崖游击队独立纵队司令员兼政治委员、副政治委员、参谋长。

承、邓小平电："你们须力争于三个月内外歼灭薛岳七个至十个旅，刘、邓则担任歼灭五军及十一师，总之，今后一时期内主要打击薛岳，转换战局。"

10月1日 为中共中央起草指示，总结全国规模内战爆发以来三个月战争的一系列经验，提出今后的作战方针和作战任务。指示指出："除了政治上经济上的基本矛盾，蒋介石无法克服，为我必胜蒋必败的基本原因之外，在军事上，蒋军战线太广与其兵力不足之间，业已发生了尖锐的矛盾。此种矛盾，必然要成为我胜蒋败的直接原因。"过去三个月内，已歼敌二十五个旅。必须在今后三个月内，再歼敌二十五个旅左右，我军必能夺取战略上的主动，由防御转入进攻。这个指示编入《毛泽东选集》时，题为《三个月总结》。

同日 为中共中央军委起草致聂荣臻、刘澜涛，萧克、罗瑞卿电："庆祝杨成武、王平所率各部在平汉线上之大胜利〔1〕，望传令嘉奖。"

10月3日 为中共中央军委起草致刘伯承、邓小平电，提出："你们是否已发动对邱、胡〔2〕的歼灭战？歼灭该敌目前正是时机。"本日，晋冀鲁豫野战军在鲁西南发起巨野战役，经四天激战，毙伤邱清泉、胡琏两部五千余人，双方形成僵持局面，晋冀鲁豫野战军主动停止进攻。

10月4日 为中共中央起草致南京中共代表团电，指出：

---

〔1〕 1946年9月29日至10月3日，杨成武、王平（冀晋军区政治委员）率晋察冀野战军1个旅和晋察冀军区各独立旅在平汉铁路北段发起大规模破击战，歼敌8000余人，控制铁路120余公里，策应了平绥铁路东段的作战。

〔2〕 邱，指邱清泉，当时任国民党军第5军军长。胡，指胡琏，当时任国民党军整编第11师师长。这两支部队属国民党军的"五大主力"。

周恩来自上海返南京后，“须将过去无条件停战口气改变为恢复一月十三日地区与军队原状，以保证停战后不再破坏。这一问题不解决，其他一切皆不能谈”。

同日 为中共中央起草致冀热辽分局并晋察冀中央局电，同意分局来电提议，将分局、省委、区党委三机关合并，另设野战司令部（段苏权、黄火青分任司令员、政治委员），受军区指挥。恢复热河省政府，与冀东各自行使职权。党政军机关，照以上办法合并后，抽出大批人员充实下层及去东北。同时指出：“你们的中心任务是解决土地问题与多打胜仗两项。这两项互相配合，缺一不可。”

10月5日 为中共中央军委起草致萧克、罗瑞卿并告聂荣臻、刘澜涛电：“你们已歼敌一个团，取得初步胜利，望令各部坚持各个击破原则，集中绝对优势兵力，每次歼敌一个团，至多不要超过两个团，分为多次，歼灭十六军全部或大部。”六日又为中央军委起草致聂荣臻等电：“如敌十六军转入固守不利于我军继续攻击，即应撤回休整补充新兵，准备再战。”

同日 出席中共中央书记处办公厅在中央礼堂举行的盛大晚会，欢迎中原突围归来的将士及由京沪返延的廖承志等，对他们作了亲切的慰勉。

10月8日 为中共中央军委起草致聂荣臻电：“（一）闻傅作义一部窜至张北，必须立即击灭，巩固后方；（二）傅作义还可能以一部东进，你们必须准备击退该敌；（三）请考虑将平汉方面杨成武一个旅调回平绥。”

10月9日 周恩来向马歇尔提交备忘录。备忘录强调指出，只有立即无限期地停止进攻张家口，并将进攻部队撤至原防，才足以表示政府愿意重开谈判，避免破裂，否则一切严重后果，应由政府方面负全责。备忘录同时提出，关于停战问题，双方在关内应恢复一月十三日的位置，在东北应恢复六月七日的位置。

10月10日 为中共中央军委起草致聂荣臻、刘澜涛电，指出："进攻张家口任务，蒋已交给傅作义。你们必须严防傅部于数日内进攻张垣，你们必须数日内布置好巩固张垣之防务。"本日，在致聂荣臻、刘澜涛的另一电报中要求："你们应先在张家口设立坚固碉堡及防线，派兵固守。"十一日，晋察冀部队撤离张家口。国民党政府当天宣布十一月十二日召开"国民代表大会"。十二日，毛泽东为中共中央起草致聂荣臻、刘澜涛、萧克、罗瑞卿、张宗逊并转各纵队、各首长电，指出："张垣失守后，傅作义部已极端分散，利于我各个歼灭。但目前我仍应以一部在张垣附近钳制傅军，我主力仍在东面原地依原计划歼敌，以期彻底击破东面之敌。""目前你区敌人进攻，无论傅作义、李宗仁〔1〕均已达到顶点，其后备已经用尽，我们方面一城一地之得失无关大局，主要任务是歼灭敌人有生力量。"

10月13日 为中共中央起草致陈毅、张鼎丞、邓子恢、粟裕、谭震林电："你们仍照过去决定，集中山野、华野全军（包括八师）在淮海地区打几个大仗，开展局面，对淮海本身，对鲁南，对苏中，对配合刘、邓均好，对将来出大别山转入外线作战（几个月之后）亦有利。在此方针下，八师亦暂时不回鲁南。"

10月15日 为中共中央起草致陈毅、张鼎丞、邓子恢、曾山并告粟裕、谭震林电："望你们集中山野、华野全力（决不可分散）歼灭东进之敌，然后全军西渡收复运西〔2〕，于二至三个月内务歼薛岳七至十个旅，就一定能转变局势，收复两淮，并准备将来向中原出动。为执行此神圣任务，陈、张、邓、曾、粟、

〔1〕 李宗仁，当时任国民党政府主席北平行辕主任。

〔2〕 指运河以西的淮北地区。

谭团结协和极为必要。在陈领导下，大政方针共同决定（你们六人经常在一起，以免往返电商贻误戎机），战役指挥交粟负责。鲁南方面由叶纵及各警备旅监视该敌，必要时可考虑将滨海警备旅派去。只要淮北胜利，鲁南之敌决不敢深入临沂。总之，转变局势主要依靠你军与刘邓军，而其关键是歼灭薛岳十至十五个旅（你们担任歼灭七至十个旅，刘邓担任歼灭三至五个旅），只要不再犯错误，此项目的是能实现的。”

10月17日　就国民党军占领淮阴后向苏北解放区沭阳、涟水东进情况，为中共中央军委起草致陈毅电，指出：“此战关系极大，不宜打得过早，望诱敌深入沭阳附近，然后集山、华〔1〕，全力聚歼之。”

10月18日　中共中央发表关于时局的声明。声明阐述中共在抗战结束后，为了求得国内的和平、民主所作的八次让步，以及蒋美得寸进尺，非迫使中共与中国民主运动完全消灭不止。声明指出：蒋介石十月十六日声明中提出的关于和平的八项条件〔2〕，只是为了再一次蒙蔽人民，以达到自己的野心。“本党诚不忍再使我痛苦的人民接受此项可耻的欺骗，所以本党没有旁的要求，只要求首先恢复信义。今日信义的神圣标准为何？这就是一月十日蒋介石、毛泽东、马歇尔三人亲自签署的停战令与一月三十一日蒋介石和全体政协代表一致通过的政协决议。本党为表示最后最大让步计，兹特郑重声明：今日一切会谈如欲有其真实结果，必须承认停战、政协两协定的神圣效力，即承认恢复一月

〔1〕　指山东野战军和华中野战军。

〔2〕　蒋介石1946年10月16日提出的八项条件，主要内容是要中共承认其侵占广大解放区的既成事实，同意“恢复交通”和让其占领东北的大部分地区，并参加其一党包办的“国民大会”。

十三日国共双方军事位置为一切军事商谈的准则，承认实行政协一切决议为一切政治商谈的准则。本党认为：蒋介石与马歇尔应该重视自己的信义和人格，没有任何理由推翻自己所签字的神圣协定。只要他们有这种最低限度的诚意，本党一定继续与他们通力合作，以求和平的真正实现，民主的真正开始。”

10月19日 为中共中央起草致刘伯承、邓小平并告华中分局电：“同意将华中八分区与冀鲁豫六分区合组一个军区〔1〕，吴芝圃任区党委书记，张国华为司令员，属太行局领导，以利斗争。”

10月20日 关于中共机构疏散问题致信任弼时〔2〕，指出：“敌大军占焦作，将来有攻上党可能（虽然目前不会），太行并不怎样安全。目前中央机构，凡疏散至各区分配工作者均可进行”。

10月22日 为中共中央起草致东北局电：“国民党和平攻势完全是欺骗，关内战争不会停止，必能使蒋军不易开东北。”二十五日，又为中央起草致东北局电：“你们的估计是正确的。中美反动派消灭解放区的政策不会改变，我党同志绝不要幻想恩赐和平，只在大量歼灭敌军有生力量，粉碎敌人多次进攻，并使解放区获得发展之后，暂时休战才有可能。在全国与东北均是敌强我弱，为改变此种形势起见，必须准备长期艰苦斗争。”

10月23日 为中共中央起草致张体学电，对于他所率部队在大别山区的极端困难处境表示甚为关切，并告知现李人林〔3〕率部在大洪山活动；五师主力在陕南、豫西保存万余人，建立鄂

---

〔1〕 华中8分区，原是淮北津浦路以西地区。冀鲁豫6分区即原冀鲁豫军区12分区，在陇海路以南，贾鲁河以东的睢（县）杞（县）太（康）地区，又称水东区。这两区合组为豫皖苏区党委和豫皖苏军区。

〔2〕 任弼时，当时任中共中央书记处书记兼中央秘书长。

〔3〕 李人林，当时任鄂西北军区第4军分区司令员。

豫陕边区；下分五个军分区；王树声、罗厚福两部在鄂西建立军区，下分五个军分区，部队亦保存万余。

10月25日　为中共中央军委起草致聂荣臻并告萧克、罗瑞卿电，通告胡宗南部入晋后的动向，并指出："我陈赓纵队原拟歼击北上之敌，因敌七个旅密集行军不好打，故转入临汾以南打敌后路，收复大部失地，亦是威胁敌之好方法。"

10月29日　为中共中央军委起草致张鼎丞、邓子恢、粟裕、谭震林电："如能在今后三个月内外再歼敌七八个旅，则蒋之进攻即可根本打破，苏北即可巩固，然后我主力再转至外线，似较有利。因内线作战歼敌较易，补充亦较易。大约在明春三四月间转入外线为适宜。"

同日　为中共中央起草致刘伯承、邓小平电，询问：敌人尚有多少进攻力量？"内线作战歼灭敌人一半左右，失地大部收复之后应照前计划以主力向中原出动，此计划约在何时可以实现？"十一月一日，刘伯承、邓小平、滕代远复电中央：如果我们能消灭川军两个旅，王仲廉〔1〕两个旅，王敬久〔2〕两个旅，就可以打开局面，收复大部失地。三四个月实现此计划，是有可能的，届时尚可向南发展。

同日　为中共中央军委起草致陈毅、张云逸、黎玉电，询问：薛岳及王耀武尚有多少进攻力量？要求你们在鲁南及胶济两线于今后三个月内外歼敌约六七个旅，有此把握否？如敌切断陇海路，我粟谭主力是否尚可在苏北坚持斗争，以便在内线作战中继续大批歼敌？三十日，陈毅、张云逸、黎玉等复电中央军委："整个华东局势，计胶济线、淮北、鲁南、苏中四个战场，目前

---

〔1〕王仲廉，当时任国民党军第31集团军总司令。

〔2〕王敬久，当时任国民党军整编第27军军长。

不集中山野、华野全力彻底解决一面，战局难以改变。仍主张全力解决鲁南、鲁中之敌为主。”当天，毛泽东为中央军委起草致陈毅、张云逸、黎玉电：“有十几个团在手，只要打得好，可使深入鲁南之敌彻底被打败。”“你们手里有十五个团，如能歼灭其两个旅，即可停止其进攻。”三十一日，又为中央军委起草致陈毅、张云逸、黎玉，粟裕、谭震林电，指出：“敌既不打通津浦，又不切断陇海，而进攻临沂，其目的是欲调动我苏北主力北援（调虎离山），以便先解决苏北，然后以苏北、苏中主力（十二个旅以上）进攻山东，我们切不可上当。”

10月30日 为中共中央起草复琼崖独立纵队冯白驹、黄康、李振亚二十六日电：“你们意见很对。你们应当坚决斗争，扩大军队，扩大解放区，学会集中主力打运动战，争取每次歼灭敌军一营一团，同时发展民兵游击队，配合主力作战。”

同日 和朱德设宴招待来延安访问的英国统一援华基金会会长克利浦斯夫人。

同日 和朱德等出席在中央礼堂举行的干部晚会，庆贺高树勋部邯郸起义一周年，并欢迎抵达延安的以范龙章为首的民主建国军〔1〕参观团和法学家陈瑾昆教授。

11月1日 为中共中央军委起草复林彪、彭真、高岗、陈云电：“酉世电〔2〕悉。你们作战计划甚好，望坚决执行。”本日又为中央军委起草致林彪等电：“除北满五个师绕道南进外，请

〔1〕 民主建国军，是高树勋1945年10月率领起义的部队。

〔2〕 指1946年10（酉）月31（世）日林彪、彭真、高岗、陈云致中共中央电。其中说：敌利用松花江阻我北满部队，而集中主力进攻南满和西满，最近正布置攻洮南。但长春以北敌兵力较空虚。我拟以5个师兵力，以火车运输从哈尔滨经齐齐哈尔绕至松花江以南，再步行向敌发起攻势，以破坏敌攻洮南及策应南满。

考虑再加西满一二个师（旅）集中行动，更利连续作战”；“俟敌人分散疲劳后，南满两纵队主力宜集中行动，各个歼敌”。

11月2日　辽东军区十月三十日发起的新开岭战役本日胜利结束，歼灭国民党军第二十五师八千余人。三日，毛泽东为中共中央起草致萧华〔1〕电：“（一）庆祝你们歼灭敌人一个师的大胜利，望对有功将士传令嘉奖；（二）这一胜仗后南满局势开始好转，望集结主力争取新的歼灭胜利。”九日，又为中央军委起草致萧华、江华、程世才、罗舜初〔2〕并告林彪等电，指出：你们此次作战经验很好。第一次集中五个团打二十五师未能奏效，第二次集中八个团打该师，就胜利了。“以后作战，凡打大一点的仗，总要集中十团八团兵力，最好能集中十二个团打，以期必胜。这是战役上必须集中兵力。”“战术上亦须集中兵力。你们世日〔3〕包围二十五师，东日〔4〕九次攻击皆未奏效。冬日〔5〕拂晓，集中炮火攻破南北山一点，从此扩张战果，即于半天内将该师全部歼灭。尔后作战，每次均须采用此种方法。”

同日　致电林平〔6〕并告周恩来：“请代向何香凝先生致问候之意，现战事日益好转，有把握粉碎反动派之进攻。我党方针是恢复一月十三日位置及实现政协决议。”

---

〔1〕萧华，当时任中共辽东省委书记、辽东军区司令员。

〔2〕江华，当时任中共辽东省委第二书记、辽东军区政治委员。程世才，当时辽东军区副司令员兼第3纵队司令员。罗舜初，当时任辽东军区第3纵队政治委员。

〔3〕世日，即31日。

〔4〕东日，即1日。

〔5〕冬日，即2日。

〔6〕林平，即尹林平，当时任中共广东区委员会书记兼港粤工作委员会书记。

同日 为中共中央军委起草致聂荣臻、刘澜涛、萧克、罗瑞卿电："如十六军将南下，以先打十六军再转平汉为好；如十六军不南下，则可转至平汉作战。""你区须再歼敌六至七个师（旅），方能停止敌人进攻，而这是完全可能的。"十一月上旬，国民党军第十六、第九十四军向晋察冀解放区的涞源进犯，晋察冀野战军以伏击手段歼灭第九十四军第一二一师先头部队三六九团，其余敌人退回涞水。六日，毛泽东为中央军委起草致聂荣臻、刘澜涛、萧克、罗瑞卿电："庆祝你们歼灭九四军之三六九团及另一营，望传令嘉奖。""从本月起，你们应为歼敌七个正规旅而奋斗。"

同日 为中共中央军委起草致陈毅电："望集中一纵、八师全力包围敌一个旅，以几天几夜之作战歼灭之"。山东野战军于十日至十一日进行台儿庄至枣庄公路线反击战，歼灭国民党军第七十七师一部。

11月3日 为中共中央军委起草致刘伯承、邓小平电："下一步你们究打敌何部，可依那时情况再决定，总以拖住邱、胡不使加入鲁南为原则。""薛岳所属李默庵〔1〕（苏中）、李延年〔2〕（苏北）、冯治安〔3〕（鲁南）、王敬久（鲁西）、王耀武（胶济）及直属各部共达八十个旅，为全国第一个强敌，而我苏中、苏北现处困难中。如邱、胡加入鲁南，切断陇海，则苏中、苏北难于支持，极为不利，此种情况望加注意。"

11月4日 为中共中央起草致东北局电，决定陈云去辽东，任南满分局书记兼南满军区政治委员。十二日，中央决定萧劲光

〔1〕 李默庵，当时任国民党军徐州绥靖公署第1绥靖区司令官。
〔2〕 李延年，当时任国民党军徐州绥靖公署副主任。
〔3〕 冯治安，当时任国民党军徐州绥靖公署副主任兼第3绥靖区司令官。

任南满军区司令员，萧华任南满分局副书记兼南满军区副司令员、副政治委员。

11月6日 为中共中央起草致晋察冀中央局和冀察热辽分局电，指出，在目前形势下，平绥线及平津线以北三个区党委归冀察热辽分局领导为适宜。

同日 为中共中央起草关于南方各省工作方针的指示，指出在全面内战形势下，南方各省乡村工作应采取两种不同方针：（甲）“凡有可能建立公开游击根据地者，应即建立公开游击根据地，原有各根据地如海南岛，如南路、中路、西江、北江、东江、闽南、闽西，应鼓励原有公开或半公开武装紧紧依靠群众继续奋斗，不应采取消极复员政策，长敌人之志气，灭自己之威风。现在南方各省国民党正规军大批调走，征兵征粮普遍施行，正是我党发动游击战争的好机会。”（乙）“凡条件尚未成熟之地区，则采取隐蔽待机方针，以等候条件之成熟。此种地区在目前当然是占多数，但其目标仍是积极准备发动公开游击战争、建立游击根据地之各种条件，而不是不管条件是否成熟一概采取长期隐蔽方针。”

11月8日 为中共中央起草致南京中共代表团并告叶剑英电：“据悉蒋介石拟于十一号下虚伪的停战令，你们有所闻否？我们准备事先揭穿他。”本日，蒋介石发表声明，宣布其一党包办的“国民大会”将于十一月十二日如期召开，并发布所谓“停战令”。事实上，国民党军仍继续向解放区进攻。十日，中共中央发言人廖承志发表声明指出：“此次停战令和历次的一样，不是什么‘停战令’，而是继续大打的作战令。”“如果蒋氏欲证明他对和平具有诚意，那么，他就应当：（一）下令停开一党包办的所谓国大，（二）恢复一月间第一次停战位置。”

11月9日 中共中央书记处会议决定，在延安的党政军民中公开动员保卫延安（但暂不登报），一切笨重器材在一两个月内疏散完毕。

同日 为中共中央军委起草致聂荣臻、萧克、罗瑞卿、刘澜涛电："只要能大量歼敌，先打九十四军或五十三军再打十六军也好，你们应争取每月歼敌两个旅左右，三至四个月歼敌六个旅左右不是不可能的。手里要经常掌握十二至十八个团一起行动，要能一次包围敌一个师（三个团）而歼灭之，就能打开局面。"

11月10日 获悉胡宗南于本月上旬下令抽调在晋南的四个旅入陕，准备进攻延安，为中共中央军委起草致陈赓、谢富治电："你们到吕梁后看情况，如胡军向延安急进，则你们亦急进；如胡军缓进，则你们可攻占吕梁各县，待命开延。"二十四日，获悉胡宗南又令整编第一师从陕西禹门口东渡返回晋西南后，为中央军委起草致陈赓、谢富治电："务于数日内以迅雷不及掩耳之势，攻占隰县、蒲县、乡宁、吉县、大宁等五县，并准备在蒲县、乡宁地区歼灭整一师可能向我进攻之部队。"十一月二十二日至十二月十二日，陈赓等率晋冀鲁豫野战军第四纵队进入吕梁地区，在三五九旅、独四旅的配合下，连克中阳、石楼、永和、大宁、隰县、蒲县等城，迫使胡宗南急令已入陕的整编第一、第九十师东返晋西南。

11月14日 复信东北局宣传部部长何凯丰，并为《东北日报》题写报名。信中说："书四本及来信已收到。报头写了一个如左，请斟酌采用。你身体谅好些？我病了大半年，现好得多了，大约再有半年，当更好些。各同志均此问候。"

11月15日 国民党单独召集的"国民代表大会"在南京开幕。除依附国民党的青年党、民社党和少数所谓社会贤达外，第三方面人士大部分未参加。本日，毛泽东为中共中央起草致南京中共代表团电："'国大'已开会，除董及少数人留京外，周及其余各人宜即回延。”十六日，周恩来在南京举行记者招待会，宣布：我们中国共产党人坚决不承认这个“国大”，和谈之门已为国民党政府当局一手关闭了。十九日，周恩来由南京飞返延安，从即日起中共代表团改为中共驻南京办事处，董必武任主任。

11月18日 为中共中央起草关于蒋介石召开伪国大和准备进攻延安给各中央局的指示，指出：“中国人民坚决反对蒋介石一手包办的分裂的‘国民大会’，此会开幕之日，即蒋介石集团开始自取灭亡之时。蒋介石军队在被我歼灭了三十五个旅之后，在其进攻能力快要枯竭之时，即使用突袭方法，占领延安，亦无损于人民解放战争胜利的大局，挽救不了蒋介石灭亡的前途。总之，蒋介石自走绝路，开‘国大’、打延安两着一做，他的一切欺骗全被揭破，这是有利于人民解放战争的发展的。”这个指示，第一次将“自卫战争”改称“人民解放战争”，并指出蒋介石的前途是灭亡。这个指示和毛泽东为中共中央起草的一九四七年四月九日通知合为一篇编入《毛泽东选集》，题为《中共中央关于暂时放弃延安和保卫陕甘宁边区的两个文件》。

11月20日 得知豫北滑县战役捷报，为中共中央军委起草致刘伯承、邓小平电：“对孙震〔1〕作战大捷甚慰，如能扩张战果，再歼孙震一部，并准备歼灭王仲廉之可能的增援队则最好。”十八日至二十二日，晋冀鲁豫野战军在滑县歼灭国民党军近两个旅一万二千余人。

11月21日 出席中共中央会议。周恩来报告国共谈判情况和国民党统治区情况。毛泽东最后讲话。他说：战后的世界变为美国反动派与世界人民的对立，在中国也反映这种对立，因此中国的斗争与世界有密切的联系。中国人民中间以及我们党内都有

---

〔1〕 孙震，当时任国民党军郑州绥靖公署第5绥靖区司令官。

打不打的问题，但这个问题现在是解决了，剩下的问题便是胜不胜。现在揭破蒋的阴谋、清除和平幻想已退为第二位的问题，第一个问题就是要建立坚定的胜利的信心。我们说中美反动派外强中干，要藐视他们，这不是为了单单安慰鼓励自己，而有其事实根据。世界在进步，苏联在高涨，美国在面临危机。美国与资本主义世界的矛盾将成为世界的主要矛盾，因此我们的统一战线是宽广的。我们的问题是要熬过明年一年，后年就要好转。美蒋威信降低之速是出于意外的，世界进步（在欧洲、在亚洲各国）之速是出于意外的。我们在国际国内都有广大的统一战线，这是基本问题。在土地问题上也并不妨碍我们团结地主，抗战时期减租减息也得罪了地主，但仍可以团结。土改完成后，在明年也可以对地主大拉一把，照顾他们的生活，让他们一样可以生产，富足起来。在军事上，歼灭战已经经历了事实的证明，过去至今已歼灭了三十八个旅，占七十五个旅的过半数。蒋介石的攻势是可以战胜的，经过半年到一年，消灭他七八十个旅，停止他的进攻，开始反攻，把他在美国援助下七八年积蓄一年内打破，达到两党平衡。达到了平衡就很容易超过。那时我们就可以打出去，首先是安徽、河南、湖北、甘肃，然后就可以再向长江以南。约三年到五年，解决土地问题，这是一切工作的根本。南京谈判是有了成绩，达到了教育人民的目的。现在是否提打倒蒋介石？做此工作而不提此口号，口号仍是一月十三日停战位置与政协决议。而且消灭他七十五个旅以后，美国还会加强援助，新的困难又会来，因此不但要准备三年到五年，还要准备十年到十五年。一方面要藐视他们，非此不足以长自己志气，灭他人威风；而另一方面要重视他们，每一仗都要谨慎。毛泽东在这次谈话中，第一次提出做打倒蒋介石的工作。

11月26日 为中共中央军委起草致陈赓、谢富治并告王震、罗元发[1]电，强调指出：要使全体指战员“人人明白，发展吕梁区是保卫延安、巩固太岳的重要条件”。

11月29日 为中共中央军委起草致陈毅、张云逸、黎玉电：“望令胶东密切注意八军行动，如该军有调东北征候，我军务须以积极行动抑留之。至要，至要。”

11月30日 《解放日报》发表毛泽东为朱德六十寿辰题词：“人民的光荣”。

12月4日 为中共中央起草致冀东区党委并告晋察冀中央局、冀察热辽分局电：“你区及热河就一般情况来说，暂时自然是以游击战为主的局面，但你们应经常集中三个旅（九个团）寻敌弱点打运动战，打不甚坚固之据点。以一部打正面，以主力打迂回，每次歼敌一个营、两个营至一个团，在半年内力争歼敌五六个团，收复可能收复之各据点。各分区则都是游击战争。”

同日 为中共中央起草致晋察冀中央局电：“同意照刘邓区[2]组织方式，指导重点放在前线，现有之野战司令部取消，其人员合并于军区。”

12月9日 在王家坪会见西方记者，回答他们所提出的问题。在回答国民党是否仍然企图进攻延安时说：进攻延安的计划是早已定了，还要打，但我们有很大可能把进犯的军队给打垮。在回答中国国内局势是否就要打下去时说：是要打下去，因为人家要打。中国共产党现在的方针仍然是尊重政治协商会议的路线，并为恢复一月停战协定的位置而奋斗，现在召开的非法的分

---

〔1〕 王震，当时任中共吕梁区委员会书记、吕梁军区政治委员、晋绥军区第2纵队司令员兼政治委员。罗元发，当时任陕甘宁晋绥联防军教导旅旅长兼政治委员。

〔2〕 刘邓区，指晋冀鲁豫军区。该军区在作战时组织指挥所到前方，平时指挥所合于军区。

裂的"国民大会",应该解散。在回答中国共产党现在是否不受停战协议的约束时说:停战协定早已让人破坏了,我们当然不再受它约束,将来的谈判就是看战争的结果而定。在回答所谓美国人完全支持蒋介石是因为中国共产党排外的缘故时说:共产党并不排外。现在有两种美国人。马海德、李敦白、史沫特莱、斯特朗这样的美国人,我们都欢迎。不光是这样的人,就是反对我们的人,我们也愿意让他们到解放区来看一看,只要做一些比较公道的报告就对我们有好处。希望记者都成为人民的代言人,而不要成为反动派的代言人。在回答人民代表会议是否准备召开时说:现在还没有召开,将来是一定要召开的,因为它是人民的代表会议,至少也要总结一些工作经验。在回答中国共产党为什么反对中美条约〔1〕、将来共产党得势后是否废除这一条约时说:中美条约是不平等条约,将来一定废弃。十一月四日是中国新的国耻纪念日。这个商约应该废止,另订平等条约。在回答现在世界局势是否还是有利于民主运动发展时说:民主运动现在更高涨了。从今年二月至今美国帝国主义分子所干的一套都是违背人民意志的,快要失败了。美国反动分子与美国人民是有区别的,反动分子想独霸世界,势必引起全世界人民的反对。现在美国反苏是放烟幕弹,想独霸世界,首先就是损害中国和英国的利益,其次就是美苏间的中间地带。在回答是否欢迎英国对中国进行调解时说:英国现在没有勇气反对美国政策,它跟着美国走,中国问题还是由中国人自己解决,但欢迎外国的技术帮助。在回答中国共产党对香港问题的态度时说:现在不提出立即归还的要求,将来可按协商方法解决。

---

〔1〕 中美条约,指《中美友好通商航海条约》,通称《中美商约》,1946年11月4日,国民党政府同美国政府在南京签订。

12月上旬　国民党集结重兵进攻南满，南满解放区仅剩四个县比较完整，南满分局书记陈云主持纵队以上干部参加的七道江会议，决定坚持南满根据地以钳制国民党军对北满的进攻，并得到东北民主联军总部的批准。十三日，毛泽东为中共中央军委起草致林彪并告东北局电："在目前情况下暂取守势，力求拖延敌对北满之进攻，并准备迎击敌之进攻，部署甚妥。南满方面应集中主力各个歼敌，收复失地，于拖延敌对北满进攻必有帮助。"据此，东北民主联军采取坚持南满、巩固北满、南打北拉、北打南拉的方针，破坏国民党军先南后北、各个击破的计划，迫使东北的国民党军处于南北两面作战的不利状态。

12月11日　为中共中央军委起草致粟裕并告陈毅、张鼎丞、邓子恢电："（一）庆祝盐城大胜〔1〕，望对指战员传令嘉奖；（二）望粟即日北返，部署沭阳作战；（三）一师及皮旅〔2〕于结束追击战斗后休息二三天，即行北返。"粟裕接此电后立即自盐城北返，于十二日同由山东南下的陈毅会合，筹划在淮海地区歼敌。

12月13日　得知国民党军整编第十一师由晋冀鲁豫战场调到苏北，会同整编第七十四师等部共二十五个旅进攻苏北后，为中共中央军委起草致粟裕、谭震林并告陈毅，张鼎丞、邓子恢电："整十一师到达宿迁后，必配合六十九师及预三旅〔3〕等向沭阳进攻。惟有歼灭该敌，方能保持沭阳在我手中。如沭阳失守，

〔1〕华中野战军在1946年11月27日至12月7日的盐（城）南反击战中，歼灭由东台、兴化两路来犯之敌六千余人。

〔2〕皮旅，指从中原突围至华中的皮定均任旅长的中原军区第1纵队第1旅。

〔3〕即原属国民党军整编第57师的预备第3旅，这时已编入整编第69师战斗序列。

华野主力即难在苏北继续作战，有被迫转至鲁南可能。对此点必须严重估计到。你们对此意见及部署如何，盼告。”本日，整编第十一师、整编第六十九师在苏北由宿迁分别向新安镇、沭阳进犯。十五日，毛泽东为中央军委起草复陈毅、粟裕电，同意他们的决心和部署，即先集中二十三个团在宿迁、沭阳间歼敌；除阻击整编第十一师外，集中三倍兵力围歼整编第六十九师。当天，山东、华中两野战军发起宿北战役，至十九日，在宿迁以北歼灭整编第六十九师师部及三个旅，共二万一千余人。

12月16日　中共中央书记处会议听取周恩来汇报蒋管区工作。会议决定周恩来兼任中央城市工作部部长，李维汉为副部长。会议还决定设立香港分局。

12月18日　为中共中央军委起草复刘伯承、邓小平并告陈毅、粟裕电：“如果你们四面之敌不好打，似以南下寻歼八十八师，恢复嘉、巨、金、鱼、城、单〔1〕各地，调动邱清泉东进而歼灭之，较为有利。”晋冀鲁豫野战军于三十日向巨野、金乡、鱼台之敌发起突然进攻，一九四七年一月十六日巨（野）金（乡）鱼（台）战役胜利结束，共歼敌一万六千余人。

12月19日　为中共中央军委起草致陈赓、谢富治，王震、彭绍辉、罗贵波〔2〕并告刘伯承、邓小平等电，通报向吕梁地区进攻的国民党军动向，并指出：“此次作战，不但保卫吕梁，而且有保卫延安意义。你们应迅速集中兵力于蒲县附近地区，准备连续战斗，以歼敌两个旅为目标。”随即，晋冀鲁豫野战军第四

〔1〕嘉、巨、金、鱼、城、单，指山东西南的嘉祥、巨野、金乡、鱼台、城武（今成武）、单县。

〔2〕彭绍辉、罗贵波，当时分别任晋绥军区第2纵队副司令员、副政治委员。

纵队和晋绥野战军、太岳军区各一部在晋西南歼灭胡宗南一部。二十六日，毛泽东为中央军委起草致陈赓、谢富治，王震电："你们最近两仗打得很好，每次歼敌一个营，若能再打几个这样的仗，就可等于一个大胜仗。"二十八日，进入吕梁地区的胡宗南部被迫撤退，晋冀鲁豫野战军第四纵队又将其后卫第六十七旅歼灭。吕梁战役于一九四七年一月一日结束，共歼敌一万零七百余人。

12月22日 复电暹罗[1]华侨建国救乡联合总会等七十一个华侨团体，称赞这些团体关于反对国民党片面召开"国民大会"的来电"义正词严"，表示"至深钦佩"。复电申明全国人民对国民党召开的非法的分裂的一党"国大"及其通过的所谓宪法决不承认。"今后本党决为恢复政协路线与恢复一月十三日军事位置而奋斗到底。尚望海外同胞一致努力，以实现祖国之独立、和平、民主。"

12月24日 为中共中央军委起草致陈毅、粟裕、谭震林，张鼎丞、邓子恢电："敬电[2]悉。主力似不宜分散，如放弃七十四师不打，似宜集中二十五个团（包括四师、九师、十纵、警旅在内）左右兵力于鲁南地区，歼灭二十六师，迫退冯治安部，然后相机出淮北较为有利"。次日，又为中央军委起草致陈、粟电，指出："鲁南战役关系全局，此战胜利即使苏北各城全失亦有办法恢复。你们必须集中第一、第六、第八、第四、第九、第十各师及一纵、警旅等部，并有必要之部署准备时间，以期打一比宿北更大的歼灭战。第一仗似以打二十六师三个旅为适宜，因该师

〔1〕 暹罗，泰国的旧称。

〔2〕 指1946年12月24（敬）日陈毅、粟裕等致中共中央电，该电建议放弃歼击整编第74师，集中主力歼灭鲁南之敌。

系鲁南主力，该师被歼，全局好转；若先打冯部，则恐一时不能解决鲁南问题。究应如何，望根据具体情况处理。”二十七日，山东、华中两野战军开始隐蔽北进鲁南。

12月25日 为中共中央起草致陈毅、粟裕，张鼎丞、邓子恢电：“苏中、苏北、皖东敌占县城及要镇各县，我党必须坚持游击战争。第三、第四、第七各分区〔1〕，必须派部队派干部恢复工作。只要各分区各县能坚持游击战争，收复县城便有希望。”本日，修改中共中央关于同意华中、山东两区合并给华中分局的电报稿，加写一段话：“敌愈向北攻，敌后必愈空虚，愈有利于坚持游击战争。派部队派干部恢复淮南、淮北工作必须立即进行。”

〔1〕 第七分区，指淮北津浦路以东地区。

1947年　五十四岁

1月1日　在《解放日报》发表《新年祝词》，指出："现在国民党当局还没有表示任何起码的和平意图，他们在美国政府指使下，正在忙于以分裂的'国大'和独裁的'宪法'来装饰自己，以便使他们的战争和美国的援助'合法'化。但是只要全国人民团结一致，坚持不屈不挠的奋斗，那么，在不久的将来，自由的阳光一定要照遍祖国的大地，独立、和平、民主的新中国一定要在今后数年内奠定稳固的基础。"

同日　修改陆定一《对于战后国际形势中几个基本问题的解释》一文，并加写一段话："总而言之，第二次世界大战后，一切都变了，并正在继续变。在人民方面，是变得如此坚强，如此有觉悟，有组织，有决心，有信心。在反动派方面，则已变得如此横蛮猖獗，但又如此外强中干，众叛亲离，对于前途完全失去信心。可以预断，三年至五年后的中国与世界，其面目将比现时大不相同。全党同志与全中国人民，都应当为一个新中国与新世界而坚决奋斗。"

1月4日　关于一月二日发起的鲁南战役问题，为中共中央军委起草致陈毅、粟裕电，指出："（一）希望于歼灭二十六师之后，接着彻底歼灭七十七师。（二）第二步行动待此役结束后再定，但我们觉得沭阳得失无关大局，似以攻取台枣线[1]歼灭五

---

〔1〕　台枣，指山东台儿庄、枣庄。

十一师、五十九师，根本解决鲁南问题为最好。”

1月5日　晚上，审阅陆定一一九四七年一月二日完成的《对于战后国际形势中几个基本问题的解释》一文，批示：“国际问题文章内容和文字均无弊病，可以不要修改了。”文章针对一些人对于战后国际政治形势基本问题的了解出现的偏差，就毛泽东对国际形势的预言、世界民主力量同反动力量的对比等基本问题作出解答，指出：我们已有充分的把握，“国际形势的发展完全符合于毛泽东同志的预言”。第二次世界大战后，一切都在变化，可以“预断三年至五年后的中国与世界，其面目将比现时大不相同”。“全党同志与全中国人民，都应当为一个新中国与新世界而坚决奋斗。”一月十四日，这篇文章在《人民日报》发表。

1月6日　关于加强对蒋管区学生运动的组织与领导，中共中央致电董必武并转上海工委、叶剑英、吴玉章、张曙时、方方〔1〕、林平：“此次平、津、京、沪学生的反美示威，成绩甚好，影响甚大。”“我党在蒋管区的工作，应尽量利用这次学运的成果，扩大民族爱国主义的宣传与活动。”“经过学生活动与报章揭露，要将这些宣传深入到工人、店员、妇女、城市贫民、工商业家、自由职业者乃至华侨中去，引起他们的响应，以扩大这一运动。”

1月10日　为中共中央军委起草致刘伯承、邓小平并告陈毅、粟裕电：“（一）歼灭一四〇旅、六十二旅各一部甚慰，如能歼灭该两旅全部开辟东南战场，于大局有利；（二）此战结束后，望相机攻占金、鱼、城、单、丰、沛〔2〕诸城全部或大部或一部；

---

〔1〕吴玉章，当时任中共四川省委书记。张曙时，当时任中共中央法律问题研究委员会委员。

〔2〕金、鱼、城、单、丰、沛，指山东金乡、鱼台、城武（今成武）、单县、丰县、沛县。

（三）迅速集中最大兵力（四十个团左右），准备打大歼灭战。”

同日　到杨家岭祝贺徐特立七十寿辰。为徐特立七十寿辰题词：“坚强的老战士”。

1月11日　关于东北民主联军三下江南、四保临江作战中的问题，为中共中央军委起草致林彪、高岗、彭真电。电报指出：“（一）最近北满、东满开始打胜仗甚慰，包围其塔木一点，引起九台、吉林、德惠三处之敌无计划的增援，均被我歼灭或击溃〔1〕。这一经验指出，围城打援是歼灭敌人重要方法之一。利用结冰时期有计划地发动进攻，普遍寻找敌人薄弱据点，采用围城打援方法，大量歼敌，转变敌我形势，甚为必要。（二）南满四纵二十天敌后作战〔2〕经验亦指明，只有采取勇敢进攻方针，才是胜敌之道。他们还要勇敢一点，要敢于进攻一营两营驻守之敌而歼灭之，并且每次均一定要准备打援兵。（三）关内几个主要战场，我军开始取得主动，并且益发展成为大歼灭战。蒋介石的主要力量（薛岳八十个旅、顾祝同〔3〕三十个旅、胡宗南二十四个旅，共计一百三十四个旅）大批被歼灭。全国计算六个月零十天，共已歼敌正规军五十一个旅，至今年七月可能歼敌一百个旅左右，根本转变敌我形势。在此种情况下，迫使蒋介石以全力对付陇海线各战场，不可能向东北增兵，只要你们能用一切方法，将杜聿明现有力量（五军十五个师及技术兵种、保安部队

---

〔1〕 1947年1月，北满军区部队冒着零下40度严寒，越过冰封的松花江南下，一部包围其塔木（在吉林县北），主力歼灭九台、德惠来援之敌两个团及保安团队一部。

〔2〕 指辽东军区部队1946年12月18日起在本溪、抚顺、桓仁地区转战十多天，攻克据点20余处，歼灭国民党军3000余人。

〔3〕 顾祝同，当时任国民党军陆军总司令部总司令。1947年3月又任国民党军陆军总司令部徐州司令部总司令。

等）加以削弱，例如平均每月歼敌一个师（相当于关内之旅）以上，一年内歼敌十二个师以上，就可使自己转入有利地位。如此打两三年（因敌被歼后又可补充），就可从根本上转变敌我形势，并建立巩固根据地。”

1月16日 致信法学家陈瑾昆：“从新的观点出发研究法律，甚为必要。新民主主义的法律，一方面，与社会主义的法律相区别，另方面，又与欧美日本一切资本主义的法律相区别，请本此旨加以研究。目前美蒋所提和谈，如过去一切和谈一样，全属欺骗性质，因其军事失败，企图取得休息时间，整军再战，我们切不可上当。”

同日 关于对美蒋恢复和谈阴谋所采取的方针，中共中央致电驻南京办事处，指出：蒋方已通知你们恢复和谈，并派张治中〔1〕来延安。根据目前形势，恢复和谈只利于蒋重整军队再度进攻。所谓恢复和谈全是欺骗，应使其恢复不成，彻底揭露其原形。毛泽东在这个电报上加写一段话：“对于美方调停，此时形式上我们虽然尚不公开正面反对，但实际上应拒绝之”。

1月18日 为中共中央军委起草致陈赓、谢富治，王震、彭绍辉并告贺龙、李井泉电：“（一）攻克孝义〔2〕甚慰。（二）如平、介之敌向你们攻击，你们可于野战中歼灭之，而后夺取平、介；如平、介之敌不动，你们即应攻击介休，调动平遥及灵、霍〔3〕之敌增援而歼灭之，然后逐一夺取平遥、灵、霍，如此则孝义可巩固”。

同日 关于鲁南战役第二阶段问题，为中共中央军委起草致

---

〔1〕 张治中，当时任国民党政府主席西北行辕主任兼国民党新疆省政府主席。

〔2〕 晋绥军区第3纵队独立第2旅、独立第4旅于1947年1月17日攻克山西孝义。

〔3〕 灵、霍，指山西灵石、霍县。

陈毅、陈士榘，粟裕、谭震林电，指出："目前除以一部打枣庄外，主力立即准备打欧震[1]，以歼灭欧部八个旅为目标，务于一星期内准备完毕。"十九日，又为中央军委起草致陈、粟、谭电："前电要你们迅速准备打欧震，但欧震集团北进甚速，数日内即将占领陇海线，如果各部准备不及，不能歼敌于立足未稳之时，则索性推迟至两星期以后发起歼击"。二十日，山东、华中两野战军攻克枣庄，鲁南战役结束。此役歼灭国民党军两个整编师和一个快速纵队共五万三千余人，俘整编第二十六师师长和整编第五十一师师长。

同日 关于发起豫皖边战役问题，为中共中央军委起草致刘伯承、邓小平并告陈毅、粟裕电："你们已击破方先觉[2]、刘汝珍[3]两部，形势极为有利，望乘胜展开攻势，向你们附近广大地区敌占据点中一切较薄弱可攻取者广为攻取，不论敌正规军、伪军、民团广为歼灭，收复大批失地。并不被铁路所限制，路北扫荡一时期，即可越过路南攻占大批县城市镇，北面有隙可乘又过路北行动"。"如此大约有两个月时间，即可将路北路南广大地区创造为机动战场，以便吸引邱军[4]及其他薛、顾[5]主力来此而歼灭之。大约在今年五月间主力即可向中原出动。"据此，晋冀鲁豫野战军决定分成陇海路北南两集团，分别由刘伯承、邓小平率领，于一月二十四日开始发动豫皖边战役。

1月22日 晋冀鲁豫野战军第四纵队和晋绥野战军一部攻

---

〔1〕 欧震，当时任国民党军整编第19军军长。这时指挥8个整编师为主要突击集团，准备向山东解放区首府临沂进犯。

〔2〕 方先觉，当时任国民党军整编第88师师长。

〔3〕 刘汝珍，当时任国民党军整编第68师师长。

〔4〕 指邱清泉任军长的国民党军第5军。

〔5〕 薛、顾，指薛岳、顾祝同。

克孝义包围汾阳后，阎锡山立即调三个军由文水、平遥、介休分三路增援孝义、汾阳。陈赓、谢富治部署阻击援敌。本日，毛泽东为中共中央军委起草致陈赓、谢富治电，指出："照来电是采取防御方针，而不是采取进攻方针，即集中绝对优势兵力打敌诸路中之一路而迅速解决之。不要位于敌诸路之合击点上，而要位于敌之一翼。"据此，陈、谢以一部阻击北、中两路援敌，集中主力歼击南路援敌，至二十九日，在孝义东南地区歼灭该敌，并击溃北、中两路援军，共歼敌一万一千余人。

1月23日 为中共中央军委起草致文建武、汪锋电，指出打大歼灭战必须注意两个条件："（一）集中优势兵力包围敌军一部，每一仗只打一部分敌人，切不可同时打几部分敌人；（二）以主力打迂回，以一部打正面，切不可以一部打迂回，以主力打正面。你们如能实行上述两个条件，多打歼灭战，形势就会好转。"

1月24日 为中共中央起草致董必武、王炳南〔1〕并告叶剑英电（其中第三条是周恩来加写的）："（一）目前情况下董暂在上海工作，不要回宁；（二）王亦不要去看美蒋两方的人，对他们表示冷淡；（三）如美蒋两方再来人催询四条〔2〕回答，可告他们根本

---

〔1〕 董必武，当时任中共驻南京办事处主任，并负责中共驻上海办事处工作。王炳南，当时在中共驻南京办事处负责外事工作。

〔2〕 指蒋介石1947年1月16日提出的重新恢复谈判的4项条件：（一）国民政府愿意派一个代表团到延安去或是邀请共产党派一个代表团到南京来，或同意在任何双方可以接受的地点举行圆桌会议；（二）政府与共产党方面应立即颁布停战命令，并商讨该命令的实施问题；（三）政府愿意根据三人小组会议的原则，重新讨论有关整编军队与恢复交通的实际的计划；（四）政府表示愿意对于发生争执的地区的政治管辖问题与共产党方面立即达成一项协议。

拒绝此四条，非完全接受我方两条[1]（最低限度），不能开谈。”

同日　农历正月初三，和朱德宴请延安地区劳动英雄、居民及驻军干部代表。毛泽东在讲话中，号召军民积极生产，改善生活，丰衣足食，婚嫁丧葬不要铺张，并强调军民之间、乡邻之间要和睦团结，争取和平光景的早日实现。

同日　为中共中央起草致陈毅、饶漱石及华东局并告刘伯承、邓小平电：“我们已令刘、邓缩短内线作战时间至四月底为止，准备五月开始（包括休整时间在内）向中原出动，转变为外线作战。华东方面亦请按此计划办理，努力争取于五一以前在内线解决蒋军主力，并完成外线作战的一切准备条件（弹药、新兵、干部、经费等）。”

1月25日　为中共中央军委起草致聂荣臻、萧克、罗瑞卿电，指出：“打大歼灭战的两个条件：（一）以小部兵力钳制敌之其他部分，集中绝对优势兵力打一个敌人，决不可同时打两个敌人，也不可将很多兵力使用于钳制方面；（二）以一部打正面，以主力打迂回，决不可以主力打正面，以一部打迂回。希望你们按以上两条检查过去经验，部署新的作战，好好打几个大歼灭战。”二十日至二十八日，晋察冀部队进行保（定）南战役，歼灭国民党军八千余人，隔断了保定与石家庄敌军的联系。

1月28日　关于继续发展豫皖边战役问题，为中共中央军委起草致晋冀鲁豫野战军陇海路北集团刘伯承、张际春、李达电，指出：“攻克曹、单甚慰。望乘邱军[2]尚未到达之际，攻占

---

〔1〕 指中国共产党提出的恢复谈判的两项条件：（一）废除违反政协决议召开的国民大会制定的宪法；（二）恢复1946年1月13日停战生效时的军事位置。

〔2〕 指邱清泉任军长的国民党军第5军。

铁路一段，调动商丘七十五师增援而歼灭之。”据此，北集团控制民权、商丘间铁路三十余公里，南集团歼灭由商丘救援亳县的整编第七十五师第十六旅大部。二月四日，豫皖边战役结束，歼灭国民党军九千余人。北集团攻克定陶、单县、曹县，南集团攻克柘城、太康、鹿邑、杞县、亳县。

1月29日 为中共中央军委起草致聂荣臻、萧克、罗瑞卿、刘澜涛、黄敬〔1〕电：“（一）连续攻克望都、新乐、定县，歼灭侯如墉〔2〕等部甚慰，望对指战员予以嘉奖；（二）你们已在平汉线取得主动，望在今上半年用围城打援、各个歼灭之方法，将平汉线上蒋系各军基本解决，以便下半年主力转入平绥线，解决傅作义。”

同日 美国驻华使馆发言人发表声明，宣布美国代表退出军事三人小组，并撤出军事调处执行部美方人员。次日，国民党政府宣布解散军事三人小组及军事调处执行部。

1月30日 为中共中央军委起草复陈赓、谢富治、王新亭〔3〕并告贺龙、李井泉电：“同意四纵及二十四旅转移至平、介以东，补充新兵，整训一个月。王、彭、罗〔4〕率吕梁各部坚持吕梁。”

1月31日 为中共中央军委起草致陈毅、饶漱石、粟裕、谭震林电，指出：“蒋介石企图于三月莫斯科三国外长会议〔5〕以前击败我军。据南京息，蒋军日内即将进攻，似此甚有利于我在野战中大量歼敌。我军方针，似宜诱敌深入，不但不先打陇海

〔1〕 黄敬，当时任中共晋察冀中央局常委兼财政经济委员会副主任。1947年3月又任中共晋察冀中央局第三副书记兼晋察冀军区第四副政治委员。

〔2〕 侯如墉，当时任国民党军第十一战区保安第五总队总队长。

〔3〕 王新亭，当时任晋冀鲁豫军区政治部副主任兼太岳军区司令员。

〔4〕 王、彭、罗，指王震、彭绍辉、罗贵波。

〔5〕 指美、英、苏三国外长会议。

路，即敌至郯马[1]地区是否就打，亦值得考虑，似宜待其进至郯马以北发起全力歼击，可连续打数个大歼灭战，使自己处于完全主动地位，丝毫不陷于被动（如打得太早即有打成胶着陷于被动可能）。”“此外，后方机关须迁至安全地点，临沂须准备万一失去。许世友、王建安野战军须立即组成[2]，开至胶济路南待机歼敌，以对付蒋方南北夹击之计。总之，此次蒋军孤注一掷，我军必须有全盘计划，准备以连续作战歼灭其十个旅左右，便可彻底打破其进攻，而这是完全有把握的。”

1月下旬　为统一和加强华东全军的领导，遵照中共中央军委命令，撤销新四军番号，山东军区、华中军区合编为华东军区，山东野战军和华中野战军合编为华东野战军。华东军区由陈毅任司令员，饶漱石任政治委员，张云逸任副司令员，黎玉任副政治委员，陈士榘任参谋长，舒同任政治部主任。华东野战军由陈毅任司令员兼政治委员，粟裕任副司令员，谭震林任副政治委员，陈士榘任参谋长，唐亮任政治部主任，下辖第一至第十二纵队（缺第五纵队）和特种兵纵队。

2月1日　主持召开中共中央政治局会议。会议分析国内形势，讨论毛泽东为中共中央起草的关于时局与任务的指示。指示指出：“目前各方面情况显示，中国时局将要发展到一个新的阶段。这个新的阶段，是全国范围的反帝反封建斗争发展到新的人民大革命的阶段。现在是它的前夜。我党的任务是为争取这一高

---

〔1〕 郯马，指山东郯城、马头镇。

〔2〕 许世友，当时任胶东军区司令员。王建安，当时任鲁中军区司令员。1947年1月25日，中共中央军委批准华东军区报告，同意以胶东、鲁中两军区部队组织胶济野战军（许世友任司令员，王建安任政治委员）。后胶济野战军又以原王建安、许世友两军区部队分别改编为华东野战军第8、第9纵队。

潮的到来及其胜利而斗争。”指示强调指出：“为着彻底粉碎蒋军的进攻，必须在今后几个月内再歼蒋军四十至五十个旅，这是决定一切的关键。”为此，在军事方面，必须继续坚持集中兵力、各个歼灭敌人的原则，必须用一切努力加强炮兵和工兵建设。在巩固解放区方面，必须大力发展农业和工业生产，厉行节约，特别是要在三分之一尚未进行土地改革的地区，继续放手发动群众，实现“耕者有其田”。在会议讨论中，毛泽东说：中国的两个基本矛盾，民族压迫与封建压迫都未解决，因此革命高潮不可避免地要到来。现在总的形势是，革命高潮快要到来。这种高潮在中国革命历史上有过三次，第一次是辛亥革命，第二次是北伐战争，第三次是抗日战争，这三次都是全国规模的。第一次革命高潮无产阶级没有参加，第二次、第三次是我党领导的，但形式上是和国民党共同领导的，这次是我党单独领导的。凡是高潮，总是敌人有弱点，给我们以可乘之机，否则困难。这次高潮是在第二次世界大战以后。正如文件上所说，这一形势是在美国帝国主义及其走狗蒋介石，代替日本帝国主义与汪精卫的地位，采取了以中国为美国殖民地的政策及加强法西斯独裁统治的政策的情况下所造成的。蒋管区人民生活比抗战时期还要困难。全中国人民除了为独立、民主、和平而斗争外，再没有别的出路了。解放区的胜利越大，则高潮来得越快。《大公报》指出中国的三个前途：第一，政治协商的前途；第二，南北朝的前途；第三，十月革命的前途。中间派的报纸没有一个说蒋介石能统一全中国的。关于对待蒋介石问题，毛泽东说，今天对待蒋介石同抗战时期不同。就是在抗战时期蒋介石也是消极抗战、积极反共的，凡能对我进攻之处无不进攻。我们同他斗争的时间长，妥协的时间短。如果我们不在抗战时期坚决抵抗反动派的进攻，就没有今天的局面。日本投降后的和平谈判中，我们是受了损失的，在苏浙边、皖南和皖中、湖北，或是军队受了损失，或是人民受了摧残，但是，这是局部的，而且那时我们不仅在军事上需要而且在政治上也很需要。现在这个指示也没有堵死将来谈判和平的可能，我们还没有提出打倒美帝国主义和蒋介石的口号，实际上是要打倒他们。这个指示编入《毛泽东选集》时，题为《迎接中国革命的新高潮》。

同日　中共中央发表关于不承认国民党政府一切卖国协定的声明，指出："本党为了挽救祖国的危机，维护国家权益和政治协商会议的尊严，兹特郑重声明：对于一九四六年一月十日以后，由国民党政府单独成立的一切对外借款，一切丧权辱国条约及一切其他上述的协定谅解，与今后未经政治协商会议通过或未经征得本党和其他参加政治协商会议各党派同意的一切同类外交谈判，本党在现在和将来均不承认，并决不担负任何义务。"

2月3日　为中共中央军委起草致刘伯承、邓小平并告陈毅、粟裕、谭震林电："你们目前任务是拉住王敬久主力"。从本月中旬开始，晋冀鲁豫野战军同国民党军第五军、整编第八十五师周旋于民权、兰封和鲁西南地区，有效地牵制这些敌人，以配合华东野战军进行莱芜战役。

2月6日　关于举行莱芜战役，为中共中央军委起草复陈毅、粟裕、谭震林并告饶漱石、张云逸、黎玉，张鼎丞、邓子恢，刘伯承、邓小平电。电报指出："（一）完全同意微未电第三方案〔1〕，这可使我完全立于主动地位，使蒋介石完全陷于被动。

---

〔1〕陈毅、粟裕、谭震林1947年2月5（微）日未时致中共中央军委的电报中提出的第三个方案是：以第2纵队进攻连云港的白塔埠，以1个纵队伪装华野主力在临沂地区与敌纠缠，主力则兼程北上，彻底解决山东北线敌人，进击胶济线。

(二)一星期至十天内，全军在原地整训，对外装做打南面模样。待敌十二军占领莱芜，七十三军及四十六师占领新泰、博山之线，然后秘密移动全军(缺一个纵队)，首先歼灭七十三军、十二军及四十六师，然后攻占胶济全线，时间须一个月至一个半月。此时南面敌人必已被动地深入临沂以北山地，我可全军回击，大批歼敌。总之，先打弱敌，后打强敌，力争主动，避免被动。(三)为使王耀武放手南进，我渤海区应停止攻击。”按中央军委批准的作战方案，华东野战军于二月十九日对莱芜地区之敌完成战役包围，二十日发起全线进攻，仅用三天时间歼灭国民党军七个整旅五万六千余人，俘国民党军第二绥靖区副司令长官李仙洲及第七十三军军长韩浚，收复县城十三座，控制胶济铁路二百五十多公里，连同南线及胶济线作战，共歼灭国民党军七万余人。二十四日，毛泽东为中央军委起草致华东野战军电，祝贺莱芜战役的胜利。

2月10日 为中共中央起草致陈毅、饶漱石、粟裕、谭震林电，庆祝他们歼灭郝鹏举〔1〕部及俘郝鹏举的胜利。

同日 为中共中央起草致萧劲光、陈云、萧华电，庆祝在高丽城子及三源浦两地歼灭敌人之胜利〔2〕。

同日 为统一陕甘宁边区人民解放军行动，和朱德、刘少奇签发命令：将独一旅、三五八旅、新四旅、教导旅、警备一旅、

---

〔1〕 郝鹏举，原任汪精卫伪军淮海省保安司令。抗战胜利后该部被收编为国民党军第6路军，任总司令。1946年1月在台儿庄率部起义，改编为华中民主联军，任总司令。1947年1月率所部投敌，被收编为国民党军第42集团军，任总司令。2月6日，该部在连云港白塔埠地区被华东野战军歼灭大部，郝被俘。

〔2〕 东北民主联军二保临江作战，于1947年2月上旬在通化以北高丽城子歼灭国民党军4000余人，并攻克三源浦要点，迫使国民党军停止了对临江的再次进攻。

警备三旅组成陕甘宁野战集团军，司令员张宗逊，政治委员习仲勋，副司令员王世泰、副政治委员廖汉生，参谋长阎揆要，政治部主任徐立清。

同日　在延安会见美国记者斯特朗并同她谈话。〔1〕毛泽东说：中共愿意同国民党恢复谈判，条件是：双方恢复一九四六年一月十日停战协定签订时的实际控制区域；取消一九四六年十一月由“国大”通过的“宪法”，恢复一年前各党派一致通过的政治协商会议决议。他又说：你在离开延安以后，一定会听到敌人传布的许多关于我们的所谓“暴行”的谣言。不过你一定记得你在许多地方看到过我们的部队，它是世界上若干最有纪律的部队之一。在谈到美国拥有原子弹时，毛泽东说：原子弹的诞生，也就结束了它的生命。全世界那些笨人在奢谈原子战争，但是原子弹在战争中已不能再度使用。它在广岛上空的大爆炸已炸毁了它自己。它的收效也就是它的死亡，因为全世界的人民都反对它。自然，原子能将继续予以发展，它的巨大的能力将为人们所利用。

2月21日　为中共中央军委起草致聂荣臻、萧克、罗瑞卿电：“今后行动应学习陈粟、刘邓、陈谢三区大踏步进退、完全主动作战的方针。你们部队休整若干天后，请考虑是否可以打第三军。

---

〔1〕据斯特朗在《我为什么七十二岁来到中国》中回忆：“在我离开延安之前的那天晚上，我被邀请去向毛泽东主席告别。”“那天我接到周恩来的邀请，要我到杨家岭的礼堂去看戏。”“戏演完了以后，周恩来带着我进入山边一个窑洞，那里已经摆好一张桌子和一些椅子，还有茶和花生。我在那里最后一次和毛主席谈话。他肯定我不能随同共产党一起到山里去，并说，我已经知道了外界需要知道的关于他们所有地区的情况，我应该带着这些情况走向世界。‘当我们再同外界取得联系时’，——他认为这需要‘大约两年’——我可以再回来。他说，我特别应该把这些情况带到美国去。”

其目的不在占地而在歼灭顽伪有生力量，并吸引保定以北之敌南下，利于第二步歼击之。”“总之，大踏步进退，不拘一城一地之得失，完全主动作战，先打弱敌，后打强敌，调动敌人，各个击破。”

同日 为中共中央军委起草致刘伯承、邓小平并告陈毅、粟裕、谭震林电：“你们应开至大名、冠县一带巩固地区休整，引诱吴绍周[1]部深入黄河以北，待我休补完毕然后歼灭该敌。”二十四日，又为中央军委起草致陈、粟、谭，刘、邓电：“除以一部监视王敬久外，主力应集中于黄河以北巩固区域休整补充，待华东部队完成胶济任务后，准备相机会合两军歼灭欧、王[2]”。据上述指示，晋冀鲁豫野战军于本月底北越老黄河，进入朝城、范县老解放区，休整待机。

2月24日 为中共中央军委起草致萧劲光、陈云、萧华并告林彪电，对他们在三保临江作战中歼敌一个团两个营，表示极为欣慰。

2月27日 中共中央发出关于在军队中组织党委会的指示，指出：“关于军队中党的组织形式，七大时已有原则决定，应根据古田会议决议的原则，组织军队中各级党委会，以避免军队中单纯的首长制所产生的一些缺点。根据晋冀鲁豫实行这种改组的经验，证明这种改组是正确的，举凡关于作战、工作、政策及干部等问题，除紧急情况之处断应由首长担负外，在一般情况下，经过军队中各级党委会之民主讨论和决定，再由首长执行，较少数首长人员之间商谈解决，更为全面与适当，因而加强党对军队的领导作用，使各种工作能更好的进行。”指示要求各部队在中

---

〔1〕 吴绍周，当时任国民党军整编第85师师长。

〔2〕 欧、王，指欧震任军长的国民党军整编第19军和王敬久任军长的国民党军整编第27军。

央草拟的军队中党的组织条例尚未公布前，可根据晋冀鲁豫经验及其文件实行改组，并将经验电告中央。据此，人民解放军团以上部队党委会先后成立。

2月28日 为中共中央军委起草致林彪电："此次大举进攻[1]时机甚好，歼灭城子街敌五个营，占领九台、农安，极为欣慰。"

2月底 人民解放军自一九四六年七月至一九四七年二月，八个月歼灭国民党军队七十一万余人，蒋介石全面进攻解放区的计划遭到破产，被迫于三月初改为重点进攻，即将主要兵力用于进攻陕甘宁边区和山东解放区。国民党根据这个方针，纠集三十四个旅二十五万人的兵力，准备从南、北、西三个方向对陕甘宁解放区发动进攻，企图占领延安。

3月2日 中共中央负责人就国民党政府迫使中共驻南京、上海、重庆办事处撤离一事[2]发表评论说："蒋方这一荒谬措施，无论是出于蒋介石本人的命令或是其地方当局的胡作非为，都是表示蒋方已经决心最后破裂，放手大打下去，关死一切谈判之门"，"妄图内战到底，实现其武力消灭中共及全国民主势力的阴谋"。"蒋介石这一荒谬步骤，如不立即改变和放弃，那真是他自己走到了绝路，一切后果应由他负责。"

同日 胡宗南部整编第二十九军一部进入陇东庆阳地区，企图吸引我军西调，然后集中全力袭取延安。毛泽东及时指出，集中全力歼灭其一个旅。据此，陕甘宁野战集团军一部向进入西华

---

〔1〕 东北民主联军于1947年2月下旬第二次越过松花江，向敌出击，歼灭九台以北城子街守敌一个多团，歼敌援军1000余人，有力地配合了南满保卫临江的战斗。

〔2〕 国民党政府于1947年2月27日、28日分别通知中共驻南京、上海、重庆的办事处，限3月5日前撤离全部人员。

池（属合水）之敌第四十八旅发起攻击，至五日歼敌一部，并击毙其旅长。

同日 中共中央书记处开会讨论对付国民党军进攻延安的问题。

3月6日 为中共中央军委起草致陈毅、饶漱石、张云逸、黎玉、粟裕、谭震林、陈士榘并告刘伯承、邓小平电，指出："你们主力五个纵队争取休整半月以上，甚为必要。至下一步行动，目前可从几个方案考虑，待敌情发展再行决定。但考虑行动应以便利歼敌为标准。不论什么地方，只要能大量歼敌，即是对于敌人之威胁与对于友军之配合，不必顾虑距离之远近。转入外线之时间，现亦不必顾虑，因五师主力一部已渡河到达太岳，一部正待机北渡，鄂西王树声部一部已渡江去湘西，一部留原地。因此，中央原令你们提早转入外线援助五师之计划，现可改变，大约本年全部时间均可用于内线作战。"

3月7日 董必武率中共驻上海、南京办事处的工作人员乘飞机回到延安。

3月8日 吴玉章率中共驻重庆办事处的工作人员乘飞机回到延安。

同日 关于在蒋管区发动农民武装斗争问题，中共中央致电上海分局书记刘晓转告曾镜冰〔1〕："目前蒋管区后方甚为空虚，许多省份只有保安团并无正规军，特别东南各省为然。蒋如在前线大败，有些地方保安团也会抽赴前线，而财政经济愈破产，人民生活愈不得了，不论城市乡村的群众斗争情绪和要求亦将会增长增高。"你们"应多从人民为生存而斗争的口号着想，以利群

---

〔1〕 曾镜冰，当时任中共闽浙赣区委员会书记。这时曾镜冰自延安抵达上海，准备返回闽浙赣地区发动农民进行武装斗争。

众斗争的发动、深入和继续。在斗争形式和组织形式上，你们也可先从合法斗争形式上建立群众基础，先从敌人力量较薄弱的地方发动武装斗争，求得生存和发展，尤其在组织上，开始不要铺张门面，过分刺激敌人反易招致敌人过早过大的打击”。

3月9日　关于发展豫北攻势作战，为中共中央军委起草致刘伯承、邓小平、滕代远、薄一波等电：平汉作战可推迟至二十四日开始行动。你们作战目标，“专打平汉线及道清〔1〕西段之敌，第一仗即将后方移至太行，由西向东打三十二师等部。究应如何打法，请按情酌定。陈谢王所部尔后即归你们指挥”。据此，晋冀鲁豫野战军主力于本月二十三日发起豫北攻势作战，至五月二十五日结束，共歼灭国民党军四万余人，俘暂编第三纵队司令官孙殿英、第二快速纵队司令官李守正，解放县城九座，控制平汉线一百五十公里，迫使豫北的国民党军缩踞于安阳、汲县、新乡等几个孤立据点。

3月10日　为中共中央军委起草致陈毅、饶漱石、粟裕、谭震林电，提出：“三月份可全部作为休整时间，你们全军彻底休整一个月，以利尔后作战。”在华东野战军休整期间，蒋介石为了实施对山东解放区的重点进攻，撤销徐州、郑州两绥靖公署，组成由陆军总司令顾祝同主持的“陆军总司令部徐州司令部”，统一指挥原徐州、郑州两绥署的部队；将王敬久集团自冀鲁豫战场调至山东，将“五大主力”中的三个主力部队即整编第七十四师、整编第十一师、第五军分别编入三个兵团，在山东战场上的总兵力达二十四个整编师六十个旅约四十五万人。

同日　为中共中央军委起草致张宗逊、习仲勋、王世泰、廖

---

〔1〕 指河南滑县道口镇至博爱县清华镇的铁路。

汉生电："（一）西安确息，胡宗南准备伞兵千人，寅齐[1]在西安集中，待命起飞袭击延安；（二）望着新四旅立即开延安，以两天行程赶到延安附近，保卫延安为要。"

3月11日 为中共中央起草复晋冀鲁豫中央局电，同意他们提出的苏、杨两纵队合并成一个纵队（第一纵队），杨勇任司令员，苏振华任政治委员。

同日 上午，美军驻延安观察组撤离延安。下午，国民党军飞机轰炸延安。

3月12日 为中共中央军委起草致聂荣臻、萧克电："你们作战不论在什么地方，只要能歼灭敌人，就是对于他区的配合"。

同日 由枣园搬到王家坪解放军总部办公。朱德、刘少奇、任弼时、叶剑英率中央机关一部分人员离开枣园北上，转移至子长县（瓦窑堡）的王家坪。

3月13日 拂晓，胡宗南军十五个旅十四万余人，分兵两路，右集团董钊[2]，左集团刘戡[3]，同时自宜川、洛川一线向延安发动进攻。保卫延安部队依托既设阵地，节节抗击进攻之敌。国民党军空军出动飞机四十五架对延安进行轰炸。彭德怀急调新四旅一个团守卫延安机场，准备歼敌空降兵，并劝说毛泽东尽早撤离延安。毛泽东说：我是要最后撤离延安的。下午，一颗重磅炸弹落在毛泽东的窑洞前不远处爆炸，毛泽东镇定自若。

3月16日 中共中央军委主席毛泽东发布关于边区各部队保卫延安的部署的命令："敌以五师十二旅约八万人进攻延安，经三天猛烈攻击，突破我第一线阵地，由于我军坚决英勇抵抗，

〔1〕 寅齐，即3月8日。

〔2〕 董钊，当时任国民党军整编第1军军长。

〔3〕 刘戡，当时任国民党军整编第29军军长。

敌伤亡甚大，困难增加，颇疲劳，今后将更甚。”“我边区各兵团有坚决保卫延安任务，必须在三十里铺、松树岭线以南甘泉、南泥湾、金盆湾地区，再抗击十天至两星期（十六日至二十九日），才能取得外线配合，粉碎胡军进攻延安企图。”本日，中央军委决定，所有驻陕甘宁解放区的野战部队和地方武装，统归彭德怀、习仲勋指挥。

3月18日 下午，中共中央和西北局部分领导人在王家坪毛泽东住的窑洞内举行会议，讨论撤出延安和西北野战兵团对国民党军进攻的作战问题。其间，由于敌机轰炸，会议移到防空洞内继续进行。会上，毛泽东和周恩来讲了全国战争的形势，分析了陕甘宁边区目前的情况，还要求对撤出延安问题做好干部、群众的思想工作。晚八时，和周恩来等率领中共中央机关撤离延安。次日凌晨，转移到延川县永坪镇西南面的刘家渠。在撤离延安之前，毛泽东接见了参加保卫延安的人民解放军部分领导干部，对他们说：敌人要来了，我们准备给他打扫房子。我军打仗，不在一城一地的得失，而在于消灭敌人的有生力量。存人失地，人地皆存；存地失人，人地皆失。敌人进延安是握着拳头的，他到了延安，就要把指头伸开，这样就便于我们一个一个地切掉它。要告诉同志们：少则一年，多则二年，我们就要回来，我们要以一个延安换取全中国。

3月19日 傍晚，和周恩来率中共中央机关由刘家渠出发，深夜转移到清涧县徐家沟。次日，周恩来前往子长县的王家坪，同朱德、刘少奇、任弼时会合。

同日 参加保卫延安作战的部队，经过六天的战斗，歼敌五千人后，主动放弃延安。

同日 中共中央发出关于我军撤出延安的解释工作的指示，指出：“蒋胡急于进攻延安，正表示国民党当前处于极端困难情况之下（军事、经济、政治上极大困难），是为着振奋人心并借以团结内部所采取的一种行动。我们失去延安虽有某些损失，但中外人民和民主人士，特别在退出临沂、鲁中胜利之后，不会因为退出延安对我丧失信心。而我们若能将胡敌大部吸引在陕甘宁而加以打击消灭，这正便利于其他解放区打击和消灭敌人，恢复失地”。

3月21日 率中共中央机关由徐家沟出发，转移到清涧县高家崄，在这里观察敌人占领延安后的动向。

3月23日 批准彭德怀、习仲勋二十二日提出的关于围歼胡宗南部第三十一旅的部署。根据这一部署，西北野战兵团于二十五日将该旅（缺一个团）二千九百余人全部歼灭在青化砭地区，俘旅长李纪云，取得撤出延安后的第一个胜利。二十六日，为中共中央军委起草致彭德怀、习仲勋电：“（一）庆祝你们歼灭三十一旅主力之胜利，此战意义甚大，望对全体指战员传令嘉奖。（二）一三五旅可能向青化砭方向寻找三十一旅，望准备打第二仗。”

3月24日 率中共中央机关由高家崄出发，转移至子长县任家山。

3月25日 率中共中央机关转移至子长县王家坪，同先期到达这里的朱德、刘少奇、周恩来、任弼时等会合。

同日 听取任弼时汇报刘胡兰英勇就义的事迹，深为感动，挥笔写下“生的伟大，死的光荣”八个字。刘胡兰是山西文水县云周西村妇救会秘书，中共候补党员，牺牲时十五岁。

3月27日 复电彭德怀：“宥〔1〕电悉。积极歼敌方针极为正确，部署亦妥，已令陈、谢积极动作。现在不怕胡军北进，只

---

〔1〕宥，即26日。

怕他不北进，故陈、谢迟几天行动未为不利。傅作义的一〇一师等部向晋西北进攻，左云失守。阎锡山攻占孝义、兑九峪，有向中阳、石楼出扰之可能。数月内贺、李〔1〕处局面将较紧。但只要陕北及陈谢在南线胜利，即有办法对付阎、傅。中央决定在陕北不走。”

同日　为中共中央起草致贺龙、李井泉并告彭德怀、习仲勋电：“中央率数百人在陕北不动，这里人民、地势均好，甚为安全。目前主要敌人是胡宗南，只要打破此敌，即可改变局面，而打破此敌是可能的。”

3月28日　关于发起晋南攻势作战，为中共中央军委起草致陈赓、谢富治、王新亭并告彭德怀、习仲勋，刘伯承、邓小平，滕代远、薄一波、王宏坤，贺龙、李井泉电：“陈、谢率主力四个旅日内西进，并令十二旅（二十三旅）在后跟进，用突然动作袭占曲沃、新绛、河津、稷山四县；同时王率二十二旅及地方兵团攻占翼城、绛县。然后全军相机逐一攻占乡宁、吉县、蒲县、汾城、襄陵、万泉、荣河、猗氏、临晋、闻喜及三角地带一切可能攻取之地方。攻占上述各地之主要目的不在占地，而在歼灭敌人有生力量。故上述各地于占领后，应交地方部队及工作人员管理，并准备于必要时放弃一些无法巩固之地方，只守可能巩固之地方，而主力则准备使用于他处。攻占上述各地之任务，希望于四月内完成之，五月内准备执行新任务。你们全军统由陈、谢指挥。”据此，陈谢集团于四月四日在晋南发起攻势作战，威胁胡宗南侧后，配合西北野战兵团作战。

同日　中共中央在王家坪决定留在陕北。周恩来由王家坪去晋西北布置工作。次日，毛泽东、朱德、刘少奇、任弼时率中共

〔1〕贺、李，指贺龙、李井泉。

中央机关到达清涧北面石咀驿附近的枣林沟。

3月29日晚、30日　在枣林沟主持召开中共中央会议，讨论中央机关行动问题。会议决定：毛泽东、周恩来、任弼时率中央机关和人民解放军总部留在陕北，主持中央工作；由刘少奇、朱德、董必武组成中央工作委员会，以刘少奇为书记，前往晋西北或其他适当地点，进行中央委托的工作。枣林沟会议后，中央机关人员为了便于行动，编成四个大队，成立了直属队司令部，任弼时为司令（代号史林），陆定一为政治委员（代号郑位）。毛泽东代号李得胜，周恩来代号胡必成。

3月30日　为中共中央起草致晋察冀中央局、冀热辽分局、东北局电："兹决定冀热辽分局改为受东北局领导，接电后东北局、东总及东北政委会即与冀热辽分局、军区、政府发生指导关系（冀东包括在内）。"

同日　和任弼时致电贺龙即转周恩来："（一）中央决定组织中央工作委员会，在少奇主持下进行各项工作。朱、刘二同志明晚由石咀驿（绥德南七十里）动身去临县与董、叶〔1〕诸同志会合，经五台往太行。中央直属机关人员已至晋西北者，照前议一部往太行，一部就地疏散，由你告董、叶处理，嗣后听从中央工委指示。（二）接电后请你于数日内回来，嗣后即由毛、周、弼三人主持中央。我们现在在石咀驿附近。（三）敌已占两延〔2〕，下一步行动待侦。（四）如敌攻清涧，我们准备移至安定、保安之间。为免被敌隔断，故请你早回河西，河东事由刘、朱、董、叶处理。"

同日　复电彭德怀、习仲勋，同意二十九日来电提出的拟寻

---

〔1〕 董、叶，指董必武、叶剑英。

〔2〕 指陕西延长、延川。

求歼击胡宗南部一三五旅的决心及其部署。

3月31日 和任弼时率中共中央机关离开枣林沟，经田庄，转移到子洲县邱家坪。刘少奇、朱德等前往晋绥解放区。

4月2日 和任弼时率中共中央机关转移到子洲县高家塔。

同日 为中共中央军委起草致聂荣臻、萧克、罗瑞卿电："正太战役应尽可能提早举行及缩短作战时间，以便于本月底或下月初抽调一个纵队（杨得志）去晋西北打傅作义（晋西北有四个旅在陕北作战）。"据此，晋察冀部队于四月九日发起正太战役。

同日 致电彭德怀、习仲勋，指出："我军歼击敌军必须采取正面及两翼三面埋伏之部署方能有效，青化砭打三十一旅即是三面埋伏之结果。此次我在蟠龙、永坪设伏，因敌未走此路，且只有正面（较弱）及右翼，缺少左翼埋伏，故未打成。但只要敌前进，总有机会歼敌。"本日，彭德怀、习仲勋复电中央军委，说明自青化砭战役后，敌异常谨慎，不单独一路前进，而数路平列，纵横三四十里以十个旅布成方阵，以致三面伏击已不可能，对敌人此种小米碾子式战法，须耐心长期疲困、消耗它，迫其分散，寻找弱点歼灭之。三日，毛泽东为中共中央起草复彭、习电："敌十个旅密集不好打，你们避免作战很对"。"你们数日内仍以隐蔽待机为宜。"彭德怀以少量兵力同敌人周旋，胡宗南兜了几个大圈，处处扑空。

4月3日 和任弼时率中共中央机关转移至子长县涧峪岔。

同日 东北民主联军粉碎了国民党军第四次对临江的进攻。东北民主联军经过三下江南、四保临江的作战，共歼灭国民党军四万人，收复城镇十一座，坚持了南满根据地，巩固和发展了北满根据地，粉碎了国民党军"南攻北守、先南后北"的战略计划，迫使其由攻势转为守势，为东北民主联军转入反攻创造了条件。

4月4日 和任弼时率中共中央机关转移到子长县石家湾。

4月5日 和任弼时率中共中央机关转移到靖边县青阳岔。十日，在这里同周恩来会合。

4月9日 为中共中央起草关于暂时放弃延安和保卫陕甘宁边区的通知，指出：国民党采取召开伪国大、宣布国共破裂、进攻延安这些步骤，“丝毫不是表示国民党统治的强有力，而是表示国民党统治的危机业已异常深刻化”。中央决定：“必须用坚决战斗精神保卫和发展陕甘宁边区和西北解放区，而此项目的是完全能够实现的。”

同日 就继续发展晋南攻势，为中共中央军委起草致陈赓、谢富治、王新亭电，指出：“（一）攻占新绛、稷山甚慰，十旅纪律甚好予以嘉奖；（二）望相机攻占河津、万泉、荣河等地；（三）工事太坚者不必强攻，应超越前进，攻其较弱者。”十四日，又为中央军委起草致陈、谢等电：“占领曲沃后以主力南下，相机攻占运城外围各据点，如有可能，则攻取运城及整个三角地带各城，直至风陵渡，威胁关中，是很好的。”遵照上述指示，第四纵队等部迅即在晋西南三角地区展开，至二十五日连克霍县、芮城、浮山、翼城等二十余城，并控制了禹门口、风陵渡两个重要的黄河渡口，整个晋西南地区除运城、安邑、临汾等孤立据点外，全获解放。五月十一日晋南攻势结束，共歼灭国民党军一万四千余人，使进攻陕北的胡宗南部的侧后受到威胁，有力地策应了彭德怀、习仲勋在陕北的作战。

4月10日 修改新华社社论稿《中国人民伟大斗争的二十年（为四一二惨案二十周年纪念作）》，加写一段话：“过去的二十年是中国人民伟大斗争的二十年。这个斗争快要结束了，这就是蒋介石反动统治的灭亡。因为蒋介石要灭亡中国人民，因此中国人民必然团结起来灭亡蒋介石。”这是日本投降以后，第一次公开号召灭亡蒋介石反动统治。

4月11日 中共中央决定中央和军委机关大部分工作人员暂时驻在晋西北，组成以叶剑英为书记、杨尚昆为后方支队司令员的中央后方委员会（简称后委），进到临县地区，统筹后方工作。

同日 致电彭德怀、习仲勋：“清涧之二十四旅一个团本日调赴瓦窑堡。该团到瓦后，一三五旅很可能调动，或往安塞，或往蟠龙，望注意侦察，并准备乘该旅移动途中伏歼之。”此时，胡宗南士兵在陕北无数山梁之间爬上爬下，睡野地，啃干粮，历时十二天，陈谢展开晋南攻势后，胡宗南不敢再北进转圈，主力南下集结休整补充。十四日，留守瓦窑堡之一三五旅南下进入羊马河以北高地时，西北野战兵团迅速将其包围，经八小时激战，全歼该旅四千七百余人，取得撤出延安后的第二个胜利。十五日，毛泽东为中共中央起草关于全歼胡宗南部一三五旅的通报：“这一胜利给胡宗南进犯军以重大打击，奠定了彻底粉碎胡军的基础。这一胜利证明仅用边区现有兵力（六个野战旅及地方部队），不借任何外援即可逐步解决胡军。这一胜利又证明忍耐等候、不骄不躁可以寻得歼敌机会。”

4月13日 上午，和周恩来、任弼时率中共中央机关从青阳岔出发，下午转移到靖边县王家湾（今属安塞县），在这里停留五十多天。

4月14日 为中共中央起草复林彪并告高岗电，同意他们八日电提出的以主力出南满的战略计划。

4月15日 为中共中央军委起草致聂荣臻、萧克、罗瑞卿并告朱德、刘少奇电，奖励晋察冀部队在正太线取得的胜利。电报指出：“（一）第一期作战胜利歼敌万余，攻克数城甚慰，全军将士应予传令奖励；（二）傅作义对晋西北已无大威胁，杨纵[1]可不调动；（三）你们彻底完成正太作战任务后，休整若干天再歼三军一部甚为必要，尽可能全部歼灭第三军，只要能歼敌有生力量，时间可以延长。”从十四日开始，晋察冀部队主力按原计划由正定地区西进。

同日 关于西北战场的作战方针问题，为中共中央军委起草致彭德怀、习仲勋电：“敌现在已相当疲劳，尚未十分疲劳；敌粮已相当困难，尚未极端困难。”“目前敌之方针是不顾疲劳粮缺，将我军主力赶到黄河以东，然后封锁绥德、米脂，分兵‘清剿’。”“我之方针是继续过去办法，同敌在现地区再周旋一时期（一个月左右），目的在使敌达到十分疲劳和十分缺粮之程度，然后寻机歼击之。”“这种办法叫‘蘑菇’战术，将敌磨得精疲力竭，然后消灭之。”这个电报编入《毛泽东选集》时，题为《关于西北战场的作战方针》。

同日 为中共中央军委起草致刘伯承、邓小平、滕代远、薄一波、王宏坤并告陈赓、谢富治、王新亭、韩钧[2]电，指出：“五师文汪部[3]七千人是该师精华，你们应当作自己建制部队一样给以积极帮助。中原局郑、李[4]诸同志（现在离石待机过路来你处）希望你们补充该部一部新兵、一部俘虏及相当武器弹药，望召文、汪征询情况，给以关于整训的指示并商定补充计划。补充与整训完成后，可给以适当的作战任务，使该部在战斗

---

〔1〕 指杨得志任司令员的晋察冀军区第2纵队。

〔2〕 韩钧，当时任晋冀鲁豫野战军第4纵队副司令员。

〔3〕 五师文汪部，即豫鄂陕军区司令员文建武、政治委员汪锋率领的部队。该部系中原突围出来的中原军区第2纵队一部和河南军区部队合编组成。因中原军区是由原新四军第5师等部组成，这里仍沿用旧称。

〔4〕 郑、李，指郑位三、李先念。

中壮大起来，以便将来和大军一道出河南作战。”

4月17日　审阅新华社社论稿《战局的转折点——评蒋军一三五旅被歼》，加写两段话：“可以预计，四月开始的两三个月内，蒋军将由攻势转变成为守势，人民解放军将由守势转变成为攻势。”“历史事迹的发展表现得如此出人意外，蒋介石占领延安将标志着蒋介石的灭亡，人民解放军的放弃延安将标志着中国人民的胜利。”

4月20日　为中共中央起草致晋察冀中央局转程子华、李运昌、黄永胜〔1〕并告东北局电：“你们过去时期以休养生息为主要方针是对的，现在必须转变，以打运动战为主，为着完成必要的准备工作，需要一个月左右时间也是可以的。你们现归东北局及东总〔2〕领导，尔后应向东北局及东总作报告及请示方针。”

4月22日　为中共中央军委起草致聂荣臻、萧克、罗瑞卿并告朱德、刘少奇电：“你们现已取得主动权，如敌南援，你们不去理他，仍然集中全力完成正太战役，使敌完全陷入被动，这是很正确的方针。正太战役完成后，应完全不被敌之动作所迷惑，选择敌之薄弱部分主动地歼击之，选击何部那时再定。这即是先打弱的，后打强的，你打你的，我打我的（各打各的）政策，亦即完全主动作战政策。”据此，晋察冀部队在国民党军守备力量较弱的正太路继续发动攻势作战。四月九日至五月四日进行的正太战役，共歼灭国民党军三万五千余人，切断了太原与石家庄的联系，孤立了石家庄的国民党军。

4月23日　为中共中央军委起草复彭德怀、习仲勋电，认

---

〔1〕程子华，当时任冀察热辽军区司令员。李运昌、黄永胜，当时任冀察热辽军区副司令员。

〔2〕东总，指东北民主联军总部。

为他们二十日电提出的牵制敌人主力，疲劳与动摇其军心，各兵团准备继续困扰敌人的部署甚妥。

4月26日 为中共中央军委起草致彭德怀、习仲勋电："（一）陈赓威胁西安，董军〔1〕可能南撤；（二）瓦市敌可能逃跑，其道路或经瓦市东北（王家湾、李家川等地）向清涧，或经瓦市西南向蟠龙，望部署歼击之。"二十八日，毛泽东复电彭德怀、习仲勋："感酉电计划〔2〕甚好。让敌北进绥德或东进清涧时，然后再打蟠龙等地之敌。"五月二日，再电告彭、习："攻击蟠龙，决心很对。如胜利，影响必大。即使不胜，也取得经验。"西北野战兵团于五月二日深夜对国民党军后方重要补给基地蟠龙镇突然发起攻击，至四日歼灭守军一六七旅等部六千七百余人，缴获大批武器、装备和给养，取得中共中央撤出延安后的第三个胜利。五日，毛泽东为中共中央起草贺电。这次胜利连同青化砭、羊马河战役的胜利，被称为西北战场的"三战三捷"。

同日 致电林彪、高岗："请你们考虑，在东北今后是否尚须破坏铁路。我们感觉似不宜再破路，例如南满、吉奉〔3〕安奉〔4〕、四梅〔5〕，打通诸路，敌我来去，争夺必尚有一个时期，即尚有一个时期被敌利用而我不能利用，即使如此也不要紧，不久将来即可全为我用，若再破坏则将来修复极为困难。"

---

〔1〕 指董钊任军长的国民党军郑州绥靖公署第一战区整编第1军。

〔2〕 指彭德怀、习仲勋1947年4月27（感）日酉时向毛泽东的报告。报告说：董钊、刘戡两军27日15时进抵瓦窑堡，有犯绥德模样，我野战军本日隐蔽于瓦窑堡东南及西南，围歼蟠龙之敌。

〔3〕 吉奉，指吉林市到沈阳（旧称奉天）段铁路。

〔4〕 安奉，指安东（今丹东）到沈阳（旧称奉天）段铁路。

〔5〕 四梅，指四平到梅河口段铁路。

4月27日　为中共中央军委起草致李先念并告刘伯承、邓小平电："文、汪所部多者已休整二月余，少者亦有月余，已电太行给以补充，现请考虑如该部已获补充，可否令该部于五月中旬结束整训，准备于五月下旬或六月依刘、邓计划开往豫皖苏边区。作为该区主力之一部，相机向河南发展（如刘邓主力出豫西，则随刘、邓一起行动）。"

同日　为中共中央军委起草致陈毅、粟裕电，庆祝他们攻克泰安，歼灭国民党军第七十二师的胜利〔1〕。

5月1日　新华社发表经毛泽东修改的社论《全力准备大反攻——纪念五一节》。社论指出：战争的形势"由蒋军的局部进攻与人民解放军的局部反攻，改变到蒋军的全面防御与人民解放军的全面反攻"。"我们的任务，就是动员一切力量，全力准备大反攻。这个反攻将是长期的，因此，速胜的观念是不对的，无论在军事方面和经济方面，都要作长期的打算，在长期的全面的艰苦奋斗中取得胜利。"

5月3日　审阅新华社社论稿《五四运动二十八周年》，加写一段话：五四运动所开始的新的文化事业，"它为现在的革命战争与将来的革命建设而服务，没有它，革命战争与革命建设的胜利是不可能的。我们面前还有强大的敌人与艰苦的战斗，因此，我们十分需要广大有力的革命文化事业，为战胜敌人克服困难之共同目标而奋斗，为独立、民主、和平的新民主主义中国而奋斗"。

---

〔1〕重点进攻山东解放区的国民党军主力，于1947年4月中旬向新泰、蒙阴一线发起全线进攻。华东野战军于4月24日集中3个纵队向敌左翼侧出击，26日攻克泰安，歼灭国民党军整编第72师主力24000余人，活捉师长杨文泉。

5月4日 为中共中央起草致刘伯承、邓小平，陈赓、谢富治，陈毅、粟裕并告彭德怀、习仲勋电："现在可以确定下列诸点：（一）刘邓、陈粟两军任务是协力击破顾祝同系统；（二）晋南（陈谢）、陕北两军任务是协力击破胡宗南系统；（三）刘邓军十万立即开始休整，巳东〔1〕以前完毕，巳东后独立经冀鲁豫出中原，以豫皖苏边区及冀鲁豫边区为根据地，以长江以北，黄河以南，潼关、南阳之线以东，津浦路以西，为机动地区，或打郑、汉，或打汴、徐，或打伏牛山，或打大别山，均可因时制宜，往来机动，并与陈、粟密切配合行动，凡有共同作战之处，陈、粟受刘、邓指挥；（四）陈谢主力（四个旅）在现地工作待命，随时准备从下流或从上流渡河，受彭、习指挥，歼灭胡宗南及其他杂顽，收复延安，保卫陕甘宁，夺取大西北。"

同日 为中共中央军委起草复陈毅、粟裕电〔2〕并告刘伯承、邓小平："敌军密集不好打，忍耐待机，处置甚妥。只要有耐心，总有歼敌机会。你们后方移至胶东、渤海、胶济线以南广大地区均可诱敌深入，让敌占领莱芜、沂水、莒县，陷入极端困境，然后歼击，并不为迟。惟（一）要有极大忍耐心，（二）要掌握最大兵力，（三）不要过早惊动敌人后方。因此，请考虑一、六两纵队是否暂缓南下为宜，因南下过早，敌可能惊退，尔后难于歼击。但一切由你们自己决定。"六日，又为中央军委起草致陈、粟电："目前形势，敌方要急，我方并不要急"。"第一不要性急，第二不要分兵，只要主力在手，总有歼敌机会。凡行动不可只估

〔1〕 巳东，即6月1日。

〔2〕 陈毅、粟裕1947年5月3日致电中共中央军委，提出鲁中敌人集中，不好打，准备分兵第1、第6两纵队进入鲁南敌后，第7纵队进入苏北敌后，以扯散敌人重点进攻的兵力。

计一种可能性，而要估计两种可能性。例如调动敌人，可能被调动，亦可能不被调动；可能大部被调动，亦可能只有小部被调动。凡在局势未定之时，我主力宜位于能应付两种可能性之地点。”据此，陈、粟决定：第一和第七纵队停止南下；野战军主力后退一步，集结于莱芜、新泰、蒙阴以东地区待机；已南下的第六纵队隐蔽于鲁南敌后，待机配合主力截断敌人一部的退路。

5月6日　关于上海中央分局改为上海局，中共中央致电刘晓、刘长胜、钱瑛、方方、林平：“为加强与调整蒋管区我党工作的领导，中央决定将上海中央分局，改为上海中央局，管辖长江流域、西南各省及平津一部分党的组织与工作，并于必要时指导香港分局。上海局仍以刘晓、刘长胜、钱瑛、张明四同志组成，刘晓为书记、长胜为副书记。”

5月8日　为中共中央军委起草致刘伯承、邓小平，陈毅、粟裕电：“为着于六、七两月内击破顾祝同系统第一线兵力（位于泰安、新泰、蒙阴、临沂之线约三十个旅）之目的：（一）刘邓军仍按中央辰支〔1〕电，争取于巳东〔2〕前休整完毕，巳灰〔3〕前渡河，向冀鲁豫区与豫皖苏区之敌进击，第二步向中原进击。为着在该区长期立脚，全军应有充分的政治动员（使每个人明白政治任务，提倡吃苦耐劳不怕困难）及干部、经费等项的充分准备。对中央二一时局与任务指示，应作普遍传达。（二）陈粟军在巳灰以前应集结全力（二十七个旅）寻求与创造歼敌机会，并准备于巳灰以后配合刘邓军大举出击。谭〔4〕率七纵亦似于巳灰

〔1〕辰支，即5月4日。

〔2〕巳东，即6月1日。

〔3〕巳灰，即6月10日。

〔4〕谭，指华东野战军副政治委员谭震林。

以后向苏中出动为宜。”

同日　为中共中央军委起草致聂荣臻、萧克、罗瑞卿并告朱德、刘少奇电：“东北我军由北满出动主力八个师（每师约万人）入南满，向敌举行反攻[1]，五、六、七月是重要关键，你们必须钳制关内敌军，不使东调，使东北取得胜利。你们主力立即开始休整，辰有[2]前休整完毕。你们下一步作战打何地、何部最能拖住敌人，配合东北作战，望拟具计划电告。”聂荣臻、萧克、罗瑞卿于十八日提出打津沧线，这一建议得到中央军委的批准。晋察冀部队于六月十二日在津浦铁路北段之陈官屯至沧县间发动攻势，至十五日攻克青县、沧县、永清等城镇，歼灭国民党军九千五百余人，配合了东北民主联军的夏季攻势。

5月9日　中共中央同意东北局五月七日的建议，取消西满分局，黑龙江、嫩江、辽北三省直归东北局领导。

5月10日　为中共中央军委起草致陈毅、饶漱石、黎玉、粟裕并告刘伯承、邓小平，朱德、刘少奇电，指出：“你处中心关键是用全力解决粮食问题，只要你们能维持二十七个旅的粮食至秋收，以后全力能在现地区坚持几个月，必能击破蒋军，根本转变局面。因此，你们应动员地方党政为彻底解决粮食而奋斗。”

5月11日　为中共中央军委起草致陈毅、粟裕，刘伯承、邓小平，彭德怀、习仲勋并告朱德、刘少奇电，对蒋介石的两步方针进行分析。电报指出：“（一）从实施黄河堵口复故计划之时起，蒋介石一贯方针，第一步驱我至黄河以北，第二步于黄河以北歼灭我军。（二）二月间刘、邓渡河休整，蒋认为已经驱逐，

---

〔1〕 指东北民主联军举行的夏季攻势作战，这次攻势作战于1947年5月13日开始至7月1日结束，共歼国民党军82000余人。

〔2〕 辰有，即5月25日。

再难飞渡，故敢将王敬久军用于山东。（三）很长时间开放泰安缺口，让陈、粟由此北渡，陈、粟不听且歼李仙洲〔1〕，蒋乃开放胶济，封锁泰安，压陈、粟北撤西转。今后方针必以第一线各部（五军、十一师、七十四师、八十三师、二十五师、六十五师、七师、四十八师等）向胶济线前进。如陈、粟放手让路，敌必误认为不敢恋战，可达驱逐目的。（四）胡宗南此次进攻，亦是企图将我驱至河东，寅世〔2〕占清涧故意不去绥德，让一条路给我走。差不多过了一个月，卯宥〔3〕起才令董钊率八个半旅北上，辰冬〔4〕到绥德，认为可以驱我渡河。辰微〔5〕我克蟠龙，彼始惊悉我在延安附近，令董钊迅速南撤，绥德不留一兵仍然开放着。由此证明，胡军目的完全不是所谓打通咸榆公路，而是驱我过河。（五）待陈粟击破顾祝同第一线，刘邓渡河向南，彭习向陇东、关中进军，蒋将发现他的迷梦归于破产。”

5月12日　为中共中央军委起草致陈毅、粟裕电，指出："敌五军、十一师、七十四师均已前进。你们须聚精会神选择比较好打之一路，不失时机发起歼击。究打何路最好，由你们当机决策，立付施行，我们不遥制。”陈毅、粟裕十三日决定，集中主力歼灭孟良崮地区的整编第七十四师。当晚，以两个纵队正面攻击，以两个纵队隐蔽楔入该师两翼，割裂该师与左右邻的联系，隐蔽在鲁南敌后的一个纵队北上堵塞该师退路，十四日全线发起进攻，其他各纵阻击援敌。十四日亥时，毛泽东为中央军委

---

〔1〕 李仙洲，原任国民党军陆军总司令部徐州司令部第2绥靖区副司令官，1947年2月在莱芜战役中被俘。

〔2〕 寅世，即3月31日。

〔3〕 卯宥，即4月26日。

〔4〕 辰冬，即5月2日。

〔5〕 辰微，即5月5日。

起草复陈毅、粟裕十三日酉时电，并告刘伯承、邓小平："歼击七十四师极为正确。"十六日，华东野战军全歼国民党军"五大主力"之一的整编第七十四师三万二千余人，击毙师长张灵甫。十七日，毛泽东为中共中央起草致华东野战军指战员的贺电。

5月13日 东北民主联军的夏季攻势开始。这次攻势以大量歼灭敌人，夺取可以夺取的中小城市，打通南满与北满的联系为目的。

5月14日 西北野战兵团为庆祝"三战三捷"的重大胜利，在真武洞（今安塞县城）召开有一万军民参加的庆功祝捷大会。会上，周恩来代表中共中央和毛泽东主席慰问西北野战兵团全体指战员，并致祝贺，还在大会上宣布：党中央和毛主席仍留在陕北。

同日 致电周恩来、陆定一、彭德怀、习仲勋："完全同意六月作战方针，除留警七团于现地外，全军出陇东，先打新一旅，再打一百旅或其他顽部。"西北野战兵团于十九日制定出战陇东的作战计划，主力于二十九日西进，六月中旬收复环县。

5月16日 中共中央关于中原局机构及干部配备问题复电徐向前〔1〕、刘伯承、邓小平、薄一波并告朱德、刘少奇，同意中原局机构以邓小平、刘伯承、李先念、张际春、郑位三、李雪峰、刘子久、陈少敏为常委，邓小平兼书记，郑位三、李先念、李雪峰为第一、第二、第三副书记。李先念为刘伯承的副司令员，随刘、邓一起工作。

5月19日 和朱德复电内蒙古人民代表会议全体代表："曾经饱受困难的内蒙同胞，在你们领导之下，正在开始创造自由光明的新历史。我们相信：蒙古民族将与汉族和国内其他民族亲密团结，为着扫除民族压迫与封建压迫，建设新蒙古与新中国而奋

---

〔1〕 徐向前，当时任晋冀鲁豫军区副司令员。

斗。庆祝你们的胜利。”〔1〕

5月20日 为中共中央起草致林彪、高岗电，庆祝他们歼灭国民党军第七十一军主力及其他各战线的胜利。〔2〕

同日 关于东北民主联军夏秋季和冬春季的作战任务，致电林彪、高岗并告朱德、刘少奇：“出师顺利，甚慰。东北在你们领导之下，改革了土地，发动了群众，建设了一支强有力军队。在全国各区中，就经济论你们占第一位，就军力论你们已占第二位（山东为第一位）。目前你们以八个师南进，希望能于夏秋两季解决南满问题，争取于冬春两季向热河、冀东行动一时期，歼灭十三军、九十二军等部，发动群众，扩大军队。该两区共有人口一千五百万，为将来夺取长春、北宁两路，长沈平津四城必不可少之条件。夺取两路四城必须准备的条件有三：你们已在北满建立了强大根据地，解决了第一个条件；现正在向南满作战，估计不要很久即可解决第二个条件，建立强大的南满根据地；第三步还要解决冀热辽地区的根据地问题。关内方面，我苏鲁军〔3〕负担最大。在他们面前，集中了三十二个整编师八十五个旅（包括被歼者在内），直至此次歼灭七十四师，才使敌人进攻发生了困难，今后再歼二三个师（军），即可转入全面反攻。我刘邓军现攻安阳，六月间可以十万人渡黄河向中原前进。我彭习军（只有六个不充实的旅）对付胡宗南三十一个旅的进攻，两个月作战

〔1〕 内蒙古自治政府于1947年5月1日正式成立，乌兰夫（云泽）当选自治政府主席。

〔2〕 在东北民主联军1947年5月13日发动的夏季攻势作战中，18日在怀德以南歼灭四平方向来援的国民党军第71军的第88师全部和第91师主力。

〔3〕 苏鲁军，指当时在山东、苏北、苏中地区作战的华东野战军。陈毅、粟裕、谭震林分别任华东野战军司令员兼政治委员、副司令员、副政治委员。

业将胡军锐气顿挫，再有几个月必能大量歼敌，开展局面。陈赓部四个旅拟使用于西北。聂萧罗军上月正太作战歼敌三万余，缴枪一万五千以上，现须休息半月，约下月中旬拟打津沧线，配合你们作战。总观全局，目前大部分地区已转入反攻作战。只待山东再打一二个胜仗，即可转入全面反攻。”

5月22日 关于山东战场作战方针问题，为中共中央军委起草致陈毅、粟裕、谭震林、陈士榘、张云逸、饶漱石、邓子恢、黎玉并告刘伯承、邓小平电，指出：“歼灭七十四师，付出代价较多，但意义极大，证明在现地区作战，只要不性急，不分兵，是能够用各个歼击方法打破敌人进攻，取得决定胜利。而在现地区作战，是于我最为有利，于敌最为不利。现在全国各战场除山东外均已采取攻势，但这一切攻势的意义，均是帮助主要战场山东打破敌人进攻。蒋管区日益扩大的人民斗争，其作用也是如此。刘、邓下月出击作用也是如此。而山东方面的作战方法，是集中全部主力于济南、临沂、海州之线以北地区，准备用六七个月时间（五月起），六七万人伤亡，各个歼灭该线之敌。该线击破之日，即是全局大胜之时，尔后一切作战均将较为顺利。”

5月23日 新华社为“五二〇”南京学生反蒋示威波及各大城市事件发表《蒋介石的末路》的时评，指出：“蒋介石在进攻解放区的军事战线上，遭遇了严重的危机；在压迫剥削人民的经济战线和政治战线上同样遭遇了严重的危机。由于粮价狂涨引起的五月初旬以来的各地粮食危机和‘米骚动’刚在开始，京、沪、平、汉、津、青、浙、赣等地以反内战、反饥饿、挽救教育危机为中心口号的学生运动，又达到一新的高潮。”

5月24日 关于夺取大西北的部署问题，为中共中央军委起草致陈赓、谢富治、韩钧电：“你们纵队六月内完成休整及一切西进准备工作（包括肃清吕梁，打开通路），准备于七月上旬由大宁、军渡之间渡河，先至陕北作战，再至宁夏、甘肃广大区域作战，以歼灭胡军及其他顽部，夺取大西北为目标，即借此以保卫山西。”

5月28日　为中共中央起草致郑位三、李先念并转中原军全体同志电，表扬中原部队在钳制国民党军队的进攻中起了极大的战略作用。电报指出：“我中原各部为着反对卖国贼蒋介石的进攻，从去年七月起在陕南、豫西、鄂西、鄂中、鄂东、湘西等地，在极端困难条件之下，执行中央战略意图，坚持游击战争，曾经钳制了蒋介石正规军三十个旅以上，使我华北、华中主力渡过蒋介石进攻的最困难时期，起了极大的战略作用。所有参加这一英勇斗争的指战员，均为全国人民所敬佩，中央特向你们致慰问之意。所有参加这一斗争的部队，在和优势敌人的艰苦战斗中，虽然遭受了不小损失，但是基本骨干依然保存。中央希望你们在位三、先念二同志领导之下，加紧学习，根据中央路线检讨经验，团结一致，准备为着执行新的战斗任务而奋斗。”

5月30日　新华社发表毛泽东写的关于目前时局的评论。评论指出：“中国境内已有了两条战线。蒋介石进犯军和人民解放军的战争，这是第一条战线。现在又出现了第二条战线，这就是伟大的正义的学生运动和蒋介石反动政府之间的尖锐斗争。”“和全民为敌的蒋介石政府，现在已经发现它自己处在全民的包围中。无论是在军事战线上，或者是在政治战线上，蒋介石政府都打了败仗，都已被它所宣布为敌人的力量所包围，并且想不出逃脱的方法。”这个评论编入《毛泽东选集》时，题为《蒋介石政府已处在全民的包围中》。

同日　复电在东北工作的蔡畅〔1〕，告诉她已要苏联方面允

---

〔1〕蔡畅，当时任中共中央妇女运动委员会书记兼东北局妇女运动委员会书记。

许贺子珍回国去哈尔滨，并请她对贺加以照顾。

6月1日 为中共中央军委起草致陈毅、粟裕、谭震林并告刘伯承、邓小平电："无论刘、邓是否按原定时间行动，你们和刘、邓之间在目前阶段上均只须作战略配合，不须作战役配合。你们的战役作战应完全单独进行。"

6月3日 关于战略进攻开始的时间，为中共中央军委起草致刘伯承、邓小平并告陈毅、粟裕、谭震林及朱德、刘少奇电："（一）同意本月刘邓野战全军休整，渡河时间推迟至月底；（二）在此期间，望令老黄河以南、新黄河以北各区〔1〕之地方部队亦以主力从事休整，以期下月配合作战更为有利；（三）主力南进须作长期打算，望作政治上物质上之各种准备工作。"

6月4日 修改新华社社论稿《破车不能再开——评第四届第三次国民参政会》，加写两段话："另有一部分君主立宪派，他们不赞成蒋介石的君主专制，但仍希望蒋介石接受他们的君主立宪论，这次也参加了参政会。但是，这个参政会连同蒋介石政府在一起，按照于斌主教在开幕词中所说，是辆破车。""就在这次参政会开会的第一天，即五月二十日，南京六千爱国学生结队向参政会请愿，表示要饭吃，要和平，却被全城军警展开巷战，不许请愿。这个参政会的参政员们亦溜之大吉，不愿接受请愿"。

6月6日 为中共中央军委起草复陈赓、谢富治、韩钧并告

---

〔1〕 老黄河以南、新黄河以北各区，主要指鲁西南和豫皖苏两地区。1938年6月9日国民党在花园口扒开黄河大堤，淹没豫东、皖北、苏北44个县，使黄河改道入淮河，从花园口至淮河这一段黄河，称"新黄河"。"老黄河"，指的是花园口以下至入海处，从此成为平陆。1947年3月15日，国民党在花园口抛石堵口复故，使黄河水又流入老黄河，企图以此阻止刘邓大军渡河南下并将山东解放区分割成南北两块，割断刘邓、陈粟两军的联系。

彭德怀、习仲勋电，同意五日来电提出的准备于十五日以后开始北移西渡的意见，并强调："要准备吃很多的苦，要有克服一切困难的勇气，要有消灭胡宗南[1]夺取大西北的雄心，并要准备打阵地战（以后运动战将大大减少），学会近迫作业，善于攻坚。"

6月上旬 经中共中央军委批准，晋察冀野战军再次组成，杨得志任司令员，罗瑞卿任第一政治委员，杨成武任第二政治委员。下辖第二、第三、第四纵队。

6月8日 胡宗南部刘戡率四个半旅，沿着延河北进，先头部队进到离毛泽东等住地王家湾只隔一个山头，形势危急。毛泽东决定向西北方向转移，当晚率中共中央机关冒雨离开王家湾，九日，转移到靖边县小河村。又经过一夜风雨中行军，于十日晨转移到靖边县天赐湾。

6月13日 为中共中央起草关于保密问题的指示，指出："以后凡中央密电所发出之任何文件，凡未得中央许可者禁止印发。""私人不得记录党政军机密事件及不得携带此种笔记本，中央迭有通知，特重申禁令。"

6月14日 致电朱德、刘少奇："你们在今后六个月内如能（一）将晋冀察军事问题解决好，（二）将土地会议开好，（三）将财经办事处建立起来，做好这三件事，就是很大成绩。"又说，陈谢纵队本月休整，决于七月一日西调，协同边区兵团开辟西北局面；东北方面进展极快；山东方面正计划新的攻势作战；刘邓军本月休整，准备月底出击，并新组四个纵队，今后该区将有八个纵队作战。"就全局看，本月当为全面反攻开始月份。"

6月15日 关于陕甘宁边区三个月的作战情况，致电高岗

---

[1] 胡宗南，当时任国民党军西安绥靖公署主任。

并告各地首长："敌以三十一个正规旅加上保安团队为数二十万人以上，压迫我仅有一百五十万人口及四万余军队的边区，约为七个半人对付一个敌人。以敌人力量论，山东第一，边区第二，以人口与敌人相比较，则边区为第一。但三个月战争已使敌人士气沮丧，对前途无信心。我军则士气甚壮，信心甚高。""本月九日至十一日刘戡率四个旅至我驻地游行一次，除民众略有损失外无他损失，中央仍在卧牛城附近不远地方工作。我主力现在陇东作战〔1〕，并准备于下月初调陈赓纵队过河，与边区部队协力歼灭胡宗南，夺取大西北。"

同日 为中共中央军委起草致林伯渠、王维舟〔2〕等并告彭德怀、习仲勋、马明方〔3〕，叶剑英、杨尚昆电，指出："敌之'清剿'，主要在骚扰我区，捉走壮丁。据我们经验，只要我们采取积极态度，坚持反'清剿'斗争，即使是十数人的游击队，经常保持与敌接触，也可使敌踌躇不敢冒进，或者据山筑工，不敢下沟捉人。这样，既可迟敌前进，便我掩护群众及机关转移，又可阻敌骚扰，减少群众及机关损失。"

6月16日 和周恩来、任弼时率中共中央机关由天赐湾返回小河村，在这里停留四十五天。

6月19日 为中共中央军委起草致朱德、刘少奇、聂荣臻并转杨得志、罗瑞卿、杨成武电："青沧战役〔4〕胜利完成甚慰"。

---

〔1〕 陇东作战，后称陇东、三边战役，指西北野战部队主力1947年5月29日自安塞西进，为收复环县、定边、安边、靖边的作战。

〔2〕 林伯渠，当时任陕甘宁边区政府主席。王维舟，当时任陕甘宁晋绥联防军副司令员。

〔3〕 马明方，当时任中共中央西北局副书记。

〔4〕 晋察冀野战军于1947年6月12日至15日举行青沧战役，解放了青县、沧县，歼灭国民党军9500余人，配合了东北战场的作战。

“下一步行动，似以全力（主力三个纵队不要分散，再加地方部队）向平津段出击，截断杨村、黄村段，争取在大清河北歼灭援敌为有利；如援敌不好打时，则转向平保段出击。如此，可在平津、平保两线往来机动，寻歼敌之正规部队。”晋察冀野战军鉴于平保线之敌较弱，遂于二十五日对保定北部地区之敌发起攻击，至二十八日先后攻克徐水、固城等据点，歼灭国民党军七千余人。

6月21日　新华社发表经毛泽东修改的时评《哀号无济于事》。毛泽东修改时加写两段话：“黄埔军人中现在正发展厌战情绪，其中有些人正在酝酿反蒋反战，投奔人民解放军。这种情况，随着今后蒋军的失败，必定会有可观的发展，中国人民衷心欢迎这一发展。真正的黄埔革命精神，仅仅属于站在人民立场上的革命军方面，这就是事物的根本变化。”“总而言之，蒋介石的灭亡局势是确定了。蒋介石正在为此哀号，并且今后一定会有更多的哀号文告发表，但是大势已去，不能挽回了。”

6月22日　为中共中央军委起草复彭德怀、习仲勋电，同意他们二十一日提出的收复三边〔1〕的作战计划，指出：“三边敌力强大，请注意各个击破，每次集中全力歼其一两个团，以一个月以上时间完成任务”。三十日，毛泽东电告彭、习：“你们打三边时除注意攻坚外，应部署强大力量准备于其逃跑时歼灭之。此外，请注意每次作战集中全力只打一点，得手后再打第二点，哪怕是打一个团也是如此。这样可保证全歼，且常保有余力在自己手中，足以应付意外情况”。西北野战兵团自五月二十九日至七月七日，先后收复环县、定边、安边、靖边等地，歼灭青海军阀马步芳、宁夏军阀马鸿逵所部两千四百余人，结束陇东、三边战役。

〔1〕　指陕西靖边、安边（1949年并入定边）、定边。

同日 为转发晋冀鲁豫中央局六月十六日通报，起草中共中央指示。指示指出：“各局、各首长必须检查自己地区工作是否有上述类似情形[1]，如有必须严格纠正，务须从长期战争着眼，不能只顾目前忘记将来，只顾军队忘记人民，是为至要。”

同日 为中共中央军委起草致陈毅、粟裕、谭震林并告刘伯承、邓小平电：“据悉蒋以东北危急，令杜聿明坚守两月，俟山东解决即空援东北等情。山东战事仍为全局关键，你们作战方针仍以确有胜利把握然后出击为宜。只要有胜利把握，则不论打主要敌人或打次要敌人均可，否则宁可暂时忍耐，不要打无把握之仗。”

6月24日 复林彪、罗荣桓二十一日来电，指出：“八天作战占领四平一半，你们决心再以一星期时间歼灭四平之敌，占领此战略枢纽，极为正确。四平占领，不仅对我军建立攻坚信心关系甚大，而且对全国正在斗争的广大群众是一大鼓励。”后来由于国民党军新一军、新六军等五个军十个师自沈阳、长春南北两个方向逼近四平，东北民主联军歼灭援敌一个团后撤围。

6月25日 为中共中央军委起草致陈赓、谢富治、韩钧并告彭德怀、习仲勋电：“（一）你纵仍在曲翼[2]地区荫蔽休整待命，待陈赓来中央商定开动日期，然后部队再动。因胡军主力尚在延甘富[3]地区，彭、习正打三边，你们出动过早，有引起胡军过早向榆林增援可能。（二）陈赓即日来中央。”

6月29日 关于华东野战军分兵出击敌远后方问题，为中共中央军委起草致陈毅、粟裕、谭震林并告刘伯承、邓小平电。

---

〔1〕 指晋冀鲁豫中央局1947年6月16日通报中列举的一些地方在扩兵、支前等项工作中，造成群众负担过重的情形。

〔2〕 曲翼，指山西曲沃、翼城。

〔3〕 延甘富，指陕西延安、甘泉、富县。

电报指出："蒋军毫无出路，被迫采取胡宗南在陕北之战术，集中六个师于不及百里之正面向我前进。此种战术，除避免歼灭及骚扰居民外，毫无作用。而其缺点则是两翼及后路异常空虚，给我以放手歼击之机会。你们应以两个至三个纵队出鲁南，先攻费县，再攻邹、滕、临、枣[1]，纵横进击，完全机动，每次以歼敌一个旅为目的。以歼敌为主，不以断其接济为主，临蒙段[2]无须控制，空费兵力。此外，你们还要准备于适当时机，以两个纵队经吐丝口攻占泰安，扫荡泰安以西以南各地，亦以往来机动歼敌有生力量为目的。正面留四个纵队监视该敌，使外出两路易于得手。以上方针是因敌正面既然绝对集中兵力，我军便不应再继续采取集中兵力方针，而应改取分路出击其远后方之方针。其外出两路之兵力，或以两个纵队出鲁南，以三个纵队出鲁西亦可。"此电改变了中央军委五月二十二日要求华东野战军不分兵，集中全部主力于济南、临沂、海州之线以北地区，自五月起以六七个月时间各个歼灭该线之敌的方针。华东野战军于七月一日分兵三路：由叶飞、陶勇率领第一、第四纵队于当夜越过临（沂）蒙（阴）公路，向鲁南敌后挺进；由陈士榘、唐亮率领第三、第八、第十纵队向泰安、大汶口敌后挺进；由陈毅、粟裕、谭震林率领第二、第六、第七、第九纵队和特种兵纵队处于正面战场，集结在沂水、悦庄公路两侧地区。

6月30日 刘伯承、邓小平率晋冀鲁豫野战军主力四个纵队十二万余人，从张秋镇至临濮集一百五十公里地段上，一举强渡黄河，在冀鲁豫军区部队配合下，发起鲁西南战役，揭开人民解放战争战略进攻的序幕。

---

〔1〕 邹、滕、临、枣，指山东邹县、滕县、临城（今薛城）、枣庄。

〔2〕 临蒙段，指山东临沂至蒙阴段公路。

7月1日 新华社发表经毛泽东修改的社论《努力奋斗迎接胜利——纪念中国共产党创立二十六周年》。毛泽东修改时加写三段话，其中两段是："我们有个伟大的民族统一战线，这个统一战线包括工人、农民、知识分子、小资产者、爱国的民族资本家、开明绅士、少数民族及海外华侨，这就是全中国的人民大众。""前进的道路上还会有困难，我们一定要正视这些困难，宁可作长期打算，不要有速胜论，有困难我们一定要克服，也一定可以克服。同胞们，同志们，勇敢前进，努力奋斗，迎接胜利。"

同日 东北民主联军自五月十三日开始的夏季攻势结束，历时五十天的作战，共歼灭国民党军八万二千余人，攻克城市四十二座，迫使东北国民党军收缩在中长路长春至大石桥段和北宁路沈阳至山海关段狭长走廊地带，转为防御。二日，毛泽东致电林彪、罗荣桓、刘亚楼〔1〕："四平战役虽未全部解决敌人，但已取得经验，给了敌人很大打击。援敌如太集中不好打，可弃之不打，而以一个月时间休整部队，八月间再行出击，出击方向提议向北宁路方面。"

7月2日 关于华东野战军陈士榘所部应以神速动作打开同刘、邓会合的道路问题，为中共中央军委起草致陈毅、粟裕、谭震林并告刘伯承、邓小平电。电报指出："莱芜距敌主力甚近，陈士榘所部似以越过莱芜，直打泰安及其南北之线为宜。得手后收复肥城、东阿、平阴、宁阳、汶上、济宁，与刘、邓直接联系。尔后，并应准备出鲁西，与刘、邓协同打陇海路出淮河，展开新局面。判断蒋方七天或十天内必改变部署，以主力一部回到兖、泗〔2〕，阻止我军与刘、邓会合。因此，我军必须在七天或

〔1〕 刘亚楼，当时任东北民主联军参谋长。

〔2〕 兖、泗，指山东兖州、泗水。

十天内，以神速动作攻取泰安南北及其西方、西南方地区，打开与刘、邓会师之道路，如动作过缓，则来不及。如攻泰安时间过长，亦可置之不打，并应在打泰安时，先以一部抢占泰安以西及西南各县。”

同日 新华社发表经毛泽东修改的陕北观察家痛斥蒋介石的评论。毛泽东修改时加写一段话：“观察家说：一年来蒋介石采取了许多步骤，召集‘国大’、制定‘宪法’、‘改组’政府、驱逐中共代表、占领延安。现在又有所谓‘通缉’中共领袖，其目的都是为着打击中共及一切民主力量的威信，并将他们孤立起来。但其结果却是完全相反，致命地打击了蒋介石自己在人民中残存的一点威信，并把他自己完全孤立起来。蒋介石的崩溃，只是一个时间问题了。”

7月3日 关于杨得志、罗瑞卿部下半年的行动部署，为中共中央军委起草致朱德、刘少奇、聂荣臻即转杨得志、罗瑞卿并告林彪、罗荣桓电。电报指出：“现在距雨季尚有一个月，主力应即照杨、罗电移至高阳、雄县以东，休息若干天，争取在午号〔1〕或午有〔2〕以前，在永定河以北（平津间）进行一个战役。此役完成后即回至石门〔3〕以东，休整一个月（八月），然后进行石门战役（九月）。打石门以后休整一时期，即应移至平绥、平汉两路之间，对该两路之敌作战，计时约在十月半以后，准备以三四个月时间将该两路之敌充分削弱，然后与我东北部队配合夺取平绥路。我东北部队目前须有一个多月休整，尔后即可以一半兵力向北宁路及热河、冀东进击，明春即可向平绥路进击，以占

〔1〕 午号，即7月20日。
〔2〕 午有，即7月25日。
〔3〕 石门，即河北石家庄。

领整个平绥路，打通华北与东北联系为目标。你们应按照这个方向进行部署。”

7月4日 关于陈谢部队开往陕北还是开往鄂豫陕问题致电彭德怀、习仲勋，提出：“关于击灭胡宗南夺取大西北，有两个方案仍然值得考虑：（一）陈谢纵队照原议来边区，从内线歼灭其相当数量，然后出外线（陇南）与边区集团直接协力完成任务。（二）估计到边区人口稀少，粮食及各种供应颇为浩繁；又估计到鄂豫陕三省交界及平汉以西、汉水以北、渭水以南广大地区敌力空虚；又估计到假如使用陈纵于该区，必然要吸引胡部一个军（五个到八个旅）使用于该方面，而如果胡部有一个军出该方面，则边区敌力大减，利于边区集团各个歼敌；又估计到刘、邓十二万人已渡河向陇海前进，如若陈纵到鄂豫陕边开辟新战场，对刘、邓亦有帮助，但陈纵基本任务是协同边区集团击灭胡宗南夺取大西北，并不变更。以上两案，究以何者较为适宜，请予考虑。”电报并告知陈赓约于十二三日可到小河，彭、习是否也可来小河会商一次。

7月9日 为中共中央军委起草致陈毅、粟裕、谭震林并告刘伯承、邓小平电：“攻克泰安甚慰。正面蒋军近日陷入麻痹状态，进退维谷，此种麻痹状态可能再延长几天。你们除正面待机及令叶、陶〔1〕进击临、枣外，望令陈、唐〔2〕以主力向南，于数日内相机攻占大汶口、泗水、曲阜，歼灭七十二师残部及二十师一部，然后以全力向西，攻占路西、湖东〔3〕各县，以聊城为后

〔1〕 叶、陶，指叶飞、陶勇，当时分别任华东野战军第1纵队司令员兼政治委员、第4纵队司令员。

〔2〕 陈、唐，指陈士榘、唐亮。

〔3〕 路西、湖东，这里指津浦铁路以西，东平湖、南阳湖、昭阳湖以东地区。

路。目前数日内，不要顾虑八十五师之增援。”

7月10日 关于全军一年作战总结及今后两年计划，致电林彪、罗荣桓、高岗。电报指出：“第一年我军共歼敌正规军九十七个半旅，七十八万人，歼伪军、保安部队等杂部三十四万人，共歼敌一百十二万人。”“敌军主力仍在南线〔1〕，连被歼者（其中大半已补充，惟人数不足，战力弱，一部在准备补充中）计算在内，共一百五十四个旅，其中，山东（包括苏北）八十八个旅，太行二十六个旅，西北（包括晋南、榆林、宁夏，不包括兰州以西）四十个旅。北线〔2〕敌力较弱，共有六十四个旅（被歼者在内），其中，东北（不包括冀东、察北）二十四个旅，五台及晋绥四十个旅（孙连仲十五个旅，傅作义十个旅，阎锡山十五个旅）。敌后方守备兵力三十个旅，其中，新疆及甘西八个旅，湘、鄂、川、滇、黔五省十六个旅，东南各省及台湾六个旅。全国敌正规军二百四十八个旅，去年七月共有兵员一百八十余万人，一年作战被我歼灭七十八万人，补充六十万，逃亡二十万，现有兵员一百五十万人。”“我军山东有二十七个头等旅，太行（不包括陈赓）有十三个头等旅、十四个二等旅，西北有边区六个旅（其中四个是晋绥来的），陈赓四个旅，晋绥三个旅，五台有九个头等旅、四个二等旅，东北（包括察北、冀东）有头等二等三十二个旅。我全军共计一百一十二个旅（东北、山东两炮纵，东北、晋绥四个骑旅不在内），九十万人。此外，地方部队六十万人，军事机关四十万人。”“第二年我军任务：山东、太行两区力求占领长江以北；西北方面力求占领甘、宁大部；北线我

〔1〕 南线，这里指华东、晋冀鲁豫、西北（包括晋南、榆林、宁夏，不包括兰州以西）诸战场。

〔2〕 北线，这里指东北、晋察冀、晋绥诸战场。

军力求占领中长、北宁、平承、平石、平绥、同蒲各路之大部及路上除平、津、沈以外各城，孤立平、津、沈，如能占领沈阳则更好。其中极重要的是占领平绥路，打通东北与华北联系，使华北、西北我军获得军火接济。”“上述北线任务应以东北我军为主力，五台、晋绥为辅助完成之。”“东北我军目前休整一个月至两个月，约于八九月间发动新攻势，以四个月至六个月时间占领中长、北宁两路之大部，相机夺取长春、四平、辽阳、锦州等城。如能顺利达成上述任务，约在明春即须以东北有力兵团，配合五台、晋绥进攻平绥路。待战争发展平绥路附近时，五台、晋绥我军统一归林、罗指挥作战。”“在第二年计划顺利完成条件下，第三年山东、太行两主力即可向长江以南发展，东北、五台我军，除留必要兵力攻击平、津、沈及其他第二年尚未占领之城市，并守备本地外，即可以相当数量之兵力加入西北及长江以南作战，而主要是加入西北，以期夺取西北各省及四川全省，巩固后方。”

同日　为中共中央起草致陈毅、粟裕、谭震林电，祝贺攻克费县歼灭冯治安部一个旅的胜利。

同日　为中共中央起草致刘伯承、邓小平并转全军将士电，祝贺攻克郓城歼灭曹福林[1]主力的胜利。

同日　为中共中央军委起草致陈毅、粟裕、谭震林并告刘伯承、邓小平电，指出：“（一）叶、陶歼灭峄、枣[2]之敌后，似宜向西攻占邹、滕、临、韩[3]，切断津浦，吸引桂系及欧震向西，直接威胁徐州，策应刘、邓。（二）陈、唐望照前电主力迅

---

〔1〕 曹福林，当时任国民党军陆军总司令部郑州指挥部第4绥靖区副司令官兼整编第55师师长。

〔2〕 峄、枣，指山东峄县、枣庄。

〔3〕 邹、滕、临、韩，指山东邹县、滕县、临城（今薛城）、韩庄。

速南下，歼灭大汶口、泗水、曲阜等地之敌，以小部向西攻占肥城、平阴、东阿。（三）正面我军望精心选择机会歼灭黄百韬〔1〕部，然后再决第二步行动。（四）刘、邓已克郓城等地，如能歼灭七十师并争取在路北多歼几部敌人，然后休息若干天整顿队势，举行陇海作战，似属有利；我军愈在内线多歼敌人，则出到外线愈易发展。”整个七月份，华东野战军三路分兵，叶飞、陶勇在鲁南，陈士榘、唐亮在鲁西，陈毅、粟裕、谭震林在鲁中正面作战，在战略上调动和分散了国民党在山东的军队，打乱其进攻部署，配合了刘、邓的战略进攻。

7月13日 致信陈瑾昆，信中说：“立法工作是一新部门，得兄主持，日起有功，是大好事。时局如兄所料，人民战争是发展的；惟艰苦奋斗，尚须付以数年时间。”

7月14日 新华社发表经毛泽东修改的社论《总动员与总崩溃》，指出：“七月四日蒋介石的‘戡平共匪叛乱总动员令’，丝毫没有令人惊异。”“事实上蒋介石的真正总动员老早实行过了，在以前他是只做不讲；现在他已经没有什么可以总动员，只等着一个总崩溃了”。“总动员救不了总崩溃，这个公式连蒋介石集团也无法否认。”

7月17日 为中共中央军委起草致刘伯承、邓小平，徐向前、滕代远、薄一波、王宏坤，郑位三、李先念电，指出：刘、邓十四日电提出迅速补充太行纵队及五师，两个月内向豫西出动，极为必要，望照此执行。

7月19日 关于改变陈谢纵队使用方向问题，为中共中央军委起草致刘伯承、邓小平，徐向前、滕代远、薄一波、王宏坤，郑位三、李先念，谢富治、韩钧电：“（一）为着协助陕甘宁击破胡宗南系统，同时协助刘、邓经略中原，决将陈谢纵队使用

〔1〕 黄百韬，当时任国民党军陆军总司令部徐州司令部整编第25师师长。

方向改为渡河南进，首先攻占潼洛郑段[1]，歼灭该区敌人，并调动胡军相机歼灭之。尔后，向豫西、陕南、鄂北进击，创建鄂豫陕边区根据地，作为夺取大西北之一翼。陈谢纵队仍属彭习序列不变，同时仍属晋冀鲁豫建制。（二）提议赵基梅纵队[2]（五师主力）、秦基伟纵队[3]及孔汪[4]三十八军与陈谢纵队一同南进，统受陈、谢指挥。（三）上述陈、赵、秦、孔四部统于电到二十天内完成一切政治、军事、经费、干部等项准备工作，未皓[5]以前渡河。”二十二日，又为中央军委起草致徐向前、滕代远、薄一波、王宏坤电：已决定陈谢纵队、秦基伟纵队、五师、三十八军四部统由陈、谢指挥出豫西。出动时间必须在八月二十五日以前。“待五师出发后，先念即可偕中原局工作人员及王树声并带一批干部去刘、邓处工作。”

7月21日—23日　在靖边县小河村主持召开中共中央扩大会议。会议总结第一年战绩，着重讨论军事计划和地方工作等问题。毛泽东讲话。在分析战争形势时，他首次提出对蒋介石的斗争用五年时间来解决（从一九四六年七月算起），但不对外宣布，还是准备长期作战，五年到十年甚至十五年，不像蒋介石那样，先说几个月消灭我们，不能实现又说再过几个月，到了现在又说战争才开始。关于统一战线问题，他说：蒋介石在政治上更加孤立了。日本投降后的和平谈判是必要的，全部问题政治解决的目的虽然

---

〔1〕潼洛郑段，指陇海铁路潼关、洛阳、郑州段。

〔2〕指赵基梅任司令员、由原中原军区部队编成的晋冀鲁豫野战军第12纵队。

〔3〕指秦基伟任司令员的晋冀鲁豫野战军第9纵队。

〔4〕孔汪，指孔从周、汪锋，当时分别任晋冀鲁豫野战军所辖西北民主联军第38军军长、政治委员。

〔5〕未皓，即8月19日。

没有达到，但是教育了群众。统一战线的成分有了变化，减少了一部分，增加了一部分。减少的是解放区的地主，因为我们现在要进行土地改革，但是南方的地主却因为征兵征粮首先与蒋介石闹翻，与我们还没有决裂。增加的是中间派，他们在抗战时期还相信蒋介石，现在则与我共同抵制蒋介石的国民大会，这是十年内战时期所没有的。我们是打倒官僚资本而保护民族工商业。关于军事计划，他说：原先计划陈赓率部西渡黄河集中在陕北打胡宗南，现在决定陈赓率部南渡黄河挺进豫西，协助西北我军打胡宗南，在战略上、粮食供应上都有利。今年只能削弱胡宗南，到明年七月可以造成消灭胡宗南的条件。陕北在军事上、财政上以依靠晋绥为主，战争使陕北我党领导的地方和人口缩小，今后更是如此。现在由贺龙以陕甘宁晋绥联防军司令的身份来统一指挥后方，实行精简节约，开展地方工作。处处从全面长期着想，这个口号非常重要，要在全党全军中解释。敌人的把握放在我们不能长期支持这一点上，我们的对策就是主力转入外线，内部精简节约。边区要实行简政，降低生活水平，从干部降低起。关于土地改革和“三三制”问题，他说：“三三制”不变，但解释是共产党员、进步分子、中间分子各三分之一，而不包括反动地主。土地政策今天可以而且需要比《五四指示》更进一步，因为农民群众的要求更进了一步。平分是原则，但按情况可以有某些伸缩，如对杜斌丞，但对共产党员则不应例外。中农土地应该不动，在群众大潮流中，如中农同意，富裕中农拿出少许土地也是许可的，但不能正式写在文件上。军队打出去时，在新区与其没收地主土地，不如按阶级路线摊派缴税，利用旧机构有时也是需要的。立即实行耕者有其田势必成为强迫群众。会议赞同毛泽东的意见。会议还决定，由彭德怀、习仲勋、王震、张宗逊、徐立清、刘景范、张德生组成西北野战兵团前委，彭德怀为书记，以讨论政策与执行战略任务。

7月23日 关于晋冀鲁豫野战军直出大别山，为中共中央军委起草致刘伯承、邓小平，陈毅、粟裕、谭震林，华东局电。电报指出："刘、邓对羊山集、济宁两点之敌，判断确有迅速攻歼把握则攻歼之。否则，立即集中全军休整十天左右，除扫清过路小敌及民团外，不打陇海，不打新黄河以东，亦不打平汉路，下决心不要后方，以半个月行程，直出大别山，占领大别山为中心的数十县，肃清民团，发动群众，建立根据地，吸引敌人向我进攻打运动战。"此电改变了中央军委五月四日关于刘邓兵出中原以豫皖苏边区和冀鲁豫边区为根据地的计划，同时提出华东野战军两个纵队南渡长江的计划："叶、陶两纵出闽浙赣，创立闽浙赣根据地。其步骤：第一步于现地休整数日，迅速歼击泰安、大汶口、肥城、平阴、东阿、东平地区之敌，占领该区。以一个半月至两个月时间在该区内（或在聊城）完成休息补充、配备干部及政治动员；第二步，出至皖西，建立临时根据地；第三步，相机渡江至皖南，建立第二临时根据地；第四步，至闽浙赣目的地。广东纵队[1]受叶、陶指挥随同南下，并请考虑组织东南分局，子恢、鼎丞、曾山前往主持。"

7月25日 为中共中央起草复林彪十日关于建立民主联合政府建议的电报，指出："建立民主联合政府时机尚未成熟，在第二年作战再歼敌一百个旅左右，攻占中长、北宁大部，平绥、同蒲全部，并向长江流域发展，全国人民更加同情我党之时，可以考虑此问题。"

同日 为转发刘少奇四月二十四日给晋绥同志的信写批语，对信中提出的晋绥一些地区土地改革存在不彻底问题、不彻底原因以及解决这些问题的办法，给予充分的肯定。批语说："少奇

〔1〕 指归华东野战军建制和指挥的两广纵队。

同志这封信写得很好，很必要。少奇同志在这封信里所指出的问题，不仅是在一个解放区存在着，而是在一切解放区在不同的程度上存在着；他所指出的原则，则是在一切解放区都适用的。因此，应将这封信发到一切地方去，希望各地领导机关将这封信印发给党政军各级一切干部，并指示他们研究这封信，用来检查自己领导下的一切群众工作，纠正错误，发扬成绩，彻底解决土地问题，改造一切脱离群众的组织，支持人民战争一直到胜利。”

7月26日 为中共中央军委起草致滕代远、薄一波、王宏坤并告刘伯承、邓小平，谢富治、韩钧，郑位三、李先念电，要求他们到国民党区域作战，除完成新兵补充、军事整训、干部配备及经济、粮食、船只等项准备工作外，还必须做两件事：“第一，必须进行充分的政治动员，使一切指战员明了任务的光荣与重要性，指出到国民党区域作战与在解放区作战的不同，指出战胜国民党的各项条件，使一切人具有克服困难的决心与勇气，具有远征意志，完成充分的精神准备。第二，各纵各旅领导机关，必须由你们派人帮助他们研究并确定到国民党区域工作的各项政策，包括如何征集粮食，如何发动群众，如何利用与对付国民党的保甲、税收机关及区乡政府人员，如何对付地主武装及建立群众武装等项。”

同日 致电朱德、刘少奇、康生〔1〕，通报近期工作和战争情况：（一）“中央已召集彭、贺、习、马、贾〔2〕诸同志开会三天，检讨工作，决定河东、河西统一后方工作由贺负责，西北局回后方主持；又决定精简人员，规定新的生活标准，以利持久；

〔1〕 康生，当时任中共中央政治局委员。这时在河北平山县参加全国土地会议。

〔2〕 彭、贺、习、马、贾，指彭德怀、贺龙、习仲勋、马明方、贾拓夫（当时任中共中央西北局常委）。

又决定向脱离群众的干部作斗争，展开土地改革。”（二）“野战军自打合水、曲子、环县歼灭八十一师及骑二旅大部后，三边敌人逃回宁夏，收复三边；现决定向榆林行动，给该方之敌一个打击，相机夺取榆林，吸引胡军北援，以利陈赓纵队行动；〔1〕决定陈纵不来边区，八月底向豫西出动”。（三）“刘、邓歼敌八个半旅，山东歼敌一个半旅，邱清泉、吴绍周等十个旅从鲁中被迫调至兖州，山东局面稍见松动。”

7月27日 关于刘邓部休整及南进的部署，为中共中央军委起草致刘伯承、邓小平并告陈毅、粟裕、谭震林电：“（一）利用五军回驻莱芜，吴绍周亦在对付叶、陶之机会，望你们立即集结全军休整补充半个月，执行中央梗〔2〕电任务。（二）我们已面告陈赓，准备提早至未哿〔3〕以前渡河。陈赓约未鱼〔4〕可到太岳。（三）从现在起，陈赓集团即归刘、邓指挥，望令陈、秦、赵各纵及三十八军提早于未删〔5〕前完成一切准备工作，未删至未哿间渡河。（四）未齐〔6〕左右边区部队开始攻击榆林方面之敌，吸引胡军主力北援，以利你们南进。如陈赓能于未哿前渡河，你们能于未删左右南进，则可能取得几个星期时间在豫西及大别山立住脚跟。”

---

〔1〕 西北野战军1947年7月30日向榆林开进，8月6日开始攻击。8月11日国民党军整编第36师增援榆林进抵横山以北地区。8月12日彭德怀决定撤围，榆林虽未打下，但诱敌北过无定河，给陈谢集团渡过黄河、南进豫西，造成了有利形势。

〔2〕 梗，即23日。

〔3〕 未哿，即8月20日。

〔4〕 未鱼，即8月6日。

〔5〕 未删，即8月15日。

〔6〕 未齐，即8月8日。

同日　为中共中央军委起草致刘伯承、邓小平，徐向前、滕代远、薄一波、王宏坤，陈赓，谢富治、韩钧，郑位三、李先念电：“从现在起，陈谢集团归刘、邓直接指挥。”“陈谢集团组织前委，以各部首长为委员，陈、谢、韩三人为常委，陈赓为书记，谢富治为副书记。”

同日　为中共中央军委起草致刘伯承、邓小平，郑位三、李先念电：速令到达豫皖苏边区的张才千、李人林两部〔1〕加紧整训，务于八月二十五日以前整训完毕，届时随刘、邓南下，恢复鄂豫皖工作。

7月29日　为中共中央起草致各区各级首长并转全军指战员电，通令嘉奖刘邓军鲁西南战役大捷，指出：“第二年第一个月作战，除山东及他处歼敌一部外，我刘邓军自午东〔2〕至午俭〔3〕在郓城、巨野、定陶地区，以连续不停之作战，歼敌正规军九个半旅及四个师部，毙伤俘敌五万余人，战绩甚大，特此通令嘉奖。”

同日　为中共中央军委起草致刘伯承、邓小平，陈毅、粟裕、谭震林，华东局，晋冀鲁豫中央局并告陈赓、谢富治及彭德怀电。电报指出：(一)“在山东敌不西进及刘、邓所告各种情况下，刘邓全军休整半个月后，仍照刘、邓原来计划，第一步依托豫皖苏，保持后方接济，争取大量歼敌，两个月后看情况，或有依托地逐步向南发展，或直出大别山”。(二)“陈谢集团照原计划于八月出潼、洛，切断陇海，调动胡军一部增援，相机歼灭

---

〔1〕指张才千任司令员兼政治委员、李人林任副司令员兼副政治委员的中原游击纵队所辖第1、第4支队。该两部于1947年6月到达豫皖苏解放区，整训后编为中原独立旅。

〔2〕午东，即7月1日。

〔3〕午俭，即7月28日。

之，以配合陕北之作战。”“现陕北情况甚为困难（已面告陈赓），如陈、谢及刘、邓不能在两个月内以自己有效行动调动胡军一部，协助陕北打开局面，致陕北不能支持，则两个月后胡军主力可能东调，你们困难亦将增加。”（三）“两个月内山东全军仍在内线作战，两个月后准备以叶纵再加他部取道皖西或苏中，相机出闽浙赣，两个月内派干部或小支队先去。”

7月30日 为中共中央军委起草致刘伯承、邓小平并告陈赓、谢富治、韩钧和陈毅、粟裕、谭震林电：“如你们决心直出大别山，请注意下列各点：（一）开一次团长以上干部会，除告以各种有利条件外，并设想各种困难条件，建立远征意志。（二）营长以上每人发鄂、豫、皖三省有县境的明细地图一份，油印的亦好。如能每连发一份更好，使一切干部明白地理环境。（三）大体确定征粮、征税办法，告知一切干部。土地革命时期打土豪办法，所得不多，名誉又坏。在我方政权未建立以前，仍应暂时利用国民党下层机构及税收机关（在我党有力人员监督指挥之下），以大体上的累进方法征粮，惟免除赤贫人口负担，方能解决大军给养。国民党人员未逃跑者除极坏分子外，均可利用，逐步过渡到人民政权。”

同日 为中共中央军委起草致刘伯承、邓小平电：请考虑要李先念率赵基梅纵队即日动身，于八月十五日前到巨野和你们一道去大别山。如先念直接掌握该纵为大别山军区骨干，对于建立根据地当有帮助。

7月31日 中共中央军委决定西北的野战部队正式定名为人民解放军西北野战军，彭德怀任司令员兼政治委员和前委书记，张宗逊任副司令员，习仲勋任副政治委员，张文舟任参谋长，徐立清任政治部主任，下辖第一、第二、第三纵队又两个旅，共五万人。

8月1日 和周恩来、任弼时率中共中央机关离开小河村，沿大理河向东转移，第二次到达青阳岔。

同日 为中共中央军委起草致郑位三、李先念电，指示李先念遵照刘、邓七月三十一日电令，即日率赵基梅纵队东进，最好能于八月十日前到达郓城，一切能工作的干部均随同行动。

8月2日 和周恩来、任弼时率中共中央机关由青阳岔出发，到达火石山。

8月3日 陈士榘、唐亮、叶飞、陶勇五个纵队于八月一日西渡运河，进入鲁西南地区。本日，为中共中央军委起草致刘伯承、邓小平并告陈毅、粟裕、谭震林电："待陈、唐、叶、陶五个纵队集结郓城地区时，该五纵统归你们指挥，就现有力量从内线钳制敌人"。

同日 和周恩来、任弼时率中共中央机关由火石山出发，当晚到达横山县肖崖则村。

8月4日 和周恩来、任弼时率中共中央机关由肖崖则村出发，到达子洲县巡检寺。

同日 为中共中央军委起草致陈毅、粟裕、谭震林，华东局并告刘伯承、邓小平电，提出山东主力现在西边，请考虑粟裕带炮兵主力迅速去鲁西南，统一指挥陈、唐、叶、陶五个纵队，积极策应刘、邓作战。"刘、邓南下作战能否胜利，一半取决于陈、唐、叶、陶五个纵队是否能起大作用。"

8月5日 为中共中央军委起草致刘伯承、邓小平并告陈毅、粟裕、谭震林电："待陈、唐、叶、陶五个纵队渡过运河后，请令该五纵以有力部队沿运河西岸择要筑工固守，制止敌邱、欧〔1〕西渡"。

---

〔1〕 邱、欧，指邱清泉、欧震。

8月6日 关于刘、邓直下大别山可能遇到的情况及采取的对策，为中共中央军委起草致刘伯承、邓小平并告陈毅、粟裕、谭震林，陈赓、谢富治电，指出：“你们对于出动后敌之可能对策估计如何？我们觉得敌可能采取两种或三种办法：第一种办法，迅速组织进攻，使你们不能立足。但此种办法难于调动很多军队，估计可用于进攻者约十二个旅（或较多）左右，即七师、四十八师、十师、七十九师、三师、五十八师各两个旅。其中除桂系外，战力均不甚强。其出发地点不一，在短期内势必参差不齐。如我能于运动中歼灭其四五个旅，其攻势必受顿挫。我可取得休息机会，以利再战。敌此种办法的基本缺点是进攻兵力太少，我之回旋余地甚大，并有迫我渡江南进之危险（敌很怕此着）。第二种办法，宁可给我以立足机会，不急于尾我进攻。除上述十二个旅（或较多）外，并从山东抽调十几个旅，共二十几个旅，以一个月至两个月时间，先从长江、平汉两线完成部署，然后向西向北进攻。此种办法之基本缺点是给我以立足时间，且使山东攻势完全破坏，鲁西、豫东亦大部难保。即使集中二十几个旅，分两线多路进攻，我亦可能于运动中各个击破之。第三种办法，即同时采用上述两种办法，既以十二个旅左右分数路迅速进攻，又从山东抽调十几个旅用于长江方面。你们必须同时准备对付这几种办法，而主要准备对付第一种办法，即用全副精神注意于运动中大批歼灭敌人，一切依靠打胜仗。”

同日 为中共中央军委起草复陈毅、粟裕，华东局并告刘伯承、邓小平电，同意陈毅、粟裕五日提出的由陈、粟率野战军直属机关和第六纵队去鲁西南指挥六个纵队作战，谭震林、黎玉、许世友组成东兵团[1]，华东局去渤海[2]的建议。七日，又为中央军委起草致刘、邓并告陈、粟电："陈粟六纵全部必须从内线，即从你们的反对方向钳制敌人，才是最有力的钳制。你们不要希望他们出陇海线直接掩护"。"只要陈、粟六个纵队集中处于内线，一切有办法；如果分散南进，则全局不利。"此电实际上改变了七月二十三日要叶飞、陶勇率第一、第四纵队分兵渡江南下的计划。九月二十四日，中共中央、中央军委正式通知刘、邓、陈、粟："原定叶、陶去闽浙赣之任务，停止执行"。

同日　为中共中央起草致刘伯承、邓小平，陈毅、粟裕并告陈士榘、唐亮、叶飞、陶勇电："目前整个形势对我有利，敌已分散，我已集中。敌机动兵力分置于鲁中、运东[3]、陇海（桂系等）三处，加以鲁西之敌新受巨创，士气不振。我则以一部钳制鲁中之敌，主力位于鲁西南。敌虽想从运河、陇海两线向鲁西南进攻，但估计短时间内尚不可能。敌目前既怕你们全力向东攻邱、欧，又怕你们全力向南攻陇海。在此情况下，你们全军可以安全休整十天内外，鼓励士气，整顿队势，以利争取新胜利。此次华东各部虽有几仗未打好，但完成了集中兵力、分散敌人之巨大任务，待陈、粟率野直及六纵到郓、巨，我军实力更厚，领导

---

〔1〕 东兵团（东线兵团），亦称内线兵团，以后称为华东野战军山东兵团，由华东野战军第2、第7、第9纵队及新组建的第13纵队组成，许世友为司令员，谭震林兼政治委员。与此同时，陈毅、粟裕率领华东野战军直属机关和第1、第3、第4、第6、第8、第10纵队、特种兵纵队，及配属华野的晋冀鲁豫野战军第11纵队，称西兵团（西线兵团），也称外线兵团。

〔2〕 指山东渤海地区。该区在胶济线西段以北，津浦线北段以东，渤海湾和潍河以西，天津和塘沽以南。中共中央华东局后来移至渤海地区的惠民县。

〔3〕 指运河以东。

更强，对于争取新胜利极为有利。”由于蒋介石以八个整编师十八个旅约十四万人的兵力，分由菏泽、袁口、嘉祥等地对晋冀鲁豫野战军主力分进合击，企图逼其处于郓城、鄄城之间狭小地区内，然后利用连日大雨，黄河水位陡涨，破坏黄河大堤，水淹刘邓军。根据这一新的情况，刘伯承、邓小平当机立断，决心提前结束休整，乘敌合击部署尚未完成之际，立即隐蔽突然南进，执行挺进大别山的战略任务。七日，刘、邓率主力四个纵队自郓城地区南下，经巨野、定陶之间跳出敌人的合围圈南进。

8月8日　和周恩来、任弼时率中共中央机关离开巡检寺，到达绥德县李家崖。

8月9日　为中共中央军委起草致陈赓、谢富治并告刘伯承、邓小平电，指出刘邓及山东两军于八月七日开始由郓城向豫皖苏及大别山前进。“为有力地协助刘、邓行动，我陈谢集团应提前于未灰〔1〕至未删〔2〕间渡河，首先控制潼洛段山区，再看形势决定下一步行动。”

同日　为中共中央军委起草致刘伯承、邓小平电：“情况紧急不及请示时，一切由你们机断处理。”十日，又为中央军委起草致刘、邓，陈、粟电：“在敌主力东迫郓城西迫鄄城情况下，我在郓、巨作战已不适宜，即北撤亦来不及，只有南进才利机动，刘、邓决心完全正确。”

8月10日　为中共中央军委起草致贺龙、习仲勋并告彭德怀电：“我刘邓大军已开始向大别山前进，陈谢集团未哿〔3〕前渡

〔1〕 未灰，即8月10日。

〔2〕 未删，即8月15日。

〔3〕 未哿，即8月20日。

河进攻潼洛段。请令王世泰率警一、警三两军〔1〕迅速行动，直出长武、邠州〔2〕，攻占泾河以南、渭河以北诸县，吸引暂二旅、新一旅等部，使不能东调。”

同日　和周恩来、任弼时率中共中央机关离开李家崖，到达绥德县黄家沟。

8月11日　为中共中央起草致陈毅、粟裕、饶漱石电：“七月几仗虽减员较大，并未妨碍战略任务，目前整个形势是有利的。”“刘、邓南下，全局必有变动，鲁西南诸敌势必大部南去。陈、粟率六纵及野直进至聊城待机与宋、王〔3〕会合，可能开展鲁西南局面，并利于直接策应陈、唐、叶、陶。”“总的意图是将战争引向国民党区域，使我内线获得喘息机会，以利持久。”本日，陈毅、粟裕率华东野战军指挥部北渡黄河，第六纵队和特种兵纵队跟进。

同日　刘邓野战军主力从民权至商丘间和虞城地区分三路越过陇海路，分别向大别山疾进。

8月12日　关于刘邓大军南进问题，为中共中央军委起草致刘伯承、邓小平并告陈毅、粟裕电，指出：“有三点请你们斟酌：（一）鉴于二万五千里长征时期休息太少，疲劳太甚，减员太多，而那种性急有许多是不必要的。此次我军南进，必须减少不必要的性急，力争少走路，多休息。情况紧张时应当走几天长的，但应跟着休息几天，恢复疲劳。（二）在目前几个星期内，必须避免打大仗，专打分散薄弱之敌，不打集中强大之敌，待我

〔1〕指陕甘宁晋绥联防军的警备第1旅、警备第3旅。

〔2〕邠州，今陕西彬县。

〔3〕宋，指宋时轮，当时任华东野战军第10纵队司令员。王，指王秉璋，当时任晋冀鲁豫野战军第11纵队司令员。

军习惯于无后方外线行动，养精蓄锐，又在有利于我之敌情、地形条件下，方可考虑打大仗。（三）不要希望短期内就能在大别山、豫西、皖西等地建立巩固根据地，这是不可能的，这些都只能是临时立足点。必须估计到我军要有很长时间（至少半年）在江河之间东西南北地区往来机动，宣传群众，发动群众，并在歼灭敌人几十个旅之后，方能建立巩固根据地。”

同日 为中共中央军委起草致陈赓、谢富治、韩钧并告刘伯承、邓小平电：“现敌大军向刘、邓追击，若你们于刘、邓出陇海线后半个月之久方能渡河完毕，则对刘、邓援助过于迟缓。又胡宗南主力正向榆林增援，三十六师两个旅本日到横山、榆林间，刘戡五个旅本日到石湾。彭、习亦甚盼你们早日渡河，变动局势。”二十二日至二十三日，陈谢集团两个纵队和西北民主联军第三十八军共约八万余人，分两路先后在晋南、豫北交界处的垣曲、济源间及茅津渡以东地段南渡黄河，跨过陇海路挺进豫西。

同日 为中共中央军委起草致彭德怀、贺龙、习仲勋电：“（一）我攻榆林未克，敌钟松〔1〕部明元日〔2〕可进榆林，刘戡五个旅可到麒麟镇以东。（二）我军即在榆林、米脂间休整待机，隔断刘、钟两部，吸引该敌，以利陈、谢行动。陈、谢定于未哿〔3〕渡河。（三）为防刘、董〔4〕进占绥德，我无定河、黄河间各后方机关，必须迅速移至黄河以东，望贺、习立即部署移动。”

8月13日 为中共中央起草复刘少奇电：“我们完全同意你

---

〔1〕 钟松，当时任国民党军西安绥靖公署整编第29军第36师师长。

〔2〕 元日，即13日。

〔3〕 未哿，即8月20日。

〔4〕 刘、董，指刘戡、董钊。

的意见，将支电[1]所述方针提到土地会议上去讨论，我们认为你们提出的原则是正确的。”

同日 傍晚，和周恩来、任弼时率中共中央机关从黄家沟出发，渡过无定河，转移到绥德县延家岔。

8月14日 下午，和周恩来、任弼时率中共中央机关离开延家岔，转移到米脂县城郊井家坪。

同日 为中共中央军委起草致李先念并告陈毅、粟裕电，指示李先念率赵基梅纵队到聊城以南、黄河北岸地区，接受陈、粟指挥，相机南进。

8月15日 下午，和周恩来、任弼时率中共中央机关由井家坪出发，傍晚转移到米脂、佳县交界的陈家岔。

8月16日 上午，和周恩来、任弼时率中共中央机关由陈家岔出发，夜晚转移到佳县以西十五公里的曹家庄。

8月17日 黎明，和周恩来、任弼时率中共中央机关离开曹家庄，中午到达佳县白龙庙村。经过暂短时间休息后，继续行军。十八日，冒雨抢渡五女河，傍晚到达佳县杨家园则，为山洪所阻，即在此宿营。

8月19日 上午，和周恩来、任弼时率中共中央机关离开杨家园则，中午到达佳县梁家岔。二十一时半电告彭德怀：“我们明二十日在梁家岔（梁家岔在柏树坞北三十里、槐树湾南十里）休息不动。”毛泽东与彭德怀之间随即架通电话。

同日 为中共中央军委起草复陈毅、粟裕并告刘伯承、邓小

---

〔1〕 支电，即1947年8月4日电。刘少奇于7月17日主持召开全国土地会议。会议首先由各地代表汇报情况。8月4日，各地汇报即将结束，转入讨论，刘少奇将要讨论的问题以及如何解决这些问题，向中央作了汇报。

平电，认为陈、粟十五日提出关于陈唐兵团不宜急返内线的报告极为正确。并指出：“陈、唐、叶、陶必须克服部队中转回内线之情绪，学习刘、邓向外线英勇奋斗精神，克服一切困难，坚决在淮河以北、黄河以南广大区域行动，绝对不可有渡黄河北返或运河东返老根据地长期休整之思想。”

8月20日 寅时，为中共中央军委起草复彭德怀电，完全同意他十九日提出的歼灭国民党军整编第三十六师的作战计划。根据这一作战计划，西北野战军于本日拂晓对沙家店之敌发起攻击，激战至黄昏，歼灭三十六师主力六千余人，从而粉碎了国民党军对陕北的重点进攻，开始转入内线反攻。

8月21日 关于克服一切困难争取整个军事形势的转变，为中共中央起草致中央工委和各战略区首长电，指出：“我全党全军应在目前数月内一致努力，克服一切困难，争取整个军事形势的转变。申、酉、戌、亥四个月〔1〕，将是敌我两军转变形势的关键，务望各同志齐心协力，争取胜利。”

8月23日 和周恩来、任弼时骑马由梁家岔到西北野战军指挥部住地佳县前东原村，向参加沙家店战役总结会的旅以上干部祝贺胜利，研究部署新的战役。毛泽东在会上说：沙家店这一仗确实打得好，对西北战局有决定意义，最困难的时期已经过去了。用我们湖南话来说，打了这一仗，就过坳了。又说：侧水侧敌〔2〕本是兵家所忌，而我们彭老总指挥的西北野战军英勇奋战，在短短一天时间里，就取得了空前的胜利。

同日 下午，和周恩来、任弼时率中共中央机关离开梁家

---

〔1〕 即九、十、十一、十二4个月。

〔2〕 侧水侧敌，指沙家店战役的战场，北面是沙漠，东面是黄河，西面、南面是无定河和国民党军，回旋余地狭小。

岔，转移到佳县朱官寨，在这里停留一个月。结束了转战陕北时期最艰难的阶段。

8月24日　致电陈毅、粟裕并告刘伯承、邓小平及华东局："粟裕同志巧酉电〔1〕意见极为正确。西兵团作战范围，规定为黄河以南，淮河以北，运河以西，平汉以东，望转示榘、唐、叶、陶及六、十两纵及炮纵坚决执行。""现已有约二十个旅之敌军向刘、邓方面前进，鲁西南及豫皖苏边区较为空虚。你们必须在九、十两月内歼灭几部敌人，攻占多数薄弱城镇，逐步将此两区创造成有利战场及支援刘、邓之后方。若西兵团在九、十两月内不能达到上述目的，而使刘、邓在大别山站不住脚，甚或遭受不利，因而被迫北返，则于大局不利。""我华东军在第一年作战中已表现自己为全国各区战绩最大的军队，七月减员较多，无损大局。希望你们尽速赶至鲁西南，统一指挥西兵团各纵，配合当地地方兵团完成中央付给我华东军的伟大任务。我相信你们必能完成此种任务。"电报提出："第二年作战基本任务是将战争引向国民党区域，部分任务是在内线歼灭敌人，借以破坏国民党之计划（将战争引向解放区，破坏解放区，使不能持久），达到我们分散敌人，各个击破敌人，并使解放区不被破坏，使战争能够持久之目的。"

8月25日　致电饶漱石、黎玉并告陈毅、粟裕，刘伯承、邓小平："蒋介石似乎判断我主力必守胶东，企图以四五个师向胶东进攻，吸引我主力进入内线后，即在青岛、平度、掖县线建筑坚固工事加以封锁，以两个师左右守备该线，然后以三四个师

---

〔1〕粟裕1947年8月18（巧）日酉时致电中共中央军委，判断敌有大部随刘邓南去可能。为更有力地支援刘邓，建议将西兵团作战地域扩展到陇海路以南。不仅可拖住一部敌人不能南去，且可迫使鲁中、胶济线之敌抽一部西来，以减轻鲁中及胶济线我军负担。

向东攻击。彼似希望此计迅速成功，以便抽出两三个师用于他处。目前彼在临沂以北使用了二十个旅，与向大别山对付刘、邓之兵力约略相等，而在鲁西南对付陈、粟之兵力则甚薄弱，在陕北对付彭、习之兵力，自三十六师被歼后已甚感不足（仅有七个机动旅），在豫西对付我陈赓之兵力则完全没有。在此情况下，蒋介石必在胶东方面力求速决，以便抽兵。因此，我们完全同意你们以一部位于内线，以主力（二、七、九纵）位于外线，以利持久之方针。只要许、谭率三个纵队位于外线（诸城一带），寻机打一二个小胜仗（不打无把握之仗），敌即不敢向胶东深入，胶东大部至少一部即可保全。”

8月26日 为中共中央军委起草致陈赓、谢富治并告彭德怀、习仲勋，刘伯承、邓小平，陈毅、粟裕电，指出：“陈、谢渡河后，主力攻占新安、渑池、陕县、灵宝、阌乡[1]，相机夺取潼关；以一部攻占宜阳、洛宁、卢氏、嵩县；另以一部攻占洛南、商县、商南，切断西荆[2]公路，迫使胡军一部向陕南布防。”并指出：“一个月内，胡军主力不可能到豫西，陈、谢应乘此时机放手发展。”三十日，又为中央军委起草致陈、谢电，指出：“（一）西面空虚，攻取较易；洛阳附近敌所必争，不应使用主力。（二）速以四纵全力、三十八军及二十二旅抢占陕县、灵宝、阌乡、洛宁、卢氏，相机抢占洛南、商县、商南。秦纵[3]位于新孟洛地区，牵制洛阳之敌，以一部攻占宜阳、嵩县。（三）避开强固设防据点，专打守备薄弱据点，并力求运动战，

〔1〕 阌乡，1954年9月并入河南灵宝县（今灵宝市）。

〔2〕 西荆，指陕西西安至荆紫关。

〔3〕 秦纵，指秦基伟任司令员的晋冀鲁豫野战军第9纵队，当时受陈谢集团指挥。

求达机动迅速、广占敌区、多歼敌人之目的。”根据上述指示，陈、谢以主力向国民党军兵力空虚的豫陕边挺进，以一部活动于新安、孟津、洛阳地区，牵制洛阳之敌，以利于主力以后南出汉水或东出平汉路。

8月27日　为中共中央军委起草致陈毅、粟裕电：“敌大军向刘、邓追击，情况异常紧迫。目前几个星期内是重要关头，望你们率六纵、十纵、炮纵星夜兼程急进，不惜疲劳，不要休息，不要补充，立即南渡，统一指挥陈、唐、叶、陶”。二十八日，又为中央军委起草致陈、粟电：“目前中心一环，是你们率六纵、十纵、炮纵迅速南渡，与陈、唐、叶、陶会合，在九、十月内打开黄河以南、淮河以北、平汉以东、运河以西之广大局面，大量歼敌（打有把握之仗），并在渤海、冀南建立补给中心，则侵入胶东之敌必难持久。否则两头失塌，刘、邓亦难在南边立脚，则于大局不利。”二十九日晚，陈毅乘车前往撤至黄河以北的第十纵队进行动员。三十日，毛泽东致电陈、粟：“现在欧震、张淦、罗广文、张轸、王敬久、夏威〔1〕各部均向刘、邓压迫甚紧，刘、邓有不能在大别山立脚之势，务望严令陈、唐积极歼敌，你们立即渡河，并以全力贯注配合刘、邓。”三十一日，第六纵队和特种兵纵队日夜兼程赶到黄河北岸阳谷、寿张地区，陈毅、粟裕率六纵、十纵、特纵于九月三日南渡黄河，四日渡河完毕，五日在郓城地区与陈士榘、唐亮、叶飞、陶勇会合。

---

〔1〕欧震，当时任国民党军陆军总司令部徐州司令部第3兵团司令官。张淦，当时任国民党军陆军总司令部徐州司令部第3兵团第3纵队司令。罗广文，当时任国民党军西安绥靖公署整编第10师师长。张轸，当时任国民党政府主席武汉行辕前进指挥所主任。王敬久，当时任国民党军陆军总司令部徐州司令部第2兵团司令官。夏威，当时任国民党军陆军总司令部徐州司令部第8绥靖区司令官。

同日 刘邓野战军全部渡过淮河，胜利地进入大别山地区，完成了千里跃进任务，国民党军的围追堵截计划破产。

8月28日 为中共中央军委起草致刘伯承、邓小平，陈毅、粟裕，许世友、谭震林，陈赓、谢富治并告彭德怀、习仲勋，朱德、刘少奇（转聂荣臻、萧克），杨得志、罗瑞卿、杨成武，林彪、罗荣桓电："在目前情况下，给敌以歼灭与给敌以歼灭性打击，必须同时注重。给敌以歼灭是说将敌整旅整师干净全部地加以歼灭，不使漏网。执行这一方针，必须集中三倍或四倍于敌之兵力，以一部打敌正面，以另一部包围敌之两翼，而以主力或重要一部迂回敌之后方，即是说四面包围敌军，方能奏效。这是我军的基本方针，这是在敌军分散孤立、敌援兵不能迅速到达之条件下必须实行的正确方针。但在敌军分数路向我前进，每路相距不远，或分数路在我军前进方向施行防堵，每路亦相距不远之条件下，我军应当采取给敌以歼灭性打击的方针。这即是说，不要四面包围，只要两面或三面包围，而以我之全力用于敌之正面及其一翼或两翼，不以全部歼灭敌军为目标，而以歼灭其一部、击溃其另一部为目标。这样做，可以减少我军伤亡，其被歼灭之部分可以补充我军，其被击溃之部分可以使其大量逃散，敌能收容者不过一部分，短期内亦难恢复战斗力。现在顾祝同系统尚有三十二至三十五个战略性野战机动旅，分散使用于胶东、鲁西南、皖西及河南，若我能依情分别采取上述两种方法，在短期内给其十个至十五个机动旅以歼灭及歼灭性打击，则局势可以迅速改变。"

同日 鉴于胡宗南军六个半旅于二十七日由米脂北七十里地区南撤，为中共中央军委起草致彭德怀电，指示他"率全军立即转至敌之先头（米脂、绥德之间或直出清涧），阻敌南进"。二十九日，又为中央军委起草致彭电："请率全军以三天至四天急行军赶到石咀驿、九里山之线，夺取先机，制敌死命”。三十日，再为中央军委起草致彭电：“敌已确定全军南撤，九十师可能以一部向东佯动吸引我军，以利其主力迅速向南。我军务宜摆脱当面之敌，以三天急行军先敌抢占绥、清[1]间一段，阻敌南进。然后以一部节节阻敌，主力大举沿公路南下（不要脱离公路），直指咸阳，制敌死命，有力地配合刘邓、陈谢。”据此，西北野战军以二纵队沿咸榆公路西侧追击，九月二日进至清涧以北之九里山、石咀驿一线阻击敌人；主力沿咸榆公路以东追击。

8月29日　为中共中央军委起草致饶漱石、黎玉（转谭震林），陈毅、粟裕电：“华东局及九纵被迫留在胶东，震林率二、七两纵在诸城。这样，实际上比饶、黎、许率九纵到诸城或震林率二、七纵到胶东都要好些。这样，胶东有九纵、十三纵及广大地方部队，可以逐步形成有力的内线作战兵团，直接保卫胶东，可以采取于运动中半歼灭半击溃之作战方针（即对敌一个或二个旅，以歼灭其一部击溃一部为目标而部署战役作战，注意多打小胜仗）。震林在诸城应完全遵照饶、黎指示休整待机，在胶东外线直接配合内线，目前不要南下临沂或陇海。作战时应注意打小规模歼灭战，每次以歼敌一团一旅为目标，不打无把握之仗。”

同日　致电林彪、罗荣桓：“希望你们能于九月下旬开始作战，配合南线”。“新的作战，似宜以有力兵团进攻山海关、沈阳线上之敌，以另一有力兵团进攻中长线上之敌，以求分散敌人，各个击破，重点放在中长路或山沈路，由你们酌定。”据此，东北民主联军于九月下旬发起了大规模秋季攻势作战。

8月30日　为中共中央起草致各首长电：“军委副主席兼总

---

[1]　绥、清，指陕西绥德、清涧。

参谋长彭德怀同志现在担任西北野战军司令员兼政委（习仲勋同志为副政委），不能兼顾军委工作，特以军委副主席周恩来同志代理军委总参谋长工作，副参谋长仍是叶剑英同志。”

9月1日 为中共中央起草关于解放战争第二年的战略方针的指示，指出：“我军第二年作战的基本任务是：举行全国性的反攻，即以主力打到外线去，将战争引向国民党区域，在外线大量歼敌，彻底破坏国民党将战争继续引向解放区、进一步破坏和消耗解放区的人力物力、使我不能持久的反革命战略方针。我军第二年作战的部分任务是：以一部分主力和广大地方部队继续在内线作战，歼灭内线敌人，收复失地。”指示强调：“到国民党区域作战争取胜利的关键：第一是在善于捕捉战机，勇敢坚决，多打胜仗；第二是在坚决执行争取群众的政策，使广大群众获得利益，站在我军方面。只要这两点做到了，我们就胜利了。”这个指示编入《毛泽东选集》。

9月2日 为中共中央军委起草致陈赓、谢富治、韩钧并告刘伯承、邓小平，彭德怀电：“攻占新安、渑池、宜阳、洛宁等地，歼敌四千余，甚慰”。“你们作战范围，包括黄河、渭水以南，汉水以北，平汉路以西，西安、汉中线以东广大地区。应使干部熟习这一地区地理、敌情、民情，准备以至少半年时间，在这一地区东西南北往来机动，大量歼灭敌人，才能建立根据地”。“作战原则，对敌守备薄弱之据点及城市则坚决攻取之，对敌有中等程度的守备而又环境许可之据点及城市则相机攻取之，对敌守备强固之据点及城市则避开之，着重点放在调动敌人打运动战及占领广大乡村，消灭反动武装，发动群众，必须准备经过一个困难时期，逐步建立根据地。”

9月3日　关于华东野战军外线兵团应迅速建立无后方作战的思想，致陈毅、粟裕电，指出："刘、邓已实行无后方作战。陈、谢亦决心深入敌区，准备与后方隔断。你们的胶东、渤海都成了前线，决不可希望仍有过去一样的接济，对晋冀鲁豫亦不可要求过高过大。从你们自己起到全军一切将士，都应迅速建立无后方作战的思想，人员、粮食、弹药、被服一切从敌军敌区取给。准备在连续作战之后缩编部队，准备打得剩下三千人、四千人一个旅，而战斗意志愈打愈强（彭副司令所部就是如此）。俘虏兵即俘即补，重炮不要带去，不要怕后方被敌切断，勇敢地向淮河以北、平汉以东进军。"

9月4日　为中共中央军委起草致陈赓、谢富治并告刘伯承、邓小平，彭德怀电："（一）据密息：二十七旅以一个团分散守备灵宝、阌乡及该地车站，主力驻华阴为预备队，陕南、豫西南各县似甚空虚。（二）你们应以四纵有力兵团位于阌乡以西，准备歼灭二十七旅主力之增援，以四纵主力分别同时包围陕〔1〕、灵、阌三城，相机攻占之。得手后，交三十八军守备，令其着重肃清三县地主武装（这是非常重要的）。四纵全部则分两路，一路取捷径出陕东南，相机攻取洛南、商县、商南、荆紫关诸城镇；一路出伏牛山，相机攻取卢氏、淅川、内乡三城。四纵于占领上述各地后，即应散开于各县乡村，攻破地主围寨，消灭地主武装。上述任务，争取于本月内完成。（三）秦纵以有力兵团位于洛阳以西，阻止洛敌西犯，其余南进，相机攻取嵩县、鲁山、南召诸城，并消灭各县地主武装。（四）应将占领县城与占领乡村、消灭敌正规军与消灭敌地主武装看得同等重要。全军都要有在豫西、陕南、鄂北建立根据地的决心。"六日，又为中央军委

〔1〕 陕，指河南陕县。

起草致陈、谢、韩电："四纵主力西进，相机攻取陕、灵、阌三县以后再入陕东南及豫西南。"

9月6日　关于彻底平分土地问题，为中共中央起草复中央工委五日来电。复电指出："平分土地利益极多，办法简单，群众拥护，外界亦很难找出理由反对此种公平办法。中农大多数获得利益，少数分出部分土地，但同时得了其他利益（政治及一般经济利益）可以补偿。因此土地会议应该采取彻底平分土地的方针，将农村中全部土地、山林、水利，平地以乡为单位，山地以村为单位，除少数重要反动分子本身外，不分男女老少，在数量上（抽多补少）、质量上（抽肥补瘦）平均分配。不但土地、山林、水利平均分配，而且要将地主富农两阶级多余的粮食、耕牛、农具、房屋及其他财富拿出来，适当地分配给农民中缺乏这些东西的人们，地主富农所得的土地财产不超过也不低于农民所得。大规模的森林及水利工程不能分配者由政府管理。此外，同意即由土地会议通过土地法大纲，作为向各解放区政府的建议。"

9月11日　关于陈粟野战军沙土集战役〔1〕胜利后的任务，为中共中央起草致陈毅、粟裕并告刘伯承、邓小平，饶漱石、黎玉，陈赓、谢富治及彭德怀电。电报指出：华东野战军外线兵团在"郓城沙土集歼灭五十七师全部之大胜利，对于整个南线战局之发展有极大意义，特向西兵团全军将士致庆贺慰问之忱"。"在目前几个月内，你们人员补充主要靠俘虏，应采即俘即补方针，

〔1〕1947年9月7日至9日，陈粟野战军西兵团将国民党军整编第57师全部9500余人歼灭于山东菏泽以东、郓城西南的沙土集地区，俘虏该师师长段霖茂，策应了刘邓大军在大别山的行动和东兵团的胶东保卫战。

弹药补充主要靠取之于敌。应注意打有准备有把握之仗，同时严整军纪，争取群众，你们就一定能完成在黄河、淮河、运河、平汉之间创造巩固根据地，协助刘邓、陈谢创造鄂豫皖与鄂豫陕两大根据地，协助饶、黎、谭保卫山东根据地，协助苏中、苏北恢复根据地之伟大任务。你们处在上述四大根据地之中间地带，你们的胜利有重大战略意义。”

同日　修改新华社社论稿《人民解放军大举反攻》，加写两段话：“没有前途，没有出路，灰心丧志，慌乱动摇，风声鹤唳，草木皆兵，贪污腐化，愈陷愈深，互相埋怨，见死不救，这就是整个匪军营垒的现状。再打一年两年，蒋介石匪帮就离全军覆灭不远了。”“打倒蒋介石才有和平，打倒蒋介石才有饭吃，打倒蒋介石才有民主，打倒蒋介石才有独立，已经是中国人民的常识了。”

同日　为中共中央军委起草致刘伯承、邓小平电：“目前几个月内，你们作战似应避开桂系主力七师、四十八师，集中注意歼灭中央系及滇军。因七师较强，不易俘缴，四十八师情况不明，似和七师相差不远，而中央系各部及滇军五十八师则在运动中易于歼俘。”据此，刘邓军于本月在商城、光山地区，同滇军整编第五十八师连续打了三仗，把敌人机动兵力吸引到大别山北麓，保障第三、第六纵队向皖西、鄂东地区展开。

9月13日　为中共中央军委起草致陈毅、粟裕电：“必须注意不打无准备无把握之仗，对五军、七十五师暂时不打很对。对俘虏应采取即俘即补方针。俘获后有数天训练，开一个翻身会(吐苦水)，即可补入部队。彭习野战军全靠俘虏补充，即用此种方法，而战斗力很好。用此种方法，只要不打无把握之仗，每战均有俘获，即能保持兵员的经常状态。”

9月14日　为中共中央军委起草致彭德怀电，指出：陈、谢已克灵宝、阌乡、卢氏，现正以三个旅攻陕县，三个旅向西急进，直迫潼关。鲁崇义的整编三十师主力现被我王新亭部阻困于临汾，难于西撤。西安、潼关线空虚。拟令陈、谢攻克陕县后率五个旅向渭南、华阴攻进，以秦基伟三个旅及三十八军一部留豫西活动。“在此种情况下，我军似宜扭住刘、董于大小劳山以北、永坪以南地区，协助陈、谢得手，削弱刘、董，使其恐慌动摇，进退维谷，至时机成熟时，各个歼灭之，或与陈、谢直接会合于渭水以北根本解决之。”

同日 西北野战军开始在岔口、关庄一带追歼胡宗南军，经过三天战斗，给了南撤的胡宗南军以重大杀伤。十九日，毛泽东为中共中央军委起草致彭德怀电：“三天战斗给了敌人以相当削弱，迟滞了敌人南进，特别是认识了敌人士气衰落，我军士气大增，不怕这个敌人，对于我军向渭北出击争取胜利，大有利益。”

同日 东北民主联军秋季攻势开始。

9月15日 为中共中央军委起草致陈毅、粟裕并告华东局电：“现在的中心问题是打胜仗，只要再打两三个沙土集这样的胜仗，不但能调动胶东敌军，而且能保障你们及刘、邓的后方通路。只要前面打胜仗，敌即无法断我后路。但我军在一个时间内，必须要有一往无前不要后路的决心。”陈、粟决定，留第十纵队和晋冀鲁豫第十一纵队于鲁西南牵制邱清泉部，陈粟野战军主力及李先念率领的刚由豫北南渡准备转用于大别山的第十二纵队，于九月二十六日分五路横越陇海线，南下豫皖苏地区。十月十三日，中共中央军委又决定增调两广纵队从渤海区至鲁西南。

同日 为中共中央军委起草致彭德怀，刘伯承、邓小平，陈毅、粟裕，陈赓、谢富治，饶漱石、黎玉、谭震林并告各首长电，通报各战区的作战情况。电文如下：“目前情况：（一）我军在大别山、豫西、鲁西南、豫皖边区及陕北，业已完成战略展开任务。（二）我刘邓军已在豫东南、鄂东、皖西占领十多县及广大乡村，威震大江南北。该区群众很好，粮食已可吃新谷，地方工作已在布置，现在准备歼灭敌主力之作战。在该区周围之敌共二十三个旅，其中机动兵力约十二个旅左右，近又有抽整十师二个旅去郑州消息。（三）我陈粟西兵团已集中鲁西南，并已歼灭五十七师，奠定了该军扩大根据地至淮河以北、运河以西、平汉以东，并在该区内继续歼敌之有利地位。该区敌只有十五个旅左右，其机动兵力不过五个旅左右。（四）我陈谢兵团已占豫西九县（宜阳近被敌占），除歼灭大量保安部队外，并歼灭胡宗南七十六师之新一旅、三十六师一个独立团，又歼灭洛阳李铁军[1]部整十五师六十四旅一个团，击溃两个团。现该区除陕县尚未攻克外，淅川、南召以北，洛阳、临汝、鲁山以西，均为我占。现渭水、黄河以南，汉水以北，平汉以西甚为空虚，利于我军放手发展。（五）陕北我已收复佳县、米脂、吴堡、子洲、镇川、横山、靖边、保安、吴旗、安定、固临诸城镇。彭率野战军已进至青化砭、延川之线以南地区，胡军主力七个旅又二个团则在该线以北被我阻击，无法迅速南撤。我军待完成歼敌一部之任务后，准备不久即打到外线去。（六）目前只有胶东方面敌尚维持十五个旅左右的攻势，该区尚有一个时期是困难的。但估计只要陈粟、刘邓、陈谢三方面再打几个胜仗，中原及长江发生更大震动之后，胶东敌军将被迫大批南撤。只要我军不打无准备无把握之仗，每战均能歼敌一部（不论多少），就能改变该区形势。”

---

〔1〕 李铁军，当时任国民党军陆军总司令部郑州指挥部第5兵团司令官。

同日 为中共中央军委起草致陈赓、谢富治、韩钧并告彭德怀及刘伯承、邓小平电："你们在陕州〔1〕作战完毕后，不论得手或不得手，休整数日，留三十八军一个师于陕、灵、阌地区。你们亲率四纵全部及三十八军一个师，携带数天粮食，于商州、潼关之间自择道路（避开坚固据点），进入渭华〔2〕以南、商洛〔3〕以北地区，然后相机攻占临潼、渭南、华阴、华县、潼关、蓝田、洛南诸城。如你们能于本月下旬进入上述地区，并开始作战，则甚为有利。那时，我彭副司令所部及王世泰两个旅，当可钳制胡军主力，并可能向洛川一带前进，配合你们作战。"

9月16日 为中共中央军委起草致刘伯承、邓小平电："你们全军冬衣准备，不要将重点放在由后方按时供给上面，而要放在自己筹办上面，你们如能努力收集棉花布匹，每人做一件薄棉衣，或做一件棉背心，就能穿到十二月、一月，那时后方冬服可能接济上来。"

同日 为中共中央军委起草致彭德怀并告贺龙、习仲勋电：（一）"目前一个月内是重要关节，望鼓励全军将士英勇奋斗，配合陈、谢完成重要任务。"（二）"请令王震〔4〕率两个旅立即向延安以南开进，占领大小劳山、甘泉之线，节节阻敌南退。"（三）"主力六个旅即于现地休息三天、四天，至多五天，解释行动方针，约于二十二日左右向南急进。全军（六个旅）直迫宜川，相机攻取该城；然后向南相机攻取韩城、合阳、澄城、蒲城、白水、平民、朝邑〔5〕、大荔诸城。争取于十五天至二十天内完成

〔1〕 陕州，河南陕县的旧称。

〔2〕 渭华，指陕西渭南、华阴。

〔3〕 商洛，指陕西商县、洛南。

〔4〕 王震，当时任西北野战军第2纵队司令员兼政治委员。

〔5〕 陕西平民县1950年并入朝邑县，朝邑县1958年并入大荔县。

上述任务。”九月十七日，又为中央军委起草致彭德怀电：执行上述任务的时间可按情况推迟，“总以歼灭或迟滞敌军，协助陈、谢渭华作战为原则”。据此，西北野战军第二纵队于二十三日攻克大小劳山，阻敌南进。

同日　为中共中央军委起草复陈毅、粟裕，饶漱石、黎玉、许世友、谭震林电，指出：“我们认为震林所率二、七两纵，目前不宜离开滨海”，“一可钳制八十三师、二十八师、四十五师等部；二可策应胶东内线。大约坚持一个月至多两个月，局势就会变化。如二、七纵出鲁南或苏北，则八十三师、二十八师等部必跟去，亦不见得容易歼灭，对于胶东则减少直接配合作用”。

9月17日　为中共中央军委起草致西北局并告彭德怀和陈赓、谢富治、韩钧电，指出陈谢韩兵团已将豫西之敌大部扫清，“请西北局选派大批地方工作干部，给以一星期训练，送往彭副司令处，随军至渭北，转往陕南交汪锋指挥，发展陕南根据地。”

同日　为中共中央军委起草致陈赓、谢富治、韩钧电：“在十五天至二十天内，胡军主力尚不能向你们攻击。你们必须很好利用这十五至二十天时间，打开陕东及陕南局面，这是有决定重要性的。如不能在陕东、陕南建立根据地，则将妨碍你们在豫西及鄂西北建立根据地。”

同日　为中共中央军委起草致彭德怀、贺龙、习仲勋电：“提议王世泰部编为第四纵队，辖两个旅，参加野战军作战，使该部正规化。”随后，西北野战军第四纵队组成，王世泰任司令员。

9月18日　为中共中央军委起草致陈赓、谢富治、韩钧电：“请令秦基伟主力（两个旅）由伊阳向东，相机攻占临汝，然后由临汝向东南，以一个旅相机攻占郏县、襄城、宝丰、叶县，威胁许昌，吸引整三师及一二四旅向该方向救援。该旅即留在上述各县，与救援之敌周旋。以另一个旅相机攻取鲁山、南召县城后，迅即转至卢氏、嵩县、伊阳、鲁山、南召、内乡六县交界，即伏牛山地区纵横二百里内外，展开乡村工作，剿灭民团、土匪，发动群众，建立游击队，创造该纵后方。必须使该纵干部明了，该纵后方不是新安、渑池，而是伏牛山，用全力在伏牛山建立根据地，是为至要。”本日，为中央军委起草致陈、谢、韩电，庆祝攻克陕县的胜利。

9月19日 为中共中央起草致晋察冀中央局并告中央工委及杨得志、罗瑞卿、杨成武电：“根据中央工委建议，为着加强晋察冀工作之目的，决定派彭真同志以中央政治局委员资格帮助与指导晋察冀工作。”

同日 致电杨尚昆，请将中共中央九月一日指示〔1〕叫师哲〔2〕译交阿洛夫转斯大林。

9月20日 为中共中央军委起草复彭德怀、贺龙、习仲勋电，同意以教导旅、新四旅编为第六纵队。

9月21日 和周恩来、任弼时率中共中央机关离开朱官寨，到达佳县张家崖窑。二十三日，迁移到佳县神泉堡。

9月23日 关于打李铁军部的部署，为中共中央军委起草致陈赓、谢富治、韩钧并告徐向前、滕代远、薄一波（转王新亭〔3〕），刘伯承、邓小平，陈毅、粟裕，彭德怀电。电文如下：“因西潼线〔4〕已到及数日内可到之敌共有十个半旅，难于得手；汉水流域无敌正规军，可留待一个月后去占；郑洛〔5〕区李铁军

〔1〕 指毛泽东为中共中央起草的解放战争第二年的战略方针的指示。

〔2〕 师哲，当时任中共中央书记处办公室主任。

〔3〕 王新亭，当时任晋冀鲁豫野战军第8纵队司令员兼政治委员。

〔4〕 西潼线，指陇海铁路西安至潼关段。

〔5〕 郑洛，指河南郑州、洛阳。

部六个旅较弱，故改变部署如下：（一）于二十六日前以三十八军一部开文底，逼近潼关佯动，迷惑敌人。（二）刘[1]旅附三十八军一部，除留小部控制卢氏剿匪外，立即西进，相机攻占洛南、商县、商南、山阳诸县，肃清反动，发动群众，援助陕南游击队。（三）三十八军主力位于陕、灵、阌三县剿匪。（四）你们率主力四个旅，协同秦纵向[2]旅，于二十六日开始荫蔽东进，突然包围六十四旅及武庭麟师部（可能在磁涧），相机歼灭之，收复新安。（五）在打六四旅期间，秦纵主力可继续休整。（六）歼灭六十四旅后，协同秦纵歼击李铁军主力，并相机攻占郑洛以南、平汉以西十余县。（七）准备一个月时间，完成上述任务，然后留秦纵位于上述地区，四纵向汉水流域。”二十五日，又为中央军委起草致陈、谢、韩电：“你们南渡后第一个月作战成绩很好，歼敌二万余，控制渑、陕、灵、阌、宁、卢六县。原定第二步打西潼线上之敌，第三步出汉水、豫西南，因西潼敌已先我集中兵力，把握较少，故改变计划，东打李铁军，并相机占领郑洛以南、平汉以西若干县。包括作战与休息在内，估计大约须一个月左右时间。如此举成功，不但对你们有利，对陈粟、刘邓亦有利。”“在你们打李铁军期间，彭副司令所部留在陕北内线，完成歼敌、整训、补充等项任务，时间约一个月左右，然后打出去，第一步向渭北，第二步向陇南，与你们相呼应。但你们及任何其他战略单位之作战，均是独立性的，各按自己情况独立部署行动，不要依赖任何方面之直接配合。”

同日　为中共中央军委起草致彭德怀并贺龙、习仲勋电：“（一）决定你军主力（六个旅）在内线一个月至一个半月，完成

---

〔1〕 刘，指刘金轩。当时任晋冀鲁豫野战军陈谢集团第4纵队第12旅旅长。

〔2〕 向，指向守志。当时任晋冀鲁豫野战军陈谢集团第9纵队第26旅旅长。

歼敌、休整、补充三项任务，然后打出去。望按此部署一切，主要是筹粮一万五千大担。（二）王震两个旅相机攻占劳山、甘泉等地，阻敌数天后即可先出渭北。”二十四日，西北野战军决定先在陕北执行内线作战任务，十月一日全歼延川、延长守敌。

9月24日 为中共中央军委起草复朱德、刘少奇并告聂荣臻、萧克、杨得志、罗瑞卿、杨成武电：“此次大清河战役〔1〕，歼敌一部，虽未获大胜，战斗精神极好，伤亡较多并不要紧。休整若干天，按照该区具体条件部署新作战，只要有胜利，无论大小，都是好的。一切按自己条件独立部署作战或休整，不要顾虑东北或别区配合问题。”

9月25日 和周恩来、任弼时等前往中央警卫团驻地阎家峁看望新入伍的几百名战士，勉励他们要好好学习军事、政治、文化，全心全意为人民服务。

9月26日 为中共中央军委起草致陈赓、谢富治、韩钧电：“（一）打六十四旅行动时间，由你们自己决定，总以确保胜利为原则。（二）宜阳之敌，可能向新安增援，你们要准备打援敌，应令秦纵参加此次作战。（三）应以一部向潼关方向之敌佯动，迷惑该敌（直至现时止，西安方面均认你们必打西潼线，甚为恐慌），以利主力荫蔽东进，突然包围六十四旅而歼击之。”据此，陈谢集团以一部在豫陕边地区活动迷惑关中敌人，主力于本日隐蔽东进，十月二日在铁门歼灭国民党军整编第十五师师部及第六十四旅大部，李铁军第五兵团主力逃回洛阳。陈谢集团在豫陕边地区转战月余，共歼敌三万三千余人，解放县城十二座，建立了三个军分区。

---

〔1〕 晋察冀野战军于1947年9月2日至12日举行大清河北战役，歼灭国民党军5000余人。

同日　为中共中央军委起草复徐向前、滕代远、薄一波转王宏坤、张际春并告陈赓、谢富治、韩钧电，指出徐、滕、薄二十四日提出的“以彭、罗[1]监视临汾之敌，集中八纵两个旅夺取运城，再北上相机夺取临汾，并打阎敌”的计划甚好，望坚决执行。据此，晋冀鲁豫军区第八纵队等部于十月七日开始围攻运城，历经一个月，歼援敌三千七百余人。由于胡宗南部的整编第三十六师北渡黄河增援，对运城的进攻暂停。

9月30日　为中共中央军委起草复陈毅、粟裕并告刘伯承、邓小平电：“（一）你们分两路前进方针很好。至少一个月内专打分散薄弱之敌，发动群众，了解情况，然后看情形再集中相当兵力，打有把握有准备的较大规模的仗，半个月时间太短。（二）士榘所部第一步相机攻占尉氏、洧川、鄢陵、扶沟；第二步应向南相机攻占商水、项城、沈丘、临泉、上蔡、汝南、新蔡，在该地区建立根据地，与刘、邓衔接。（三）你们则在夏邑、永城、宿县、亳县、涡阳、蒙城、怀远、凤台、阜阳、太和地区建立根据地。（四）你们与士榘所部暂时分开建立根据地，将来看情形，各留一个纵队在当地发展根据地，集中三个纵队打较大规模的仗。如此方可迫使敌人分得很散，造成好打之条件。（五）各纵辗转活动，破击三条铁路，歼灭分散之敌，极为重要。”

同日　为中共中央军委起草致彭德怀电，指出王世泰部已占白水，王震部日内可到白水附近，“该两部应会合一起，即以白水为枢纽向四周发展，建立渭北根据地”。

10月2日　为中共中央军委起草致彭德怀电：“两延[2]得

---

〔1〕　彭、罗，指彭绍辉、罗贵波，当时分别任陕甘宁晋绥联防军吕梁军区司令员、政治委员。

〔2〕　两延，指陕西延川、延长，1947年10月1日为西北野战军收复。

手后，我军似宜迅即以主力打清涧，以一部打瓦市，以期同时歼灭两地之敌，使绥德之敌无法逃跑。然后两路北进，歼灭绥德之敌”。本日，又为中央军委起草致彭德怀电：“清、瓦两处可先打一处，再打一处，不必同时打”。根据上述精神，西北野战军于六日集中兵力首先进攻清涧之敌，十一日攻克该城，全歼守敌整编第七十六师师部及一个旅，师长廖昂被俘。延（延长、延川）清（清涧）战役共歼胡宗南军八千余人。

10月3日 为中共中央军委起草复陈赓、谢富治、韩钧并告陈毅、粟裕，刘伯承、邓小平电，对陈谢集团歼灭第六十四旅大部，收复新安甚慰，认为他们上月二十九日电提出的如宜阳敌好打则全力歼灭宜阳之敌，否则将主力进至洛阳西南伊、洛两河之间，佯攻洛阳，分别歼灭各路回窜之敌的意图是好的，望依情况临机决定。并指出：“总以于一个月内各个歼灭李铁军诸旅，并攻占洛阳、郑州之线以南，鲁山、叶县之线以北，平汉以西诸县为目标。”

同日 关于陈粟野战军进入豫皖苏地区开展工作问题，为中共中央军委起草致陈毅、粟裕并告刘伯承、邓小平电。电报指出：“你们兵力业已展开于广大地区，现应确定一个月至两个月内，只打小仗不打大仗。各纵应划定地境，每纵几个县，从事歼灭境内小股敌军、民团、土匪、保甲，建立政权，实行土改。每县拨出一个营的架子（干部）及一个连的兵力，建立各县武装基干。各纵主力则在自己辖境内往来机动作战，包括破击铁路在内。你们五个纵队范围，不但包括陇海以南、运河以西、平汉以东、淮河以北，而且可以一部渡淮南进，直达寿县、合肥、巢县之线以东，长江以北地区，与刘邓区域、苏中、苏北完全衔接。如一个月至两个月时间不够，还可酌量延长。使敌主力置于无用之地，疲于奔命，而我则于短期内歼灭了敌之爪牙，建立了我之根据地，为不久将来集中兵力作战打下基础。此种工作看似不甚重要，实则具有伟大战略意义。”据此，陈粟野战军以纵队为单位分别消灭保安团队，派遣大批干部发动与组织群众，至本月底，攻克县城二十四座，歼敌一万余人，在沙河以南、淮河以北建立了拥有一千多万人口的三个专署和军分区。李先念率领的第十二纵队于十一月初渡过淮河进入大别山，归刘邓野战军建制。

10月4日　关于大别山地区的作战方针，为中共中央军委起草致刘伯承、邓小平并告陈毅、粟裕电。电报指出：“为着（一）分散大敌，使敌主力疲于奔命；（二）歼灭小敌，使我获得歼灭敌正规军一旅两旅、一团两团之多数机会，广泛歼灭民团、保甲；（三）发动群众，建立根据地；（四）解决物资，目前主要是冬衣等项目的，请考虑你们手中集中的九个旅，分出三个旅越路西进，相机攻占孝感、云梦、应城、安陆、京山、天门、钟祥、随、枣〔1〕诸县。你们手中集中六个旅，仍有每战歼灭弱敌两个旅、强敌一个旅之能力。目前向西南，相机攻占麻城、黄安、黄陂、礼山、广水、花园诸地，并相机控制铁路一段。尔后则可向东方或向东北方机动。而桐柏山地区，则留待赵、王〔2〕两纵去经营。陈谢十个旅分散五个旅于豫西、陕南十余县，打民团、土匪、保甲及一团一营之正规军，集中五个旅打中等规模之仗，甚有效力。陈、粟目前情况，则宜以纵队以旅为单位分散歼敌，过一时期后，再集中六至七个旅往来机动，打中等规模之仗。此种办法可制敌死命。”据此，刘邓野战军主力分两路向鄂东、皖西展开后，于本月八日至十日，先后在皖西张家店和鄂东

〔1〕随、枣，指湖北随县（今随州）、枣阳。

〔2〕赵，指赵基梅，当时任晋冀鲁豫野战军第12纵队司令员。王，指王宏坤，当时任晋冀鲁豫野战军第10纵队司令员。

黄陂之柳子港、李家集等地歼敌一部，打破了敌人跟踪与合围的企图，接着连克广济、望江等县城，直逼长江，扩大了活动地区。

10月8日 为中共中央起草致华东局转许世友、谭震林及各纵队电，庆祝他们收复掖县及歼灭敌人数部的重大胜利〔1〕，并指出："自从你们转入反攻后，我军业已无例外地全面转入反攻。敌人已没有任何一处再能进攻。我刘邓、陈粟、陈谢三军共四十八个旅约四十万人，业已在长江、黄河间立住脚跟；西北我军不久即将向敌区进攻；东北我军攻势有很大发展。整个形势于我有利。希望你们在华东局正确领导之下，继续争取胜利。"

同日 为中共中央军委起草致刘伯承、邓小平电："你们手里只有七个旅，不要再分散。现在不要出平汉及平汉以西。陈、谢环境很好，不须你们配合。你们按照自己情况，逐步克服困难，争取胜利。无把握的仗不要打。"

同日 写信给毛岸英，指出："一个人无论学什么或作什么，只要有热情，有恒心，不要那种无着落的与人民利益不相符合的个人主义的虚荣心，总是会有进步的。"

10月9日 为中共中央起草致中央工委，晋察冀中央局电："（一）土地法大纲业已修改完毕，决于明（十）日发表。（二）从报上登载至传达到乡村，当在半个月以后，似不至影响种麦。如中央局认为可能发生影响，可以推迟若干天发表。至于按照土地法实行分配土地，应在你们土地会议决定实行步骤全部布置完毕以后，方才开始。"

10月10日 为中国人民解放军总部起草的《中国人民解放

---

〔1〕 华东野战军东兵团自1947年10月2日进行胶河战役，至10月10日歼灭国民党军12000余人，收复掖县。从此，东兵团转入反攻。

军宣言》本日公布，宣布了中国人民解放军的也就是中国共产党的八项基本政策。这个宣言第一次提出“中国人民解放军”的全称，第一次以宣言形式郑重向中外宣布“打倒蒋介石，解放全中国”的口号。这个宣言编入《毛泽东选集》。

同日　中共中央公布经毛泽东修改的《中共中央关于公布中国土地法大纲的决议》和《中国土地法大纲》。《决议》指出：“中国共产党中央委员会完全同意这个土地法大纲，并予以公布。希望各地民主政府、各地农民大会、农民代表会及其委员会，对于这个建议加以讨论及采纳，并订出适合于当地情况的具体办法，展开及贯彻全国土地改革运动，完成中国革命的基本任务。”

同日　为中国人民解放军总部起草的关于重行颁布三大纪律八项注意的训令本日发布。训令指出：“本军三大纪律八项注意，实行多年，其内容各地各军略有出入。现在统一规定，重行颁布。望即以此为准，深入教育，严格执行。”这个训令编入《毛泽东选集》。

同日　为中国人民解放军总部起草的《中国人民解放军训令》，发至各级军政首长。训令指出：“现在，我们发布中国人民解放军口号六十七条。你们接到后，应即发给全军指挥员、战斗员，逐条讲解牢记，认真实行。同时，在你们所到之处，你们应当将这些口号，向全国人民，向蒋党蒋军被欺骗被胁从的人们，普遍地书写、张贴、印发、宣讲，务使他们完全了解，万众一心，打倒蒋介石，建立新中国。”

10月11日　为中共中央军委起草致各首长电，通报西北战场的情况与经验：“西北我军在彭副司令指挥之下，包括三个地方旅在内，总共只有十个旅，每旅大者五千余人，小者三千余人，全军共计四万余人。边区人口一百五十万，三分之一左右沦于敌占，一切县城及大部乡村均曾被敌侵占，现仍有十一城在敌手。本年荒旱，近数月粮食极端困难。七个月作战未补解放区新兵，补的都是俘虏，即俘即补。七个月中没有作过一次超过两星期的正式整训，绝大部分时间都在行军作战中。然而我军战斗意志极其坚强，士气极其高涨，装备火力大大增强，人员因有俘虏补充，亦比三月开始作战时略有增加。利用边区地方广大，人民拥护，七个月内击破了胡宗南中央系步骑二十四个旅及杂牌十个旅的攻势，被我歼灭及受歼灭性打击者达十一个旅，加上敌人拖疲饿瘦，使我转入了反攻。人民虽受敌人摧残搜括的灾难，却极大地提高了觉悟。我军虽在数量上少于敌人几倍，但在战斗力上优于敌人，尤其是在精神上压倒敌人。敌人极怕我们，我们不怕敌人。目前，我军主力准备再在内线一个短时期，即打到敌后去。估计再有一年左右时间，即可歼灭胡军大部，并夺取西北许多地方。这一经验，望各首长转知所属，加以研究，对于若干干部似乎认为一定要有定期大休整，要有两三千人一个团的充实的大部队，要有大批民夫、大车随军使用，要有充分的后方粮弹供给，才能打大胜仗，稍有疲劳减员即叫苦连天的思想，转变为一切取给于敌，不靠后方接济，大大减少民夫、大车，节省粮弹，提倡不怕伤亡，连续战斗，善于利用两个战役或战斗之间的空隙进行短时休整（七天、十天或半月），善于捕捉战机，经常保持旺盛士气，多打胜仗，每战确保胜利，一切从打胜仗中解决问题的思想。这后一种思想，必须在各军巩固地建立起来，特别是关内各军必须如此。即使有后方接济，亦决不可存依赖之心，必须将重点放在依靠前线，依靠野战军从前线自己解决问题，不但西北有此经验，各区自己亦必有这种经验，务望总结起来，加深部队教训，争取大反攻胜利。”

10月12日 为中共中央起草致刘伯承、邓小平并转各纵队各旅电，庆祝他们在张家店、歧亭、李家集等处歼敌两个旅的胜利。并指出："自你们进到鄂豫皖边区并立住脚跟，配合陈、粟在淮河以北，陈、谢在豫西、陕南，彭、张在西北，许、谭在山东，我军已完成了南线第二年作战的战略展开，并打了许多胜仗，迫使南线诸敌分散应付，处于被动，创造了我军在今后大量歼敌的条件。尚望各同志在刘、邓正确领导下，继续努力，团结全党全军，克服困难，完成伟大战略任务。"

10月13日　复电林彪，同意他十二日来电提出的在东北民主联军的秋季攻势中，准备攻击吉林同时打援的计划，并指出："关内除李宗仁系统可能抽调少数出关外，各战场蒋军均感兵力不敷应用，很难抽援东北。""你们攻克吉林后，应将主攻方向转至北宁、平绥两线，沈阳、锦州间，锦州、山海关间，山海关、天津间，天津、北平间，北平、张家口间，均为很好作战地区。依据关内各战场经验，在敌尚有能力举行大规模进攻时期，因敌高度集中前进，我集中的大军很难求得运动战机会。在现时敌已被迫分散于黄河、长江间六七个战场上，采取战略守势时期，我集中大军更难求得运动战。但如我兵力不太大，则尚有许多运动战机会，且可大量歼灭分散守备之敌。故目前南线各军的野战机动兵团，大体都是以五个旅至十个旅的兵力组成之，其余则以纵队以旅为单位分散作战。你们今后野战兵团之组成，除若干特别情况外（例如目前打吉林，将来打锦州或他处），亦应注意此种经验。"

同日　为中共中央军委起草复彭德怀并告贺龙、习仲勋电，同意彭德怀于本日提出的集中六个旅北上打榆林、神木的作战计划，并指出："行动时间，须待刘戡南下到达延安附近时，我军开始北进为有利。如刘戡在现地徘徊，则似宜先打宜川引其南退，然后打榆神。"据此，西北野战军于本月下旬发动了第二次攻打榆林战役。

10月15日　关于再次筹划南渡长江问题，致电陈毅、粟裕："战局可能发展得快，六个月内（十月至三月），你们各纵在河淮之间作战，另准备以原淮南独立旅恢复淮南。六个月后（约在明年四月），你们须准备以一个或两个纵队出皖浙赣（不是闽浙赣）边区。"

10月17日　从神泉堡出发，过佳芦河，到达佳县县城，进行调查研究。当晚，在住处召集县领导干部谈话，了解当地土改情况，嘱咐大家要依靠群众，把工作做好。次日晨，接见出席县委召开的区委书记和区长联席会议的同志。为县委题词："站在最大多数劳动人民的一面。"

10月18日　中午，到达谭家坪，参观峪口纸厂。该厂生产马兰纸，毛泽东详细了解纸的生产情况。

10月20日　关于豫西、陕南作战部署问题，为中共中央军委起草致陈赓、谢富治、韩钧电，指示他们休整完毕后：（一）"拟以一个旅破平汉路。因许昌以北敌力较大，应直向许昌、武胜关段及武胜关以南机动破袭，吸引十师向南，然后转破许昌以北。"（二）"一个旅位于新、宜、伊、嵩〔1〕剿匪、分财、分田，与卢氏打通并监视洛敌。"（三）"主力五个旅，第一步分数路同时出动，相机攻占陇海以南，平汉以西，方城、南召、舞阳一线以北诸县，歼灭民团、保甲、土匪及小股敌军，发动群众分地主粮食、财物。第二步看形势集结兵力，歼击由洛、郑、漯、许〔2〕可能向我前进之敌，但遇五师〔3〕主力则避开之，遇三师、十师等部则各个歼灭之。如洛、郑、漯、许之敌取守势，则延长

〔1〕 新、宜、伊、嵩，指河南新安、宜阳、伊川、嵩县。

〔2〕 洛、郑、漯、许，指河南洛阳、郑州、漯河、许昌。

〔3〕 指国民党军整编第5师（原第5军），是国民党军"五大主力"之一。

第一步作战方案之时间。”

同日 关于组织野战机动兵团打中等规模之仗的部署，致电陈毅、粟裕，指出：“你们全军除休整者外，酉戌两月[1]均依现态势分散作战及工作。亥月[2]初起，集中六个至九个旅组成一个头等野战机动兵团，打中等规模之仗，其余仍分散作战及工作。明年一月以后，看形势再组成一个至二个各包含四个至六个旅的二等三等野战机动兵团，其余仍分散作战及工作。”

10月21日 来到白云山脚下的南河底村。第二天（农历九月初九重阳节），上午到白云山看庙会，参观白云观时询问寺院人员的生活情况。在参观寺院的建筑、雕塑、塑像等古迹后，毛泽东说：“这些东西，都是历史文化遗产，要好好保存，不要把它毁坏了。”随后，又看佳县群众剧团演出的山西梆子，并为剧团题词“与时并进”。

同日 为中共中央军委起草致刘伯承、邓小平，陈毅、粟裕，陈赓、谢富治电：“（一）刘、邓巧[3]电提议，十一月二十日左右三军举行大破平汉路战役，使三区打通，使敌分割支解，以利分别歼击，我们认为极为必要，且有胜利把握。但不知陈、粟方面时间上来得及否，是否能集中九个旅打较大之歼灭战？（二）请你们考虑下列方案：（甲）照刘、邓巧电，三军同时破平汉；（乙）刘邓、陈谢两军为主，陈粟一部（在沙河以南者）为辅，担任破平汉，时间推迟至十二月上旬举行，陈粟主力则于十一月下旬举行大破陇海战役，断徐、郑交通并吸引五军东援，以利平汉得手。以上两案何者为宜？（三）陈、谢本月底休整完毕，

〔1〕 酉戌两月，即10月、11月。

〔2〕 亥月，即12月。

〔3〕 巧，即18日。

十一月初开始攻击嵩山区及以南各县，准备十二月上旬协同刘、邓破平汉。”

10月23日 为中共中央起草致杨得志、杨成武、耿飚[1]并告各首长电：“你们领导野战军在保定以南歼灭敌第三军主力，俘虏军长罗历戎，创晋察冀歼灭战新纪录[2]，极为欣慰，特向你们及全军指战员致庆贺之忱。”

同日 为中共中央军委起草复聂荣臻、萧克、刘澜涛、黄敬、罗瑞卿并告朱德、刘少奇，杨得志、杨成武电，批准他们二十二日提出的关于乘胜夺取石家庄的建议，并指出：“清风店大歼灭战胜利，对于你区战斗作风之进一步转变有巨大意义。目前如北面敌南下，则歼灭其一部，北面敌停顿，则我军应于现地休息十天左右，整顿队势，恢复疲劳，侦察石门，完成打石门之一切准备。然后，不但集中主力九个旅，而且要集中几个地方旅，以攻石门打援兵姿态实行打石门，将重点放在打援上面。”据此，晋察冀野战军经过充分准备后，十一月六日对石家庄发起攻击，十二日解放河北省重镇石家庄，使晋察冀和晋冀鲁豫两大解放区连成一片。十三日，毛泽东为中共中央起草致杨得志、杨成武、耿飚电：“庆祝晋察冀我军攻克石家庄歼灭二万余人之大胜利。”“尚望团结全军继续寻机歼敌，争取冬季作战之大胜利。”

10月24日 为中共中央军委起草复陈毅、粟裕并告刘伯承、邓小平，陈赓、谢富治电：“（一）陈、粟决定提早集中主力大破陇海路，孤立徐州，甚好。惟集中兵力时，各新占区域应留下适当兵力，继续分散工作；破路时间以十一月上旬开始为好。

〔1〕 耿飚，当时任晋察冀军区副参谋长。

〔2〕 晋察冀野战军于1947年10月11日至22日取得清风店战役的胜利，歼灭国民党军第3军主力17000余人。

（二）陈、谢日内开始东进，攻占平汉以西各县，十二月初协同刘、邓大破平汉路。那时，陈、粟陇海战役应已完毕，并获得短时休息，亦可协同破平汉路。（三）精密研究破路技术（东北铁路大翻身办法又快又彻底，你们应采用），很好地组织破路战役，求达彻底破路与大量歼敌两项目的，但不打无把握之仗。”华东野战军外线兵团主力于十一月八日向陇海路兰封（今属兰考）至郝寨段及津浦路徐州以南段展开破击战，至十一月十七日共破坏铁路一百五十余公里，歼灭国民党军一万余人，攻克萧县、砀山、民权等县城九座，车站十七个，威逼徐州，沟通豫皖苏和鲁西南的联系，迫敌调动十五个旅应援以推迟白崇禧围攻大别山的时间。

10月27日　修改周恩来为中共中央起草的关于反对刘航琛[1]一类反动计划的指示稿，加写一条：“我们在政治上要孤立自由资产阶级（特别是其中的右翼）和在经济上保护他们，二者似乎矛盾，其实并不矛盾。在蒋介石打倒以后，因为自由资产阶级特别是其右翼的政治倾向是反对我们的，所以我们必须在政治上打击他们，使他们从群众中孤立起来，即是使群众从自由资产阶级的影响下解放出来。但这并不是把他们当作地主阶级和大资产阶级一样立即打倒他们，那时，还将有他们的代表参加政府，以便使群众从经验中认识他们特别是右翼的反动性，而一步一步地抛弃他们。在经济上，则将在长时间内容许他们存在，并使他们的经济在政府法令许可下有一个一定程度的发展，以利经济之恢复与发展。对于在平分土地后生长出来的新富农，也是如此。在这个问题上的过左性急是错误的。”同时，就修改和发出

〔1〕刘航琛，当时被聘为国民党政府全国经济委员会委员，提出组织和平统一大同盟以为美蒋的缓兵之计。

这一指示致信周恩来："指示电很好，很有必要。惟须增加一条，作为第五条，将对自由资产阶级的政策问题完全弄清楚，预防过左倾向发生。这一倾向，在历史上是发生过的。此电当作普遍指示，发往各地。"

10月29日 为中共中央起草致刘伯承、邓小平电，庆祝在高山铺地区歼灭敌四十师及八十二旅之大胜利。高山铺战役是刘邓野战军进入大别山后取得的一个重大胜利。本月，刘邓主力沿长江北岸展开，乘虚接连解放舒城、庐江、桐城、潜山、广济、英山、望江等城和江岸重镇武穴。蒋介石以为刘邓军即将渡江，急令整编第四十师和八十二旅经浠水向广济兼程前进，十月二十六日进入刘、邓预设在蕲春的高山铺的袋形阵地被围。二十七日刘邓主力发起总攻，全歼国民党军一万二千余人。十一月正式成立鄂豫、皖西两个区党委和军区。

同日 上午，离开南河底村。下午，到达佳县城关吕家坪。

10月31日 上午，回到神泉堡。

同日 致电刘少奇："朱总到杨、杨[1]处帮助整训一时期很好，但杨、杨举行石门或他处作战时，请劝朱总回工委，不要亲临最前线。"

11月2日 致电彭德怀、张宗逊，指示他们置有力部队于榆林城北，准备打邓宝珊[2]所率绥远援兵。本日晚八时，为中央军委起草致彭、张电："邓宝珊东[3]晚八时抵扎萨克，据称援兵陆续赶到。你们除以主力攻城外，必须以有力兵团准备打邓援兵，务不使入城。"四日，又为中央军委起草致彭、张电："你们

〔1〕 杨、杨，指杨得志、杨成武。

〔2〕 邓宝珊，当时任国民党军晋陕绥边区总部总司令。

〔3〕 东，即1日。

应将重心放在打援方面，只要援敌歼灭榆城可从容解决。”五日，再为中央军委起草致彭、张电：“如十个团打邓、八个团攻城确有把握，并于灰日[1]以前取得打邓、攻城两项胜利，则可照你们原定计划执行不变；否则应改变计划，停止攻城，集中全力先打邓再打马[2]，然后攻城。”西北野战军在两次攻城未克、敌援军逼近榆林的情况下，根据上述指示，于十二日改变原来计划，除以一部兵力继续包围榆林外，主力西移打援，至十五日，在元大滩等地歼灭援敌四千余人，敌主力绕道进入榆林。

11月3日 修改新华社时评稿《蒋介石解散民盟[3]》，加写一段话：“民盟方面现在应该得到教训：任何对美国侵略者及蒋介石统治集团（或其中的某些派别）的幻想，都是无益于自己与人民的，应当清除这种幻想，而坚决地站到真正的人民民主革命方面来，中间的道路是没有的。如果民盟能够这样做，则民盟之被蒋介石宣布为非法并不能损害民盟，却反而给了民盟以走向较之过去更为光明的道路的可能性。”

11月4日 关于胡宗南企图打通陇海路及我之对策问题，为中共中央军委起草致陈赓、谢富治、韩钧电，指出：“胡宗南利用我陕北主力攻榆林时间，将第一师两个旅、三十六师一个半旅调至潼关，协同三十师、六十五师进攻豫西，目的在恢复陇海交通。在此情况下，我十二旅及十七师应停止西进，位于卢氏地区监视六十五师，掩护四、九两纵现在向东尔后向南之作战；五

〔1〕 灰日，即10日。

〔2〕 马，指马鸿逵，当时任宁夏省政府主席、国民党政府主席西北行辕副主任。

〔3〕 1947年10月27日，国民党政府宣布民主同盟为“非法团体”。11月6日，民主同盟总部被迫发表解散公告。

十五师及查[1]旅一个团位于现地，监视西面诸敌。你们应准备陕、灵、阌、渑、洛诸城全部失去，而只坚持乡村，黄河南北交通暂时断绝。待你们在东面及南面打开局面，并寻机歼灭李铁军兵团一部或数部之后，在胡军已分散在陇海线之后，即可找到歼灭胡军重占陇海之机会。”本月八日起，陈谢集团以“牵牛战术”调动、分散并疲惫敌人，以两个旅展开于南阳以西地区，以两个旅展开于方城、舞阳、泌阳地区，以三个旅展开于洛阳东南地区，以陕南部队加强在豫陕边活动。豫西的国民党军被迫退守南阳、洛阳和平汉路。陈谢集团乘机放手歼灭保安团队，大力开展地方工作，至本月底解放十几个县城，建立豫陕鄂边区行政公署和军区，八个专署和军分区，完成了战略展开。

11月5日 东北民主联军秋季攻势结束，作战历时五十天，歼灭国民党军六万九千余人，攻克通化、赤峰、宽甸、本溪、叶柏寿、朝阳、黑山、安东等十五座城市，切断了长春至四平的铁路线，控制了东北大部铁路，迫使敌军收缩于仅占东北面积百分之十五的中长路和北宁路的几个孤立城市内，陷入更加被动的局面。同时，调动了关内国民党军五个师到东北，有力地配合了华北作战。

11月6日 中国共产党中央委员会主席毛泽东、中国人民解放军总司令朱德致电斯大林：“我们代表正在为独立民主而战斗的中国共产党和中国人民，热烈庆祝伟大十月革命的三十周年，庆祝世界反帝国主义斗争的先驱——苏联日益强盛，庆祝中苏两大民族的伟大战斗友谊日益增进。”

同日 修改新华社社论稿《星星之火，可以燎原》，加写一段话：“中国人民现在正在进行伟大的革命战争，其目的是打倒

---

〔1〕 查，指查玉升，当时任晋冀鲁豫野战军陈谢集团第4纵队第22旅旅长。

美国帝国主义及其走狗蒋介石在中国的统治。这个战争业已取得伟大的胜利，必将继续胜利，直到打倒一切敌人，建立一个崭新的中国。当此庆祝十月革命三十年的日子，中国人民应当相信，我们苦难的日子是完全能够度过的，什么困难也能克服，获有美国帝国主义援助的蒋介石反动集团，我们完全有把握将其彻底打倒。我们不孤立，全世界一切反帝国主义的国家与人民都是我们的朋友。但是我们强调自力更生，我们能够依靠我们自己组成的力量打倒我们的敌人。中国民族是一个能战斗的民族，俄罗斯人在十月革命以来所创造的战胜帝国主义与国内反动派的伟绩，中国人亦能创造出来。今后数年的时间，必能证明这一点。'星星之火，可以燎原'，现在已是燎原的时候了。"

11月13日　致电林彪并告朱德、刘少奇，东北局："望东北局用全力加强军事工业之建设，以支援全国作战为目标。"

11月14日　和周恩来、任弼时率中共中央机关从神泉堡出发，当天到达阎家峁。

11月16日　为中共中央军委起草致彭德怀、张宗逊电，指出："在十八师向榆林靠拢情况下，我军宜乘虚进攻三边。该地只有几个保安团，较易解决，并吸引十八师回援，歼其一部。该地为十八师准备的粮食必不少，吃的问题可能解决。"据此，西北野战军令由黄龙山区北上的第四纵队，经安定向三边挺进，至二十九日连克宁条梁、安边堡等地。

11月17日　为中共中央军委起草复杨得志、罗瑞卿、杨成武、耿飚并中央工委，晋察冀军区并告林彪及东北局电："（一）同意移至晋县，休整三个礼拜，然后配合东北作战。（二）东北本月下旬开始新战役，若你们能于下月中旬开始新战役，则可起有力配合作用。（三）你们应准备于结冰期间四个月内（十二月至三月），进行几个战役，争取切断平津、平保及可能时平张等铁路，夺取铁路及其附近可能夺取之城市、据点，歼灭在这些铁路、城市、据点及其附近之可能歼灭的敌人，准备和东北我军直接配合作战。”电报还指出：“迭获胜利后，干部骄傲轻敌之心理必然会发生，你们应严格防止之，首先是领导者自己应防止此种心理之发生。”

同日 致电晋察冀中央局转杨之华〔1〕：“你们妇委五人联名于申宥〔2〕发给中央的电报，中央已于酉鱼〔3〕复电，同意你们提出的今后妇女工作方针。现再将该两电转发各中央局、分局参考，以引起他们对妇女工作更多的注意。”

11月18日 复信吴玉章〔4〕：“宪草尚未至发表时期，内容亦宜从长斟酌，以工农民主专政为基本原则，详情由王、谢〔5〕二同志面达。”

同日 复信张曙时〔6〕：“法律工作是中央新设领导工作的一个部门，兄及诸同志努力从事于此，不算‘闲居’。将来时局开展，出到外面工作，自属必要。目前则在激烈战争中，年老的人出去，似乎尚非其时。法律本于人情，收集各解放区实际材料，确是必要的。”

同日 复信陈瑾昆：“国内外大势观察正确，不会有第二个方向，进度亦快，不会稽延不决，诚如尊论。惟我们宁可作从长打算，估计到一切可能的困难，以自力更生精神，准备付以较长

〔1〕 杨之华，当时任中共中央妇女运动委员会委员。

〔2〕 申宥，即9月26日。

〔3〕 酉鱼，即10月6日。

〔4〕 吴玉章，当时任中国解放区战犯调查委员会主任委员。

〔5〕 王，指王明，当时任中共中央法律问题研究委员会委员。谢，指谢觉哉，当时任中共中央法律问题研究委员会主任。

〔6〕 张曙时，当时任中共中央法律问题研究委员会委员。

时间，似属有益。兄及诸同志对于宪草惨淡经营，不胜佩慰。惟发表时机尚未成熟，内容亦宜从长斟酌，以工农民主专政为基本原则（即拙著《新民主主义论》及《论联合政府》中所指之基本原则），详由王、谢二同志面达。”

11月19日 为中共中央起草致陈毅、粟裕并告各首长电：“庆祝你们破击陇海路之大胜利〔1〕。”

11月20日 和周恩来、任弼时率中共中央机关离开阎家峁，到达佳县乌龙铺。

11月21日 上午，和周恩来、任弼时率中共中央机关由乌龙铺出发，当日到达米脂县申家岭。

11月22日 和周恩来、任弼时率中共中央机关由申家岭出发，下午到达米脂县杨家沟。在杨家沟住四个月。

同日 为中共中央军委起草复王震，王新亭并彭德怀、张宗逊，徐向前、滕代远、薄一波，贺龙、习仲勋告陈赓、谢富治电：“各电均悉。（一）攻运〔2〕未克，打援又未全歼，在指战员中引起一时情绪不好，是很自然的，但我军精神很好，一二次仗未打好并不要紧，只要你们虚心研究经验，许多胜仗就在后头，望将此意向指战员解释。（二）同意二、八两纵择地休整一时期，然后找阎锡山打几仗；然后两纵同出渭北，协同西北主力歼灭胡宗南，有力地配合陈、谢。（三）在你们休整及打阎期间，注意编组新的地方军，并带领一同训练与作战，几个月后代替八

〔1〕 华东野战军西线兵团自1947年11月8日至17日进行陇海路破击战，攻克县城9座、车站17个，歼灭国民党军11000余人，破坏铁路150余公里，威逼徐州，沟通豫皖苏与鲁西南的联系，迫敌调动15个旅应援，其中包括准备用于大别山的8个旅，推迟了国民党军围攻大别山的时间。

〔2〕 运，指山西运城。

纵在晋南的任务。”

11月28日 为中共中央军委起草致陈赓电：“十二月你们应以配合刘、邓破击平汉路及歼灭土顽为中心，明年一月起准备打胡宗南。最近你们歼灭很多土顽，有大的战略意义。”

同日 为中共中央军委起草致彭德怀、张宗逊并告贺龙、习仲勋电：“依大局看，以放弃北线计划，集结训练一个月，配合陈、谢打胡为有利。但如十二月能确有把握攻克榆城，亦可考虑第三次攻榆。”西北野战军鉴于敌人主力进入榆林，决定放弃攻打榆林，转入整军。

同日 为中共中央起草致粟裕（陈毅已去中央工委）并告晋冀鲁豫中央局，华东局，中原局及张云逸、邓子恢电，指出：“在划定给你们之区域内（黄河以南，运河以西，平汉及淮南铁路以东，长江及淮河以北，以淮南铁路及淮河为你们与刘、邓之分界），以今年九月初至明年八月底之一年时间，做到完成土改、消灭敌人两大任务，将此两大任务明确告之各级一切干部，并领导他们与刘邓、陈谢两军比赛，有步骤地完成任务，不要落在友军之后。”鉴于十一月二十七日白崇禧在九江设立指挥所，以十五个整编师又三个旅的兵力开始对大别山区的围攻，毛泽东在这个电报中说：“在明年八月以前不准备派主力部队渡江，各部均要在现地安心工作与作战。”

11月下旬 修改中共中央关于重发《怎样分析阶级》等两个文件的指示稿，在第四条“此两项文件原是一九三三年为纠正在阶级分析问题上的过左观点而制定者”一句后面，加写一段话：“那时，凡在土地斗争尚未深入的地方，发生右倾观点，不敢放手发动群众深入土地斗争；凡在土地斗争已经深入的地方，则发生‘左’倾观点，给许多中农甚至贫农胡乱戴上地主富农等项帽子，损害群众利益。以上两类错误均须纠正，而这两个文件则主要是为纠正‘左’倾错误而发。目前正当各解放区开展与深入土地斗争之时，土地会议之召集，土地法大纲之颁布，给了右倾观点以严重打击，这是完全必须的。但随着斗争之深入，‘左’倾现象势将发生。此项文件发至各地，决不应成为妨碍群众斗争的借口，而应在放手发动农民群众彻底平分土地的坚决斗争中，适当地纠正业已发生与业已妨碍群众利益的过左行动，以利团结雇农、贫农，坚决保护中农（这是确定不移的政策），正确地执行土地法大纲，消灭封建半封建制度。”

12月4日 为中共中央军委起草复徐向前、滕代远、薄一波电：“（一）同意你们打运城。（二）王震纵队应位于黄河北岸要点，确实保证河南敌不能北渡，方有把握；否则敌必增援，攻运仍无把握。（三）彭张主力本月休整，下月上旬向渭北出动，王震纵队须于该时西渡勿误。”据此，晋冀鲁豫野战军王新亭第八纵队和进入晋南地区的西北野战军王震第二纵队，于本月十七日再度发起对运城的围攻，至二十八日攻克运城，歼灭守敌七千余人。

同日 关于刘邓全军明年的任务，为中共中央军委起草致刘伯承、邓小平电，指出：“（一）你们全军（除陈、谢）明年八月以前在长江以北作战，完成创造大别山、桐柏山及江汉区根据地，并与陈谢、陈粟两区联成一片之任务。明年八月以后，为着进一步分散敌力，便于歼灭之目的，依当时长江以北任务完成之程度，决定派主力或一部渡江，创造湘鄂赣边区根据地。（二）为着准备执行上述计划，请考虑目前开始派少数地方工作人员或少数游击支队南渡，求得生根。请清查张体学〔1〕旧部中是否

〔1〕 张体学，当时任鄂豫军区第4军分区司令员，中原突围时任鄂东军区代理司令员。

尚有熟悉鄂南情形的人，足以派去负此责任（张体学本人暂时不去）。到明年夏季，则准备派一个较大的游击支队南渡。以上均为先遣部队。此种人员及部队须加以训练然后派去。”

12月7日 为中共中央军委起草复杨得志、罗瑞卿、杨成武、耿飚并告彭真、聂荣臻、萧克、黄敬，中央工委电，同意杨、罗、杨、耿六日提出的下一步准备集中力量向平保段出击，以削弱敌人，孤立保定，配合东北人民解放军作战的报告，并指出：“下一步作战方针，以歼灭敌人为原则，至于何时在何地打及如何打法统由你们依情况决定。东北方面冬季作战本月中旬可打响，你们二十日以后开始打甚为适宜。”

12月8日 为中共中央军委起草致刘伯承、邓小平，陈赓、谢富治并告粟裕电：“因为敌人向大别山进攻，刘、邓已停止破平汉计划，这是对的。请陈、谢考虑是否仍有单独破击许信段〔1〕铁路之必要，如陈、谢以五个旅破该段，第一可使该路暂时切断，第二可将李铁军调至东边，以利下一步向西行动，但是否可行望按实情决定。”九日，又为中央军委起草致粟裕并告刘、邓，陈、谢电：“如无重大不便，粟部以攻击平汉郑许段〔2〕以配合陈、谢攻击许信段为宜，郑许战役结束后再打开封，并彻底平毁陇海郑州兰封段似亦方便”；“如粟定于十三日攻郑许段，则陈、谢攻许信段时间可与粟同时举行，亦可提早几天举行。”据上述指示，在粟裕统一指挥下，陈粟、陈谢两军于本月十三日发起平汉、陇海路破击战。

12月9日 为中共中央军委起草致粟裕并告刘伯承、邓小平电：“目前时期，华野仍以打中等规模之仗为有利。如敌集中强有力兵团向你们攻击，仍宜避开，别求机动。”

---

〔1〕 许信段，指平汉铁路许昌至信阳段。

〔2〕 郑许段，指平汉铁路郑州至许昌段。

12月15日 东北民主联军冬季攻势开始。

12月20日 为中共中央军委起草致粟裕，陈赓、谢富治并告刘伯承、邓小平电："（一）粟皓[1]电悉。刘、邓行军忙碌，电台难于联络。（二）刘、邓将敌主力吸引至西面后，我主力乘隙向东，此举甚为适当，破坏了白崇禧[2]驱我向西、向北计划。（三）完全同意粟皓丑[3]意见，粟及陈、谢两部长期配合刘、邓行动，直到粉碎敌人对大别山之进攻为止。（四）配合方法，除八、十及十一纵照粟电转至民权，相机歼灭吴化文[4]及新二十一旅，攻占商丘，再东向破击津浦外，主力三、四、六、一等四个纵队，提议由粟亲率南下与陈、谢会合，并归粟统一指挥，沿平汉向南直迫武汉，沿途节节破路，攻克一切可能攻克之城镇、车站，歼灭一切孤立分散之敌军。尔后看情况，或与刘、邓配合夹击大别山之敌，或回师向北打各分散之敌。现白崇禧主力纷纷东进尾随刘、邓，留武汉附近者仅川军五十六师两个旅，留信阳、武汉之间者仅八十五师及二十师及九师之第九旅共五个旅，在泌阳、桐柏、南阳间者仅三师两个旅。你们南进时，遇敌分散则歼灭之，遇敌集中固守则绕过之。如此行动，可保证粉碎敌人进攻大别山之计划，又可全部破坏平汉路。是否可行，有何困难，你们另有何种更有效之方法，盼告。"邓小平接此电后，致电中央军委，要求陈粟、陈谢对大别山支援不宜急躁，要立足于长远考虑，"我们在大别山背重些，在三个月内，陈粟、陈谢能大量歼敌，江汉、桐柏及豫陕鄂区、淮河以北地区能深入

---

〔1〕 皓，即19日。

〔2〕 白崇禧，当时任国民党政府国防部部长。

〔3〕 皓丑，即19日丑时。

〔4〕 吴化文，当时任国民党军陆军总司令部徐州司令部第2兵团第84师师长。

工作，对全局则极为有利。”中央军委同意这一建议。至本月底，陈粟、陈谢向南打到确山地区，与刘邓大军一部会合，结束平汉、陇海破击战。这次作战，歼灭国民党军第五兵团部、整编第三师和四个旅共四万余人，攻克许昌、漯河、驻马店、民权等城镇五十余座，破路四百余公里，迫使国民党军从大别山区抽调十三个旅北援平汉路，有力地配合了刘邓大军主力在大别山地区的反围攻斗争。

12月21日 为中共中央起草致粟裕、陈赓、谢富治电：“庆祝你们两军配合行动破击平汉、陇海两路之大胜利。”

同日 在米脂县杨家沟向平剧院演职人员讲话，提出改造旧艺术，创造新艺术。讲话指出：接受旧的艺术，要创造新的艺术。旧的艺术是有缺点的，尤其它的来源，我叫它是颠倒是非混淆黑白。历史并不是那些英雄宰相创造的，而是那些劳动者农民创造的。比如孔明一出来，神气十足，压倒一切，似乎世界就是他们的，农民不过是跑龙套。然而世界上百分之九十是工人、农民。我们住的房子，都是他们的手盖的，但是旧剧却把他们形容成小丑。土豪劣绅连个柱子都搬不动。当然也有些剧本是好的，如《打渔杀家》之类。有些你们可以改造它，用自己的创造力掌握了这门技术，从政治上来个进步，就可能写些新的。希望你们大大创造，将来夺取大城市后更多地改造旧戏，把那些旧的接受过来，去领导他们。

12月23日 关于东北民主联军举行冬季攻势，复电林彪、罗荣桓、刘亚楼并告东北局，中央工委：“十二日电〔1〕早已收

〔1〕 指林彪、罗荣桓、刘亚楼1947年12月12日关于举行东北冬季攻势作战和1948年建军计划致中共中央军委的电报。12月15日，东北民主联军冬季攻势作战开始。

到，兹复如下：（一）结冰期内，你们集中全力在山海关、辽河地区作战是完全正确的，你们明年建军计划也是正确的。（二）现时到解冰尚有三个多月，在此期内，如果我军只在许多战斗之间进行若干短时间的休息补充，而不进行大休整，待解冰以后再进行大休整，则估计可能利用冰期歼灭大量敌人，可能将沈阳、铁岭、抚顺、本溪、锦州、葫芦岛、秦皇岛等几个大据点之间的中小据点、广大乡村及锦州以西、以北地区的全部或大部归于我手。只要办到这一点，尔后就只剩下打大据点的问题了。（三）不论冬季作战胜利大小，解冰以后，你们可将冀热辽的两个纵队派至冀东作战，而以主力在满洲打大据点。（四）你们两个纵队派至冀东，配合晋察冀全力在明年春夏两季，不但占领北宁路津榆段的大部，而且可能在张家口、天津间打开一个至两个缺口，使东北、华北开始打通联系，经东北输送炮弹、炸药至华中、中原与西北，此种任务极为重要。”

12月25日—28日　在米脂县杨家沟主持召开中共中央扩大会议，通称“十二月会议”。

12月25日　向中共中央扩大会议提交《目前形势与任务》[1]的书面报告。报告指出：“中国人民的革命战争，现在已经达到了一个转折点。”“这是一个历史的转折点。这是蒋介石的二十年反革命统治由发展到消灭的转折点。这是一百多年以来帝国主义在中国的统治由发展到消灭的转折点。这是一个伟大的事变。”报告总结了人民解放军的作战经验，提出著名的十大军事原则；总结了土地改革的经验，阐明了土地改革的方针是“依靠贫农，巩固地联合中农，消灭地主阶级和旧式富农的封建的和半封建的剥削制度”；提出了“为了坚决地彻底地实行土地改革，

〔1〕 公开发表时，题目改为《目前形势和我们的任务》。

巩固人民解放军的后方，必须整编党的队伍”；规定了“联合工农兵学商各被压迫阶级、各人民团体、各民主党派、各少数民族、各地华侨和其他爱国分子，组成民族统一战线，打倒蒋介石独裁政府，成立民主联合政府”的政治纲领；提出了“没收封建阶级的土地归农民所有，没收蒋介石、宋子文、孔祥熙、陈立夫为首的垄断资本归新民主主义的国家所有，保护民族工商业”三大经济纲领。会议的决定指出：“这个报告是整个打倒蒋介石反动统治集团，建立新民主主义中国的时期内，在政治、军事、经济各方面带纲领性的文件。”这个报告编入《毛泽东选集》。

毛泽东在会议上，就敌我形势、统一战线、英美苏关系等问题发表讲话。关于敌我形势，他说：政治方面，人心动向变了，蒋介石被孤立起来，群众站在我们方面。这个问题在长时期没有解决。十年内战时期我们孤立，抗战时期蒋介石逐渐失掉人心，我们逐渐得到人心，但仍未根本解决。直到抗战胜利以后这一两年来才解决了这个问题。军事方面，蒋介石转入防御，我们转入进攻。以前讲反攻，不完全妥当，以后都讲进攻。经济方面，蒋介石的情形到了今年已经很严重，我们现在也困难，特别是山东、陕北两处，但我们的困难可以解决。根本上是我们有土地改革，蒋介石没有，并且我们主力打出去了，解放区的土地改革与整党走上了轨道。土地法公布是一件大事，以前中间派劝我们发公债券向地主购买土地，现在我们搞平分土地，他们也赞成了。晋冀鲁豫与东北在这方面工作做得最好，东北在短期内建立了很大的军队，就是主要得力于土地改革。革命已经进到了高潮，将来还会更高。高潮主要表现在战争的胜利。战争需要是不间断的，不让蒋介石得到休息、整训、补充。关于统一战线，他说：其原则是孤立敌人而不是孤立自己。北伐时期，本来不孤立，但脱离了农民，脱离了军队，因为右倾而孤立了。内战时期，主要的特点是"左"，在城市中不但被孤立，而且后来立也立不住了。农村中赤白对立，对中小资产阶级的过左政策，片面的工人利益，把工商业很快搞垮。地主不分田，富农分坏田，损伤了一部分中农。当然，我们在农村中还是有群众的，不能说在农村中完全孤立。总之，内战时期的结果没有孤立蒋介石，而是孤立了我们自己。在抗战时期，我们孤立了蒋介石（要在抗战以后再孤立他就来不及），又团结又斗争，坚决与他的反人民政策作斗争，这是反右。但是，如果只有斗争而不与蒋介石合作，不停止没收土地改取减租减息、"三三制"等政策，则群众不能了解我们。抗日时期实行这些政策是完全必要的，吸引一些绅士到政府中来是完全必要的，将来在西安、太原、上海等地这样做还是需要的。人民解放军宣言中所规定的对蒋方人员的不同政策也是完全必要的。劳资两利，公私两利，这就不"左"不右。对学生、知识分子不要犯冒险政策，延安审干是一个宝贵的教训。关于英、美、苏关系，他说：有两种提法，一种是英、美、苏或者妥协或者破裂，另一种是在若干问题（包括某些重大问题）上早一点妥协或者迟一点妥协，我看应该是第二种提法。妥协也不是在一切国际问题上妥协，这是不可能的。总的趋势是要与苏联大做生意。但不是大国妥协就要影响中国在国内妥协，各国人民的方针是按照不同情况进行不同的斗争。

12月29日 为中共中央起草致林彪、罗荣桓电："庆祝你们攻克彰武，歼敌一个师的胜利。"

本年 作《五律·张冠道中》："朝雾弥琼宇，征马嘶北风。露湿尘难染，霜笼鸦不惊。戎衣犹铁甲，须眉等银冰。踟蹰张冠道，恍若塞上行。"又作《五律·喜闻捷报》："秋风度河上，大野入苍穹。佳令随人至，明月傍云生。故里鸿音绝，妻儿信未通。满宇频翘望，凯歌奏边城。"

1948年　五十五岁

1月1日　为中共中央起草致刘伯承、邓小平电："（一）庆祝你们突围东进之胜利；（二）庆祝十纵、十二纵在桐柏、江汉两区之胜利。"〔1〕

1月6日　为中共中央起草致东北人民解放军〔2〕司令员兼政治委员林彪，副政治委员罗荣桓、高岗、陈云及全体指战员电："庆祝你们一九四七年消灭敌军二十八万余人的伟大胜利。尚望继续努力，为完全解放东北而奋斗。"

1月7日　为中共中央起草关于建立报告制度的指示。指示指出：为了及时反映情况，使中央有可能在事先或事后帮助各地

---

〔1〕国民党军对大别山地区的围攻，采取密集靠拢、向心合击战术。刘、邓决定在内线进行小的战斗和游击战，打击和牵住敌人，邓小平率野战军前方指挥所和3个纵队坚持大别山区，采取"敌向内、我向外，敌向外、我亦向外，将敌牵到外线，以小部牵制大敌，以大部消灭小敌"的方针，积极打击和拖散敌人。由刘伯承率中原局及野战军后方机关及第1纵队在淮河以北、沙河以南地区展开，以第10、第12纵队分别向桐柏、江汉两区展开，并于1947年12月6日、13日，分别成立江汉军区和桐柏军区，实现了刘邓大军将淮河和汉水变成中原解放区的两条内河的计划。12月24日，刘邓东进部队一部攻克广济，待国民党军两个整编师来援时又跳出合击圈。东进部队在外线收复鄂东、皖西县城十余座，共歼灭国民党军11000余人。

〔2〕自1948年1月起，东北民主联军经中共中央军委批准，改称东北人民解放军。东北民主联军总部改为东北军区兼东北野战军领导机关。

不犯或少犯错误，争取革命战争更加伟大的胜利起见，从今年起，规定如下报告制度。（一）各中央局和分局，由书记负责（自己动手，不要秘书代劳），每两个月，向中央和中央主席作一次综合报告。（二）各野战军首长和军区首长，除作战方针必须随时报告和请示，每两个月要作一次政策性的综合报告和请示。这个指示编入《毛泽东选集》。

1月8日 致电林彪、罗荣桓并告中央工委："东北与华北敌人愈打愈少，几个月后形势将起变化，请考虑某些铁路不破坏或只作战术性破坏，而不彻底破坏。例如彰武、新立屯、义州〔1〕、承德间铁路不加破坏；打虎山〔2〕、锦州、山海关、天津间铁路只作战术性破坏；铁岭、长春间及吉林、长春间铁路则不再破坏；沟帮子、营口、大石桥间及鞍山以南铁路似亦可不再破坏。"

1月9日 为转发习仲勋关于在高家堡发生的破坏纪律行为的报告〔3〕写批语："我军到任何地方，原则上不许没收任何商店及向任何商人捐款。官僚资本，在该地成为根据地时，亦只许由民主政府接收经营，不许军队没收或破坏。军队给养应取给于敌人仓库、地主阶级、土地税及政府向商人征收之正当的营业税及关税。没收敌军官佐家属的财产，亦是完全错误的。高家堡破坏纪律的行为，应追究责任，并向全军施行政策教育与纪律教育。"

同日 致电贺龙、习仲勋及中共中央西北局诸同志，同意习

---

〔1〕 义州，今辽宁义县。

〔2〕 打虎山，即大虎山。

〔3〕 习仲勋1948年1月2日给贺龙并报中共中央的报告中说：去秋攻克高家堡时，没收敌军大部官佐以至连排班长及其家属的财物，沿途乞食逃赴榆林者不少，对商人及摊贩大部没收，给榆林商人极坏之影响。

仲勋关于老区土改工作的意见〔1〕，指出："望照这些意见密切指导各分区及各县的土改工作，务使边区土改工作循正轨进行，少犯错误。"

1月中旬 审阅任弼时一月十二日在西北野战军前委扩大会议上的讲话《土地改革中的几个问题》，加写以下内容："我们必须按照实际情形去划分阶级，进行土改，决不可将本来不是地主富农的人们人为地划成地主富农，错误地扩大打击面，打乱革命阵线，帮助敌人，孤立自己。这是一个极端重大的问题，必须引起全党同志的注意。""一切解放区的领导同志们及所有从事土地改革工作的同志们均必须严肃地检查这个划成分的问题，公开地明确地改正自己所犯的错误。哪怕只是划错了一个人，也必须改正。""这些侵犯中农利益，不照顾中农，排斥中农的倾向是非常危险的，是一种反马列主义的极端的'左'倾冒险主义倾向。""无论如何，只应该把打击面放在真正的封建剥削阶级的范围以内，绝对不许可超出这个范围。在人民解放军所到的原先是国民党统治的地方，打击面还要缩小些。在那里，首先只打击大地主、豪绅、恶霸，地主武装，保甲制度，特务分子，依照战争胜利和根据地巩固的情况，依照群众的觉悟程度与组织程度，逐步地发展到消灭全部封建制度。""杜斌丞是民主同盟的人，是一个民主分子，他被胡宗南杀死了，但是类如杜斌丞这样的人还是有的。有这样的人参加民主政府，使民主政府成为共产党领导的各革命阶级的代表人物联合组成的政府，而不是共产党一党包办的

〔1〕 习仲勋1948年1月4日在关于陕甘宁老解放区的土改问题给中共中央西北局和中央的报告中说：苏维埃时期的老区可不采取平分土地的原则，而以抽补办法解决无地和少地农民的土地。如果同新区一样，就可能将新富农评为旧富农，将被没收过土地的地主富农而劳动8年以上的，又定为地主富农再去斗争，将富裕一点农民定为地富。

政府，这样对于团结中国百分之九十以上的老百姓一道奋斗是有利益的。”我们反对乱杀人，“多杀人是不能解决任何问题的。我们的任务是解决问题，解决如何消灭帝国主义、封建主义和官僚资本主义的压迫和剥削，将中国建设成为独立的强盛的人民民主共和国这样的问题，除了在战争中在火线上必不可免地要杀死许多敌人以外，多杀了人，杀错了人，不但不能解决问题，而且可能推延问题的解决，甚至可能引导到革命遭受暂时的失败”。关于审干问题，“无论在农村中，在城市中，在军队中，在机关和学校中，在任何审查党员或干部的会议上，被审查者都有申诉理由的权利，这种民主作风决不可少”。

1月14日　关于对中间派及中产阶级右翼分子的政策问题，为中共中央起草致香港分局、上海局及各中央局电：“对民主同盟的恢复活动，对李济深等国民党反蒋派，对在美的冯玉祥，对一切可以争取的中间派，不管他们言论行动中包含多少动摇性及错误成分，我们应采积极争取与合作态度，对他们的错误缺点，采取口头的善意的批评态度。”“要在报纸上刊物上对于对美帝及国民党反动派存有幻想、反对人民民主革命、反对共产党的某些中产阶级右翼分子的公开的严重的反动倾向加以公开的批评与揭露，文章要有分析，要有说服性，要入情入理。”“对一切应当争取的中间派的错误观点，在报纸刊物上批评时，尤其要注意文章的说服性。”

同日　为中共中央军委起草致粟裕、陈士榘、唐亮并陈赓、谢富治，刘伯承、邓小平电，庆祝粟陈唐全军十二月各役共歼敌三万余人的大胜利，并指出：“既然决定不去抢占汉水中段，敌情又不紧张，如果粮食条件能解决，刘邓、粟陈唐、陈谢三军应争取休整一个整月”，“补充人员弹药，处置伤病员，训练技术，研究战术，普遍施行诉苦运动，三查运动，整顿纪律，研究城市政策及城乡群众工作各项策略及方法”。

同日 致电邓小平，就新解放区的各项政策问题征询他的意见：“（一）在新区是否应当分为两种区域，一种是可以迅速建立巩固根据地的，一种是要经过长期拉锯战才能建立巩固根据地的，对两种区域的工作采取不同的政策？（二）新区土改是按土地法大纲分平，还是对富农及某些弱小地主暂时不动？新区中富农及弱小地主态度如何？（三）是否有开明绅士和我们合作？（四）是否有许多知识分子和我们合作或表示中立？（五）各阶层商人态度如何？我军是否可以避免向新区工商业资本家进行筹款？如果筹款，方式如何？（六）如何处理国民党政府、党部、三青团的各种人员？其中是否有些人是可以争取的？如何处理保甲长？”

同日 致电刘少奇，对他为中共中央起草的关于执行土地法的指示草案提出意见。电报说：“我觉得这个指示似乎有些过了时机，土改运动已经按新方针向前发展，运动中发生了许多急待回答的问题（主要是过左），而这些问题，指示草案中或者缺乏具体的回答，或者回答的分量不够，这是因为土地会议及写指示草案的时期着重点没有也不应当放在这方面。”又说：“中央十二月会议着重讨论了中农、中小资产、党外人士、知识分子、打人杀人等项问题，研究了如何分析阶级，主要目的是纠正‘左’的偏向。”

1月15日 和周恩来、任弼时出席在杨家沟召开的西北野战军前委扩大会。毛泽东作长篇讲话。他说：大革命的经验和以后各个时期的经验都证明，中国革命要胜利，就必须实行一条总纲领，就是无产阶级领导的、人民大众的、反帝反封建的革命。我们实行的统一战线，就是无产阶级领导的、人民大众的、反帝反封建的统一战线。所谓无产阶级领导，就是经过它的先锋队共产党领导。人民大众主要是农民。这次打内战，胜利的把握很大。但是没有全民族绝大多数人口参加的民族统一战线，全国胜利是不可能的。蒋介石确实孤立，但是蒋介石孤立并不等于我们胜利。如果我们的政策不对，比如侵犯了中农、中等资产阶级、小资产阶级、民主人士、开明士绅、知识分子，对俘虏处置不对，对地主、富农处置不对等等，在统一战线问题上犯了错误，还是不能胜利，共产党越发展越多会变成越发展越少，蒋介石的孤立会变成两方面都孤立，人民不喜欢蒋介石，也不喜欢共产党。这个可能性完全有，在理论上不是不存在的。地主阶级当作一个阶级要消灭，当作个人要保护。地主阶级、旧式富农占农村人口十分之一，有三千六百万人，这是一个财宝。我们废除他的私有权，但我们要他这个人，分土地给他，让他生产，这是社会的劳动力。对地主要安置好，安置不好出乱子，不可能胜利。至于土改中的打人杀人，我们共产党人主张不打人，打人是野蛮的方法。杀人越少越好，尽可能不杀，那些罪大恶极的群众痛恨的大特务大汉奸可以杀。全国胜利了，土地分配了，还要不要统一战线？还要。那时是巩固胜利，没有全民族绝大多数人口参加的民族统一战线，胜利就不可能巩固。他最后说：我们要习惯听闲话，准备多听闲话，把听闲话当作收集舆论、收集不同意见的机会。多收集各种意见，认识自己工作中的缺点错误，这样工作就可以减少盲目性。

1月16日 为中共中央起草致晋冀鲁豫中央局并告中央工委、新华总社电，批评新华社晋冀鲁豫十三日的一则电讯。电报指出：电讯中有边区政务会议应尊重农代会筹委会意见，应依据贫雇农、工人要求改进工作等语，但其中不但没有小资产阶级、中等资产阶级，连中农、独立工商业者、自由职业者、脑力劳动的知识分子也没有提到。电报又指出：“像晋冀鲁豫这样大范围的政权机关不应只代表农民的，它是应当代表一切劳动群众（工人、农民、独立工商业者、自由职业者及脑力劳动的知识分子）及中产阶级（小资产阶级、中等资产阶级、开明绅士）的，而以劳动群众为主体。因此，边区最高政权机关是边区人民代表大会及其选出的政府，而不是农民代表大会及其选出的政府。尽管现在各解放区是农民占绝大多数，但是必须顾到工人及其他各阶层民众，在农民中则必须顾到中农。”

1月18日 为中共中央起草的关于目前党的政策中的几个重要问题的决定草案（又称“中央一月决定”），本日在中央扩大会议上讨论并原则通过。会后，毛泽东致电刘少奇：中央本日原则通过了“中央一月决定”，须待征求你们意见加以修改，然后发往各地〔1〕。这个决定草案主要是指导全党纠正已经出现的某些“左”的倾向。决定草案提出反对党内“左”右倾向，必须依据具体情况决定方针，“土地改革在群众尚未认真发动和尚未展开斗争的地方，必须反对右倾；在群众已经认真发动和已经展开斗争的地方，必须防止‘左’倾”。决定草案对土地改革和群众运动中的若干具体政策作了规定。指出：“‘贫雇农打江山坐江山’的口号是错误的。在乡村，是雇农、贫农、中农和其他劳动人民联合一道，在共产党领导之下打江山坐江山，而不是单独贫雇农打江山坐江山。在全国，是工人，农民（包括新富农），独立工商业者，被反动势力所压迫和损害的中小资本家，学生、教员、教授、一般知识分子，自由职业者，开明绅士，一般公务人员，被压迫的少数民族和海外华侨，联合一道，在工人阶级（经过共产党）的领导之下，打江山坐江山，而不是少数人打江山坐江山”。必须避免对中农、中小工商业者、知识分子采取任何冒

〔1〕这个决定草案后来没有发出。

险政策。“对于那些同我党共过患难确有相当贡献的开明绅士，在不妨碍土地改革的条件下，必须分别情况，予以照顾。”必须将新富农和旧富农区别开来，地主和富农中的恶霸与非恶霸区别开来。“土地改革的中心是平分封建阶级的土地及其粮食、牲畜、农具等财产（富农只拿出其多余部分），不应过分强调斗地财”。决定草案强调：“领导的阶级和政党，要实现自己对于被领导的阶级、阶层、政党和人民团体的领导，必须具备两个条件：（甲）率领被领导者（同盟者）向着共同敌人作坚决的斗争，并取得胜利；（乙）对被领导者给以物质福利，至少不损害其利益，同时对被领导者给以政治教育。没有这两个条件或两个条件缺一，就不能实现领导。”这个决定草案编入《毛泽东选集》。

1月20日 为转发习仲勋一月十九日关于西北土改工作情况的报告写批语：“完全同意习仲勋同志这些意见〔1〕。华北、华中各老解放区有同样情形者，务须密切注意改正‘左’的错误。凡犯有‘左’的错误的地方，只要领导机关处理得法，几个星期即可纠正过来，不要拖延很久才去纠正。同时注意不要使下面因为纠正‘左’而误解为不动。”

1月24日 致电刘少奇，对中央一月决定提出补充意见：“为了稳定中农之目的，老区新富农照富裕中农待遇即不得本人同意不能平分”；“给教堂、祠堂、庙宇留少数园地”；“保护和平通商传教的外国人”；“新区执行土地法应与老区不同，在新区应分两阶段，第一阶段没收分配地主土地，中立富农；第二阶段平

---

〔1〕 习仲勋1948年1月19日在关于西北土改工作情况给毛泽东的报告中说：由于义合会议潜伏一种“左”的情绪，由于晋绥的直接影响，土改一到农村，就发生极左偏向，凡动起来的地区，多去强调“贫雇路线”，反对所谓“中农路线”，出现乱斗、乱打、乱没收财物、乱扫地出门等现象。义合，指陕西绥德县义合镇。

分土地”。

1月26日 关于中原三支大军三个月的作战方针问题，为中共中央军委起草致刘伯承、邓小平、李达〔1〕并告粟裕，陈赓、谢富治，徐向前、滕代远、薄一波，华东局，邓子恢〔2〕，中央工委电：“你们在三个月内，以分遣坚持，多休息打小仗，待三万新兵到手充实部队后，则打中等规模之仗为有利。三个月后南北〔3〕配合行动，可能进入打大歼灭战之阶段。”“三个月内，陈粟、陈谢两军作战原则是调动敌人打中等规模之歼灭战，其机动范围是郑、洛、潼方向，南阳、襄樊方向，信阳、广水方向，淮阳、开封方向，总以能歼灭较多敌人，首先配合你们，其次配合彭、张及徐、滕、薄，又其次配合苏中、苏北为原则。”

1月27日 为中共中央军委起草致粟裕电，指出：“关于由你统率叶、王、陶〔4〕三纵渡江南进，执行宽大机动任务问题，我们与陈毅同志研究有三个方案：（甲）就现态势再休整半月，你率叶、王、陶三纵乘敌不备从宜昌上下游渡江。陈、唐〔5〕指挥三、八两纵及陈赓主力进入江汉地区，打八十五师等部，掩护你们渡江。此举缺点是新兵与干部来不及送上。（乙）丑、寅、卯三个月〔6〕照原计划进入伏牛〔7〕秦岭以南、长江以北、平汉以

〔1〕 李达，当时任晋冀鲁豫军区参谋长、晋冀鲁豫野战军参谋长。

〔2〕 邓子恢，当时任中共中央华东局代理书记。正在山东渤海区进行土地改革工作和整军工作。

〔3〕 指淮河以南的晋冀鲁豫野战军和淮河以北的华东野战军与陈谢集团。

〔4〕 叶、王、陶，指叶飞、王必成、陶勇，当时分别任华东野战军第1、第6、第4纵队司令员。

〔5〕 陈、唐，指陈士榘、唐亮。

〔6〕 丑、寅、卯三个月，即2月、3月、4月。

〔7〕 伏牛，即河南伏牛山脉。

西地区。除作战外，你率叶、王、陶三纵在该地区争取休整一个整月，然后渡江，陈、唐指挥三、八两纵及陈赓主力在江北任掩护。此举好处是新兵及干部可以送上，缺点则敌人可作准备。（丙）丑、寅、卯三月至伏牛、长江之间作战，辰月〔1〕全军北返，你率叶、王、陶择地休整两三个月，秋季渡江。此举好处是准备充分，缺点是要到秋冬之间才能实现调动敌人之任务。以上三案各有优劣，请你熟筹见复。至于你率三纵渡江以后，势将迫使敌人改变部署，可能吸引敌二十至三十个旅回防江南。你们以七八万人之兵力去江南，先在湖南、江西两省周旋半年至一年之久，沿途兜圈子，应使休息时间多于行军作战时间，以跃进方式分几个阶段达到闽浙赣，使敌人完全处于被动应付地位，防不胜防，疲于奔命。渡江地点似以秭归、宜昌附近，宜都、江陵附近，石首、监利附近，择地渡江进入湘西为较适宜。由洪湖、沔阳地区渡至鄂南，敌似更不及料，亦可考虑。”

1月28日 为转发邓子恢关于渤海整军经验报告写批语：“在一切官兵关系恶劣、纪律不好、战斗力薄弱之部队，应采取渤海整军经验，组织士兵委员会，放手发动士兵群众的民主运动，只有益处，没有害处。”

1月30日 为中共中央军委起草关于军队内部的民主运动的指示，指出在军队内部实行政治民主、经济民主、军事民主。指示说：“部队内部政治工作方针，是放手发动士兵群众、指挥员和一切工作人员，通过集中领导下的民主运动，达到政治上高度团结、生活上获得改善、军事上提高技术和战术的三大目的。”这个指示编入《毛泽东选集》。

同日 为中共中央军委起草致华东局并告粟裕、陈士榘，刘

---

〔1〕辰月，即5月。

伯承、邓小平等电，决定：（一）韦国清率二纵于二月下旬赴苏北与十一、十二纵会合，成立苏北兵团，以韦国清为苏北兵团司令员，陈丕显为政委，吉洛为副政委〔1〕。苏北兵团受陈毅、粟裕指挥。（二）许世友、谭震林率七纵、九纵、十三纵为山东兵团，担负山东战场作战任务，受华东局节制。

1月31日 为中共中央起草致刘伯承、邓小平、李达电，庆祝攻克邓县歼敌六千余人的胜利。

同日 为中共中央起草致林彪、罗荣桓、刘亚楼〔2〕电，庆祝攻克新立屯歼敌一个师的胜利。

同日 为转发朱德一九四七年十二月十日致中共中央及毛泽东的信写批语："朱德司令亥灰信中提出了两个重要问题。第一个问题，是用民主讨论方式，发动士兵群众，在作战前、作战中、作战后，讨论如何攻克敌阵，歼灭敌人，完成战斗任务。特别是在作战中，放手发动连队支部、班排小组，反复讨论如何攻克敌阵，收效极大。陕北将此种情形叫做军事民主，而将诉苦运动，三查三整，叫政治民主与经济民主。这些军队中的民主生活，有益无害，一切部队均应实行。第二个问题，是工厂中商店中工人、店员、职员的生活条件，不可过高。我党工商业政策的任务，是发展生产，繁荣经济，公私兼顾，劳资两利。如果我党不善于领导工人阶级执行这一任务，提出了过高的劳动条件，重复过去历史上犯过的错误，致使生产降低，经济衰落，公私不能兼顾，劳资不能两利，就是极大的失败。这件事，必须引起全党注意，决不可只看见眼前的片面的所谓劳动者福利，而忘记了工

---

〔1〕吉洛，即姬鹏飞，当时任华东野战军第11纵队政治委员。1948年3月任华东野战军第4兵团副政治委员。

〔2〕刘亚楼，当时任东北军区兼东北野战军参谋长。

人阶级的远大利益。此事，中央早已发了指示。但在许多地方并未引起注意，许多中央局、分局未能据此发出指示，未能向工会工作同志及工人群众进行正确的解释，迁就党内与工人群众中的孤立的片面的狭隘的思想，仍然执行历史上使我党遭受过严重挫折的错误方针。各地中央局以下各级党委，必须以严正态度对待此项问题，立即改正党内在此项问题上存在着的错误思想与错误政策。"

1月　在杨家沟同陈毅多次谈话。毛泽东说：自日本投降后，特别是一九四七年这一年发生了根本变化，可以说是一个伟大的事变。敌我双方的形势都有了根本的改变。政治方面，人心动向完全改变，人心向我，把希望寄托在共产党身上，对蒋介石深恶痛绝。孤立蒋介石是长期的斗争，也是长期没有解决的问题，现在解决了。内战时期这个问题没有解决。那时我们孤立，我们只有苏区工农群众，其他阶层都脱离了，而蒋介石的基础较大。抗日时期我们竭力解决这个问题，情况有所改变，我们的朋友多了。因为我们采取了适当政策，如坚决打日本，拿住了抗日旗帜，减租减息，改善了与地主的关系，发扬了民主，争取了资产阶级及其各党派。蒋介石的主要错误，是消极抗战，坐山观虎斗，他失去了民族领袖的地位。其次是垄断经济，政治上搞特务，实行一党专政，这三条使他送掉了国民党的江山。现在，人心向我，解决了孤立蒋介石的问题，这主要是由于我们的政策适当。这是一九四七年发生根本变化的政治原因。军事上，一九四七年七月我们转入进攻以来，蒋介石转入防御地位，于是军事上完全改观。二十年来我们长期处于防御、被"围剿"的地位，没有进攻敌人。一九四七年七月，我们历史上第一次转入进攻。不要说"反攻"，反攻是带着防御的意味，不能完全概括这一形势的内容。战争初期是自卫性质，我们那时的方针是迟滞内战；现在是要消灭蒋介石，已不是自卫性质。自从蒋介石召开伪国大，制定伪宪法，人心愈失。同时全国举行革命进攻（不是自卫防御），把蒋介石的进攻打垮，造成大革命，叫“进攻”更适合。蒋介石要返回过去的形势，已是不可能，“黄鹤一去不复返”。今天是我们如何转入江南、四川、两广的问题。美国主张放弃纬线四十度以北，即东起安东，经过北宁线、平绥线、大同，西至西安，就是放弃东北，争取华北，巩固长江，经营华南。蒋介石说，有放不得之苦，放弃一地，共产党就都堆下来了。经济方面，蒋介石的经济一九四七年比一九四六年更严重，美国帮助也不能解决问题。我们的经济也有问题，但自转入进攻，主力移出，负担减轻，恢复了大块土地，办法更多了，我们的经济问题解决了。蒋没有土改，我有土改。一九四八年蒋介石将更加困难。一九四八年再搞一年，可以有根据地说，更大的胜利一定要来的。战争不应使其间断，要一直进行到底，不使敌人有休息机会。如蒋介石见大势已去，说要下野，金蝉脱壳，移花接木，想借此得到休息的机会，以图卷土重来，预见到这种情况，宣传上要予以揭露，要向群众说清楚，不是消灭蒋介石个人，而是要消灭蒋介石集团及其阶级。帝国主义国家对革命国家一定要干涉，干涉方式多种多样，出兵参战亦可打退。我们不去挑战，只应战。美国人还有几年凶的，你若被他吓倒，就上了他的当。吓不倒也就算了。以前只能讲“有利于我”，现在可以讲“胜利到手”。在日本投降时，我们还是一则以喜，一则以惧。喜的是日本投降了，惧的是优势问题未解决，东西得的少，蒋介石强大，严重的内战临在头上，成败两个可能还在斗争。现在好了，我们的优势已经确定了，这不是估计，而是事实。

2月1日 关于粟裕部渡江问题，为中共中央军委起草致粟裕并告刘伯承、邓小平，饶漱石、邓子恢电：“叶、王、陶三纵[1]即开陇海线附近再休整一个半月，三月下旬出动。”“渡江路线，争取走湖口、当涂之间，或南京、江阴之间。渡江方法采宽正面分路或分梯队偷渡，望加紧布置水上及两岸工作。”“三、八、十、十一等四纵集中配合刘邓、陈谢两军，由刘、邓统一指挥，采忽集忽分战法，机动歼敌。”为准备渡江作战，二月上旬，粟裕率华东野战军机关及第一、第四、第六纵队，由漯河出发，进入鲁西南休整并进行渡江准备。

2月3日 致电刘少奇，指出土地法的实施，应当分三种地区，采取不同策略：（一）在日本投降以前的老解放区，土地大体已经分配，只须作些调整，中心工作是按照平山经验，用党内外结合的方法整理党的队伍，解决党同群众间的矛盾。（二）日本投降至一九四七年八月大反攻前解放的地区，土地问题已初步解决。这种地区完全适用土地法，普遍地彻底地分配土地。必须组织贫农团，确定贫农团在农会和政权中的领导地位。（三）一九四七年八月大反攻后新解放的地区，实行土地法应当分为两个阶段。第一阶段，中立富农，专门打击地主，先分大地主的浮财，分大中地主的土地，照顾小地主，然后进到分配地主阶级土地。第二阶段，将富农出租和多余的土地及其一部分财产予以分配。新区土改第一阶段，大约须有两年时间；第二阶段，须有一年时间。太急了，必办不好。老区和半老区的土地改革和整党，也须有三年时间（从今年一月算起），太急了，也办不好。这个电报编入《毛泽东选集》时，题为《在不同地区实施土地法的不同策略》。

---

〔1〕 指叶飞、王必成、陶勇分别任司令员的华东野战军第1、第6、第4纵队。

2月5日　审阅新华社纪念“二七”二十五周年社论稿，将原题改为《坚持职工运动的正确路线，反对“左”倾冒险主义》，并加写两段话：“必须指出，直到现在，中国共产党内，还有不少的党员，不少的干部，不少的工会工作人员，甚至有不少的担负高级领导职位的领导人员，并不了解党的工业政策与职工运动的路线。他们只看见树木，不看见森林。他们只知道片面的、狭隘的、近视的所谓‘工人利益’，而不能稍微看远一点。他们忘记了一九三一年至一九三四年时期内实行过的那种‘左’倾冒险主义的工业政策与职工运动路线曾经给予工人阶级、劳动人民与革命政府以何等重大的损害。他们完全不研究一九三七年以来十一年内中共中央历次发布的正确的工业政策与职工运动方针。他们固执地抵抗党的路线。”“党的一切地方领导机关必须严肃地讨论中央的路线及全部工业政策与工运方针，坚决地纠正一切危害工人阶级、劳动人民及革命政府的‘左’倾冒险主义的思想、政策与办法，迅速地使工业建设与工人运动走入正轨。只有这样，我们才能聚积一切力量打倒帝国主义与国民党反动统治，解放中华民族与中国人民，建立新民主主义的中国。”

2月6日　致电李井泉〔1〕、习仲勋并告刘少奇、薄一波，就按三种地区（老解放区、半老解放区、新解放区）的不同情况实行土地改革问题，征询意见。本日，又致电邓小平并刘邓野战军后方指挥所，陈赓、谢富治，粟裕、陈士榘、唐亮，征询对新解放区土地改革的斗争策略和组织形式的意见，并指出：“土改时间问题，我在几个月前觉得可以快些，后来得到陈、谢在陕、灵、阌〔2〕区的经验及晋绥、陕甘宁等老区经验，觉得不能过

---

〔1〕 李井泉，当时任中共中央晋绥分局书记、晋绥军区政治委员。

〔2〕 陕、灵、阌，指河南陕县、灵宝、阌乡。

于性急，应以条件成熟为原则”。

同日　为中共中央军委起草致刘伯承、邓小平电，完全同意刘、邓二月四日建议，组织两个有力支队继粟裕之后渡江南下牵制敌人一部兵力，一支出川、湘、鄂，一支出湘、鄂、赣，二、三两月作充分准备，三月底或四月初行动，并以陈再道〔1〕率两个旅加强江汉军区，包括经营鄂西及汉水中流在内。

2月7日　为中共中央军委起草致刘伯承、邓小平电，指示该野战军指挥所从大别山移至淮河、陇海、沙河、伏牛山之间，指挥刘邓三个纵队，陈士榘、唐亮四个纵队，陈赓、谢富治一个半纵队，共八个半纵队，“在淮河、汉水、陇海、津浦之间集中，机动打中等的及大的歼灭战”。并指出，这样部署，可将敌主力吸引至淮河、汉水以北，利于粟裕部机动，利于大别山、江汉等地放手发展，还因为北面有巩固的后方可为依托利于打歼灭战。邓小平根据这一指示，率野战军前方指挥所从大别山区的新县北上，二月二十四日和刘伯承率领的后方指挥所在皖西北临泉县会合。

同日　就正在进行冬季攻势的东北野战军下一步作战行动问题，致电林彪、罗荣桓、刘亚楼并朱德、刘少奇，指出：“你们现在打辽、鞍、本、营〔2〕区域之敌很有必要。这个战役完成后，你们就可解放辽南，两个纵队增至主攻方面去。下一次作战有两个方向，一是打抚顺、铁岭、法库之敌，一是打阜新、义县、锦西、兴城、绥中、山海关、昌黎、滦州等地之敌。究竟打何地之敌为好依情况决定。但你们应准备对付敌军由东北向华北撤退之形势。”“你们上次电报曾说锦州方向无仗可打，该方向情

---

〔1〕　陈再道，当时任晋冀鲁豫野战军第2纵队司令员。

〔2〕　辽、鞍、本、营，指辽宁辽阳、鞍山、本溪、营口。

况究竟如何？如果我军能完全控制阜、义、兴、绥、榆[1]、昌、滦地带，对于应付蒋军撤退是否更为有利？对我军战略利益来说是以封闭蒋军在东北加以各个歼灭为有利。如果我军尚无足够力量阻止其撤退，则撤退后的蒋军似将控制锦州、承德、北平、天津四角及其中间地区，并打通津浦北段，其给养当然会很困难，士气会更衰落，但兵力则较集中，这些可能情况亦须预先见到。当然蒋军死钉在东北不撤退的可能性也有，但除非我军强大到使其无法撤退，否则是难于设想的。”

2月9日 为中共中央起草致东北局并告林彪、罗荣桓，中央工委电：“东北土改打击面过大，这是非常危险的，必须立刻着手改变政策。中央在去年双十节公布土地法的决议中即指出，中国地主富农虽然各地有多有少，但按一般情况来说只占农村人口百分之八至百分之十，东北地主富农即使较别地为多，也决不会多到占人口或户口四分之一这样多。因此你们应将打击面大大缩小，弄错了的必须纠正。”

2月11日 为中共中央起草关于纠正土地改革宣传中的“左”倾错误的指示，指出：“最近几个月中，许多地方的通讯社和报纸，不加选择地没有分析地传播了许多包含‘左’倾错误偏向的不健全的通讯或文章。”指示列举了在阶级路线、整党、土改、领导者和群众的关系、工商业和工人运动的方针等问题的宣传上出现的错误。要求各中央局、中央分局及其宣传部，新华总社和各地总分社，“对过去几个月的宣传工作，加以检查，发扬成绩，纠正错误，务使对于战争、土地改革、整党、工人运动这些伟大的斗争，对于这一整个反帝反封建的革命，保障其获得胜利。”这个指示编入《毛泽东选集》。

---

〔1〕 榆，指榆关，即山海关。

2月12日　在林彪给中共中央宣传部的电报上写一批语。林彪在电报中，要求出版毛泽东选集发表一九三〇年一月五日毛泽东给他的信[1]时，不要公布他的名字。批语写道：“（一）这封信不要出版。（二）请陆、乔[2]负责将文集全部审阅一次，将其中不适宜公开发表的及不妥当的标出，并提出意见，待修改后再出版。叫东北局暂缓印行及翻译外文。”

2月15日　为中共中央起草关于新解放区土地改革要点的指示，指出：新区进行土地改革“不要性急，应依环境、群众觉悟程度和领导干部强弱决定土地改革进行的速度。不要企图在几个月内完成土地改革，而应准备在两三年内完成全区的土地改革”。新区土地改革应分为两个阶段，准备在两三年内完成。总的打击面，一般不能超过户数百分之八，人口百分之十。分别巩固区和游击区。在巩固区逐步进行土地改革。在游击区只作宣传工作和荫蔽的组织工作，分发若干浮财，不要公开成立群众团体，不要进行土地改革，以防敌人摧残群众。反动分子必须镇压，但是必须严禁乱杀，杀人愈少愈好。严格注意保护工商业。这个指示编入《毛泽东选集》。

同日　《中共中央关于土地改革中各社会阶级的划分及其待遇的规定（草案）》[3]完稿，共二十五章，两万多字。其中第一章《中国的社会经济形态》、第二章《中国目前的阶级关系和人

---

〔1〕这封信后来编入1951年10月出版的《毛泽东选集》第1卷，题为《星星之火，可以燎原》。

〔2〕陆、乔，指陆定一、胡乔木。

〔3〕关于这个文件的性质，毛泽东在1948年2月20日给刘少奇的电报中说：“这个文件，实际上带有党纲、政纲、政策几重性质。我们如果要取得全国胜利，需要有这样一个文件，党内外才有明确遵循的政治、经济与社会生活的章程。”

民民主革命》是毛泽东写的，主要内容有："在目前整个中国社会经济中，一方面，存在着外国帝国主义的经济，本国封建主义的经济、官僚资本主义的经济和自由资本主义的经济，这些就是旧中国的社会经济形态；另一方面，存在着新式的国家经济、被解放了的农民和小生产者的经济和在新民主国家指导下的私人资本主义经济，这些就是新中国的社会经济形态。""中国现阶段的人民民主革命的任务，就是要改变旧的社会经济形态，旧的生产关系以及树立在其上面的一切社会的政治的精神的旧的建筑物，建立新的社会经济形态，新的生产关系以及树立在其上面的一切社会的政治的精神的新的建筑物。我们的基本任务，就是如此。""新民主国家企业中的劳动者，已经是不被剥削的人们，他们所生产的用于扩大再生产和为全体人民谋利益的属于剩余价值的部分，不能认为被剥削。"所有劳动人民即无产阶级、农民、独立劳动者以及一切受人剥削的人，"他们是中华民族的主体，是中国人民民主革命的基本力量。其中，以无产阶级和半无产阶级（贫农）为人民民主革命和新民主国家政权的领导阶级〔1〕，而无产阶级则是主要的领导阶级。无产阶级、农民及其他劳动人民的任务，是联合自由资产阶级，以人民民主革命的方法推翻帝国主义、封建主义和官僚资本主义的剥削和压迫，建立中华人民共和国"。自由资产阶级"在革命胜利以后的经济建设中，他们也可以参加这种建设。只要中国尚未进到社会主义社会，他们是可以与无产阶级和劳动人民一道前进的。因此，中华人民共和国的

〔1〕关于半无产阶级也是中国革命的领导阶级的提法，后来中共中央作了修正。1951年12月23日中共中央发出《关于中国革命领导阶级问题的修正指示》，指出："关于中国革命的领导问题，无论过去或今后，均应只提是工人阶级（通过其先锋队中国共产党）领导的，不应再把半工人阶级包括在内。"

国家政权中，应当允许自由资产阶级及其政治团体派遣他们的代表参加工作”。“中国人民民主革命所应当和必须消灭的是帝国主义、封建主义和官僚资本主义，而不是自由资本主义。”毛泽东对其他各章作了修改。其中，在第八章加写：“在一九四七年中国土地法大纲颁布以前即已成为新式富农者，在平分土地期间，应按富裕中农待遇；在一般情况下，其多余的土地不得本人同意，不应抽出分配”。在第二十五章加写：“人民法庭的审讯和判决，必须遵守下列条件：（甲）禁止肉刑；（乙）重证据不重口供；（丙）不得指名问供。”

2月16日　为中共中央起草关于讨论《中共中央关于土地改革中各社会阶级划分及其待遇的规定（草案）》的指示，请中央工委和各中央局、分局及各野战军前委，对这个文件提出修改意见。指示指出：“此项文件的目的，是在纠正党内广泛地存在着的关于在观察及划分阶级问题上的非马克思主义的思想及补足在土改中缺乏对各阶级阶层人们的具体明确政策的缺点。我们认为，单有土地法大纲及其他党的若干指示文件而无这样一个完备的文件，很难使我们的工作人员不犯或少犯错误。我们既要彻底消灭帝国主义、封建主义与官僚资本主义，又要在这个伟大斗争中不要因为划错与斗错阶级成分及采取错误政策而打乱自己阵线，增加敌人力量，使自己陷于孤立。不要忘记，在一九二七年至一九三五年而特别是一九三一年至三五年时期我党曾经因为政策过左陷于孤立，处于极端危险的地位，而在我党与国民党破裂时期党内主要的危险倾向，曾经是现在仍然可能是‘左’倾冒险主义。如果我们现在不严重地注意到这一点，我们就将在政治上犯错误。”

2月17日　为转发邓小平关于新区土改政策之补充意见，起草给中央工委、各中央局和野战军前委的批语：“（一）小平所述大别山经验极可宝贵，望各地各军采纳应用。（二）分阶段分地区极为必要。在第一阶段将打击面缩小至只打击大中地主及国民党反动分子时，并不是说富农、小地主中的保甲长、恶霸、反动分子为农民所要求打击者也不要打击，我们只要注意对富农、小地主的多数暂时不去惊动就无危险了。（三）确定先组织贫农团，树立贫雇农威信，几个月后再组织农民协会，团结全体农民，并严防地富及坏人混入。”

2月18日 对徐向前二月十七日关于拟攻临汾，在作战前准备普遍进行攻坚训练的报告，为中共中央军委起草复徐向前并告李井泉、周士第，彭德怀、张宗逊、赵寿山〔1〕，滕代远、薄一波电：“（一）完全赞成先作攻坚战术训练，待解冻后再打临汾，只要攻克临汾就是对彭、张的大帮助。（二）但临汾之敌有两种可能，一是固守不动，二是弃城北走。因此你所率准备攻城的各部队的整训位置应放在便于打逃敌而又很隐蔽的地点，并要预先作出准备打逃敌的计划，以便不失时机歼灭可能逃跑之敌。（三）李、周应令吕梁部队确实受领向前所给协同作战的任务。”临汾战役预定三月十日开始，因胡宗南自三月六日开始将守临汾之第三十旅主力空运西安的新情况，提前于三月七日发起。此役历时七十三天，于五月十七日攻克临汾，歼敌二万五千余人，俘国民党军第六集团军副总司令梁培璜，拔除了晋南地区国民党的最后一个据点，使太岳和吕梁两解放区联成一片。

〔1〕赵寿山，当时任西北野战军第二副司令员。

同日　为转发彭德怀关于征收营业税的调查报告〔1〕写批语，指出："各地对于工商业的税收政策的内容及其结果如何，完全没有或很少向中央作报告"。"据所知的远不完全的材料看来，极端危险的带有破坏性的既不符合于正确的经济观点，也不符合于正确的财政观点的冒险主义的税收政策是存在着的。这种冒险主义的政策必须加以纠正。望各中央局、中央分局认真检查一次对工商业的税收政策，以其结果报告中央"。

2月19日　致电薄一波〔2〕："分别不同情况的地区采如像来电所说的不同的政策，这样做是正确的。但下面是否这样做却是另一问题，你们必须经常和下面保持通讯联系，随时纠正偏向，不要待几个月后开总结会议的时候才来作一次总纠正。这样作，损失太大。随时纠正偏向，则损失较小。"

同日　致电李井泉："凡属已经平分土地，地主富农的封建经济基础已经消灭，只是尚不十分彻底，尚须酌量调剂土地的地区，例如绥德黄家川那样的地区，即不应再去平分土地，只应采取合理的抽补办法，满足一部分农民土地尚感不足的要求。在这样的地区再去平分土地是错误的。你们现在采取的政策是正确的。在这类地区，只在农会内部组织贫农小组保障贫雇农利益"。

---

〔1〕彭德怀1948年2月14日给中共中央西北局并报中央的报告中说：据我们在延川城大概调查，全城征营业税者13家，内无一家雇人劳动，均属小本摊贩。1947年向这13家征营业税，折合细粮30石，如按此征收，13家全部货物不够抵偿，实际上只收到9石，约占1947年全年营业利润60％。1947年，征税80％用于税局办公，20％上缴，税务人员粮食、衣服仍由公家发给。按此情形，从财政观点看，固不合算，从经济观点看更不利，如市场停滞，剩余产品不能交换。提议停征营业税一年至两年，以便恢复战前市场。

〔2〕薄一波，当时任中共晋冀鲁豫中央局代理书记、晋冀鲁豫军区第一副政治委员。

"在这种贫农占少数、新老中农占多数的地区，也去组织贫农团，硬要指挥一切，这就是冒险的命令主义，是违反全国土地会议的路线的。"

同日 为中共中央军委起草致粟裕电："如鲁西南被敌扰乱不能安心休整，一、四、六等三个纵队可考虑移至黄河以北，安心休整两个月。"据此，粟裕率华东野战军领导机关及第一、第四、第六纵队于三月初进到黄河以北的濮阳地区休整。

2月20日 致电刘少奇，提议由中央工委于三月初召集彭真、聂荣臻、薄一波、陈毅、邓子恢、康生、饶漱石到中央工委所在地开会，讨论刘少奇关于晋察冀与晋冀鲁豫两区合并的提议，以及支援整个南线北线的财政、经济、军工干部，成立华北局机构，成立大党校、大军校、大党报等问题。

同日 为中共中央军委起草致邓小平、李先念电："丑皓电〔1〕悉。同意你们四个纵队暂时离开大别山，以便集结力量作战之意见。"二月底，四个纵队全部转移至淮河以北、沙河以南的淮西地区休整补充，由地方武装坚持大别山地区的游击战争。

2月21日 为中共中央军委起草致林彪、罗荣桓、刘亚楼电，庆祝东北野战军攻克鞍山、法库歼敌两个师的大胜利。

2月22日 修改周恩来为中共中央起草的关于在老区半老区进行土地改革工作与整党工作的指示稿，加写几段话："在平分或调剂土地中，对于在抽动新富农及中农的土地时必须充分说明理由取得本人同意一点，甚为重要。如果本人不同意，则应向他们让步，不得采取强制办法。""土改工作与整党工作，均是很

---

〔1〕 邓小平、李先念1948年2（丑）月19（皓）日致电中共中央军委，建议在大别山的4个纵队转移至淮河以北，集结补充，形成一个作战单位，便于三大部分时分时集，每个部分都能独立歼敌。

细致的群众工作，必须依据群众的觉悟程度与组织程度，领导干部的多少强弱，决定工作的进度。每一个乡村土改与整党问题的解决，均必须酝酿成熟，取得绝大多数人的同意，方能作出决定，采取行动，不能由少数人强制解决，致犯命令主义的错误。同时，对于群众中发生的不正确意见，又必须耐心说服，实现党的领导作用，不要犯尾巴主义的错误。”“在一切地方，在土改工作与整党工作大致完成以后，即应实行普选，成立乡村人民代表大会，并改选乡村政府。”“除尚未巩固的新区以外，一切党支部，均应公开。一切党的支部，在其讨论有关群众利益的问题的一切会议上，包括党的批评检讨会议在内，均应有党外群众参加，不许开秘密会议，借以破除群众对党的组织与党的会议的神秘感觉，使党内一切好的与坏的现象暴露于群众之前，为群众所监督，为群众所批评或拥护。”

同日　为中共中央军委起草复陈士榘、唐亮，陈赓、谢富治电：“目前两星期内你们的任务是钳制十一师及其他平汉郑信〔1〕段之敌，使其不能威胁刘邓主力在沙淮〔2〕间集结及补上新兵。在刘邓主力业已集结并补上新兵之后，照我们意见只要环境许可，刘邓尚须有一短时期休息整训。如果刘、邓亦同意这样做，又不反对你们执行郑潼〔3〕战役，则可照你们意见，以你们现有兵力先打郑潼线。但要寅月〔4〕上旬才能作具体决定，目前两星期内你们应在郑信段寻找作战机会，以协助刘、邓。”

2月23日　为中共中央军委起草复聂荣臻、萧克、赵尔

---

〔1〕 郑信，指河南郑州、信阳。

〔2〕 沙淮，指沙河、淮河。

〔3〕 郑潼，指河南郑州、陕西潼关。

〔4〕 寅月，即3月。

陆[1]，杨得志、罗瑞卿、杨成武电："同意你们的作战计划，即于三月上旬以三个纵队向蔚县、西河营、桃花堡方向歼敌，尔后向北向东进击，以两个纵队向阳高、天镇线歼敌，尔后向柴沟堡、大同线进击，一个纵队出大清河北等项部署"。并指出："此次行动是一年多以来你们主力部队第一次远出行动。你们必须克服干部中怕远出，怕山地战，怕到人稀粮少地区作战，以及怕傅作义等项错误思想。干部中如果现在尚存有这类思想，你们必须坚决地加以克服。"要求部队要以刘邓、陈粟、陈谢诸军敢于在江淮河汉之间远离后方，而能与强大敌人作战的艰苦奋斗精神，以林罗军敢于在零下三十度气候条件下在完全敌占区与强敌作战的精神作比较，保证远出机动作战的胜利。

2月25日　关于总结城市工作经验问题，为中共中央起草致各中央局、分局、野战军前委并告中央工委电，指出："多年以来，我们占领了很多城市，有了丰富的经验。但是没有总结，让这些经验埋没，让各种错误的方针及方法反复重犯，让良好的经验限于一地无法为全党取法。这是经验主义、地方主义还在我们党内占有重要地位并在这个问题上表现出来的结果。""为了将党的注意力不偏重于战争与农村工作，而引导到注意城市工作，为了使现已取得的城市的工作在我们手里迅速做好，为了对今后取得的城市的工作事先有充分的精神准备与组织准备，中央责成各中央局、分局、前委对于自己占领的城市，凡有人口五万以上者，逐一作出简明扼要的工作总结，并限三至四个月内完成此项总结，电告我们。"

同日　为中共中央军委起草致陈赓、谢富治，陈士榘、唐亮电，询问能否在三月份以他们两军十一个机动旅，各个歼灭分布

---

〔1〕 赵尔陆，当时任晋察冀军区参谋长兼军区后勤部司令员。

在郑潼线及其以南地区的裴昌会[1]七个旅，而不要他部直接协助。本日，又为中共中央军委起草致刘伯承、邓小平电，询问刘、邓对郑潼线作战部署的意见，问他们环境是否容许陈唐、陈谢两部十一个机动旅于三月上旬举行郑潼线战役，而将向汉水流域之行动推迟到四月举行。二十八日，陈、唐报告中央军委：以我们现有机动力量于郑潼线作战，歼灭裴昌会兵团已够使用。具体行动意见，仍先向郑洛段行动，切断郑洛段铁路，威胁洛阳，调动整编第四十一师及孙元良兵团西援，歼灭该敌后向洛阳、郑州，乘胜扩大战果，歼敌裴兵团东援部队，果如此，则洛阳有极大收复之可能。三月四日，刘、邓向中央军委报告：如陈谢、陈唐先在郑洛段作战，三月五日前后即可作战，不宜再迟。三月初，鉴于西北野战军已在宜川、洛川地区取胜，胡宗南急调位于潼关、洛阳间的裴昌会兵团西援，陈唐、陈谢指挥的四个纵队趁虚于五日自襄城、禹县地区向洛阳开进，准备举行郑潼线战役，夺取洛阳。

2月27日 为中共中央起草关于工商业政策的指示，批评某些地方的党组织违反中央的工商业政策，造成严重破坏工商业的现象。指示指出："政策是革命政党一切实际行动的出发点，并且表现于行动的过程和归宿。一个革命政党的任何行动都是实行政策。不是实行正确的政策，就是实行错误的政策；不是自觉地，就是盲目的实行某种政策。"并强调："全党同志须知，现在敌人已经彻底孤立了，但是敌人的孤立并不就等于我们的胜利。我们如果在政策上犯了错误，还是不能取得胜利。具体说来，在战争、整党、土地改革、工商业和镇压反革命五个政策问题中，任何一个问题犯了原则的错误，不加改正，我们就会失败。"这

〔1〕 裴昌会，当时任国民党军西安绥靖公署副主任兼第5兵团司令官。

个指示编入《毛泽东选集》。

2月29日 在晋冀鲁豫中央局宣传部《检查报社发现“左”偏》的报告上写一批注：“开明绅士问题不是什么革命性质的原则问题，中央并未这样指出过。中央指出，不要抛弃那些赞成反蒋和土改而愿意同我们合作的从地主富农阶级出身的开明绅士，如陕北的李鼎铭、晋绥的刘少白〔1〕等人，借以分化地主阶级，是于反蒋和土改有利益的”。

3月1日 为中共中央军委起草致刘伯承、邓小平，陈士榘、唐亮，陈赓、谢富治，粟裕、刘先胜〔2〕，徐向前，彭德怀、张宗逊、赵寿山电，对刘邓、陈唐、陈谢各部作战作出部署，并对其他各区作战计划进行通报。关于中原、山东两军作战计划，部署如下：“刘、邓应即将一、二、十、十一等四纵组成为一集团，寅卯两月〔3〕在津浦以西、平汉以东、淮河以北、黄河以南地区机动作战，包括休息时间在内。辰巳两月〔4〕或仍在该区配合粟、刘机动，或向平汉以西机动，依情况决定。粟、刘即令十、十一纵完全接受刘、邓指挥。”“陈、唐并指挥陈谢主力，寅卯两月举行陇海郑潼线作战，包括休息时间在内。日内开始第一阶段打郑洛段，相机攻取洛阳；第二阶段打洛潼段，争取歼灭裴昌会兵团大部（原七个旅已有两个旅西开合阳、潼关，一个旅在商洛未动，现留阌乡至洛阳一线者约四个旅）、孙元良兵团一部，配合彭、张渭北作战。彭、张现正围攻宜川，吸引九十师、二十

〔1〕 李鼎铭，曾任陕甘宁边区政府副主席。刘少白，曾任晋绥边区临时参议会副议长。

〔2〕 刘先胜，当时任华东野战军副参谋长。

〔3〕 寅卯两月，即3月、4月。

〔4〕 辰巳两月，即5月、6月。

七师增援，各个歼灭之，现正战斗中。”“许、谭[1]所部除留十三纵于胶东外，主力七、九两纵配合渤海地方兵团，寅月[2]上旬开始向胶济西段作战。韦国清率二纵丑[3]下旬由诸城南下苏北，与该地十一、十二两纵合组苏北兵团，加强苏北之作战。”

同日　为中共中央起草关于民族资产阶级和开明绅士问题的指示，指出：在新民主主义革命阶段，民族资产阶级是人民大众的一部分，他们在经济上具有重要性，他们可以参加反对美蒋，或者采取中立的态度，因此有可能和必要去团结他们。对这个阶级的经济地位必须慎重地加以处理，必须在原则上采取一律保护的政策。否则，我们便要在政治上犯错误。对那些过去和我们合作过、现在也还同我们合作、赞成反美蒋和土地改革的开明绅士，仍应采取团结的政策。他们也是反帝反封建反官僚资本主义革命统一战线中的一分子。这个指示编入《毛泽东选集》。

3月2日　为中共中央军委起草复彭德怀、张宗逊、赵寿山三月二日电：“庆祝你们歼灭九十师、二十七师之巨大胜利”。“同意以一、四两纵取中部[4]、宜君，相机取同官[5]，以三、六两纵在攻克宜君后取洛川、富县、甘泉，控制甘泉至同官公路机动地带，二纵取澄城、白水，并准备协同一、四纵作战。”并指出：“此次休整两个半月，部队战斗力如此提高，以致一举歼灭胡宗南两个主力师（四个旅），证明用诉苦及三查方法整训部队，发扬政治、经济、军事各项民主收效极为宏大，故宜注意两个战役之间的必要整训。”

---

〔1〕许、谭，指许世友、谭震林。

〔2〕寅月，即3月。

〔3〕丑，指2月。

〔4〕中部，今陕西黄陵县。

〔5〕同官，今陕西铜川。

3月4日 为转发彭德怀、张宗逊、赵寿山关于宜川战役战果的报告，为中共中央军委起草批语，指出："宜川战役我以十一个旅七万人包围歼灭胡军精锐部队五个旅（缺一个团，洛川），两个师部，一个军部，共二万八千人，无一漏网〔1〕，为西北战场第一大捷。其基本原因在于两个多月的冬季整训。"经此役后，"我向渭北、陇南进军之门户，业已洞开"。

同日 和周恩来致电朱学范〔2〕："接二十九日电示，欣悉先生到达哈尔滨，并决心与中国共产党合作，为中国人民民主革命的伟大的共同事业而奋斗，极为佩慰。我们对于先生的这一行动，以及其他真正孙中山信徒的同样的行动，表示热烈的欢迎。"

3月6日 致电刘少奇，阐述政策与经验的关系。电报指出："凡政策之正确与否及正确之程度，均待经验去考证；任何经验（实践），均是从实行某种政策的过程中得来的，错误的经验是实行了错误政策的结果，正确的经验是实行了正确政策的结果。因此，无论作什么事，凡关涉群众的，都应有界限分明的政策。我感觉各地所犯的许多错误，主要的（坏人捣乱一项原因不是主要的）是由于领导机关所规定的政策缺乏明确性，未将许可做的事和不许可做的事公开明确地分清界限。其所以未能明确分清界限，是由于领导者自己对于所要做的事缺乏充分经验（自己没有执行过某种政策的充分经验），或者对于他人的经验不重视，或者由于不应有的疏忽以致未能分清政策的界限。其次，是由于领导者虽然知道划分政策的界限，但只作了简单的说明，没有作

〔1〕 宜川战役中，国民党军整编第29军军长刘戡自毙，整编第90师师长严明被击毙。

〔2〕 朱学范，当时任中国劳动协会理事长、世界工联副主席、中国国民党革命委员会中央常委兼组织部部长。

系统的说明。根据经验，任何政策，如果只作简单的说明，而不做系统的说明，即不能动员党与群众，从事正确的实践。以上两种情况，各中央局与中央均应分担责任。我们过去有许多工作，既未能公开地（此点很重要，即是说在报纸上发表，使广大人们知道）明确地分清界限，又未能作系统的说明，不能专责备各中央局，我自己即深感此种责任。最近三个多月，我们即就各项政策，努力研究，展开说明，以补此项缺失。但各中央局在这方面自然有他们自己的责任。又其次，是政策本身就错了。此点许多下级党部擅自决定其自以为正确其实是错误的政策，不但不请示中央甚至也不请示中央局。”“又其次，是领导方法上有错误，即是上下联系不够，未能迅速了解运动的情况，迅速纠正下面的错误。”

同日 为中共中央起草致中央工委电，指出：合并晋察冀、晋冀鲁豫“两个中央局，成立北方局，有利无害。时机亦已成熟，拖下去无必要。我们意见即以中工委为中心合并两个中央局成为北方局，刘少奇兼任北方局第一书记，薄一波任第二书记，聂荣臻任第三书记。两区的军政两项机构，暂时不合并。但将财经逐步集中于华北财经办事处。华北财办实际上管两区财经，同时在政策方面领导华东、西北两区的财经。经过几个月，待党务及财经两方面工作在统一之后有了头绪，再将军事机构合并。待开全区人民代表大会，选出华北人民民主政府，再将两区政府合并”。

3月7日 为中国人民解放军总部发言人起草评论，评述西北战场形势及解放军新式整军运动的意义，指出：宜川大捷改变了西北的形势，并将影响中原的形势。这次胜利，证明人民解放军用诉苦（诉旧社会和反动派所给予劳动人民之苦）和三查（查阶级、查工作、查斗志）方法进行了新式整军运动，将使自己无敌于天下。这个评论编入《毛泽东选集》时，题为《评西北大捷兼论解放军的新式整军运动》。

同日 关于迅速对洛阳及洛郑线发起攻击，为中共中央军委起草致陈士榘、唐亮，陈赓、谢富治并告刘伯承、邓小平等电："（一）我彭张赵军〔1〕正向澄城、白水、洛川、中部、宜君、同官攻进，向前军正攻临汾。（二）敌一师、三十师、三十六师将全部缩回陕境，估计一部守潼关，大部回至西安一带。（三）你们率三、四、八纵应以夺取洛阳并准备歼灭孙元良援兵之目的，迅速对洛阳及洛郑线发起攻击，希望能于两周内外完成此项任务。"洛阳战役于三月八日开始，十四日攻克洛阳，全歼守敌二万余人。十五日，中共中央发出庆贺全歼洛阳守敌的电报。因郑州国民党军整编第十八军、整编第四十七军增援，人民解放军十七日撤出洛阳。

3月8日 为发出关于吴满有〔2〕一类人入党问题的电报加写按语："说今后不要提倡新式富农的意见是不对的。我们提倡新式富农的目的和俄国革命后保存富农的目的是不相同的。中国富农经济不占重要成分，粮食供给主要依靠中农、贫农，并不是依靠富农，我们鼓励吴满有一类人之目的，在于这样能够稳定新旧中农，刺激其生产。如果过去这是需要的，现在这种情形仍未改变，不能说这种需要已不存在。如果中国的某些地区有依靠富农粮食供给的情形，那就鼓励富农经济更加是需要的了。一种模糊的违反经济要求的'左'倾情绪在人们的思想中作怪，在土地法公布后甚为普遍，做宣传工作的同志应当加以批判，而不应为

---

〔1〕彭张赵军，指彭德怀任司令员兼政治委员，张宗逊、赵寿山任副司令员的西北野战军。

〔2〕吴满有，原是雇农，后成为新式富农。

其动摇而投降这种情绪。”

3月10日　致电刘少奇：我们拟于三月二十日动身东移，约于四月十五日左右可到你处，届时拟约粟裕一商行动计划[1]。

3月12日　为发表《山西崞县是怎样进行土地改革的》[2]这个典型经验，加写按语，指出："关于如何在农村中进行整党工作，我们有了晋察冀区平山县的典型经验（这是刘少奇同志总结的）。关于如何在老区调剂土地而不是平分土地（因为那里已经平分了）的工作，我们有了陕甘宁区绥德县黄家川的典型经验。现在又有了晋绥区崞县这样一个平分土地的经验（虽然不完全）。这三个经验，值得印成一个小册子，发给每个乡村的工作干部。这种叙述典型经验的小册子，比我们领导机关发出的决议案和指示文件，要生动丰富得多，能够使缺乏经验的同志得到下手的方法，能够有力地击破在党内严重地存在着的反马列主义的命令主义和尾巴主义。各中央局、中央分局及前委的领导同志们，在对自己领导的各项重要工作发出决议或指示之后，应当注意收集和传播经过选择的典型性的经验，使自己领导的群众运动按照正确的路线向前发展。现在是成千万的人民群众依照党所指出的方向向着封建的买办的反动制度展开进攻的时候，领导者的责任，就是不但指出斗争的方向，规定斗争的任务，而且必须总结具体的经验，向群众迅速传播这些经验，使正确的获得推广，错误的不致重犯。"

3月14日　为中共中央军委起草致杨得志、罗瑞卿、杨成

〔1〕指考虑让粟裕率华东野战军第1、第4、第6纵队渡江作战的计划。

〔2〕这是中共中央晋绥分局社会部部长谭政文1948年2月8日关于山西崞县召开土地改革代表会议情况给李井泉的报告。毛泽东为发表这个报告加写按语时，将报告的标题改为《山西崞县是怎样进行土地改革的》。

武、耿飚并告中央工委，晋绥分局等电："你们只有在宽大机动中大量歼灭敌人，迫使敌人分散配备，才能克服你们遇到的敌人大量集中不利我军歼灭的困难问题。你们机动的范围，第一是整个平绥线包括绥远全省在内，第二是北宁线，第三是平承线，第四是平保线。目前所采出平绥线的方针，应当执行到敌人已经大量集中该线，我军已无好仗可打之时为止。下一步主力的行动，可以出平保线打一二仗，调回敌人主力，然后再出平绥线。你们拟派两个纵队出绥远的计划是很好的，可令该两纵于攻克柴沟堡一线之后，不要停留太久，迅速出绥远，以绥远全境为活动范围。"

同日 复电邓小平："寅齐电〔1〕悉，非常之好，立即转发各地仿照办理。希望你对陈唐、陈谢各部及豫皖苏区，凡你处电台能联络的同志，或骑马能送信的同志，或当面接洽的同志，将你所说的那些策略观点与政策观点普遍通知他们，只要有机会就不失时机地指导他们，并要他们向你处反映结果。"

同日 为转发邓小平寅齐电，起草给各中共中央局、分局、前委负责人的批语，指出："没有全般的策略观点与政策观点，中国革命是永远不能胜利的。最可怕的是领导同志的自满自是，自己缺乏策略观点与政策观点，而又对中央的指示熟视无睹（不细看这些指示，不研究这些指示，忙于不应当忙的事务工作，而忽视了策略指导与政策指导这种自己责任上的主要工作）。我们要求你们每两个月做一次（每年共六次）的综合性的工作报告，就是要求你们将这种策略与政策的规定、策略与政策在实行后的结果及根据这种结果而作出的你们的自我检讨（这些就是你们日

〔1〕 指邓小平1948年3月8日关于新解放区全般的策略与政策问题给中共中央的报告。

常工作的主要工作）向我们作报告。”

3月15日　东北冬季攻势胜利结束，历时三个月，歼灭国民党军八个师并争取一个师起义，共十五万六千余人，收复城市十八座，压缩东北国民党军于长春、沈阳、锦州三个孤立地区。

3月17日　致电刘少奇：“我们决定发表弼时同志一篇讲演〔1〕，不发表一月决定草案，因为弼时同志的讲演比一月决定充实得多。”

3月20日　致电刘少奇：“此次工委和华北、华东、华中各负责同志一起，彻底检讨各项领导工作上的错误缺点，并由此获得纠正，走上正轨，极为欣慰。”“我们明日动身东移，由此到兴县走路及谈话十天，坐车去代县五天，走路到你处十天，约卯删〔2〕可到你处。”

同日　为转发西北野战军前委指示各纵应继续提高政策教育的电报写批语，指出：“须知政策与策略是我党我军的生命。不注重政策与策略的教育，不使这种教育贯彻到底，使全体指战员充分明了，不加检查，让单纯军事观点占了统治地位，不尖锐全面彻底地反对单纯军事观点，向这种错误观点让步妥协或隐瞒这些现象不向前委或军区反映，而前委或军区则不向或少向中央反映，只将战绩向上级及中央反映，如果是这样，那就是不对的，是离开了或多少离开了党的路线的，必须认为是极端严重的现象，应当立即加以检讨。”

同日　为中共中央起草通报。通报指出：“最近几个月，中

〔1〕 指任弼时1948年1月12日在西北野战军前委扩大会议上所作《土地改革中的几个问题》的讲话。

〔2〕 卯删，即4月15日。

央集中全力解决在新形势下面关于土地改革方面、关于工商业方面、关于统一战线方面、关于整党方面、关于新区工作方面的各项具体的政策和策略的问题，反对党内右的和‘左’的偏向，而主要是‘左’的偏向。我们党的历史情况表明，在我党和国民党结成统一战线时期，党内容易发生右的偏向，而在我党和国民党分裂时期，党内容易发生‘左’的偏向。”“只有党的政策和策略全部走上正轨，中国革命才有胜利的可能。政策和策略是党的生命，各级领导同志务必充分注意，万万不可粗心大意。”通报在全面分析了敌我双方军力发生的变化以后，指出目前南北两线敌军在大别山和淮河以北这两个地区尚有主动权，其余一切战场的敌军，全是被动挨打。“我们的方针是稳扎稳打，不求速效，只求平均每个月消灭国民党正规军八个旅左右，每年消灭敌军约一百个旅左右。”“五年左右（一九四六年七月算起）消灭国民党全军的可能性是存在的。”这个通报编入《毛泽东选集》时，题为《关于情况的通报》。

3月21日 电告彭德怀：中央机关本日动身东移，约四月十五日可到中央工委所在地。“陕甘全局，除陈谢一个旅在陕南外，由你们独力担任。”

同日 和周恩来、任弼时率中央机关从陕北米脂县杨家沟出发，前往晋绥区，今日到达绥德县吉镇。

3月22日 到达佳县螅蜊峪。

3月23日 从陕西省吴堡县川口渡口东渡黄河，进入山西临县，在寨则山村过夜。

同日 为中共中央起草致中央工委并中原局电：同意“由中原局管辖津浦路东陇海路南包括豫、陕、鄂整个地区，统一该区党政军民一切工作之领导。陈、邓[1]加入中原局。苏北仍归华东局”。

3月24日 和周恩来、任弼时到达中共中央后委驻地临县三交镇双塔村，同杨尚昆等后委留守人员见面。当晚，研究中央机关今后行动路线问题，商定分为两路：毛泽东、周恩来、任弼时等在此稍作逗留后，乘车经晋绥军区前往晋察冀；中央机关和后委机关留守人员由杨尚昆率领直接前往西柏坡。

3月25日 为中共中央起草致各中央局、分局、前委电，对报告制度作了补充规定：“（一）你们对于下级发出的一切有关政策及策略性质的指示及答复，不论是属于何项问题（军事、土改、财政、经济、整党、政权、外交、工青妇运、宣传、组织、文教、城工、肃反、打人杀人及对待中间人士等），不论是用电报发出的或用书面发出的，均须同时发给中央一份。（二）下级向你们所作政策及策略性的报告，其内容重要者，亦须同时告知我们，文长者摘要电告或函告。（三）每一个中央委员、中央候补委员均有单独向中央或中央主席随时反映情况及陈述意见的义务及权利。”

同日 为中共中央起草致中央工委电，指出东北局二月十四日回答中央关于哈尔滨市劳动法草案的批评与指示一电，内容很好，请中央工委在抄送此电给各地时，在文尾附抄下列文句：“东北局此电表示的方针是正确的，其中所述哈尔滨去年秋季所犯对于私人资本的‘左’倾冒险主义错误，华北、华东、华中、晋绥各区曾有相同情形，或者还更严重。在公营工业方面，例如邯郸局[2]管辖下的军工企业，则有与东北相反的情形，工人待

〔1〕 陈、邓，指陈毅、邓子恢。

〔2〕 邯郸局，指领导机关设在河北邯郸的中共晋冀鲁豫中央局。

遇甚高，产品成本很贵，难于持久。望各中央局对于自己的工商业及工运方针，作一全面检讨，务使这方面的工作彻底走上正轨。”

3月26日 和周恩来、任弼时从双塔村乘车出发，到达晋绥解放区领导机关所在地兴县蔡家崖，同贺龙、李井泉会面。在这里停留八天。

3月27日—29日 和周恩来、任弼时听取贺龙、李井泉汇报晋绥解放区战争、土地改革、整党、工农业生产、工商业政策和支前工作等情况，并先后召开贫农团代表、土改工作团代表和地方干部代表等座谈会，详细调查农村各阶级的比例、土地占有、土改工作团怎样发动群众等情况。

4月1日 在贺龙主持的晋绥干部会上讲话，肯定了晋绥解放区的土改工作和整党工作所取得的成就，以及晋绥党组织对工作中曾经发生过的几个“左”的偏向的纠正。讲话指出：“按照实际情况决定工作方针，这是一切共产党员所必须牢牢记住的最基本的工作方法。”讲话解释了党的新民主主义革命的总路线和总政策、土地改革工作的总路线和总政策：“无产阶级领导的，人民大众的，反对帝国主义、封建主义和官僚资本主义的革命，这就是中国的新民主主义的革命，这就是中国共产党在当前历史阶段的总路线和总政策。”“依靠贫农，团结中农，有步骤地、有分别地消灭封建剥削制度，发展农业生产，这就是中国共产党在新民主主义的革命时期，在土地改革工作中的总路线和总政策。”这个讲话编入《毛泽东选集》。

4月2日 对晋绥日报编辑人员谈话，讲党的群众路线和怎样办好党报的问题，指出：“善于把党的政策变为群众的行动，善于使我们的每一个运动，每一个斗争，不但领导干部懂得，而且广大的群众都能懂得，都能掌握，这是一项马克思列宁主义的领导艺术。”“我们党所办的报纸，我们党所进行的一切宣传工作，都应当是生动的，鲜明的，尖锐的，毫不吞吞吐吐。这是我们革命无产阶级应有的战斗风格。”这个谈话编入《毛泽东选集》。

4月4日 到达岢岚县城。当晚听取县委书记丛一平关于土地改革、整党情况的汇报。

同日 致电彭德怀：“西北战场重要性已增长，战争规模已扩大，四百多万人口支援这一战争已感吃力，民负应减轻不应加重。”

4月5日 和周恩来、任弼时等接见参加岢岚县三级干部会议的代表，随后乘车到达神池县城。

4月6日 到达代县，听取县委书记兼县长苏黎和土地改革工作团副团长、晋绥日报社社长郝德青的汇报。指示土地改革工作团应该和农村党支部一起，共同领导当地土地改革运动，要团结百分之九十五以上的干部和群众，克服“左”的偏向。途经雁门关时，下车凭吊古战场，观看牌楼、石碑，边看边朗读碑文。

4月7日 由晋察冀军区派来迎接的人员带路，经过深沟高山，到达繁峙县伯强村。原计划当天到达五台山区台怀镇，因下雪路塞，被阻于伯强村。邀请村党支部书记、村长、贫农团长等干部，座谈该村土地改革、农业生产和人民生活情况。

4月8日 为中共中央起草致洛阳前线指挥部电，对城市政策作指示：“极谨慎地清理国民党统治机构，只逮捕其中主要反动分子，不要牵连太广。”“对于官僚资本要有明确界限，不要将国民党人经营的工商业都叫作官僚资本而加以没收。”“禁止农民团体进城捉拿和斗争地主。”“入城之初，不要轻易提出增加工资减少工时的口号。”“一切作长期打算。严禁破坏任何公私生产资料和浪费生活资料，禁止大吃大喝，注意节约。”这个电报编入

《毛泽东选集》时，题为《再克洛阳后给洛阳前线指挥部的电报》。本日，为中共中央起草分别致东北局、华东局、晋冀鲁豫中央局电，指出上述指示完全适用于新解放的各城市，要求他们责成各市委将占领后所采取的政策及施行结果作出总结，电告中央。

4月10日 为中共中央军委起草致杨得志、罗瑞卿、杨成武、耿飚电："你们主力先歼天镇附近之暂四军主力，如有可能再歼怀安之敌，是正确的。完成这些任务之后，或者向平绥东段进击，或者向绥远协同在绥两纵歼灭三十五军，打开绥远局面，然后主力回师打平绥东段，依情况决定为适宜。"此时，晋察冀野战军正进行察南绥东战役。四月上旬攻占天镇、怀安等地，转入休整。

同日 为中共中央起草致华东局转许世友、谭震林、谢有法并告各中央局、分局、前委电，指出："许、谭、谢卯东电〔1〕悉。你们对昌潍地区之敌宣布宽大政策基本上是正确的，但有一点是不正确的，即对罪大恶极为广大人民群众所痛恨的大反革命分子及大恶霸分子，也和其他敌方人员不加区别地一概宣布既往不咎，将功折罪。""中央不止一次地向各地各军领导同志指出，中央的一切政策必须无保留地执行，不能允许不得中央同意由任何下级机关自由修改。但在日本投降以后的两年多时间内，不少地方在关于土地改革的政策方面，在关于工商业及工运的政策方面，在关于打人杀人的政策方面，在统一战线的政策方面，在宣传教育的政策方面，以及在其他某些方面，地方党和军队的领导机关不得中央同意甚至不得中央委托的领导机关（即各中央局、

〔1〕 指1948年4月1日华东野战军山东兵团司令员许世友、政治委员谭震林、政治部主任谢有法关于宣布对敌宽大政策的电报。

中央分局、前委及其他中央委托的领导机关）的同意，自由地迫不及待地粗率地冒险地规定及执行明显地违背中央路线和政策的某些政策，地方主义的和经验主义的恶劣作风，事前不请示事后不报告的恶劣作风，多报功绩少报（甚至不报）错误缺点的恶劣作风，对于原则性问题粗枝大叶缺乏反复考虑慎重处置态度的恶劣作风，不愿精心研究中央文件以致往往直接违反这些文件中的某些规定的恶劣作风，仍然存在。所有这些不良现象，中央要求一切受中央委托的领导机关的负责同志严肃地注意加以改变”。电报还指出：“中国新的革命高潮的到来，我党已经处在夺取全国政权的直接的道路上。这一形势要求我们全党全军首先在一切政治上的政策及策略方面，在军事上的战略及重大战役方面的完全统一，经济上及政府行政上在几个大的区域内的统一，然后按照革命形势的发展进一步地考虑在军队的编制和供应上，在战役行动的互相配合上，以及在经济上在政府行政上（那时须建立中央政府）作重大的统一。总之，革命形势要求我党缩小（不是废除）各地方各兵团的自治权，将全国一切可能和必须统一的权力统一于中央，而在各地区和各部分则统一于受中央委托的领导机关”。

4月11日　在谭震林四月一日关于淄、博、张、周〔1〕的情况及所取之政策的报告上加写按语，指出：在工厂企业管理委员会中，“没有提到工程师、技师及有经验的职员。须知单是经理及工人代表是不够的，必须有工程师、技师及职员参加管理委员会。这个委员会应当是厂长负责制下面的管理委员会。在任何企业中，除厂长或经理必须被重视外，还必须重视有知识有经验的工程师、技师和职员，必要时不惜付出高薪，即使是国民党人，

〔1〕 淄、博、张、周，指山东淄川、博山、张店、周村。

只要有可能也要利用”。二十六日，为转发谭震林的报告，起草中共中央给各中央局、分局、前委的与按语内容相同的批语。

同日　和周恩来、任弼时从伯强村出发，冒雪过五台山，经鸿门岩险地，到达杨林街，夜宿台怀镇塔院寺。

4月12日　和周恩来、任弼时到达河北阜平县西下关村。任弼时召集本村和临近村的党员干部座谈会。结束时，毛泽东、周恩来等同参加座谈的村干部见面，一一握手问候。晚上开会议定，到阜平晋察冀军区驻地城南庄后，周恩来、任弼时、陆定一去平山县西柏坡与中央工委会合，毛泽东因准备去苏联，暂留城南庄。

4月13日　由聂荣臻陪同，到达晋察冀军区所在地阜平县城南庄，住军区大院。在城南庄期间，和周恩来多次听取聂荣臻等汇报工作，并同任弼时主持召开的区县干部座谈会的同志们见面。

4月21日　关于粟裕建议缓出闽浙赣以集中兵力在黄淮地区打几个大仗的问题〔1〕，为中共中央军委起草致陈毅、粟裕电：“为商量行动问题，请陈毅、粟裕两同志于卯有〔2〕至卯世〔3〕数日内同来平山中工委开会为盼。”

---

〔1〕　粟裕1948年4月18日致电中共中央军委，电报中说：我大兵团远离后方作战，得不到群众较好配合，行动不易保密，伤病员难安插，补给困难，重装备不能发挥作战能力，变成拖累。五军及整编十一师系美械重装备可能留中原以发挥其作用，蒋对桂顽两个主力师不至放虎归山，可能仍留大别山，如我军南进未能调动这四个最强的整编师南下，会使中原地区遭到摧残而难于恢复。建议中原三军依托后方作战，以便得到足够的炮弹、炸药等补给，发挥现有装备之作用而大量歼灭敌人，求得在中原地区（主要战场应在豫皖苏及淮北津浦路东路西），打几个较大规模的歼灭战。

〔2〕　卯有，即4月25日。

〔3〕　卯世，即4月31日。

同日　在列宁《共产主义运动中的“左派”幼稚病》一书封面上写批语：“请同志们看此书的第二章，使同志们懂得必须消灭现在我们工作中的某些严重的无纪律状态或无政府状态。”

同日　西北野战军收复延安。

4月22日　复电林彪、罗荣桓、高岗、陈云、李富春、刘亚楼、谭政〔1〕：“同意你们先打长春的意见。”“我们可令杨、罗、杨〔2〕（正在商量中）以三个纵队出至承德、北平之线以东地区，或者可能出至承德以东地区，起配合作战之作用。”“我们同意你们先打长春的理由是先打长春比较先打他处要有利一些，不是因为先打他处特别不利，或有不可克服之困难。你们所说打沈阳附近之困难，打锦州附近之困难，打锦榆段之困难，以及入关作战之困难等，有些只是设想的困难，事实上不一定有的”。“因此，你们自己，特别在干部中，只应当说在目前情况下先打长春比较有利，不应当强调南下作战之困难，以免你们自己及干部在精神上处于被动地位。”

同日　为中共中央军委起草致杨得志、罗瑞卿、杨成武、耿飚电：“你们有配合东北作战的任务，主力三个纵队必须于辰初〔3〕出动，辰删〔4〕以前到达热河境内。因此，你们派赴门头沟之一个纵队应立即收回，集结三个纵队于桑干河以南，休息至辰冬〔5〕左右为止。”

---

〔1〕　李富春、谭政，当时分别任东北军区兼东北野战军副政治委员、政治部主任。

〔2〕　杨、罗、杨，指晋察冀野战军司令员杨得志、第一政治委员罗瑞卿、第二政治委员杨成武。

〔3〕　辰初，即5月初。

〔4〕　辰删，即5月15日。

〔5〕　辰冬，即5月2日。

4月23日 周恩来、任弼时等前往西柏坡。

4月24日 为中共中央起草致西北人民解放军全体同志电，庆祝收复延安的伟大胜利，指出：“去年三月十九日国民党匪军占领延安的时候，我们就断言，这种占领将标志着国民党匪军的失败和中国人民的胜利，一年多以来的一切事变，充分地证明了这一断言。”尚望全体军民“继续努力，为消灭全部匪军，解放整个西北而奋斗”。

4月25日 致电刘少奇、朱德、周恩来、任弼时，通知他们即将召开的中央会议准备讨论的问题：（一）邀请港、沪、平、津等地各中间党派及民众团体的代表人物到解放区，商讨关于召开人民代表大会并成立临时中央政府问题。（二）关于在今年冬季召开二中全会的议题。（三）关于酌量减轻人民负担、大力发展农业生产和工业生产问题。（四）关于消灭某些无政府状态和酌量缩小地方权力的问题。（五）关于区、乡、村人民代表会议组织大纲草案。（六）陈粟兵团的行动问题及其他问题。以上各问题请他们先作大概的讨论，然后再到城南庄商定。

4月27日 写信给晋察冀中央局城市工作部部长刘仁，请他经过妥善办法告诉张东荪、符定一〔1〕，感谢他们的来信，对他们的一切爱国民主活动表示热烈同情，并邀请他们二位及许德珩、吴晗等民主人士来解放区参加各民主党派、各人民团体的代表会议，讨论召开人民代表大会成立民主联合政府和关于加强各民主党派、各人民团体的合作及纲领政策问题。会议名称拟称为

---

〔1〕 张东荪，燕京大学教授，曾任中国民主同盟中央常委。1946年参加中国民主社会党，为主要领导人之一，同年11月因反对民社党参加伪国大，宣布退出该党。符定一，文字学家。1946年夏，应毛泽东的邀请到过延安。张、符二人当时均在北平。

政治协商会议，开会地点在哈尔滨，开会时间在今年秋季。会议的决议必须参加会议的每一单位自愿同意，不得强制。

同日 写信给蓝公武〔1〕：“三十年前，拜读先生在《晨报》及《国民公报》上的崇论宏议，现闻先生居所距此不远，甚思一晤，借聆教益。兹派车迎候，倘蒙拨冗枉驾，无任欢迎。”

4月29日 转发薄一波关于工商业问题的报告，并在报告中的两处加写批注。对“在公私企业中，成立以厂长为首的三人委员会，以利生产”一句，批注：“企业中的管理委员会究竟以三人为有利还是以五人左右为有利，值得研究。如果只以厂长、支书及工会主任这样三个人组织委员会，如果这三个人又都是党员，而无工程师、技师或职员的代表参加及有能力的党外人士参加，似乎是不妥的。”对“有些人认为工商业均带封建性。不斗工商业，不能肃清封建，满足群众要求”一句，批注：“这类思想是一种农业社会主义思想，其性质是反动的，落后的，倒退的，必须坚决反对。”

4月30日—5月7日 在城南庄主持召开中共中央书记处扩大会议，通称城南庄会议。

4月30日 中共中央书记处扩大会议讨论通过中共中央庆祝“五一”节口号，提出“各民主党派、各人民团体、各社会贤达迅速召开政治协商会议，讨论并实现召集人民代表大会，成立民主联合政府”。口号于当日由新华社播发，《人民日报》五月二日刊载。

〔1〕 蓝公武，当时任察哈尔省人民政府教育厅厅长，长期从事新闻工作。1945年秋到达晋察冀解放区。

5月1日 写信给李济深、沈钧儒[1]，信中说：“在目前形势下，召集人民代表大会，成立民主联合政府，加强各民主党派、各人民团体的相互合作，并拟订民主联合政府的施政纲领，业已成为必要，时机亦已成熟。”“但欲实现这一步骤，必须先邀集各民主党派、各人民团体的代表开一个会议。在这个会议上，讨论并决定上述问题。此项会议似宜定名为政治协商会议。一切反美帝反蒋党的民主党派、人民团体，均可派代表参加。不属于各民主党派各人民团体的反美帝反蒋党的某些社会贤达，亦可被邀参加此项会议。”[2]

5月初 中共中央书记处扩大会议讨论三项议题：（一）把战争引向国民党地区；（二）发展生产，减轻人民负担；（三）反对无政府无纪律状态，适当缩小地方权力。毛泽东在会上发言说：（一）将战争引向国民党地区无疑会有很大困难，打出去的主力会减弱，打不了很多胜仗，但无此一条不能战胜国民党。打出去以后，敌我都到蒋管区去吃，不能依赖后方，后方要尽量供

〔1〕 李济深，当时任中国国民党革命委员会主席。沈钧儒，当时任中国民主同盟中央常委，在香港主持民盟事务。

〔2〕 1948年5月5日，李济深、何香凝（中国国民党革命委员会），沈钧儒、章伯钧（中国民主同盟），马叙伦、王绍鏊（中国民主促进会），陈其尤（致公党），彭泽民（中国农工民主党），李章达（中国人民救国会），蔡廷锴（中国国民党民主促进会），谭平山（三民主义同志联合会），郭沫若（无党派）致电毛泽东并转解放区全体同胞：“南京独裁者窃权卖国，史无前例”，“当此解放军队所至，浆食集于道途”，“乃读贵党五一劳动节口号第五项：‘各民主党派、各人民团体及社会贤达，迅速召开政治协商会议，讨论并实现召集人民代表大会，成立民主联合政府’，适合人民时势的要求，尤符同人等之本旨，何胜钦企。除通电国内外各界暨海外侨胞共同策进完成大业外，特此奉达，即希赐教”。

给前方。（二）我一方面为胜利欣喜，一方面担心人民负担不起。要使后方农业、工业长一寸。土地改革、整党、开人民代表会议，目的都是为了发展生产。为了发展生产，人民的负担要适当减轻。（三）反对无政府无纪律状态，缩小地方权力。会议认为这三条都是战略性的。这三条以后概括为军队向前进，生产长一寸，加强纪律性三项任务。

5月5日 在城南庄会议期间，中共中央书记处同陈毅、粟裕等商讨渡江问题后，毛泽东于本日为中共中央军委起草致刘伯承、邓小平并华东局电，指出："将战争引向长江以南，使江淮河汉地区之敌容易被我军逐一解决，正如去年秋季以后将战争引向江淮河汉，使山东、苏北、豫北、晋南、陕北地区之敌容易被我军解决一样，这是正确的坚定不移的方针。惟目前渡江尚有困难。目前粟裕兵团（一、四、六纵）的任务，尚不是立即渡江，而是开辟渡江的道路，即在少则四个月多则八个月内，该兵团加上其他三个纵队在汴徐〔1〕线南北地区，以歼灭五军等部五六个至十一二个正规旅为目标，完成准备渡江之任务。在此期内，由该兵团派出十个营，附以地方干部，陆续先遣渡江，分布广大地区，发展游击战争。以上计划是我们和陈、粟及一波、先念所商定者。"为组织协同作战，电报还指出：粟裕兵团，"约于本月底渡河作战。陈、唐所率三、八两纵应回至豫皖苏区，调换一纵西去，以便该兵团有一、三、四、六、八及十一等六个纵队集结打大仗"。"本月内请刘、邓命一纵、十一纵在汴徐以南适当地点休整，待粟裕命令，月底协同作战。当粟裕打五军等部时，许谭兵团应向津浦线行动，相机歼灭并钳制十二师、七十五师、八十四师、七十三师等部。其动作时间，应在本月下旬，请华东局令知

---

〔1〕 汴，河南开封的别称。徐，指江苏徐州。

许、谭准备。同时，令知韦陈兵团[1]，在苏北发起歼敌战役，配合动作。”

5月7日　为中共中央军委起草致许世友、谭震林并华东局电，指示山东兵团“应集结休整至本月十八日或二十日为止，准备于十九或二十一日以后开始向津浦线行动。那时如新泰敌一个旅未退，则以围新泰打援军为第一目标，如该敌已退，则直向济南、徐州间选择某地攻击并打援，以协助粟裕兵团之作战。粟裕兵团渡江目前尚有困难，决定在运河以西、淮河以北地区歼灭几批敌人再行南进。”

同日　为中共中央起草致香港分局、上海局及潘汉年电：“中央已于五一节提出召集人民代表大会成立民主联合政府的口号，而其第一步则拟召集各反美反蒋的民主党派、人民团体及不属于各民主党派、人民团体的社会知名人士开一次政治协商会议。自然这些在目前均尚是宣传和交换意见时期，尚未到正式决定和实行时期。你们可用非正式交换意见的态度（不是用正式决定和邀请的态度），和各真诚反美反蒋的民主党派、人民团体及社会知名人士交换意见，并以各方反映电告。”

同日　为中共中央军委起草致林彪、罗荣桓、刘亚楼电，指出：“基本上同意你们五日十九时半来电的第三个方案[2]，即用三个月至四个月时间攻克长春并争取歼灭援敌，待秋收后再攻承德或他处。”同时指出：“在攻长春的三个月至四个月时间内，你们必须同时完成下一步在承德、张家口、大同区域作战或在冀

---

〔1〕 指韦国清任司令员、陈丕显任政治委员的华东野战军苏北兵团。

〔2〕 林彪、罗荣桓、刘亚楼1948年5月5日19时半来电所提3个方案是：（一）正式进攻长春；（二）少数兵力围攻长春，主力到北宁线和热河冀东作战；（三）对长春以2至4个月较长时间围困，然后打援，最后攻城。来电认为“目前以采取第三方案为好”。

东、锦州区域作战所需的粮食、弹药、被服、新兵等项补给的道路运输准备工作。”

5月9日　中共中央和中央军委发出关于改变华北、中原解放区的组织及确定人选的决定：（一）晋冀鲁豫和晋察冀两解放区合并为华北区。（二）晋冀鲁豫和晋察冀两个中央局合并为华北中央局，刘少奇兼任第一书记，薄一波为第二书记，聂荣臻为第三书记。（三）晋察冀和晋冀鲁豫两军区合并为华北军区，聂荣臻为司令员，薄一波为政治委员，徐向前、滕代远、萧克依次分任第一、第二、第三副司令员。（四）两边区政府在华北人民代表会议召开前，暂时成立华北联合行政委员会，董必武为主席，黄敬、杨秀峰为副主席。（五）中央委托华北局办理大党校、大军校、大党报和华北大学。（六）中原中央局以邓小平为第一书记，陈毅、邓子恢分任第二、第三书记。（七）中原军区及中原野战军以刘伯承为司令员，邓小平为政治委员，陈毅、李先念分任第一、第二副司令员，陈毅仍兼华东野战军司令员及政治委员。（八）中央已与中央工委会合，中央工委即行撤销。

5月11日　为中共中央军委起草致林彪、罗荣桓、刘亚楼并程子华电，通报杨得志、罗瑞卿[1]率部配合东北作战的部署：“杨得志、罗瑞卿率三、四两纵及二纵一个旅共七个旅决于十四日或十五日出发，十七日或十八日过平绥路，尔后即以歼击十三军为目标，向密云、古北口之线及承德方向进击。”随即杨、罗率部于五月十二日发起冀热察战役，六月二十五日结束，歼敌二万四千余人，攻占丰宁、隆化、平泉等城，对承德形成包围态势，以配合东北野战军的作战。

---

〔1〕　杨得志，当时任华北军区第2兵团司令员。罗瑞卿，当时任华北军区政治部主任兼第2兵团第一政治委员。

同日 为中共中央军委起草致刘伯承、邓小平电:“请即令陈、唐率三、八两纵迅速东进,直达汴徐线附近,接受粟裕指挥,协力歼击五军。”

同日 为中共中央起草致晋绥分局电:“你们万余人进驻运城地区,必须向所有人员讲明对待当地人民及党政军的正确态度。”“分局应将工业生产问题放在领导工作的重要位置。有了工业生产的条件,党如果不注意恢复及发展工业,党的领导人员如果缺乏工业方面的知识,如果不用力去学会这一方面的知识,那就会要犯错误。在收复延安后,西北局亦须注意恢复及发展工业。”

5月16日 国民党军飞机轰炸城南庄晋察冀军区大院,击中毛泽东的住房。当晚,毛泽东转移到离城南庄二十多里的花山村。

5月21日 写信给周恩来、胡乔木,对即将重新公布的一九三三年关于划阶级成分的文件提出意见,认为其中关于知识分子部分说得不完全,是不妥的。“原件说地主出身者是地主,富农出身者是富农,中农出身者是中农,这是说社会出身,这是对的。但必须补充说,根据知识分子所从事的职业,例如参加军队者是军人,参加政府工作者是政府职员,参加生产企业者是工人、职员、技师或工程师,参加文化工作者是教员、记者、文艺家等,并将着重点不放在社会出身方面,而放在社会职业方面,方可避免唯成分论的偏向。”

同日 为中共中央军委起草复陈毅、粟裕电,指出:“我一、四、六纵可于二十五日左右由临濮集、郓城地区南渡,先在鲁西南及陇海线上歼灭几部敌人,造成集中一、三、四、六、八及十一等六个纵队全力歼灭五军之条件,而以歼灭五军为夏季作战之中心目标。”“刘、邓担负钳制十八军使不能东援。”“许、谭除以九纵休整并作预备队外，主力应立即出动夺取泰安及其南北地区，保证钳制济南及济南徐州线上各敌使不能西援。”并指出：“陈毅不参加此次作战，尽可能迅速地偕同邓子恢及大批干部去豫西和刘、邓会面，建立中原军区及中原局经常工作。”“粟裕全权指挥一、三、四、六、八及十一纵之作战，并指挥许、谭在津浦线上之配合作战。”

5月22日　为中共中央军委起草复刘伯承、邓小平，并告陈毅、粟裕电：“夏季作战的重心是各方协助粟兵团歼灭五军。只要五军被歼灭，便取得了集中最大力量歼灭十八军的条件，只要该两军被歼灭，中原战局即可顺利发展。望本此方针，部署一切。”

5月24日　致电邓小平，指示新解放区在解放后的相当时期内，只实行减租减息和酌量调剂种子口粮的社会政策和合理负担的财政政策，而不立即实行分浮财、分土地的社会改革政策，把主要打击对象限于政治上坚决反对我党我军的重要反革命分子，以利集中一切力量消灭国民党反动派。电报强调指出：“这一个减租减息阶段是任何新解放地区所不能缺少的，缺少了这个阶段，我们就要犯错误。”这个电报编入《毛泽东选集》时，题为《新解放区农村工作的策略问题》。

5月25日　为中共中央起草关于一九四八年土地改革工作和整党工作的指示以及发出这个指示的通知，对一九四八年土地改革和整党工作作了部署。指示指出，不要因为领导土地改革工作和农业生产工作，而忽视和放松对于城市工作和工业生产工作的领导。指示再次提出，必须坚决克服许多地方存在着的某些无纪律状态或无政府状态。指示要求“在干部会议中和在工作中，必须教育干部善于分析具体情况，从不同地区、不同历史条件的具体情况出发，决定当地当时的工作任务和工作方法”。这个指示编入《毛泽东选集》时，题为《一九四八年的土地改革工作和整党工作》。

同日 为中共中央起草致各中央局、分局及前委电：中央决定将一九三三年《怎样分析阶级》及《关于土地斗争中一些问题的决定》两个文件略加修改，经新华社广播。各地收到后，立即在报纸上发表，并印成小册子（加入任弼时同志报告为附件）发给各级党委及工作团，当作正式文件，遵照实施。《关于土地改革中各社会阶级的划分及其待遇的规定》草案，尚须继续收集意见加以考虑修改，暂时不准备发表，可作为高级领导机关的参考文件，不要普遍印发。

5月27日 离开花山村，乘车到达西柏坡，同朱德、刘少奇、周恩来、任弼时会合。

5月28日 关于同外国订立商业性协定问题，致电林彪、罗荣桓、刘亚楼并中共中央东北局，指出："嗣后凡有借有还之协定，只要有可能，你们尽可订立。但须将要求详情事前报告中央审查批准，事后将经营结果及偿还情形报告中央审核。""事前不经批准，事后又不报告经营结果及偿还情形，则是不许可的。""凡在有借有还之商业性协定以外之要求，则必须遵守自力更生不依赖外援之原则，非万不得已，不要轻易提出要求。"

5月29日 为中共中央军委起草致粟裕〔1〕并告许世友、谭震林，刘伯承、邓小平，陈毅、邓子恢及华东局电："许、谭以执行你们俭〔2〕电第一方案为好，即第一步占领泰安、泗水、大

---

〔1〕 粟裕，当时任华东野战军代理司令员兼代理政治委员。华东野战军司令员兼政治委员陈毅已离开华东野战军任中原军区第一副司令员、中原野战军第一副司令员。

〔2〕 俭，即28日。

汶口、曲阜，第二步相机攻占汶上、济宁、兖州三点中之一点，并求得调动他点之敌增援而歼灭之，逐次攻占汶、济、兖三点。第三步，相机攻占邹、滕、临、韩〔1〕。”“如果汶、济、兖三点之敌难攻，而邹、滕、临、韩较为易攻时，亦可先攻邹、滕、临、韩后攻汶、济、兖，或于汶、济、兖、邹、滕、临、韩七点中选择其较易者先攻，较难者后攻。总之，许、谭任务是逐一攻占七点，准备以四五个月完成此项任务。”

5月30日　为中共中央军委起草致杨得志、罗瑞卿、耿飚电，对他们二十九日提出的或者集中主力打承德或者出冀东对平古〔2〕、平津、津榆线进行广泛攻击的两个作战方案作了复示：“我们觉得攻承德如无把握似以出冀东较为适宜。”

5月31日　为中共中央军委起草致林彪、罗荣桓、刘亚楼并告东北局电：“为准备东北主力出至锦、榆、津、平〔3〕线及平、张、绥、包〔4〕线作战，你们必须精心筹划由东北运输粮食至该两线之各项技术问题”。“热河、冀东尤其是察北、绥东出产之粮食，不足供给大军长期需要，必须准备由东北加以充分之接济。四月间，我杨罗杨军〔5〕两个纵队出至绥东，因当地无粮，不能久留，丧失良好之歼敌机会，你们必须引为教训。”

同日　写信给刘少奇、周恩来、朱德、任弼时，请考虑将张东荪、吴晗、许德珩等尽快从平、津接出来，以便征得他们同意后，选为华北行政机构的委员，并有一二人任部长，一二人任副

---

〔1〕邹、滕、临、韩，指山东邹县、滕县、临城（今薛城）、韩庄。

〔2〕古，指北平（今北京）古北口。

〔3〕锦、榆、津、平，指锦州、榆关（即山海关）、天津、北平。

〔4〕平、张、绥、包，指北平（今北京）、张家口、归绥（今呼和浩特）、包头。

〔5〕指以杨得志为司令员，罗瑞卿、杨成武分别为第一、第二政治委员的华北军区第2兵团。

部长。

同日 为中共中央起草致各中央局、分局电，指出："中央去年二月一日指示'三三制'仍应执行，废除'三三制'的意见是错误的。但自去年二一至今年的一年多时间内很多解放区不得中央同意，擅自修改这一指示，从政治上及组织上打击'三三制'党外人士，其中除少数是罪有应得者外，大多数的打击是过左的错误行动。"中央责成各中央局、分局，"于电到后半月至一月内，将当地地委一级，区党委一级，中央局或分局一级共三级的党外知名人士列一总名单，注明简历、现状及我党对他的待遇意见，电告中央"。并应对统一战线、"三三制"及党外人士问题，对中央作一总结报告。

6月3日 为中共中央军委起草复粟裕、张震〔1〕并告刘伯承、邓小平等电："在整个中原形势下，打运动战的机会是很多的。但要有耐心，要多方调动敌人，方能创造机会。最近时间内，陈、唐需要协助刘、邓作战。只要刘、邓能打一二个好仗，局势就会开始起变化。因此你们到达适当地区后，不是休息三天，而是休息半月左右，全军精心研究技术战术，养精蓄锐。即使有打小仗的机会，主力也不要去打。等候刘、邓对张轸〔2〕作战完全结束，陈、唐到达陇海汴徐线附近并休息若干天恢复疲劳之后，再采取调动敌人之行动，于运动中歼灭敌人。在打五军、七十五师等部时，不要企图一次打得太多，而要准备一次只打一两个旅，各个歼灭该敌，因为该敌是比较强的，要说服干部不要急于求赫赫之名，急于解决大问题，而要坚忍沉着，随时保持主

〔1〕 张震，当时任华东野战军副参谋长。

〔2〕 张轸，当时任国民党军华中"剿匪"总司令部副总司令兼第5绥靖区司令官。

动。”本日午时，又致电粟裕、张震：“陈、唐钳制十八军是临时性任务，不日即可归还建制，你们举行大战役时应待陈、唐归建以后。”“你们暂在城武[1]地区待机是正确的。”

同日 为转发中共中央华东局关于一年来办报情况给中宣部的报告，起草中央给各中央局、分局、区党委的批语：“各地领导机关（包括中央局区党委两级）对于报纸通讯社等极端重要的宣传机关放弃领导责任，或者虽未放弃领导但是抓得不紧，听任许多错误观点广泛流行，宣传工作极不严肃。此种状况，必须坚决改正。改正方法之一，是中央局（分局）及区党委（省委）对于自己的报纸，必须于每天出版之前，由一个完全懂得党的正确路线和正确政策的同志，将大样看一遍，改正错误观点，然后出版。各地领导同志，必须以严肃的科学的态度对待宣传工作。”

6月8日 审阅中共中央转发华北局关于执行中央一九四八年土改整党指示计划的通报稿，加写一段话：“必须依照中央指示将已经解决了土地问题的地区和尚未解决土地问题的地区划分清楚，并公开宣布。在尚未解决土地问题而其主观客观条件均已完全成熟可以和应当实行平分土地的地区，必须争取一次进行到底，达到彻底解决，方能有利于生产。”

6月9日 为中共中央军委起草致杨得志、罗瑞卿、耿飚[2]电，同意该部向冀东区域机动作战的计划。

6月13日 为中共中央起草致上海局、香港分局并告潘汉年电，请他们向各民主党派、人民团体、社会贤达征询关于召开新政治协商会议的有关问题，如开会时间、地点，何人召集，到会代表，应当讨论的问题，人民代表会议何时召集以及如何召集等项的意见。

---

〔1〕 城武，今山东成武。

〔2〕 耿飚，当时任华北军区第2兵团参谋长。

6月17日 关于将寻歼第五军改变为攻占开封的部署，为中共中央军委起草复粟裕、张震并告中原局、华东局电，指出："完全同意铣午电部署〔1〕，这是目前情况下的正确方针。""情况紧张时，独立处置，不要请示。""请刘邓确实钳制十八军及四七军。"本日，华东野战军和中原野战军发起开封战役（又称豫东战役第一阶段）。

同日 为中共中央军委起草致许世友、谭震林并粟裕、张震，华东局，中原局电：你们仍应执行原计划，"攻击兖州，调动八十三师、二十五师来援，减轻敌对粟、张方面之压力，这是你们援助粟、张使粟、张作战得手的最好办法"。六月二十日，山东兵团包围兖州。

6月18日 为中共中央军委起草复彭德怀、张宗逊、赵寿山、甘泗淇〔2〕电："你们以七万人左右担负西北作战重任是很艰苦的，但别方面很难给你们以兵力上的直接援助。杨、罗〔3〕几次要求向前兵团〔4〕协助打傅作义，你们现又要求该兵团协助打胡宗南，我们认为均不适宜。因为我集中敌亦集中，不一定能打好仗。我集中兵力太大粮食决难持久，别方面则失去歼敌机会，不如固定各兵团之兵力与任务，不惜时间，各自寻机歼敌较为有利。向前兵团业已北上，日内发起晋中战役，嗣后该兵团拟固定

〔1〕 粟裕、张震1948年6月16（铣）日午时报告中共中央军委并告刘伯承、邓小平，陈毅、邓子恢，华东局：为迫敌分散，求得运动中歼敌一路，乃以陈士榘、唐亮率第3、第8纵队本晚完成对开封包围，并攻占之。

〔2〕 甘泗淇，当时任西北野战军政治部主任。

〔3〕 杨、罗，指杨得志、罗瑞卿。

〔4〕 向前兵团，指徐向前任司令员兼政治委员的华北军区第1兵团。

在晋中打阎[1]，直至攻克太原为止，你们不要希望其西调。”

6月19日　就攻克开封后的各项政策问题，为中共中央军委起草致粟裕、张震，陈士榘、唐亮并告中原局，华东局等电。指示攻克开封后，“对蒋伪公营企业、银行、商店，市政机关，医院，学校及私营企业、商店，教堂等，应由攻城部队一律加以保护，不要没收”。对“敌方党政机关的人员、经济机关与文化机关的人员、警察及豪绅地主等均不要俘虏和逮捕，而应令他们负责维持城市秩序”。“城内公用物资除武器、弹药、公粮及其他军用品可由军队取用以外，一律保护不要破坏。”“除持枪抵抗者外，不杀一人”。开封于六月二十二日晨攻克，歼国民党军约四万人，击毙整编六十六师师长李仲辛。豫东战役第一阶段胜利结束。二十三日，中共中央发出祝贺开封战役胜利的电报。

同日　为中共中央军委起草致韦国清、吉洛并告粟裕、张震，华东局电：你们应遵照粟张十八日电集中可能集中之兵力打敌弱点，我们十五日亥电要你们出击津浦线之意见不要执行。根据中央军委指示精神，苏北兵团趁国民党军第八十三师、第七十二师外调之机，向陇海路东段发动攻势，歼敌万人。

6月22日　为中共中央军委起草致刘伯承、邓小平，陈毅、邓子恢并粟裕、陈士榘、唐亮电：“目前打很大规模的歼灭战，主客观条件都不成熟，故须避免。你们两大集团今后或者分开行动，每次歼敌以不超过一个整编师为限度；或者集中行动，一次歼敌以不超过两个整编师为限度。目前必须打有确实把握的仗，哪怕歼敌一个旅也是好的，例如宛西那样的仗。”

6月25日　为中共中央军委起草复粟裕、陈士榘、张震并

---

[1]　阎，指阎锡山，当时任国民党军太原绥靖公署主任。

刘伯承、陈毅、邓小平电，指出："敬十九时电[1]悉，部署甚好。"

6月26日 关于发起睢杞战役，为中共中央军委起草致刘伯承、邓小平、陈毅、邓子恢，粟裕、陈士榘、张震电。指出：蒋令邱清泉、区寿年两兵团从民权、兰封、开封之线向西南急进，以期合击我军。"在此情形下，粟、陈、张部署在睢杞通许之线（或此线以南）歼敌一路是很适当的[2]。如能歼灭七十五、七十二两个师当然更好，否则能歼灭七十五师也是很好的。"本日，华东野战军按计划撤出开封，二十七日，对进至睢杞地区的区寿年兵团进行合围，开始了豫东战役第二阶段，又称睢杞战役。

同日 为转发中共中央西北局《关于执行中央土改与整党指示的初步意见》，写批语，指出："在今后一年的工作中，不但要避免过去数年所犯过的严重政治错误不使重犯，而且要紧紧地抓住季节，于秋季农民较闲时及冬季农民最闲时在农村开会（亦不可过多），做完可做和应做的工作。过去各地在秋冬两季开高级及中级干部会布置全年工作的习惯未能顾到农民的季节，对于农村工作有极大妨碍，这种情况从今年起必须改变。"

同日 为中共中央军委起草致许世友、谭震林并粟裕、陈士榘、张震等电，指出："你们攻兖行动已将二十五师二个团调至

---

〔1〕 粟裕、陈士榘、张震1948年6月24（敬）日19时致电中共中央军委，建议26日撤出开封，如敌重占开封，兵力必将分散，拟以5个纵队进至睢县、杞县、太康之间与民权地区，待机聚歼进入杞县之敌。

〔2〕 粟裕、陈士榘、唐亮、张震1948年6月25日报告中共中央军委：我们拟待邱清泉兵团入开封后，以第3、第8纵队分割邱清泉、区寿年兵团之联系，以主力歼灭区寿年兵团于杞县以南。

滕县，八十三师亦于有日[1]起由民权车运滕县，估计数日内可到，然后增援兖州。这对于粟、陈、张是极大援助。”二十七日，又为中央军委起草致许、谭电：“七纵及鲁中部队暂时仍应吸引二十五师、八十三师援兖，该两师不到兖州附近不要解围，以利粟、陈、张行动。”二十八日，自苏北经徐州北上增援兖州的国民党军整编第二十五师已进抵滕县以北，山东兵团立即撤围兖州准备打援。因睢杞战场紧急，整编第二十五师转而南下增援睢杞。七月一日，山东兵团再度包围兖州。

6月28日 为中共中央起草复中原局电。电报说：“完全同意你们六月六日的指示[2]，望即发给中原全党全军切实执行。”电报提出在指示中应加上两段话。其中一段是毛泽东加的，文字如下：“不但如此，由于我们的进军吸引了大量敌人到中原方面，这样就从根本上破坏了敌人将战争继续引向解放区企图彻底摧毁解放区的反革命计划，而将战争引向了国民党统治区域，不但保存了原有解放区的基本区域，而且使我各路友军在山东，在苏北，在豫北，在晋南，在西北，在东北等地顺利地歼灭了大量敌人，恢复了广大失地，使全局都转入了攻势，我们的辛苦并不是白费的。”七月九日，中央将中原局的指示转发各中央局、分局、前委。

6月30日 为中共中央军委起草致刘伯承、邓小平、陈毅并告粟裕、陈士榘、唐亮电：“现在是打歼灭战的极好时机，粟、陈、唐正围歼区兵团五个旅于睢县地区，吴绍周[3]必兼程北进，

〔1〕 有日，即25日。

〔2〕 指中共中央中原局贯彻执行中央关于土改与整党工作指示的指示。

〔3〕 吴绍周，当时任国民党军整编第85师师长，指挥由整编第85、第28、第10师组成的兵团。

如果你们集中全力于运动中围歼该敌，可能打一大胜仗。”为保障睢杞作战，中原野战军于本日至七月一日在西平以西阻击吴绍周兵团，予以重大杀伤，迫使整编第十八军向吴绍周兵团靠拢。

7月1日 为中共中央军委起草致粟裕等电，指出：“二十五师〔1〕艳日〔2〕开始车运，估计本日可达商丘、柳河之线，许、谭拖住该敌已来不及。你们于完全解决六旅及新二十一旅之后，应速以一部防御二十五师，主力则继续歼灭区兵团。”

7月6日 为中共中央军委起草致刘伯承、陈毅、邓小平，粟裕、陈士榘、唐亮、张震，许世友、谭震林并告华东局电，指出：务望刘、陈、邓“决心不失时机寻歼吴绍周，借以拖回十八军，保障粟、陈、唐、张取得完全胜利”。许、谭即“集中三个纵队及鲁中兵团全力攻克兖、济，歼灭十二师并准备歼灭八十四师南援部队，你们于兖州将克未克之时，注意以一部兵力监视济宁之敌，不使该敌跑掉，以利续歼”。本日，国民党军多路逼近睢杞战场，华东野战军在歼灭黄百韬三个多团后主动收兵撤出战斗。八日，毛泽东为中央军委起草复粟裕、陈士榘、唐亮、张震电：“在来电〔3〕所述各种情况下，你们的撤退是正确的。”历时九天的睢杞战役歼灭国民党军五万余人，活捉兵团司令官区寿年

〔1〕 国民党军整编第25师此时和第3快速纵队、交警第2总队组成以黄百韬任司令官的兵团，后称第7兵团。

〔2〕 艳日，即29日。

〔3〕 粟裕、陈士榘、唐亮、张震1948年7月7日致电中共中央军委：胡琏及张轸部继续北上，至昨日午时止，18军先头部队已到淮阳西南之李集，刘汝明部12个团到陈留，邱清泉部经兰封东进袭我侧背，商丘又有由津浦线运到大批敌人，拟东西夹击我军。据此情况，加上我部作战近月，已很疲劳，为应付敌可能乘我疲劳之际的进攻，故决定放弃对25师等部之作战，北撤至民权、考城、菏泽、曹县地区休整。

和整编第七十五师师长沈澄年。包括开封、睢杞战役在内的豫东战役，在中原野战军和华东野战军的山东兵团、苏北兵团配合下，共歼灭国民党军一个兵团部、两个整编师部、六个旅，共九万余人。十一日，中共中央发出祝贺睢杞战役胜利的电报。

同日　为中共中央军委起草致许世友、谭震林、刘少卿〔1〕并告粟裕、陈士榘、唐亮、张震，华东局，中原局电："关于集中三个纵队及鲁中兵团全力在雨季以前攻克兖州、济宁、汶上诸点，全歼十二师及其他杂部，并争取歼灭从北面来的援敌，打通山东和粟部的交通，孤立济南，以利雨季后你们兵团放手南进或西进，更有力地配合粟部打大歼灭战，粟、陈、唐、张和我们意见已完全一致，希望你们本此方针精心组织此次战役。关于完成任务的时间，应按敌情和你们自己的条件来决定，十天或二十天均可。"据此，山东兵团集中主力于七月十二日黄昏对兖州守敌发起总攻，激战至十三日下午，全歼守敌，俘第十二军军长兼第十二师师长霍守义。十六日，济宁、汶上守敌逃走，济南援敌北返，山东兵团歼其后尾部队八十四师一部。至七月十八日，兖州战役结束，并歼灭国民党军六万三千余人，济南陷于孤立。

7月12日　在中共中央东北局宣传部给中央宣传部关于苏联外国文书籍出版局准备印毛主席选集可否允其印刷的请示电报上批示："无论国内，国外，暂时均不要出选集。半年后，经审查后，再说。"

7月13日　为中共中央起草致中原局并告粟裕、陈士榘、唐亮电："粟兵团应在现地区作战至明年春季或夏季，歼灭五军、

〔1〕 刘少卿，当时任华东野战军第2兵团参谋长。

十八军等部，开辟南进道路，然后南进（不歼灭五军、十八军不走）。”〔1〕

同日 为中共中央军委起草致华北局，华东局，许世友、谭震林并告粟裕、陈士榘、唐亮电：“兹决定黄河以南运河以东地区，即兖州、济宁、汶上、宁阳、东阿、平阴、东平、肥城等县，划归华东局及华东军区管辖。”

7月14日 为中共中央军委起草致刘伯承、陈毅、邓小平并告粟裕、陈士榘、张震，许世友、谭震林，华东局电：“兖州已克，守敌全歼，许、谭正准备歼灭援敌八十四师。此战如胜利，拟令许、谭攻济南，如能在八、九两月攻克济南，则许、谭全军（七纵、九纵、十三纵、渤纵、鲁纵）可于十月间南下配合粟陈、韦吉打几个大仗，争取于冬春夺取徐州”。

7月16日 关于攻打济南问题，为中共中央军委起草致许世友、谭震林并粟裕、陈士榘、张震电：“望鼓励士气，于尽可能短促时间完成对济南之包围（首先夺取飞机场），并乘胜夺取济南。如果可能，你们应争取于十天内外夺取济南。”本日，粟裕、陈士榘、张震致电中央军委：以许、谭现有力量攻济与打援均难得手。建议许、谭与我们争取休整时间一月，而后协力攻打济南，并同时打援。十七日，毛泽东为中央军委起草复电：“许、谭所部暂在现地休息待命。”二十三日，又为中央军委起草致许世友、谭震林并粟裕、陈士榘、唐亮、张震电：“（一）按粟部情况目前难于进行作战，雨季又到，你们各纵应即进入休整，地点在大汶口、兖州地区，暂定一个月，分为两期，半个月为一期，

〔1〕 中共中央原于1948年5月5日作出粟裕兵团在内线作战4个月至8个月即渡江的决定，豫东战役的实践说明，在黄淮地区确有大量歼敌的可能，乃改变这个决定，再一次推迟渡江时间。

期满情况许可再延长之。粟、陈、唐、张所部亦照此休整，韦吉部何时开始休整由粟、陈、唐、张规定令行；（二）休整完毕，或配合粟、陈、唐、张各纵在陇海南北打几仗然后攻济南，或先攻济南并打援，由粟、陈、唐、张依情况提出计划并统一指挥。”

7月17日　关于襄阳、太原、济南各地战况及今后兵源问题，为中共中央军委起草致刘伯承、陈毅、邓小平、邓子恢并告粟裕、陈士榘、唐亮等电：“襄阳攻克〔1〕，康、郭〔2〕就俘，胜利极大，甚好甚慰。删日〔3〕徐、周〔4〕最后解决三十三、三十四两军，俘赵承绶、沈瑞〔5〕。榆次之敌，逃入太原市。忻州之敌南逃，被我地方部队歼击中。晋源县（即太原县）之敌，或逃或被解决，日内可明了。至此，阎锡山仅剩太原市一个孤城，我军不日即可合围”。“许、谭亦于删日最后歼灭十二师、八十四师，至此，王耀武仅剩济南孤城”。“今年华北、华东、东北、西北各区除个别地方原定扩兵计划准予完成外，其余均不应扩兵。”“各区扩兵（包括东北在内）均已至饱和点。支前供应和后方可能性之间发生极大矛盾，此项矛盾如不解决，则不能支持长期战争。故今年后方原则上不应扩兵”。“今后前线兵源全都依靠俘虏及某些地方部队之升格。”“我军战胜蒋介石的人力资源，主要依靠俘

---

〔1〕中原野战军趁国民党军胡琏、吴绍周两兵团北援睢、杞，于1948年7月2日发起襄樊战役，至16日结束，歼敌20000余人，攻克襄樊、老河口等城。

〔2〕康、郭，指康泽、郭勋祺，当时分别任国民党军华中“剿匪”总司令部第15绥靖区司令官、副司令官。

〔3〕删日，即15日。

〔4〕徐、周，指徐向前、周士第。

〔5〕赵承绶，当时任国民党军太原绥靖公署副主任。沈瑞，当时任国民党军第33军军长。

虏，此点应提起全党注意。”

同日 为中共中央起草致香港分局电：“南方各游击区应执行减租减息的社会政策及合理负担的财政政策，以便联合及中立一切可能的社会力量，争取游击战争胜利，不应当过早实行分配土地的政策，致使自己陷于孤立。”

7月18日 审阅修改中共中央关于揭破国民党的和平阴谋的指示稿，加写一段话：“敌人和平运动公开出现以后，估计将产生两方面的作用。一方面可能暂时迷惑一部分人民；另一方面，则将对国民党军队及其后方发生动摇和瓦解的作用。由于这后一种原因，国民党虽然正在准备发动和平阴谋，但仍有极大顾虑。针对这两方面的可能性，我党在全国范围内的揭露工作，应依敌方和平运动发动后的情况，一方面坚决揭露敌人和运的欺骗性，使群众不被欺骗。另一方面，号召群众起来反对假和平，要求真和平。其具体要求，应是美国停止援助国民党，美军及美国军事代表团退出中国，取消中国对美国的一切卖国条约，国民党及其政府公开向人民承认发动内战的错误，惩办一切战争罪犯，取消伪宪伪国大及依据伪宪伪国大所成立的反动政府，召集人民代表大会成立不包括反动派在内的民主联合政府，取消特务机关，实行言论集会自由，反饥饿，反迫害，没收官僚资本，实行土地改革。这样将美帝和国民党的假和平运动，转变为人民要求真和平的运动，以与人民解放军的攻势作战相配合，促进反动派瓦解崩溃的速度。在蒋管区提出上述口号时应依群众情绪及环境所许可的情况有所增减，酌量提出，并须和群众生活上的迫切要求相配合，务使美帝和国民党更加孤立，而不使自己陷于孤立。”

7月19日 中共中央致电聂荣臻、薄一波、徐向前、滕代远、萧克、贺龙、李井泉、周士第及华北和晋绥人民解放军全体同志，祝贺晋中战役[1]的胜利，指出："庆祝你们继临汾大捷后，在晋中地区歼灭敌一个总部、五个军部、九个师、两个总队及解放十一座县城的伟大胜利。晋中战役在向前、士第两同志直接指挥下，由于全军奋战，人民拥护，后方努力生产支前，及各战场的胜利配合，仅仅一个月中，获得如此辉煌战绩，对于整个战局帮助极大。现在我军已临太原城下，最后结束阎锡山反动统治的时机业已到来。希望你们继续努力，再接再厉，为夺取太原，解放太原人民而战！"

7月20日 为中共中央军委起草复彭德怀、张宗逊、赵寿山电，指出：关于胡宗南军的行动，我们获得胡应蒋要求以二至三个师出兵中原和分路北犯黄龙两种情况，"不论他出哪一着，均于你们有利，均可歼击获胜。你们首先准备歼击可能北犯之敌是正确的。"

7月22日 关于东北野战军南下作战问题，为中共中央军委起草复林彪、罗荣桓、刘亚楼并告东北局电。电报说："午哿、午养两电[2]均悉。向南作战具有各种有利条件，我军愈向敌人

---

〔1〕晋中战役自1948年6月11日开始，至7月21日结束，歼灭阎锡山正规军、非正规军共74000余人，另俘民卫军26000人。

〔2〕午哿电，指1948年7月20日林彪、罗荣桓、刘亚楼致中共中央军委电。电报说：我军仍以南下作战为好，不宜勉强和被动地攻长春。东北主力待热河秋收前后和东北雨季结束后，即是再等一个月到8月中旬时，我军即以最大主力开始南下作战。午养电，指7月22日林彪、罗荣桓、刘亚楼致中共中央军委电。电报说：如华北敌人确实空虚，则我军南下与晋察冀配合作战，则有全部歼灭敌人，夺取天津、北平的重大可能；同时，亦必然引起长春、沈阳敌人撤退，有解放东北的可能。如中央同意7月20日电的建议，在我们南下尚未暴露之前，请设法派兵围攻大同，将傅作义部队分散到大同方面，以便我军能各个击灭敌人。

后方前进，愈能使敌方孤悬在我侧后之据点被迫减弱或撤退，这个真理已被整个南线作战所证明，亦为你们的作战所证明。攻击长春，既然没有把握，当然可以和应当停止这个计划，改为提早向南作战的计划。在你们准备攻击长春期间，我们即告知你们，不要将南进作战的困难条件说得太多太死，以致在精神上将自己限制起来，失去主动性。现在你们已经将注意力移到向南作战方向，研究南面的敌情、地形、粮食等项情况，看出其种种有利的条件，这是很好的和很必要的。并且应向全军指战员首先是干部充分说明这些条件，以鼓励和坚定他们向南进取的意志和坚定他们的决心。”“现在距八月中旬已不足一个月，你们的政治动员和准备粮食等项工作，必须加紧进行，否则八月间还不能在北宁、平承、平张等线打响。关于具体作战计划，希望你们详加考虑，拟出全般方案电告。你们指挥机关似以先期南下和程子华、罗瑞卿诸人会面为适宜。”

7月23日 就牵制傅作义部不使增援东北问题，为中共中央军委起草致聂荣臻、薄一波转杨成武并告杨得志、罗瑞卿、耿飚及林彪、罗荣桓、刘亚楼电，指出：“（一）杨成武部在现地区之作战应于二十五日以前结束，全军主力撤至平保线以西山地荫蔽休整，一部接近平保线休整。（二）杨成武立即开始组织西进兵团担负向绥远作战之任务，此兵团组成为一纵全部、二纵两个旅、六纵两个旅，共三个纵队七个旅，杨成武为西兵团〔1〕之司令员兼政治委员。从二十六日起至八月九日止共十五天，为休整时间，八月十日开始西进，取道大同以南，务于八月二十五日左右到达归绥附近，并相机夺取归绥，尔后相机向包头、五原、临河地区攻击，占领整个绥西产粮区，或向归绥以东机动，吸引傅

---

〔1〕 西兵团，这里指华北军区第3兵团。

作义至少以一个军西援，以利东面之作战。（三）杨罗耿部本月底结束在现地之作战，即行休整至八月十五为止，准备于八月二十日左右直接接受林、罗、刘的作战任务。（四）杨成武兵团从午宥[1]起，直接受军委指挥，其后方补给由华北军区担任，晋绥军区协助之”。

同日　为中共中央军委起草致徐向前、周士第并告华北局电：“马辰电[2]悉，计划甚好。全军应即进入休整及补充兵员。”从此，徐周兵团长期围困太原。

7月26日　为中共中央起草致各中央局、分局、前委的指示，重申严格执行报告制度：“希望你们严格督促所属厉行报告制度，你们则应以身作则严格遵守对中央的报告制度”，“彻底消灭事前不请示、事后不报告的不正确态度，彻底纠正存在着的某些严重的无纪律无政府状态。”

7月27日　审阅周恩来为中共中央起草的致上海局、香港分局等的电报稿，加写一段话：“你们必须注意，对于一切中间派右翼分子，只要他们尚处在中间地位，尚未公开站在美帝及其走狗一边，直接妨碍人民革命的发展时，我们还必须联合他们一道前进，不要不适当地和过分地打击他们。”

---

〔1〕午宥，即7月26日。

〔2〕马辰电，指徐向前、周士第1948年7月21（马）日辰时致中共中央军委电。其中说：今后将进入攻取太原外围据点的阵地攻坚战。阎军外围据点工事，长宽各20公里左右，据点棋布，堡垒林立，且多洋灰作成，一般颇为坚固。现我各纵最大问题为兵员不充实，必须完成补充兵员、整顿组织、调整装备、后方准备、弹药准备及攻坚战术技术训练等工作。攻取太原之作战原则是切实完成对太原的包围围困，控制南北机场及若干外围工矿，断绝其外援及粮弹、燃料补给，逐步攻取必要的外围据点，消灭其有生力量，瓦解动摇敌人，开辟攻城道路，完成攻城准备，然后一举攻取之。

7月29日 审阅修改新华社社论稿《人民解放战争两周年总结和第三年的任务》，加写两段话："美帝国主义和国民党反动派的军事进攻，早已证明是失败了，他们的防御也已证明是失败了。他们所最后赖以抵抗解放军保存自己的设防城市与设防地带，在解放军攻坚能力大大提高的条件下，又已证明并在以后还要不断证明其失败。那末，国民党反动派及其主人美帝国主义在军事上又还有什么办法能够抵抗解放军的进攻和阻止解放军的胜利呢？他们的彻底失败，已经是毫无疑问的事。""中国的革命是不能在一次武装及简单的斗争中就能完全胜利的，中国的反动势力是不会在一次或几次打击之下就能完全消灭的。中国人民虽然已经在广大的地区内，彻底消灭了反动势力，但是反动势力仍然在另外的广大地区内存在，而且他们在美国帝国主义援助之下，仍然还有他们一定的力量，并继续压迫那里的人民。因此，中国人民的革命只能是逐步地胜利，敌人的阵地只能一个一个地被夺取，反动势力只能是一部分一部分地被消灭。因此，中国人民还必须准备继续作战争的艰苦奋斗，至少还要准备拿三四年时间去作这种艰苦斗争，才能最后解放全中国，并在民主基础上统一中国。"

7月30日 为中共中央军委起草致杨成武并告聂荣臻、薄一波、滕代远，林彪、罗荣桓、刘亚楼等电，指出：西进兵团（七个旅）休整补充时间，从八月一日起至二十一日为止，待命出动。华北局应为杨兵团筹划并解决他们长期在绥远作战所必须和可能的各项干部及物资供应问题。

同日 为中共中央军委起草致林彪、罗荣桓、刘亚楼电："关于你们新的作战计划，我们觉得你们应当首先考虑对锦州、唐山作战，只要有可能就应攻取锦州、唐山，全部或大部歼灭范汉杰[1]集团，然后再向承德、张家口打傅作义。如果你们不打范汉杰先打傅作义，则卫立煌将以大力集中锦唐线，卫、范协力向西援傅，那时你们可能处于很困难地位，西面粮食极为困难，东面则是产粮区，此点你们必须充分计算到。先打范汉杰是否有可能，望以你们意见电告。”

7月　函告周恩来：“请电晋绥将杨澄源[2]迅即送交徐向前，放入太原和阎锡山办交涉。”

8月1日　中国共产党中央委员会主席毛泽东复电香港李济深、何香凝、沈钧儒、章伯钧、马叙伦、王绍鏊、陈其尤、彭泽民、李章达、蔡廷锴、谭平山、郭沫若等并转各民主党派、各人民团体及无党派民主人士：“五月五日电示，因交通阻隔，今始奉悉。诸先生赞同敝党五月一日关于召开新的政治协商会议讨论并实现召集人民代表大会建立民主联合政府一项主张，并热心促其实现，极为钦佩。现在革命形势日益开展，一切民主力量亟宜加强团结，共同奋斗，以期早日消灭中国反动势力，制止美帝国主义的侵略，建立独立、自由、富强和统一的中华人民共和国。为此目的，实有召集各民主党派、各人民团体及无党派民主人士的代表们共同协商的必要。关于召集此项会议的时机、地点、何人召集，参加会议者的范围以及会议应讨论的问题等项，希望诸先生及全国各界民主人士共同研讨，并以卓见见示，曷胜感荷。”

同日　修改周恩来为中共中央起草的致上海局、香港分局并

---

〔1〕范汉杰，当时任国民党军东北“剿匪”总司令部副总司令兼锦州指挥所主任。

〔2〕杨澄源，原任国民党军太原绥靖公署晋西地区总指挥，1946年11月28日在吕梁战役中被晋绥军区部队俘虏。

告吴克坚、潘汉年〔1〕电，电报对倒蒋活动应取的策略作如下指示："按美国务院政策，现仍以支持蒋介石反共为主，同时对蒋无能及老吃败仗感不满。为迫蒋让出更多权力，为准备在蒋军更加崩溃时能够团结反动统治各派并企图团结一部分中产阶级分子共同反共起见，又正在进行各种阴谋活动，其中包括对我党试探和谈的可能性。到蒋介石真正无法统治下去时，则准备以李宗仁、何应钦等代替蒋介石，此时则希望与我党停战议和，以便取得喘息时间，重整兵力，然后卷土重来，消灭革命力量。在准备以李、何代蒋一点上，蒋及其死党是要反抗的，近日平、津、沪、宁一带所传出的和谣及翁文灏〔2〕的反共演说，都是这种阴谋与反抗的表现。我们对于美帝这类阴谋是应当揭穿的，但对反动统治内部的分裂与倒蒋运动则应当利用，以促成他们间的更大分裂。我们对于李济深、冯玉祥一类中间派人士的倒蒋活动，不要无分析地一概反对，而应告诉他们美帝及李宗仁、何应钦等反动集团是靠不住的，我们赞成倒蒋是因为蒋倒之后对于解放战争的开展有利，而不是对美帝及李宗仁、何应钦等有任何幻想。相反，应在人民中随时揭破美帝和反动派的阴谋，以免上当。望你们体会上述策略，与李济深、冯玉祥、章伯钧、谭平山及其他中间派反蒋分子保持密切联系，尊重他们，多对他们作诚恳的解释工作；争取他们，不使他们跑入美帝圈套里去，是为至要。"

8月3日 为中共中央军委起草致林彪、罗荣桓、刘亚楼并告杨得志、罗瑞卿、耿飚电："本日杨成武来中央面商向绥远行动问题。杨部（八个旅）本月二十日左右可完成一切准备，拟待

〔1〕吴克坚、潘汉年，当时是中国共产党派在上海、香港进行统一战线工作和情报工作的负责人。

〔2〕翁文灏，当时任国民党政府行政院院长。

你们在锦榆[1]线作战业已开始，杨罗兵团任务确定（或者包围承德，或者包围唐山），并开始行动吸引傅作义主力向北或向东之时，即由涞源附近，以二十天行程主力到达归绥附近，攻击归绥，一部袭取集宁、兴和，以配合你们作战。杨、罗任务究竟如何规定，何日行动，你们主力何时开始锦榆线作战，盼即告。”

8月7日 为中共中央军委起草致林彪、罗荣桓、刘亚楼电，针对他们六日来电中提出的“不宜由我们先行调动傅作义向北向东，而应是杨成武部先行动，调动傅作义向西”的意见，指出：“绥远为傅作义所必救，不怕不能调动傅部向西，调动傅部是必然的。问题是傅作义自己有三个军及几个独立师，如果他以两个军及一二个独立师援绥，则杨成武在绥难于立足，因绥远及晋西北均缺粮，必须取得集宁、归绥两点才能解决粮食问题。过去两次入绥失败的教训不应忘记。不管你们何时开始攻锦榆线，杨罗兵团必须与杨成武兵团配合行动。兹规定杨成武兵团八月二十一日由涞源以东出动，九月十日左右向归绥、集宁两点开始攻击，杨罗耿兵团须在九月十日以前，以主力到达承德北平线并开始攻击，另以一部向平张线动作，配合杨成武兵团之作战，在这一阶段内杨、罗、耿受军委直接指挥。你们主力按上述两兵团行动时间，规定自己出动及开始攻击锦榆线之时间，并预先报告军委”。

8月9日 为中共中央军委起草致杨得志、罗瑞卿、耿飚并告杨成武，程子华，林彪、罗荣桓、刘亚楼等电：杨成武率八个旅决于二十一日出动，九月十日到达归绥、集宁附近，你们对于杨成武九月绥远作战有配合之任务。“在对傅作义作战这一时期中，你们所率三个纵队及杨成武部均归军委直接指挥。”

---

〔1〕 锦榆，指锦州、榆关（即山海关）。

同日 为中共中央军委起草致林彪、罗荣桓、刘亚楼并告杨得志、罗瑞卿、耿飚电，指出："傅作义自己所有的三个军（三十五军、暂三军、暂四军）及各个独立师均位平绥线及北平附近，并未东去，随时可增援归绥。""故杨、罗、耿必须向平古、平张配合行动，并须先几天打响，才能保障杨成武攻占归绥、集宁"。"你们所说的九十二军、九十四军、十六军等部是交给傅作义指挥的蒋介石部队，不是傅作义自己的。这些部队的中心任务是保卫平榆、平古、平张、平保诸线，只要杨、罗、耿向平古、平张行动，除九十二军外，均将迅速缩回。九十四军、十六军等部均在对付杨、罗、耿，且距锦榆线极远，决不会妨碍你们打锦榆线"。"你们不要被敌人的伪装所迷惑，你们应迅速决定并开始行动，目前北宁线正好打仗，你们所谓你们的行动取决于杨成武的行动，这种提法是不正确的。"

8月11日 致电彭德怀，对西北野战军进行的澄合战役〔1〕给敌整编第三十六师以歼灭性打击，表示欣慰，并指出："目前如我军尚有余力，敌三十八师等部又有歼击机会，则可于休息数日后再打一仗，否则应即收兵休整若干天，然后再在渭北寻机歼敌。"十五日，为中共中央军委起草致彭德怀、张宗逊、赵寿山电：你们可作一个月休整计划。"九月起，全国各区均将有大战，希望你们能配合。"

8月12日 晨六时，为中共中央军委起草复林彪、罗荣桓、

〔1〕 西北野战军1948年8月8日至13日在陕西澄城、合阳地区歼灭国民党军整编第36师师部及4个团共9000余人，称澄合战役。

刘亚楼电："十一日十一时电[1]悉。关于敌人从东北撤运华中之可能，我们在你们尚未结束冬季作战时，即告诉了你们，希望你们务必抓住这批敌人，如敌从东北大量向华中转移，则对华中作战极为不利。关于你们大军南下必须先期准备粮食一事，两个月前亦已指示你们努力准备。两个月以来你们是否执行了我们这一指示一字不提。现据来电则似乎此项准备工作过去两月全未进行，以致现在军队无粮不能前进。而你们所以不能决定出动日期的原因，最近数日你们一连几次来电，均放在敌情上面，并且因此又均放在杨成武是否能提早出动上面。你们六日十九时电，虽曾提到粮食问题，但是你们说'如杨成武部出动时间能提早，则我们出动时间亦能提早'。你们八日十七时电，则全未提到粮食问题，但说敌情严重，并作出结论说：'东北主力行动时间须视杨成武部行动的迟早，才能确定。'当着我们向你们指出，不应当将南面敌情看得过分严重，尤其不应当以杨成武部之行动，作为你们行动的标准，并且同时即确定了杨成武的行动时间以后，你们却说（相距不到三天）'决不以杨成武部行动之迟早为标准'，而归结到了粮食问题。""试问你们出动遥遥无期，而令该部孤军早出，傅作义东面顾虑甚少，使用大力援绥，将杨成武赶

[1] 林彪、罗荣桓、刘亚楼1948年8月11日11时致电中共中央军委，电报说：东北主力数月来均未作战，指战员均甚急迫要求作战，部队随时皆可出动。但在现在地区，无战机可求，南下则因大军粮食的需要无法解决。向热河运粮，道路甚远，必须运用铁路、公路。但今年雨水之大，为30年来所未有，铁路、公路冲毁甚多，近日来雨势更猛。原估计8月15日左右可修好铁路、公路、桥梁，以现在雨势来看，能否如期完成仍无把握。我们现在只待郑家屯南北运粮道路修复，雨势稍减（因全军皆无雨具）即可随时出动，决不以杨成武部行动之迟早为标准，但目前对出动时间，仍是无法肯定。

走，又回到东边，来对付杨、罗及你们，如像今年四月那样，对于战局有何利益，你们对于杨成武部采取这样轻率的态度，是很不对的。对于北宁线上敌情的判断，根据最近你们几次电报看来，亦显得甚为轻率。为使你们谨慎从事起见，特向你们指出如上，你们如果不同意这些指出，则望你们提出反驳。”

同日 为中共中央军委起草复粟裕、陈士榘、唐亮、张震并告许世友、王建安〔1〕、谭震林，华东局，中原局电，提出攻济打援的设想。电报指出：“你们所提三个方案〔2〕我们正在考虑中，待你们和许、王、谭会商提出更接近实际的意见以后，再正式答复你们。现我们只提出一些初步感想，作为你们会商时的参考材料。（一）九月作战预计结果有三种可能。第一，打一个极大的歼灭战。这即是你们所说既攻克济南，又歼灭五军等部大部分援敌。第二，打一个大的但不是极大的歼灭战。这即是攻克济南，又歼灭一部分但不是大部分援敌。第三，济南既未攻克，援敌亦不好打，形成僵局，只好另寻战机。（二）你们第三方案之目的是为了争取第一种结果。其弱点是只以两纵占领飞机场，对于济南既不真打，而集中十一个纵队打援，则援敌势必谨慎集结缓缓推进，并不真援。邱、区兵团之所以真援开封，是因为我们真打开封，敌明确知道我是阻援，不是

---

〔1〕 王建安，当时任华东野战军第2兵团副司令员。

〔2〕 粟裕等1948年8月10日致中共中央军委电中所提雨季后华东野战军作战行动的3个方案是：第一，集中全力转到豫皖苏及淮北路东地区作战，截断徐蚌铁路，孤立徐州，将重点放在打援上，求得于运动中首先歼灭5军，继而扩大战果，歼击其他兵团。第二，集中主力首先攻占济南，对可能北援之敌，仅以必要兵力阻击之。第三，攻占济南与打援同时进行，第一步以11个纵队重点打援、两个纵队攻济，第二步主力转到攻济、以一部阻击。

打援，故以十天时间到达了开封。如果你们此次计划不是真打济南，而是置重点于打援，则在区兵团被歼，邱、黄两兵团重创之后，援敌必然会采取（不会不采取）这种谨慎集结缓缓推进方法。到了那时我军势必中途改变计划，将重点放在真打济南。这种中途改变计划，虽然没有什么很大的不好，但丧失了一部分时间，并让敌人推进了一段路程，可能给予战局以影响。（三）在一个条件即是在使用许、谭全力而不要其余各纵参加，或者即使参加也只是个别的师，至多不超过一个纵队的条件下，我们目前倾向于攻城打援分工协作，以达既克济南，又歼灭一部援敌之目的，即采取你们第二方案，争取上述第二项结果。”“你们集中六至七个纵队不但能阻住援敌于适当地区，而且能歼灭其一部分，至少能保障攻克济南。这就是我们所想的攻城打援分工协作计划。”

8月14日　为转发徐向前、周士第五日关于晋中战役后部队情况及整训计划给中共中央军委的报告，起草中央、中央军委致各野战军、各军区及各中央局、分局电。电报指出：“我们希望一切野战兵团及一切后方军区均有这样内容充实有分析有结论的报告。”“但是在军队中对于重要的训练计划和作战计划、训练经过和作战经过、政策教育和执行政策经过等重大事项，事前既不请示，事后又不报告，仍然将自己所指挥的野战兵团或军区机关部队看成好像一个独立国，对于中央发动党内反对这种无纪律状态的危险倾向，仍然没有认真的检讨和反省这样一种现象，是还没有完全消灭的。我们现在向一切兵团及军区的负责同志们提出警告，在战争第三年内，我们将要求你们严格执行及时的和完备的报告制度，将这件事作为一种绝对不允许违反的指令。对于事前请示事后报告的内容，必须是有分析有结论的，而不是空洞无物的；必须是既说优点长处，又说缺点错误，而不是只说优点长处不说或少说缺点错误的。”

同日 中共中央军委批准东北军区和东北野战军领导机关正式分开，林彪任东北军区司令员兼政治委员、东北野战军司令员，罗荣桓任东北军区第一副政治委员、东北野战军政治委员。

8月15日 复电吴玉章〔1〕，不同意毛泽东主义的提法。电报中说：“那样说是很不适当的。现在没有什么毛泽东主义，因此不能说毛泽东主义。不是什么‘主要的要学习毛泽东主义’，而是必须号召学生们学习马恩列斯的理论和中国革命的经验。这里所说的‘中国革命经验’是包括中国共产党人（毛泽东也在内）根据马恩列斯理论所写的某些小册子及党中央各项规定路线和政策的文件在内。另外，有些同志在刊物上将我的名字和马恩列斯并列，说成什么‘马恩列斯毛’，也是错误的。你的说法和这后一种说法都是不合实际的，是无益有害的，必须坚决反对这样说。”

8月19日 在审阅中共中央对处理占领城市工厂职工人员问题给东北局的电报稿上，加写一段话，指出：“在占领城市时，除持枪抵抗及实行破坏的人们必须逮捕外，一切其他的人包括国民党的重要官吏在内，均不要由军队逮捕。应待秩序安定方可由民主政府分别情况考虑逮捕那些重要官吏和最反动的分子，务必避免多捕滥捕。”

---

〔1〕 吴玉章，当时任华北大学校长。1948年8月13日吴玉章致电周恩来，表示想在华北大学成立典礼上提出“主要的要学习毛泽东主义”，“把毛泽东思想改成毛泽东主义”，并说“这样说是否妥当，请同主席和少奇同志商量后，赐以指示”。

8月20日 复电林彪：八月十五日你的综合报告收到，甚慰。“此种综合报告和各个具体问题的个别报告，不但不相冲突，而且必须有此种报告，并要有多次此种报告之后，才能使我们看得出一个大战略区的全貌。对于写作此种报告的同志亦有一种好处，就是他必须在写作时既要联系又要超脱各项具体问题、各项事务工作，在全局上，在共同性上，好好思索一会。而这种思索则是一个领导同志所不可缺少的，缺少了此种思索，领导工作就会失败。”

8月22日 为中共中央军委起草致粟裕、谭震林、陈士榘、唐亮电：关于攻济作战，提议在九月十五日以前完成有关攻城及打援的一切准备工作，九月十五日左右开始攻城，御援及打援部队九月十五日以前进入指定阵地。九月十五日以前及九月十五日以后两个月全军粮食、草料必须筹备齐全。“由临城至大汶口及由金乡至汶河两条敌援道路上，我军防御阵地的构筑，要有多道防御阵地，要能在临城至兖州间、金乡至济宁间阻止敌援二十天以上，打援歼灭战似应预定在兖州附近地区”。

同日 审阅中共中央关于目前蒋管区斗争策略的指示稿，加写一段话：“无论反动派如何疯狂镇压，只要我党能有清醒的头脑，灵活的策略，并坚决依靠广大群众，而不犯冒险主义错误，我们是一定能够对付反动派的进攻，保持并发展自己的阵地的。”

8月23日 为中共中央起草给各中央局、分局、军区及前委的指示，要求各地改进向中央做综合报告的工作，认真检讨经验主义、无纪律等错误。指示说：“关于各中央局、分局、军区及前委克服自己及自己属下的经验主义、游击主义、无纪律状态和无政府状态，依照东北局办法，在各中央局、分局、军区及前委的一次至几次会议上加以认真检讨，实行自我批评，规定克服办法，仍有完全必要。不能因为做几次综合报告，就不检讨这个长期在党内首先在各高级领导机关内存在着尚未解决仅在近来才开始认真解决的关系重大的问题。”指示最后说：“你们对于中央的领导工作，不论是内容和方法，如有批评，亦请提出。”

8月24日 为中共中央军委起草复粟裕、谭震林、陈士榘、唐亮电[1]：“同意调苏北兵团主力参加攻济及打援战役，酌留三十三旅、三十四旅在苏北，该兵团北移时间不可过早，免使敌警觉先我集中。”

8月25日 为中央军委起草致杨成武、李天焕[2]电：“我东北主力可于本月底或九月初出动，九月六号前后即可在北宁线各城打响。”“你们接电后应即开始出动，按原计划向绥远进击。”杨成武兵团从九月五日起发起绥远战役，迫使傅作义从北平、张家口抽调十个师向西增援，达到了吸敌向西、配合东北野战军行动的目的。

8月26日 晨三时，为中共中央军委起草致粟裕、谭震林、陈士榘、唐亮电，指出：“攻济打援战役必须预先估计三种可能情况：（一）在援敌距离尚远之时攻克济南；（二）在援敌距离已近之时攻克济南；（三）在援敌距离已近之时尚未攻克济南。你们应首先争取第一种；其次争取第二种；又其次应有办法对付第三种。在第三种情况下，即应临机改变作战计划，由以攻城为主，改变为以打援为主，在打胜援敌后再攻城。估计到这一点，在你们将全军区分为攻城集团和阻援打援集团之后，两个集团均应留出必要的预备兵力，特别是阻援打援集团应留出强大预备兵

---

〔1〕 粟裕、谭震林、陈士榘、唐亮1948年8月23日致电中央军委，建议调苏北兵团（除34旅，或加上33旅）参加济南战役，俟两个月以后，全力南下攻取淮阴、淮安、高邮、宝应，则苏北局势即可大大改观。

〔2〕 李天焕，当时任华北军区第3兵团副政治委员兼政治部主任。

力，准备在第三种情况下，你们手里有足够力量歼灭援敌。”

8月28日 关于攻济打援问题，为中共中央军委起草复粟裕电。电报指出：“此役关系甚大”。“战役计划应以能对付最坏情况即我们二十六日三时电所说第三种情况为根本出发点，而不应以第一、第二两种情况为根本出发点。攻克济南之时间，不能预先只规定一种，而应预先规定三种，即二十天，一个月，两个月。这三种时间中，我们固然要争取第一种，其次是第二种，但这在战役发起之前只是一种理想，是否能实现要依攻击过程中敌之防御能力如何才能确定。”你们的根本出发点应放在一个月左右还不能攻克济南，必须大量歼灭援敌，根本停止了援敌前进，给我以所需要的一切攻城时间，例如一个半月，两个月，或更多些（打临汾曾费去七十二天）才能克城。“我们不是要求你们集中最大兵力，不顾一切硬攻济南，这样部署是非常危险的。我们要求你们的是以一部兵力真攻济南（不是佯攻，也不是只占飞机场），而集中最大兵力于阻援与打援。济南是否攻克，决定于时间，而取得时间则决定于是否能阻援与打援。故我们于十二日十二时电要你们只用东兵团攻城，至多再加个别的师或一个纵队，而用其余全力阻援及打援。二十六日三时电则要你们不但在阻援打援方面留出强大后备兵力，就在攻城方面亦须如此，以便在必要时机集中全力先歼援敌。因不真攻济南，则援敌必不来。攻城使用兵力太大，则打援又无力量。在此种形势下，同意你的意见，第一阶段以足够攻占机场及吸引援敌之力量（两至三个纵队）用于攻城，其余全部用于打援。依情况发展，如援敌进得慢，而攻城进展顺利，又有内应条件，则可考虑增加攻城兵力，先克城后打援；如援敌进得快，则应以全力先打援后攻城。”

同日 为中共中央军委起草致粟裕、谭震林、陈士榘、唐亮电，指出："我们认为，依据刘邓各纵本身情况及对付张轸、孙元良各部之任务，似以按兵不动，待你们大打，济、徐吃紧，张轸、孙元良被迫行动，然后于运动中发起攻击，歼敌一部，再歼二部三部，较能保持主动。若和你们同时动作，一击不胜，反为不利。"

同日 审阅中共中央关于请示报告制度的指示稿，加写一段话："各地党报必须无条件地宣传中央的路线和政策，并不得在宣传中将中央和受中央委托执行中央的路线政策和任务的机关（即各中央局、分局、军委分会和前委会）相平列。相反地，必须公开向党内外声明，各受中央委托的机关是执行中央的路线政策和任务的。各中央局、分局、军委分会及前委会在发出自己的决议、指示、命令和训令时，亦必须注意到此点，不得将自己和中央相平列，甚或向党内军内将自己造成高出中央的影响。"

9月2日 为中共中央军委起草复粟裕、谭震林、陈士榘电："完全同意未世电所提攻济及打援之整个部署〔1〕。"

同日 为新华社起草声明，揭露蒋介石集团捏造和谣真相。声明指出："七八月间国民党统治区域某些报纸刊物上所登载的所谓周恩来给张治中〔2〕的信，完全是蒋介石匪帮的捏造。根据可靠情报，当蒋介石匪帮的军事失败愈益明显，特别是在开封及

---

〔1〕 粟裕、谭震林、陈士榘1948年8（未）月31（世）日致电中共中央军委，提出攻济打援的部署是：先以足够兵力迅速攻占济南机场，阻止敌人空运，并分割歼灭外围之敌。攻城部队分为东西两个兵团，东兵团沿胶济线由东及东南向济南攻击，西兵团沿徐州济南铁路线向飞机场及陆军营房攻击。打援集团位于徐济线，拟在邹县以南歼援。攻济战役于9月16日发起。

〔2〕 张治中，当时任国民党军西北军政长官公署长官。

豫东作战中遭受惨败以后，某些美国帝国主义分子对于蒋介石匪帮的作战能力表示愈益丧失信心，企图利用李宗仁、何应钦、宋子文等反动军阀政客，于蒋介石匪帮更加失败无法维持时，以和平的假面具欺骗中国人民，代替蒋介石继续反对中国人民革命力量。美国帝国主义者的这一阴谋，使蒋介石嫡系尤其是CC系感到恐慌，乃由国民党中央宣传部伪造所谓周恩来给张治中的信，发给各省市党部，并指使各大城市的国民党特务分子散布和谣，借此给李、何、宋等以打击，以便团结内部，保持蒋介石的地位。”

9月3日　为中共中央军委起草致林彪、罗荣桓、谭政电，指出：“国民党似有将长、沈〔1〕军队从营口撤退之准备。如此事在你们攻击锦榆线以后实现，你们须准备于攻占锦、榆后回师歼击由沈阳撤退之敌军，务使长、沈敌军不能向华中撤走。”

9月5日　为中共中央军委起草复林彪、罗荣桓、刘亚楼电：“同意江十九时电部署〔2〕。”“你们秋季作战的重点应放在卫立煌〔3〕、范汉杰系统，不要预先设想打了范汉杰几个师以后就去打傅作义指挥的承德十三军。照你们江十九时电部署，打了义县、高桥、兴城、绥中四处之敌以后，锦西之两个师，

〔1〕长、沈，指吉林长春、辽宁沈阳。

〔2〕林彪、罗荣桓、刘亚楼1948年9月3（江）日19时致电中共中央军委，说：“我军拟以靠近北宁线的各部，突然包围北宁线各城，然后待北面主力陆续到达后，进行逐一歼灭敌人，而以北线主力控制于沈阳以西及西南地区，监视沈阳敌人，并准备歼灭由沈阳向锦州增援之敌，或歼灭由长春突围南下之敌。对长春之敌，以现有围城兵力，继续包围敌人，并准备乘敌突围时歼灭该敌。”

〔3〕卫立煌，当时任国民党军东北“剿匪”总司令部总司令。

山海关、前屯卫之两个师，锦州之五个师，津榆线上之五个师（这五个师名义上属傅作义指挥，实际上似是属范汉杰指挥），均互相孤立，均好歼击。在歼击这些敌人时，卫立煌有极大可能增援，可在运动中歼击增援队。如此，你们可以在北宁线上展开大规模作战。在此线上作战，补给较便利，这又是中间突破的方法，使两翼敌人（卫立煌、傅作义）互相孤立。因此，你们主力不要轻易离开北宁线，要预先涉想继续打锦州、山海关、唐山诸点，控制整个北宁路（除平津段）于我手，以利尔后向两翼机动。在我杨成武部向绥远进击，我杨罗耿部威胁平张线的条件下，傅作义除已在唐山地区之五个师外，不可能有多的兵力向北宁线增援，你们主要对付的敌人，目前仍然是卫立煌。因此，你们现以七个纵队又六个独立师位于新民及沈长线是正确的。”

9月7日 为中共中央军委起草致林彪、罗荣桓、刘亚楼电，指出：“我们准备五年左右（从一九四六年七月算起）根本上打倒国民党，这是具有可能性的。”“今年七月至明年六月，我们希望能歼敌正规军一百十五个旅左右。”“要求你们配合罗瑞卿、杨成武两兵团担负歼灭卫立煌、傅作义两军三十五个旅左右（七月杨成武已歼一个旅在内），并攻占北宁、平绥、平承、平保各线除北平、天津、沈阳三点以外的一切城市。”“你们如果能在九、十两月或再多一点时间内歼灭锦州至唐山一线之敌，并攻克锦州、榆关、唐山诸点，就可以达到歼敌十八个旅左右之目的。为了歼灭这些敌人，你们现在就应该准备使用主力于该线，而置长春、沈阳两敌于不顾，并准备在打锦州时歼灭可能由长、沈援锦之敌。”“如果在你们进行锦、榆、唐战役（第一个大战役）期间，长、沈之敌倾巢援锦（因为你们主力不是位于新民而是位于锦州附近，卫立煌才敢于来援），而你们便可以不离开锦、榆、唐线连续大举歼灭援敌，争取将卫立煌全军就地歼灭。这是最理想的情况。于此，你们应当注意：（一）确立攻占锦、榆、唐三点并全部控制该线的决心。（二）确立打你们前所未有的大歼灭战的决心，即在卫立煌全军来援的时候敢于同他作战。（三）为适应上述两项决心，重新考虑作战计划并筹办全军军需（粮食、弹药、新兵等）和处理俘虏事宜。”这个电报和十月十日毛泽东为中共中央军委起草的致林、罗、刘电合为一篇编入《毛泽东选集》时，题为《关于辽沈战役的作战方针》。

同日　和朱德致电李济深并转中国国民党革命委员会，吊唁冯玉祥〔1〕去世。唁电说：“冯先生连年为民主事业奔走呼号，此次归国，对于中国人民民主事业，定多贡献，今忽遭此意外，实为国家民族之损失。”同时致电冯夫人李德全，对冯玉祥不幸遇难，至深痛悼。

9月8日—13日　在平山西柏坡主持召开中共中央政治局扩大会议（通称九月会议）。八日，毛泽东在会上作报告，讲了八个问题。第一，关于国际形势问题的估计。英美反动派确在准备战争，战争危险确实存在着，但以苏为首的世界民主力量已超过反动力量，而且还在继续发展，所以战争危险必须而且必能克服，其条件就是努力。时间如能争取十年、十五年就必能制止战争。第二，我们的战略方针是打倒国民党，战略任务是军队向前进，生产长一寸，加强纪律性，由游击战争过渡

〔1〕冯玉祥，当时任中国国民党革命委员会中央政治委员会主席。1946年9月以考察水利专使名义出访美国。1948年7月31日离开美国回国，准备参加新政治协商会议的筹备工作。9月1日因轮船在途中失火，在黑海海面遇难。

到正规战争，建军五百万，歼敌正规军五百个旅，五年左右根本打倒国民党。第三，关于建立无产阶级领导的以工农联盟为基础的人民民主专政，打倒帝国主义、封建主义和官僚资本主义的反动专政。我们政权的阶级性，是无产阶级领导的，以工农联盟为基础，还有资产阶级民主分子参加。我们采用民主集中制的人民代表会议制度，而不采用资产阶级议会制。在中国采取民主集中制是很合适的，不搞资产阶级的国会制和三权鼎立等。第四，关于财经统一。要以华北人民政府的财经委员会统一华北、华东及西北的经济、财政、贸易、金融、交通和军工生产，以及可能的和必要的建设工作和行政工作。金融工作、货币发行须先统一。第五，发展党内民主，训练干部，提高理论水平，准备占领全国后所需要的各方面工作干部。实行党内民主的办法，是实行代表大会及代表会议制度。第六，关于学习工业和做生意。全党要提出这个任务来，还要做宣传写文章。第七，加强纪律性，克服无纪律与无政府状况。第八，关于"新资本主义"、"农业社会主义"。我们的社会经济，有人说是"新资本主义"，这个名词不妥，因为它没有说明在我们社会起决定作用的是国营经济、公营经济，我们国家是无产阶级领导的，因而这些经济都是社会主义性质的。农村个体经济加城市私人经济在量上是大的，但不起决定作用。名字还是叫新民主主义经济好。我们反对农业社会主义，所指的是脱离工业的，只要农业来搞什么社会主义，这是破坏生产，阻碍生产发展的，是反动的。但将来在社会主义体系中，农业也要社会化。十三日，在会议结束时，毛泽东所作的结论中说明了新民主主义和社会主义的问题。指出：新民主主义中有社会主义的因素，在政治、经济、文化各方面都是这样，并且是领导的因素，而总的说来是新民主主义的。资产阶级民主革命完成之后，中国内部的主要矛盾就是无产阶级与资产阶级的矛盾，外部就是与帝国主义的矛盾。其次，内部还有民族矛盾。在经济上完成民族独立，还要一二十年时间。我们努力发展国家经济，由发展新民主主义经济过渡到社会主义，这些观点是可以宣传的。

9月11日 关于济南战役的部署问题，为中共中央军委起草复许世友并告粟裕、谭震林、陈士榘，华东局，中原局电。电报指出："此次作战部署是根据军委指示决定的，即目的与手段应当联系而又区别。此次作战目的，主要是夺取济南，其次才是歼灭一部分援敌，但在手段上即在兵力部署上，却不应以多数兵力打济南。如果以多数兵力打济南，以少数兵力打援敌，则因援敌甚多，势必阻不住，不能残其一部，因而不能取得攻济的必要时间，则攻济必不成功。""攻城部署应分两阶段，第一阶段集中优势兵力攻占西面飞机场，东面不要使用主力，此点甚为重要并应迅即部署。第二阶段则依战况发展，将主力使用于最利发展之方向，如果东面利于发展，则应使用于东面。"又指出："整个攻城指挥，由你们担负。全军指挥，由粟裕担负。整个战役应争取一个月左右打完，但是必须准备打两个月至三个月，准备对付最困难的情况，并以此作为一切部署和工作的主要的出发点。"济南战役于九月十六日发起至二十四日结束，歼灭国民党军十万四千余人，其中国民党军第九十六军军长吴化文率二万余人起义，国民党军第二绥靖区司令官王耀武、副司令官牟中珩等将领二十三人被俘。由于华东野战军打援力量的强大和迅速达到攻济目的，徐州之敌未敢北援。二十九日，中共中央发出庆祝济南解放的贺电。三十日，新华社发表毛泽东修改审定的社论《庆祝济南解放的伟大胜利》，指出："济南这个敌人在山东最强大据点的攻克，使华东人民解放军获得了比以往任何时候更大的自由。”“任何一个国民党城市都无法抵御人民解放军的攻击了”。

同日 为中共中央军委起草复林彪、罗荣桓、刘亚楼、谭政电：“同意灰十八时关于军事情况的估计及部署〔1〕。”据此，东北野战军一部及冀察热辽军区三个独立师于九月十二日分路进入锦州南北及以西地区，出击北宁线。北宁线作战（后来被称为辽沈战役第一阶段）从此开始。

9月20日 为中共中央起草关于健全党委制的决定。决定指出：党委制是保证集体领导、防止个人包办的重要制度，今后从中央局到地委，从前委到旅委以及军区（军分会或领导小组），政府党组、民众团体党组、通讯社和报社党组，都必须建立健全的党委会议制度，一切重要问题均须交委员会讨论，由到会委员充分发表意见,做出明确决定，然后分别执行。又指出，“还须注意，集体领导和个人负责，二者不可偏废”。这个决定编入《毛泽东选集》。

9月21日 为中共中央军委起草致林彪、罗荣桓、刘亚楼电：“按照近日北宁线敌情，甚有利于我军发展，望你们集中注意于该线之作战，首先达成歼灭该线（锦州至塘沽）敌军十九个师之目的。若此目的达成，则将来一切好办，否则将发生困难。”

9月22日 中共中央军委致电刘伯承、陈毅、邓小平、李达并告彭德怀、张宗逊、赵寿山，粟裕、陈士榘、唐亮，指出：

---

〔1〕 林彪、罗荣桓、刘亚楼1948年9月10（灰）日18时致中共中央军委的电报说：目前北宁线作战，最主要的关键在于能以奔袭动作将锦州以南和以北的敌人堵住切断，如此，则我军第一步即能歼灭兴城、绥中等5城之敌，第二步即能将主力集中起来攻锦州和打援。决以6个纵队攻击北宁线，以5个纵队位于沈阳西北及长、沈间阻援。

“战争第三年（今年七月至明年六月）要求全军共歼敌正规军一百十六旅左右，其大体上的分配是：东北及华北第二、第三兵团（罗瑞卿、杨成武）担负三十六个旅（七月份保北歼敌一个旅在内），华东野战军四十个旅（七月份歼敌七个旅在内），刘、邓（包括陈、谢）十四个旅（七月份歼敌两个旅在内），彭、张、赵担负十二个旅（八月歼敌一个半旅在内），华北第一兵团（徐、周）担负十四个旅（七月份歼敌八个旅在内）。如能完成这一任务，即可开辟第四年大举南进的道路。”

9月24日　审阅周恩来起草的中共中央给东北局高干会议的电报稿，加写一段话：“关于战争第三年（今年七月至明年六月）的作战计划，要求东北全军和华北第二、第三兵团协力歼灭卫、傅〔1〕两军至少三十六师，攻占北宁、平绥、平承、平保四线及其线上除平、津、沈三城以外之一切城市。准备以现有主力军之半数于战争第四年向长江流域出动，留下半数攻击平、津、沈。”

9月25日　就粟裕提出举行淮海战役的建议，为中共中央军委起草复电：“敬七时电〔2〕悉。望你们召集许、谭、王及其他可能到会之干部，开一次讨论行动的会议，以最后斟酌的意见电

〔1〕卫、傅，指卫立煌、傅作义。

〔2〕指粟裕1948年9月24（敬）日7时关于建议举行淮海战役的电报。电报说：攻济战斗日内即可结束，如敌停止北援，我们下步行动，为了更好地改善中原战局，暴露津浦线，并迫使敌人退守江边及津浦沿线，以减少其机动兵力，与便于我恢复江边工作，为将来渡江创造有利条件，以及便于尔后华野全军进入陇海路以南作战能得到交通运输供应的方便，和争取华中人力、物力对战争的支持，建议即进行淮海战役，即第一步以苏北兵团攻占淮安、淮阴、宝应、高邮，主力位于宿迁至运河车站沿线两岸打援；第二步攻占海州、连云港。如即进行休整，易失去适宜作战之秋凉气候和济南战役后加之于敌人之精神压力。

告我们审查。”本日晚七时，又为中央军委起草致饶漱石、粟裕并告许世友、谭震林、王建安，刘伯承、陈毅、李达电，指出：“我们认为举行淮海战役，甚为必要。目前不需要大休整，待淮海战役后再进行一次休整。淮海战役可于十月十号左右开始行动。你们应利用目前半月时间，使攻济部队获得短时休息，然后留一个纵队位于鲁西南，起牵制作用，吴化文〔1〕亦应移至鲁西南，其余全部南下，准备进行几个作战：（一）估计不久邱〔2〕兵团将退回商、砀〔3〕地区，黄〔4〕兵团将回至新安镇、运河车站地区，你们第一个作战应以歼灭黄兵团于新安、运河之线为目标；（二）歼灭两淮、高、宝〔5〕地区之敌为第二个作战；（三）歼灭海州、连云港、灌云地区之敌为第三个作战。进行这三个战役是一个大战役。”

9月27日 为中共中央军委起草复林彪、罗荣桓、刘亚楼电，指出：“计划极好。惟歼灭义县、高桥、兴城、绥中、锦西五处之敌以后，如能同时打锦州、山海关两处，则应同时打两处；如不能同时打两处，则先打山海关还是先打锦州，值得考虑。因先打山海关，然后以打山海关之兵力回打锦州则劳师费时，给沈阳之敌以增援的时间；如先打锦州，则沈阳之敌很可能来不及增援，继续陷于麻痹状态（目前已是麻痹状态），我则可以主力移攻山海关、滦县、唐山、塘沽，并且只要有可能便应攻占葫芦岛、秦皇岛，完全肃清锦州、塘

〔1〕 吴化文，原任国民党军整编第96军军长兼整编第84师师长。1948年9月19日，在济南战役中率领3个旅20000余人起义。

〔2〕 邱，指邱清泉。

〔3〕 商、砀，指河南商丘、安徽砀山。

〔4〕 黄，指黄百韬。

〔5〕 两淮、高、宝，指江苏淮阴、淮安、高邮、宝应。

沽之线，直迫天津城下，迫使国民党用空运方法从沈阳调兵增防平、津”。

同日　为中共中央军委起草致杨得志、罗瑞卿、耿飚，杨成武、李井泉、李天焕并告林彪、罗荣桓、刘亚楼，华北局，东北局电，规定战争第三年全军各部的歼敌任务。在战争的第三年（今年七月至明年六月），人民解放军全军应担负歼敌正规军一百二十八个旅左右。在此数内，你们华北第二、第三两兵团应担负歼敌正规军十二个旅（平均每月一个旅），七月份保北歼敌一个旅在内。

9月28日　为中共中央军委起草致粟裕并告饶漱石电，指出：你们召集全军师以上干部在曲阜开一次大会，很有必要。为使你们的会议开得好一些，时间可以有七天至十天，而将执行淮海战役的时间推迟到十月十五日以后。

同日　关于淮海战役的发起时间及改造吴化文部的政策问题，为中共中央军委起草致饶漱石、粟裕、谭震林并告刘伯承、陈毅，华东局电，指出：“黄兵团调回新安镇业已证实。你们淮海战役第一个作战并且是最主要的作战，是钳制邱、李〔1〕两兵团，歼灭黄兵团。”“战役时间包括打黄兵团，打东海，打两淮在内，须有一个月至一个半月。”“为顾到攻济兵团的休补，淮海战役出动时间，似须推迟至酉哿〔2〕左右。”对吴化文起义部队采取对待老解放军一样的态度，政治待遇及物资待遇亦和老解放军一样，不高也不低。该部休整一时期后，和解放军一道参加作战，不会故意要他去打硬仗，也不能完全不打仗。总之，要劝吴化文及其将领们采取虚心态度，逐渐去掉旧军队骄

〔1〕 李，指李弥，当时任国民党军徐州“剿匪”总司令部第13兵团司令官。
〔2〕 酉哿，即10月20日。

傲自大习气。

9月29日 为中共中央军委起草致林彪、罗荣桓、刘亚楼电，指出：“先打锦州后打锦西计划甚好。”“你们是否尚有足够兵力确有把握地于二十天左右时间内歼灭义县、锦州、锦西三点之敌。我们认为，你们必须将作战重心放在攻占这三点上面，因为这是你们整个战局的关键。如果以现到锦州地区各纵难于在二十天左右时间内攻占三点，则宜从现位沈阳以西各纵中抽调一部加强之，确保迅速攻占三点至少三点中之两点。”“你们必须估计到打沈阳倾巢援锦之敌时，有好打不好打，打得胜打不胜两种可能性。因此你们是否能取得战役主动权（当然战略主动权是早已有了的），决定于你们是否能迅速攻克三点，尤其是锦州一点。”“此外，我军从九日出动至今日已二十一天，尚未开始攻击义县，动作实在太慢，值得检讨。”本日至十月一日东北野战军攻击义县，全歼国民党军第九十三军之暂编二十师约一万人。

9月 致信刘少奇、朱德、周恩来、任弼时：“请告东北局，不用‘毛泽东青年团’名称，一律称为新民主主义青年团。”

10月1日 中共中央主席毛泽东复电陈嘉庚并请转各地侨胞民主团体及一切主张民主的侨胞，对新加坡侨团大会及南洋各地侨团函电赞助我党五月一日对时局主张，表示“无任感佩”，并说“诸先生与各界侨胞对于召集新政治协商会议的各项具体意见，尚望随时电示，以利进行，实深企盼”。

10月3日 和朱德、周恩来致电到达东北解放区的沈钧儒、谭平山、章伯钧、蔡廷锴：“诸先生平安抵哈，极为欣慰。弟等正在邀请国内及海外华侨、各民主党派、各人民团体及无党派民主人士的代表人物来解放区，准备在明年适当时机举行政治协商会议”，“尚希随时指教，使会议准备工作臻于完善”。

同日　下午五时，关于攻打锦州还是回师攻打长春问题，为中共中央军委起草致林彪、罗荣桓、刘亚楼电。电报指出：“二日二十二时电〔1〕悉。（一）你们应利用长春之敌尚未出动，沈阳之敌不敢单独援锦的目前紧急时机，集中主力迅速打下锦州，对此计划不应再改。在义县、兴城、绥中之敌已被歼灭的情况下，葫芦岛、锦西地区虽然已增加新五军及九十五师，并准备以四个师打通两锦交通，你们可以于攻锦州之同时，部署必要兵力于两锦交通线上，首先歼灭由锦西增援锦州之四个师，然后打下锦州。在五个月前（即四五月间），长春之敌本来好打，你们不敢打，在两个月前（即七月间），长春之敌同样好打，你们又不敢打。现在攻锦部署业已完毕，锦西、滦县线之第八、第九两军亦已调走，你们却又因新五军从山海关，九十五师从天津调至葫芦岛一项并不很大的敌情变化，又不

〔1〕 林彪1948年10月2日22时用林、罗、刘名义致电中共中央军委：“（一）得到新5军及95师海运葫芦岛的消息后，本晚我们在研究情况和考虑行动问题。（二）估计攻锦州时，守敌8个师虽战力不强，但亦须相当时间才能完全解决战斗。在战斗未解决前，敌必在锦西、葫芦岛地区留下一两个师守备，抽出54军、95师等五六个师的兵力，采取集团行动向锦州推进，我阻援部队不一定能堵住该敌，则该敌可能与守敌会合。在两锦间敌阵地间隙不过五六十里，无隙可图。（三）锦州如能迅速攻下，则仍以攻锦州为好，省得部队往返拖延时间。（四）长春之敌数月来经我围困，我已收容逃兵18000人左右，外围战斗歼敌5000余，估计长春守敌现约80000人，士气必甚低。我军经数月整补，数量质量均大大加强，故目前如攻长春，则较6月间准备攻长春时的把握大为增加，但须多迟延到半月到二十天时间。（五）以上两个行动方案，我们正考虑中。并请军委同时考虑与指示。”

敢打锦州，又想回去打长春，我们认为这是很不妥当的。（二）你们指挥所现到何处？你们指挥所本应在部队运动之先（即八月初旬）即到锦州地区，早日部署攻锦。现在部队到达为时甚久，你们尚未到达，望你们迅速移至锦州前线，部署攻锦，以期迅速攻克锦州，迁延过久，你们有处于被动地位之危险。”

同日 晚七时，为中共中央军委起草再致林彪、罗荣桓、刘亚楼并告东北局电。电报指出：“本日十七时电发出后，我们再考虑你们的攻击方向问题，我们坚持地认为你们完全不应该动摇既定方针。丢了锦州不打，去打长春，除了前电所述之理由外，假定你们改变方针打下了长春，你们下一步还是要打两锦。那时，第一，两锦敌军不但决不会减少，还可能增加一部，这样，将增加你们打两锦的困难；第二，目前沈阳之敌因为有长春存在，不敢将长春置之不顾而专力援锦，你们可利用长春敌人的存在，在目前十天至二十天时间（这个时间很重要），牵制全部至少一部分沈阳之敌。如你们先打下长春，下一步打两锦时，不但两锦情况变得较现在更难打些，而且沈敌可以倾巢援锦，对于你们攻锦及打援的威胁，将较现时为大。因此我们不赞成你们再改计划，而认为你们应集中精力，力争于十天内外攻取锦州，并集中必要力量于锦州同时歼灭由锦西来援之敌四至五个师。只要打下锦州，你们就有了战役上的主动权，而打下长春，并不能帮助你们取得主动，反而将增加你们下一步的困难。望你们深刻计算到这一点，并望见复。”

10月4日 晨六时，为中共中央军委起草致林彪、罗荣桓、刘亚楼并告东北局电。电报指出："三日九时电[1]悉。（一）你们决心攻锦州，甚好甚慰。（二）你们决定以四纵和十一纵全部及热河两个独立师对付锦西、葫芦岛方面之敌，以一、二、三、七、八、九共六个纵队攻锦州，以五、六、十、十二共四个纵队对付沈阳援锦之敌，以九个独立师对付长春之敌，这是完全正确的。你们这样做，方才算是把作战重点放在锦州、锦西方面，纠正了过去长时间内南北平分兵力没有重点的错误（回头打长春那更是绝大的错误想法，因为你们很快就放弃了此项想法，故在事实上未生影响）。我们过去一个月中曾有多次电报叫你们如此做，你们到现在才想通这一重要点，不是平分兵力，而是以主力放在两锦方面。虽然在时间上应当一开始就如此做，从你们部队行动起到今天差不多已有一个月之久，你们才把攻击重点问题弄清楚，重新增加两个纵队到两锦方面去，可能对于作战要受一些影响（是否有影响及影响之大小，要看作战结果如何才能定），但是平分兵力的错误算是纠正了。从这件事你们应取得两个教训：第一个教训是，你们的指挥所应先于部队移动到达所欲攻击的方向去（这一点我们在很早就向你们指出了），由于你们没有这样做，致使你们的眼光长期受到限制；第二个教训是在通常的情况下必须集中主力攻击一点，而不要平分兵力。（三）攻击锦州的

---

〔1〕 这个电报提出"仍攻锦州"，说"只要我军经过充分准备，然后发起总攻，仍有歼灭锦敌的可能，至少能歼灭敌之一部或大部。目前回头攻长春，则太费时间。即令不攻长春，该敌亦必自动突围，我能收复长春，并能歼敌一部"。中央军委的电台在3日20时15分才收到这个电报，而毛泽东于同日17时和19时为中央军委起草的批评回师打长春想法的电报已经发出。根据东北野战军《阵中日记》记载，攻锦州部队和东北野战军总部的列车并未回师北返，而是直开锦州前线，回师打长春的想法对于攻打锦州的作战，并未发生影响。

时间愈快愈好，但因你们兵力尚未到齐，你们指挥所方才接近锦州附近，部队的攻城动员准备工作尚未进行，当然应当稍待时日，等候兵力到齐和完成准备工作，然后开始攻击。但是你们应当力求缩短这一准备过程，不要延迟太久。当然决不要有任何的慌忙。（四）关于不应当回头攻长春的理由，不是如你们所说的‘太费时间’以及‘即令不攻长春，该敌亦必自动突围，我能收复长春，并能歼敌一部’，而是如我们昨日十七时及十九时两电所说的那些理由，即你们如果真的回头攻长春，你们将要犯一个大错误。就拿突围一点来说，目前该敌突围愈迟愈有利，不突围更有利。（五）在此以前我们和你们之间的一切不同意见，现在都没有了。希望你们按照你们三日九时电的部署，大胆放手和坚持地实施，争取首先攻克锦州，然后再攻锦西。”

10月5日 晨四时，为中共中央军委起草复林彪、罗荣桓、刘亚楼电，指出：“完全同意你们四日十五时电〔1〕关于对付援敌的处置，这种处置，可以保障攻击锦州时不受东西两面现有任何援敌的威胁，即使再加一部援敌亦可阻止之。”

10月6日 子时，为中共中央军委起草致徐向前、周士第、陈漫远〔2〕电，指出：“申俭作战计划电、酉江作战部署电及酉微战况电〔3〕均悉。你们原定酉巧〔4〕开始太原战役，现已提前十三

〔1〕 林彪、罗荣桓、刘亚楼1948年10月4日15时致电中共中央军委，说：锦西与锦州两地敌阵地之间只有30余里，决以4纵和11纵在此地区采取攻势防御，另以两个独立师在锦西、葫芦岛向敌侧后进攻；以10纵及1纵1师正面抗击，以5纵、12纵全部及6纵两个师采取运动战方式从敌侧后歼灭敌人策应10纵作战。

〔2〕 陈漫远，当时任华北军区第1兵团参谋长。

〔3〕 申俭，即9月28日。酉江，即10月3日。酉微，即10月5日。

〔4〕 酉巧，即10月18日。

天。因敌被迫向外扩张，给我以良好歼敌机会，如果敌人战力不强，你们又指挥得当，乘机进击，可能于短时间内全部肃清城外之敌。并可能缩短攻城时间，不要停留多久，即可乘势攻城，提早解放太原。”晚八时，又为中央军委起草致徐、周、陈电，指出：“你们拟乘胜向太原城周尽量扩大战果方针很对”。“你们现有良好机会可以全歼南面及东面之敌，得手后敌必震动，望你们乘胜扩张，逐一全歼外围之敌，占领一切机场。”此时，太原守敌共约十万人，徐向前兵团和陕甘宁晋绥联防军第七纵队、晋中军区三个独立旅，共十七个旅，于十月五日发起太原战役，至十二月初扫清太原外围。

同日 晨二时，为中共中央军委起草致杨得志、罗瑞卿、耿飚，杨成武、李井泉、李天焕并告华北局电，指出：“（一）因我杨罗耿兵团在平张线积极活动（已歼敌一部）威胁张垣，傅作义被迫将三十五军主力及骑四师从绥东调回柴沟堡、张垣之线，此种情况对我绥东作战甚为有利。（二）我杨李李兵团应即集中全力向东，在丰镇、集宁、兴和地区乘机各个歼敌。该地一带尚有三个步兵师三个骑兵旅，你们应采取先打一部，吸引余部增援而各个歼灭之。准备分几次将敌三个步兵师、三个骑兵旅全部歼灭，重占丰、集、兴三城，然后再打绥、包〔1〕。（三）我杨罗耿兵团应忍受暂时一切困难，吸引三十五、暂三两军主力来攻，集中该兵团全力歼其一路，打开平张局面。如敌不来攻，亦应寻敌薄弱部作战，务必不要放松每一个歼敌机会。（四）两兵团互相呼应，但必须各自独立作战，不要互相依赖。”为钳制傅作义集团，策应东北野战军作战，杨得志兵团于十月上旬在平古铁路和

〔1〕 绥、包，指绥远归绥、包头。1954年3月绥远省撤销，归绥（改称呼和浩特）、包头划归内蒙古自治区。

平张铁路沿线发动攻势，杨成武兵团于十月中旬开始向绥西、绥北攻击。

同日 为中共中央起草复粟裕并告饶漱石电，指出：“你们七月间关于部队思想情况的报告，算得是一个综合报告。九月的报告可在这次会议〔1〕后做，即将会议情况报告即可。”此次会议在检讨关于无纪律无政府状态时，应做成一个决议，在会上通过，并应有一段充分时间专门讨论有关淮海战役的作战部署、动员工作及后勤工作诸问题。

10月10日 上午九时，为中共中央军委起草致林彪、罗荣桓、刘亚楼电，指出：“从你们开始攻击锦州之日起，一个时期内是你们战局紧张期间。”“这一时期的战局，很有可能如你们曾经说过的那样，发展成为极有利的形势，即不但能歼灭锦州守敌，而且能歼灭葫、锦援敌之一部，而且能歼灭长春逃敌之一部或大部。如果沈阳援敌进至大凌河以北地区，恰当你们业已攻克锦州、使你们有可能转移兵力将该敌加以包围的话，那就也可能歼灭沈阳援敌。这一切的关键是争取在一星期内外攻克锦州。”“你们的中心注意力必须放在锦州作战方面，求得尽可能迅速地攻克该城。即使一切其他目的都未达到，只要攻克了锦州，你们就有了主动权，就是一个伟大的胜利。”

同日 为中共中央军委起草致彭德怀、张宗逊电，庆祝西北野战军于十月上旬在大荔以北地区歼灭胡宗南两个师主力，指出“这一胜利将帮助你们逐一歼灭胡军主力于渭水以北地区”。

同日 为中共中央起草关于九月会议的通知，通报这次中央

〔1〕 指曲阜会议。济南战役后，华东野战军转入休整。为贯彻中共中央九月会议精神，华野前委于1948年10月5日至24日在曲阜召开有师以上干部参加的扩大会议。

政治局会议情况。这个通知，总结了七大以来党的工作，规定了今后时期党的工作任务。通知指出：会议根据过去两年作战的成绩和整个敌我形势，认为建设五百万人民解放军，在大约五年左右时间内（从一九四六年七月算起）歼敌正规军五百个旅（师）左右，从根本上打倒国民党的反动统治，是有充分可能性的。中央决定人民解放军第三年仍然全部在长江以北和华北、东北作战。提出必须尽一切可能修理和掌握铁路、公路、轮船等近代交通工具，加强城市和工业的管理工作，使党的工作重心逐步地由乡村转到城市。通知指出：夺取全国政权的任务，要求我党迅速地有计划地训练大批的能够管理军事、政治、经济、党务、文化教育等项工作的干部。恢复和发展解放区的工业生产和农业生产，是支援战争、战胜国民党反动派的重要环节。提高干部的理论水平，扩大党内的民主生活，成为完成各项任务的重要环节。这个通知编入《毛泽东选集》。

10月11日　关于淮海战役作战方针及淮海战役后的作战计划，为中共中央军委起草致饶漱石、粟裕、谭震林并告华东局，中原局电。电报指出：（一）淮海战役“第一阶段的重心，是集中兵力歼灭黄百韬兵团，完成中间突破，占领新安镇、运河车站、曹八集、峄县、临城、韩庄、沭阳、邳县、郯城、台儿庄，临沂等地”，“大体如同九月间攻济打援的部署”。这一阶段“力争在战役开始后两星期至三星期内结束”。（二）“第二阶段，以大约五个纵队，攻歼海州、新浦、连云港、灌云地区之敌，并占领各城”，“此阶段亦须争取于两个至三个星期内完结”。（三）“第三阶段可设想在两淮方面作战”。“三个阶段大概共须有一个半月至两个月的时间”。（四）“淮海战役的结果，将是开辟了苏北战场，山东苏北打成一片，邱李两兵团固守徐蚌一线及其周围，使我难于歼击。此时，你们仍应分为东西两兵团。以大约五个纵队组成东兵团，在苏北苏中作战。以其余主力为西兵团，出豫皖两省，协同刘邓，攻取菏泽、开封、郑州、确山、信阳、南阳、淮河流域及大别山各城。”（五）“你们以十一、十二两月完成淮海战役。明年一月休整。二月西兵团转移，三至七月同刘邓协力作战，将敌打至江边各点固守。秋季你们主力大约可以举行渡江作战。”这个电报编入《毛泽东选集》。

同日 为中共中央军委起草致刘伯承、陈毅、邓小平、李达电，指出：“蒋令孙元良〔1〕三个师东进，你们应即速部署以攻击郑徐线歼敌一部之方法牵制孙兵团，否则孙兵团加至徐州方面，将极大妨碍华野的新作战。”

同日 为中共中央军委起草复杨得志、罗瑞卿、耿飚，杨成武、李井泉、李天焕并告华北局电，指出：“你们两方十日九时各一电〔2〕已悉。同意你们共同意见，杨、李、李主力向西行动。”并指出：“这一行动可能吸引暂四军、三十五军等部西援，以利杨、罗、耿作战。杨、李、李主力到西边后，应确定一个时

---

〔1〕 孙元良，当时任国民党军徐州“剿匪”总司令部第16兵团司令官。

〔2〕 1948年10月10日9时，华北军区第2兵团杨得志、罗瑞卿，第3兵团杨成武、李天焕分别致电中共中央军委。杨、罗电称：敌暂4军昨晚已抵柴沟堡附近，傅之办法是西面抑留我3兵团，仍以主力对我东面，我们意见：3兵团主力仍应西去，以一部控制兴和、集宁、丰镇等地，尽力迟阻援敌，援敌不来，即打下归绥、包头。援敌来（估计必来），即预定在归绥附近歼击援敌。不管东面或西面，只要能歼敌三五个师或打绥、包，则平绥线局面即可打开，而我2、3兵团亦更可集中作战，大量歼敌。杨、李电称：暂4军9日已向东退走，据此情况对今后行动建议：以北岳集团和8纵1个旅及1个骑兵团控制兴和、台基庙、集宁地区，并向东活动，阻击西进之敌；8纵另1个旅及骑兵一部进击陶林、武川，扫荡歼灭绥北之敌；而以1、2、6纵主力即速西转，威迫绥远，首先肃清绥包段，攻占毕克齐、察素齐、萨县、托县，相机攻取包头，这样可以调敌西进，歼敌主力一部，又可配合2兵团作战。

期内专打中等的及小的敌人，即用全力攻占毕克齐、察素齐、托克托、陶思浩、萨拉齐、包头及该线以西以北地区，广占地面，征集粮食。待敌主力西援，并有机可乘时，再相机集中兵力，歼敌主力。归绥城则作为将来之攻取目标，目前不要理他。这一行动，将使傅作义完全处于被动地位（他现在已经处于被动地位），以免又想打大仗又想打小仗，两头失塌。”还指出：“杨、罗、耿号召部队打大仗的精神甚好，只要有一次歼敌一个师两个师的机会，就不应放松。但如果没有此种机会时，则每次歼敌一团两团也是好的。”杨罗耿兵团从十月九日至十五日再次向北平至张家口段发起攻势，吸引敌第三十五军、第十六军东援。杨、李、李兵团于十月十二日至十一月五日横扫绥西、绥北。两个兵团共歼敌二万余人。

同日　为中共中央起草致东北局电，指出：由高岗、李富春出面，抽一二天时间，根据中央九月会议通知精神，邀集沈钧儒、谭平山、章伯钧、蔡廷锴、高崇民〔1〕、朱学范等，恳谈一二次，征得他们对新政协各项问题的同意，并请他们提出参加政协会议的名单。

10月12日　为中共中央军委起草复林彪、罗荣桓、刘亚楼电〔2〕，指出：“沈敌进占彰武置于无用之地，表示卫立煌想用取巧方法，引我回援，借此以解锦州之围，不敢直援锦州，避免远出被歼之危险。锦州守敌都是杂牌，即使被歼彼亦不甚痛心。如

---

〔1〕高崇民，当时任东北行政委员会副主席兼民政委员会主任、安东省政府主席、中国民主同盟东北总支部主任。

〔2〕林彪、罗荣桓、刘亚楼1948年10月11日20时半致电中共中央军委，报告截至今日攻锦部队已按计划攻占敌城外大部防御阵地，逼近城关，锦西援敌已向塔山阵地攻击两天，沈阳援敌3个军三路并进向彰武逼进，表示“阻住锦西援敌和打下锦州均有把握”。

你们能于数日内攻下锦州，沈敌势必由彰武退回新民固守。但如攻锦需时较多，卢浚泉等呼援迫切，蒋介石严令卫立煌增援，则该敌有由彰武经新立屯、黑山到打虎山或由彰武转回新民经绕阳河到打虎山之可能，但只要你们能于一星期内外攻克锦州，则该敌无论如何是不能迫近锦州的”。东北野战军按照中央军委指示，在完成攻城准备后，于十月九日至十三日，扫清锦州外围，占领锦州城外防御阵地及据点，并在塔山一线阻击了锦西之敌的反复冲击。十四日，对锦州城垣发起总攻击，经三十一小时激战，于十五日下午全歼守军，俘东北“剿总”副总司令范汉杰及第六兵团司令官卢浚泉以下近九万人。十五日，毛泽东为中共中央起草致林彪、罗荣桓、刘亚楼、谭政并告东北局、热河分局〔1〕电，庆祝攻克锦州的伟大胜利。

10月13日 为中共中央军委起草复刘伯承、陈毅、邓小平、邓子恢、李达并告饶漱石、粟裕、谭震林电，指出：十二日电〔2〕悉。“白〔3〕令黄维、张淦由确山、遂平线向唐河、赊旗线前进，这样就给你们南北两区作战以必要的时间，望令陈锡联、陈赓〔4〕率一、三、四、九纵全力按你们所规定之时间攻击郑州，并部署阻援及打援，只要郑州攻克，你们在北面就取得了主动，就可迫使孙元良兵团回顾开封，或留在开封、徐州线而不能再东进。”

---

〔1〕 应为中共冀察热辽分局。

〔2〕 刘伯承、陈毅、邓小平1948年10月12日致电中共中央军委，说：敌孙元良兵团之69师已于昨11日由郑州东运，“我们遵令决定以陈锡联率1、3、9纵攻歼郑州之敌，预定18日开始战斗。以陈、谢率4纵18日到襄城，并继续移靠攻郑部队，加强攻郑后备力量，并准备打援”。

〔3〕 白，指白崇禧，当时任国民党军华中“剿匪”总司令部总司令。

〔4〕 陈锡联、陈赓，当时分别任中原野战军第3、第4纵队司令员。

同日 为中共中央军委起草致杨得志、罗瑞卿、耿飚电，指出：“（一）你们攻克西拨子、岔道、青龙桥、八达岭等处歼敌一部，并准备在一周内彻底破坏怀来北平段铁路线，甚好。（二）为吸引九十二军一个师（已由北平附近开塘沽）回顾，不去增援葫芦岛，为吸引三十五军继续向东以利杨、李、李在绥远行动之目的，望你们于破路之同时，集结相当兵力，歼灭十六军一二个团。”

10月14日 为中共中央军委起草复刘伯承、陈毅、邓小平并告饶漱石、粟裕、谭震林电，指出：元酉电〔1〕悉。据息，敌邱清泉、孙元良两兵团将向鲁西南举行防御性的进攻，真如此，则对淮海、郑州两地作战有利。因此决定：“刘陈邓主力攻郑作战应推迟时间，一、三、四、九纵原地休息待命”；“粟谭主力本月不动，加紧完成淮海战役一切准备工作”。

10月15日 为中共中央军委起草复刘伯承、陈毅、邓小平等电，指出：“寒巳电〔2〕电悉。华野南进时间推迟，黄维、张淦亦未急进，邱、孙可能由汴、徐向北，你们攻郑宜略推迟，各纵现地待命为宜”。

同日 为中共中央军委起草致饶漱石、粟裕、谭震林电，指

〔1〕 刘伯承、陈毅、邓小平1948年10月13（元）日酉时致电中共中央军委，说：我们原定18日夜开始进攻郑州，但现在孙元良兵团仅调民权附近，杜聿明兵团集结商丘周围，在我攻郑后三四日孙兵团即可赶到，杜兵团亦可尾来，如此，则我攻城未下，打援无力。因此，“我们考虑拟将攻郑时间推迟在淮海作战开始前五日开始动作”。

〔2〕 刘伯承、陈毅、邓小平等1948年10月14（寒）日巳时致电中共中央军委，提出“在我华野推迟攻势至二十八日发动不再变更的条件下，我决心以陈锡联集团于二十日开始围攻郑州，陈、谢率部跟进加入作战”。

出："关于对付冯部[1]及侧击徐州援敌之兵力，我们认为除以一个强力纵队袭占运河车站，控制该段运河由正面阻援外，必须使用五个纵队攻占临、枣、峄、台[2]及其以南地区"，"不要使用五个纵队全部围冯打冯，而应至少使用两个纵队担负超越冯部南下阻敌之任务，否则就不能有效阻止援敌取得时间。"

同日 为中共中央军委起草致饶漱石、粟裕、谭震林并告刘伯承、陈毅、邓小平电，指出：据所获情报，邱清泉、孙元良两兵团向鲁西南进攻计划业已证实，其出动时间估计在十月二十日左右，月底可能占领金乡、鱼台、城武、单县、曹县、定陶、菏泽，甚至郓城、巨野一带，其目的是阻塞你们出汴徐线道路。"在此种情况下，你们淮海战役计划不但不应变更，而且给你们以极大便利"，"望将九、广两纵[3]开至兖、济地区，以主力控制运河担任防守，以一部协同鲁西南地方兵团在金、鱼、城地区应付该敌"，"其余全部速作准备，按照我们所提意见首先集结临沂、邹县之线，待邱、孙进至相当位置之际，即齐头南进举行淮海战役。""刘、陈、邓攻击郑州时机，应待邱、孙向北深入再行决定，不可过早。"

10月16日 关于争取长春曾泽生第六十军起义问题，为中共中央起草致东北局，林彪、罗荣桓、刘亚楼电，指出：要六十军对新七军表示态度一点，不要超过他们所能做的限度。"只要六十军能拖出长春，开入我指定之区域，愿意加入解放军之序列，发表通电表示反对美国侵略，反对国民党反动统治，赞成土

---

〔1〕 指冯治安任司令官的国民党军徐州"剿匪"总司令部第3绥靖区所部。

〔2〕 临、枣、峄、台，指山东临城（今薛城）、枣庄、峄县、台儿庄。

〔3〕 指聂凤智任司令员的华东野战军第9纵队、曾生任司令员的华东野战军两广纵队。

地改革及没收官僚资本，拥护共产党及人民解放军，也就够了。你们应当不失时机和六十军代表加紧商谈”。“如果六十军能照上述办法拖出长春，则一兵团（加十二纵）便应攻入长春解决新七军，即使不能一下解决也可逐步解决之。”十七日，国民党军第一兵团副司令官兼第六十军军长曾泽生率部起义。

10月17日　应欧洲共产党和工人党情报局机关刊物《争取持久和平，争取人民民主!》的约请，撰写纪念十月革命三十一周年的论文，题目是《全世界革命力量团结起来，反对帝国主义的侵略》。文章指出：“既要革命，就要有一个革命党。没有一个革命的党，没有一个按照马克思列宁主义的革命理论和革命风格建立起来的革命党，就不可能领导工人阶级和广大人民群众战胜帝国主义及其走狗。”这篇文章发表在十一月一日出版的该刊第二十一期，后编入《毛泽东选集》。

同日　为中共中央军委起草致林彪、罗荣桓等电，指出：“你们下一步行动，我们认为宜打锦、葫，并且不宜太迟，宜在休整十五天左右以后即行作战，先打锦西，后打葫芦岛，争取十一月完成夺取锦、葫任务。在你们打锦、葫时，沈敌可能被迫增援。因锦、葫守军是国民党嫡系，和锦州守军多为杂牌不同。我克锦州，卫立煌实际上坐视不救，必为许多人不满。故我攻锦、葫时，沈敌可能增援。而只要沈敌远离沈阳走打虎山、大凌河增援锦、葫，便于大局有利。”

10月18日　为中共中央军委起草致东北局，林彪、罗荣桓、刘亚楼并转萧劲光、萧华、陈伯钧[1]电：关于逼迫和争取

〔1〕萧劲光，当时任东北野战军副司令员兼第1兵团司令员。萧华、陈伯钧，当时分别任东北野战军第1兵团政治委员、副司令员。

郑洞国[1]起义，“望令萧、萧、陈及各部对长春取威迫政策，堵塞其一切可能的逃路，暂时不攻击他，以促其变化”。“你们除将恩来致郑洞国电派人送交外，林彪及萧劲光亦可写信给他，萧、萧、陈并应选派适当人员与郑进行谈判。”本日，长春守敌新编第七军向解放军接洽要求放下武器，双方达成新七军放下武器的协议。

同日 为中共中央军委起草致林彪、罗荣桓、刘亚楼电，指出：“我们所最担心的是沈敌从营口撤退向华中增援”。“长春合乎我们理想的解决，使蒋卫[2]很难下决心走陆路向锦、葫增援。假如蒋卫利用你们打锦、葫的时机，迅速全军退至营口据守，利用海道运粮接济，然后逐步运向津、榆或华中，则有使你们无法阻止之虞。”“攻锦、葫总需相当时间，而营口方面全无守备。因此提议，在日内长春解决后，除留几个独立师监视郑洞国及新七军（假定该部反正的话）外，攻长各纵及几个独立师应迅速全部南下，位于沈阳、营口之间，时间应在十一月上旬，过迟则无保障。并须以一个纵队控制营口，构筑坚守阵地，阻绝海上与陆地的联系，使蒋卫不敢走营口，即使他们走营口，我可先行抗击，以待主力到达聚歼。”

10月19日 寅时，为中共中央军委起草致林彪、罗荣桓、刘亚楼电，指出：“既然长春敌人愿意投降，我五纵、六纵、十二纵即可停止去长春，该三个纵队似宜以两个位于沈阳、营口之间，以一个在营口筑工守备，并宜在你们打锦、葫以前到达该区，堵塞沈敌向营口的退路。如沈敌向锦、葫增援，则该三纵从

〔1〕 郑洞国，当时任国民党军东北“剿匪”总司令部副总司令兼第1兵团司令官。

〔2〕 卫，指卫立煌，当时任国民党军东北“剿匪”总司令部总司令。

侧后钳制沈敌，长春附近之九个独立师亦宜以大部开沈、营间”。本日，国民党军东北“剿总”副总司令郑洞国及新七军军长李鸿率部放下武器，长春解放。当天，为中央军委起草致东北局及林彪、罗荣桓、刘亚楼电：“郑洞国为黄埔高级军官，此次又率部投降，萧、陈〔1〕应给以礼遇。”二十日，为中共中央起草致林彪、罗荣桓、高岗、陈云及全体指战员电，庆贺长春解放。

同日　申时，为中共中央军委起草复林彪、罗荣桓、刘亚楼电〔2〕，指出：“如果在长春事件之后，蒋卫仍不变更锦葫、沈阳两路向你们寻战的方针，那就是很有利的。在此种情形下，你们采取诱敌深入打大歼灭战的方针甚为正确。”“但同时仍须估计在长春敌人完全解决，我北面各纵及独立师主力南下之时，蒋卫改变计划的可能，你们仍应考虑部署有力兵团于营口及其西北与东北地区，以免在蒋卫采取从营口撤退时，你们措手不及。”

同日　晚十时，为中共中央军委起草复林彪、罗荣桓、刘亚楼电，指出：“本日十四时电〔3〕悉。沈敌似已决心撤退，退营口的可能性很大，你们目前第一要紧的部署是立即令萧、萧〔4〕率长春各独立师大部（留两个至多三个独立师在长春一带即够）及

---

〔1〕　萧、陈，指萧劲光、陈伯钧。

〔2〕　林彪、罗荣桓、刘亚楼1948年10月18日20时致中共中央军委电：“十七日进占新立屯敌新一军，本日继续前进，我军决采取诱敌深入方针，我十纵主力向沟帮子、黑山撤退，我五纵主力向阜新方向撤退。”

〔3〕　林彪、罗荣桓、刘亚楼1948年10月19日14时致电中共中央军委，说：“昨日进至新立屯以南之敌，如果仍按蒋计划继续前进，则我们来不及先歼锦、葫之敌，而只有先歼灭由沈阳向锦州前进之敌。”“长春解决后，我北线各部即向营口前进。”

〔4〕　萧、萧，指萧劲光、萧华。

十二纵兼程从抚顺以东进至营口及其以西以北地区堵塞敌人退路。”“只要此着成功，敌无逃路，你们就在战略上胜利了。”“因沈敌决心撤退，你们须用全力抓住沈敌，暂时不能打锦、葫。在歼灭沈敌以前，锦、葫应由攻击目标改变为钳制目标。”东北野战军于二十日作了围歼廖耀湘兵团、阻击锦西之敌，以及围歼沈阳周围敌军、营口布防断敌退路的全面部署。

同日 为中共中央军委起草致刘伯承、陈毅、邓小平电：“（一）你们攻郑主力应从郑州以南出郑州、中牟之间，然后从东面向郑州攻击，否则敌人将从东面向开封逃跑。（二）如果郑州敌人不多，你们攻击时间可以提早。”按照中央军委上述部署，中原野战军由陈毅、邓小平组成前线指挥所，指挥第一、三、四、九纵队提前于二十一日夜逼近郑州，国民党守军两个师共一万一千余人于二十二日弃城北逃，大部被歼，郑州解放。二十三日，毛泽东为中共中央起草致刘伯承、邓小平诸同志及中原人民解放军全体指战员电，祝贺郑州解放，指出：“济南、锦州、长春解放之后，郑州又告解放，陇海、平汉两大铁路的枢纽为我掌握，对于整个战局极为有利。”

10月20日 为中共中央军委起草致东北局，林彪、罗荣桓、刘亚楼电，指出：“望林、罗、刘令萧、萧迅即结束长春工作，一切交陈正人〔1〕接管，率十二纵及十一个独立师的大部取捷径开至沈阳、营口、沟帮子三点之间，除一部守备营口外，主力由东向西配合锦州我军作战，准备全歼廖耀湘〔2〕兵团，攻取沈阳。”

同日 晨四时，为中共中央军委起草复林彪、罗荣桓、刘亚

〔1〕 陈正人，当时任中共吉林省委书记、吉林军区政治委员。

〔2〕 廖耀湘，当时任国民党军东北“剿匪”总司令部第9兵团司令官。

楼电，指出："你们行动方针已有电示，即不打锦、葫而打廖耀湘，我们完全同意你们建议。如廖兵团继进，则等敌再进一步再进攻之；一经发觉敌不再进或有退沈阳退营口的象征时，则立即包围彰武、新立屯两处敌人，以各个击破为方法，以全歼廖兵团为目的。望即本此方针即刻动手部署，鼓励全军达成任务。""因敌有随时退至营口可能，望令十纵准备，一经发觉敌有退营口的象征，即兼程开营口守备。""高、伍〔1〕建议以十二纵及三个独立师由钟伟〔2〕指挥，由四平以北上车赶于二十四日以前全部运抵清源，以急行军开至鞍山、海城堵塞敌向营口退路，此计划甚为必要，请即电高、伍照此速办，愈快愈好。"七时，又为中央军委起草致林、罗、刘电："以原对锦、葫防御之两个纵队及三个独立师，仍任该方防御，不再增加兵力。""以一、二、三、五、六、七、八、九、十共九个纵队二十七个师全部，分割包围廖兵团五个军十二个师。""高、伍提议六个师（十二纵加三个独立师）位于营口以北。我们觉得似宜增加一个师，共七个师位于营口以北，阻敌逃跑。"本日黄昏起，各纵按围歼廖耀湘兵团部署行动。次日，廖耀湘兵团开始由新立屯等地猛攻黑山、打虎山，东北野战军第十纵队等部进行坚决阻击。

10月21日　为中共中央军委起草复彭德怀、张宗逊电〔3〕，指出："目前敌主力集中澄城、合阳、蒲城，西面较空虚，你们

〔1〕 高、伍，指高岗、伍修权，当时分别任东北军区第一副司令员和副参谋长。

〔2〕 钟伟，当时任东北野战军第12纵队司令员。

〔3〕 彭德怀、张宗逊1948年10月18日来电说，拟于11月中旬再组织一个战役，争取收复澄城、合阳、朝邑地区，解决吃饭、过冬问题，并进行整训。

似宜于休整二十天后全军西移，相机攻取同官、耀县、三原、泾阳、淳化一带，并准备在该区打一二仗以后派一部出乾、醴[1]、永寿，大约费时一个月左右。如果你们采取此种行动，澄、合、蒲之敌势必全部或大部西调，并于其调至西面时相机歼灭几部，那时你们才有可能收复澄、合、平、朝[2]地区取粮过冬。若只以一纵、四纵去淳化，恐不能调动很多敌人西去，我两头力弱，恐难收复澄、合、平、朝”。

10月22日 晚九时，为中共中央军委起草复林彪、罗荣桓、刘亚楼电：“沈敌总退却情况已明，你们决心及处置[3]都是正确的。”

同日 为中共中央军委起草致陈毅、邓小平并告饶漱石、粟裕、谭震林，中原局电，指出：“刘峙[4]认为我华野有出苏北企图，停止邱、孙[5]向鲁西南行动，以李兵团[6]之第九军加入东面防堵，以邱兵团由商丘向砀山收缩。白崇禧则为对付我二、六、十纵，以黄、张两兵团[7]向桐柏方面进攻，陈、邓攻郑作战完全不受南面威胁。因此，为了保障我华野全军在淮海战役中完全胜利，请你们准备着，在攻克郑州休息数日后迅即全军东

---

〔1〕 乾、醴，指陕西乾县、醴泉（今礼泉）。

〔2〕 澄、合、平、朝，指陕西澄城、合阳、平民、朝邑。

〔3〕 林彪、罗荣桓、刘亚楼1948年10月22日13时半致电中共中央军委，说：敌现已开始向锦州总退却。决心照原定计划在新立屯、黑山地区与敌决战，攻锦各部已接近集结地区，两三天内可以在北镇、黑山地区集结完毕。长春方面之12纵已达四平附近，各独立师今日黄昏开始南下。辽南独2师已无去营口之必要，已令其回头至新民以西钳制敌人。

〔4〕 刘峙，当时任国民党军徐州“剿匪”总司令部总司令。

〔5〕 邱、孙，指邱清泉、孙元良。

〔6〕 指李弥任司令官的国民党军徐州“剿匪”总司令部第13兵团。

〔7〕 指黄维任司令官的国民党军华中“剿匪”总司令部第12兵团、张淦任司令官的国民党军华中“剿匪”总司令部第3兵团。

进，相机攻占开封。或者不打开封，直出徐蚌线。不但钳制孙元良、刘汝明[1]，并且钳制邱、李两兵团各一部。粟、谭则令九、广两纵现在立即开动，直出金、鱼、城、单与陈、邓协力作战。”下午一时，又为中共中央军委起草复饶漱石、粟裕、谭震林并告陈毅、邓小平，中原局电，指出：“完全同意你们马午电部署[2]，请即照此执行。”“陈毅、邓小平二同志现用陈、谢电台在郑州附近指挥，你们及进入鲁西南之三纵应经陈、谢台与陈、邓密切联络，以利配合。”“三纵、广纵及鲁西南两个旅应于三十日以前进至商砀线以北地区，距敌大约一百华里左右，摆成一字形阵线，断绝行人来往，不要向商砀线攻击，使敌早日觉察我在该方不过是佯攻部署，要在东面微日[3]发起战斗之同时（或者早一天即支日[4]）才向商砀线及丰县之敌举行牵制性攻击，否则可能不起大的作用。”

同日 致电吴化文等，嘉勉该军起义。电文说：“贵军长等率部起义，发表通电，决心参加人民解放事业，极为欣慰。中国

〔1〕 刘汝明，当时任国民党军徐州“剿匪”总司令部第4绥靖区司令官。

〔2〕 指饶漱石、粟裕、谭震林1948年10月21（马）日午时致中共中央军委的电报中提出淮海战役的修改部署。电报说：战斗预定于11月5日发起，提议修改部署如下：以苏北兵团全部及1纵、6纵、9纵、鲁中南纵等7个步兵纵队共20个旅，附特纵主力，担任分割围歼阿湖、阴平、高流、新安、瓦窑地区的黄百韬兵团8个旅；以4纵、8纵担负袭歼炮车、运河车站之敌9军，控制铁路两侧及运河两岸，准备阻援；以10纵、7纵袭歼韩庄之敌，围歼贾汪之敌，13纵围歼台儿庄之敌，直攻宿羊山、汴塘地区之敌，后策应4纵、8纵正面阻敌；以3纵、广纵进入鲁西南地区，协同冀鲁豫两个独立旅对鱼台、丰县、砀山、商丘地区之敌牵制攻击，并于21日、22日先行向砀山、商丘段佯攻，主力于25日后再行开进。

〔3〕 微日，即5日。

〔4〕 支日，即4日。

共产党站在人民立场上，对于任何国民党军队的官兵们，不问其过去行为如何，只要他们能够在人民解放战争的紧要关头幡然觉悟，脱离国民党政府的反动领导，加入人民解放军阵营，坚决反对美国帝国主义及其走狗国民党反动派，即表示热烈欢迎。”

10月23日 晨五时，为中共中央军委起草致陈毅、邓小平，饶漱石、粟裕、谭震林电，指出：“占领郑州甚慰。你们休息两天即东进攻占开封甚好。”“如开封之敌东逃，则陈、邓月底可能进至商丘附近，可以适时密切配合淮海作战。”“请粟、谭即令三纵、广纵及鲁西南地方兵团准于月底进至商砀以北，并受陈、邓指挥。”“陈、邓东进与三纵、广纵诸部会合后第一个目标是歼灭孙元良兵团，第二个目标是攻占宿、蚌[1]。”二十四日，驻守开封的国民党军东撤，开封解放。

10月24日 晚十二时，为中共中央军委起草复林彪、罗荣桓并告高岗、伍修权电，指出：“五十二军、五十三军及二〇七师主力既然尚在铁岭、沈阳、抚顺、本溪、鞍山一带，五十二军一部且已进占海城、牛庄，则敌人准备以营口为其两条退路之一，已甚明显。敌主力在黑山、北镇地区被我歼击时，其溃退部队亦可能退向营口。因此，你们仍应从各独立师中抽出一部向南，歼灭鞍山、海城、牛庄之敌，并控制营口，阻塞敌人向海上的逃路。此外，南满方面一切可用的地方部队，均应使用于对付鞍山、海城、牛庄地区之敌。”

10月25日 晨三时，为中共中央军委起草致陈毅、邓小平并告饶漱石、粟裕、谭震林及刘伯承、邓子恢、李达电，指出：“开封之敌已逃。你们不要去开封，也不要去商丘附近。应从现

---

〔1〕 宿、蚌，指安徽宿县（今宿州）、蚌埠。

地取捷径到蒙城集中，休息数日。然后，直取蚌埠，并准备渡淮南进，占领蚌浦段铁路。以你们全军四个纵队十一个旅（只留九纵一个旅守郑州，秦基伟率九纵主力跟进）控制淮河以南、长江以北、淮南铁路以东、运河以西广大地区，吸引敌人来攻。你们则忽集忽分，机动对敌，准备在该区坚持两三个月。”“蒙城是机动地带，可东，可西，可南，可北。”陈毅、邓小平接此电后，当日报告中共中央，建议中原野战军第一步集结地点改为永城、亳州、涡阳中间地区，由郑州开进，十一月四日可达，以歼灭孙元良兵团为第一要着。如不好打，则向宿、蚌、来〔1〕进攻。挺进淮南，非到万分必要以不采取为好，因为该地区狭小、滨湖，山地则缺粮缺水，大兵团很难机动。

同日 下午六时，为中共中央军委起草复林彪、罗荣桓、刘亚楼电，指出：“你们事先完全不估计到敌人以营口为退路之一，在我们数电指出之后，又根据五十二军西进的不确实消息，忽视对营口的控制，致使五十二军部队于二十四日占领营口，是一个不小的失着。”“你们必须充分估计到敌人随时有向营口退却可能，如果没有足够兵力则难于阻敌退路。”长春各独立师“应迅速经铁岭附近兼程南进，收复营口、牛庄、海城，并以主力位于打虎山、营口之间，配合你们主力夹击敌人”。

同日 晚七时，为中共中央军委起草复杨成武、李井泉、李天焕并杨得志、罗瑞卿、耿飚，华北局电：同意杨、李、李定于十一月十日开始打归绥的意见。杨、罗、耿即令三纵转至兴和、集宁地区，以主力位于集宁固守阻敌，以一部位于兴和阻滞援敌前进，该纵务于十一月五日以前到达兴、集地区。杨、罗、耿率四纵及其他各部越路南下，准备随三纵后跟进至兴、集地区担任

---

〔1〕 宿、蚌、来，指安徽宿县、蚌埠、来安。

阻援。

同日 为中共中央起草致刘伯承、邓小平及中原人民解放军全体指战员电，庆贺郑州、开封、洛阳三大名城解放，指出中原三大名城均入人民解放军掌握，对于今后战局极为有利。

10月26日 为中共中央军委起草复陈毅、邓小平并告刘伯承、邓子恢、李达及粟裕、谭震林电：同意你们以十天行程于十一月四日集结永城、亳州、涡阳中间地带的部署。二十七日，中原野战军第一、三、四、九纵队自郑州东进。二十八日，毛泽东又为中央军委起草复陈、邓电："我们同意你们不出淮南，但是否打孙元良，要看孙元良是否被你们调动到徐蚌线。如果仍在汴徐线，则似以不打为宜。你们在徐蚌线以西地区出现，对整个敌人威胁极大。这种威胁作用，胜过在汴徐线上打一胜仗。请你们考虑到达亳、涡、永中间地区休息数日之后，第一步是否可以分路攻占亳、涡、蒙三城，再看形势。估计三城占领，淮南即将震动，孙、邱两部均将被调动，而你们行动的目的是调动孙、邱，主要是调动邱清泉。"

同日 致信刘少奇，对由张闻天起草的《关于东北经济构成及经济建设基本方针的提纲》（草案）修改稿提出意见，指出："此件修改得很好。""'决不可采取过早地限制私人资本经济的办法'，改为'决不可以过早地采取限制现时还有益于国计民生的私人资本经济的办法'。因为就我们的整个经济政策说来，是限制私人资本的，只是有益于国计民生的私人资本，才不在限制之列。而'有益于国计民生'，这就是一条极大的限制，即引导私人资本纳入'国计民生'的轨道之上。要达到这一点，必须经常和企图脱出这条轨道的私人资本作斗争。而这些私人资本虽然已经纳入这条轨道，他们总是想脱出去的，所以限制的斗争将是经常不断的。"

同日　为了对付从保定偷袭石家庄的傅作义军，为新华社起草的新闻稿公开播发，指出："此间党政军各首长已向保石线及其两侧各县发出命令，限于三日内动员一切民兵及地方武装，准备好一切可用的武器，以利作战，尤其注重打骑兵的方法。闻蒋、傅进扰石家庄一带的兵力，除九十四军外，尚有新骑四师及骑十二旅，并附属爆破队及汽车百余辆，企图捣毁我后方机关、仓库、学校、发电厂、建筑物。据悉，该敌准备于二十七日集中保定，二十八日开始由保定南进"。"此间首长指示地方各界切勿惊慌，只要大家事前有充分准备，就有办法避开其破坏，诱敌深入，聚而歼之。"二十九日晨，写信给胡乔木，说："我第一次口播已见效，九十四军军长郑挺锋二十七日二十一时告傅作义称：昨收听广播得知匪方对本军此次袭击石门行动似有所警惕。广播谓本军附新二军两师拟袭石门，彼方既有所感，必然预有准备，袭击恐难收效等语。"二十八日，郑挺锋率其两个师仅向方顺桥及其以南作试探性推进。

10月27日　为新华社起草关于辽西前线情况的新闻稿，指出："由沈阳进至辽西的蒋军五个军，已全部被我包围和击溃，我军俘敌数万，现正猛烈扩张战果中。此五个军，即新一军，新三军，新六军，七十一军，四十九军，全部美械装备，由廖耀湘统率，在锦州作战时即由沈阳进至新民、彰武、新立屯地区。锦州攻克，长春解放，该敌走投无路，全部猬集黑山、北镇、打虎山地区，企图逃跑。我军迅移锦州得胜之师回头围歼，飞将军从天而降，使该敌逃跑也来不及。""从十五日至二十五日十一天内，匪首蒋介石三至沈阳，救锦州，救长春，救廖兵团，并且决定了所谓'总退却'，自己住在北平每天睁起眼睛向东北看着。他看着失锦州，他看着失长春，现在他又看着廖兵团覆灭。总之有一条规则，蒋介石到什么地方，就是他的可耻事业的灭亡。我东北人民解放军全军现正举行全线进攻，为歼灭全部蒋军而战。”

同日 晚十一时半，为中共中央军委起草致林彪、罗荣桓、刘亚楼电，指出：“（一）围歼五个军，俘敌数万，极为欣慰。（二）当面敌人解决后，望以有力兵团（不少于三个纵队）星夜兼程东进，渡辽河，歼灭营口、牛庄、海城一带之敌，阻塞敌人向海上的逃路。（三）廖兵团被歼后，蒋介石将从葫芦岛运一部兵力加强营口，并令沈阳一带敌军向营口迅速退却，此点你们必须充分地估计到。（四）如果在目前数日内，沈阳一带敌军已经或正在向营口逃跑，则你们全军须迅速向营口、海城方向追击。”晚十二时半，又为中央军委起草复林彪、罗荣桓、刘亚楼电：“刚发二十七日二十三时半电给你们，接到你们二十七日十八时电及十一时半电，你们业已部署大军迅速向鞍山、海城前进歼灭沈阳南下之敌，甚好甚慰。希望你们立即抽出几个纵队于明二十八日兼程东进。如能于二十九日渡过辽河，则沈阳逃敌跑不掉，否则，沈阳之敌有于三十日退到营口的可能。”按照中央军委指示，东北野战军以第十二纵队及五个独立师和一个骑兵师，星夜平行急进，于二十九日进至沈阳以东，控制了机场，相继攻占抚顺、本溪。第一、第二纵队及一个独立师向沈阳追击，于三十日从两面突入城内，十一月一日发起总攻，二日将沈阳守敌十三万四千余人全部歼灭，沈阳解放。二日当天，第七、第八、第九纵队及一个独立师，占领鞍山、海城、营口，截歼第五十二军一万四千余人。自九月十二日至十一月二日东北野战军连续进行的锦州战役、解放长春、辽西战役、沈阳战役（一九四九年三月合称为辽沈战役）胜利结束，共歼灭敌人四十七万二千余人。九日，锦西、葫芦岛的国民党军从海上撤向关内，东北全境解放。

同日 为中共中央军委起草致饶漱石、粟裕、谭震林并告陈毅、邓小平电，指出：对于淮海战役“在研究部署时，除根据当前情况外，还要估计到情况的某些可能的变化，要设想敌可能变化的几种情况，其中应包括一种较严重的情况，要准备在这种情况下有对付的办法”。电文列举了以下六种情况：（一）黄百韬兵团八个师，在我军接近时，可能由比较分散配置利于分割围歼的状态改变为比较收缩、靠拢、难于分割围歼的状态。（二）黄兵团在几个师被歼后，有几个师因其集结在一起使我难于最后歼灭。（三）李弥两个军靠在一起，可能使我无法控制运河，如我从台儿庄向宿羊山方向之部队动作不得力，该八、九两军可能全部加入运河车站及其以东和黄百韬靠近，妨碍我全歼黄百韬。（四）如果从临城向韩庄、贾汪、柳泉攻击之部队不得力，不能吸引邱清泉一个军左右去对付该方面，又如果你们派向丰县、砀山方向攻击之部队动作不积极，不能吸引邱清泉一部留在该处，则邱部可能以一个军或超过一个军的兵力进至大许家、碾庄之线联接李弥，使李弥能积极增援黄兵团。（五）陈、邓率十一个旅十一月四日进至涡阳、永城、亳州三县中间地区，争取打孙元良并威胁徐、蚌，可能吸引邱清泉一个军及孙元良全部去对付他们。但华野的计划应放在自己直接有效地钳制邱清泉上面，如此才是最可靠的。（六）济南大捷后干部中可能发生轻敌心理，如不克服此种心理，则可能影响此次作战。以上可能出现的变化，在研究部署时须加注意。

10月28日　致电各野战军负责人，转发二十三日林彪、罗荣桓致所属各纵队首长并报东北局、中央军委的电报〔1〕，指出：“关于作战在以迅速动作将敌分割包围之后，不要慌忙攻击，要

〔1〕林彪、罗荣桓1948年10月23日致电各纵队首长并报中共中央东北局、中央军委，说：各级干部每次攻击前须走在部队前面，亲自侦察地形和布置攻击准备。须严戒沙后所、王道屯的打法。那种打法未侦察地形状况，未等部队大部到齐，未将兵力火力很好配备，未将敌人退路截断，即仓促地乱打乱冲。

待准备好了之后，然后举行攻击一项问题，请你们加以注意。电中所举沙后所、王道屯的不良战例，是在九月间，他们两个独立师攻击兴城、绥中时候的事。这种情形，恐怕不但东北部队有，你们所属部队也会有的，不过你们在战术问题方面给我们反映太少，我们无从知道。这个问题确实值得注意，请你们在全军干部中进行教育，引证不良战例以为鉴戒。”

10月29日 致信周恩来：请告聂荣臻，“如敌〔1〕本日（二十九）进至望都及其以南，明日进至定县以北，则我三纵应于三十日进袭方顺桥、望都一线，萧克〔2〕指挥之一个旅应加上去，使七纵集中向北反攻。三、七两纵应于本夜取得联络，统受郑维山〔3〕指挥，可能打一胜仗”。

同日 晨七时，为中共中央军委起草致杨得志、罗瑞卿、耿飚，杨成武、李井泉、李天焕并告聂荣臻、薄一波电，指出：傅部以三个军及两部骑兵位于平保线向石门进攻，“我应集中三、四、七纵及二纵一个旅，各个歼灭该敌”。“杨、罗率主力，昨夜如尚未过路〔4〕，应于今夜过路，于明（三十）日起，以四天至五天行程，不惜疲劳，赶至满城地区，会合三纵、七纵作战歼敌，破坏敌之进扰石门计划。如杨、罗昨晚已过路，应于今日起亦以四天行程赶到满城。”“杨李李主力应即东移归绥附近，准备于敌十六军、三十五军南下作战后，即发起攻打归绥”。“望杨、罗令詹大南〔5〕部应向张北、张家口、宣化之线积极活动，钳制

〔1〕 指傅作义部。该部于1948年10月28日夜令其第16军及第35军主力即开平保线，增援向石家庄袭击的第94军，29日占领望都。

〔2〕 萧克，当时任华北军区第三副司令员。

〔3〕 郑维山，当时任华北军区第3纵队司令员。

〔4〕 指平绥铁路。

〔5〕 詹大南，当时任冀热察军区代理司令员。

暂三、暂四两军，使不能增援归绥。杨、李、李在绥东并应自行配备阻援兵力。”晚七时，在得知杨、罗、耿率部通过平绥铁路后，为中央军委起草复杨、罗、耿并告聂、薄电：希望你们能于十一月一日赶到满城，击敌侧后。

同日　为中共中央军委起草致林彪、罗荣桓、刘亚楼电：“蒋介石、傅作义为挽救危局刺激人心起见，令十六军、三十五军、九十四军、骑四师、骑十二旅，附坦克及爆炸部队向石家庄进攻”。“除令杨、罗、耿率部回援外，请你们考虑将现在锦西附近之十一纵派至冀东，向通县、北平方向活动，威胁北平”。本日，收到林、罗向中央军委的报告，得知塔山守备部队已撤下休整后，为中央军委起草复林、罗、刘并告热河军区电：“你们既已将塔山守备部队撤下休整，十一纵似可调出使用于北平方面。如你们同意，即请令该纵取捷径，经遵化、蓟县，到三河集结，相机攻击通县一带，并暂受杨、罗、耿指挥。”“如十一纵能出现于通县方面，调动南下敌军一部回头，则我杨、罗、耿可给其余部队以歼灭打击。”

同日　晚十一时半，为中共中央军委起草致林彪、罗荣桓、刘亚楼电，指出：“你们将四纵、十一纵全部及三个独立师、一个骑兵师南调很好。惟在部署上，提议位于玉田、蓟州、三河、宝坻地区，可以同时威胁平古、平津、津榆三线，主要威胁北平，主力在该区休整，派出多数支队分向三线袭击即能起很大作用。”傅作义企图南下袭击石家庄的部队受胁被迫北撤。十一月一日，毛泽东为中央军委起草致聂荣臻、薄一波、滕代远，杨得志、罗瑞卿、耿飚电，指出：“杨、罗、耿所率四个旅及后续各部应于明（二日）进至满城以西地区休息待命，看清傅部各军行动方向，再决自己的行动，并迅即与三、七两纵及各地方兵团取好联络，并统一指挥他们。”“目前一时期杨罗耿兵团即在平汉线作战。”

同日 晚十二时，为中共中央军委起草复杨成武、李井泉、李天焕电：“你们打归绥的时间可以稍为推迟，待打公庙的部队回来，集结三个纵队，然后对归绥举行攻击。”

10月30日 为中共中央军委起草复饶漱石、粟裕、谭震林并告刘伯承、陈毅、邓小平电：“计划与部署〔1〕甚好，请即照此施行。只有一点，分为虞、齐〔2〕两晚发起作战，是否有使黄兵团闻声警觉于齐日白天你们尚未接近该敌时迅速收缩集结之虞，似不如同时于虞晚或齐晚各处一起动作，使各处之敌同时受攻”。还指出：此役胜利建筑在两个条件上面，即：“（一）使黄、李、邱三个兵团及三个兵团中之各军互相不能增援，要达到这一点，除华野全军照俭戌电部署外，陈、邓方面亦请于虞日或齐日同时动作。（二）使黄兵团各军没有收缩集结之时间，要达到这一点，就应当在同一个晚上动作，不要在两个晚上先后动作。”最后指出：“此战打得好，可能歼灭黄兵团八个师，李兵团两个师，冯治安两至三个师，接着不久并可能歼灭东海及两淮之敌，则长江以北之战局便可展开，那时即使蒋介石将锦西、葫芦岛、营口等处之敌全部南调，亦只能布防于长江沿岸，于大局无补。故望你们精心组织这一伟大的战役。”

同日 复信刘少白〔3〕，信中说：“我们的工作是有错误的。好在现已一般地纠正，并正在继续纠正中”。“情形既已明白，则

〔1〕 指粟裕、谭震林1948年10月28日在给中共中央军委的电报中提出的关于淮海战役的计划与部署。

〔2〕 虞、齐，即7日、8日。

〔3〕 刘少白，1937年加入中国共产党，以开明绅士身份进行革命活动。曾任晋西北临时参议会副议长。1947年土地改革中被错斗，不久被中共中央发现和纠正。

事情好办，你也就可以安心了。大函已转付彭真[1]同志，党籍一事，请与彭真同志商酌。”

10月31日　关于东北野战军入关问题，为中共中央军委起草致林彪、罗荣桓、刘亚楼并告程子华、黄志勇[2]，东北局，华北局电，指出：“东北主力除四纵、十一纵等部即行南下外，其余在沈营线战斗结束后应休整一个月左右，约于十二月上旬或中旬开始出动，攻击平、津一带，准备于战争第三年的下半年即明年一月至六月期间协同华北力量歼灭傅作义主力，夺取平、津及北宁、平绥、平承、平保各线，完成东北与华北的统一，以便于战争第四年的第一季即明年秋季，即有可能以主力向长江流域出动，并使政治协商会议能于明年夏季在北平开会。”“中央九月会议规定五年左右建军五百万，歼敌正规军五百个旅，根本上打倒国民党的任务，因为战争迅速发展，可能提早一年完成。此点你们应有精神准备，从而加速组织准备，并以此种精神教育干部。”

同日　新华社发表毛泽东写的关于蒋傅军梦想偷袭石家庄的新闻稿，指出：“整个蒋介石的北方战线，整个傅作义系统，大概只有几个月就要完蛋，他们却还在那里做石家庄的梦。”

11月1日　为中共中央军委起草致陈毅、邓小平，粟裕并告华东局，中原局电，同意粟裕十月三十一日的建议，决定“整个战役统一受陈、邓指挥”。

同日　审阅并签发中共中央军委《关于统一解放军全军组织和部队番号的规定》，决定部队番号纵队改为军，军以上设兵团。全军分为四个野战军，共二十个兵团番号。全国分五大军区，与

〔1〕彭真，当时任中共中央书记处候补书记、中央组织部部长。

〔2〕程子华、黄志勇，当时分别任东北野战军第2兵团司令员、参谋长。

中央局同级并受其领导。与中央分局同级者为二级军区，与区党委同级者为三级军区，与地委同级者为军分区。团和分区以上各部队，均冠以“中国人民解放军”名称。从一九四九年一月起，全军组织统一。

同日 为阻滞黄维兵团东援，为中共中央军委起草致陈毅、邓小平并告刘伯承、邓子恢、李达，粟裕、谭震林、陈士榘电，指出：“白崇禧以徐州陇海会战一触即发，令黄维兵团戌灰〔1〕在太和、阜阳集中完毕等情，我华野戌齐〔2〕发起战斗后，估计戌齐至戌巧〔3〕十天内，战况最为紧张，务须保障在此十天内邱兵团不能东援。但你们除邱、孙两兵团外，还要对付黄维兵团（四个军），你们对黄维进程之估计及对策盼告。我们认为除六纵必须立即尾黄维东进外，十纵如在南阳附近亦宜协同二纵尾黄维东进”。

11月2日 为中共中央军委起草复刘伯承、邓子恢、李达并告陈毅、邓小平电，指出：（一）二纵及江汉、桐柏主力对平汉路破击如能彻底，并坚持多日，则不但能延滞八十五军北上的时间，且可能迫令黄维以一部从北面南下夹击，打通平汉，如此则能推迟黄维东进之时间。（二）二纵下一步行动似宜经商城方向出豫皖苏。（三）六纵似不如由内乡取直径开太和、阜阳，先黄维到达该地，从正面或侧面阻滞黄维为适宜，二纵到商城后渡淮向太和、阜阳前进，与六纵协力拖阻黄维。六日，黄维兵团先头部队开始自确山东援徐州，中原野战军以第二、第六纵队及陕南第十二旅和豫皖苏军区部队尾击、侧击，或从正面迟滞黄维东进。

〔1〕 戌灰，即11月10日。

〔2〕 戌齐，即11月8日。

〔3〕 戌巧，即11月18日。

11月3日 为中共中央起草致习仲勋、林伯渠并彭德怀、贺龙电："因政协召开在即，临时中央政府即将建立，东北人民政府亦将建立，拟请伯渠来中央工作，并准备去哈尔滨参加政协"。

11月4日 晨二时，为中共中央军委起草致林彪、罗荣桓、刘亚楼并告东北局，程子华、黄志勇电，指出："傅军南进各部已北撤，但四纵、十一纵及各独立师进至遵化、蓟州地区之计划仍不变更，程、黄率各部到达后，分派几个支队向平古、平津、津唐各线袭扰，主力择地整训，待东北主力入关后，统一发起对傅军作战。惟傅军如在我杨成武攻归绥时派兵西援，则应暂停整训，向北平等地有所动作，牵制傅军西援兵力，帮助杨成武得手，因杨、罗、耿所部已开回平汉线，并须休整，平张线上傅军已不受威胁。"东北野战军第四、第十一纵队等部组成先遣兵团，奉命于十一月初入关。

同日 为中共中央军委起草复林彪、罗荣桓、刘亚楼、谭政电，同意他们的休整计划，并指出："休整时间可至十二月十五日为止，以便有几天时间开纵委会及师委会，分两项议程，专门讨论反无政府状态及整理纪律问题，并各自通过两项专门决议。""中央前给你们第三年担负歼敌三十六个正规师的任务，你们在极短期间即已完成，你们现在应向全军正式公开提出打平、津及在平津战役中歼灭傅军主力的任务。"

11月5日 为中共中央军委起草致陈毅、邓小平并告粟裕、陈士榘、张震电，提出对宿蚌地区作战的两个方案。第一方案，陈邓部到永城后不停留，继续东进，完成对宿县的包围，然后看情况，好打则攻歼之，如敌援甚快不好打，则打援敌。此方案可望确定地调动邱兵团一部。第二方案，以一部破徐蚌路，以主力打蒙城，得手后大破宿蚌路。

同日 晨六时，为中共中央军委起草致杨成武、李井泉、李天焕并告杨得志、罗瑞卿、耿飚，程子华、黄志勇及林彪、罗荣桓、刘亚楼电，指出：“杨罗耿兵团现位于平保线以西相机攻歼该线之敌，从南面威胁北平，程、黄率两个纵队、四个独立师、一个骑兵师本月十二日前后集中遵化、蓟县地区，从北面威胁北平。估计傅军难于抽出两个军援绥。但仍须准备对付其一个军增援。除由程、黄命詹大南于你们攻归绥时，用全力向张北、张家口、宣化、怀来之线积极活动，钳制暂三、暂四两军外，你们自己仍应以八纵相当力量位于兴集〔1〕地区，协同北岳部队从正面阻击可能西援之敌。你们主力亦应留出一部作预备队，位于卓资山附近以为策应。归绥至包头线暂时只留少数部队，以便抽出八纵主力位于东面。”“攻击时间以在程黄兵团到达冀东，北平方面业已感受威胁之时为宜，具体时间可定在十五号左右”。应争取十天左右攻克归绥。

同日 为中共中央起草致东北局，林彪、罗荣桓、刘亚楼、谭政电，对东北行政委员会约法八章提出几点意见。其中关于处理国民党政府的纸币问题，指出：“原文规定一律停止使用，这在东北目前情况下原则上是对的，但仍须于文尾增加‘但对于某种货币，例如金圆券可由民主政府协助持券人向敌占区抛出’一句。因货币问题关系人民利益甚大，金圆券尚有相当价值，如一律作废一般市民受损太大，仍应由政府以压低比价的方法限期收兑若干，向蒋区抛出。”

同日 为新华社起草人民解放军占领南阳的新闻稿，指出：南阳守敌王凌云于四日下午弃城南逃，我军占领南阳。南阳为古宛县。在过去一年中，蒋介石曾于此设立所谓绥靖区，以王凌云为司令官。上月，白崇禧使用黄维兵团三个军的力量，企图打通

---

〔1〕 兴集，指内蒙古自治区兴和、集宁。

信阳、南阳间的运输道路，始终未能达到目的。最近蒋因全局败坏，被迫将整个南部战线近百个师的兵力，集中于以徐州为中心和以汉口为中心的两个地区，两星期前已放弃开封，现又放弃南阳。从此，河南全境，除豫北之新乡、安阳，豫西之灵宝、阌乡，豫南之确山、信阳、潢川、光山、商城、固始等地尚有残敌外，已全部为我解放。去年七月，南线人民解放军开始向敌后进军以来，除歼灭大量国民党正规部队外，最大的成绩就是在大别山区（鄂豫区）、皖西区、豫西区、陕南区、桐柏区、江汉区、江淮区（即皖东一带），恢复和建立了稳固的根据地，创立了七个军区。豫皖苏区、豫西区、陕南区、桐柏区现已连成一片。这四个军区并已和华北连成一片。所有江淮河汉区域，“在去年下半年的一个极短时间内，我们在这一区域曾过早地执行分配土地的政策，犯了一些策略上的‘左’的错误。但是随即纠正了，普遍地利用了抗日时期的经验，执行了减租减息的社会政策和各阶层合理负担的财政政策。这样，就将一切可能联合或中立的社会阶层均联合或中立起来，集中力量反对国民党反动势力及乡村中最为广大群众所痛恨的少数恶霸分子。这一策略，是明显地成功了，敌人已经完全孤立起来”。

11月6日　粟裕、陈士榘、张震、钟期光〔1〕、刘瑞龙〔2〕致电中共中央军委：新海〔3〕敌四十四军有撤退至新安镇并归黄百韬兵团指挥的消息。为打开战场便于主力开进，今晚即以鲁纵围歼郯城之敌后，六纵围歼码头镇之敌，七纵围歼峄县、枣庄之敌，十纵包围临城，三纵、广纵及冀鲁豫独立旅向丰县、砀山前

〔1〕钟期光，当时任华东野战军政治部副主任。

〔2〕刘瑞龙，当时任华东野战军副参谋长兼后勤司令部司令员。

〔3〕新海，指新浦、海州，今均属江苏连云港。

进，以求扫清外围。淮海战役提前从本日开始。连云港本日解放。

同日 为中共中央军委起草复陈毅、邓小平并告粟裕、陈士榘、张震电："同意你们三五天内首先解决刘汝明之方针"。"刘汝明两个军主力均移永城地区。你们决定打刘汝明应直开永城附近，并派部阻击砀山、黄口之敌的可能增援。"此电发出后，收到陈毅、邓小平五日下午一时电，又为中央军委起草复电：你们七日发起打刘汝明甚好，刘汝明各部的具体位置当以你们所知为准确。本日，中原野战军及华东野战军第三纵队、两广纵队向商丘地区的国民党军第四绥靖区刘汝明部攻击。因该部主力已先期撤向蚌埠，故仅在张公店地区歼其一八一师五千余人，俘第四绥靖区副司令官兼师长米文和。

11月7日 为中共中央军委起草复粟裕、陈士榘、张震、钟期光、刘瑞龙并告陈毅、邓小平，华东局及王建安、谭震林电，完全同意粟裕等六日电所述发起战役的部署，并指出："非有特别重大变化，不要改变计划，愈坚决愈能胜利。在此方针下，由你们机断专行，不要事事请示，但将战况及意见每日或每两日或每三日报告一次。"还指出："第一仗估计需要十天左右时间，力争歼灭黄百韬十个师（包括四十四师），李弥一个至两个师，冯治安四个师（包括可能起义者在内），刘汝明六个师（包括可能起义者在内），以上共计二十一个至二十二个师。如能达成此项任务，整个形势即将改变，你们及陈、邓即有可能向徐蚌线迫进，那时蒋介石可能将徐州及其附近的兵力撤至蚌埠以南。如果敌人不撤，我们即可打第二仗，歼灭黄维、孙元良，使徐州之敌完全孤立起来。"本日，鲁中南纵队歼灭郯城王洪九部队后，黄百韬立即放弃新安镇，开始向运河以西撤退，华东野战军展开猛烈追击。

11月8日 为中共中央军委起草复粟裕、陈士榘、张震电：

"虞午电[1]悉。（一）估计及部署均很好。（二）昨今两日战况望告。"本日，中共地下党员、担任国民党军第三绥区副司令官的何基沣、张克侠率领冯治安部的三个半师在贾汪、台儿庄起义成功。

同日　函告刘少奇、朱德、周恩来、任弼时、彭真："北平、天津、唐山、张家口解放在即，即须准备接管干部及党政机构的配备，务于一个月至多一个半月内准备完毕。"

11月9日　下午四时，关于对徐州之敌总退却的估计和作战部署问题，为中共中央军委起草致陈毅、邓小平，粟裕、陈士榘、张震并谭震林、王建安电，指出："齐电[2]悉。（一）徐州敌有总退却模样，你们按照敌要总退却的估计，迅速部署截断敌退路以利围歼是正确的。（二）陈、邓直接指挥各部，包括一、三、四、九纵应直出宿县，截断宿蚌路，四纵不应在黄口附近打邱清泉，而应迅速攻宿县，一纵在解决一八一师后，应立即去宿县。华野三、广两纵的任务，是对付邱清泉，但应位于萧县地区从南面向黄口、徐州线攻击，以便与宿县我军联结，如敌向南总

〔1〕粟裕、陈士榘、张震1948年11月7（虞）日午时致电中共中央军委，陈毅、邓小平，谭震林、王建安，说：徐州之敌正布置南撤，并企图以淮河为第一线守备。据冯治安部何基沣、张克侠电称，该部大部或全部起义均有可能。冯治安部如顺利起义，则徐州之敌东北及以北完全暴露。华野运河以西部队，应乘冯治安起义，按预定计划，迅即直出陇海线。如中原军歼灭刘汝明部作战已完成，则建议主力直出津浦路徐蚌段，孤立徐州甚为必要。

〔2〕粟裕、陈士榘、张震1948年11月8（齐）日致电中共中央军委和陈毅、邓小平及谭震林、王建安，说：据俘称敌有南撤企图。黄百韬兵团及44军已全撤新安镇及其以西地区，并续向运河以西撤退。已令各部以猛烈动作迅速截歼。着谭震林、王建安即令第7、第10、第13纵迅速南下陇海线，使敌无法西撤，并建议豫皖苏部队迅速破击徐蚌路。

退却时，则集中六个纵队歼灭之。（三）粟、陈、张应令谭、王集中七、十、十三纵及由南向北之十一纵，以全力向李弥兵团攻击，用迅速手段歼灭该兵团的全部或大部，控制并截断徐州至运河车站之间的铁路，运东主力则歼灭黄兵团。（四）只要以上几点办到，就能破坏敌人总退却的计划，遭我全部歼灭，并占领徐州。现在不是让敌人退至淮河以南或长江以南的问题，而是第一步（即现在举行之淮海战役）歼敌主力于淮河以北，第二步（即将来举行的江淮战役）歼敌余部于长江以北的问题。（五）敌指挥系统甚为恐慌混乱，望你们按照上述方针，坚决执行，争取全胜。此时我军愈坚决，愈大胆，就愈能胜利。”何基沣、张克侠起义成功后，华东野战军山东兵团顺利通过其防区，十一月十日占领陇海线上的曹八集，切断黄百韬兵团向徐州的退路。

同日 为中共中央军委起草复粟裕、张震并告华东局，陈毅、邓小平，中原局电，下达将国民党军刘峙集团主力歼灭于徐州附近的战役决心，将淮海战役发展为南线决战。复电指出：“齐辰电〔1〕悉。应极力争取在徐州附近歼灭敌人主力，勿使南窜。华东、华北、中原三方面，应用全力保证我军的供给。”

同日 为中共中央军委起草致杨成武、李井泉、李天焕电：“望在归绥附近休息待命，数日内不要开始攻城。”

11月10日 为中共中央军委起草致陈毅、邓小平电，指出：“你们务须不顾一切集中四个纵队全力攻取宿县，歼灭孙元良等部，切断徐蚌路。华野三、广两纵亦应用于攻击徐宿段，至

〔1〕 粟裕、张震1948年11月8（齐）日辰时致电中共中央军委，提出如果能在江北大量歼敌，则造成今后渡江的更有利条件，且在我军渡江之后，在苏、浙、皖、赣、闽各省不致有大的战斗，也不致使上述各省受战争之更大破坏。建议抑留敌人于徐州及其周围，尔后分别削弱与逐渐歼灭之。

要至盼。”本日，又为中央军委起草致陈、邓电，指出：“你们应集全力（包括三、广两纵）攻取宿县歼灭孙元良，控制徐蚌段断敌退路，愈快愈好，至要至盼。对刘汝明部不要理他。”

11月11日　晨四时，为中共中央军委起草致刘伯承〔1〕、陈毅、邓小平电，指出：“你们真〔2〕夜到宿县附近时，将要遇到的敌人是孙元良的一个兵团部、两个军部及三个师，望你们努力争取歼灭此敌，此战胜利，即完成了包围徐州的战略任务，然后以宿县为中心控制整个徐蚌线，构筑几道防线阻止徐敌南逃，待其南逃时协同华野全歼徐敌。”

同日　申时，为中共中央军委起草致刘伯承、陈毅、邓小平，粟裕、陈士榘、张震，谭震林、王建安、李迎希〔3〕电，指出：冯治安集团何基沣、张克侠部已起义，黄百韬兵团已被包围，李弥兵团已撤回徐州，蒙城孙元良兵团十一日调回宿县，“在此种形势下，只要你们歼灭黄百韬、孙元良两兵团，占领宿县及徐蚌段铁路，徐州就处于被我包围中，就可以准备第二步歼灭邱、李，夺取徐州。”按中央军委部署，中原野战军第三、第四、第九纵队于十一日夜向宿县前进，十二日包围宿县。孙元良兵团已先期自蒙城经宿县撤至徐州。

同日　为中共中央军委起草致刘伯承、陈毅、邓小平，粟裕、陈士榘、张震，谭震林、王建安、李迎希电，指出：“粟、谭、陈、张灰日〔4〕十时第一步完成对黄兵团之包围，第二步歼灭黄兵团之部署，甚好。我们前电有与此部署不相符合者，应照

---

〔1〕　刘伯承于1948年11月10日由豫西到达淮海前线。

〔2〕　真，即11日。

〔3〕　李迎希，当时任华东野战军第2兵团参谋长。

〔4〕　灰日，即10日。

此部署办理。”本日，华东野战军将黄百韬兵团四个军包围于以碾庄为中心的不到十八平方公里的地域内。十二日拂晓，被截断于运河以东的黄百韬兵团第六十三军被全歼于窑湾，军长陈章被击毙。

同日 致电林彪、罗荣桓、刘亚楼、谭政并告东北局及各中央局、各分局、各前委负责人，指出：“国民党全军除后方部队外，分为徐州、沈阳、北平、汉口、西安、太原六个集团，以徐州、沈阳两个最大的集团为主干，沈阳集团业已被我解决，徐州集团如能被我大部解决，国民党即已失去主力。我全军九、十两月的胜利，特别是东北及济南的胜利，业已根本上改变了敌我形势。七月至现在四个多月的作战共歼敌军近百万人。国民党全军（连近月补充者在内）现已不足三百万人。我军则已增至三百余万人。九月上旬（济南战役前）中央政治局会议时所作的五年左右建军五百万，歼敌五百个正规师，根本上打倒国民党的估计及任务，因为九、十两月的伟大胜利，已经显得是落后了。这一任务的完成，大概只需再有一年左右的时间即可达到了。”“我军大约再以一年左右的时间再歼其一百个师左右即可达成这一目的。但要全部解决国民党并占领全国，则尚须要更多的时间。我党我军仍须稳步前进，不骄不躁，以求全胜。我们的口号是‘军队向前进，生产长一寸，加强纪律性，革命无不胜。’以上请向干部会上宣布。”

11月13日 晨六时，关于迟滞黄维兵团东进的行动问题，为中共中央军委起草致中原局，豫皖苏分局，刘伯承、陈毅、邓小平，粟裕、谭震林、张震电，指出：待黄百韬、孙元良两敌歼灭后，我军即可准备歼灭邱清泉、李弥两兵团，夺取徐州。原在葫芦岛之第五十四、第八两军已海运南下，有可能开至蚌埠策应徐州突围，因徐蚌路已被我切断，该敌将不能起大作用。“使我们担心的是黄维的十个师，十四日到太、阜[1]，估计十五日休息一天，十六日即可能由太、阜向亳县、涡阳、永城前进，策应邱、李之突围。”“因此，中原局邓、李[2]必须将上述情形立刻告诉二、六两纵，不分昼夜，不惜疲劳，兼程前进，务必于十四日，至迟于十五日，赶到太、阜黄维的前头，由正面阻止黄维向亳、涡、永前进，不得误事。”“分局宋任穷[3]同志立即动员一切可用的武装力量，在太、阜、亳、涡、永中间地区迅速破坏黄维通路上的桥梁道路，迟滞黄兵团行动。”按中央军委指示，尾追、侧击黄维兵团的中原野战军第二、第六纵队及陕南第十二旅等部队，星夜急进，于十五日赶过黄维兵团，在涡阳、蒙城地区阻敌。豫皖苏军区部队和第一纵队第二十旅，破坏敌行进道路和桥梁、渡口，并依托洪河、泉河、颍河等天然障碍和沿途各要点，进行了连续阻击。

同日　晚十一时，为中共中央军委起草致刘伯承、陈毅、邓小平，粟裕、陈士榘、张震电，提出围歼邱清泉兵团的任务，指出：“（一）现邱清泉正在向东增援，请粟、陈、张酌量对黄百韬各军被歼情形，当黄部将近全歼之际，让邱清泉向东深入大许家、曹八集，以便将邱兵团包围使其跑不掉，然后徐图歼灭之。（二）刘、陈、邓以一部攻击宿县，以主力向北追歼孙元良之部署甚好，如邱兵团能于数日后被我包围歼击，黄维势必向徐州增援，我中原各纵及华野三、广两纵，须准备独力担任打黄维。”

11月14日　为中共中央军委起草致刘伯承、陈毅、邓小平

---

〔1〕太、阜，指安徽太和、阜阳。

〔2〕邓、李，指邓子恢、李先念。

〔3〕宋任穷，当时任中共中央豫皖苏分局书记、华东野战军第三副政治委员。

并告粟裕、陈士榘、张震电："你们攻克宿州后应乘胜南进，攻占固镇，并以一部迫近设防。""十七日或十八日起，你们应集力对付黄维，望对徐蚌路[1]预筹守备控制之策。"

同日 晚十一时，关于歼灭黄百韬、邱清泉、李弥等兵团的部署，为中共中央军委起草致刘伯承、陈毅、邓小平并告粟裕、陈士榘、张震，韦国清、吉洛，谭震林、王建安及华东局，中原局电："希望粟裕同志照元酉[2]计划集中力量首先解决黄匪二十五军，四十四军，一百军，留下黄之兵团部及六十四军吸引邱、李东进，然后以韦吉、谭王两集团向邱、李东西合围，乘势猛击，歼其一部，构成徐州与邱、李间之阻绝阵地。""我们应即决定以中原一、二、三、四、六、九纵及豫皖苏地方兵团之全力，以徐蚌路为枢纽，对付黄维及南面可能增加之敌人，华野全部则对付陇海线上之敌人。"

同日 新华社发表毛泽东写的评论《中国军事形势的重大变化》。评论指出："中国的军事形势现已进入一个新的转折点，即战争双方力量对比已经发生了根本的变化。人民解放军不但在质量上早已占有优势，而且在数量上现在也已经占有优势。这是中国革命的成功和中国和平的实现已经迫近的标志。""这是由于四个月内人民解放军在全国各个战场英勇作战的结果，而特别是南线的睢杞战役、济南战役，北线的锦州、长春、辽西、沈阳诸战役的结果。""这样，就使我们原来预计的战争进程，大为缩短。原来预计，从一九四六年七月起，大约需五年左右时间，便可能从根本上打倒国民党反动政府。现在看来，只需从现时起，再有一年左右的时间，就可能将国民党反动政府从根本上打倒了。至

---

〔1〕 徐蚌路，指津浦铁路徐州至蚌埠段。

〔2〕 元酉，即13日酉时。

于在全国一切地方消灭反动势力，完成人民解放，则尚需较多的时间。”这篇评论编入《毛泽东选集》。

11月15日　晨六时，为中共中央军委起草复刘伯承、陈毅、邓小平并粟裕、谭震林电，指出：“我们和你们在基本方针上是一致的，需待黄兵团歼灭以后，依邱清泉、李弥、黄维三部的情况才能决定作战方针。”“我诱邱、李东进断其后路之计划恐不一定能实现。黄兵团被歼后，邱、李缩回徐州的可能性是很大的。黄维在阜阳观望形势，或到蒙城观望形势，或到蚌埠巩固其后方的可能性也很大。”“你们是否需要集中四个纵队于攻克宿县后再攻固镇一带，亦尚待你们查明确定。总之，一切须待粟、谭歼灭黄百韬，你们歼灭宿县之敌以后，依情况变化才能决定下一步作战方针。如果那时邱、李缩回徐州，黄维开到蚌埠，两处均不好打，则可给我以短时休息机会也是好的。惟目前华野仍应争取于歼灭黄兵团以后再打邱、李，你们于攻克宿县以后，如果刘汝明部在固镇，则应争取再歼刘部。”当晚，中原野战军发起对宿县县城的总攻。次日凌晨攻克宿县，歼灭国民党军一万二千余人，切断了徐蚌线，孤立了徐州。

同日　复电方方：“我军主力现时宜集中在长江流域歼灭国民党主力，则将来南方各省之占领及发展甚为容易。且此种时机已不甚远，你们应依靠现有基础逐步发展，准备迎接主力的到来。关于酌派干部南来是需要的，当令有关部门研究并准备派遣。”

11月16日　关于东北野战军入关问题，为中共中央军委起草致林彪、罗荣桓、刘亚楼电：“我们曾考虑过你们主力早日入关，包围津、沽、唐山，在包围姿态下进行休整，则敌无从从海上逃跑。请你们考虑，你们究以早日入关为好，还是在东北完成休整计划然后入关为好，并以结果电告为盼。”十七日，林彪、罗荣桓、刘亚楼、谭政致电中央军委，认为部队需休整补充及入关教育和加强纪律性教育，提早入关很困难。拟争取现在海城、营口的第九纵队和在黑山的第十纵队尽可能先出动。建议在发现平、津之敌撤退时，关内部队（包括四纵、十一纵）能包围一股较大敌人，以拖住敌人为好。

同日 为中共中央军委起草致徐向前、周士第电：“估计到太原攻克过早，有使傅作义感到孤立自动放弃平、津、张、唐南撤或分别向西、向南撤退，增加尔后歼灭的困难。请你们考虑下列方针是否可行：（一）再打一二个星期，将外围要点攻占若干并确实控制机场，即停止攻击，进行政治攻势。部队固守已得阵地，就地休整。待明年一月上旬东北我军入关攻击平、津时，你们再攻太原。（二）如果采取此项方针，杨罗耿部即在阜平休整，暂不西进。”根据中央军委指示，徐向前、周士第兵团，从十一月中旬起，先后占领太原外围一些重要阵地，并以火力控制机场，十二月初起对太原停止攻击，转入长围久困。

同日 关于组织淮海战役总前委，为中共中央军委起草致刘伯承、陈毅、邓小平并粟裕、陈士榘、张震告谭震林、王建安，韦国清、吉洛，华东局，中原局，豫皖苏分局，苏北工委，华北局电，指出：“中原、华东两军，必须准备在现地区作战三个月至五个月（包括休整时间在内），吃饭的人数连同俘虏在内将达八十万人左右，必须由你们会同华东局，苏北工委，中原局，豫皖苏分局，冀鲁豫区党委统筹解决。此战胜利，不但长江以北局面大定，即全国局面亦可基本上解决。望从这个观点出发统筹一切。统筹的领导，由刘、陈、邓、粟、谭五同志组成一个总前委，可能时开五人会议讨论重要问题，经常由刘、陈、邓三人为常委临机处置一切，小平同志为总前委书记。”

同日 为中共中央军委起草致刘伯承、陈毅、邓小平并告粟裕电，指出：你们似以二、六纵钳制黄维，以一、三、四、九纵歼灭可能向宿县进攻之三十九军、九十九军〔1〕似较适宜，因这些敌人均是较弱的。但据韦国清、吉洛报告，他们十五日晚已向邱清泉、李弥后尾攻击，未免过早。粟裕到韦、吉处指挥极好。请粟考虑，韦、吉各纵及三纵于明日向南撤退一步，正面七纵、十纵、苏十一纵亦同时于明晚向东撤退一大步，待十八日晚谭震林、王建安向碾庄总攻时，同时大举向邱、李攻击，似较妥善，请粟酌办。

11月17日 修改并签发周恩来为中共中央军委起草的致林彪、罗荣桓、刘亚楼并告东北局、华北局电，再次提出东北野战军提前入关问题。电报指出：淮海战役，我已歼黄百韬兵团五个军十个师大部，余部亦将就歼。在我胜利威胁下，蒋军必将考虑其长江防线问题。而蒋军嫡系二十四个师从华北海运江南，是蒋介石今后唯一可以使用的机动兵力。从全局看来，抑留蒋系二十四个师及傅系步骑十六个师于华北来消灭，一则便利东北野战军入关作战，二则将加速蒋介石统治的崩溃，使其江南防线无法组成。但欲抑留蒋、傅两部于华北，依华北我军现有兵力是无法完成的。望你们郑重考虑下述两个方案：（一）东北野战军提前于本月二十五日左右起向关内开动。（二）不管蒋、傅军是否撤走，仍按原计划休整到十二月半然后南进。两个方案何者为宜，望考虑电复。

11月18日 为中共中央军委起草致林彪、罗荣桓、刘亚楼电，决定东北野战军提前入关。指出：“（一）傅作义经过彭泽湘〔2〕及符定一和我们接洽起义。据称，傅起义大致已定，目前

〔1〕 国民党军第39、第99军，均归在蚌埠地区的李延年任司令官的国民党军徐州“剿匪”总司令部第6兵团指挥。

〔2〕 彭泽湘，民主人士。当时受李济深委托赴北平做傅作义的工作，后通过符定一同中共地下组织取得联系。

考虑者为起义时间、对付华北蒋军及与我党联系等问题。现符定一已到石门，明后日即可见面，我们拟利用此机会稳定傅作义不走，以便迅速解决中央军。（二）望你们立即令各纵以一二天时间完成出发准备，于二十一日或二十二日全军或至少八个纵队取捷径以最快速度行进，突然包围唐山、塘沽、天津三处敌人，不使逃跑，并争取使中央军不战投降（此种可能很大）。”

同日 关于防止国民党军从北平、天津、张家口、唐山撤走，为中共中央军委起草致杨得志、罗瑞卿、耿飚并告杨成武、李井泉、李天焕，程子华、黄志勇电：“（一）平、津、张、唐，蒋、傅两系军队在我徐州作战胜利进展下，有分向西、南两方撤退或集中向南方（经海路，亦有某种可能走陆路）撤退的可能。（二）为着不让蒋、傅两系军队从平、津、张、唐逃走，除已令杨、李、李停止攻击归绥并将其三个纵队位于绥东地区坚决阻止傅军向绥远逃跑外，又已令徐、周停止攻击太原，以免刺激傅作义早日逃跑。（三）杨、罗、耿所部即在阜平待命，并准备随时向张家口附近出动，协同杨、李、李阻止敌人逃跑。”

同日 晚十二时，关于歼灭黄百韬兵团后的部署，为中共中央军委起草复刘伯承、陈毅、邓小平并粟裕、谭震林电，指出：“敌在防御时虽尚有相当战斗能力，但攻击精神差到极点。我军捉住敌人这个弱点可以分离敌军各部，给以各个歼灭。”谭震林、王建安指挥的各纵于消灭黄百韬兵团余部后，迅速移至徐州、宿县间作为预备队，准备协同淮海战场南线各纵歼灭黄维兵团。“只要南线各敌约有一半左右被歼无法北进，北线各敌就成瓮中之鳖，可以逐步歼灭。”“应尽一切努力控制徐蚌路一段于我手中，务必隔断南北两敌，使之不能会合。”本日，中原野战军第一、第二、第六纵队在蒙城地区阻击黄维兵团，第九纵队与豫皖苏独立旅将李延年、刘汝明两兵团阻击于任桥、花庄一线。

11月19日　上午十时，为中共中央军委起草致粟裕、谭震林并告刘伯承、陈毅、邓小平电："现刘峙依靠黄维（十个师）、李延年（在五十四军〔1〕未到前是四个师）北上救命。我们觉得南线集中中野三、四纵及叶飞一纵歼灭李延年兵团于宿县以东地区，是极关重要的一着。李延年歼灭后即可续歼刘汝明或将其驱至蚌埠，则黄维便陷孤立。"你们集中八个纵队精心组织一次对邱、李之作战，以歼灭其四五个师为目标，兵力不要再增多，"以便将谭、王五个纵于结束黄百韬后迅速移至曹村、夹沟地区休整，准备打黄维"。"事实上黄维大约要二十三四日才能到宿县。如果我中野一、二、六纵作战得力，还可能使黄维多推迟几天到宿县。如果我陈谢、叶飞准确地歼灭了李延年，又歼灭了或者驱逐了刘汝明，则黄维在宿县即处于我谭、王（在夹沟），陈、谢、叶（在固镇）的包围之中，尔后即可全力歼灭黄维，如像在碾庄歼灭黄百韬那样，获得一个伟大胜利。这时对于北面之邱李等部则取钳制手段。待歼灭黄维后，再打邱、李。我们认为你们应按这个方针去部署兵力。"

同日　晚七时，为中共中央军委起草复刘伯承、陈毅、邓小平并粟裕、陈士榘、张震告谭震林、王建安电："现接刘、陈、邓十九日九时电，知刘、陈、邓以主力歼击黄维，以一个纵队对付刘汝明，而无力顾及李延年。在此种情况下，粟、陈、张方面必须将对邱、李、孙之作战，在目前短期内，只限制于歼敌四五个师的范围，以便抽出必要兵力对付李延年。我谭、王五个纵除为解决黄百韬残部所必须之兵力外，余部应即速西移，担负歼灭李延年的任务。只有歼灭了至少阻止了李延年，粟、陈、张的侧翼

〔1〕　指从葫芦岛撤退，正海运上海转至蚌浦线受李延年指挥的国民党军第54军，此时尚在途中。

才不受威胁，才能保证继续歼灭邱、李、孙。”二十日晨，华东野战军歼灭第四十四、第一百军全部和第六十四、第二十五军各一部，攻占黄百韬兵团部驻地碾庄（黄百韬本人逃至垸上指挥残部继续抵抗），并派中野第十一、华野第十三纵队立即南下打李延年，准备在二十一日晚再派一至两个纵队南下参加对李延年的作战。

同日 起草聂荣臻致彭泽湘的复电：“符〔1〕老先生带来虞寒〔2〕两日大示收到，当即转呈上峰，弟个人认为某先生〔3〕既有志于和平事业，希派可靠代表至石家庄先作第一步之接洽，敬希转达某先生。”

11月20日 晚十二时，为中共中央军委起草复林彪、罗荣桓、刘亚楼并告程子华、黄志勇，杨得志、罗瑞卿、耿飚，东北局电。电报指出：“包围唐山敌人的时机值得考虑〔4〕。”“我们认为，应以锦州、新民线上及营口地区之我军先行秘密开动，以四个纵队的兵力与程、黄现有兵力同时隔断天津、北平间和唐山、塘沽间之联系，使北平、唐山两处之敌均不能到达津、沽。欲达此目的，就要推迟程、黄包围唐山的行动，并先以四个纵队夜行晓宿秘密入关，执行隔断平、津的任务。”“杨罗耿部两个纵队现在曲阳，可以出张家口附近，与杨成武、詹大南配合执行包围张家口，阻止傅军西退的任务，亦可以执行切断平、津的任务。”“为不使早日惊动傅军，我们已令聂、薄、滕转令攻击保定之七纵

〔1〕 符，指符定一。

〔2〕 虞寒，即7日、14日。

〔3〕 指傅作义。

〔4〕 林彪、罗荣桓、刘亚楼1948年11月19日11时致电中共中央军委，提出以程子华、黄志勇所属之4纵、11纵及3个独立师、1个骑兵师于24日全力包围唐山。

停止攻击，改取包围监视方针。”“傅、蒋在山海关的一个军尚未撤退，其目的是估计你们主力入关必走该地，让该部先挡一挡，争取主力逃跑或固守之余裕时间。因此你们主力入关应取四纵、十一纵所走道路，不要走山海关。”“部队行动须十分荫蔽”。请令新华社及东北各广播台在今后两星期内多发沈阳、新民、营口、锦州各地我主力部队庆功祝捷、练兵开会的消息，以迷惑敌人。

同日　为中共中央军委起草致粟裕、陈士榘、张震并告谭震林、王建安，刘伯承、陈毅、邓小平电：“据刘、陈、邓皓十七时电〔1〕，中野主力决定打黄维。对李延年兵团须由你们负完全责任，中野无法派兵。除你们已派出王、张十一纵〔2〕及十三纵外，应即速转移四、六、八、九诸纵之主力（留一部打六十四军）对付李延年。打李延年的指挥责任即由谭、王负担，望谭、王迅即转移指挥地点至大店集、褚兰、双沟之中间适当地区。”至此，中央军委采纳了刘伯承、陈毅、邓小平十九日的建议，改变了此前着华野歼灭黄百韬后立即继续歼灭邱清泉、李弥的决定。

11月21日　晨三时，为中共中央军委起草复林彪、罗荣桓、刘亚楼电，最后确定东北野战军入关时间，指出：“你们可

---

〔1〕刘伯承、陈毅、邓小平1948年11月19（皓）日17时致电中共中央军委并告粟裕、陈士榘、张震，提出：“徐海作战必须从三五个月着眼，必须分作三四个战役阶段，每阶段都需要休息，整补俘兵，才能保证必胜。因此在目前情况下，特别是李延年、黄维北进条件下，最好力争迅速歼灭黄百韬，尔后即将主力集中于徐东、徐南，监视邱、李、孙3个兵团，争取休息十天半月，同时以尚未使用之5个纵队或3个纵队用于南线，协同我们歼击黄维、李延年，这个步骤最为稳当。”

〔2〕指王秉璋任司令员、张霖之任政治委员的中原野战军第11纵队，当时该纵队归华东野战军指挥。

以位于锦州、打虎山、营口等地之五个纵队于二十三日出发，取捷径夜行晓宿隐蔽迅速行进，以三个或四个纵队担负隔断北平与天津两地之敌；以一个纵队隔断天津、塘沽两地之敌，以一个纵队加程黄兵团担负隔绝唐山、塘沽两地之敌；其余在新民、打虎山、营口地区之各部，则可于二十三日或二十四日出发。以上各部均走热河境内出冀东，不走山海关。”按照中央军委指示，从十一月二十三日起，东北野战军十个纵队分别由锦州、营口、沈阳地区出发，一部经义县、建昌、喜峰口入关，一部沿北宁路两侧从冷口入关。

同日 晨五时，为中共中央军委起草致粟裕、陈士榘、张震并告刘伯承、陈毅、邓小平，谭震林、王建安，韦国清、吉洛电：“华野今后一个时期内的主要任务是歼灭李延年，请粟、陈、张、谭、王从目前起即将主要注意力及兵力部署的重点放在歼灭李延年三个军的上面。”“只要李延年歼灭，战局便可改观。”

同日 为中共中央军委起草复杨得志、罗瑞卿、耿飚、潘自力并告华北局电：为着不使傅作义部逃跑，决定东北主力提早入关，你们有配合作战之任务。你们应于二十五日前准备完毕待命，于二十五日出动。

同日 致信刘少奇、朱德、周恩来、任弼时、彭真：“关于军委全衔，提议加革命二字，即：‘中国人民革命军事委员会’。”“青年团文件中‘毛泽东思想’改为‘马列主义’一点，请会商决定。”

11月22日 为中共中央军委起草致杨成武、李井泉、李天焕电：“（一）傅军有收缩各外围据点，集中平、津向南逃跑之可能。（二）为阻其逃跑，歼灭傅军于平、津、张、唐之目的，东北我军决早入关，为守秘密不要下达。（三）拟以你们三个主力纵队迅速秘密东进协同詹大南部切断平、张联系，包围张家口，使张家口之敌无法向平、张收缩，吸引北平之敌派部西进救援张家口，以迟滞平、津傅军向南逃跑之时间。为此，你们三个纵队除在归绥附近之部队暂时不动，迷惑归绥之敌外，主力应准备待命于二十五日东进。”

11月23日　就淮海战役第一阶段胜利结束，为中共中央军委起草致刘伯承、陈毅、邓小平、粟裕、陈士榘、张震，谭震林、王建安，韦国清、吉洛并转各纵委并告华东局、中原局、豫皖苏分局、华中工委电：“（一）庆祝你们歼灭黄百韬兵团十个师的伟大胜利。（二）从戌虞至戌养〔1〕十六天中，你们消灭了刘峙系统正规军十八个整师（包括争取何、张〔2〕三个师起义在内），并给邱清泉、李弥、孙元良、刘汝明四个兵团以相当打击，占领徐州以南、以东、以北、以西广大地区，隔断徐、蚌联系，使徐敌处于孤立地位，这是一个伟大胜利。在战役发起前，我们已估计到第一阶段可能消灭敌人十八个师，但对隔断徐、蚌，使徐敌完全孤立这一点，那时我们尚不敢作这种估计。这种形势的造成，主观上是因为我华东、中原两大野战军会合并攻占宿县，客观上是敌人只有某种程度的防御能力（对于这一点决不可轻视），很少有攻击能力（对于这一点必须有充分认识）。（三）敌八个兵团，一个起义（何、张），一个被歼（黄百韬），四个受了相当打击，北面邱、李、孙〔3〕南面黄、刘、李〔4〕已被我分割为二，敌人士气将有进一步衰落。你们及各级干部，必须认识这一伟大胜利的重大意义，并向战士进行教育，这是一方面。但是，同时必

〔1〕 戌虞至戌养，即11月7日至11月22日。

〔2〕 何、张，指何基沣、张克侠。

〔3〕 邱、李、孙，指邱清泉、李弥、孙元良。

〔4〕 黄、刘、李，指黄维、刘汝明、李延年。

须认识敌人主力邱清泉、李弥、黄维三兵团及李延年兵团中的一个军（从葫芦岛调来的五十四军），在防守方面尚有相当顽强的战斗力，敌直接与你们作战的六十六个师（冯治安四个、黄百韬十个、邱清泉十个、李弥七个、孙元良四个、黄维十一个、刘汝明六个、李延年九个、刘峙直辖五个）中，除被歼者外，尚有五十个师左右。这个敌人是可以消灭的。但是，必须准备给予全战役以三个月至五个月时间；必须准备以几个作战阶段（你们已完成了第一个作战阶段），去取得全战役胜利；必须准备全军部队及民夫一百三十万人左右，三个月至五个月的粮食、草料、弹药，十万至二十万伤员的医治；必须争取全军各部队在全战役所需时间中，有二分之一以上时间的休息整补，务使士气旺盛，精力饱满；对于兵员，必须实行随战随补、随补随战的方针；对于人民，必须实行耕战互助的方针；在战术方面，必须不是依靠急袭，而是依靠充分的侦察和技术准备（近迫作业、步炮协同等）去取得成功；必须对于我军及居民进行充分的政治工作；对于敌军进行猛烈的、有实效的政治攻势，对于刘汝明等部则进行内部策反工作。只要你们注意了和完成了这些条件，你们就有可能取得这一具有全国意义的伟大战役的胜利。”

同日　为中共中央军委起草致刘伯承、陈毅、邓小平，粟裕、陈士榘、张震并告谭震林、王建安，韦国清、吉洛电，同意粟、陈、张所提关于歼灭李延年部的部署。并指出：“目前应捉住徐敌孤立粮食困难这个弱点，隔断徐、蚌两敌”。“为实现长期隔断徐、蚌围困徐敌，华野应在徐、蚌之间以宿县为枢纽，构筑坚固的阻隔阵地。”

11月24日　为中共中央军委起草复刘伯承、陈毅、邓小平并告粟裕、陈士榘、张震电，批准淮海战役第二阶段歼灭黄维兵团的部署，指出："梗二十二时电[1]悉。（一）完全同意先打黄维；（二）望粟、陈、张遵刘、陈、邓部署派必要兵力参加打黄维；（三）情况紧急时机，一切由刘、陈、邓临机处置，不要请示。"从十一月二十三日起，中原野战军发起歼灭黄维兵团的作战。二十五日，黄维兵团被包围于宿县西南之双堆集地区。华东野战军奉命将中原野战军第十一纵归还中野建制，并以第七纵队、特种兵纵队的炮兵部队参加围歼黄维兵团之作战。同时，以五个纵队担负正面阻击李延年、刘汝明两个兵团北援的任务。

同日　读完历史学家吴晗送阅的《朱元璋传》修改稿后，委托秘书胡乔木送还书稿，并致信吴晗："两次晤谈，甚快。大著阅毕，兹奉还。此书用力甚勤，掘发甚广，给我启发不少，深为感谢。有些不成熟的意见，仅供参考，业已面告。此处尚有一点，即在方法问题上，先生似尚未完全接受历史唯物主义作为观察历史的方法论。倘若先生于这方面加力用一番功夫，将来成就不可限量。"

同日　为中共中央军委起草致杨成武、李井泉、李天焕并告杨得志、罗瑞卿、耿飚，华北局，黄志勇、程子华，林彪、罗荣桓、刘亚楼电，指出："成武率主力三个纵队于明二十五日由现地出发，以六天时间（愈快愈好）到达张家口附近，然后以两个纵队包围张家口西南周家河、怀安两地之敌（二一〇师及骑十一旅），以一个纵队插入张家口、宣化之间，隔断张、宣两处敌人的联系"。"总之，以抓住一批敌人不使向东跑掉为原则。抓住并

---

〔1〕刘伯承、陈毅、邓小平1948年11月23（梗）日22时致电中共中央军委，说：现歼击黄维之时机甚好，而李延年、刘汝明仍迟迟不进。因此，我们意见除王、张11纵外，请粟、陈、张以两三个纵队对李延年、刘汝明防御。只要黄维全部或大部被歼，较之歼灭李、刘更属有利。如军委批准，我们即照此执行。

包围之后，不要攻击，等候东北主力入关（守秘）围歼敌人之后，再相机攻击。”按照中央军委指示，十一月二十五日杨成武兵团三路向张家口外围疾进。

同日 为中共中央军委起草致华东局并告华中工委，刘伯承、陈毅、邓小平、粟裕、陈士榘、张震电：“同意你们对孙良诚[1]所采取的方针和态度。因为孙良诚是在被包围后未经战斗自愿放下武器的，和别的俘虏官有区别，故对孙及其干部的待遇应比较好一些。可将他们集合送入军校学习（除反动分子外）。对孙本人给以礼遇，不要放走，要他努力帮助我们进行刘汝明、刘汝珍、曹福林[2]及刘部各师长的策反工作。一〇七军军官中凡有适合做此项工作者均应加以训练，派去刘部工作。对刘部工作甚为重要。”

11月26日 为中共中央军委起草致杨得志、罗瑞卿、耿飚并告杨成武、李天焕等电：“着杨、罗、耿率二兵团于今二十六日由曲阳出动，以五日至六日行程进至涿县、涞水以西地区待命。”

同日 上午八时，关于对傅作义的作战和谈判问题，为中共中央军委起草致林彪、罗荣桓、刘亚楼并告程子华、黄志勇，杨得志、罗瑞卿、耿飚电，指出：“截至现在止，平、津、张、唐之敌，尚是固守计划，没有撤退计划。”据符定一面谈，傅无出路，有与中共谈和保存实力可能。“在尚未解决蒋系以前，假如

〔1〕 孙良诚，原为国民党军徐州“剿匪”总司令部第1绥靖区副司令官兼第107军军长。1948年11月13日，在江苏睢宁率该军军部和一个师共5800余人向华东野战军苏北兵团投诚。

〔2〕 刘汝明、刘汝珍、曹福林，当时分别任国民党军徐州“剿匪”总司令部第8兵团司令官、第8兵团副司令官兼第68军军长、第8兵团副司令官兼第55军军长。

傅真愿谈判，我们应当和他谈判，以便分化傅、蒋，首先解决蒋系，但不给傅以任何政治上的借口。这是我们的第一个计划。同时我们也准备第二个计划，即在有某种确定需要时，真正允许傅作义反正，但现时不作此项实际决定。”关于作战计划，电报提出：（一）已令杨成武包围怀来及张家口之敌，并令杨、罗、耿由曲阳进至涿县、涞水以西，必要时加至平张线，拖住几部敌人；（二）东北野战军主力的第一个作战，应不是唐山而是在平津线上之廊坊等地，达成切断平、津联系的任务。（三）在切断平津、包围唐山两个任务达成后，第二个作战任务还不是打唐山，而是歼灭平津、唐山间之敌。（四）歼灭唐山之敌。（五）夺取天津。（六）歼灭北平周围之敌。（七）夺取北平。电报最后指出：“在你们没有切断平、津以前去包围唐山，有调动北平敌人到津、唐作战或从海路、陆路跑掉的危险。如你们同意这点，望电告程、黄目前不要去包围唐山，但如唐山之敌有撤退的确实消息，则应迅速包围之。”

同日　晚八时，为中共中央军委起草致刘伯承、陈毅、邓小平并告粟裕、陈士榘、张震，谭震林、王建安电：“二十五日十一时、二十六日五时两电均悉。黄维被围，有歼灭希望，极好极慰。但请你们用极大注意力对付黄维的最后挣扎，你们除使用华野的二纵、王张纵外，十纵亦应迅速进入战场，准备参加最后战斗，保证歼黄维的足够兵力。”

11月27日　起草刘伯承、陈毅向黄维及所属官兵的广播讲话稿，要他们放下武器，赶快投降。本日，黄维以主力四个师为第一梯队实施突围，突围中中共秘密党员、第一一〇师师长廖运周率部起义，其余三个师被击退。

同日　关于歼灭北平、天津、唐山、张家口国民党军的作战部署，为中共中央军委起草致林彪、罗荣桓、刘亚楼，程子华、黄志勇，杨得志、罗瑞卿、耿飚，杨成武、李天焕并告华北局电，指出：为着在十二月全月份内吸引傅作义部几个军于平张线上，并歼灭该线各军之一部或大部，借此使林罗主力于十二月进至冀东以后顺利地切断平津、津唐诸线，歼灭数部敌人，打开主要地区的战局之目的，部署如下：（一）以程黄部四纵、十一纵及一个骑兵师、杨罗耿所率华北第二兵团之三、四、八纵、杨李所率华北第三兵团之一、二（两个旅）、六纵及詹大南地方兵团组成平张战役之兵力，受程、黄统一指挥。（二）杨、李率所部已于二十五日由绥东地区东进，三十日左右集中于柴沟堡、怀安附近地区，然后迅速抓住并包围柴沟堡、怀安，或张家口、宣化诸点之敌一个军左右的兵力，并相机举行攻击，吸引东面敌人向西增援。（三）杨、罗、耿率所部由石家庄以北曲阳地区出发，集中于易县西北紫荆关地区待命，然后进至涿鹿地区相机作战。（四）程、黄所部在平谷地区集中，待杨、李在柴沟堡、怀安、宣化、张家口地区抓住几部敌人之后，迅即超越密云、怀柔、顺义线上之敌，向延庆、怀来地区前进，相机作战。（五）现在兴和、柴沟堡、怀安、张家口、宣化、下花园、怀来、南口等地共有敌军八个步兵师，三个骑兵旅，估计还有五个师可能增援。如此，须准备和敌军十三个步兵师、三个骑兵旅作战。敌以火车、汽车运兵是很快的，你们的动作亦须注意迅速。（六）只要在十二月份内能抓住扭打上述步骑十六个师旅于平张线上，并歼灭其一部，打得该敌不能动弹，不能西逃，也不能东窜，那就是极大的战略上胜利。（七）必须充分估计到在形势不利时，傅部直属各军可能西逃，那时，就必须以前堵后追两项手段将其歼灭。（八）又必须估计在形势不利时，该线诸敌将夺路东窜，那时，就必须以同样手段将其歼灭之。

11月28日　晨四时，为中共中央军委起草致刘伯承、陈毅、邓小平并告粟裕、陈士榘、张震，谭震林、王建安，韦国清、吉洛电："（一）刘、陈、邓二十七日十七时电[1]，粟、陈、张二十七日十四时电[2]均悉。（二）假如今二十八日刘、陈、邓能完全解决黄维兵团，粟、陈、张能包围蚌埠以北之李延年、刘汝明诸部，并能于今后数日加以歼灭，则整个淮海战役已起了决定性的变化。淮海战役的第二阶段即告结束。（三）淮海战役的第三阶段是解决徐、蚌两处之敌，夺取徐、蚌。（四）在完全解决黄维及李、刘在蚌埠以北诸部之后，全军须休整一个短时期，其时间依情况决定，大约须两星期左右。然后以主力取徐州，以相当大的一部取蚌埠、浦口、合肥及淮南、江北、运西、巢东地区诸城，直迫长江。"

同日 中午十二时，为中共中央军委起草致程子华、黄志勇并告林彪、罗荣桓、刘亚楼电：为不使傅作义早日警觉起见，你们暂在原地待命，在三天内不要动。

同日 晚十时，为中共中央军委起草致刘伯承、陈毅、邓小平并粟裕、陈士榘、张震，谭震林、王建安电："（一）粟、陈、张在歼灭固镇、曹老集一带之敌以后，请考虑以二、六、七、十一、十三等五个纵乘胜渡淮南进，切断蚌浦线[3]，包围并相机夺取蚌埠。十纵则留在宿县休整，尔后即用谭、王、李所率各纵及十纵，协同中野解决徐州之敌。是否可以如此及渡淮作战有何

---

〔1〕 刘伯承、陈毅、邓小平1948年11月27日17时致电中共中央军委并告粟裕、陈士榘、张震等：我军已将黄维兵团压缩在双堆集附近十余村庄，全部战斗至迟明日可以解决。已告粟、陈、张立即开始歼击李延年、刘汝明的部署。

〔2〕 指粟裕、陈士榘、张震1948年11月27日14时关于歼击李延年的部署致中共中央军委电。

〔3〕 蚌浦线，指津浦铁路蚌埠至浦口段。

困难望告，以便我们作最后决定。（二）黄维解决后，须估计到徐州之敌有向两淮或向武汉逃跑可能，因此中野及华野谭、王、李各部，虽然一方面应当争取休整两星期左右，但另一方面又应当迅速处理战后工作，以利应付意外。”

11月29日 为中共中央军委起草复刘伯承、陈毅、邓小平并告粟裕、陈士榘、张震，谭震林、王建安、李迎希电：“（一）二十八日十七时电[1]悉。从敌人固守着眼，集中火力各个分割歼击，准备以十天或更多时间解决此敌，此种计划是稳当的和可靠的。（二）解决黄维兵团是解决徐、蚌全敌六十六个师的关键，必须估计敌人的最后挣扎，必须使自己手里保有余力，足以应付意外情况。因此，粟、陈、张在解决固镇、曹老集之敌以后，华野二、六、十、十一、十三等五个纵应立即集结休息，作为歼灭黄维的总预备队。渡淮南进一事，待黄维全歼以后再说。（三）望谭、王、李坚强阻击邱、李、孙诸敌，务使该敌不能侵入宿县。”

同日 为中共中央军委起草致杨成武、李天焕，杨得志、罗瑞卿、耿飚，程子华、黄志勇电：“（一）杨、李在包围张、宣之敌后，即应迅速完成阻击工事，务使敌人不能逃跑（注意不使敌人黑夜逃跑），以吸引东面敌人增援。如张、宣敌在你们到达前即已向怀来逃跑，你们即应猛追到怀来，务必抓住一部敌人。（二）杨、罗、耿一闻杨、李包围了张、宣之敌，即应迅速前进包围怀来之敌。（三）程、黄仍在现地待命，使敌放心西进增

---

〔1〕 刘伯承、陈毅、邓小平1948年11月28日17时致电中共中央军委并告粟裕、陈士榘、张震等：现我们从敌人固守着眼，采取集中火力，先打一点，各个歼灭的战法。我们6个纵队从19日起至28日共伤亡仅6000人，士气很高，加上华野7纵及炮兵配合，全歼该敌确有把握，但需10天左右时间才能完成。原来根据敌人总突围及廖运周起义的情况，估计可以迅速解决战斗，此种情况业已改变。

援。”本日夜晚，杨成武兵团向张家口外围傅作义守军进攻，发起平津战役。至十二月一日，先后占领左卫、怀安、万全、沙岭子等地，切断张家口守军西逃道路及与宣化的联系。

11月30日 为中共中央军委起草复刘伯承、陈毅、邓小平并粟裕、陈士榘、张震，谭震林、王建安、李迎希电：“（一）粟、陈、张，谭、王、李二十九日各电〔1〕均悉。各项估计及意见均甚好。（二）固镇、曹老集之敌人解决后，以江淮两个旅进淮南，以十三纵控制固镇、曹老集部署甚妥，望即执行。（三）二、六、十、苏十一等四个纵应以两个纵位于固镇以北休息，准备随时供刘、陈、邓使用，为解决黄维的总预备队，以策万全。其余两个纵是否即可照谭、王、李提议开至双沟、大王庄之线，以便配合一纵阻止邱、李主力向两淮逃跑之可能。请刘、陈、邓，粟、陈、张按情决定。（四）七纵炮兵已供刘、陈、邓使用，这里不再说了。惟炮纵应全部开去打黄维，以厚火力。（五）渤纵〔2〕现到何处，该纵似亦应使用于双沟地区，对付邱、李主力。（六）刘、陈、邓电台应速与谭、王、李电台沟通。（七）黄维解决后，我们现在倾向于集华野、中野全力解决邱、李、孙，然后休整一时期，再合力举行江淮战役。”本日夜晚至次日（十二月一日）凌晨，杜聿明率邱清泉、李弥、孙元良三个兵团撤离徐州，向西

〔1〕粟裕、陈士榘、张震1948年11月29日致电中共中央军委：黄维在李延年、刘汝明兵团由蚌埠北援无望情况下，可能会缩集死守，待徐州之敌南援。李延年、刘汝明两部已闻风南撤。估计邱、李、孙兵团有倾巢南犯增援黄维并就便南撤的可能。谭震林、王建安、李迎希在1948年11月29日致中央军委和粟、陈、张的电报中，提出徐州之敌有经两淮撤退的可能。

〔2〕渤纵，指华东野战军渤海纵队，原担负警备济南任务，1948年11月下旬南下，此时刚到徐州以东。

南逃跑。从本日夜晚起，华东野战军立即以四个纵队展开平行追击，以三个纵队尾追，以集结在宿县地区的三个纵队向西北迎头拦击，渤海纵队进入徐州守备。蒋介石深恐杜聿明一意西逃，于十二月二日、三日批评杜聿明“坐视黄兵团消灭”，令杜聿明取捷径与黄维会合，杜聿明向南突进途中，十二月四日拂晓，被华东野战军包围于永城东北的陈官庄地区。

同日　为中共中央军委起草致程子华、黄志勇并告林彪、罗荣桓电：“只要杨、李确实包围了张、宣之敌，杨、罗、耿即去包围下花园、怀来之敌，你们即行向西出动策应。你们只要出至密怀顺〔1〕线以西，估计即可遇到敌人，你们的作战地点在密云、南口之间。”

同日　函告胡乔木：我已要东北在今后两三星期内多发东北部队练兵消息，以表示我东北主力尚未入关，林彪尚在沈阳。你收到这些消息后，请酌发口播及文播。

12月1日　为中共中央军委起草致彭德怀、张宗逊并告西北局电：庆贺你们歼敌二万余人的大胜利〔2〕。你们进行整训是必要的，但是不要提出整个冬季的整训计划。“我们的目的是你们既能整训，又能不失有利的作战时机，借以拖住胡宗南使不能调至他处。”“我们现在所要竭力争取的：一是尽可能不使傅作义部（四十个师）向江南撤退，因此东北我军仅休息二十天即已令其出动，以便早日抓住平、津敌人；二是希望你们抓住胡宗南，使他的兵力不能调至沪、宁一带。”

---

〔1〕　密怀顺，指北平东北的密云、怀柔、顺义。

〔2〕　西北野战军自1948年11月15日至28日在陕西合阳、澄城、蒲城地区，展开冬季攻势，歼灭国民党军第76军军部和两个师共25000余人。

12月2日　晨四时，为中共中央军委起草复程子华、黄志勇，杨得志、罗瑞卿、耿飚，杨成武、李天焕电："三十五军既已西进，程、黄应立即出动，取直径向南口、怀来前进，协同杨罗耿、杨李歼灭傅匪。""杨、罗、耿应照程、黄电直出涿鹿。""杨、李应照程、黄电包围张家口之敌，并阻止敌退张北。"五日，程子华、黄志勇兵团在行进途中攻克密云，歼灭国民党军一个师，主力向怀来、延庆急进。

同日　晨六时，为中共中央军委起草致杨成武、李天焕并告程子华、黄志勇电："如果已把张家口包围，并把张、宣〔1〕联系切断，你们应注意加强兵力，巩固这种切断，务使三十五军不能和张垣敌人会合，这是最关重要的。"次日，又为中央军委起草致程、黄，杨、李电："重点应放在隔断张、宣两地之敌。"

12月4日　下午四时，关于平津战役中各兵团的作战任务，为中共中央军委起草致程子华、黄志勇，杨得志、罗瑞卿、耿飚，杨成武、李天焕并告林彪、罗荣桓、刘亚楼，聂荣臻、薄一波、滕代远及萧劲光、陈伯钧电，指出："各兵团任务如下：（甲）杨、李现在部署极好，即两个纵队在张家口以西，一个纵队在张、宣之间，切断张、宣联系，阻止宣化之敌向张家口集中（此点极重要）。但须注意迅速增强阻击阵地，准备打退敌人许多次的进攻，在阵地前消耗敌人，以利尔后集中兵力歼灭此敌。（乙）杨、罗、耿务以迅速行动，以主力包围宣化、下花园两处之敌，并相机歼灭之（先歼下花园之敌）。以有力一部，隔断怀来、下花园之联系，确实阻止怀来及其以东之敌向西增援。（丙）程黄部向怀来、南口之线急进，到达后，相机各个歼灭该线之敌。（丁）待上述三方面任务完成后，集中全力解决张垣之敌。"

〔1〕张、宣，指张家口、宣化。张家口、宣化当时属察哈尔，今属河北。

同日 下午五时，为中共中央军委起草致杨成武、李天焕电："准备和进攻之敌作多日顽强战斗，巩固地切断张、宣联系，不使宣化之敌向张垣集中是你们头等重要任务。"

同日 晚九时，为中共中央军委起草致杨得志、罗瑞卿、耿飚，杨成武、李天焕并告程子华、黄志勇电："目前数日最大顾虑就是张垣之敌乘我程黄部将到未到之际，突围向东，而怀来、南口之敌，则向西接应。"电报提出："（一）杨、罗、耿务于明五日用全力控制宣化（不含）、怀来（不含）一段，立即动手构筑向东西两方的坚固阻击工事，务使张垣之敌不能东退，这是最重要的任务。不要忙于攻击宣化之敌。如下花园只有一个团，则歼灭之，如有一个师，亦不要打，只包围之，等候程、黄到怀南线后再打。（二）杨、李一纵务必固守张、宣间阻绝阵地，如兵力不足，应增加兵力。（三）如张、宣之敌绕道向北平撤退、杨罗耿、杨李两兵团则应在敌运动中追堵包围之。"本日，傅作义的第三十五军两个师从北平乘汽车到达张家口，攻占重镇沙岭子，打通张家口与宣化之间的联系。六日三时半，毛泽东为中央军委起草致杨成武、李天焕并告杨得志、罗瑞卿、耿飚，程子华、黄志勇，林彪、罗荣桓、刘亚楼电："你们必须明白，只要宣化敌四个师（一〇一军之二七一师、一〇四军之二五〇师、二五八师，一〇五军之三一〇师）不能到张垣会合，则张垣之敌即不会西逃，如果你们放任宣化敌到张垣会合（据我们所知，张垣是五个步兵师、三个骑兵旅），则不但张垣集敌九个步兵师三个骑兵旅，尔后难于歼击，而且随时有集中一起向西冲逃的危险。只要看敌人连日打通张、宣联系之努力，就可知敌人孤立两处之不利，而这种孤立对于我们则极为有利。因为我们可以先歼灭宣化四个师，再歼灭张垣五个步兵师、三个骑兵旅。""因此你们必须坚决执行我们历次电令，一纵确保沙岭子、八里庄一带阵地，必要时将二纵一部或全部加上去，待杨、罗、耿到达后再行调整部署（必须先得我们批准），不可违误。执行情形速告。”

同日 晚十时，为中共中央军委起草致刘伯承、陈毅、邓小平，粟裕、陈士榘、张震电：“李延年现使用七个师（其中有五十四军部队）于淮河以北，一部已到曹老集，望令六纵加强阻击，务必不使该敌北进过远，妨碍我解决黄维”。据此，华东野战军决定，渤海纵队的一个师南下；中原野战军决定以第二纵队南下，连同豫皖苏军区一部武装统归华东野战军第六纵队指挥，加强阻击李延年的兵力。六日晚，孙元良兵团突围被歼。十日晨，粟裕、陈士榘、张震向刘伯承、陈毅、邓小平和中央军委建议，再从包围杜聿明集团的华东野战军抽调一部兵力，以求先解决黄维。经刘、陈、邓和中央军委同意，当晚，再抽调华东野战军第三纵队和鲁中南纵队及炮兵一部由陈士榘率领参加对黄维的作战。

同日 将一个美国记者在香港的谈话材料〔1〕批送刘少奇、朱德、周恩来、任弼时、彭真、胡乔木阅，并告：“此种阴谋必须立即开始注意，不要使美帝阴谋在新政协及联合政府中得逞。”

同日 致信刘少奇、朱德、周恩来、任弼时、彭真，指出：“（一）此电〔2〕可以不发。因济南在老解放区的包围中，人口亦

---

〔1〕 这个美国记者说，美国国务院现政策之中心，在于如何在新的联合政府中造成一有效的反对派，以抵抗中共力量，美国则在某种方式下承认新的联合政府，恢复与中国贸易，对新中国投资，以此方式分化中共统一战线，竭力支持联合政府中之非共产分子。美国承认联合政府的条件是政府的构成须为美国可接受者，联合政府得承认美海军、陆军在上海、青岛等地的基地权。

〔2〕 指中共中央军委关于批评擅自撤销济南军管会问题的电报稿。

未超过百万，军管会取消，以市府行使政权，是可以的。（二）但沈阳、平、津、沪、宁乃至徐、汴、郑等处则是另一种情形，必须要看群众发动情形，反革命被镇压情形及周围环境巩固情形而决定军管制时间的长短。军管制的利益正是因为它帮助人民群众实行民主的独裁。如果人民群众讨厌这种独裁，必是军管会脱离了人民群众，不去帮助人民镇压反革命，而去妨碍人民镇压反革命。如果我们的军管制确是帮助人民镇压反革命，人民决不会把我们的和蒋介石的两种独裁看成一样。”“主张在大城市过早地取消军管制，是危险的。”

12月6日 晨六时，为中共中央军委起草致程子华、黄志勇，杨得志、罗瑞卿、耿飚，杨成武、李天焕并告林彪、罗荣桓、刘亚楼，华北局电：“杨罗耿全部到达下花园地区后，即以一个有力纵队开至宣化、张垣之间，与一纵在一起确实控制张、宣间沙岭子、八里庄一带阵地，并尽可能向张、宣两方扩展，击破敌人一切打通张、宣的企图，使张、宣两敌各个孤立，以利尔后歼击。”“杨罗耿其余两纵位于宣化以东，隔断宣化、怀来两敌之联系。”“张、宣两敌无论是互相打通联系之企图，或向东突围，或向西突围，或绕道突围之企图，均必须坚决打破之，遇有此种情形发生，即全军堵追歼灭之。”本日，傅作义部第三十五军两个师自张家口乘汽车东撤。该军离开张家口后，杨成武兵团重占沙岭子，再次隔断张家口与宣化之间的联系。

同日 下午六时，为中共中央军委起草致林彪、罗荣桓、刘亚楼并告东北局，彭德怀、张宗逊、赵寿山电，通报人民解放军于二日占领徐州及歼敌情况，指出：“只要东北、华北我军能够抓住平、津、张、唐之敌，西北我军抓住胡宗南，则我华东、中原两军于一个月内外解决淮河以北之敌，是完全可能的。此敌是蒋匪部队中比较最有战斗力的部分（已在徐州以东解决之黄百韬兵团亦有相当战斗力），解决此敌则蒋匪已无主力，进一步解决淮河以南之敌（连苏中在内共有二十五师）以及将来到江南作战，就比较容易了。”

12月7日　晨二时，为中共中央军委起草致程子华、黄志勇，杨得志、罗瑞卿、耿飚，杨成武、李天焕电：“（一）据杨、李称，昨六日下午张、宣敌大举向东突围〔1〕。（二）望杨、罗、耿全力在宣化、下花园线坚决堵击。（三）望程、黄星夜向怀来前进〔2〕。（四）望杨、李以一个纵队监视张垣之敌，以两个纵队向逃敌猛追猛击。（五）杨、罗、耿速统一指挥杨、李行动。”本日，傅作义部守宣化的两个师北撤张家口，杨成武兵团包围了张家口。

同日　晚八时，为中共中央军委起草致程子华、黄志勇，杨得志、罗瑞卿、耿飚，杨成武、李天焕并告林彪、罗荣桓、刘亚楼，聂荣臻、薄一波电，指出：（一）同意杨、李部署，除以一个旅参加下花园作战外，其余七个旅全部包围张垣之敌（四个步兵师、两个骑兵旅）。杨、李过去违背军委多次清楚明确的命令，擅自放弃隔断张、宣联系的任务，放任三十五军东逃（三十五军两个师竟敢乘车三百余辆毫无阻碍地东去，我一纵撤至铁路两侧，坐视不阻不打），是极端错误的。今后杨、李任务是包围张垣之敌，务必不使该敌向西向东或绕道跑掉（主要注意不使敌西逃），如敌逃跑则坚决全歼之。（二）现三十五军及宣化敌一部正向东逃跑。杨、罗、耿应遵军委多次电令，阻止敌人东逃。如果该敌由下花园、新保安向东逃掉，则由杨、罗、耿负责。（三）程、黄

〔1〕傅作义在密云失守后，又发现东北野战军一部出现在喜峰口长城内外，判断东北野战军和华北军区部队将合力切断平张线并直取北平，乃令第35军撤回北平。

〔2〕当时傅作义命令第104军和第16军由怀来、康庄向西接应第35军撤回北平。

应令所部迅速到达并占领怀来、八达岭一线，隔断东西敌人联系，并相机歼灭该段敌人。杨得志、罗瑞卿接到中央军委电令后，率部加速向平绥路前进，主力于八日拂晓赶到新保安以东，将傅作义部第三十五军军部及两个师包围于新保安地区。

12月8日 晨七时，为中共中央军委起草复林彪、罗荣桓、刘亚楼电，确定隔断平津，包围唐山，歼击芦台、塘沽之敌的方针，指出："现傅作义有十四个师一个骑兵师集中北平、涿县、通县、顺义、南口区域（下花园、怀来之五个师未计在内），你们的首要任务是不使这些敌人逃至天津，其方法是以四个纵队占领廊坊、香河之线，隔断平、津联系。只要此着成功，北平区敌人十四个师即无法逃脱。你们第二个任务是以一个纵队加上冀东地方兵团包围唐山敌人三个师，使这部分敌跑不掉。只要北平、唐山两区敌人跑不掉，天津、塘沽、芦台之敌（十个师）即少有单独逃跑的可能。你们第三个任务是以一个纵队隔断天津、塘沽间联系，以三个纵队攻歼塘沽、芦台线上之独九十五师、六十二军两个师（另一个在天津）及从秦皇岛撤回的八十六军三个师，共六个师之敌。只要你们除程、黄外手里有了九个纵队，即可同时实行上述三项任务。""在平、津未隔断的条件下，如果你们除程、黄外，再使用两个纵队去打南口的十六军，并把十六军消灭了，那就有迫使北平之敌早日逃至天津、塘沽的危险。"平津之敌，没有向西安、郑州、徐州逃跑的危险，没有向绥远逃跑的危险。"敌人逃跑的主要危险是海路，但一则津塘港口快要封冻，二则船只不足，三则傅作义此时尚无此种准备。他的方针现在还是固守平、津、唐。张垣有敌二万余被围（围而不打），亦使傅作义难下弃之不顾单独逃跑的决心。""因此你们仍应静候后续兵力到达，准备实行隔断平、津，包围唐山，歼击芦、塘之计划。"

同日　晚八时，为中共中央军委起草致程子华、黄志勇，杨得志、罗瑞卿、耿飚，杨成武、李天焕并告林彪、罗荣桓、刘亚楼，聂荣臻、薄一波电，提出对新保安、张家口之敌采取长困久围待命攻击之方针，指出：(一)“据杨、罗、耿本日八时两次电称，三十五军已被我抓住于宣化、怀来间之新保安地区，决以三个纵队全部包围该敌。”(二)“三十五军既被抓住，怀来之敌亦有可能不跑，十六军还有以一部增至怀来之可能，果如此，则对全局极为有利。”(三)“程、黄率步骑九个师进至怀来附近时，如怀来之敌(一〇四军两个师)未跑，则迅速包围该敌。”(四)“如怀来之敌已逃跑，则你们应于怀来地区休息数日后向南口、昌平转进，相机包围十六军一部或全部”。(五)“杨、罗、耿对新保安之敌，杨、李对张垣之敌，均采取迅速构筑多层包围阵地，长围久困待命攻击之方针。杨、罗、耿部署重点在东面，杨、李部署重点在西北两面，务使各敌不能逃跑，以利我东北主力陆续入关，完成对平、津、塘、唐诸敌之部署。”八日夜，新保安的三十五军全力东突，怀来的第一〇四军西进策应，杨罗耿兵团经昼夜奋战，至九日将援敌与被围之敌阻隔在相距五公里的地方未能会合。同时程黄兵团第四纵队于九日向怀来、八达岭间进攻，在康庄包围了正在集结西援的第十六军。

12月10日　晨三时，为中共中央军委起草致程子华、黄志勇，杨得志、罗瑞卿、耿飚并告杨成武、李天焕，林彪、罗荣桓、刘亚楼电，指出：据杨、罗、耿电称，新保安之敌三十五军九日数次向东猛突，均被我击退，怀来之敌一〇四军向西猛犯，亦仅占沙城以南一个村子。请程、黄照杨、罗、耿提议速派一个军协同杨、罗、耿歼灭一〇四军，另一个军则隔断怀来、康庄间，康庄、南口间诸敌的联系，并相机歼敌一部。歼灭一〇四军的作战应力求迅速，只要该军歼灭，程、黄即可用全力阻击东面之敌。

同日 亥时，为中共中央军委起草致林彪、罗荣桓、刘亚楼，程子华、黄志勇，杨得志、罗瑞卿、耿飚，杨成武、李天焕并告聂荣臻、薄一波、滕代远电："傅军本身主力三十五军、一〇四军、一〇五军各全部及两个骑兵旅，已被我军分别包围于张家口、新保安、怀来三处，又将九十四军、九十二军从天津吸引至南口及北平，使天津、塘沽、唐山仅各有一个军（塘沽尚有一个独立师），对于大局极为有利。""被围各敌必多方企图突围，望你们严令各部迅速完成一切必要的阻击阵地，务使各敌不能逃脱。"

同日 和朱德复电何基沣、张克侠、孟昭濂、过家芳、崔振纶、杨干三〔1〕并转全体官兵："十一月二十八日通电阅悉，极为欣慰。你们在徐州前线率部起义，加入人民解放军，极有助于革命战争的发展。希望你们团结一致，加强部队的政治工作，改进官兵关系与军民关系，以便早日出动与人民解放军并肩作战，为完成全国革命任务而奋斗。"

12月11日 上午九时，为中共中央军委起草致林彪、罗荣桓、刘亚楼电：东北野战军主力十二月二十日至二十五日数日内即取神速动作，以六个纵队包围天津、塘沽、芦台、唐山诸点之敌。以两个纵队位于廊坊、杨村诸点，以五个纵队插入天津、塘沽 、芦台、唐山、古冶诸点之间，构筑两面阵地，防敌逃跑。我们的真正目的不是首先包围北平，而是先包围津、塘、芦、唐诸

〔1〕 孟昭濂，原任国民党军第59军副军长。过家芳，原任国民党军第77军第132师师长。崔振纶，原任国民党军第59军第180师师长。杨干三，原任国民党军第59军第38师师长。以上4人均属国民党军徐州"剿匪"总司令部第3绥靖区。

点。休整后，力争先歼塘沽之敌，控制海口。只要塘沽（最重要）、新保安两点攻克，就全局皆活了。从本日起的两星期内，“基本原则是围而不打（例如对张家口、新保安），有些则是隔而不围（即只作战略包围，隔断诸敌联系，而不作战役包围，例如对平、津、通州），以待部署完成之后各个歼敌。尤其不可将张家口、新保安、南口诸敌都打掉，这将迫使南口以东诸敌迅速决策狂跑”。“为着不使蒋介石迅速决策海运平津诸敌南下，我们准备令刘伯承、邓小平、陈毅、粟裕于歼灭黄维兵团之后，留下杜聿明指挥之邱清泉、李弥、孙元良诸兵团（已歼约一半左右）之余部，两星期内不作最后歼灭之部署。”“攻击次序大约是：第一塘芦区，第二新保安，第三唐山区，第四天津、张家口两区，最后北平区。”按中央军委这一部署，从次日（十二月十二日）起，东北野战军三个纵队由蓟县地区南下，至二十日先后进抵宝坻、廊坊等地，隔断了平、津间的联系。三个纵队由丰润、抚宁沿北宁线南进，至二十日解放杨柳青、唐山等地，完成了对天津的包围。两个纵队由山海关向津、塘地区前进。另以四个纵队和华北军区第七纵队自十二月十七日起先后占领海淀、门头沟、丰台、南口、通县、南苑机场和黄村等地，完成对北平的包围。至十二月二十一日，平津地区国民党军被分别包围在北平、天津、塘沽、新保安、张家口诸要点。这个电报编入《毛泽东选集》时，题为《关于平津战役的作战方针》。

同日　为中共中央军委起草致聂荣臻、薄一波、滕代远、赵尔陆，华北局，林彪、罗荣桓、刘亚楼、谭政电：“东北我军正陆续入关，攻击平、津、张、唐诸敌之作战业已开始。这是一个巨大的战役，不但两区野战军应归林、罗、刘、谭统一指挥，冀中七纵及地方兵团，亦应统一指挥。”

12月12日　为中共中央军委起草致刘伯承、陈毅、邓小平，粟裕、谭震林电，提出在黄维兵团歼灭后，请刘伯承来中央商谈战略方针。“黄维歼灭后，请刘、陈、邓、粟、谭五同志开一次总前委会议，商好在邱、李歼灭后的休整计划，下一步作战计划及将来渡江作战计划，以总前委意见带来中央。”希望刘伯承能于十二月二十日至二十五日间到达中央会谈。在全歼黄、邱、李诸敌后，华野、中野两军休整两个月，并大致准备好渡江作战所需诸件（雨衣、货币、炮弹、治疗药品、汽船等）及初步完成政治动员。

12月13日 晨六时，为中共中央军委起草致聂荣臻、薄一波、叶剑英、黄敬并告林彪、罗荣桓、刘亚楼及黄克诚电：“荣臻、彭真、剑英、黄敬应时刻准备率领接收人员及工作干部乘车出发驰赴平、津。”“此次接收平、津影响中外，你们务必办到如同沈阳、济南那样的接收及管理成绩，不要落在沈阳、济南之后”。

同日 下午四时，为中共中央军委起草致林彪、罗荣桓、刘亚楼，程子华、黄志勇并告聂荣臻、薄一波电，作出包围北平的部署，并告：“聂荣臻为平津区卫戍司令，薄一波为政委，彭真为北平市委书记，叶剑英为市委副书记、北平军管会主任兼市长，黄克诚为天津市委书记兼军管会主任，黄敬为天津市市长。聂、彭、叶、黄等均于今明两日率干部由平山乘车分向平津附近前进。”

12月14日 上午十一时，为中共中央军委起草致粟裕电：“你们围歼杜、邱、李，各纵提议整个就现阵地态势休息若干天，只作防御，不作攻击。待黄维歼灭后，集中较多兵力，再举行攻击。”

同日 中共中央致电各中央局、各分局、各前委：“兹将陈云同志‘关于接收沈阳经验简报[1]，转发如下。此报告甚好，可供你处接收城市时参考”。

12月15日 中原野战军和华东野战军一部全歼黄维兵团十万余人，生俘黄维，淮海战役第二阶段结束。十八日，中共中央发出经毛泽东修改的致中原、华东两野战军领导人及全体同志电，庆贺淮海战役第二阶段的伟大胜利。

同日 为中共中央军委起草致杨得志、罗瑞卿、耿飚，杨成武、李天焕并告林彪、罗荣桓、刘亚楼电：“加紧完成对三十五军的攻击准备甚好，实行攻击时间需待东北主力入关，确实完成对平、津两地的包围之后，大约在二十日左右。”“惟三十五军歼

---

〔1〕 陈云的简报中说：（一）军管会在出发前即确定了“各按系统，自上而下，原封不动，先接后分”的接收方法。“各按系统”：军管会下辖9单位，分别接管各系统。“自上而下”：入城后即通知各原有机关主管人负责办理移交手续。“原封不动”：旧职员均按原职上班。工厂、企业只派去军事代表，政权部门只撤换头子。对工人、职员一律发生活维持费，这是临时过渡办法。接收步骤，第一步是资产、档案，第二步才能整理人员。“先接后分”：各部门只有接收权，无占有权，一律不准搬动。各部门不对原来上级负责，只对军管会负责。待全部接收完毕后，再统一分配工厂、房子等。入城前连续广播，预印布告、信笺、图章、通行证、警察袖章等，并预做招牌，以便在进城后几小时即能摆开办事。（二）迅速恢复秩序：要首先恢复电力供应，迅速解决金融物价问题；警察必须收缴枪支，但又必须用其徒手服务；稳定人心，传布政策，主要靠报纸；工资问题需妥善解决。（三）迅速处理俘虏与疏散弹药。（四）军管会内部各负责人，坚持原则秉公办理，制止争房子、汽车、工厂等纠纷。（五）对于重大事件容易出乱子的问题，必须预有充分精神准备。（六）最重要的还必须是入城部队有良好的纪律教育。（七）接收一个大城市，需要有充分准备和各方面能称职的干部。依目前形势看，中央和各战略野战军，均需准备有专门办理接收大城市的班子，待工作告一段落后，即可移交给固定的市委等机关，积累经验，依次接收各大城市。

灭后，张家口敌有突逃可能，杨、李以八个旅包围敌五个步兵师两个骑兵旅有无确实阻敌把握，是否需要从南口的东北四纵调一部分（例如一个师）增强杨、李包围及万一敌突逃时的追歼兵力”。十六日晨八时，又为中央军委起草致林彪、罗荣桓、刘亚楼，程子华、黄志勇，杨得志、罗瑞卿、耿飚，杨成武、李天焕电：对于张家口五万以上敌人，无论如何不应让其逃跑。如果增加一个师或两个师足以保障张家口敌人不跑，则可从四纵调出。但依杨、李电看来，似乎仅增加一个或两个师还不能保障敌人不跑，要增加一个纵队才有充分保障。以东北野战军四纵全部开张家口，或者以十一纵开张家口，请程、黄，杨、罗、耿各以所知南口、八达岭情况见告，请林、罗、刘就全盘局势加以考虑。十六日晚十二时，再为中央军委起草致林、罗、刘并告杨、罗、耿，杨、李电，同意以东北野战军四纵全部开张家口归杨、李指挥。二十日，东北野战军第四纵队四万余人开到张家口附近，与杨成武、李天焕兵团五万余人会合，形成对张家口傅作义集团守军（五万六千余人）的优势兵力。

同日　致电林彪、罗荣桓、刘亚楼，程子华、黄志勇：“请你们通知部队，注意保护清华、燕京等学校及名胜古迹等。”

12月16日　晨二时，为中共中央军委起草致林彪、罗荣桓、刘亚楼，程子华、黄志勇，杨得志、罗瑞卿、耿飚，杨成武、李天焕并告薄一波、滕代远、赵尔陆电：自明十七日起，华北第二兵团（杨罗耿兵团）、第三兵团（杨李兵团）之作战，归林、罗、刘直接指挥。

同日　下午四时，关于同傅作义谈判的原则与策略问题，为中共中央军委起草致林彪、罗荣桓、刘亚楼电：“（一）对傅作义代表谈判内容以争取敌人放下武器为基本原则，但是达到这个目的可以运用某些策略。（二）具体策略现在不做决定，等候傅作义代表到三河与你们接谈后，将谈话内容电告我们，再行考虑。（三）傅作义主力三个军，一个被歼，两个被围于张家口、新保安，北平城内傅作义仅有三十五军一个师，一〇一军两个师，及一个骑兵师，北平绝对大部分敌军及天津、塘沽全部敌军都是中央系（只有陈长捷是亲蒋又亲傅的），傅作义很难指挥这些军队。但在不损害本电第一条所述基本原则，亦即你们来电所说的争取敌人放下武器这一原则的范围内，我们应试图利用傅作义及其集团内大批干部对于自己的生命财产危险的恐惧（傅作义是战犯，傅集团内某些人是华北人民十分痛恨的），以考虑允许减轻对于傅作义及其干部的惩处和允许他们保存其私人财产为条件，而以傅作义下令全军放下武器为交换条件。（四）但我们第一个目的是解决中央军。你们应向傅的代表试探，傅是否有命令中央军缴械的权力，如果他没有此种权力，则可向他提出让路给我军进城解决中央军。（五）至于其他敌方可能提出的条件，待他们提出后再说。”

同日 晚十二时，为中共中央军委起草致粟裕并告刘伯承、陈毅、邓小平电：“（一）黄维被歼，李延年全军退守淮河南岸。（二）我包围杜聿明各部，可以十天左右时间休息调整，并集中华野全力，然后发起攻击。（三）向杜、邱、李连续不断地进行政治攻势，除部队所做者外，请你们起草口语广播词，每三五天一次，依据战场具体情况变更其内容，电告我们修改播发。”

12月17日 为中共中央起草致刘伯承、陈毅、邓小平电：“拟请伯承、陈毅二同志偕来中央一商”。本日，刘伯承、陈毅、邓小平前往华东野战军司令部所在地肖县西南蔡凹，同粟裕、谭震林一起，举行总前委会议。会后，刘伯承、陈毅前往中共中央所在地西柏坡，邓小平返回中原野战军司令部。

同日 为中共中央起草致林彪、罗荣桓电：“你们后面各纵陆续到达，大约月底可以完成对津、塘部署。除应争取于本月底或下月初攻歼塘沽地区之敌及新保安之敌外，对津、平、张三敌的正式攻击须待部队休整一时期方能开始。时间大约在明年一月中旬或下旬。如有特殊变化，例如敌军投降则在例外。平、津攻克后，全军须休整两个月至三个月，然后向长江流域前进，时间大约在明年五月或六月。”

同日 为中共中央军委起草致林彪、罗荣桓、刘亚楼并告程子华、黄志勇电：“丰台、门头沟、石景山、长辛店系重工业区，我五纵、十一纵正在此区作战，望令他们充分注意保护工业，其办法是一切原封不动，用原来的工人、职员、厂长、经理办事，我军只派员监督，派兵保护。”“沙河、清河、海淀、西山系重要文化古迹区，对一切原来管理人员亦是原封不动，我军只派兵保护，派人联系，尤其注意与清华、燕京等大学教职员、学生联系，和他们共同商量，如何在作战时减少损失。”

同日 起草中原、华东两人民解放军司令部《敦促杜聿明等投降书》广播稿。这个广播稿编入《毛泽东选集》。

12月18日 晨一时，为中共中央起草致高岗并告林彪、罗荣桓电：为了讨论明年各军作战的整个战略方针问题、准备召集二中全会问题及其他问题，我们拟约刘伯承、陈毅、饶漱石、罗荣桓、薄一波诸同志来中央开会，会期一月一日至五日。请高岗考虑是否可以暂时离开工作来中央参加此次会议。同时，还致电饶漱石，请他按时到会。

同日 晨六时，为中共中央军委起草致林彪、罗荣桓、刘亚楼电，指出敌恐天津被围，似正准备将津、塘敌十二个师集中新河一带控制海口。请他们考虑：“如果你们数日内能集中两个至三个纵队，则可从速集中兵力向天津、军粮城之间举行攻击，控制该线，并占领军粮城，迅速切断天津与新河、塘沽等处之联系，使天津之敌（五个师）不能向东集中。”“如果你们目前数日还不能集中二三个纵队执行上述任务，则似宜将塘沽、新河以北地区之少数兵力撤回宁河以北，待兵力集中后再执行上述任务。”十九日、二十一日，东北野战军第八、第九纵队及第十纵队一个师，先后攻占军粮城和新河车站，切断津、塘联系，包围了塘沽。

12月19日 上午九时，为中共中央军委起草致林彪、罗荣桓、刘亚楼并告杨得志、罗瑞卿、耿飚，杨成武、李天焕，薄一波、滕代远、赵尔陆电：在四纵到达张家口，并部署完毕后，杨、罗、耿即发起攻击三十五军，准备五天左右解决战斗。三十五军歼灭后，杨罗耿部就地休整十天左右，将俘虏即刻补入部队，并加以初步溶化，补充炮弹。在此十天左右，杨、李及四纵不要攻击张家口。但须防止敌人突围逃跑。如敌逃跑，则歼灭之。如不逃跑，则继续围困之。

12月20日 就攻击新保安问题，为中共中央军委起草致林彪、罗荣桓、刘亚楼电，指出：“四纵要明（二十一）日才能接杨、李东南两面防务，因此杨罗耿以明（二十一）日开始攻击为宜”。按照中央军委指示，杨罗耿兵团二十一日开始围歼新保安傅作义部第三十五军，战至二十二日，全歼守敌。张家口守敌二十三日拂晓向归绥突围，杨李兵团和东北野战军第四纵队全线出击，至二十四日下午，歼灭敌军五万四千余人，兵团司令官孙兰峰率少数骑兵逃跑。

12月21日 为中共中央军委起草致各军区、各野战军、各兵团并转各军、各师电，通令嘉奖东北野战军第四十八军第一四三师，在攻占北平西郊石景山工矿区时，纪律良好，保护工厂不受破坏，各种物资设备原封不动，该师无汽车但对炼铁厂内的汽车亦未动用。

同日 和朱德复电原国民党军第八十五军第一一〇师师长廖运周、副师长杨柳营，并转该师全体官兵，对他们十一月二十七日在双堆集前线起义，脱离黄维兵团，加入人民解放军方面，感到极为欣慰。

12月22日 为中共中央军委起草致粟裕并告邓小平、张际春电："五十四军撤回南京，刘汝明开合肥一带，李延年第三次向北增援之可能性已大减"。"你们可集中华野全军并多休整数日，养精蓄锐，然后一举歼灭杜聿明。只要杜部不大举突围，你们应休息至下月初，约于子微〔1〕左右开始攻击，较为适宜"。

同日 审阅《新区图书出版发卖暂行办法》，并致信刘少奇、朱德、周恩来、任弼时、陆定一等："对此问题，现在不宜规定得太细密，事实上办不到，勉强去做，是危险的。此件应重新考虑，目前只规定几条容易做而又最得社会同情者即够。"还对暂行办法写了批语："目前任何法律，都只宜规定大端，不可失之太密，否则是不利的。""书籍与报纸不同，暂时除没收国民党书店以外，可一概放任，遇有反动书籍可个别进行干涉，暂时不必普遍立条例。"

12月23日 为中共中央军委起草致林彪、罗荣桓、刘亚楼电："同意允许九十二军起义，可答应他们编为一个军，答应保护侯镜如，并仍为该军军长。""该军最大作用是便利我军攻城，最好该军能于适当时机在取得傅作义信用的条件下，控制一两座城门，或于我军攻城时夺取一两座城门，或给我军伪装部队以进城的便利。""关于保护侯镜如，请告塘沽前线注意。"

12月24日 为中共中央军委起草复林彪、罗荣桓、高岗

〔1〕 子微，即1月5日。

电：二十四日十一时电[1]悉。“胡宗南尚有二十八个师十五万八千人，又有青海回军（战斗力较强）在陇东配合，胡军退川退鄂亦尚未定。西北我军实力弱于胡军，更弱于胡马联军。因此目前不能切断其退路，即增加徐向前部亦无此可能。只有杨得志、杨成武、徐向前三部齐去才有可能。蒋介石整个部署亦尚未定，如以胡军调京、沪，则四川门户洞开；如以胡军守川，则他将以西安为第一线，不会轻易放弃西安。故目前不要忙于去包围胡军。”“傅作义、阎锡山、杜聿明三部解决后，我全军应休整两个月至三个月，然后以刘邓、陈粟两军出江南，以你们出湘、鄂、赣，以西北、华北（徐、杨、杨三部[2]）两军出陕、甘、川。具体部署尚待一月一日至五日的中央会议上讨论。”

同日 为中共中央军委起草致杨得志、罗瑞卿、耿飚，杨成武、李天焕电：“庆祝你们于数日内歼灭新保安、张家口两处敌人，并收复张家口的伟大胜利。”

12月25日 为中共中央军委起草致林彪、罗荣桓、刘亚楼电：“为防天津敌人在塘沽敌人被歼时或被歼后向南面突围，请以一个纵队位于天津、静海之间”。

同日 新华社发表毛泽东写的陕北权威人士谈战争罪犯名单

---

〔1〕 林彪、罗荣桓1948年12月24日11时致电中共中央军委，提出关于防止西安敌人逃跑的建议。电报说：平津和太原敌人全部歼灭，已经肯定，目前最主要的问题是防止西安敌人逃走。建议西北野战军立即迅速全力插到西安以南，断敌退路。徐向前部全力向西安前进与彭德怀会合。杨得志部立即出发向太原前进，接替徐的围城任务。杨成武部待追击战结束后，亦转向太原前进。东北部队待解决平津敌人后，以一部兵力、火力协助两杨攻太原。为了使西安敌人不过早逃跑，建议对杜聿明集团的攻击，等待我北面大军转到西安以南后再开始打。

〔2〕 指徐向前任司令员兼政治委员的华北军区第1兵团、杨得志任司令员的华北军区第2兵团、杨成武任司令员的华北军区第3兵团。

问题的新闻稿，公布蒋介石等四十三人为头等战争罪犯。

12月27日 审阅修改周恩来起草的中共中央致彭真、叶剑英、赵尔陆并告林彪、罗荣桓，程子华、黄志勇，华北局电，加写一段话："燕京是司徒〔1〕办的学校，陆志韦〔2〕当然和司徒有联系，但燕京教职员中左倾者不少，陆志韦态度亦较民主，我们应采保护政策。"

同日 关于南方游击区应注意的几个问题，为中共中央起草致香港分局电，指出：同意南方三区三个纵队的建立及所提三个纵队负责人员的名单〔3〕。"各纵队的分散作战或集中作战，依敌情的集中或分散而灵活地决定，即敌人分散敌力薄弱时我应集中作战，敌人集中进攻情况严重时我应分散作战。""从你们已有材料看来，各区游击部队在当地群众中生根的问题仍是一个极端严重的问题，必须克服错误倾向，批判'左'的和右的政策，深入地发展群众工作，并在部队内部队外建立群众性的党的组织，严防部队中脱离群众的单纯军事观点。"

同日 审阅中共中央《关于建立中国新民主主义青年团的决议》稿和《中国新民主主义青年团章程》稿，并告刘少奇、朱德、周恩来、任弼时、冯文彬："关于青年团的决议和团章已看过。写得简明扼要，完全可用"。"有些修改，请你们再看一下。"

12月28日 为中共中央军委起草致林彪（此时罗荣桓前往

---

〔1〕 司徒，指司徒雷登。原任燕京大学校长。当时任美国驻中国大使。

〔2〕 陆志韦，当时任燕京大学校长。

〔3〕 1949年1月中共中央军委正式下达决定时，将南方各游击区3区3个纵队增加为4区4个纵队，即闽粤赣区闽粤赣边纵队（司令员刘永生、政治委员魏金水），桂滇黔区桂滇黔边纵队（司令员庄田、政治委员周楠），闽浙赣区闽浙赣边纵队（司令员兼政治委员曾镜冰），粤赣湘区粤赣湘边纵队（司令员兼政治委员尹林平）。

西柏坡参加准备召开的中央政治局会议）并告杨得志、罗瑞卿、耿飚，杨成武、李天焕电："平、津、塘敌既然均有突围逃跑之可能，同意林之提议[1]，杨李全部、杨罗耿主力均调平、津参加会战，请林即以命令规定他们的行动。"

12月29日　为中共中央军委起草复林彪、刘亚楼电：二十九日十一时电[2]悉。"放弃攻击两沽[3]计划，集中五个纵队准备夺取天津是完全正确的。"

12月30日　新华社发表毛泽东写的一九四九年新年献词《将革命进行到底》。文中指出，要用革命的方法，坚决彻底干净全部地消灭一切反动势力，不动摇地坚持打倒帝国主义、封建主义、官僚资本主义，在全国范围内推翻国民党的反动统治，建立无产阶级领导的以工农联盟为主体的人民民主专政的共和国。文章揭露中国反动派和美帝国主义用各种方法力图破坏革命势力而保存反动势力的阴谋，指出："已经有了充分经验的中国人民及其总参谋部中国共产党，一定会像粉碎敌人的军事进攻一样，粉碎敌人的政治阴谋，把伟大的人民解放战争进行到底。"这篇文

---

〔1〕林彪1948年12月28日11时致电中共中央军委，说：我们应有与平、津、塘敌30个师同时作战的准备，要把它看作一仗，因敌很可能在我打一处时其他两处同时动作。为慎重起见，杨得志、杨成武两兵团索性皆开北平为好，这样能使力量有余裕。

〔2〕林彪、刘亚楼1948年12月29日11时致电中共中央军委，说：根据7纵报告，塘沽地形不利作战，除西面外其他皆为开阔之盐田，且水沟甚多，冬季亦无结冰把握，且敌主阵地在新港，我军无法断其退路，该处有兵舰，敌随时可逃入军舰退走，故两沽战斗甚难达到歼敌目的，亦必拖延平、津作战时间。我们意见，以5个纵队的兵力包围天津，进行攻天津的准备。在我未攻击前，如敌突围则先打突围之敌。我准备成熟时，敌尚未突围，则发动总攻歼灭天津之敌。

〔3〕两沽，指天津塘沽、汉沽。

章编入《毛泽东选集》。

12月31日 为中共中央军委起草致林彪电："转来两次北平地下党来的电报已悉。请你复电北平地下党，转告傅作义派有地位的能负责的代表和张东荪一道出城到你们那里来谈判。"

同日 为中共中央军委起草复粟裕、陈士榘、张震并告邓小平、张际春电，指出："俭午电〔1〕悉。淮南敌系有计划撤退，我们追赶无益，中原各纵仍在现地整训，待华野歼灭杜部后，中野、华野统一调整位置，位于陇海沿线休整两个月至三个月，然后渡江南进。"

---

〔1〕粟裕、陈士榘、张震1948年12月28（俭）日午时致电中共中央军委和邓小平、张际春，说：现国民党安徽省主席已率部离合肥转安庆，蒋似已放弃江淮与我作战计划，有撤守江防最大可能。建议乘敌部署未定错乱之时，中原野战军全部即发起江淮战役，分割歼敌，必要时华东野战军可抽两个纵队参战。邓小平12月30日致中央军委并告粟裕、谭震林电：中野各部必须休整，并争取补充时间，依我看，江淮之间或江汉之间恐无大仗可打，故仍以准备充分再行动似较妥善。如何，请军委核示。

1949年　五十六岁

1月1日　晨二时，关于同傅作义谈判问题，为中共中央军委起草复林彪电，指出："新保安、张家口之敌被歼以后，傅作义及其在北平直系部属之地位已经起了变化，只有在此时，才能真正谈得上我们和傅作义拉拢并使傅部为我所用。因此，你们应认真进行傅作义的工作。"你们应通过北平市党委将下列各点直接告诉傅作义：（甲）"目前不要发通电。此电一发，他即没有合法地位了，他本人和他的部属都可能受到蒋系的压迫，甚至被解决。"（乙）"傅氏反共甚久，我方不能不将他和刘峙、白崇禧、阎锡山、胡宗南等一同列为战犯，我们这样一宣布，傅在蒋介石及蒋系军队面前的地位立即加强了，傅可借此做文章，表示只有坚决打下去，除此以外再无出路；但在实际上，则和我们谈好，里应外合，和平地解放北平，或经过不很激烈的战斗解放北平。傅氏立此一大功劳，我们就有理由赦免其战犯罪，并保存其部属。"（丙）"傅致毛主席电，毛主席已经收到。毛主席认为傅氏在该电中所取态度不实际，应照上述甲、乙两项办法进行方合实际，方能为我方所接受。"（丁）"我们希望傅氏派一个有地位的能负责的代表偕同崔先生〔1〕及张东荪先生一道秘密出城谈判。"（戊）"傅氏此次不去南京是对的，今后亦不应去南京，否则有被蒋介石扣留的危险。"

〔1〕 指崔载之，当时任北平平明日报社社长。

1月2日 为中共中央军委起草复粟裕、陈士榘、张震并告邓小平、张际春电，同意一九四八年十二月三十一日来电所提关于对杜聿明集团发起总攻的建议。一月六日，华东野战军对杜聿明集团发起总攻，至十日下午，全歼杜聿明集团，俘虏徐州“剿总”指挥所主任杜聿明。至此，淮海战役胜利结束，共歼灭国民党军五十五万五千余人。十七日，毛泽东为中共中央起草致华东、中原两野战军首长和全体同志贺电：“淮海战役既然消灭了南线国民党军的主力，这就奠定了你们渡江南进夺取国民党匪巢南京，并解放江南各省的巩固的基础。”

1月3日 为中共中央军委起草致林彪电：“请令刘亚楼研究在攻击天津时，是否有办法使工业区避免破坏或减少破坏的程度。”

1月4日 就蒋介石的新年文告〔1〕，新华社发表毛泽东写的揭露战犯蒋介石求和阴谋的评论，指出蒋介石求和是为了保存中国反动势力和美国在华侵略势力。这个评论编入《毛泽东选集》时，题为《评战犯求和》。

1月6日 为中共中央军委起草致林彪、谭政电，指出：“如果敌人占据工厂顽抗，我军必须歼灭该敌，即使工厂有所破坏也不要顾惜。但是，如果天津其他区域的敌军均已解决，仅剩下工厂区的敌军而又有可能采用劝降方法解决，则应试图采用劝降方法，以便减少破坏。”本日，又为中央军委起草致林彪电：“攻天津时除应注意工厂区外，还应注意学校。如果敌人占据学校顽抗非用战斗手段不能解决时，自应使用战斗手段，即使有所破坏亦在所不惜；但如果使用劝降方法亦能解决时，则使用劝降

---

〔1〕 1949年元旦，蒋介石在新年文告中声称，要在保存中华民国的宪法、法统和军队等条件下，愿与共产党商谈停止战事，恢复和平的具体方法。

方法，以便减少对于学校的破坏程度。”

1月6日—8日 主持在西柏坡召开的中共中央政治局会议，会议讨论形势和任务。八日，会议通过毛泽东起草的《目前形势和党在一九四九年的任务》的决议。决议指出：在平津、淮海、太原、大同诸战役以后，就国民党的军事主力已经被歼这一点来说，国民党政权已经在基本上被我们打倒了。基本地打倒了国民党，不等于全部地打倒了国民党。“轻敌的观念无论何时是不应该有的，我们决不要使胜利冲昏自己的头脑。”“我们必须将革命进行到底，而不容许半途而废。”“一九四九年夏、秋、冬三季，我们应当争取占领湘、鄂、赣、苏、皖、浙、闽、陕、甘等九省的大部，其中有些省则是全部。”“一九四九年必须召集没有反动派代表参加的以完成中国人民革命任务为目标的各民主党派各人民团体的政治协商会议，宣告中华人民民主共和国的成立，组成共和国的中央政府，并通过共同纲领。”毛泽东在发言中说，关于经济建设的基本方针，去年九月会议已经决定。一方面，决不可认为新民主主义经济不是计划的、向社会主义发展的，而完全是资本主义世界。另一方面，必须谨慎，不能急于求社会主义化。合作化必须发展，但不可能很快发展，大概要准备十几年工夫，要长期地稳健地进行。如果希望搞社会主义，太快，会翻斤斗。中共二十八年，再加两年，完成全国革命任务，就是铲地基，花了三十年，但是起房子，这个任务要几十年工夫。高级干部要懂得，全国打开，事情方开始，那时会感觉比打仗还难。

1月7日 晨五时，为中共中央军委起草复林彪电：“我们基本方针是：只要傅能让我们和平接收平、津，允许傅部编为一个军，他本人可赦免战犯罪，保存私人财产，住在北平或出外边由他自定。他的部属的生命家财不予侵犯。除此以外，不能再允许给他什么东西，亦不能称为起义”。

同日　为中共中央军委起草致林彪电，指示："准备对北平城内机场发炮攻击，促使城内敌军分化。"

1月8日　国民党政府将备忘录分别递交美、英、法、苏四国政府，要求四国出面"调停"中国内战，相继被四国政府拒绝。

1月9日　晨二时，为中共中央军委起草复林彪、聂荣臻电：八日十五时电〔1〕悉。"你们应回答如下几点：（甲）平、津、塘、绥均应解决，但塘、绥人民困难尚小，平、津人民困难甚大，两军对峙，军民粮食均有极大困难，故应迅速解决平、津问题。（乙）为避免平、津遭受破坏起见，人民解放军方面可照傅方代表提议，傅方军队调出平、津两城，遵照人民解放军命令开赴指定地点，用整编方式，根据人民解放军的制度改编为人民解放军，并由双方代表于三日内规定具体办法，于一月十二日下午一点开始实施。平、津两处办理完毕后，即可照此办法解决塘、绥问题。（丙）政府中有进步人士，平、津报纸不只中共一家，是中共民主纲领〔2〕中原来就有的，故不成为问题。"

1月10日　为中共中央起草致林彪、罗荣桓、聂荣臻，平津前线各兵团，平津两市委、两军管会，华北局，东北局电，通知："为着统一领导夺取平、津，并于尔后一个时期内（大约有三个月），管理平、津、唐及其附近区域一切工作起见，中央决

---

〔1〕林彪、聂荣臻1949年1月8日15时致中共中央军委的电报中说：张东荪、周北峰昨晚抵此。据张谈，傅对张表示以下几点：（一）北平、天津、塘沽、绥远一齐解决；（二）要平、津以后能有其他报纸（意即不只是中共一家报）；（三）政府中要有进步人士；（四）军队不用投降或在城内缴枪的方式，采取调出城外分驻各地用整编等方式解决。如同意此方针，双方派代表协同拟定具体办法。

〔2〕指1947年10月10日公布的《中国人民解放军宣言》。

定以林彪、罗荣桓、聂荣臻三同志组织总前委，林彪为书记，所有军事、政治、财政、经济、粮食、货币、外交、文化、党务及其他各项重要工作均归其管辖，以一事权而免分歧。两市委、两军管会关于上述工作均直向总前委请示，由总前委向中央负责。”

同日　对晋绥分局关于党代会以后的综合报告，为中共中央写两个批注：（一）“各地均应发挥此种民主精神，均应建立代表大会及代表会议制度。”（二）“各地新区外均应建立人民代表会议制度，首先是区、村人民代表会议，方能防止命令主义与官僚主义。”

1月11日　为中共中央军委起草致林彪、聂荣臻电，指出：傅作义及其左右在接到我们意见后，企图叫我们迁就他们所设的范围（迫我就范），而拒绝我们迫傅就范的方针，明明不能指挥中央军，要说能指挥。此外，并提出什么报纸及政府用人等事，好像他们是代表人民说话，向我们要求民主权利。你们应将你们向周、张〔1〕宣布的三条电告北平党，叫北平党督促傅方实行。并严正地向傅左右（刘厚同〔2〕等）说明，傅方既不愿意执行我方所提意见，如果又不执行他自己所提的离城改编，那就是他反复无常，势将丧失信用。同时，请你们考虑，是否可以叫北平党将离城改编一点，在社会上及民主人士中适当地散播出去，使人们感觉我方做得仁至义尽。

同日　为中共中央军委起草复林彪、聂荣臻电：“同意命令傅方代表限天津敌先头部队至迟须于十三号十二时以前开出，否

〔1〕周，指周北峰，当时任国民党军华北“剿匪”总司令部土地处处长，是傅作义的和平谈判代表。张，指张东荪。

〔2〕刘厚同，当时是傅作义部少将参谋、高级军事顾问，曾是傅作义在保定陆军军官学校读书时的老师。

则我军将于十四号开始进攻，并向傅方代表指出，我方怀疑傅方借谈判拖延时间，故天津方面必须依照指定时间开出城外，并不得对于公私财产、军用物品及公文案卷有任何破坏损毁，否则必须全体缴械，并惩办其负责人。军队出城，只能携带随身枪弹。”

1月12日 收到林彪、聂荣臻关于傅作义决定派邓宝珊〔1〕出城谈判的来电后，为中共中央军委起草致林、聂电，指出：你们应根据我们一月十一日电当面向邓宝珊驳斥傅作义九日电〔2〕所持立场。“围城已近一个月，谈判如此之久，始终不着边际。自己提出离城改编，现又借词推托，企图拖延时间，实则别有阴谋，加重平、津人民的痛苦。傅如有诚意，应令天津守军于十三日全部开出城，听候处理。守军应负责移交一切公共财产、案卷、武器弹药、被服，不得有任何破坏损失。守军出城，只能携带随身枪弹物品。一切改编细目待出城后再说。否则我军将于十四日攻击天津。至于北平守军，可以推迟数日离城，但亦不能拖延太久。不是所谓由我军协助傅军解决抗不受命者，而是傅军协助我军入城解决一切敢于抵抗的部队。你们说这些话时应坚决明确。”还指出：“估计天津守军十三日必不会按照我们所说的时间、条件出城，你们应准备于十四日攻击天津。”

同日 关于对付天津守敌的方针问题，为中共中央军委起草

---

〔1〕 邓宝珊，当时任国民党军华北“剿匪”总司令部副总司令，是傅作义的和平谈判全权代表。

〔2〕 傅作义1949年1月9日通过北平《平明日报》采访部主任李炳泉（中共地下党员）转给林彪、聂荣臻的电报中说：有关部队问题，“亟需缜密计划，妥慎实施，方可避免糜烂，不违初衷”。“部队出城时间，须视准备工作进行之程度及双方细节问题具体商决约定。万一有少部分不听命令，尚须双方在技术上预有商订”。

致林彪、聂荣臻电："天津既有单独谈判[1]，即可单独处理，可以不包括在邓宝珊的谈判之内。""天津之敌如能接受你们所提限时缴械之条件，你们即可不经攻击而占领天津，如该敌不能接受你们所提条件，则你们应于适当时间内攻占天津。"

同日 为中共中央军委起草复粟裕、陈士榘、张震并告邓小平、张际春电："（一）同意华野以一个兵团进驻蚌埠地区，其余各兵团分驻陇海南北适当地点以就粮为原则。（二）华野、中野休整时间现定两个半月，由子删[2]起至寅世[3]止，每半月为一期，共为五期。望按此部署休整，并完成渡江作战诸项准备工作，待命出动。"从本日至二十五日，华东野战军一部先后解放怀远、五河、蚌埠、合肥、扬州等十四城。

1月14日 中共中央主席毛泽东发表关于时局的声明，指出："中国共产党愿意和南京国民党反动政府及其他任何国民党地方政府和军事集团，在下列条件的基础之上进行和平谈判。这些条件是：（一）惩办战争罪犯；（二）废除伪宪法；（三）废除伪法统；（四）依据民主原则改编一切反动军队；（五）没收官僚资本；（六）改革土地制度；（七）废除卖国条约；（八）召开没有反动分子参加的政治协商会议，成立民主联合政府，接收南京国

---

〔1〕 指1949年1月1日天津市参议会派出的4名代表同人民解放军天津前线司令员刘亚楼的谈判。刘亚楼在谈判时提出4点：（一）天津为华北主要工业城市，人民解放军甚盼和平解决，借免遭受战争破坏。（二）一切天津国民党军队，应自动放下武器，人民解放军保证这些军队官兵生命财产的安全及去留自便。（三）人民解放军停战24小时，等候天津守军的答复。（四）如果天津守军不愿自动放下武器，则人民解放军将发动进攻，天津守军的首领们应当担负使天津遭受战争破坏的责任，而受到严厉惩罚。

〔2〕 子删，即1月15日。

〔3〕 寅世，即3月31日。

民党反动政府及其所属各级政府的一切权力。中国共产党认为，上述各项条件反映了全国人民的公意，只有在上述各项条件之下所建立的和平，才是真正的民主的和平。”声明要求中国人民解放军全体指战员，在国民党反动政府接受并实现真正的民主的和平以前，丝毫也不应当松懈自己的战斗努力。对于任何敢于反抗的反动派，必须坚决、彻底、干净、全部地歼灭之。这个声明编入《毛泽东选集》。

同日 为中共中央起草致东北局电，告知：“为着揭穿南京的和平欺骗，中央于本日发表在八个条件下愿意与南京进行和谈的声明。你们收到这一声明后，应即邀请各民主人士开座谈会，希望他们予以响应。欢迎大会可在这一座谈会商得一致意见后再开。”本日，又为中共中央起草致各中央局、分局、工委、总前委、前委并转所属电，指出：“为了揭穿和击破南京政府的和谈欺骗，中央于本日发表在八个条件下愿与国民党进行和平谈判的声明，这与新年献词《将革命进行到底》没有丝毫的矛盾。望向党内加以解释。”

同日 和朱德、周恩来复电中国国民党革命委员会主席李济深，对他抵达沈阳，表示欢迎。

同日 东北野战军对拒绝放下武器接受和平改编的天津守敌发起攻击。十五日下午解放天津。二十一日，毛泽东为中共中央军委起草致林彪、罗荣桓、刘亚楼、谭政并转所属的贺电。

1月15日 为中共中央起草致东北局并告各中央局、分局，各前委电，指出：“我方提出之八个和平条件是针对蒋方五个条件〔1〕

---

〔1〕 指蒋介石在1949年1月1日《新年文告》中提出的关于和平谈判的5个条件：“无害于国家的独立完整”；“有助于人民的休养生息”；“神圣的宪法不由我而违反，民主宪政不因此而破坏，中华民国的国体能够确保，中华民国的法统不致中断”；“军队有确实的保障”；“人民能够维持其自由生活方式与目前最低生活水准”。

的。蒋方有宪法、法统、军队三条，我方亦有此三条。蒋提保持国家独立，我提废除卖国条约。蒋提保持自由生活方式及维持最低生活为一条，我则分提没收官僚资本、改革土地制度两条。此外，我方的第一条（惩办战犯）及第八条（政协、联府、接收）是严正战争责任与不承认南京政权继续存在。双方的条件都是对方不能接受的，战争必须打到底。故与新年献词毫无矛盾，而给人民解放军及国民党区域被压迫人民一个打击国民党的武器，揭露国民党所提和平建议的虚伪性及反动性，望向党内干部及民主人士妥为解释。”

同日　起草平津前线司令员林彪、政治委员罗荣桓致傅作义公函，敦促傅作义尽快接受和平解决北平问题的条件。公函指出：“贵将军身为战争罪犯，如果尚欲获得人民谅解，减轻由战犯身份所应得之罪责，即应在此最后时机，遵照本军指示，以求自赎。办法如下：（一）自动放下武器，并保证不破坏文化古迹，不杀戮革命人民，不破坏公私财产、武器弹药及公文案卷。如贵将军及贵属能够做到这些，则本军保证贵部官兵生命、财产之安全。对于贵将军的战犯罪责，亦有理由向人民说明情况，取得人民谅解，予以减轻或赦免。（二）如果贵将军及贵属不愿意自动放下武器，而愿意离城改编，则本军为保全北平不受破坏起见，也可以允许这样做。本军可以允许贵军离开北平，开入指定地点，按照人民解放军的制度改编为人民解放军。上述两项办法，任凭贵将军及贵属自由选择。本军并愿再一次给予贵将军及贵属以考虑及准备之充分时间。此项时间，规定由一九四九年一月十七日上午一时起，至一月二十日下午十二时止。如果贵将军及贵属竟敢悍然不顾本军的提议，欲以此文化古城及二百万市民财产为牺牲，坚决抵抗到底，则本军为挽救此古城免受贵将军及贵属毁灭起见，将实行攻城。”

同日 下午四时，为中共中央军委起草复林彪、罗荣桓、聂荣臻电，指出："邓宝珊可留他多住一天，将一个正式文件[1]交他带回给傅作义，此文件随本电发给你们，是准备于必要时公开发表的。"此电尚未发出，晚八时又续写以下内容："上电及致傅通牒写好后，接到转来傅致邓、周[2]各电及攻克天津电，证明傅作义业已动摇，但还有许多反动观点及妄想。例如傅作义十四日还在指挥陈长捷夺回突破口，施用炸药抵抗，而在十五日十五时致邓宝珊电内又谓在此时期再有一人一物之伤亡损坏，为国家为人民均所不应。不说他自己下令停战，而说要我方停战。北平城内成立联合机构一点，似乎仍有和我方分享政权之意。因此仍须将致傅通牒交与傅方代表。你们并应对邓、周表示，在傅方没有事实表现以前，我方对傅氏答应的话仍取怀疑态度。"

同日 中共中央军委发出指示：根据战争的发展，去年十一月一日规定各野战军冠以军区地名已不适合，决定：西北野战军改称第一野战军，中原野战军改称第二野战军，华东野战军改称第三野战军，东北野战军改称第四野战军。随后，各野战军根据中央军委的决定于二三月间相继更改了番号。华北军区三个兵团改称第十八、第十九、第二十兵团，仍由中央军委直接指挥。

1月16日 寅时，关于同傅作义代表谈判和平解放北平问题，为中共中央军委起草致林彪、罗荣桓、聂荣臻并告彭真、叶剑英电，指出："对于傅作义所提我军数日内暂缓入城及由傅我双方组织联合委员会，临时接管市政，然后过渡到完全由我接管，你们不要正面拒绝。我军事实上不能在数日内入城。敌军开

---

〔1〕 指毛泽东为林彪、罗荣桓起草的致傅作义公函（又称致傅通牒），敦促傅作义尽快接受和平解决北平问题的条件。

〔2〕 邓、周，指邓宝珊、周北峰。

出城外时，我军入城分布接管各处的若干天内，不但需要傅方协助维持秩序，而且必须责成傅方维持秩序。北平旧市政府及其下面各局、所，特别是警察、自来水、电话等机构，若干天内均可让其暂维现状，听候逐一接管。”下午六时，就同傅作义代表谈判和平解放北平问题，再致电林、罗、聂，指出：“傅方要求军队出城，不要开得太远及各部驻地不要过于分散，这是惧怕缴械的表示。我们意见，第一步你们可以答应他们这样做，使他们放心出城。地点似可指定通县、香河、三河区域。第二步再照你们所拟办法将彼军分散插驻我军各纵之间，实行整编。第二步办法现在不要过早提出。”同时提出：“积极准备攻城。此次攻城，必须做出精密计划，力求避免破坏故宫、大学及其他著名而有重大价值的文化古迹。你们务必使各纵首长明了，并确守这一点。让敌人去占据这些文化机关，但是我们不要攻击它，我们将其他广大城区占领之后，对于占据这些文化机关的敌人再用谈判及瓦解的方法使其缴械。即使占领北平延长许多时间，也要耐心地这样做。为此，你们对于城区各部分要有精密的调查，要使每一部队的首长完全明了，哪些地方可以攻击，哪些地方不能攻击，绘图立说，人手一份，当做一项纪律去执行。”电报还要求将天津工业及文化机关受损失的情况查明电告。

1月17日　复电中国农工民主党中央监察委员会主席彭泽民，对他抵达沈阳表示欢迎。

同日　复斯大林一月十四日电〔1〕：“我决定暂时不来莫斯科。我们十分欢迎你们派一位政治局的同志来中国，地点似在石

---

〔1〕 斯大林1949年1月14日致电毛泽东：“目前你留在中国是很必要的。如果你愿意的话，我们可以立即派遣一位政治局的负责的委员到你们那儿来”。

家庄为适宜。这里比较隐蔽，可以去到我们中央所在地，可以和我们中央书记处五个同志一起谈许多问题（目前主要是政协问题、联合政府问题、外交政策问题）。”“假如你们同意这样做，来的时间以本月底或下月初为适宜。”

1月19日 和周恩来致电在上海的宋庆龄：“中国革命胜利的形势已使反动派濒临死亡的末日，沪上环境如何，至所系念。新的政治协商会议将在华北召开，中国人民革命历尽艰辛，中山先生遗志迄今始告实现。至祈先生命驾北来，参加此一人民历史伟大的事业，并对于如何建设新中国予以指导。”

同日 审阅修改中共中央关于外交工作的指示稿，并在其中的“具体政策”部分加写了两项：（一）“外交关系。凡属被国民党政府所承认的资本主义国家的大使馆、公使馆、领事馆及其所属的外交机关和外交人员，在人民共和国和这些国家建立正式外交关系以前，我们一概不予承认，只把他们当作外国侨民待遇，但应予以切实保护。对于这些国家的武官，应与外交人员同样看待。但对美国武官，因其直接援助国民党打内战，则应派兵监视，不得给以自由。对于苏联及新民主国家的领使馆及其所属的外交机关和人员，因为他们的外交政策是与资本主义国家的外交政策在根本上不同的，故我们对待他们的态度亦应根本上不同于资本主义国家。但因人民国家现在和他们尚和其他外国一样没有建立正式外交关系，故我们现在和他们的在华外交机关之间，亦只作非正式的外交来往，其所属武官同。”（二）“最后，也是最重要的一项，不允许任何外国及联合国干涉中国内政。因为中国是独立国家，中国境内之事，应由中国人民及人民的政府自己解决。如有外国人提到外国政府调解中国内战等事，应完全拒绝之。”

1月20日 为中共中央军委起草复林彪、罗荣桓电，指出：

“根据莫文骅报告[1]看来，北平出城谈判之十个代表是傅作义布置准备和我们和平解决的一个步骤。此种代表出城谈判，对于我们争取北平人心向我，瓦解敌军内部及促使傅作义出城改编是有益的。如该代表等再来要求见你们或见叶[2]时，应妥为护送招待，并接见他们，但要警惕其可能的破坏行为。”

同日 为中共中央军委起草复林彪、罗荣桓电：“同意你们规定北平守军各部开至沿平汉、津浦两线之间及三河、香河地区驻扎。但我军应重新部署，对敌军驻地取包围控制态势。并须对我军各部首长下达通令，使他们明了策略意图。”

同日 为中共中央起草致中共天津市委并告林彪、罗荣桓、聂荣臻及中共北平市委电，指出：“你们对待外国人的每一具体步骤，均应事先向中央提出意见，经中央批准才能行动。”

同日 起草周恩来、李克农[3]复在香港的潘汉年电，让他以下列各点答复黄绍竑[4]：“（一）中共对时局的态度已见毛主席十四日声明，任何方面均可照此声明去做。（二）南京集团是主要内战罪魁。李、白[5]对内战亦负有责任，如欲减免内战罪责，必须对

---

〔1〕 林彪、罗荣桓1949年1月19日给中共中央军委转去的第4纵队政治委员莫文骅的报告说：我与北平出来谈判之代表见面，他们之中以何思源为首，谈话中表示要给傅作义一条路走，不要逼得太紧，双方代表谈判应和平解决，以免北平打坏了，并要求见叶参谋长。我已将总部指示向北平出来之10个代表提出，当时大家认为满意，干脆、很宽大，特别是傅部撤出城外听候改编及保障其本人、军官家属财产安全。谈话后已将代表全部送回北平。

〔2〕 叶，指叶剑英。

〔3〕 李克农，当时任中共中央社会部代理部长。

〔4〕 黄绍竑，当时任国民党中央监察委员和国民党政府委员、立法委员。

〔5〕 李，指李宗仁。1949年1月21日任国民党政府代理总统。白，指白崇禧，当时任国民党军华中“剿匪”总司令部总司令。1949年4月任国民党军华中军政长官公署长官。

人民解放事业有具体而确实的贡献。如李宗仁尚欲取蒋而代，白崇禧尚欲获得美援反对我军，则将不能取得人民谅解，可以断定无好结果。（三）如白欲派代表与刘、邓〔1〕联络，可到郑州市政府接洽。”

同日 致电爱国华侨领袖、美国纽约安良工商总会总经理司徒美堂，邀请他回国参加新的政治协商会议：“至盼先生摒挡公务早日回国，莅临解放区参加会议。如旅途尚需时日，亦祈将筹备意见先行电示，以利进行。”

同日 致电爱国华侨领袖、南洋新加坡南侨总会主席陈嘉庚，邀请他回国参加新的政治协商会议：“先生南侨硕望，人望所归，谨请命驾北上，参加会议。”

1月21日 晨四时，关于傅作义部出城整编的部署问题，为中共中央军委起草复林彪、罗荣桓电：“你们应即告苏静〔2〕转告傅、邓〔3〕：（一）傅、邓既决心站在有利于人民事业方面，则我们便必须告诉他们对蒋介石死党提起警觉性，他将他自己的主力一〇一军及骑四师首先开出城外，他是否有把握命令十三军、九十四军〔4〕等部亦能出城，对于这一点我们是怀疑的。如果蒋党不但不服从傅令反而将傅总部包围攻击，傅是否尚有足够兵力抵抗，以待我们之援助。蒋党暗害及蒋机轰炸亦须预为计及。（二）一〇一军可以先出城，由我军接替广安门、右安门一带防务，然后令中央军各部依次出城，由我军依次接防。骑四师及其他傅部最后出城，似较稳当。（三）如傅确已一切部署妥当，则

〔1〕 刘、邓，指刘伯承、邓小平。

〔2〕 苏静，当时任东北野战军司令部作战处处长，是人民解放军方面参加北平和平解放谈判人员。

〔3〕 傅、邓，指傅作义、邓宝珊。

〔4〕 第13军、第94军，为驻北平的国民党军中央系部队。

第一个军出城日期可照原议在二十二日；如傅尚未部署妥当（主要是中央军问题），则我方可以推迟几天时间。”

同日　以中共发言人名义发表对南京行政院的决议的评论，对一月十九日国民党政府行政院决议提出的所谓政府“愿与中共双方立即先行无条件停战，并各指定代表进行和平商谈”的建议给予驳斥，指出这是完全置中共十四日声明于不顾，把和平之门从此关死了，如果要谈判，则只有取消这个毫无理由的决议。这个评论编入《毛泽东选集》时，题为《中共发言人评南京行政院的决议》。

同日　蒋介石以“因故不能视事”宣告“引退”，其“总统”职务由“副总统”李宗仁代理，但蒋介石在奉化故里仍以国民党总裁身份秘密指挥部队。

1月22日　傅作义正式接受中国共产党提出的和平解放北平的条件，接受改编。自本日起，按照双方的协议，北平城内的国民党守军开始到城外指定地点，听候改编。

同日　晨四时，为中共中央军委起草致林彪、罗荣桓、刘亚楼电，指出：“（一）为使东北全军于解决北平问题后，能立即进入休整，应付迅速变动的全国局势起见，太原作战以华北部队担任为适宜，但你们必须配属必要数量之炮兵。（二）北平二十余万敌军出城改编，你们须令各兵团、各纵首长均看作一件大事，全军紧张地周密地在你们的统一指挥下对付这一个大事件，达到完满地处理此事件之目的，务必不要有轻敌疏忽之观点。”

同日　下午六时，为中共中央军委起草复林彪、罗荣桓、聂荣臻电：“（一）你们应同意与傅作义会面。（二）会面时间，以十三军、九十四军有一个军开出城外以后之时为适宜，如该两军抗不出城须面商协同作战事宜，则可以早日会面。（三）会面地点，以在前次你们与邓宝珊会面之处或其他适当地点为宜。（四）

会面时你们对傅应有礼貌地接待他，并表示诚恳态度，如同你们最后一次对邓宝珊谈话所取态度那样。”

同日 修改新华社《评南京政府伪代总统李宗仁任命内阁阁员》新闻稿，其中写道：“李宗仁及其何应钦内阁，今后究竟是确实地接受并执行中国共产党的八项和平条件[1]，实现人民所需要的和平，并借此使他们自己获得悔过自新将功折罪的机会呢？还是假借所谓‘合理的，公平的，全面的和平’的名义，求得保存反革命势力，并掩护其继续战争呢？证明这一点的时机已日益迫近，只待举行和平谈判就可以见分晓。”

同日 相继到达解放区的各民主党派、各人民团体的代表人物及其他民主人士李济深、沈钧儒、马叙伦、郭沫若等五十五人发表对时局声明，表示坚决拥护中共中央毛泽东主席十四日声明中所提出的八项和平条件，反对国民党政府的假和平阴谋。

同日 李宗仁发表文告，宣称“中共方面所提八项条件，政府愿即开始商谈”，决定派邵力子、张治中、黄绍竑、彭昭贤、钟天心五人为和平谈判代表。

1月23日 晨四时，为中共中央军委起草复林彪、罗荣桓、聂荣臻电：“同意你们的意见，允许傅方成立结束办事处。其职务为对出城部队之管理约束，并与联合机构联系办理出城部队之补给事项。至于结束办事处存在之时间，以上述职务逐步交与人民解放军平津前线司令部及其所属补给机构接管完毕之时为止，不要呆板规定在出城部队整编完毕后结束。”

同日 晨五时，为中共中央军委起草致林彪、罗荣桓、聂荣臻并告李井泉电：“绥远方面我只有姚喆八纵不到一万人，战力

〔1〕 指1949年1月14日《中共中央毛泽东主席关于时局的声明》中提出的八项和平条件。

很弱，而傅、邓两部则有三万人以上。目前只好暂维现状，谈不上军队改编。至于停止战斗，恢复通车，双方派人联系（由井泉主持）等工作，则可立即开始进行。”

1月24日 从林彪、罗荣桓、聂荣臻转来傅作义方面的电报中获悉，白崇禧派出的代表黄启汉、刘仲华到达北平，为中共中央军委起草致林、罗、聂并告彭真、叶剑英电：“可令他们即见剑英，探明来意，以凭处理”。

同日 和周恩来复电李济深：“北平解放在即，晤教非远，诸容面叙。”

同日 关于解决太原的部署，为中共中央军委起草复林彪、罗荣桓、聂荣臻，杨得志、罗瑞卿、耿飚，杨成武、李天焕并告华北局及徐向前、周士第、陈漫远电：“（一）北平和平解决后，太原亦有和平解决之可能。华北第一、第二兵团的大休整，应放在夺取太原之后。（二）杨、罗、耿，杨、李待林、罗派出接替所任防务之部队到达后，即开至石家庄附近休整半个月，即向太原开进。（三）东北临时配属之两个炮兵团，即直接向太原开进，受徐、周、陈指挥，控制太原一切机场，迫使阎匪谈判，和平接收太原。如阎匪顽抗则待华北二、三兵团到达后，实行攻城。”

同日 为中共中央军委起草致林彪、罗荣桓，聂荣臻、叶剑英、彭真电：据息，北平郭宗汾[1]告阎锡山称，北平已于二十二日晨休战。并称，今后发电及郭个人自由能否获得，恐成问题。另据息，郭宗汾、王怀明、梁化之、杨贞吉、贾龙芝、程继忠、曹国忠、宫子清、赵恭（以上六名为阎军师长）等之家属，

---

〔1〕郭宗汾，在北平和平解放前任国民党军华北“剿匪”总司令部副总司令。当时是傅作义的和平谈判代表。曾任以阎锡山为主任的国民党军太原绥靖公署参谋长，在北平有电台同阎锡山联系。

现均在北平。请你们注意对郭宗汾、王怀明及阎军师长在北平之家属拉一把。请叶剑英入城后经傅作义、邓宝珊介绍，找郭宗汾谈判和平解决太原、大同问题，郭宗汾在北平的电台亦让其存在，不要没收。

1月25日 以中共发言人的名义发表关于和平谈判问题的谈话："我们愿意在一月十四日毛泽东主席对时局声明的基础之上和南京反动政府谈判和平解决的问题。""谈判的地点，要待北平完全解放后才能确定，大约将在北平。"谈话中还指出："彭昭贤是主战最力的国民党CC派的主要干部之一，人们认为是一个战争罪犯，中共方面不能接待这样的代表。""我们尚未发表全部战争罪犯名单，去年十二月二十五日新华社发表的仅仅是第一批名单，发动内战残杀人民的国民党反动派中的主要负责人员决不止四十三个。"

1月26日 为中共中央起草致林彪、罗荣桓、谭政并告北平市委、天津市委，各中央局、分局、前委电，指出："我军入北平，只宣传约法八章及毛主席一月十四日声明，不要再发出任何口号。不论军队或党、政，都应如此。你们所拟十六条口号中，有些已包括在约法八章内，例如'没收官僚资本'，而约法八章内很多重要内容十六条口号中又未提到，故很不完全，使人怀疑这些重要内容似乎不重要了。'实行土地改革'一条，实行于大城市附近的种菜地有很多不适宜的地方，乡村中的土地改革办法，决不能施行于大城市附近。'消灭封建势力'一条宣传出去，必致惊动许多老官僚、老军阀及大批藏在北平的土豪劣绅，以为就要动他们了，他们将大起恐慌，埋藏财物，对于我们将来逐步地用征税方法或其他适当方法去吸收他们适当分量的财富归公的政策，会要发生困难。目前时期，在大城市中，对于这类封建财富，以保存不动为有利。'把革命进行到底'、'打到南京去消灭国民党反动派’两条口号，只应在军队中做实际教育，而不要当作标语写在北平、天津这样的大城市里，也不要当作单纯的口号登在大城市报纸的广告上，也不要在我军尚未实行打南京时，在平、津这类大城市的市民会议上去叫出来，这样去写、去登、去叫这两个口号，就显得很不策略。因为我党正在根据毛主席一月十四日声明准备和南京的代表开谈判，借以击破美帝及国民党的和平攻势，并争取仿照和平解决北平问题的榜样去和平地解决南京等处的问题（假如有此可能的话）。”“此外，在平、津这类大城市的墙壁上写大字标语是否适宜，亦值得考虑。我们觉得，以张贴一月十四日声明及约法八章的印刷品为适宜。总之，在大城市工作的作风，决不能搬用在乡村工作的作风。在大城市，凡事均须从新仔细考虑，一举一动都要合乎城市的情况。凡属处理较重要的新事件，均须事前向上级请示，以免犯了错误，收不回来，影响很坏。务望注意。”

同日　为中共中央起草致华东局、华中工委并告刘伯承、陈毅、邓小平、粟裕、谭震林，中原局，豫皖苏分局并转所属电，指出：“据华中工委报称，华中某分区地委一级同志不向上级请示，擅自回答从广州来的一个外国记者及从上海来的一个中国杂志社记者很多带侦察性和挑拨性的问题。他们似乎完全不知道事先要请示这样一件事，或者虽然知道，但不愿意请示，以致被敌人钻了空子。”“以后各地对于从国民党区域来的一切情况不明的中外记者，必须拒绝接谈任何问题。对于确系革命的或同情的记者是否接谈，亦须请示上级决定。任何下级人员，不得擅自表示态度。”

1月27日　审阅修改中共中央《关于国民党三青团及特务机关的处理办法》稿，加写三段话：（一）“我军占领的城市在其秩序安定以前，不要忙于宣布对于国民党、三青团及特务机关的处理办法，这种急忙宣布处理是盲目的，没有效力的，易使敌人隐藏和使自己被动。在社会秩序已经安定，我们对城市情况已经大体明了，那就必须着手有准备地有系统地处理这些反动组织。”（二）“如果我们一定要一切国民党、三青团的普通党员、团员一律登记，则纷扰太大，易于引起恐慌，故以不登记为有利。”（三）“我们有了党员、团员的名单，对其组织情况已全部明了，对其中的坏分子可以随时处分，故免于登记并无危险。”

1月28日 以中共发言人名义发表关于命令国民党反动政府重新逮捕前日本侵华军总司令冈村宁次和逮捕国民党内战罪犯的谈话。这是针对国民党政府国防部审判战犯军事法庭一月二十六日宣判冈村宁次无罪而发表的。这个谈话编入《毛泽东选集》。

同日 在周恩来起草的致吴克坚〔1〕的电报上，加写一段话："望要刘仲容〔2〕即去告李、白绝不要相信蒋介石的一套，桂系应准备实行和蒋系决裂，和我方配合解决蒋系，才能在人民面前和蒋系有所区别。”

同日 为中共中央军委起草给在商丘的刘伯承、陈毅、邓小平电："白崇禧派来的代表，你们可以接见，探明来意电告。”

1月31日 傅作义部主力全部移出北平，人民解放军开始入城接防。北平宣告和平解放。自去年十一月二十九日至本日，历时六十四天的平津战役胜利结束，共歼灭和改编国民党军队五十二万余人。

同日 为新华社写《和平结束北平战事经过》新闻稿。其中

---

〔1〕 吴克坚，当时受中共中央委派，在上海负责党的隐蔽战线的情报联络工作。

〔2〕 刘仲容，当时任国民党军华中“剿匪”总司令部参议。在国民党政府决定派出和谈代表团后，李宗仁、白崇禧派遣刘仲容秘密到解放区同中共方面联系。这时刘到达上海，同中共上海党组织取得了联系。

全文公布了毛泽东为林彪、罗荣桓起草的致傅作义公函。并指出："此公函系于一月十六日在人民解放军平津前线司令部当面交给傅作义将军的谈判代表邓宝珊将军和周北峰将军者。当日邓宝珊将军偕同林彪将军的代表入城联络。傅作义将军即决心接受人民解放军的指示，愿令其所部出城听候改编为人民解放军。此后数日，又经数度接洽，解决关于双方交接过渡期间的若干问题。傅作义将军于二十一日将协议诸点（但不完全）经国民党中央社公告，傅部即于二十二日开始履行协议。至本日（三十一日）傅部主力移动完毕，人民解放军开始入城接收北平防务。"

同日 苏共中央政治局委员米高扬受斯大林委托飞抵石家庄，随即转乘汽车至平山县西柏坡中共中央驻地。当天，毛泽东和刘少奇、朱德、周恩来、任弼时等会见米高扬。其后，同米高扬多次会谈。在会谈中，毛泽东说，到目前为止，中国革命发展较为迅速，军事进展也较快，比过去我们预计的时间要短些，就能过长江，并向南推进。估计渡过长江后，用不了多少时间，就可以攻克南京、上海等大城市。我们的口号是：打过长江去，解放全中国。面临的问题是建立新政权。这个政权是无产阶级领导的工农联盟为基础的人民民主专政。毛泽东还介绍了即将召开新的政治协商会议，成立有各民主党派、各人民团体、无党派民主人士参加的联合政府。他说，虽然政府的组织形式和苏联、东欧国家有所不同，但其性质与宗旨仍然是在共产党领导下的，将来的目标是实现社会主义和共产主义。国家一解放，接踵而来的任务是恢复生产和经济建设。关于中国对外政策，是打扫好房子再请客，真正的朋友可以早点进屋子里来，但别的客人得等一等。二月八日，米高扬离开西柏坡回国。

2月1日 为新华社写关于北平问题和平解决的基本原因的新闻稿。指出：和平解决北平问题的基本原因是人民解放军的强大与胜利。北平人民，包括劳动人民，资产阶级及绅士们在内，一齐渴望和平解决，又是一个原因。北平和平解决的再一个原因，是近二十万的国民党军队除少数几个死硬分子外，从兵士们到将军们，一概不愿打了。

2月2日 和朱德复电李济深、沈钧儒、马叙伦、郭沫若等五十六位民主人士，对他们二月一日来电祝贺人民解放战争的伟大胜利极感盛意，并指出："诸先生长期为民主事业而努力，现在到达解放区，必能使建设新中国的共同事业获得迅速的成功。"

2月3日 为中共中央起草致林彪、罗荣桓、聂荣臻，叶剑英、彭真电："（一）对傅态度如新华社公开所表示者，他过去做的是错的，此次做的是对的。他的战犯罪我们已经公开宣布赦免，断不会再有不利于他的行动。他不应当搞什么中间路线，应和我们靠拢，不要发表不三不四的通电，应发表站在人民方面即我们方面说话的通电。如果他暂时不愿发这样的通电，也可以，等一等想一想再讲。以上态度应向傅本人及傅左右公开明确反复说明，特别是对邓宝珊、周北峰、王克俊、阎又文诸人你们要多做工作。目前留傅住在北平（城内或城外）对改编傅部和争取太原、武汉、南京、上海的局部和平解决都有必要，目前不要让他飞到绥远去。将来他去绥远或他处都是可以的。入城后，请林彪和傅、邓见面扯开谈一次。（二）南京公布有南京地方人民代表团八人一日飞平，不久并有上海颜惠庆、章士钊、江庸、陈光甫、冷御秋五人代表团来北平，据说他们是得李宗仁同意，从事沪宁局部和平试探工作的。你们不要拒绝他们来平。他们到平后，你们应有礼貌地招待他们，探明来意，报告中央。"

同日 上午十时，人民解放军在北平隆重举行入城式。

同日 为中共中央起草复彭真、叶剑英并告林彪、罗荣桓、聂荣臻电："北平电信局无线电台目前若干天内，可听其照旧与京、沪等地保持联络，但应派出军事代表前往监督，并防止其逃匿器材”。“飞机场应立即控制于我手中，对民航机暂时可在我方同意的条件下，有限制地降落”。

同日　中共中央发出指示，要求华东、华中、华北、中原、东北各中央局调集干部，集训待命，准备随军渡江南进。

2月5日　以中共发言人的名义发表关于和平条件必须包括惩办日本战犯和国民党战犯的声明。这个声明编入《毛泽东选集》。

同日　为中共中央起草复林彪、罗荣桓、聂荣臻电，指出：“依整个形势看，武汉、京、沪、长沙、南昌、杭州、福州、广州均有按照北平方式解决的可能。虽然仍有再打几仗的可能，但是各地逐一和平解决的可能是很大的，太原亦有此种可能性。因此争取傅作义站在我们方面有十分必要。”“太原如能照北平样和平解决，阎锡山又能作上述傅作义那样的表示，我们亦可照待遇傅作义那样待遇他。”“只要李、白能站在有利于人民事业的一方面，依照北平办法解决京、沪、汉等处问题，我们即会以对待傅的态度对待他们。”

同日　为中共中央起草复彭真、叶剑英、徐冰〔1〕电，同意让刘仲华回南京一次。并指出：“上海五代表及李之私人代表如果不是为着进行和平攻势，而是真想用和平方法解决京、沪、汉问题（全国问题谈不到），则我们可以许其来平和我方地方人员（北平市长）试谈一次；如果是为着美蒋利益欲来进行所谓和平攻势，则无来平之必要，即使来了，我们亦必尖锐地揭露之。此点请叶明确地告诉刘仲华，叫他回去通知李、白及上海、南京、武汉想来谈和者。”

---

〔1〕 徐冰，当时任北平市副市长。

2月7日 以中共发言人名义发表关于甘介侯[1]声明的谈话，指出：据国民党政府中央社五日上海电称，“甘介侯声明颜惠庆、章士钊等六人组织之和平代表团，将于二三日内飞往北平”。“中共发言人声明：如果上海颜惠庆、章士钊诸先生是以私人资格前往北平参观，并于国事有所商谈，则北平市长叶剑英将军准备予以接待。如果照甘介侯声明‘代表团之唯一任务为从事敲门，敦促中共迅速指派和谈代表，并决定和谈之时间、地点，以便政府代表团前往开始和平商谈’，则中共早已声明，和平谈判的准备工作尚未做好，目前无从谈起，我们对于任何方面的人暂时均不准备接待。”

2月8日 为中共中央军委起草复邓小平、陈毅并粟裕、谭震林，华东局，华中工委，中原局并告林彪、罗荣桓电，指出：“你们加紧整训，准备提前一个月出动，甚好。望照此去做，不要放松。但在实际上，三月仍需整训，并需着重学习政策，准备接收并管理大城市。今后将一反过去二十年先乡村后城市的方式，而改变为先城市后乡村的方式。军队不但是一个战斗队，而且主要地是一个工作队。军队干部应当全体学会接收城市和管理城市”。这个电报编入《毛泽东选集》时，题为《把军队变为工作队》。

2月9日 为中共中央军委起草致刘伯承、陈毅、邓小平，粟裕、谭震林并告林彪、罗荣桓电，指出：“林罗军决在平津地区休整至三月底为止。在此期内，须改编与溶化二十万傅作义军，修复津浦路津济段及平汉路郾城驻马店段，并夺取太原。四月上旬你们开始渡江行动时，林、罗即由铁路先运两个军至三个军共约十二万至十八万人直达信阳，夺取信阳、孝感之线，威胁汉口，

〔1〕 甘介侯，当时为李宗仁私人顾问。

使武汉方面之敌不敢轻动。林罗主力，亦于该时步行南下。”

2月10日 为中共中央起草复彭真、叶剑英并告林彪、聂荣臻电，指出：“你们对南京代表团[1]所取态度是适当的。”“你们可向桂系有关的代表暗示，只要桂系今后行动是站在有利于人民解放事业及能达成真正持久和平之目的，我们是不会拒绝他们的。”“你们应对代表们表示，对于天津、上海恢复通船、通邮及商业联系感到兴趣，如果他们在此点上能起某些作用，我们是欢迎的。”“代表们所谓另立新中央，不如利用和谈占有国际已经承认的旧中央，运用旧中央权力实行对蒋系讨伐等语，是真正代表美国和桂系的意见，在这些方面你们不要表示态度。”

同日 为中共中央起草复潘汉年电：“你可以和左恭、钟天心[2]见面，告诉左、钟，战争罪犯只有蒋介石及其死党中那些罪孽深重的人们不能赦免，其他各人包括孙科、薛岳、余汉谋、张发奎等在内，只要他们在将来某种紧急时机能够站在有利于人民事业的方面，反对帝国主义、封建主义、官僚资本主义，愿受中共领导，则他们过去的罪恶行为可能取得人民的谅解而予以赦免，并给以新的出路。你应乘此时机抓紧对孙科、薛岳、余汉谋等人的工作。”

同日 阅杨得志、罗瑞卿、耿飚、潘自力[3]关于部队学习

---

〔1〕 指南京人民和平代表团。这个代表团由当时南京人民和平促进会组成，成员有邱致中、吴裕后、曾资生、邓季雨、宋国枢、夏元芝、吴哲生、苗迪青、刘达逵、黄诺等。1949年2月6日至11日代表团以私人资格来北平同中国共产党方面商谈国是。在北平期间，叶剑英等曾两次同他们接谈。

〔2〕 左恭，当时任国民党政府立法院编译处处长。钟天心，当时任国民党政府行政院政务委员、立法院立法委员、水利部部长。

〔3〕 杨得志、罗瑞卿、耿飚、潘自力，当时分别任中国人民解放军第19兵团司令员、政治委员、参谋长、政治部主任。

情况的报告，其中反映部队营连干部中地理知识很差，须加强地理常识的教育。毛泽东就此为中共中央军委起草致林彪、罗荣桓，刘伯承、陈毅、邓小平，粟裕、谭震林，彭德怀、张宗逊、赵寿山，徐向前、周士第电，指出："关于地理常识的教育极为重要。请你们考虑，是否可以制印长江以南及西北、西南的简明地图一张，图上有大的河流、山脉，有省界，有大城市及中等城市的名称。在省名及大城市名的旁边注明该省该市的人口总数。在各野战军自己担任占领和工作的区域内，标注重要县镇的名称。图幅不要太大，以纵横一公尺左右为适宜。除发给营部以上各级机关每处一张外，如能每个连队有一张，使一切识字的连排长及战士都能阅看，则极为有益。我们认为，此种地图常识的教育，将使指战员们增加勇气和对于任务的明确性。望酌量办理为要。"

2月11日 收到刘伯承、陈毅、邓小平二月九日电〔1〕后，为中共中央军委起草致刘、陈、邓，饶漱石、康生、曾希圣〔2〕，粟裕、谭震林并告林彪、聂荣臻电，指出："同意你们三月半出动，三月底开始渡江作战的计划，望你们按此时间准备一切。"饶、康、曾到后即开一次华东局会议，依据上述计划及中央二月八日电方针部署一切。"刘伯承、邓小平、张际春、陈赓〔3〕四同志参加华东局为委员。""总前委照旧行使领导军事及作战的职

〔1〕 刘伯承、陈毅、邓小平1949年2月9日致电中央军委，报告总前委2月8日会议讨论的渡江作战计划。

〔2〕 康生，当时任中共中央政治局委员、华东局第二副书记、山东军区所属鲁中南军区政治委员。1949年3月又任中共中央山东分局书记、山东省人民政府主席。曾希圣，当时任中共中央华东局国统区工作部部长、中原军区副参谋长。

〔3〕 张际春，当时任第二野战军副政治委员兼政治部主任。陈赓，当时任第二野战军第4兵团司令员兼政治委员。

权，华东局和总前委均直属中央。”三月，中央决定邓小平为华东局第一书记。

2月12日 为中共中央军委起草致林彪、罗荣桓、聂荣臻并告刘伯承、陈毅、邓小平，华东局，中原局，华北局电：“为配合华东、中原两野战军三月半出动三月底渡江之行动，决定林、罗先出两个军约十二万人左右，于三月二十日以前到达郾城、信阳间地区，于三月底夺信阳、武胜关，四月十五日以前夺取花园、孝感地区，迫近汉口，休整待命，钳制白崇禧部不敢向南京增援，以利刘、陈、邓夺取南京。为执行上述任务，该两军应于二月十八日以前完成出发准备，二月十九日由平津线出发。”鉴于津浦、陇海路运输能力很弱，十五日中央军委电告林、罗、聂，两军应即决定全部步行南下。十六日，根据林彪、罗荣桓、刘亚楼的建议，中央军委同意将两军出发时间推迟至二十五日。

2月13日 为中共中央军委起草致天津市委，总前委并告北平市委电，指出：据天津市委一月二十八日报告，此次我军进入天津后，连续发生汽车撞死市民事件，死六人伤一人，给市民影响很坏。我们意见除严格训练汽车司机外，对于受害市民，天津市委应以林、罗名义予以抚恤，并对肇事人员给以应得之处分，所有抚恤及处分经过，应使天津市民知道。

同日 关于部队因胜利而出现轻敌等思想偏向问题，为中共中央起草复邓小平、陈毅并告饶漱石、康生、曾山，粟裕、谭震林电：“二月六日报告收到，极好，即转发各处研究，指导所属纠正同类偏向。我们欢迎此种分析党内思想动向的报告。”“不要轻敌一点，甚为重要。我们说国民党基本上已被打倒，以后可能没有像辽西〔1〕、淮海那样规模的大作战了，绝不应当被引导到

〔1〕 这里指辽沈战役。

轻敌思想。敌人还是要挣扎的，我们还要打仗，不过往后的作战可能没有像辽西、淮海每次歼敌五六十万那样大的规模和局部和平解决的可能性业已增加罢了。”

同日　和周恩来致电全国轮船业联合会理事长杜月笙、上海市轮船业公会理事长魏文瀚，答复他们二月七日关于拟派船行驶华北并派人前来接洽事的来电，指出：“恢复华北、上海间航运，以利生产之发展，极为必要。大上海、唐山两轮北驶，并派员至华北接洽，极表欢迎。此间已嘱北平叶剑英市长、天津黄敬市长准备接待。英商太古公司湖南号驶抵塘沽，系属临时性质，并非事前洽定。所谓华中、华南中国船舶开往华北口岸，将不许其驶返原地，纯系报纸造谣，流言止于智者，先生等不应置信。”

同日　为中共中央起草致天津市委并转唐山市委并告总前委，华北局，北平市委电，指出：杜月笙、魏文瀚致电毛、周称，拟派船行驶华北并派员接洽，同时与开滦矿局洽妥以煤十万吨南运俾交换面粉三十万吨，由大上海、唐山两轮往返分运，并随带邮件。另据中央社十一日电称，魏文瀚等此次随大上海轮北上，洽商华北通航事宜。电报还指出：“恢复华北、上海间船运极为重要，大上海轮到后你们应妥为办理这批生意，对魏文瀚等来访应予接待，并与洽商恢复船运事宜。”

2月14日　审阅修改中共中央关于对邵力子、颜惠庆、章士钊、江庸等谈话方针问题给叶剑英并告林彪、罗荣桓、聂荣臻、彭真、董必武、薄一波的电报稿。电文指出：邵力子等到平后，“招待要周到，谈话要恳切。谈话以叶剑英负主责。林彪、罗荣桓、董必武、聂荣臻等四人都应和他们见面”。“如他们愿意和北平民主人士谈话，你们应允许和介绍。”“傅作义、邓宝珊和他们见面，应允许。如他们想单独谈，不愿我们的人参加，我们亦可不参加。”“如他们要求到石家庄和中央的人见面商谈，你们应允许转达中央请示”。“谈话时应强调八条[1]，特别是第一条。”在电报稿的末尾，毛泽东加写一段话：“对南北通船、通航、通邮、通电四事，你们应表示关切。津、沪通船现已开始，北平通电未停，天津亦可恢复通电，平、津民航及通邮，均可考虑恢复。估计彼等对此四事，必感兴趣。”本日下午，颜惠庆、邵力子、章士钊、江庸、黄启汉等自上海经青岛飞抵北平。

2月15日 新华社发表毛泽东写的关于四分五裂的反动派为什么还要空喊“全面和平”的评论。评论指出：“国民党反动派从今年一月一日开始搬起的一块名叫‘和平攻势’的石头，原想用来打击中国人民的，现在是打在他们自己的脚上了。”虽然国民党已经没有一个“全面”的“政府”，“但是国民党死硬派却在反对局部和平而要求所谓‘全面和平’，其目的就是取消和平，妄想再战；他们深怕局部和平的活动蔓延起来，至于不可收拾。”这个评论编入《毛泽东选集》。

同日 为中共中央起草复彭真、叶剑英并告总前委，天津市委，华北局并发各中央局、各前委电，指出：“为了（一）恢复南北商业联系，发展生产；（二）使南方各大城市资产阶级了解我党政策措施，便利我们在占领南方各大城市时孤立国民党，顺利地接收、管理和发展各大城市的生产；（三）使轮船、飞机、邮政、电报从国民党手中转入我们手中等项目的，我们对于不论何种轮船业、民航公司（中航、央航），都应当允许其先在平、津、秦皇岛恢复通航。北平电讯局未停，天津电讯局亦应准备恢复通电。平、津与南方邮务交通亦应恢复。银行、钱庄、邮局及

[1] 指1949年1月14日《中共中央毛泽东主席关于时局的声明》中提出的八项和平条件。

商家的汇兑，亦应恢复。在通船、通航、通邮、通电、通汇之后，我们的检查，不可过严。”“你们对于南北通船、通航、通邮、通电、通汇诸事，应当看作一件大事去做，而不应当采取消极态度”。

同日　关于改编傅作义部队的方案问题，为中共中央军委起草复林彪、罗荣桓、聂荣臻电，指出：“八日及十四日十五时两电〔1〕均悉。（一）同意你们对傅部彻底处理的方案；（二）为接收九十二军、十六军及十三军八十九师之目的，华北两兵团可以推迟至本月底或下月初执行太原作战任务”。

2月16日　新华社发表毛泽东写的关于国民党反动派由“呼吁和平”变为呼吁战争的评论。评论针对国民党死硬派所谓“政府与其无条件投降，不如作战到底”之类的叫嚷，指出：“这些口口声声‘以拯救人民为前提’的人们，在自己‘呼吁和平’几个星期之后，又不再是‘呼吁和平’，而是呼吁战争了。”国民党死硬派“坚决地反对人民，站在人民的头上横行霸道，因而把自己孤立在宝塔的尖顶上，而且至死也不悔悟”。“一小撮死硬派不要几天就会从宝塔尖上跌下去，一个人民的中国就要出现了”。这个评论编入《毛泽东选集》。

---

〔1〕林彪、聂荣臻1949年2月8日在给中共中央军委的电报中说：关于北平出城部队的改编问题，我们意见拟尽量争取将傅全部军队一概大合编。如傅要求保留他的军队之一部，则亦可保留他1个步兵师，1个骑兵师或1个军，中央军则一概编散。我们觉得保留敌方建制部队愈少愈好，对全国影响来看，似亦不宜树立保存敌兵力的范例。平津战役总前委1949年2月14日15时在致中央军委的电报中说：今天与邓宝珊谈，复向其说明必须使这些军队真正变为人民军队，企图保持私人势力的任何打算都是对人民不利的，我决坚持不变。关于编组区分，决定将92军及16军全部和13军之89师拨华北两兵团及7纵改编，余统由东北野战军负责改编。

同日　审阅修改中共中央军委关于对国民党军官的处理方针给叶剑英、彭真并林彪、罗荣桓、聂荣臻，刘伯承、陈毅、邓小平，彭德怀、张宗逊、赵寿山，粟裕、谭震林，徐向前、周士第，各中央局的电报。电报指出：（一）首先注意吸收在军事上有较高的学识，可在我军事教育岗位上服务，且在群众中有一定的影响，政治上真正愿向我靠拢者，应加以适当教育，分配适当工作。经过我们考查后确合上述条件者，即应先送军校训练而不应给以参议头衔。只有某些极少数的高级军人而又确实向我靠拢者，才可给以市政府参议名义，方不致借势欺人，给人民以极坏影响。（二）确有专门的军事技术为我军建设上所必须者，即使在社会上没有什么名望，只要政治上不是反动分子，即应吸收他们参加工作。但亦先集中各地军校经过一定时期的政治教育，然后再分配工作。（三）既无真正学识，又无专门技术，但在政治上可能向我靠拢而又可能加以改造者，应吸收到军校或其他学习机关加以政治训练，视其结果分别给以适宜的工作出路。（四）反动的和腐化的军官们，应由人民政府发动社会群众加以监视，和监视国民党文职反动腐化分子一样，用社会力量在长时期内加以强迫改造和强迫就业。

2月18日　新华社发表毛泽东写的社论《评国民党对于战争责任问题的几种答案》，驳斥国民党所谓“中共应负破坏和平之责任”的谬论。这篇社论编入《毛泽东选集》。

同日　为中共中央起草复林彪、罗荣桓、聂荣臻，薄一波、董必武，彭真、叶剑英电，指出：“（一）如果四人〔1〕问及李济深时，可告诉他们，李等民主人士不日要来北平。并劝四人多住几天，待李等到了，大家谈谈。（二）我们的政策是要拉拢李、

---

〔1〕 指上海和平代表团的颜惠庆、邵力子、章士钊、江庸。

白、张、邵[1]及上海资产阶级（颜惠庆、杜月笙等为代表），打击国民党死硬派，便利我们向南进军。但李宗仁在上任后的和平吹嘘和一月二十日以前蒋介石及CC系的和平攻势并无区别，故我们必须揭露和回击。此种和平攻势，今后还是一样，不管什么人，只要他是在作和平攻势，我们必须回击并粉碎之。但最近时期李、白等人的态度好了一点，我们亦可以考虑对他们缓和一点。但必要的批评还是不可少的，李、白还是应当列在战犯名单之内。一则因为桂系是坚决地参加了内战的，不列李、白显得不公道；二则列了李、白并不有碍和谈，不列李、白则李、白反不便于应付蒋党。”

2月20日 为中共中央起草致叶剑英并告林彪、罗荣桓、聂荣臻、彭真电：请告颜、邵、章、江，毛主席欢迎他们来谈，时间二十二日或二十三日。本日，又为中央起草致叶剑英电：欢迎傅作义、邓宝珊和颜、邵、章、江一道来此一谈，请问傅、邓是否同意，如愿来时，亦如颜、邵等一样，不要带任何随从，并要对谈话地点保守秘密。根据这一安排，傅作义、邓宝珊、颜惠庆、邵力子、章士钊、江庸于二十二日飞抵石家庄，并随即乘车前往中共中央驻地平山县西柏坡。

2月21日 为中共中央起草复林彪、罗荣桓、聂荣臻电，指出：关于傅作义、邓宝珊的工作问题，待他们来中央谈过后再考虑。关于过去同傅作义所订协定，请你们抄录一份完全的，字斟句酌，发表出去对内对外均无不良影响者，并交傅、邓看过，得其同意，然后发来中央审阅发表。至于傅自己的通电，我们希望他好好写一个，要有自我批评，要表示反对美帝反对国民党反动统治，赞成中共政策，愿受中共领导，如傅能发此通电，对于

〔1〕 李、白、张、邵，指李宗仁、白崇禧、张治中、邵力子。

教育傅部及对全国均将有好影响。

2月22日 和周恩来在西柏坡会见颜惠庆、邵力子、章士钊、江庸，对和平谈判及南北通航、通邮等问题，广泛交换了意见。

同日 和周恩来在西柏坡会见傅作义、邓宝珊。毛泽东同傅作义见面时，握着他的手说：过去我们在战场见面，清清楚楚，今天我们是姑舅亲戚，难舍难分。蒋介石一辈子要码头，最后还是你把他甩掉了。谈到对傅作义部原有人员的政策时说，我俘虏你的人员，都给你放回去。你可以接见他们。我们准备把他们都送到绥远去。傅作义说：给我？我怎么处理呢？还要送到绥远去，为什么呢？毛泽东说：国民党不是一贯宣传共产党杀人放火，共产共妻吗？他们到了绥远，可以现身说法，共产党对他们一不搜腰包，二不侮辱人格；可以帮助在绥远的人学习学习，提高认识嘛。这些人我们以后还要用哩！谈到绥远问题，毛泽东说：有了北平的和平解放，绥远问题就好解决了。可以先放一下嘛，等待他们的起义。最后，毛泽东问：傅将军，你愿意做什么工作？傅说：我想，我不能在军队里工作了，最好让我回到河套一带去做点水利建设方面的工作。毛泽东说，你对水利工作感兴趣吗？那河套水利工作面太小了，将来你可以当水利部长嘛，那不是更能发挥作用吗？军队工作你还可以管，我看你还是很有才干的。傅作义对这次谈话感到鼓励。

2月23日 为中共中央军委起草复张宗逊、甘泗淇、阎揆要〔1〕电，同意第一野战军发起春季攻势的作战计划，以抑留胡宗南集团不使东调宁沪。第一野战军的春季攻势于二月二十日发

〔1〕 甘泗淇、阎揆要，当时分别任第一野战军政治部主任、参谋长。

起，三月十九日结束，先后攻占了大荔、蒲城、耀县、富平、淳化等县城及其广大地区，歼灭胡宗南集团七千人。

2月24日 同颜惠庆、邵力子、章士钊、江庸举行非正式的谈判，达成八点秘密协定，这个协定只交给李宗仁。协定全文是："一、谈判以中共与南京政府各派同数代表为之，地点在石家庄或北平。二、谈判方式取绝对秘密及速议速决。三、谈判以中共一月十四日声明及所提八条为基础，一经成立协议立即开始执行。其中有些部分须待联合政府办理者，在联合政府成立后执行之。四、谈判协议发表后，南京政府团结力量与中共共同克服可能发生之困难。五、迅速召集新政协成立民主联合政府。六、南京政府参加新政协及参加联合政府之人选，由中共（包括民主人士）与南京政府商定之。七、南方工商业按照原来环境，依据中共城市政策，充分保障实施。八、有步骤地解决土地问题，一般先进行减租减息，后行分配土地。"上述秘密协定达成后，本日，颜惠庆、邵力子、章士钊、江庸和傅作义、邓宝珊返回北平。

2月26日 函告周恩来："少奇修改《政策汇编》（似可用此四字为书名），请印数十份，作为清样，发给二中[1]诸同志。正式出书，可在二中后一二星期内"。

2月27日 关于国民党海军重庆号巡洋舰起义问题，为中共中央军委起草复华东军区电：你们对重庆号的处置是适当的。"只要有可能就要争取邓兆祥、陆荣一[2]在政治上站在我们方

〔1〕 指即将举行的中共七届二中全会。

〔2〕 邓兆祥、陆荣一，当时分别任重庆号巡洋舰舰长、副舰长。1949年2月25日，邓兆祥率领该舰全体官兵在上海吴淞口起义，脱离国民党政府。

面，以利争取国民党海军全部归顺过来。”

同日 为中共中央起草致罗荣桓电：“请你对动员学生参军一事加以适当注意，告诉进行此事的机关不要操之过急，绝不要直接去各学校动员，引起误会。华大〔1〕现允先拨三千人，已很好，如不足七千人，暂时少一点也不要紧。湘、鄂、赣三省有广大的学生可以参军。”

2月28日 为中共中央军委起草致聂荣臻、薄一波，杨成武，钟赤兵电，指出：“（一）在我主力南征取得伟大胜利的情况之下，帝国主义者及国民党有向我后方袭击扰乱之可能。（二）你们有保卫秦皇岛、塘沽两处海口，准备击退敌军可能进攻的任务。（三）第二十兵团除留一个军位于大同区域以外，杨李兵团〔2〕部率主力两个军即开秦皇岛、塘沽两处布防，钟苏特纵〔3〕亦开该两处布防。在杨、钟两部未到以前，聂、薄迅即令秦、塘附近守备部队，首先部署对海上的防御，如有敌军偷袭应坚决击退之。（四）请荣臻、成武、赤兵、苏进四同志，即来军委面谈部署问题。”

3月3日 晨二时，函告周恩来，请即将六次大会的政治决议案铅印若干份发给参加二中全会各同志，作为讨论经济政策问题的参考。

3月4日 将华东军区关于敌机空袭重庆号巡洋舰的电报转发东北局，并作批示：请东北局立即通知驻葫芦岛部队准备迎接重庆号及应付空袭。重庆号三月三日驶离烟台港，三月四日到达

---

〔1〕 华大，指华北大学。

〔2〕 指以杨成武任司令员、李井泉任政治委员的中国人民解放军第20兵团。

〔3〕 指东北野战军特种兵司令部所属部队，司令部政治委员钟赤兵、副司令员兼参谋长苏进。

葫芦岛。三月十七日至十九日，美蒋反动派连续派飞机到葫芦岛上空对该舰进行轰炸，二十日该舰被炸沉。

3月5日—13日 在平山县西柏坡主持召开中共七届二中全会。

3月5日 在中共七届二中全会上作报告。报告提出促进革命迅速取得全国胜利和组织这个胜利的各项方针，指出在辽沈、淮海、平津三战役以后，国民党军队的主力已被消灭，今后解决剩下的一百多万国民党军队的方式，不外天津、北平、绥远三种。说明在全国胜利的局面下，党的工作重心必须由乡村移到城市，城市工作必须以生产建设为中心。城市中其他的工作，都是围绕着生产建设这一个中心工作并为这个中心工作服务的。“如果我们在生产工作上无知，不能很快地学会生产工作，不能使生产事业尽可能迅速地恢复和发展，获得确实的成绩，首先使工人生活有所改善，并使一般人民的生活有所改善，那我们就不能维持政权，我们就会站不住脚，我们就会要失败。”报告规定了党在全国胜利以后，在政治、经济、外交方面应当采取的基本政策，特别着重地分析了当时中国经济各种成分的状况和党所必须采取的正确政策，指出了中国由农业国转变为工业国、由新民主主义社会转变为社会主义社会的发展方向。报告估计了中国人民民主革命胜利以后的国内外阶级斗争的新形势，指出，中国革命在全国胜利，并且解决了土地问题以后，中国还存在着两种基本的矛盾，第一种是国内的，即工人阶级和资产阶级的矛盾。第二种是国外的，即中国和帝国主义国家的矛盾。报告指出：我们很快就要在全国胜利了。夺取这个胜利，已经是不要很久的时间和不要花费很大的气力了；巩固这个胜利，则是需要很久的时间和要花费很大的气力的事情。夺取全国胜利，这只是万里长征走完了第一步。报告告诫全党，资产阶级的“糖衣炮弹”将成为对于无产阶级的主要危险。务必使同志们继续地保持谦虚、谨慎、不骄、不躁的作风，务必使同志们继续地保持艰苦奋斗的作风。会议根据毛泽东的报告，通过了相应的决议。这个报告编入《毛泽东选集》。

3月8日　根据兼任东北航校校长的刘亚楼建议，和刘少奇、朱德、周恩来、任弼时、陈云、彭德怀、董必武、林伯渠、贺龙、陈毅、邓小平等约见东北航校副校长常乾坤和副政治委员王弼，听取他们关于培养航空技术人才情况的汇报，酝酿创建人民空军。毛泽东等在听取汇报过程中，不断插话询问学员来源、训练水平、装备数量、飞机性能、教学能力、保障条件等情况。当常乾坤谈到航校在极其艰难的条件下，已培养出飞行、领航、通信、机械等各类技术人员五百多名时，毛泽东连连称赞。十七日，中央军委根据常乾坤、王弼的建议和当时形势任务的需要，决定成立军委航空局，负责领导中国人民的航空事业。三十日，中央军委任命常乾坤为军委航空局局长、王弼为政治委员。

3月10日　复电中国民主同盟负责人沈钧儒、章伯钧："贵盟中委在平设立临时总部，并举两先生为贵盟总部主持人，愿与敝党保持密切合作，无任欢迎。兹托李维汉、齐燕铭〔1〕两同志先行至平接洽，有事请与磋商为盼。"

3月13日　在中共七届二中全会结束时作总结讲话。讲话总结了党的七大以来中央、地方和军队的工作及经验，阐述了关于马克思主义的普遍真理同中国革命的具体实践相结合，俄国十月革命同中国革命的关系，党委会的工作方法十二条等。他说：凡是自己没有弄清楚或自己不懂的，都要先问下级。先做学生，然后再做先生；先向下面请教，然后再下命令。这不会影响自己的威信，而只会增加自己的威信。下面正确的意见，必须听，并且照它做。中央领导的正确，就是综合了各地供给的材料、报告

---

〔1〕齐燕铭，当时任中共中央统战部秘书长兼第1室主任。

和正确的意见。如果各地不来材料，不提意见，中央就很难正确地发号施令。对下面来的错误意见也要听，根本不听是不对的；不过听了而不照它做，并且要给以批评。他说：马克思主义的普遍真理与中国革命的具体实践的统一，这样提法较好，应该这样提，而不应该像王明同志的提法，说“毛泽东思想是马列主义在殖民地半殖民地的应用和发展”，这种提法不妥当。我们不要忙于想宽了，要先把中国的事情做好。现在，应该在全国和全世界善于宣传马克思、恩格斯、列宁、斯大林的辩证唯物主义，关于党和国家的学说，政治经济学等等。不要把毛泽东与马、恩、列、斯并列起来。根据过去的经验，要学习十二本干部必读的书〔1〕，如果在三年之内，有三万人读完这十二本书，有三千人读通这十二本书，那就很好。关于十月革命同中国革命的关系，他说：十月革命是无产阶级革命时代人类第一个最伟大的胜利，第二次世界大战打倒德、意、日帝国主义是第二个最伟大的胜利，中国革命是第三个最伟大的胜利。历史的次序也是如此。不能设想没有十月革命和第二次世界大战的胜利而有中国革命的胜利。如果没有十月革命，中国革命的胜利是不可能的。关于中国由新民主主义革命转变到社会主义革命的问题，他说：“毕其功于一役”，我是在流血的革命这一点上说的，就是说，流血的革命只有这一次，将来由新民主主义革命转变到社会主义革命那一次不用流血了，而可能和平解决。但这只是可能，将来是否不流

〔1〕 中共七届二中全会决定干部必读的12本马列主义著作是：《社会发展简史》、《政治经济学》、《共产党宣言》、《社会主义从空想到科学的发展》、《帝国主义是资本主义的最高阶段》、《国家与革命》、《共产主义运动中的“左派”幼稚病》、《论列宁主义基础》、《联共（布）党史简明教程》、《列宁斯大林论社会主义经济建设》、《列宁斯大林论中国》、《马恩列斯思想方法论》。

血，还要看我们工作的努力。如果国家（主要的就是人民解放军）和我们党腐化下去，无产阶级不能掌握住这个国家政权，那还是有问题的。至于说“政治上、经济上都毕其功于一役”，那是不能这样说的，王明同志这样说，那就错了。这个讲话的关于党委会的工作方法这部分编入《毛泽东选集》。

同日　中共七届二中全会通过毛泽东起草的《关于军旗的决议》：“中国人民解放军的军旗应为红地，加五角星，加‘八一’二字。”

3月17日　为中共中央军委起草复太原前线司令部副司令员周士第、副政治委员罗瑞卿电：“同意仍按原计划十九兵团在榆次以西、以南地区集结，二十兵团在太原东北东西黄水〔1〕地区集结”。

同日　为中共中央军委起草致林彪、罗荣桓、刘亚楼电：“华野、中野两军决于四月十日渡江，向着湖口、芜湖、南京、镇江、上海之线及其以南地区国民党军六十个师举行攻击。”“东野所负攻击武汉及湘、鄂、赣三省国民党军之任务业已确定，你们的两个军亦早于丑有〔2〕出发，你们主力应于四月一日以前完成出发准备，于四月一日至四月十五日的半个月内，全军出发完毕，争取于五月三十一日全军到达南阳、信阳、固始之线及其以南地区，完成兵力展开任务。”

3月19日　为中共中央军委起草复陈毅、饶漱石、邓小平，粟裕、谭震林、张震〔3〕电：“是否攻占两浦〔4〕，要待谈判接触

〔1〕东西黄水，地名，指东黄水、西黄水。

〔2〕丑有，即2月25日。

〔3〕张震，当时任第三野战军参谋长。

〔4〕指浦口、浦镇。

数天才能决定。如谈判有成功希望，则不要攻占两浦，以利和平地解决接收南京问题。如谈判没有成功希望，则看军事上是否有必要攻占两浦。如攻占两浦为渡江作战所必须，则攻占之；如无此种必须，则可置之不理。”决定四月一日为南京代表到达北平并开始谈判之日期，大约在四月五日以前即可判明谈判有无希望。“你们大概可以在四月六日左右实行夺取北岸据点（不一定包括两浦）之作战，四月十日实行渡江。”

3月20日 对陈毅、谭震林建议推迟渡江作战时间问题〔1〕，为中共中央军委起草复陈、谭电：“我们不知道攻占两浦是否为渡江战斗所必要，请即查告。据我们想，似乎无此必要。如果无此必要，则除以一个兵团仍对两浦监视待命行动外，其他兵团可以提早于四月二日（南京代表到达北平之第二日）开始攻占北岸据点，至四月五日或六日完成此项任务。再以一周时间开辟港口并布置船只。如此，则全军可于四月十三日或十四日可以开始渡江，这样对于谈判有利。”本日，陈毅、谭震林复电中央军委：据我们返部两日内的了解，四月十三日开始渡江作战是可以的。对于两浦，只以一部兵力钳制即可。浦口攻占与否对整个渡江作战无重大关系。

同日 收到刘伯承、邓小平三月十九日建议改变第四野战军第十二兵团行动部署致中共中央军委电后，为中央军委起草致萧劲光、陈伯钧、解方、潘朔端〔2〕，刘伯承、邓小平、李达〔3〕并告林彪、罗荣桓、刘亚楼电，指出：“东野先头两个军的任务是

---

〔1〕 陈毅、谭震林1949年3月19日致电中央军委，建议正式渡江作战延至4月16日为宜。

〔2〕 萧劲光、陈伯钧、解方、潘朔端，当时分别任第四野战军第12兵团司令员兼政治委员、第一副司令员、参谋长、副参谋长。

〔3〕 李达，当时任第二野战军参谋长。

协同桐柏、江汉、鄂豫三军区力量钳制白崇禧部，使白部不能向东增援妨碍我中野、华野之渡江。因此决定：（一）萧、陈、解、潘所部应即依照刘、邓皓辰[1]电改变部署，不要绕道太远，而要直迫信阳，沿铁路分两路并行南下，直接威胁并打击白部，并力求迅速行进。（二）萧、陈、解、潘受刘、邓指挥，一切依刘、邓意旨行动。”

3月21日　为中共中央起草致中原局电：李宗仁、白崇禧的代表刘仲容十六日到汉口，与白崇禧大约需有几天商量，约定二十、二十一、二十二日到驻马店，请你们迅即命令卢声涛科长速往驻马店迎候。刘仲容到时，立即派妥人陪同乘车经徐州、济南、天津至北平市政府叶剑英市长处，愈快愈好，不要去石家庄。

3月23日　和周恩来乘汽车离开西柏坡前往北平。出发时，对周恩来说，今天是进京的日子，进京赶考去。周笑答，我们应当都能考试及格，不要退回来。毛泽东说，退回来就失败了。我们决不当李自成，我们都希望考个好成绩。当晚，住河北唐县淑闾村。二十四日，中午到达冀中区党委所在地保定。在省委机关午餐后，和刘少奇、朱德、周恩来等听取冀中区党委书记林铁的汇报。下午到达涿县，听取专程从北平赶来的叶剑英、滕代远关于进入北平的安排的汇报。二十四日深夜在涿县换乘火车，二十五日凌晨到达北平清华园车站，改乘汽车至颐和园。下午五时，同刘少奇、朱德、周恩来、任弼时、林伯渠等在北平西苑机场同前来欢迎的各界代表及民主人士一千多人见面，并乘车检阅部队，随后进驻香山双清别墅。中共中央机关、人民解放军总部也于二十五日迁入北平。

---

〔1〕 皓辰，即19日辰时。

3月24日 和朱德复电原国民党海军重庆号巡洋舰舰长邓兆祥及全体官兵，对他们的英勇的起义表示嘉勉。复电说："美国帝国主义者和国民党的空军虽然炸毁了重庆号，但是这只能增加你们的起义的光辉，只能增加全中国爱国人民、爱国的海军人员和国民党陆军、空军人员的爱国分子的愤恨，使他们更加明了你们所走的道路乃是爱国的国民党军事人员所应当走的唯一道路。""中国人民必须建设自己强大的国防，除了陆军，还必须建设自己的空军和海军，而你们就将是参加中国人民海军建设的先锋。"

同日 第一次全国妇女代表大会在北平召开。毛泽东为大会题词："为增加生产，为争取民主权利而斗争。"

同日 听说当地（保定）将举行中共中央进入北平的庆祝大会，认为不妥，嘱周恩来电告华北局，望速停止北平及各地的庆祝活动。

3月26日 中共中央将关于举行和平谈判事宜通知南京国民党政府：（一）谈判开始时间：四月一日。（二）谈判地点：北平。（三）派周恩来、林伯渠、林彪、叶剑英、李维汉为代表，周恩来为首席代表。以一月十四日毛泽东主席对时局的声明及其所提八项条件为双方谈判的基础。四月一日，加派聂荣臻为代表。

3月27日 为中共中央军委起草复刘伯承、陈毅、邓小平、粟裕、谭震林电："宥申电[1]悉。同意你们十五日发起渡江战斗及对北岸敌人的处置。"

---

〔1〕 陈毅、邓小平、谭震林1949年3月26日致电中共中央军委，说：军委预定发起渡江战斗的4月13日，正值农历3月16日，月光通宵，突击队无法荫蔽，建议推迟两天即15日黄昏发起渡江战斗，甚为有利。

3月28日 为中共中央军委起草致林彪、罗荣桓电：为统一称号起见，你们的军委分会改称为前委（其全称为第四野战军前线委员会）。

同日 为中共中央军委起草复林彪、罗荣桓、刘亚楼、谭政电："同意你们主力于四月十一日开始出动，但须争取于五月三十一日到达南阳、信阳、固始之线及其以南地区，于六月三十日以前到达沿江北岸并相机攻占汉口、汉阳及江北各敌人据点，完成渡江准备任务，待命于七月上旬渡江。"

3月29日 为中共中央军委起草致刘伯承、陈毅、邓小平，饶漱石，粟裕、谭震林电：同意你们推迟至四月十五日渡江。已定四月一日为我们和国民党开始谈判时间，四月十日左右结束，谈判成败要到那时才能清楚。

3月30日 为中共中央军委起草致刘伯承、邓小平并告陈毅、饶漱石，粟裕、谭震林及萧劲光、陈伯钧电，指出："（一）白崇禧的代表（刘仲容）今日到北平，我们决定联合李、白反对蒋党，李、白对此计划已有初步认识，尚待我们深入工作。（二）决定要白让出花园以北地区，我军到信阳、武胜关附近时，如守敌南撤，则不要攻击或追击，让其退至花园及其以南，孝感、黄陂、黄安、阳逻、黄冈等地亦暂时不要去占，待东北主力到达后，再通知白崇禧连同汉口、汉阳等地一齐有秩序地让给我们。（三）麻城、浠水、黄梅、广济、太湖、安庆等处敌军分布情形如何，请刘、陈、邓即查告。这些地方的敌军一般应坚决歼灭之，扫清渡江障碍。惟麻城、浠水两处之敌，如不妨碍陈赓的进路，亦可以暂置不打，待后交涉要白让出。"

3月31日 和刘少奇、朱德、周恩来、任弼时、林伯渠、董必武等在香山接见并宴请第四野战军师以上干部。毛泽东对他们说，在两年半的解放战争过程中，我们消灭了国民党反动派的主要军事力量和一切精锐师团。国民党反动统治机构即将土崩瓦解，归于消灭了。我们三路大军浩浩荡荡就要下江南了，声势大得很，气魄大得很。同志们，下江南去！我们一定要赢得全国的胜利！

4月1日 由周恩来、林伯渠、林彪、叶剑英、李维汉、聂荣臻组成的中共代表团，同本日到达北平的由张治中、邵力子、黄绍竑、章士钊、李蒸、刘斐组成的南京国民党政府代表团开始举行和平谈判。

4月2日 复电傅作义："四月一日通电读悉。南京国民党反动政府发动反革命内战的政策，是完全错误的。数年来中国人民由于这种反革命内战所受的浩大灾难，这个政府必须负责。但是执行这个政策的国民党反动政府的文武官员，只要他们认清是非，翻然悔悟，出于真心实意，确有事实表现，因而有利于人民解放事业之推进，有利于用和平方法解决国内问题者，不问何人，我们均表欢迎。北平问题的和平解决，贵将军与有劳绩。贵将军复愿于今后站在人民方面，参加新民主主义的建设事业，我们认为这是很好的，这是应当欢迎的。"

同日 为中共中央军委起草致刘伯承、张际春、李达并告邓小平、饶漱石、陈毅电："南京代表团本日到北平，提到李、白意见，要求我军勿攻安庆，驻安庆桂军可以撤退等语。我们认为不要攻安庆，让安庆守军向武汉撤退，如何？速告。"本日，刘伯承、张际春复电表示："我们确定不攻安庆，最好让该城守军提早撤退，更利于渡江作战"。

4月3日 为中共中央军委起草复总前委电，同意《京沪杭战役实施纲要》[1]。

同日 为中共中央军委起草复徐向前、周士第、罗瑞卿电：同意来电所述太原作战方案[2]；“同时请你们注意和平解决的可能性，如有接洽机会应利用之。”

4月4日 新华社发表毛泽东写的社论《南京政府向何处去?》。社论指出：“两条路摆在南京国民党政府及其军政人员的面前：一条是向蒋介石战犯集团及其主人美国帝国主义靠拢，这就是继续与人民为敌，而在人民解放战争中和蒋介石战犯集团同归于尽；一条是向人民靠拢，这就是与蒋介石战犯集团和美国帝国主义决裂，而在人民解放战争中立功赎罪，以求得人民的宽恕和谅解。第三条路是没有的。”这篇社论编入《毛泽东选集》。

---

〔1〕《京沪杭战役实施纲要》，是邓小平为总前委起草的，1949年4月1日上报中共中央军委。纲要指出：这一战役的目的是，以第二、第三两野战军全部，歼灭上海、镇江、南京、芜湖、安庆等地及浙赣线蒋军的全部或大部，占领苏、皖南部和浙江全省，夺取京、沪、杭，彻底摧毁国民党反动政府的政治、经济中心。决于4月15日18时，以全线渡江作战，开始进行本战役。由粟裕、张震指挥三野的东线第8、第10两兵团为东集团，在张黄港至三江营段渡江作战；谭震林指挥三野的西线第7、第9两兵团为中集团，在枞阳至裕溪口段渡江作战。以上两路归粟、张统一指挥。刘伯承指挥二野为西集团在枞阳至望江段渡江作战。总前委邓小平、陈毅在合肥统一指挥第二、第三野战军，主持全局。

〔2〕徐向前、周士第、罗瑞卿1949年3月30日致电中共中央军委，提出中共太原前线总前委关于攻占太原的作战方案：准备第一步打敌外围据点，占领攻城有利阵地。第二步攻城，具体部署是：以第20兵团附第7军一部歼灭北郊之敌，尔后由大、小北门攻城；以第19兵团附晋中军区3个旅歼灭汾河西岸之敌，尔后由大南门攻城；以第18兵团附第7军主力先佯动配合，再歼东郊之敌，尔后由大东门攻城。攻击时间定于4月15日开始。

同日 为中共中央军委起草致萧劲光、陈伯钧、唐天际、解沛然（解方）、潘朔端并刘伯承、张际春、李达，中原局，邓小平、饶漱石、陈毅电：“我们已和白崇禧代表刘仲容商定，黄冈、阳逻、仓子埠[1]、黄陂、花园、孝感、汉川、蔡甸、黄陵矶之线及其以南地区，我军暂不进占，使武汉不感震动，大商巨绅不致逃跑，将来我军进占该线及武汉地区时用和平接收办法，免遭破坏。”“其余宜昌至武穴线上长江北岸要地，凡我军已占者照旧，凡我军未占者一律暂不进占，以利和平接收。”“李宗仁代表黄启汉昨（江）日由北平返南京，除传达上项意旨外，并传达我方允许安庆方面桂军向南京或向武汉撤退。请刘、张、李即作准其撤退之部署，并令前线派人与守军试行联络。”“总之，我方对反蒋方针开始着手采取具体步骤，由敌对关系改变为交朋友关系，对张轸亦是如此。”

4月5日 函告周恩来：陈赓兵团四月五日由麻城出发，经浠水、广济、黄梅，向宿松、望江前进，限四月十五日以前到达。“请再告刘仲容不要忘记到南京后，叫李宗仁速即告白崇禧，将上述各地及安庆守军火速撤退，愈快愈好，至迟不得超过四月十日，否则守军将被歼灭。”

同日 起草中共中央军委总参谋部作战部部长李涛复白崇禧电：“（一）支[2]电敬悉。（二）刘仲容先生本日由平飞南京，并转汉口，向李、白二先生转达敝方各项意见。（三）我是中国人民革命军事委员会的工作人员（参谋部部长），因为贵方代表现不在此，而许多事项又需及时通知贵方，以利合作，奉毛主席命直接和先生通讯，倘荷同意，深以为幸。（四）支电所述立场系

〔1〕 仓子埠，今湖北新洲县仓埠镇。

〔2〕 支，即4日。

就贵方利益而言，但就人民利益而言，在贵方全部接受八项和平条件并经双方协力在全国范围内完全实现这些条件的时间内，要求人民解放军停止前进是不合理的，因此是不可能的。白先生历次公开言论，我们均不能同意。（五）但是为着和李、白二先生建立合作关系之目的，敝方愿意立即实行下列各项处置：（甲）安庆及其以西直至黄冈（不含）之贵方部队，请迅即撤退，并限四月十日以前撤退完毕。（乙）黄冈、团风、仓子埠、黄陂、花园、孝感、汉川、蔡甸、黄陵矶一线及其以南地区，包括汉口在内，暂由贵部驻防，维持秩序。该线以北以东各地之贵部，望即向该线撤退。所有撤防各地，不得破坏。该线以西各地，暂维现状。（丙）整个华中问题的处置，听候双方代表团谈判解决。（丁）请通知安庆及花园等处贵部负责人员，如遇敝方前线将领派员出来联络，请予接洽，勿生误会。并希各该贵部派员至敝军前线司令部取联络。（戊）以上各点敝方业已通知各该地军事首长遵办，希望白先生亦通知贵部照办，并盼见复。”

同日　为中共中央军委起草致彭德怀〔1〕、徐向前、周士第、罗瑞卿电：“阎锡山已离太原，李宗仁愿出面交涉和平解决太原问题，我们已告李宗仁代表（本日由平去宁），允许和平解决，重要反动分子许其乘飞机出走，其余照北平方式解决”。“你们应即派人进城，试行接洽，求得于十五日前谈妥。”

同日　为中共中央军委起草致邓小平、饶漱石、陈毅，刘伯承、张际春、李达，中原局，萧劲光、陈伯钧并告林彪、罗荣桓、刘亚楼电，通报我方同李宗仁、白崇禧关于驻守在长江北岸

---

〔1〕彭德怀在参加中共七届二中全会后，于1949年3月28日到达太原前线。

自安庆至宜昌各段的桂系军队撤退问题的交涉情况。要求我方代表同桂系守军联络时切勿使蒋系守军知道。并且指示："中原局应设法派人秘密至武汉方面与地方绅士及资本家联络，散布和平空气，稳定他们不要逃跑。华东局对江南各地如有门路亦应如此办理。"

同日 为中共中央军委起草致邓小平、饶漱石、陈毅电，转去卫立煌二月二十日给朱德的信。信中说：弟自沈阳南旋，行动不克自由，谅早洞悉。惟念老母现年八十有五，弱弟奄涛，率同子侄数十人，在肥侍养。兹值解放大军到达，望电知军政领袖，加意维护，免受惊恐。电报指示："望转合肥县政府对卫立煌家属予以保护为盼。"

同日 为中共中央军委起草复贺龙、习仲勋、李井泉〔1〕电，同意释放廖昂〔2〕。

4月7日 为中共中央起草致邓小平、饶漱石、陈毅电，指出："上海民主建国会主要负责人黄炎培、章乃器、盛丕华、包达三、张絅伯、施复亮等已到北平，表示向我们靠拢。他们是上海自由资产阶级的代表，我们认为，接收及管理上海如果没有自由资产阶级的帮助，可能发生很大的困难，很难对付帝国主义、官僚资本及国民党的强大的联合势力，很难使这些敌对势力处于孤立。这件事，你们现在就应开始注意。因此，请你们考虑，是否有必要在没有占领上海以前，即吸收他们参加某些工作。而在占领上海以后，则吸引更多的这类人物参加工作。""不但上海如

〔1〕贺龙，当时任西北军区司令员兼晋绥军区司令员。习仲勋，当时任西北军区政治委员。李井泉，当时任晋绥军区政治委员。

〔2〕廖昂，原任国民党军西安绥靖公署整编第29军整编第76师师长。1947年10月11日在清涧战斗中被人民解放军俘虏。

此，整个京、沪、杭区域都应注意此点。”

4月8日　上午，同周恩来在香山会见张治中，就谈判中有关事宜进行长谈。毛泽东说，为了减少南京代表团的困难，可以不在和平条款中提出战犯的名字，对南京代表团的处境和困难，也表示谅解。并说，和谈方案先由中共方面草拟，拿出方案后正式谈判就容易了。将来签字，如李宗仁、何应钦、于右任、居正、童冠贤〔1〕等都来参加则更好。谈话后，毛泽东邀请张治中共进午餐，张因得知毛、周昨夜通宵未眠，辞谢而归。从本日起，毛泽东还分别约见邵力子、黄绍竑、章士钊、李蒸、刘斐、卢郁文〔2〕谈话。

同日　复电李宗仁：“卯阳电〔3〕悉。中国共产党对时局主张，具见本年一月十四日声明。贵方既然同意以八项条件为谈判基础，则根据此八项原则以求具体实现，自不难获得正确之解决。战犯问题，亦是如此。总以是否有利于中国人民解放事业之推进，是否有利于用和平方法解决国内问题为标准，在此标准下，我们准备采取宽大的政策。本日与张文白〔4〕先生晤谈时，即曾以此意告之。为着中国人民的解放和中华民族的独立，为着早日结束战争，恢复和平，以利在全国范围内开始生产建设的伟大工作，使国家和人民稳步地进入富强康乐之境，贵我双方亟宜早日成立和平协定。中国共产党甚愿与国内一切爱国分子携手合作，为此项伟大目标而奋斗。”

---

〔1〕何应钦、于右任、居正、童冠贤，当时分别任国民党政府行政院院长、监察院院长、总统府国史馆馆长、立法院院长。

〔2〕卢郁文，当时任国民党政府和谈代表团秘书长。

〔3〕李宗仁1949年4月7日致电毛泽东，表示自他主政以来“政府谋和之诚意”，重申“谋和之决心”。

〔4〕张文白，即张治中，字文白。

4月10日 为中共中央军委起草致刘伯承、张际春、李达并告总前委电：顷接白崇禧方面来电称，“关于安庆撤退事，暂有困难。因自该地发生战事以来，国防部曾令坚守待援，该地辖京沪区指挥，敝方不便擅令守军撤退。拟请贵方允许，暂留该地勿攻，敝方亦不出击，以待和谈解决”。电报指出：“安庆既属国防部管辖，白崇禧自不便令撤，请令前线停止对安庆的攻击，以待和谈解决。如安庆畏我派人接洽动摇其军心，你们亦不必派人去联络，彼此暂维现状为要。”

同日 为中共中央军委起草致总前委并告刘伯承、张际春、李达，粟裕电：“我们和南京代表团的谈判已有进展，可能签订一个全面和平协定。签字时间大约在卯删〔1〕左右，如果此项协定签订成功，则原先准备的战斗渡江即改变为和平渡江，因此渡江时间势必推迟半个月或一个月。关于江水情况如何，推迟渡江时间有何不利，望即告〔2〕，以便决策。”

4月11日 晨五时，为中共中央军委起草复总前委并告粟

〔1〕 卯删，即4月15日。

〔2〕 1949年4月10日，总前委复电中共中央军委：每年阳历5月初开始大水，而且5月的水比7、8月还大，两岸湖区均被淹，长江水面极宽。届时，渡江将发生极大困难。如过久推迟，则必须将部队后撤就粮、就柴草。所以我们意见，只有在能保证和平渡江条件下，才好推迟时间。同日，粟裕复电中央军委：4月下旬为黄梅雨季，现已到桃汛，江水日涨，将发生以下困难：（一）现有船只三分之二为内河船只，尔后江中行驶困难，因此以现有船只渡江，每次渡江人数势必减少三分之二；（二）雨季稻田放水，部队展开不易，江面过阔浪大，江阴下游无法渡江，甚至10兵团方面只能作为钳制佯动方向；（三）粮草困难，尤以烧草。同日，刘伯承、张际春、李达复电中央军委：长江水势4月末5月初将加速上涨，南风大起，雨多、流急、浪大，目前粮食已成困难。

裕、张震，刘伯承、张际春、李达电，指出："依谈判情况，我军须决定推迟一星期渡江，即由十五日渡江推迟至二十二日渡江，此点请即下达命令。"

同日　关于攻击太原时间问题，为中共中央军委起草致徐向前、周士第、罗瑞卿并告彭德怀电："（一）我们和南京代表团的谈判已进行了十一天，颇有进展。如南京方面同意，可能于十五日或十六日签字，但破裂的可能仍然存在。（二）请将攻击太原的时间推迟至二十二日。那时，如能签订和平协定，则太原即可用和平方法解决；如和谈破裂或签订后反悔不执行，则用战斗方法解决，对我亦无多大损失。"

4月13日　晨，关于国共代表团和平谈判进入正式阶段问题，致信周恩来。信中指出："今日下午双方代表团应举行一次正式会议。在此会议上，宣布从今（十三）日起，结束非正式谈判阶段，进入正式谈判阶段，其时间为十三日至十七日，共五天。在此会议上，大略解释协定草案的要点，并征求他们的意见。""另向张治中表示，四月十七日必须决定问题。十八日以后，不论谈判成败，人民解放军必须渡江。他们派回南京的人，十四日上午去，十五日下午必须回来。南京四要员（李、于、居、童，不要张群[1]）如愿来平，十五日至迟十六日必须到达，十七日必须举行签字式。""应争取南京代表团六人都同意签字。如果李、何、白不愿签字，只要他们自己愿签，亦可签字。签字后他们不能回去，叫他们全体留平。如他们因南京不同意签字而不敢签，并有些人要回去，则必须争取张、邵、章[2]三代表及

---

〔1〕 张群，当时任国民党政府行政院政务委员。

〔2〕 张、邵、章，指张治中、邵力子、章士钊。

四个顾问[1]留在北平。”“今天晚上应举行各党派代表人物（十人）的会议一次”。根据毛泽东的意见，本日晨周恩来即将《国内和平协定草案》提交国民党政府代表团首席代表张治中，并通知当晚九时开始正式会谈。

同日 为新华社写国共和谈进入正式谈判阶段的新闻稿，宣布：“中国共产党代表团与南京国民党政府代表团就八项基础的和平条件举行的谈判，已达十二天。在此十二天中，双方就各项问题非正式地交换意见。从本日起，进入正式谈判阶段。”晚上，国共和谈代表团在中南海勤政殿举行第一次正式会议。中共代表团首席代表周恩来作《国内和平协定草案》的说明，并表明了对这个草案所持的原则；国民党政府代表团首席代表张治中表示愿意就中共所提草案再加研究，并将提出修正案。

4月14日 为中共中央军委起草致总前委并告第二、第三野战军电：“昨（十三）日起谈判已至正式阶段，我方协定草案已交张治中代表团，并由双方代表团开了一次正式会议。张治中等表示原则上接受我方草案，仅在个别问题上有意见。惟南京李、何、白、顾[2]等是否能拒绝美蒋干涉（此种干涉现已加紧）愿意接受，则尚无把握。我们现要李、何、于右任、居正、童冠贤等五人来北平共商。如彼等不来，则由张治中派人回南京征求意见。如南京根本拒绝不愿签字，则争取张治中代表团签字，然后由我军渡江，威迫南京批准。如南京因受美蒋胁迫不敢批准，并逃往桂林，则将协定公布，号召一切国民党主和派分子（单南京立法院即有一百多个立法委员认为无论如何要和，并谓非共军渡江不能解决问题）拥护协定的执行。万一连张治中也不敢签

〔1〕 指国民党政府谈判代表团的顾问屈武、刘仲华、李俊龙、金山。

〔2〕 顾，指顾祝同，当时任国民党军参谋总长。

字，则其曲在彼，我方可将协定草案公布，争取人民及国民党中主和分子及爱国分子的同情，对我军南进，甚为有利。”

同日 为中共中央军委起草致总前委，粟裕、张震，刘伯承、张际春、李达电：“为着准备渡江的直接行动，为着给南京一个打击，促使他们接受我们的条件起见，请你们准备于卯哿（四月二十日）攻占从安庆至南通一线除安庆及两浦（浦口、浦镇）两点以外的一切你们所需要攻占的北岸（不是南岸）敌人据点及江心洲（包括扬中县）。接电后请速即部署，以便于卯哿一举攻占。而在卯哿以前则保持平静，一声不响。”

4月15日 晨五时，为中共中央军委起草致总前委，粟裕、张震，刘伯承、张际春、李达电：“（一）和平谈判决以四月二十日（卯哿）为限期，本（十五）日即向南京代表团宣布，彼方是否签字，必须在该日以前决定态度，该日以后我军即须渡江。（二）和平协定草案最后修正稿本（十五）日交付南京代表团，彼方明（十六）日派黄绍竑飞宁请示，南京是否愿意签字尚难预料，有可能拒绝签字。（三）你们接到此电，请立即准备好，于二十日（卯哿）确实攻占除安庆、两浦以外的一切北岸及江心据点。勿误为要。”本日，粟裕、张震电告中央军委：敌人正沿江加强工事，如二十日同时攻占桥头堡，包括扬中县，则二十军必需提前四天攻占永安州，才便于船只入江。下午六时，毛泽东又为中央军委起草复粟裕、张震并告总前委，刘伯承、张际春、李达电，指出：“为着充分准备二十二日大举渡江，同意你们迅即攻占永安州，其他各北岸及江心据点亦可早日攻占，不必等到二十号。请总委通知谭震林。”

同日 晚上，国共和谈代表团在中南海举行第二次正式会议，会商《国内和平协定（最后修正案）》。中共首席代表周恩来在会上指出，经过第一次正式会议后，我和文白先生就协定草案全部内容要点再度具体交换了意见。中共代表团尽可能地吸收了南京政府代表团的许多意见，凡是与推进和平事业有利、与中国人民解放有利的意见，我们尽量采纳。周恩来宣布以四月二十日为签字期限。国民党代表团表示接受《国内和平协定》，决定派黄绍竑代表和屈武顾问于十六日携带文件返南京请示。

4月16日 为中共中央军委起草致总前委，粟裕、张震，刘伯承、张际春、李达电："和平协定最后方案已于昨（十五）夜提交张治中代表团，今（十六）日上午黄绍竑飞南京请示。南京是否同意签字，将取决于美国政府及蒋介石的态度。如果他们愿意，则可能于卯哿[1]签字，否则谈判将破裂。""你们的立脚点应放在谈判破裂，用战斗方法渡江上面，并保证于二十二日（卯养）一举渡江成功。""现请你们考虑者，即假如南京愿意于卯哿签字，但要求于签字后给他们几天时间以便部署，在这种情况下，我军是否可能再推迟三天，即由卯养改至卯有（二十五）渡江。这种推迟，是否于我军士气及渡江任务之完成上发生妨碍。你们作此种考虑时，仍应假定南京虽然签了字，但汤恩伯[2]等反动将领仍然不愿执行，我军仍需用战斗方法渡江。在此种假定上，如果你们认为不应再推迟，则我们将拒绝南京的请求。只有你们认为推迟至卯有（二十五日）实行战斗渡江并无妨碍，我们方准备允许南京的请求。如何？请考虑电复。并将近日渡江准备情形、渡江把握程度及需要多少时间才能完成全军渡江等项见告为盼。"总前委于十七日复电中央军委：我们一致认为二十日开始渡江作战，到二十二日全部投入夺取南岸的总行动，有把握胜利完成。请军委考虑，如是全局上二十日可以开始，二

〔1〕 卯哿，即4月20日。

〔2〕 汤恩伯，当时任国民党军京沪杭警备总司令部总司令。

十二日实行总攻，则一气打到底，完成渡江后再考虑停顿；如认为二十日开始太早，则请于十八日先期通知延期，因二十日开始到二十二日总攻不能再停，如加停顿，必陷于非常不利。

4月17日 为中共中央军委起草复徐向前、周士第、罗瑞卿电，指出："卯寒电〔1〕悉。你们觉得何时发起打太原为有利，即可动手打太原，不受任何约束。"此时，徐向前因病未愈，彭德怀应徐向前的要求，并经中央军委批准，留在太原前线指挥作战。根据总前委的原定部署，人民解放军于四月二十日向太原守敌发起攻击。

同日 为中共中央军委起草致总前委并告粟裕、张震，刘伯承、张际春、李达电："谈判至十五日（卯删）已告一段落。十六日至二十日（卯哿）是给南京考虑决策时间。在此时间内，我军应将一切必须攻占的北岸及江心敌据点全部攻占。二十日以后我军何日渡江，完全由我方选择，不受任何约束。""南京是否同意于二十日签字，决定于美国及蒋介石的态度，因此把握不大。南京方面认为我军渡江有很大困难，他们不相信我军能够大举渡江。我们估计他们二十日以前可能不理我们，要看一下我军能否于二十日以后真能渡江。假如我军真能于二十二日（卯养）渡江成功，则协定仍可能于二十三、四、五等日签订。故你们应按原计划，确定于二十二日渡江不要改变，并必须争取一举成功，是为至要。"

同日 为新华社写新闻稿，介绍四月一日以来国共谈判情况

---

〔1〕 徐向前、周士第、罗瑞卿1949年4（卯）月14（寒）日致电中共中央军委，说：自赵承绥等同赵恭所派之杜某会面后，太原敌方并无回音，而封锁更严；我军太原战役准备工作已经完成，如16日与南京谈判无大效果，可否提前攻击太原。

和提出《国内和平协定》的经过。新闻稿指出："协定全文为八条二十四款，不但采纳了南京代表团方面的意见，各民主党派的领袖人物亦从旁积极提供了意见。中共代表团于十五日的双方会议上宣布，谈判以四月二十日为期限，南京代表团是否愿意于协定上签字，须于四月二十日以前表示态度，四月二十日为签字日期。十六日上午十一时，南京代表团派遣黄绍竑代表及屈武顾问飞南京，向南京政府请示，现正等候南京的答复。"

4月18日 关于渡江作战的部署问题，为中共中央军委起草致总前委，粟裕、张震，刘伯承、张际春、李达，谭震林（总前委转）电，指出："完全同意总前委的整个部署，即二野、三野各兵团于二十日（卯哿）开始攻击，二十二日（卯养）实行总攻，一气打到底，完成渡江任务以后，再考虑略作停顿，采取第二步行动。请你们即按此总计划坚决地彻底地执行之。此种计划不但为军事上所必需，而且为政治上所必需，不得有任何的改变。""总前委主张待渡江任务完成后，以陈谢〔1〕三兵团出徽州沿浙赣公路东进；以宋郭〔2〕九兵团监视芜湖、南京，主力位于南京以南；以陈赓四兵团接替九兵团在芜湖的任务，并准备加入攻南京；王谭〔3〕七兵团、杨苏〔4〕五兵团的任务照原规定不变等项，我们认为目前可以照此预拟施行。待粟、张方面渡江后所遇

〔1〕陈谢，指陈锡联、谢富治，当时分别任第二野战军第3兵团司令员、政治委员。

〔2〕宋郭，指宋时轮、郭化若，当时分别任第三野战军第9兵团司令员、政治委员。

〔3〕王谭，指王建安、谭启龙，当时分别任第三野战军第7兵团司令员、政治委员。

〔4〕杨苏，指杨勇、苏振华，当时分别任第二野战军第5兵团司令员、政治委员。

敌情变化明了以后，如须有所变更，再按情况临时改变。”

4月20日 南京国民党政府拒绝在《国内和平协定（最后修正案）》上签字。本日晚上，由第三野战军第七、第九兵团组成的中突击集团，首先在安徽枞阳至裕溪口段突破敌人长江防线。二十一日，第二、第三野战军在西起江西九江市东北的湖口县，东至江苏江阴县，长达五百余公里的战线上，强渡长江，彻底摧毁国民党军苦心经营了三个半月的长江防线。

4月21日 中国人民革命军事委员会主席毛泽东、中国人民解放军总司令朱德发布《向全国进军的命令》，命令中国人民解放军“奋勇前进，坚决、彻底、干净、全部地歼灭中国境内一切敢于抵抗的国民党反动派，解放全国人民，保卫中国领土主权的独立与完整。”这个命令编入《毛泽东选集》。

同日 阅粟裕、张震致中共中央军委电，其中报告二十日午两艘外国军舰侵入扬州东南的三江营口岸第三野战军防区，一被击沉，一被击伤。就此，为中央军委起草复粟、张并告总前委，刘伯承、张际春、李达电：“你们所说的外舰可能是国民党伪装的，亦可能是真的，不管真假，凡擅自进入战区妨碍我渡江作战的兵舰，均可轰击，并应一律当作国民党兵舰去对付”。二十二日，从英国驻北平总领事包士敦给朱德总司令的信中获悉侵入长江人民解放军防地的均为英国军舰后，于晨三时为中央军委起草致总前委，粟裕、张震，刘伯承、张际春、李达电：“（一）兹将英国驻北平总领事包士敦来函一件转给你们；（二）英国人要求我军对于英舰两艘营救被击损之英舰（紫石英号）船员一事予以便利，我们意见在英舰不妨碍我军渡江作战的条件下，可予以营救之便利；（三）对于英国人要求该二舰于营救事务完毕后，仍须开往南京护侨一事不能同意，应令该二英舰向下游开去。但如该二英舰不听劝告，仍开南京，只要不向我军开炮及不妨碍我军渡江，你们也不要攻击他们。”

4月22日 子时，为中共中央军委起草祝贺第三野战军第七、第九两兵团渡江胜利的电报。接着又为新华社写《我三十万大军胜利南渡长江》和《人民解放军百万大军横渡长江》的新闻稿。

4月23日 人民解放军解放南京，国民党反动统治宣告灭亡。四月下旬，毛泽东作《七律·人民解放军占领南京》：“钟山风雨起苍黄，百万雄师过大江。虎踞龙盘今胜昔，天翻地覆慨而慷。宜将剩勇追穷寇，不可沽名学霸王。天若有情天亦老，人间正道是沧桑。”

同日 关于对英国军舰事件的处置问题，为中共中央军委起草致总前委，粟裕、张震，刘伯承、张际春、李达电：英舰事件，现已震动世界各地。英美报纸，均以头条新闻揭载。请粟、张加强江阴方面的炮火封锁，一则使国民党军舰不能东逃。二则使可能再来之英舰不能西犯，如敢来犯，则打击之。

同日 为中共中央军委起草复杨成武、唐延杰、李天焕〔1〕并告徐向前、周士第、罗瑞卿，华北局电，指出：“大同敌应由你们负责去解决，如果解决太原不需要你们全部兵力，可以派一个军先出发包围大同。”

4月24日 晨二时，为中共中央军委起草致总前委并告粟裕、张震，刘伯承、张际春、李达电，通报南京城内国民党政府人员和守军已经撤逃。电报中说：二十三日八时，南京留平代表团要李宗仁电话，南京电话局遍找李宗仁及其官员后，知李等已全部离开南京，不明去向。十时，张治中、卢郁文与其在京家属

---

〔1〕 杨成武、唐延杰、李天焕，当时分别任中国人民解放军第20兵团司令员、副司令员兼参谋长、副政治委员。

通话后，始知政府人员全部撤退，国防部、宪兵、警察亦已逃空，城内秩序甚乱，抢案四出，人心慌恐。二十三日晚南京留平代表团已与南京金陵女大校长吴贻芳及市参议会议长陈裕光讲好，要他们联络各界，负责维持城内治安，防止破坏，静候解放军入城接收。另接南京治安维持委员会二十三日致毛泽东主席电称，南京守军于二十三日撤退，南京人民为安全计，联合发起各界组织治安维持委员会，推马青苑为主任委员，吴贻芳为副主任委员。地方尚称安定，恳请电饬金陵外围野战军，对南京予以和平接收。电报还说："请你们迅即令知三十五军或其入宁接收部队，迅即入城维持秩序，并与马青苑、吴贻芳等接洽，确保南京治安，并注意保护各外国使馆。小平、陈毅二同志应即率华东局机关入城主持一切，刘伯承同志率领之机关亦望早日去南京。"第三十五军于四月二十三日晚上进入南京。总前委、华东局于四月二十五日开始从合肥向南京移动，四月二十八日到达南京。

同日 新华社发表毛泽东写的国民党反动统治宣告灭亡的新闻稿，指出："在人民解放军百万大军攻击之下，千余里国民党长江防线全部崩溃，南京国民党反动卖国政府已于昨日宣告灭亡。"

同日 太原前线解放军发起对太原城的总攻。本日，太原解放，歼灭阎锡山军队十三万五千余人，俘太原绥靖公署副主任孙楚、太原防守司令王靖国。

4月25日 中国人民革命军事委员会主席毛泽东、中国人民解放军总司令朱德颁布中国人民解放军总部布告，宣布约法八章：(一) 保护全体人民的生命财产；(二) 保护民族工商农牧业；(三) 没收官僚资本；(四) 保护一切公私学校、医院、文化教育机关、体育场所和其他一切公益事业；(五) 除怙恶不悛的战争罪犯及罪大恶极的反革命分子外，所有国民党政府大小官员，凡不持枪抵抗、不阴谋破坏者，一律不加俘虏，不加逮捕，不加侮辱；（六）一切散兵游勇，均应向当地人民解放军或人民政府投诚报到；（七）有准备有步骤地废除农村的封建土地所有制；（八）保护外国侨民生命财产的安全。这个布告编入《毛泽东选集》。

同日 为中共中央军委起草致徐向前、周士第、罗瑞卿并告彭德怀电：四月二十四日两电〔1〕悉。（一）同意宣布梁化之、孙楚、王靖国、戴炳南四人为战犯，缉拿治罪。（二）二十兵团应尽可能迅速开平绥线夺取大同〔2〕，尔后即控制于该线整训。（三）十八及十九兵团改隶第一野战军建制，尔后行动整训及补给等统听彭德怀同志指挥区处。（四）中央决定徐向前同志必须继续休养，养病时期工作由周士第同志代理。病愈后工作及任职到时再定。

同日 复电彭德怀，并告徐向前、周士第、罗瑞卿，指出："杨成武兵团需留华北暂不入陕，该兵团如损伤不大可迅开平绥线夺取大同，尔后即控制于该线，准备将来配合西北我军解决绥、宁问题。""同意你于五月初回陕，在回陕前请对十八、十九两兵团的部署加以确定，尔后该两兵团即由你直接指挥。"

4月26日 函告胡乔木：《中国人民解放军布告》应连播两三日。"尔后，凡解放一个大城市例如上海、汉口，应重新对该市重播一次。"

---

〔1〕 徐向前、周士第、罗瑞卿1949年4月24日在致中共中央军委的两次电报中提出：太原解放，太原作战结束，请军委对参战的3个兵团之整训时间、行动任务及指挥关系确定见示；拟公开宣布阎锡山部梁化之、孙楚、王靖国、戴炳南4人为战犯，并于缉拿后公审正法。

〔2〕 1949年4月29日，被围困在大同的国民党军10000余人，接受中国人民解放军改编，大同和平解放。

同日 审阅修改中国人民革命军事委员会关于公布中国人民解放军军徽样式的命令（草案），并在李涛送审的请示报告上批示："（一）请朱、周、任阅，如同意，即照此确定。（二）请周交罗迈征求各民主党派领袖人物的意见。因军队是国家的主要部分，似有征求他们意见之必要。"六月十五日，中国人民革命军事委员会主席毛泽东，副主席朱德、刘少奇、周恩来、彭德怀颁布关于中国人民解放军军旗及军徽样式的命令。命令中说："中国人民解放军军旗为红地，上缀金黄色的五角星及'八一'两字，表示中国人民解放军自一九二七年八月一日南昌起义诞生以来，经过长期奋斗，正以其灿烂的星光，普照全国。""中国人民解放军军徽为镶有金黄色边之五角红星，中嵌金黄色'八一'两字。"

4月27日 晨四时，就第三十五军进占南京后擅入美国驻中国大使司徒雷登住宅一事，为中共中央军委起草致粟裕并告总前委，刘伯承、张际春、李达电：三十五军到南京第二天（二十五日）擅自派兵侵入司徒雷登住宅一事，必须立即引起注意，否则可能出大乱子。其经过情形速即查明电告，以凭核办。"三十五军进入南京纪律严明，外国反映极好，但是侵入司徒住宅一事做得很不好。"

同日 晨六时，关于做好接收上海的准备工作问题，为中共中央军委起草致总前委，粟裕、张震并告刘伯承、张际春、李达电："你们不但要部署攻击杭州，而且要准备接收上海，以便在上海敌军假如迅速退走，上海人民要求你们进驻的时候，不致毫无准备，仓促进去，陷于被动。""如果美舰撤退，杭州又受威胁，国民党在沪军队有迅速撤走可能。加以上海资产阶级不赞成在上海打仗，故上海和平解决之可能性甚大。""为着多有一些准备时间，不使国民党过早退出上海，我军仓卒进入上海，请粟、张注意不要使我军过于迫近上海。同时，争取在数日内完成进驻上海的准备工作”。“何时进驻上海，须得我们批准。”

4月28日　为中共中央军委起草致总前委，粟裕、张震并告刘伯承、张际春、李达电：“为使汤恩伯在上海稳住一个时期，以利我军先取杭州，然后有准备地夺取上海，我们认为，你们暂时不要去占苏州、昆山、太仓、吴江、嘉兴诸点，让上述各点由汤恩伯守起来，使他在上海尚不感觉直接的威胁。”美英军舰已于二十六日由上海撤至吴淞口外。英、美采取此种态度于我有利。“我方对英美侨民（及一切外国侨民）及各国大使、公使、领事等外交人员，首先是美英外交人员，应着重教育部队予以保护。现美国方面托人请求和我方建立外交关系，英国亦极力想和我们做生意。我们认为如果美国（及英国）能断绝和国民党的关系，我们可以考虑和他们建立外交关系的问题。”“美国援助国民党反共的旧政策已破产，现在似乎正在转变为和我们建立外交关系的政策。”

同日　关于准备接收汉口、汉阳问题，为中共中央军委起草致林彪、罗荣桓，刘伯承、张际春、李达，萧劲光、陈伯钧并告中原局电：“和谈破裂，桂系亦从来没有在具体行动上表示和我们妥协过，现在我们亦无和桂系进行妥协之必要。因此，我们的基本方针是消灭桂系及其他任何反动派。但是，我四野主力还要一个多月才能到达汉口附近，接收汉口的准备工作尚未做好，因此，白崇禧和中央联络的电台暂时仍不割断，萧、陈前线亦应遵守前定界线不要超越，以免刺激汉口敌军惊慌，撤走得太早。”“从电到日起，萧、陈归林、罗直接指挥，解除刘、邓、张、李对萧、陈的全般指挥关系，但在工作配合上刘、邓、张、李仍得指挥萧、陈。”“萧、陈及中原局应当迅即准备接收汉口、汉阳两城，以免敌人退走，仓卒接收，毫无准备。”

同日 为中共中央军委起草复山东军区并告华东局，粟裕、张震电：同意对青岛举行威胁性攻击，其目的是迫使敌人早日撤退，我们早日占领青岛，但又避免与美军作战。

同日 致电在太原的彭德怀："假如西野[1]方面暂时不打大仗，你可否于回陕前来中央一谈关于用和平方法解决西北的问题。看样子，此种可能性是存在的。张治中等人现在决定留平，并向我方靠拢。用和平方法解决西北问题这件事，我们或须考虑通过张治中的帮助去做。"

同日 复信北京大学学生自治会："四月二十日来信收到。叫我给你们的刊物写点文章，我是高兴的；可惜我近日颇忙，不能应命，请予原谅。"

4月29日 为中共中央军委起草复粟裕、张震并告在南京的总前委，刘伯承、张际春、李达电，指出："我军既已占领苏州，似宜在苏州停止，让昆山、太仓、嘉兴暂时留在敌手；我军应在常熟集中重兵，密切监视上海情况，防敌经海路逃跑。一经发现敌有从海上逃跑象征，立即攻占吴淞，控制浦江出口。但须事先严戒部队，到吴淞后避免和外国军舰发生冲突。不得中央命令，不得向外国军舰发炮，至要至要。"

同日 作《七律·和柳亚子先生》："饮茶粤海未能忘，索句渝州叶正黄。三十一年还旧国，落花时节读华章。牢骚太盛防肠断，风物长宜放眼量。莫道昆明池水浅，观鱼胜过富春江。"

4月30日 为中共中央军委起草致粟裕、张震并告总前委

---

〔1〕 西野，即第一野战军。

电：艳晨电[1]悉。歼灭诸敌甚慰。“部署甚妥，如你们能于一星期内完成此项部署并完成对于攻击上海的政治准备工作与军事准备工作，则你们可以立于主动地位。”“总前委除直接领导南京工作外，请迅速抓紧完成占领上海的准备工作，以便在一星期以后假如汤恩伯从海上逃跑时，你们能够主动地有秩序地接收上海。”

同日 为中共中央军委起草致粟裕、张震并告总前委，刘伯承、张际春、李达电：据外国通讯社反映，二十七日上海敌军从海上运走约一万人，二十八日已停运。如果你们能以一个军从常熟进占浏河，威胁吴淞，则敌人不敢再从海上逃走。

同日 为中共中央军委起草致华东局、总前委并告粟裕、张震，刘伯承、张际春、李达，各局、各委电，指出：“南京电报局不得中央同意，擅自停止外国记者发新闻电是何人处理的，望即查明电复。”“我们认为南京、上海两处暂时均不要停止外国记者发新闻电。南京方面应重新开放，让外国记者发电，并且不要检查。待他们发一个时期看其情况如何，再由中央决定或全部停止外国记者发电，或准许好记者发电，停止坏记者发电。”“关于政策及工作方法的指示，在你们高级领导机关方面来说，主要地是依靠写电报，发通令，而不是依靠开干部会，不是依靠口讲。一个负责人半小时可以写一个电报，一小时可以写一个通令，一天、两天、三天或四天工夫可以经过电台传达到各军、各师、各团，各省、各市、各县，有文字为凭，有范围可守，又迅速，又使下级有所遵循。此种方法，毛主席已多次向饶漱石同志提议

---

〔1〕 粟裕、张震1949年4月29（艳）日晨致电第三野战军各兵团、各军并报中共中央军委，报告逃向杭州被我逼入郎溪、广德山区之敌5个军已大部被歼灭，以及肃清郎溪、广德残敌和占领杭州的部署，并提出要作好接收上海的准备。

过。而在你们方面，则对于若干政策和执行政策的方法问题，仍然不是靠文字，而是靠口头去向下面作指示。口头指示也是要的，也是有用的，也是必不可少的。但是一则无文字可凭；二则范围不见得很明确；三则到会的少数人听到了，没有到会的多数人没有听到，有挂一漏万的缺点（只是说的只有口头报告，没有文字决议的干部会）。此次外交政策几天时间内出了很多乱子，就是因为你们过去对于这个问题对下面没有任何文电指示。对有些问题有了指示，但如果没有让各军、各师、各团，各省、各市、各县的领导同志同时普遍看到，或者指示中对一项问题不强调，不突出，不鲜明，不确定范围，则各地仍然不明白，或者不甚明白。”

同日　起草中国人民解放军总部发言人李涛为英国军舰暴行发表的声明，斥责英国保守党首领丘吉尔和首相艾德礼为英舰侵入中国长江、并向人民解放军发炮攻击的暴行辩护，扬言要英国政府派航空母舰到中国海上实行武力报复。声明指出：“中国的领土主权，中国人民必须保卫，绝对不允许外国政府来侵犯。”“中国人民革命军事委员会和人民政府愿意考虑同各外国建立外交关系，这种关系必须建立在平等、互利、互相尊重主权和领土完整的基础上，首先是不能帮助国民党反动派。”这个声明编入《毛泽东选集》。

同日　为中共中央起草致各中央局、各野战军前委电，指出：“（一）凡在新区，嗣后对外宣传对内教育均以四月二十五日毛、朱所发人民解放军布告为标准，各局、各军均不要单独另发一般性的布告。以前各军所发约法七章或八章均取消不再发。（二）毛、朱四月二十五日布告除电台广播、报纸发表、单张印发张贴于一切新区城市及乡村俾众周知外，军内、党内均应印发作为教材迅速传达学会，一律照此执行。”

同日 复信北京大学纪念五四筹备委员会："四月二十八日的信收到。感谢你们的邀请。因为工作的原故，我不能到你们的会，请予原谅。庆祝北大的进步！"

4月 提出"公私兼顾，劳资两利，城乡互助，内外交流"的城市经济工作政策，即"四面八方"政策。四面，即公私关系，劳资关系，城乡关系，内外关系；八方，即公私两方、劳资两方、城乡两方、内外两方。指出要"从四面八方努力，四面八方照顾到，实现发展生产"。本月十八日，刘少奇在天津市委会议上引述了毛泽东的这一方针。

5月1日 为中共中央军委起草致总前委，刘伯承、张际春、李达并告粟裕、张震电："（一）杭州、上海之敌所剩无几，华野[1]不日即可歼灭。（二）中野[2]的任务在于歼灭皖南、赣东、浙西三区之敌，因三区之敌亦不甚多，故中野三个兵团似不需要集中使用，而以分置于三区为适宜，以便在敌军歼灭之后即可分别开辟三区的工作。"

同日 下午，从香山双清别墅乘车到颐和园，前往柳亚子住处益寿堂访柳亚子，谈诗甚畅，随后一同乘船游览昆明湖。在交谈中，柳亚子说：今天胜利了，这是我们盼望已久的。我们都很清楚，蒋介石早晚是要垮台的，因为他们腐败无能，太不得人心了。共产党要胜利，这是肯定的。共产党的政策正确，合乎民意，人民拥护支持，这是胜利的基础。但是，我们没有想到胜利会这么快，人民解放军很快渡江成功，并且占领了南京。我们不知道毛主席用的是什么妙计。毛泽东说：打仗没有什么妙计，如果说有妙计的话，那就是知己知彼，根据实际情况，作出正确的

---

〔1〕 华野，即第三野战军。

〔2〕 中野，即第二野战军。

决策。还有，就是先生说的，人民的支持是最大的妙计。我们有一百万军队渡江，如果没有人民的大力支持，是不能成功的。毛泽东还对柳亚子说：你现在可以赤膊上阵发表文章、讲话，现在与蒋介石时代不一样了，你的人身安全是有保证的，你的意见会受到尊重的。游船绕过湖心岛龙王庙，通过十七孔桥，至湖东靠岸。毛泽东同柳亚子话别，约定五月五日再见。

5月3日 就总前委根据进占南京的经验建议推迟进占杭州、上海的时间问题〔1〕，为中共中央军委起草致总前委、华东局并粟裕、张震电，指出："谭、王、吉〔2〕已迫近杭州，不知来得及停止否？杭州城内除周喦〔3〕率少数人为后卫尚未退走外，军队、警察及省政府均已向宁波撤退，城内治安由临时组织的民警维持，在此种情形下，谭、王、吉似可以不即去占领杭州，暂时由原来已经成立的治安委员会（以救济委员会名义出现）、地方绅士吕公望等维持，以待我方干部之到达。是否可以如此，请粟、张决定。""上海在辰灰〔4〕以前确定不要去占，以便有十天时间作准备工作。""何时占领上海，要等候我们的命令。"第三野战军向杭州进军的第二十一军、第二十三军，在接到此电以前，已于本日进入杭州。

同日 为中共中央军委起草致聂荣臻、薄一波并告杨成武、

〔1〕总前委1949年4月30日致电中共中央军委，提出：根据进占南京的经验，我党我军未作适当准备就仓猝进入大城市，必然陷于非常被动的地位，建议推迟进占杭州、上海的时间。

〔2〕谭、王、吉，指谭启龙、王建安、吉洛（姬鹏飞），当时分别任第三野战军第7兵团政治委员、司令员、副政治委员兼政治部主任。

〔3〕周喦，当时任国民党军京沪杭警备总司令部副总司令兼浙江警备司令部司令。

〔4〕辰灰，即5月10日。

李天焕电：二十兵团划归华北军区指挥。

同日 为中共中央军委起草复徐向前并告周士第、罗瑞卿，彭德怀、张宗逊、赵寿山，华北局，西北局电："(一) 同意你过一时期去海边适当地点作较长时期之休养。(二) 同意解除你在十八兵团的工作并在病愈后改作别项工作。(三) 同意以周士第为十八兵团司令员兼政委，王新亭为十八兵团副司令员兼副政委"。

同日 为中共中央军委起草致总前委，华东局，粟裕、张震，刘伯承、张际春、李达电，指出：总前委转来第八兵团政治委员袁仲贤、司令员陈士榘、副政治委员兼政治部主任江渭清四月三十日电，报告三十五军未经请示擅自处理有关外交事件等，"请你们转发华野、中野，各军、各师以资警惕"。"从三十五军在南京数天内所犯无政府无纪律错误行为看来，你们过去在准备渡江时期，对于外交政策及其他许多事项（例如军队在城市中看戏、看电影、洗澡、坐电车、坐公共汽车等事必须和各界人民同样买票，不许特殊，以及未得上级许可不得接受人民慰劳等）似乎没有明确规定。如果没有规定，你们应速规定，通令各军一体遵行。如果过去已有规定，三十五军故意违犯，则除检查该军工作做出结论通令各军外，应向各军重申前令，引起注意，不许再有违犯。""如果各军对于像外交问题这样重大事件，可以不请示，不报告，由各军各地擅自随意处理，则影响所及，至为危险。"

同日 致电斯大林，说："现在我们有两大任务：军事任务与经济任务。解决军事任务，即最后消灭敌人，我们能够完成，因为我们有经验和有必需的力量。但解决第二个任务——并不比第一个任务次要，为前途着眼比第一个任务更重要——很需要你们的帮助。不解决这一经济建设的任务，我们便不能巩固革命的果实，便不能完成革命。”“因此，请您满足我们的请求派遣苏联专家给我们。”

5月5日　上午，派秘书田家英去颐和园接柳亚子到香山寓所叙谈。其间，谈论了南北朝诗人谢灵运《登池上楼》、隋朝诗人薛道衡《昔昔盐》、宋朝诗人苏轼《题惠崇春江晓景》等诗篇，并论及其中“池塘生春草”、“空梁落燕泥”、“竹外桃花三两枝，春江水暖鸭先知”等名句。中午，毛泽东宴请柳亚子，作陪的有朱德、江青及女儿李讷、秘书田家英。后毛泽东将上述诸诗句题写在柳亚子《羿楼纪念册》上，并作一题记：“一九四九年五月五日柳先生惠临敝舍，曾相与论及上述诸语，因书以为纪念。”

5月6日　为中共中央军委起草致粟裕、张震转谭启龙、王建安、吉洛并告陈毅、饶漱石，刘伯承、邓小平电：“请粟、张即行部署，于辰灰〔1〕以后，辰删〔2〕以前数日内先行占领吴淞、嘉兴两点，封锁吴淞江口及乍浦海口，断绝上海敌人逃路，使上海物资不致大批从海上运走”。“在占领嘉兴以后，应继续占领嘉善、金山、平湖、乍浦、金山卫诸点，但青浦、松江、奉贤等地暂时不要去占。”“谭、王、吉集团在杭州地区休息数日后，应派一个军至两个军，迅速向东，占领杭州、宁波一线及该线以南之奉化、嵊县、新昌、诸暨、义乌等县，然后展开工作。在占领奉化时，要告诫部队，不要破坏蒋介石的住宅、祠堂及其他建筑物。在占领绍兴、宁波等处时，要注意保护宁波帮大中小资本家的房屋财产，以利我们拉住这些资本家在上海和我们合作，或者减少他们的捣乱行为。”“占领吴淞、嘉兴并不放弃推迟占领上海的计划。何时占领上海，仍须依照我方准备工作完成的程度来作

---

〔1〕 辰灰，即5月10日。

〔2〕 辰删，即5月15日。

决定，最好再有一个月左右的时间，充分完成准备工作，但是你们仍须准备在不可避免的情况下，早日去占领上海。你们的准备工作，愈快愈好。”“请粟、张预先告诫部队，在占领吴淞时，极力注意避免和外国兵舰发生冲突。”“请刘、张、李〔1〕注意保护南京的孙中山陵墓，对守陵人员给以照顾。”

同日 中共中央军委发出城市驻军不住民房的决定，规定部队应驻扎在中外兵营、公共机关、庙宇、祠堂、公所及会馆等公共场所中，业已停课之学校亦可驻扎，必要时宁可以适当代价借住整栋的旅馆，也不要租住民房。至少在一个相当时期内，不要接家眷来城居住。

5月7日 为中共中央军委起草复西北局电，同意关于榆林谈判及处置办法。陕北榆林的国民党军晋陕绥边区总司令部、第二十二军军部及所属一个师，经过同中共有长期联系的邓宝珊的积极工作，在军长左协中率领下，于六月一日宣布起义，榆林和平解放。

5月8日 为中共中央军委起草复粟裕、张震并告总前委，刘伯承、张际春、李达电，同意粟、张关于冻结上海物资、截敌逃路的部署，并指出：“和攻占吴淞、嘉兴等处之同时，派足够兵力占领川沙、南汇、奉贤，将敌一切逃路封闭是很必要的。”根据中央军委指示，粟裕、张震于五月十日下达了淞沪战役作战命令，上海外围战于十二日开始。

同日 关于陕中战役的部署等问题，为中共中央军委起草致中原局并告彭德怀、张宗逊、赵寿山，西北局电：“我第一野战军（三十五万人）六月间开始举行夺取潼关、西安、宝鸡、汉

〔1〕 刘、张、李，指刘伯承、张际春、李达。

中、天水及陇南地区之战役，希望我陕南刘金轩[1]部沿汉水向汉中方面行动，最好能直取汉中区域，切断胡宗南向川北的逃路。”

5月9日 为中共中央军委起草致林彪、萧克[2]电，指出：“你们主力已越过陇海线，快要到湖北境内了。根据长江北岸地区的粮食状况，大军久驻困难必多。又据白崇禧的意图，不是准备在衡州[3]以北和我军作战，而是准备逐步撤退至衡州以南。因此，你们全军似有提早渡江时间的必要。并且不必全军到达北岸然后同时渡江，可以采取先后陆续渡江的方法。”

5月10日 为中共中央军委起草复总前委并告刘伯承、张际春、李达，林彪、罗荣桓、萧克，中原局电：“同意你们对南昌的处置，即如果南昌敌逃走，可由陈赓率兵直入城维持秩序，俟林罗部队过江后即行移交。”

同日 为中共中央起草复南京市委并告华东局电：“（一）黄华[4]可以与司徒[5]见面，以侦察美国政府之意向为目的。（二）见面时多听司徒讲话，少说自己意见，在说自己意见时应根据李涛声明。（三）来电说‘空言无补，需要美首先做更多有益于中国人民的事’，这样说法有毛病。应根据李涛声明，表示任何外国不得干涉中国内政，过去美国用帮助国民党打内战的方法干涉中国内政，此项政策必须停止。如果美国政府愿意考虑和我方建立外交关系的话，美国政府就应当停止一切援助国民党的行动，并断绝和国民党反动残余力量的联系，而不是笼统地要求美国做

---

〔1〕 刘金轩，当时任西北军区所辖陕南军区司令员。

〔2〕 萧克，当时任第四野战军参谋长。

〔3〕 衡州，今湖南衡阳。

〔4〕 黄华，当时任南京市军管会外事处处长。

〔5〕 司徒，即司徒雷登。

更多有益于中国人民的事。你们这样说，可能给美国人一种印象，似乎中共也是希望美国援助的。现在是要求美国停止援助国民党，割断和国民党残余力量的联系，并永远不要干涉中国内政的问题，而不是要求美国做什么‘有益于中国人民的事’，更不是要求美国做什么‘更多有益于中国人民的事’。照此语的文字说来，似乎美国政府已经做了若干有益于中国人民的事，只是数量上做得少了一点，有要求他‘更多’地做一些的必要，故不妥当。（四）与司徒谈话应申明是非正式的，因为双方尚未建立外交关系。（五）在谈话之前，市委应与黄华一起商量一次。（六）谈话时如果司徒态度是友善的，黄华亦应取适当的友善态度，但不要表示过分热情，应取庄重而和气的态度。（七）对于傅泾波〔1〕所提司徒愿意继续当大使和我们办交涉，并修改商约一点，不要表示拒绝的态度。”

同日 为中共中央军委起草致粟裕、张震转在杭州的谭启龙、王建安、吉洛电：“请告现在杭州养病的何柱国〔2〕将军，他给毛、朱、周、彭的电报收到了，叫他安心养病。你们对何应予以保护。”

5月12日 和朱德、刘少奇在北平接见出席中华全国青年第一次代表大会全体代表。

5月14日 第四野战军在武汉以东团风至武穴间一百余公里的地段上，横渡长江。十六、十七两日，解放武昌、汉阳和汉口。

同日 晚上，接见自香港来北平并即将参加接管上海的潘汉

〔1〕 傅泾波，当时是司徒雷登的私人秘书。

〔2〕 何柱国，曾任国民党军第十战区副司令长官兼第15集团军总司令。这时正在杭州治疗眼疾。

年、夏衍、许涤新，听取潘汉年等关于香港工作情况的汇报，询问港英当局对中共的态度，要求尽可能完好地保存上海这个工业城市，不要让国民党实行焦土政策。

同日 为中共中央起草致东北局并告林彪、罗荣桓、谭政，中原局电，通报毛泽东、朱德同周保中〔1〕谈话精神："毛主席向他指出，抗联干部领导抗联斗争及近年参加东北的斗争是光荣的。此种光荣斗争历史应当受到党的承认和尊重。但抗联同志在过去的工作中亦和党内其他各地从事革命斗争的同志一样，是难免有缺点和错误的，应该着重检讨自己过去工作中的缺点和错误，借以提高自己的政治水平，以便今后更好地为党工作。上述估计，适用于周保中同志及其他一切一贯地执行党的路线的抗联同志。我们认为应根据上述估计对周保中同志予以积极的帮助，启发他去掉某些包袱和片面性，这个同志会有更大的进步。"

5月16日 晚十时，为中共中央军委起草复林彪、萧克并告华东局，刘伯承、张际春、李达电："铣十三时电〔2〕悉。四十三军渡江后不必急于向九江、南昌前进，等候接收及工作的各项干部大体到齐，然后前进较为适宜。九江、南昌既有桂系两个军驻守，我军又不马上前进，该两处秩序似不至大乱。因此，请刘、张、李令陈赓注意。只要南昌有敌军驻守，陈兵团亦不要进占南昌，只在南昌敌人确已撤退，该兵团才去占领，维持秩序。在南昌敌军未撤的情况下，陈兵团亦不要过于迫近和威胁南昌。"

同日 中共中央发布关于入城部队遵守城市纪律的指示，规

---

〔1〕 周保中，当时任东北军区副司令员。

〔2〕 林彪、萧克1949年5月16（铣）日13时致电中共中央军委，请示43军渡江以后，是直接向九江、南昌前进，还是暂时停止蕲春以南等候接收南昌的干部到后再进南昌、九江。

定：（一）凡市内卫戍机关军风纪、交通规则、娱乐场所规则，军队人员必须共同遵守，并服从当地军事管制委员会、警备司令部及公安局之指挥，不得借口隶属关系不同，而有丝毫违抗。（二）保护城市人民生命、财产不许侵犯，除现行犯（例如抢劫、放火、行凶等），各机关不得擅自捕人。（三）保护外侨（包括领事馆）不加侮辱，凡遵守人民政府法令与安分守己之外国侨民，一律予以保护并尊重其人格，以礼貌待之；凡有违法或破坏行为者，报告上级及军事管制委员会，不得自行处理，一切有关外侨事务，不论大小均由最高机关办理，各部无权处理。没有命令不得进入外侨住宅，不准住外侨的房屋或教堂、学校，对外侨与外侨住宅，无命令时，不得施行室内检查与人身搜查。（四）我军各部人员，不得接见中外记者，对新闻记者发表谈话。（五）军人进入戏院、电影院、理发店、澡堂及公共娱乐场所游览，及乘坐电车、公共汽车者，均须照章买票，照章付钱，不得要求免票或半价付钱。（六）不经上级许可，不得接受人民的慰劳，对各阶层人士给军队个别人员送礼和被邀请吃饭赴宴者，尤需拒绝。（七）军队在城市驻扎不得借住或租住民房。（八）军队之骡马大车不得入城，必须入城者，可在装卸后即应出城。（九）不准乱放枪。（十）不准上街乱跑，严格请假制度。（十一）整顿军容，提倡礼节。（十二）对群众态度须好，不可蛮横无礼貌。

5月17日 为中共中央军委起草致林彪、罗荣桓、萧克并告刘伯承、张际春、李达，华东局，中原局电：据刘伯承、邓小平等十六日电，南浔线上之桂敌已开始沿浠水及赣江西岸向南撤退。刘、邓已令陈赓兵团两个军的主力出丰城、高安之线，准备在赣江两岸兜截南撤之敌，配合十二兵团之作战。“南浔线上之敌既已向南向西撤退，陈赓部已出赣西截敌，我们昨电叫你们令四十三军等齐干部然后前进，已不适用。你们应令四十三军不等干部到齐，即向南浔路前进，协同陈赓兵团歼灭逃敌。”

5月18日　复电出席世界拥护和平大会归来到达沈阳的中国代表团郭沫若、许德珩、李德全等二十九人：“先生等致力国际和平民主事业载誉归来，极为欣慰。请在沈阳稍候，俟马寅老〔1〕等到后同车返平，俾北平人民得作盛大欢迎，以壮世界和平阵容，并慰贤劳。”

同日　和朱德致电原国民党军海防第二舰队司令官林遵和舰长邵仑、李宝英等及第二舰队全体官兵：“庆祝你们在南京江面上的壮举。你们率领二十五艘舰艇毅然脱离反动阵营，参加到中国人民解放军的大家庭来，这是值得全国人民热烈欢迎的行动。在巡洋舰重庆号于二月间起义并被国民党反动派于三月间炸毁以后，四月间又有你们的大规模起义，可见中国爱国人民建设自己的海军和海防的伟大意志，不是任何反动残余所能阻止的。希望你们团结一致，学习人民解放军的建军思想和工作制度，并继续学习海军技术，为中国人民海军的光明前途而奋斗！”

同日　和朱德致电原国民党军伞兵第三团团长刘农畯、副团长姜健和全体起义官兵，欢迎他们于四月十八日在上海吴淞口宣布起义。电报说：“庆祝你们脱离国民党反动集团而加入人民解放军的英勇举动，希望你们努力于政治上和技术上的学习，为建设中国的新伞兵而奋斗！”

同日　在香山双清别墅会见李达〔2〕。当晚，李达住毛泽东处。

5月19日　为中共中央军委起草致总前委并告粟裕、张震

---

〔1〕 马寅老，即马寅初，经济学家、无党派民主人士。当时是出席世界拥护和平大会的中国代表团副团长。

〔2〕 李达，哲学家、中国共产党早期党员、一大代表，当时任湖南大学教授。

电，指出："在上海已被我军包围后，攻城时间似不宜拖得太长。你们接收准备工作已做到何种程度，是否可以于辰有[1]前后开始攻城？攻城时，似应照粟、张意见，先歼苏州河南及南市之敌，再歼苏州河北及吴淞之敌。"

5月20日 关于总攻上海的时间和步骤问题，为中共中央军委起草致粟裕、张震并告总前委等电："（一）据邓、饶、陈[2]电，接收上海的准备工作业已大体就绪，似此只要军事条件许可你们即可总攻上海。（二）为使侦察及兵力配合臻于完善起见，总攻时间似以择在辰有至辰世[3]之间为宜，亦可推迟至巳东[4]左右，如何适当由你们决定。（三）攻击步骤，以先解决上海，后解决吴淞为适宜。如吴淞阵地不利攻击，亦可采取攻其可歼之部分，放弃一部分不攻，让其从海上逃去[5]。（四）攻击兵力必须充分，如觉兵力不足，须调齐兵力然后攻击。（五）攻击前必须作战役和战术上的充分准备。"

同日 阅粟裕、张震请示如何处置黄浦江内的外国军舰的电报，为中共中央军委起草复粟、张并告总前委，刘伯承、张际春、李达电："（一）黄浦江是中国内河，任何外国军舰不许进入，有敢进入并自由行动者，均得攻击之；有向我发炮者，必须还击直至击沉击伤或驱逐出境为止。（二）但如有外国军舰在上海停泊未动，并未向我军开炮者，则不要射击。（三）中国及外国轮船为敌军装载军队及物资出入黄浦江者，亦应攻击之。（四）

---

〔1〕 辰有，即5月25日。

〔2〕 邓、饶、陈，指邓小平、饶漱石、陈毅。

〔3〕 辰世，即5月31日。

〔4〕 巳东，即6月1日。

〔5〕 采取这种战法的结果，让汤恩伯率50000余人从海上逃走，对于尽量避免上海在战火中的损失起了重要作用。

中国及外国轮船在上海停泊未动者，或得我方同意开行者，准其停泊或开行，并予以保护。（五）为了对付外国军舰的干涉，你们应有充分的精神准备与实力准备，即要将外国干涉者的武装力量歼灭或驱逐之，如感兵力或炮火不足应速从他处抽调补足。”

同日 收到第二野战军前委五月十五日关于第三兵团过江部队与皖南游击队会师时发生误会的情况报告后，为中共中央军委起草致林彪、萧克、谭政、陶铸〔1〕电，转去这一报告，并指示：“请转发你们各军、师引起注意，正确地处理四野与南方游击部队会师问题，是为至要。”

5月21日 为转发中共中央华东局五月十四日对无锡市恢复和发展生产的指示，起草中央给华中局，林彪、罗荣桓、谭政的批语：“请你们充分注意抓紧对于新占各城市的政策指导，不要过了很久才去检查和指导。”

同日 复信柳亚子，说：“各信并大作均收敬悉，甚谢！惠我琼瑶，岂有讨厌之理。江青携小女去东北治病去了，黄女士〔2〕的信已代收，我的秘书并已和黄女士通电话，料可获得居处。国史馆事尚未与诸友商量，惟在联合政府成立以前恐难提前设立。弟个人亦不甚赞成先生从事此项工作，盖恐费力不讨好。江苏虚衔，亦似以不挂为宜，挂了于己于人不见得有好处。此两事我都在泼冷水，好在夏天，不觉得太冷否？某同志妄评大著，查有实据，我亦不以为然。希望先生出以宽大政策，今后和他们相处可能好些。在主政者方面则应进行教导，以期‘醉尉夜行’之事不

---

〔1〕谭政、陶铸，当时分别任第四野战军政治部主任、副主任。

〔2〕指黄波拉，黄绍竑的侄女。1949年初，她为摆脱国民党特务的监视，仓促离开上海，到达北平后食宿等发生困难。为此柳亚子写信给毛泽东，请求给她以帮助，毛泽东即派秘书对她一家作了安排。

再发生。附带奉告一个消息，近获某公诗云‘射虎将军右北平，只今乘醉夜难行，卢沟未落登埤月，易水还流击筑声’，英雄所见，略有不同，亦所遭者异耳。孙先生衣冠冢[1]看守诸人已有安顿，生事当不致太困难，此事感谢先生的指教。”

5月22日 为中共中央军委起草复粟裕、张震电，同意二十一日来电所述之攻沪部署，望即照此执行。第三野战军鉴于上海守敌大部已被吸引在上海外围，一部已被歼，同时获悉汤恩伯逃到吴淞口外军舰上，苏州河以南的市区仅有五个交通警察总队，乃提前于二十三日晚上发起总攻，二十五日拂晓占领苏州河以南的市区和浦东市区。

同日 中共中央军委批准以第四野战军指挥机关兼中原军区指挥机关，并决定将中原军区改称华中军区。第四野战军兼华中军区司令员为林彪，政治委员为罗荣桓，第一参谋长为萧克，第二参谋长为赵尔陆，政治部主任为谭政。二十八日，毛泽东为中央军委起草复林彪并告华中局[2]、华东局、一野、二野电：同意邓子恢又任第四野战军兼华中军区第二政治委员，以利工作。

5月23日 关于各野战军向全国进军的部署问题，为中共中央军委起草致总前委，刘伯承、张际春、李达，粟裕、张震并告林彪、罗荣桓，彭德怀、贺龙电：（一）“粟、张养午电[3]悉。你们应当迅速准备提早入闽，争取于六、七两月内占领福州、泉州、漳州及其他要点，并准备相机夺取厦门。入闽部队只待上海解决，即可出动。”（二）“二野亦应准备于两个月后以主力或以

---

〔1〕 孙先生衣冠冢，指北平西山碧云寺内的孙中山衣冠冢。

〔2〕 1949年5月12日，中共中央决定成立华中局，林彪为第一书记，罗荣桓为第二书记，邓子恢为第三书记。

〔3〕 粟裕、张震1949年5月22（养）日午时致电中共中央军委，请示关于第三野战军入闽部队可否提早出动。

全军向西进军，经营川、黔、康。二野目前任务是准备协助三野对付可能的美国军事干涉，此项准备是必需的，有此准备即可制止美国的干涉野心，使美国有所畏，而不敢出兵干涉”。（三）“四野现有两个军渡江，尚有六个军已至陇海、长江之间，约于六月上旬可渡江，另有四个军正由新乡、安阳地区出发，约六月中旬可以渡江，四野主力（六个军及两广纵队）于七月上旬或中旬可达湘乡、攸县之线，八月可达永州、郴州之线，九月休息，十月即可尾白崇禧退路向两广前进，十一月或十二月可能占领两广。一野（四个兵团三十五万人）年底以前可能占领兰州、宁夏、青海，年底或年初准备分兵两路，一路由彭率领位于西北，并于明春开始经营新疆；一路由贺率领，经营川北，以便与二野协作解决贵州、四川、西康三省。”（四）“如果上海、福州、青岛等地迅速顺利解决，美国出兵干涉的可能性业已消失，则二野应争取于年底或年底以前，占领贵阳、重庆及长江上游一带，并打通长江水路。”（五）“胡宗南全军正向四川撤退，并有向昆明撤退消息，蒋介石、何应钦及桂系正在做建都重庆、割据西南的梦，而欲消灭胡军及川、康诸敌，非从南面进军断其退路不可。”

同日　为中共中央起草致香港分局电：“人民解放军秋季或冬季可能攻占两广，请你们通知所属各区，在夏秋两季有步骤地加强工作，特别是加强广州及其他城市的工作，着重工厂及学校的工作，各游击区必须加强自己的活动，准备迎接解放军主力的到来。”

同日　为转发中共南京市委关于外来党组织与本地党组织会师问题的经验，起草中央给华中局、西北局的批语：“请你们充分注意此项问题，务望抓紧领导，不可再蹈我党历史上对此问题处理不善的覆辙。”

同日 审阅修改中共中央给华东局并告华中局、西北局的电报稿，加写一段话："据平、津经验，接管时对于企业物资（工厂出品及企业已交政府的仓库存货）不要当作战利品没收分配消耗掉，要当作企业的货品（本来是企业的货品），卖出钱来，归企业使用，否则企业失掉这批资本之后继续开工十分困难，势必又要政府投资给企业才能开工。此事望通令各城市注意。"

5月25日 关于对张轸〔1〕部的改编问题，为中共中央军委起草致华中局并告萧劲光、陈伯钧电：张轸部应照曾泽生、吴化文那样以起义部队待遇。张轸和我们接洽已久，此种部队集中归我改编是对我有利的，故应对张轸及其部属采取欢迎态度。由十纵、十二纵抽出一二个师与张轸部合编为一个军，张轸为军长，以我们一人为副军长，按照改造曾泽生、吴化文等部的方法加以改造。请萧、陈告知张轸，他给中央电报已收到，他的行动我们认为满意，希望他告诫部属坚决站在人民方面，将所部改造为人民解放军。并问张轸他与程潜是否有电台联系，或有其他通讯方法叫程潜率部起义，配合我军行动。

同日 关于歼灭桂系主力的作战部署问题，为中共中央军委起草致林彪、萧克、赵尔陆、聂鹤亭〔2〕并告刘伯承、张际春、李达，总前委电："请刘、张、李迅即电知陈赓兵团暂时不渡赣江，在丰城、临江、新淦、峡江之线收集船只，完成渡江准备，待桂军七师深入宜春一带后突然向敌后方挺进，断敌

---

〔1〕 张轸，原任国民党河南省政府主席、国民党军华中军政长官公署副长官兼第19兵团司令官。1949年5月15日率部20000余人在武汉以南之贺胜桥、金口一带起义，参加中国人民解放军。

〔2〕 聂鹤亭，当时任第四野战军兼华中军区副参谋长。

退路，与四野部队配合歼敌或抓住敌人。”“二野应准备以四个军或三个军由陈赓统率，归林、罗指挥，第一步在宜春一带配合四野歼灭桂系主力，第二步待命入湘，抄击白崇禧后路，尔后待命入川。”

同日 为中共中央军委起草致萧劲光、陈伯钧、韩先楚、唐天际、解方、潘朔端〔1〕并林彪、萧克电：“（一）四十七军一五三师入武昌纪律甚好，应予奖励。（二）请林、罗考虑待你们主力及炮兵渡江的时候，在武汉三镇举行一次军容整齐的盛大游行，例如北平入城式那样，借以振奋人心。”

同日 为中共中央军委起草致各野战军电，通报国民党政府国防部部长何应钦五月十四日要求国民党军停止退却准备抵抗的命令。指出，敌近日业已按此命令在某些地区执行。“此种情况对于我军聚歼敌军有生力量之要求，甚为有利。望各野战军注意集中兵力，妥为部署，力求聚歼当面匪军，而后追击前进，是为至要。”

5月26日 为中共中央军委起草致彭德怀、张宗逊、赵寿山电，指出：“你们攻占凤翔等地，歼敌一部后，暂时停止前进的处置是对的〔2〕。目前胡、马〔3〕两军配合在长武、宝鸡之线企

〔1〕 萧劲光、陈伯钧、韩先楚、唐天际、解方、潘朔端，当时分别任第四野战军第12兵团司令员兼政治委员、第一副司令员、第二副司令员、副政治委员兼政治部主任、参谋长、副参谋长。

〔2〕 第一野战军1949年5月15日发起陕中战役后，于20日解放西安，又以一部攻占了凤翔、宝鸡等地。为使主力集结，准备西进攻打青海马步芳部和宁夏马鸿逵部，张宗逊、赵寿山曾致电中共中央军委，报告部队拟暂时进行休整。

〔3〕 胡，指胡宗南。马，指马步芳、马鸿逵，当时分别任国民党军西北军政长官公署代理长官、副长官。

图阻我进攻，而我十八、十九两兵团，尚须三四星期以后，才能到达西府[1]区域，依你们现有兵力，可以打胡不能同时对马，而欲同时对马，必须等候十八、十九两兵团开到或至少一个兵团开到，方有把握，否则无把握。因此你们应耐心等候三四个星期，不要性急，待十八、十九两兵团开到，打几个好仗，即可直取兰州，基本上解决西北问题，只要胡、马不走，仗是总有打的。仅在一种情况下，即胡军向汉中退却，胡、马两军又确实不能联合（即马部确实不威胁我侧翼），你们才可以不待十八、十九两兵团开到即向汉中方向追击胡军。”

同日 为中共中央起草致华东局、华中局、西北局、南京市委电，通报平、津接收企业的经验，指出：“据平、津经验，我占城市初期，如果接收企业的人员只准备接收，不准备经营，待接收之后再派人经营，则接收人员存五日京兆之心，无心经营，浪费物资，对企业生产损失甚大。因此，接收初期派去接收企业的负责人，即应尽可能选择那些可以付托他们经营的人们，嘱咐他们不但要接好，而且要管好，使生产不受损失，此点务请注意。”此外，不可把企业物资当作战利品没收分配消耗掉，此点亦是平、津的经验，前已告华东局，现再重说一遍，请你们转知所属注意。

5月27日 上海解放。自五月十二日发起的上海战役，经过十六昼夜战斗胜利结束，此役共歼国民党军十五万三千余人。三十日，中共中央电贺上海解放。

5月28日 关于预防帝国主义武装干涉的部署问题，为中共中央军委起草致彭德怀、贺龙，刘伯承、邓小平，陈毅、饶漱石、粟裕，林彪、罗荣桓电，指出：“近日各帝国主义国家有联

〔1〕 西府，指西安以西泾渭两河之间地区，古称凤翔府。

合干涉革命的某些象征。例如美国正在和英、法等十二国会商统一对华政策，青岛增加了美国军舰，留在南京的各国大使准备撤走，英国在香港增兵，广州国民党亦有某些高兴表示等事，可以看出这种象征，将来是否会演成干涉的事实，目前还不能断定。但我们应当预筹对策，以期有备无患。”“对策的主要方面是，我各路野战军，按照预定计划前进，歼灭国民党残余力量，使各国帝国主义在中国大陆上完全丧失他们的走狗。第二方面是力求经济上的自足自给，准备着海上被封锁时，我们仍然有办法。在这方面团结民族资产阶级及知识分子站在我们方面，极为重要。第三方面是在华北、华东部署充分兵力，以防美国海军协同国民党海陆军，向我后方的袭击和扰乱。”

同日　将邓小平、饶漱石、陈毅、曾山〔1〕五月二十三日向中央及中财部请求拨三百亿元人民票〔2〕应急的电报，批送周恩来、朱德、刘少奇、陈云，请他们商酌两大问题：“（一）不但华东方面急需大量人民票，这是应当迅速支付的；华中方面要求增加人民票的电报估计不久也会来，这是应当预作准备的；而且必须准备今年九月以后占领粤、桂、川、滇、黔五省所需要的人民票，也需立即开始筹办。（二）九月份以后占领粤、桂、川、滇、黔五省所需要的干部以三万名计算，也须马上作出计划，通知各区遵办。”

同日　为中共中央起草致罗荣桓、黄克诚电：华中局已同意中央意见，你们应当休养数月。

---

〔1〕曾山，当时任中共中央华东局常委兼财经委员会副书记、上海市副市长。

〔2〕这里指当时流通的人民币。中国人民银行1955年3月1日起发行新的人民币，代替原来流通的人民币，新币1元等于旧币1万元。

5月29日 审阅修改新华社社论稿《祝上海解放》，加写一段话："这些外国政府如果愿意开始从中国事变中吸取教训，那末，他们就应当着手改变他们干涉中国内政的错误政策，采取和中国人民建立友好关系的政策。"

5月30日 为中共中央起草致各中央局，香港分局，二野前委，上海、南京两市委电，提出解决今年将要占领的广东、广西、云南、四川、贵州、宁夏、青海等七省所需干部的具体办法。

同日 关于进军西南需解决的几个问题，为中共中央军委起草复第二野战军前委并告总前委电：（一）"行动方针须依辰俭〔1〕电待两个月后，在确无外国武装干涉条件下才能最后确定。目前你们主要注意力仍须放在现领任务之执行上面，以免分散注意，使现领任务执行不好。"（二）"兵员、牲口不足之数，除华东局能解决者外，原则上不补，到四川以后自行解决。估计黔、川没有严重的作战，减员不会很大，占领长江上游后可以就地筹补，从长解决。"（三）"出动兵力须视情况决定，如无外国干涉，自可全军出动。"

5月31日 审阅修改刘少奇为中共中央起草的关于对待民族资产阶级的政策问题致东北局电，并为转发这个电报起草中央给各中央局，山东分局，平、津、济、沪、宁、汉诸市委，各野

---

〔1〕 辰俭，即5月28日。

战军前委的批语："兹将中央给东北局辰世电〔1〕及其附件发给你们，并请你们转发各市委、省委、区党委，据以检查自己的工作，认真克服对待民族资产阶级的'左'倾机会主义错误。如果不克服此种错误，就是犯了路线错误。"

6月1日　和朱德、周恩来、董必武复电在上海的中国民主同盟中央主席张澜："革命战争迅速发展，残敌就歼为期不远。今后工作重心在于建设，亟盼各方友好共同致力。先生及罗先生〔2〕准备来平，极表欢迎。"

同日　审定中共中央对第四野战军前委关于进入江南新区指示的批复稿，加写一段话，指出：文中"'努力发展生产'一句

---

〔1〕指刘少奇1949年5（辰）月31（世）日为中共中央起草的致东北局电。刘少奇在电报中列举了他在天津视察期间发现的在对待民族资产阶级问题上"左"的表现及其危害："有些干部认为和资本家接触就是立场不稳，贸易公司在原料及市场方面统制，不给资本家的生产以应有的照顾，税收机关对私人生产亦未给以应有的照顾。在劳资关系上工人有过高的要求和过左的行动，未用坚决的办法去纠正。强令资本家开工，但资本家开工后的各种实际困难未帮助资本家去克服。在报纸上只说资本家坏，不说资本家还有任何好处。在党内思想上只强调私人资本主义的投机性、捣乱性（具有这种性质的是无益于国计民生的私人资本，例如投机商业等，不是一切私人资本都有投机性、捣乱性）。强调限制资本主义，而不强调一切有益于国计民生的私人资本主义生产在目前及今后一个长时期内的进步性、建设性与必需性，不强调利用私人资本主义的积极性来发展生产，只强调和资本家斗争，而不强调联合愿意和我们合作的资本家。结果就使资本家恐慌消极，陷于半瘫痪状态，完全没有生产积极性，许多资本家就准备停工歇业或逃跑。这是一种实际上立即消灭资产阶级的倾向，实际工作中的'左'倾冒险主义的错误路线，和党的方针政策是在根本上相违反的。据说东北城市工作也有这种倾向，望东北局立即加以检查并纠正。"

〔2〕指罗隆基。当时任中国民主同盟中央常委。

应改为‘尽可能维持现有生产水平不使降低’，因目前的农村生产还谈不到发展”。

6月2日 关于第四野战军休整和作战部署问题，为中共中央军委起草复林彪、萧克、赵尔陆、聂鹤亭电，指出：“同意你们各军到齐休整一短时期，然后三路或两路同时动作（惟十三兵团应先数日攻歼江北之敌）。此种计划，可以齐头并进，一气打到赣州、郴州、永州（零陵）之线，再作一个月休整，而在路上只作某些必要的小休息。为使白崇禧各部处于我军猛打猛追，骤不及防，遭我各个歼灭，如像刘、邓由江边一气打到闽北那样，你们各军到达攻击准备位置之后，只要粮食状况许可，至少应休整半个月，恢复疲劳，统一意志，然后按计划攻击前进。”

同日 为中共中央军委起草复华东局，总前委并告刘伯承、张际春、李达电：同意二野入川，积极准备在情况许可下争取八月初出动。邓小平须准备去四川。同意以叶飞三个军入闽，行动时间如能提早至本月下旬更好。攻青岛之一个军及一部炮兵可于六月十日左右出动。

同日 美军被迫从青岛撤离，青岛解放。

6月3日 审阅修改中共中央关于处理司徒雷登返美问题给南京市委并告华东局、上海市委的复电稿，加写的内容中指出：“美国有利用国民党逃亡政府尚存在时期提出对日和约之可能，黄华与司徒会面时可向司徒指出，我方久已宣告，不承认国民党反动政府有代表中国人民的资格，现在国民党政府已经逃亡，不久即可完全消灭，各外国不应再与该逃亡政府发生关系，更不应和该逃亡政府讨论对日和约问题，否则，我们及全国人民将坚决反对。”

6月4日 中共中央致电上海市委、华东局、南京市委、华中局并告华北局：上海、汉口、南京、九江的对外贸易，应力求有准备地迅速地恢复，应即设立对外贸易机构管理其事。

6月7日　和刘少奇、周恩来在香山双清别墅会见陈嘉庚，就中外局势等问题进行交谈。

6月8日　会见傅作义，商谈和平解放绥远问题。

6月9日　关于击退胡宗南部和马步芳、马鸿逵部联合反扑的作战部署问题复电彭德怀，指出："齐电〔1〕悉。（一）就现有兵力与马、胡全力作战，似觉无全胜把握，不如诱敌深入，俟兵力集中再打较为适宜。（二）如你们认为有各个歼灭敌人的良好机会，我们亦同意先打一仗。（三）请将诱敌深入、待本月底或下月初兵力集中时再打，有何困难及不利之点分析电告。"十日，彭德怀电告毛泽东，认为如放弃在泾渭间作战、待六月底或七月兵力集中时再打胡、马，对我有诸多不利。如在泾渭间作战，虽我现有兵力不占优势，但胡军士气很低，胡、马互信差，麟游山天然分割胡、马联系，有利我钳胡打马。我十八、十九兵团正向西安前进，数日后我即稍占优势。十一日，毛泽东复电彭德怀："同意你的作战方针。作战时请注意先歼灭宁马〔2〕一个军，然后再歼其一个军，各个击破，一次不要打多了。"此时，马步芳、马鸿逵联合胡宗南部，向第一野战军进攻。十三日，彭德怀、张宗逊、赵寿山电告中央军委：为诱敌深入，争取时间集结四个野战兵团组织反攻，已于十一日晚放弃泾渭间三角地区。十五日，毛泽东为中央军委起草复彭、张、赵电，指出："你们放弃三角地带，引敌深入，准备反攻的部署是适当的。但请充分注意马匪有利用我军分置泾渭两路，中间薄弱，采取中间突破，进取西安，使我两

---

〔1〕　彭德怀在1949年6月8（齐）日电中报告，陕中战役后，马步芳、马鸿逵部联合胡宗南部约20余万人正向泾渭间集中，准备向第一野战军实施反攻，阻止我军前进，并提出拟适当诱敌深入、包围歼灭的作战部署。

〔2〕　宁马，指宁夏的马鸿逵部。

路不能联系之可能。”当天，彭德怀、张宗逊、赵寿山电告中央军委：我兵分两路，处泾北渭南，中间薄弱，马匪乘弱中间突破，在十四日前此顾虑甚大。现十八兵团已有五个师到西安，余在续运中，故不准备再放弃西安。此时，敌军由于进攻受挫，又发觉人民解放军第十八、第十九兵团先头部队已到达西安、咸阳等地，遂分头撤返原防，胡、马反扑被击退。第一野战军随即转入休整。

同日 派人探望正在养病的任弼时，并致函慰问：“送上红鱼一群，以供观览。敬祝健康！”

6月10日 将东北局关于纪念七一的报告批交胡乔木，并指示：“七一至七七全国各地举行纪念周。七一着重党的宣传，规模不要太大。七七举行军民示威游行，开大会，上海、南京、武汉、杭州、南昌、九江等城举行盛大的军队检阅及大示威，纪念抗日，反对美国扶日，要求早日成立日本和约，消灭国民党残余。请拟一内部指示，一单口号（可考虑分为两单，一是七一，一是七七）。”

6月13日 将傅连暲〔1〕五月二十七日来信批交周恩来处理，并告：“保安、延安时期，曾接济他家属一笔钱，后来因路断停止。请周考虑，俟福建解放后，由北平或请张鼎丞〔2〕接济他家一些钱。”

6月14日 为中共中央军委起草致华东局，粟裕、张震、周骏鸣〔3〕电，通报说：驻福州附近的国民党军第十七集团军侯镜如部参谋处长来港接洽。据称，十七集团军辖有七十三军、七

〔1〕 傅连暲，当时任中共中央军委后勤部总卫生部副部长。

〔2〕 张鼎丞，当时任中共中央华东局常委兼组织部部长。这时准备率华东南下服务团去福建。

〔3〕 周骏鸣，当时任第三野战军兼华东军区副参谋长。

十四军、一〇六军，已疏通到可无问题之地步。但因势单力薄，难于主动起义，希望和我们前线取得联系配合。电报指出：此事请你们通知叶飞、谭震林及福建省委引起极大注意，不要放弃一切可能性争取侯镜如各军反正。除由香港方面努力策动外，请你们即速研究与侯镜如取得联系的办法。

同日 为中共中央军委起草复粟裕、张震、周骏鸣并告华东局电：同意十兵团入闽行动日期延至六月二十五日，如果准备工作尚未做好，延至七月上旬亦可。

6月15日 因出席新政治协商会议筹备会议，暂住中南海丰泽园菊香书屋。此后进城均住此处。九月二十一日中国人民政治协商会议开幕前夕，毛泽东由香山双清别墅移居菊香书屋。随后中共中央和中央军委机关也陆续迁入北平市内。

6月15日—19日 出席在北平召开的新政治协商会议筹备会议。十五日，在会议开幕典礼上讲话（这个讲话编入《毛泽东选集》）。他说："这个筹备会的任务，就是：完成各项必要的准备工作，迅速召开新的政治协商会议，成立民主联合政府，以便领导全国人民，以最快的速度肃清国民党反动派的残余力量，统一全中国，有系统地有步骤地在全国范围内进行政治的、经济的、文化的和国防的建设工作。""中国民主联合政府一经成立，它的工作重点将是：（一）肃清反动派的残余，镇压反动派的捣乱；（二）尽一切可能用极大力量从事人民经济事业的恢复和发展，同时恢复和发展人民的文化教育事业。""中国人民将会看见，中国的命运一经操在人民自己的手里，中国就将如太阳升起在东方那样，以自己的辉煌的光焰普照大地，迅速地荡涤反动政府留下来的污泥浊水，治好战争的创伤，建设起一个崭新的强盛的名副其实的人民民主共和国〔1〕。”参加会议的有中国共产党和各民主党派、各人民团体、各界民主人士、国内少数民族、海外华侨等二十三个单位的代表，共一百三十四人。会议一致通过了《新政治协商会议筹备会组织条例》，选出了二十一人组成的筹备会常务委员会，推选毛泽东为主任，周恩来、李济深、沈钧儒、郭沫若、陈叔通为副主任。

6月16日　和朱德复电国民党原河南省政府主席、国民党军原华中军政长官公署副长官兼第十九兵团司令官张轸及全体官兵：“五月二十三日通电读悉。我们对于贵部在华中前线的举义，表示欢迎。希望贵部官兵团结一致，努力学习人民解放军的军事政治制度，改进官兵关系和军民关系，参加中国人民解放斗争的行列。国民党军的残余力量现已为数甚少，欲图抗抵，势将迅速被消灭。我们号召国民党军残余力量中凡属有爱国心的将领如贵将军一流人物，愿意率部脱离反革命营垒，加入人民解放军方面者，我们均表欢迎。他们过去的罪责，将因他们的有益于人民事业的行为而获得宽恕。”

同日　中国民主同盟机关报《光明日报》在北平创刊，毛泽东为该报题写祝词：“团结起来，光明在望，庆祝光明日报出版”。

6月17日　为中共中央军委起草复林彪、邓子恢、萧克、赵尔陆电，指出：“十二日电〔2〕悉。粮食困难恐不但鄂南、赣北如此，湘南、赣南可能有同样情形。大军前进必须依靠铁路、公路运输，行动时间如需推迟至七月上旬，可由你们按情酌定。”

---

〔1〕这个讲话编入《毛泽东选集》时，将“人民民主共和国”改为“人民共和国”。

〔2〕林彪等1949年6月12日致电中共中央军委，报告鄂南、赣北粮食问题严重困难，6月初四野主力停止于长江与襄河以北就粮和休整，以待粮食的筹集，准备在本月底或7月初再出动作战。

同日 为中共中央军委起草复华东局并告粟裕、张震、周骏鸣及刘伯承、邓小平、李达电：同意六月十五日电意见，将华东军区及三野指挥机构设在南京，粟裕兼南京军管会主任及南京市委书记，唐亮为副主任、副书记，使二野能逐步抽出人来做准备西行的工作。“二野西进时机，似以九月为较适宜。一则准备时间较充裕；二则沿途那时才有粮食；三则四野主力（七个军）九月可到郴州、赣州线，十一月可能占广州，迫使广州伪政府迁至重庆，然后二野夺取重庆较为有利。”

6月19日 致信在上海的宋庆龄：“重庆违教，忽近四年。仰望之诚，与日俱积。兹者全国革命胜利在即，建设大计，亟待商筹，特派邓颖超同志趋前致候，专诚欢迎先生北上。敬希命驾莅平，以便就近请教，至祈勿却为盼!”

同日 在北大医学院药学系主任薛愚的来信上批示：“北大医学院与军委有房屋争执，请聂〔1〕令朱早观〔2〕查明处理，以结果告我。如无大碍，宜让与北大。”

6月20日 给斯大林及联共（布）中央委员会全体同志写信。全文如下：“亲爱的斯大林同志及联共中央委员会诸位同志们：根据预先的约定，我们派遣刘少奇同志（首席）、高岗同志及王稼祥〔3〕同志组成代表团，代表中共中央向你们作报告并和你们商量诸项问题。他们到时，请予接见，不胜感幸。感谢你们

---

〔1〕 聂，指聂荣臻，当时任中共中央华北局第三书记（1949年7月任第二书记）、中央军委副总参谋长、华北军区司令员兼平津卫戍区司令员。

〔2〕 朱早观，当时任中共中央军委办公厅副主任。

〔3〕 高岗，当时任中共中央政治局委员、东北局书记、中国人民解放军东北军区司令员兼政治委员。1949年6月27日又任东北人民政府主席。王稼祥，当时任中共中央委员。1949年10月初、10月19日先后任中国驻苏联首任大使、外交部副部长。

给予我们的深厚的友谊及巨大的帮助。祝贺斯大林同志的健康，并致布尔什维克的敬礼!”此信委托刘少奇交斯大林。次日，刘少奇率领中共中央代表团离北平赴苏联访问。二十六日，刘少奇一行到达莫斯科。二十八日，斯大林、莫洛托夫、马林科夫、米高扬〔1〕等会见刘少奇、高岗、王稼祥。

同日 关于对胡宗南、马步芳、马鸿逵作战的部署问题，为中共中央军委起草致彭德怀、张宗逊、赵寿山电：“我们判断，胡匪不外两途：一是以全力担任钳制我渭南各军，保证马匪右侧之安全；二是马、胡同时向我泾北、渭南举行攻势。不论胡匪采取何种计划，均给我军以首先歼灭胡匪的机会，希望你们针对先打胡匪的方针，迅速集中王、周两兵团〔2〕主力，于马匪向泾阳攻击之际，突然发起对胡军的攻击，以歼灭三十八军、六十五军、九十军为目标。”

6月21日 为中共中央军委起草致华东局、粟裕、张震、周骏鸣电：“在你们面前目前几个月内有四件大工作：（一）经营以上海为中心的苏、浙、皖、赣新占城乡广大地区；（二）占领福建及厦门；（三）帮助二野西进；（四）准备占领台湾。”

同日 和朱德致电国民党原广州绥靖公署副主任吴奇伟等：“接读诸先生五月十四日宣言，决心脱离国民党反动派，加入人民解放军行列，极为欣慰。希望你们遵守人民解放军制度，改造部队，与人民解放军整个力量协同一致，为解放广东全省而奋

---

〔1〕 莫洛托夫，当时任联共（布）中央政治局委员、苏联部长会议副主席。马林科夫，当时任联共（布）中央政治局委员、中央书记、苏联部长会议副主席。米高扬，当时任联共（布）中央政治局委员、苏联部长会议副主席。

〔2〕 指王震任司令员兼政治委员的第一野战军第1兵团和周士第任司令员兼政治委员的第一野战军第18兵团。

斗。同时，告诉广东的一切国民党军，凡愿脱离反动派加入人民解放军方面者，我们将一律不究既往，表示欢迎。”本日，新华社播发毛泽东写的关于吴奇伟等发表起义宣言的新闻稿。

6月22日 为中共中央军委起草复彭德怀、张宗逊、赵寿山电：“假如胡、马各敌照你们来电所述，分向渭南、泾北进攻，则你们的作战计划是正确的。但请注意：（一）以许兵团〔1〕由泾北转至渭南，难于保持秘密，似不如令杨兵团〔2〕改开西安集中，留许兵团就地钳制马匪，或退至三原诱马深入较为适宜；又一个军不足钳制马匪，至少要有两个军。（二）须估计到胡、马各匪可能不战而退的情况，假如这样，则部署须准备及时改变。”

6月23日 为中共中央起草复上海市委并告南京市委及华中局电，指出：“（一）同意你们巳巧电〔3〕为惩办布雷谣言制造者的各项处置。（二）帝国主义者正在采用利诱和威迫的两种手法，正在采取争取合法地位（以便从内部进行破坏）和继续援助国民党的两面政策，只有坚决而又适宜的斗争，并且需要很长的时间才能巩固自己和战胜敌人。（三）上海和武汉等地息息相关，你们在上海等地采取的各项措施，应随时通知林、邓〔4〕，林、邓方面在武汉等地所取措施亦应随时通知上海。（四）对紫石英号的方针，必须英方承认不得人民解放军同意擅自侵入中国内河是错误的这一点（不着重谁先开枪，因为这是没有多大关系

〔1〕 指许光达任司令员的第一野战军第2兵团。

〔2〕 指杨得志任司令员的第一野战军第19兵团。

〔3〕 中共上海市委1949年6（巳）月18（巧）日致电中央，说：上海英美报纸和新闻单位散布国民党退出上海时在长江口布设了水雷的谣言，恐吓群众，上海市军管会将责令英商《字林西报》等英美报纸公开承认错误，并给以严重警告。

〔4〕 林、邓，指林彪、邓子恢。

的，重要的是擅自侵入内河，只要是擅自侵入，我军就必须打它和扣留它；也不要着重正当渡江的时机，重要的是擅自侵入人民解放军控制的内河，不管什么时机，都是不能许可的），才能释放，否则决不能释放。”

6月24日 为中共中央起草复华中局十一日电〔1〕并告华东局，二野及西北局的电报：“你们的意见是正确的，你们即可以按照你们所设计的三个步骤去部署城乡工作，这样做并不违背二中全会而正是二中全会总方针的正确的执行。”

同日 阅中共中央华南分局六月十二日关于广东东江、韩江两边区战绩情况的报告，为中央起草复华南分局并告华中局，香港工委电：庆祝你们的伟大胜利。请你们争取时间迅速地巩固这些胜利，扩大军队及地区，以迎接第四野战军的到来，并准备于十一月、十二月或明年一月间占领广州。“你们应在东江、韩江及闽西三区放手招收大量青年学生，开办数千人的学校训练干部。同时按照可能性，抽调一千至二三千老的和较老的工作干部加以训练，为准备接管广州及其他大城市之用。”“同时应令香港训练干部，亦可招收一批广州学生来东江训练。总之，接管全省

〔1〕 中共中央华中局1949年6月11日关于新区城乡工作进行步骤问题致电中央，电报中说：我们考虑按照华中各省具体情况及最近时期经验，似应将工作重点先计划放在乡村，然后再直接发展城市生产，但各时期皆采取城乡兼顾。拟这样来规定华中工作方针：贯彻七届二中全会以城市为中心的正确的总方针，根据华中有别于东北、华北（皆已完成或基本完成了乡村的反封建斗争，而大城市人口及工业又均较大）的实际情况，应经过3个步骤。这3个步骤的总精神是，先创造发展城市的前提条件，然后直接发展城市。第一步，接管城市，特别要接收好城市，这一步所需时间是比较短促的。第二步，在党的全部工作中是以最大力量进行乡村改革，从反匪、反霸直至完成土改，这一步的任务须用两三年的时间。第三步，是直接以最大力量发展城市，同时也兼顾乡村。

的工作干部主要地应由你们负责准备。”“加强广州地下市委工作的领导，积极发展党员，准备里应外合的条件。”“对桂林、昆明两城的地下党组织，亦应令当地加强注意力。”

6月26日 为中共中央起草致各中央局，各分局，各前委电，并请转发各市委，各省委，各区党委，军队的军、师、团委，地方的地委、县委，各级政府部门、财经部门、文教部门内的党组，职工会、青年团、青年联合会、妇女联合会内的党组以及宣传系统中（通讯社及报纸）的同志们。电报说：“我们向你们提议召开会议讨论下列两篇文章：（一）《消灭麻痹倾向，扑灭特务匪徒》，（二）《保护人民祖国的财产》。〔1〕这两篇文章是新华社于六月二十五日发表的社论，各地报纸谅必均已登载。希望你们不要一看了事，要召开会议针对社论所指出的问题，检讨自己的工作，并做出简明决议，指示全党实行。这是一个极重要的问题，必须提起高度的警惕性，并拿出具体解决的办法，千万不可采取轻忽态度，是为至盼。”

同日 为中共中央军委起草致彭德怀、张宗逊、赵寿山电，提出钳马打胡的作战方针，指出：“根据近日情报，马匪各部业已准备向彬、长〔2〕撤退，胡匪各部势必同时向宝、凤〔3〕撤退，决不会再前进了，也不会保守不退。在此种情况下，你们应当集中王、周两兵团全力及许兵团主力取迅速手段，包围胡匪四五个军，并以重兵绕至敌后，切断其退路，然后歼灭之。许兵团留下必要兵力监视两马，以待杨兵团赶到接替。杨兵团应立即向西开

〔1〕 这两篇文章中指出，由于帝国主义及其走狗中国反动派的捣乱和破坏活动，不少地方的国家工矿企业接连发生火灾和被毁事件，要求提高警惕，保护人民祖国的财产。

〔2〕 彬、长，指陕西彬县、长武。

〔3〕 宝、凤，指陕西宝鸡、凤翔。

进，迫近两马筑工，担负钳制两马任务，并严防两马回击。此点应严格告诉杨得志千万不可轻视两马，否则必致吃亏。”

6月27日 关于歼击胡宗南、马步芳、马鸿逵、王治岐〔1〕的作战计划问题，复电彭德怀，指出：“如果青、宁、胡、王四敌的主力，特别是青、宁主力不能在泾、凉〔2〕、宝、凤及其以东地区被我歼灭，则你们暂时不能作大的分兵。那时，为了免除西进路上的侧翼威胁，可以考虑以主力先给胡匪以打击，然后西打两马，待两马主力歼灭后再分兵。”第一野战军根据此电及当面敌情，决心采取钳马打胡的方针，以一部兵力钳制青宁两马，集中主力歼灭扶风、眉县地区的胡宗南、王治岐部。

6月28日 为中共中央军委起草致林彪、邓子恢、谭政、陶铸〔3〕电，请他们找两广纵队领导人雷经天、曾生〔4〕等一谈，指出“广东现有大量的人民游击部队和大块的游击根据地，如果曾生的两个有战斗力的小师整训得有成效，将来开入广东配合游击队工作可起大作用，加上你们的一个至两个军就可以解决广东问题”。

同日 复信复旦大学教授周谷城：“得书甚慰，如见故人。革命高涨，大家都是高兴的。前途尚多困难，惟有团结最大多数民众，方能战胜帝国主义的反抗。相期共同努力！”

6月30日 撰写《论人民民主专政》一文，纪念中国共产党成立二十八周年。文章总结了中国共产党成立以来领导民主革命的基本经验，阐述了人民民主专政的基本思想。文章说：自从

〔1〕 王治岐，当时任国民党军西北军政长官公署第119军军长。

〔2〕 泾、凉，指甘肃泾川、平凉。

〔3〕 陶铸，当时任第四野战军兼华中军区政治部副主任。

〔4〕 雷经天、曾生，当时分别任第四野战军兼华中军区两广纵队政治委员、司令员。

一八四〇年鸦片战争失败那时起，先进的中国人，经过千辛万苦，向西方国家寻找真理。帝国主义的侵略打破了中国人学西方的迷梦。中国人找到了马克思列宁主义这个放之四海而皆准的普遍真理，中国的面目就起了变化了。“中国无产阶级的先锋队，在十月革命以后学了马克思列宁主义，建立了中国共产党。接着就进入政治斗争，经过曲折的道路，走了二十八年，方才取得了基本的胜利。”“中国人民在几十年中积累起来的一切经验，都叫我们实行人民民主专政”。“对人民内部的民主方面和对反动派的专政方面，互相结合起来，就是人民民主专政。”“我们有许多宝贵的经验。一个有纪律的，有马克思列宁主义的理论武装的，采取自我批评方法的，联系人民群众的党。一个由这样的党领导的军队。一个由这样的党领导的各革命阶级各革命派别的统一战线。这三件是我们战胜敌人的主要武器。”“总结我们的经验，集中到一点，就是工人阶级（经过共产党）领导的以工农联盟为基础的人民民主专政。这个专政必须和国际革命力量团结一致。这就是我们的公式，这就是我们的主要经验，这就是我们的主要纲领。”文章最后说：“严重的经济建设任务摆在我们面前。我们熟习的东西有些快要闲起来了，我们不熟习的东西正在强迫我们去做。”“我们必须学会自己不懂的东西。我们必须向一切内行的人们（不管什么人）学经济工作。”“我们完全可以依靠人民民主专政这个武器，团结全国除了反动派以外的一切人，稳步地走到目的地。”这篇文章编入《毛泽东选集》。

7月1日 和朱德、周恩来等出席中共中央华北局、北平市委在先农坛运动场召开的纪念中国共产党成立二十八周年大会。

同日 新华社发表经毛泽东修改审定的中共中央给将于七月二日在北平开幕的中华全国文学艺术工作者代表大会的贺电。贺电说：“我们中国是处在经济落后和文化落后的情况中。在革命胜利以后，我们的任务主要地就是发展生产和发展文化教育。人民革命的胜利和人民政权的建立，给人民的文化教育和人民的文学艺术开辟了发展的道路。我们相信，经过你们这次大会，全中国一切爱国的文艺工作者，必能进一步团结起来，进一步联系人民群众，广泛地发展为人民服务的文艺工作，使人民的文艺运动大大发展起来，借以配合人民的其他文化工作和人民的教育工作，借以配合人民的经济建设工作。”

7月3日 致电保加利亚共产党中央委员会，对保加利亚人民共和国总理、原共产国际总书记季米特洛夫七月二日病逝表示哀悼。

7月4日 出席中国新民主主义青年团中央团校在中南海怀仁堂举行的第一期学员毕业典礼，并讲话，说：你们学了唯物史观后，就要懂得一步一步前进，有了条件，准备好力量，稳步地走向社会主义——共产主义。二十年后，我们工业发展到一定程度，看情况即转入社会主义。

同日 复电刘少奇、高岗、王稼祥：“我们完全同意苏中两方组织共同委员会来把借款及定货等问题具体化；但由于我们全国经济机关方开始成立，地区不断扩大，专家缺乏，材料缺乏，故目前实无法提出全部货单。可否商请联共中央同意将共同委员会设在中国，由柯兄〔1〕先带主要专家来华与我们共同商定全部或主要部分货单。”“如斯大林同意先派人来华组织共同委员会，请柯兄最好先带铁路、电力、钢铁、煤矿、煤油矿、军事等专家同来。”中共代表团访苏期间，根据刘少奇同斯大林的口头协议

〔1〕 柯兄，指柯瓦廖夫，原任苏联政府铁道部副部长、中长路苏方负责人。1949年4月从东北到达北平，后接替阿洛夫任联共（布）中央驻中共中央代表。

及当时中国恢复生产建设的需要，中苏双方议定：苏联给予中国三亿美元贷款；由苏方选派二百余名各行各业的专门人才，分期分批来中国工作；苏联帮助在东北办一所空军学校和一所海军学校，并由刘亚楼、张学思[1]在苏联具体商谈；帮助创办一所大学。八月七日，毛泽东复电刘少奇、王稼祥：同意“中国大学[2]不设在阿尔马达而设在北平，由苏联派教授”。十四日，刘少奇乘火车回国，王稼祥继续留在莫斯科。二十九日，刘少奇到达北平。

同日 为中共中央军委起草致林彪、邓子恢并王首道[3]、萧劲光电：（一）王、萧六月三十日电及程潜《备忘录》[4]均悉。此事请林、邓注意处理。“我们认为程潜态度是好的，应极力争取程潜用和平方法解决湖南问题。”（二）“程潜所提军事小组、联合机构及保留其军队和干部加以编整教育等三项要求，原则上均可照准，并迅即成立军事小组商定具体办法。我军行动在即，此事进行要快。”（三）请林、邓考虑，程潜现任军政党各项职务暂时均予保留，以程潜名义发号施令，以利接收全省及筹措给养，管理我军尚未到达地区的民政、军政事宜，使不陷于无政府状态。（四）“如程潜发表声明反美反蒋反桂，似应予以率部起义之待遇，使程潜能起影响南方各省之作用。我们亦可考虑予程潜以高级名义，例如南方招抚使之类。俟南方各省平定，程潜则来中央政府担任工作。程潜是孙中山的老干部，在国民党内地位甚高，近年治湘措施表示进步，若得程潜真心站在我们方面，将

---

〔1〕 张学思，当时任中国人民解放军海军学校副校长。

〔2〕 中国大学，即后来在华北大学的基础上创办的中国人民大学。

〔3〕 王首道，当时任中共湖南省委副书记、湖南省政府主席。

〔4〕 指1949年6月程潜通过中共湖南省工委向中共中央和毛泽东递送的备忘录，表示愿根据中共中央公布的国共和谈原则，谋取湖南局部和平。

有很大利益。”

同日 致电在长沙的程潜：“备忘录诵悉。先生决心采取反蒋反桂及和平解决湖南问题之方针，极为佩慰。所提军事小组、联合机构及保存贵部予以编整教育等项意见均属可行，此间已派李明灏[1]兄至汉口林彪将军处，请先生派员至汉与林将军面洽，商定军事小组、联合机构及军事处置诸项问题。为着迅赴事功打击桂系，贵处派员以速为宜。如遇桂系压迫，先生可权宜处置一切。只要先生决心站在人民方面，反美反蒋反桂，先生权宜处置，敝方均能谅解。诸事待理，借重之处尚多。此间已嘱林彪将军与贵处妥为联络矣。”

7月6日 晚上，出席中华全国文学艺术工作者代表大会全体会议，向代表们说：“今天我来欢迎你们。你们开这样的大会是很好的大会，是革命需要的大会，是全国人民所希望的大会，因为你们都是人民所需要的人，你们是人民的文学家、人民的艺术家，或者是人民的文学艺术工作者的组织者。”

7月7日 代表中国共产党同中国国民党革命委员会等二十二个党派团体代表共同签署发表《新政治协商会议筹备会各党派各团体为纪念“七七”抗日战争十二周年宣言》。毛泽东对宣言稿作了两次修改。宣言指出：“中国人民在建设自己的新国家的时候，当然要和一切愿意以平等友好态度对待我们的外国政府建立外交关系，这是与我们的国家和人民的利益相符合的。同时，我们当然要反对一切形式的侵略和威胁，这些是与我们的国家和

---

〔1〕 李明灏，当时任华北军政大学第3总队总队长。大革命时期，程潜在广州任孙中山大本营军政部部长兼陆军讲武学校校长时，李任该校教育长。北伐时，程潜任第6军军长，李任该军第17师师长等职。李后任国民党政府国防部部员。早同中国共产党有秘密联系。1948年11月初，在中共地下党组织的帮助下，经香港秘密进入华北解放区。

人民的利益不相符合的。”

同日　为中共中央军委起草致总前委并粟裕、张震、周骏鸣电：“在我夺取舟山群岛及台湾以前，可能继续封锁下去，故你们的立脚点须放在长期被封锁的情形下考虑并解决问题。准备帝国主义者及国民党封锁我们一个长时期，而我们则仍有办法，克服困难。假如情况真是这样，则不仅有对我不利一方面，还有对我有利一方面，我们可以利用被封锁情况，动员广大群众，克服困难，巩固阵地。”

同日　晚上，冒雨出席北平各界人民在天安门广场举行的纪念“七七”抗战十二周年并庆祝新政治协商会议筹备会成立的大会。到达会场时，全场欢呼“毛主席万岁!”毛泽东也带领大家高呼：“中国人民万岁!”“全国人民团结起来，打倒帝国主义，建设新中国!”毛泽东在各界代表讲话后，又带领全场高呼口号：“全国人民团结起来，全世界人民团结起来，打倒帝国主义！召集新的政治协商会议，成立民主联合政府!”

7月9日　为中共中央军委起草复华南分局，方方、魏金水、朱曼平〔1〕并告第四、第三野战军电：“我第四野战军业已部署完毕，日内开始向白崇禧进攻，待目前开始的战役告一段落后，即可以有力一部进占赣州及赣南十七县。”“我第三野战军的有力兵团现正开始由上海南进，大约八、九两月可占福州、泉州、漳州等地，如有必要，可由该兵团于歼灭闽西、闽南等处敌人之后，以一部协助你们歼灭韩江流域之敌，并占领潮、汕。”“在我三野部队进占闽西、闽南，四野部队进占赣南之前，我闽西、韩江、东江各部须独立作战，依据敌我力量对比的具体情况，适当机动处理，不要依靠外援。”

同日　为中共中央起草致湖南省工委电，指出：“以歼灭

---

〔1〕 魏金水、朱曼平当时分别任闽粤赣边纵队政治委员、副政治委员。

白崇禧、宋希濂两敌之目的，我第四野战军日内即发动进攻。对长沙暂不进攻，请告程颂云〔1〕不要怀疑，要程令陈明仁准备和平解决事宜，不要援助白部，待白、宋两部解决，我军进驻长沙时，陈明仁再移至适当地点编整，务使长沙一带不受破坏为要。”

同日 和朱德、周恩来出席全国铁路职工临时代表会议暨全国机务会议全体代表和铁道部、铁道兵团、平津铁路管理局部分工作人员在中南海怀仁堂的集会。毛泽东在会上讲话说：中国从前是被帝国主义统治的，建筑铁路多是向帝国主义借款，帝国主义借款筑哪一条铁路，都是同其侵略目的相配合的。现在我们不受帝国主义统治了，我们有可能并且应该很好地恢复铁路并发展铁路。我们这样大的国家，现在还只有两万六七千公里铁路，太少了，我们需要有几十万公里的铁路。他强调指出：不管是老干部还是新干部，都要懂得依靠群众、重视群众。不仅要依靠工人和干部，还要依靠工程师等，这样你们所要组织的铁路工会，就能搞得很好了。

7月10日 为中共中央军委起草致林彪、邓子恢、萧克、赵尔陆电：“你们应以尚未使用之一个军于适当时机经岳州向长沙、湘潭推进，并接管这一线。该军现在即宜进至岳州以北地区，并准备迅速进占长沙，缩短该地区无政府状态的时间。”

同日 致信周恩来：根据朱德建议，可考虑选派三四百人去苏联学习空军。同时购买飞机一百架左右，连同现有的空军组成一个攻击部队，掩护渡海，准备明年夏季夺取台湾。同时须考虑在闽、浙两省建立飞机隐蔽库。请周恩来召集有关同志商酌。七月二十六日，中共中央军委决定以第十四兵团司令部及

〔1〕 程颂云，即程潜，字颂云。

直属部队和军委航空局组成空军领率机关，并决定派刘亚楼等赴苏具体商谈购买飞机、聘请专家、顾问和帮助开办航校等事宜。三十一日，毛泽东在中南海听取刘亚楼等关于筹建空军情况的汇报。

7月11日　和朱德致电原国民党第二十二军军长左协中及全体官兵，对他们于五月二十九日在陕西榆林接受和平改编表示欢迎。

7月14日　为中共中央军委起草复彭德怀、张宗逊、赵寿山电："文午电[1]悉。打胡战役已开始，甚慰。我军以尽量向西迂回，包围多数敌人然后歼击为有利。"本日，据彭德怀等十三日电相继报告，战役发起后已歼胡宗南部四个军，青海、宁夏的马步芳、马鸿逵有向胡宗南增援的消息，以及第一野战军准备歼击援敌的部署，毛泽东再次为中央军委起草复彭、张、赵电，指出：（一）"歼胡四个军甚慰。"（二）"马匪既有反扑援胡消息，你们主力停止追击准备打马是对的。但打马是一个较为严重的战役，各军宜有几天恢复疲劳，然后发起攻击，并准备一直打到平凉，全歼一切被抓住的马匪。"（三）"一兵团如已追至宝鸡，即用该兵团歼灭宝鸡、凤翔之敌，然后由凤翔抄至马匪后面，如属可能亦是有利的，请相机酌定。"至十四日，第一野战军相继占领凤翔、宝鸡等城镇，马步芳、马鸿逵部退至永寿、彬县等地，见胡宗南在关中的主力迅速被歼，在第十九兵团的监视下，未敢增援，旋即后撤平凉地区。扶眉战役胜利结束。此役共歼国民党军四个军四万余人，解放了陕中地区，进一步隔离了胡宗南集团

〔1〕彭德怀、张宗逊、赵寿山1949年7月12（文）日午时致电中共中央军委，报告第一野战军为消灭渭河两侧之胡宗南、王治岐部，已于11日发起扶（风）眉（县）战役。

与青、宁二马，为尔后人民解放军集中优势兵力各个歼灭胡、马创造了有利条件。

7月16日 关于歼灭白崇禧部的作战方针问题，为中共中央军委起草致林彪、邓子恢、萧克并告刘伯承、张际春、李达电：“（一）广东只有残破不全之敌军四万余人，而我则有超过四万人之游击部队，只需要两个军加上曾生两个小师〔1〕，即够解决广东问题，至多派三个军加曾生部即完全够用，不需要派出更多兵力。（二）判断白崇禧准备和我作战之地点不外湘南、广西、云南三地，而以广西的可能性为最大。但你们第一步应准备在湘南即衡州以南和他作战，第二步准备在广西作战，第三步在云南作战。白部退至湘南以后，便只有十万人左右了。宋希濂〔2〕、程潜两部是退湘西、鄂西，不会往湘南。（三）和白部作战方法，无论在茶陵、在衡州以南什么地方，在全州、桂林等地或在他处，均不要采取近距离包围迂回方法，而应采远距离包围迂回方法方能掌握主动，即完全不理白部的临时部署，而远远地超过他，占领他的后方，迫其最后不得不和我作战。因为白匪本钱小，极机灵，非万不得已决不会和我们作战。”

同日 和薄一波、聂荣臻同傅作义、邓宝珊谈话，决定进一步解决绥远问题，允傅作义编两个军，绥远两个省政府合并。

7月17日 为中共中央军委起草致林彪、邓子恢、萧克并告刘伯承、张际春、李达，陈毅、饶漱石、粟裕电，对歼灭白崇

---

〔1〕 指曾生任司令员的第四野战军兼华中军区两广纵队，当时共辖两个师。

〔2〕 宋希濂，当时任国民党军华中军政长官公署副长官兼湘鄂边绥靖司令部司令官。

禧部的作战方针提出补充意见："（一）基于白匪本钱小，极机灵，非至万不得已决不会和我决战之判断；基于四野之总任务在于经营华中及华南六省，二野之任务在于经营西南四个省，以及进军之粮食、道路等项情况，我们认为你们各部应作如下之处置。（二）陈赓四个军即在安福地区停止待命，不再西进，待十五兵团到达袁州后，由十五兵团之一个军为先头军向赣州开进。这个军即确定其任务为占领赣州及经营赣南十余县。陈赓三个军、十五兵团两个军统由陈赓率领，经赣州、南雄、始兴南进，准备以三个月时间占领广州，然后十五兵团两个军协同华南分局所部武装力量及曾生纵队，负责经营广东全省。陈赓率四兵团三个军担任深入广西寻歼桂系之南路军，由广州往肇庆向广西南部前进，协同由郴州、永州入桂之北路军，寻歼桂系于广西境内。然后，陈赓率自己的三个军入云南。在此项部署下，陈赓四兵团以外之另一个军〔1〕即由安福地区入湖南，受十二兵团指挥，暂时担任湖南境内之作战，尔后交还刘、邓指挥，由湖南出贵州。曾生两个小师应即提早结束整训，遵陈赓道路或仍走粤汉路东去广州。（三）四野主力除留置河南的一个军，留置湖北的重炮部队，留置赣北的一个军，留置湘西、湘北、湘中的三个军以外，以五个军组成深入广西寻歼白匪的北路军，利用湘桂铁路南进，协同陈赓歼灭桂系于广西境内。（四）上述这种部署，是不为白匪的临时伪装布阵（例如过去在赣北，现在在茶陵，将来在郴州、全州等处）所欺骗，采取完全主动的部署，使白匪完全处于被动地位。"

同日　出席中共中央政治局会议，会议听取邓小平汇报华东工作及渡江与接收宁、沪、杭情况。

---

〔1〕　指暂归陈赓指挥的第四野战军第15兵团的第43军。

7月18日 为中共中央军委起草致林彪、邓子恢、萧克电，询问程潜各部集中长沙是否属实，指出："如果属实，则你们应令十二兵团占领浏阳、醴陵，正面占领岳州、湘阴，但不要去占株洲，各部均不要太接近长沙，以便和程潜谈判和平解决湖南问题。"并请将同程潜谈判情况电告。本日，收到林彪、邓子恢、萧克、赵尔陆十七日关于派人同程潜谈判情况的电报，下午四时，毛泽东为中央军委起草复林、邓、萧、赵电，指出："程潜十六日晨与你们派去干部所谈诸点均甚好，均可照办。""我们已经过我们在长沙的电台转告程潜，我军侧面占领平、浏、醴，正面占领岳州、湘阴，但暂时不占长沙，以利举行谈判和平解决湖南问题，并叫程潜及有关各方保持镇静，不要恐慌。""但长沙、益阳、宁乡、湘潭、湘乡、衡山、衡阳诸县及粤汉、湘桂两路沿线地区，两三星期内程潜必须和平交出，以利我军进驻攻击桂系。程部则退往安化、新化、邵阳、武冈及其以西地区听候整编。如程部在对桂系作战中能先有配合行动则更好。这些都需你们派代表数人（其中应有李明灏）与程潜代表数人举行会议商谈确定，并组织联合机构，然后行动。此项会议应立即举行，如程不便派代表来汉口，则你们的代表可去长沙。"根据上述指示，二十二日林彪等派出谈判代表团赴平江同程潜的代表举行谈判。

7月19日 为中共中央军委起草致彭德怀、张宗逊、赵寿山电："以三个兵团追歼两马〔1〕是否足够。我们觉得似应从十

---

〔1〕 彭德怀、张宗逊1949年7月14日致电贺龙、习仲勋并报中共中央军委，为追歼青海的马步芳部和宁夏的马鸿逵部，准备以第1、第2兵团出陇县，截击陇东；估计两马将总撤退，准备以第19兵团沿西兰公路猛追。

八兵团抽四至五个师西进，作为预备队。如这样做，便须该兵团集中主力攻占凤县、留坝，威胁褒城〔1〕（但可不占褒城），迫使南山〔2〕敌军后撤，然后该兵团可以抽出四至五个师西进助战。是否应当如此，请酌办。”

7月21日　为中共中央军委起草复林彪、邓子恢、萧克、赵尔陆并告刘伯承、宋任穷、张际春、李达及华南分局电：“（一）同意你们七月十七日电〔3〕（二十一日才收阅）整个部署方针。（二）陈赓与邓华〔4〕分两路入粤是对的，但请注意桂东、桂阳道路、粮食情况。如有困难，则陈赓之重武器及大行李可循邓华道路南进，而邓华则除南始〔5〕大道外，可在东侧找一条辅助路。（三）陈、邓入粤后，准备以陈兵团从北江，邓兵团从东江（可能须先占惠州）两路攻广州，而在攻广州之前，两兵团各须在北江、东江休整一短期（例如半个月至一个月），与华南分局会合，商定接管广州及全省的整个部署，并配备干部。以上请转知陈、邓注意。”

同日　为中共中央起草复华东局电：邓小平已到，中央已开

---

〔1〕　褒城，今分属陕西勉县、南郑县。

〔2〕　指秦岭山脉以南的陕西汉中、勉县、南郑地区。

〔3〕　林彪、邓子恢、赵尔陆1949年7月17日致电中共中央军委，提出华中地区的部署是：以5个军入广西，以3个军留湖南，对付宋希濂，维持湘桂和粤汉交通与肃清土匪并担任群众工作，江西留6个师维持交通与肃清土匪，1个军留河南，从该军抽1个师在襄樊地区肃清土匪，陈赓、邓华两兵团目前即向广东出动。

〔4〕　邓华，当时任第四野战军第15兵团司令员。

〔5〕　南始，指广东南雄、始兴。

会讨论了他的报告并委托陈云[1]向你们面达。“上海问题，须从农村、精简、疏散三方面着手才能解决。用大力进行苏、浙、皖三省农村工作，获得农民群众的拥护，这是首先重要的，否则上海及任何城市的困难问题都不能彻底解决。其次是精兵简政，节省国家开支，这也是很重要的，你们现在即可以开始做。又其次是疏散，这需要有可行的计划，请你们与陈云商量后提出一具体方案交中央讨论。”根据中央指示，华东局随后作出疏散工作和机关部队精简工作的具体部署和规定。

同日 致信周恩来：“据张表方[2]本日称，龙云[3]代表李一平要求与我方负责人见一面，好回港复命。我意请周接见一次，告以卢汉[4]如能于我军入滇时举行起义，宣布反帝反封建反蒋桂立场，则云南问题可以和平方式解决，卢汉所部可以编为人民解放军。龙云则允其参加政协，会后仍可回港。如何，请酌办。”

同日 将中共湖南省委[5]致中央组织部的一份电报批送周

---

〔1〕 陈云1949年5月受中共中央委托组建中央财经委员会，7月12日任中央财经委员会主任，当时正准备前往上海筹备召开华东、华北、华中、东北、西北五大区的财经领导干部会议。

〔2〕 张表方，即张澜，字表方。

〔3〕 龙云，抗日战争期间曾任国民党政府军事委员会委员长驻昆明行营主任、国民党陆军总司令部副总司令、国民党云南省政府主席等职。抗日战争胜利后，被蒋介石武力相逼失去在云南的权力，调任南京国民党政府军事参议院院长。1948年12月出走香港。

〔4〕 卢汉，当时任国民党云南省政府主席、国民党军云南绥靖公署主任。1949年12月率部在昆明起义。

〔5〕 1949年3月中共中央决定组建湖南省委，随第四野战军南下。长沙和平解放后，湖南省委于8月20日同长期坚持秘密斗争的湖南省工委合并，组成新的湖南省委。

恩来，并告："据李六如[1]本日称，李达愿任教育厅长，但尚无人正式通知他。请周考虑即决定李达任湖南教育厅长，并通知他早日去湘接管学校。"二十六日，收到李达来信后，又批送周恩来，告知："已和李达谈过，他愿意去湖南工作。"

7月22日　为中共中央起草致华东局、南京市委电，告知："英美两国在中国问题上有矛盾，我们应当利用这个矛盾。请你们在确定的一般原则下在运用的时候注意到这一点。"

7月23日　复电彭德怀："午哿电[2]悉。打胡胜利极大，甚慰。不顾热天乘胜举行打马战役是很对的。打完这一仗应休整一短期，然后再进，惟休整时间亦不宜太长，以恢复疲劳，整顿队势，补充缺额为原则。如能于八月上半月完成打马战役，休整半月至一月，九月西进，十月占领兰州、西宁及甘、凉、肃三州[3]，则有可能于冬季占领迪化[4]，不必等到明春。""照我想，只要平凉战役[5]能歼两马主力，则西北战局即可基本上解决。往后占领甘、宁、青、新四省基本上只是走路和接管问题，没有严重的作战问题。"二十四日，第一野战军向平凉方向出动。马步芳、马鸿逵部为保存实力，各自后撤。第一野战军趁势向陇东追击。至八月十一日，第一、第二、第十九兵团先后

---

〔1〕李六如，当时任东北行政委员会司法部部长、东北高级人民法院院长。

〔2〕彭德怀1949年7（午）月20（哿）日致电毛泽东，其中说，在扶眉战役中，胡宗南部损失共约五万人以上。现青宁马步芳、马鸿逵部各3个军退守平凉、泾川、陇县地区，配备相当分散，有各个歼击可能。我以10个军，准备7月26日开始攻击。为顺利完成主席6月27日指示，解放甘、宁、青3省全部，准备今冬入四川，明春夏入新疆。

〔3〕甘、凉、肃三州，今甘肃张掖、武威、酒泉。

〔4〕迪化，今新疆乌鲁木齐。

〔5〕平凉战役，即陇东追击战。

攻占和解放了通渭、天水、泾川、平凉等十余座县城，胜利结束陇东追击战，造成进军兰州和银川、各个歼灭敌人的有利态势。

同日 为转发中共中央华东局关于新区农村工作给浙江省委的指示，起草中央给华中局、华南分局、西北局，第一、第二、第四野战军的批语："我们认为华东局指出的各点〔1〕是一切地方都应当注意的，如果你们认为有必要，请转发下级唤起注意。"

7月24日 为中共中央军委起草复林彪、邓子恢、萧克、赵尔陆并告刘伯承、宋任穷、张际春、李达及方方电："同意陈赓、邓华两兵团南进时间推迟至三伏以后。""陈赓所提应将南进新任务在部队中进行充分的政治动员一点是很对的，陈、邓两兵团及各兵团均应这样做。历次证明，越是将任务及执行任务中可能遇到的顺利条件及困难条件预先说得明明白白，越有利于任务之完成及克服各种困难。""该两兵团三伏过后即出动，以旅次行军方法，第一步进至桂东、汝城、上犹、崇义、赣州、南康、大庾、信丰地区待命。那时，华南分局方方及由北平南下之叶剑英、张云逸等同志到达赣州举行会议。这个会议是很必要的。应在这个会议上解决占领广东的若干重要问题"。"赣南国民党军沈发藻〔2〕等愿意脱离江西省主席方天，站在我们方面，江西省委及十五兵团留赣南工作之一个军须注意接洽联络，争取和平接

〔1〕 中共中央华东局1949年7月19日给浙江省委指示电中提出的几点意见是：（一）省委计划在7、8、9三个月内完成5项任务，应特别注意到不违农时及照顾农村生产的中心任务，其他工作均应与生产任务相结合。（二）在进行农村工作时必须逐步展开，防止强迫命令及大呼隆作风。（三）老区经验不一定都适用于新区，介绍时必须很好地审查和选择。（四）新区地主、富农不准私藏枪支、弹药。

〔2〕 沈发藻，当时任国民党军第3编练司令部司令。

收赣南及改编赣南敌军。”“从目前起的一个半月内，即在九月中旬以前，四野主力各部争取进到醴陵、攸县、湘潭、湘乡、宁乡地区，并争取用和平方法解决湖南问题，以便在陈、邓两兵团由赣南向广州前进时（大约在九月中旬），四野主力能向衡州、郴州地区前进。目前天气极热，可令四野主力缓缓前进，每天走四五十里，走两天三天休息一天两天。”

7月25日 晨七时，为中共中央军委起草复林彪、邓子恢、萧克、赵尔陆并告刘伯承、宋任穷、张际春、李达，粟裕、唐亮、周骏鸣，华南分局电，指出：“二十三日二十四时电〔1〕悉。此电部署甚好，即可照此执行。”“我们今晨发给你们一电，与你们此电精神是一致的。我们在该电中说，四野主力应争取于九月中旬以前到达攸县、湘乡及其以北各地，现距九月中旬尚有一个半月，你们照二十三日二十四时电部署，休整过三伏后再进，九月中旬以前是可以达到攸县、湘乡之线的。并且你们已令各兵团派遣先遣师进得更远，便于尔后主力的推进。”“方方来电要求入粤我军有二路经三南〔2〕、和平、河源出惠州，我们认为是必要的。在九月中旬以前，除先遣部队外，陈、邓两兵团主力不要超过五岭界限。自九月中旬起，准备陈兵团经从化〔3〕、南雄两路出北江，先占韶州；邓兵团可经翁源、连平、和平分两路至三路平行南下出东江，先占惠州，在韶州、惠州集中干部，调

〔1〕 林彪、邓子恢、萧克、赵尔陆1949年7月23日24时致电中共中央军委，提出：目前正值三伏季节，主力部队决在三伏天内不作大的行动，各部将进至指定地点休整。但为了扩大占领区及便利尔后之进军，在三伏天内应以抢占地盘，调整部署为主要指导方针，各兵团均须派出先遣师压迫敌人向东退。

〔2〕 指江西龙南、定南、全南。

〔3〕 应为广东仁化。

整兵力，然后两兵团配合广东我军，会攻广州（估计此时广州余汉谋等有和平解决之可能）。但九月五日，方方必须到赣州与叶、张、陈、邓〔1〕会合商筹全局。”第四野战军和第四兵团从八月一日起休整四十天，分别集结于长沙、常德、南昌、固安地区，根据南方地形、气候特点，进行适应性训练。同时，第十五兵团以留置江西的第四十八军于七月二十六日发起赣西南战役，由南昌一带分两路沿赣江两侧向赣南追击。八月十四日解放赣州。

同日 复电在苏联访问的中共代表团刘少奇、高岗、王稼祥〔2〕，指出：借款协定，你们表示原则上同意，具体文字待译好后再谈的态度是对的。我们亦正在研究协定的文字，明天或后天即有电报给你们。同意在莫斯科建立一个中国大学。我们正需要学习苏联在各项工作中的和资产阶级不同的一套学说和制度，设立这样一个大学是很必要的，但经费应讲明由中国负担为适宜。同意在目前就开始派遣各种参观团到苏联去参观和学习各项经验。

7月26日 收到林彪、邓子恢、萧克、赵尔陆二十三日关于部队疾病情形严重的报告后，为中共中央军委起草复电，表示慰问：“盛暑行军病员大增，极为悬念。你们已改为旅次行军及三伏休整，当可使情况改善。”

7月27日 为转发方方、魏金水二十一日致中共中央军委电，起草中央军委给林彪、邓子恢、萧克、赵尔陆，陈赓、邓华的批语：“请你们考虑邓华出三南之先遣师即由三南出梅县，

---

〔1〕 叶、张、陈、邓，指叶剑英、张云逸、陈赓、邓华。

〔2〕 以刘少奇为团长，高岗、王稼祥为团员的中共中央代表团，于1949年6月21日自北平启程赴苏联访问，26日到达莫斯科。

配合当地我军歼灭胡琏部[1]。该敌只有一万二千人，战斗力弱，我有一个师配合当地我军，可以解决该敌，然后直下潮、汕”。

7月31日 审阅修改新华社纪念中国人民解放军建军二十二周年的社论稿，加写四段话，并将标题《纪念中国人民解放军的创建》改为《我们是能够克服困难的》。其中，关于南昌起义加写："南昌起义及当时全国各地的许多起义，是中国共产党中央决定的。在一九二七年四月十二日蒋介石反动派宣布了反革命政变之后，中国共产党即决定率领人民反抗蒋介石反革命。八一南昌起义就是当时一连串革命起义的第一个起义。"关于人民解放军的特点，加写："这个军队的成分是工人农民和革命知识分子，工农占百分之九十左右，革命知识分子占百分之十左右，而革命知识分子则是接受了马克思列宁主义的。他们不但懂得用革命精神教育军队，坚决地执行共产党的政治路线及其各项具体政策，而且懂得革命的前途是什么，即是说革命将经过人民民主专政的共和国稳步地发展到社会主义和共产主义。"关于如何克服困难，加写："为着克服困难，必须完成几项根本性质的工作，这就是：（一）消灭封建势力，使农民得到土地；（二）实行精兵简政，简省国家开支；（三）在上列两项基础之上初步地恢复和发展一切有益的工业和农业生产。没有这几项根本性质的工作，所谓克服困难，只是一句空话。而要完成上述几项工作，在新解放区的南方和西北各省，一般地说来，必须准备付以三年左右的时间，过于性急是没有用的。在上海这样的大城市，在帝国主义及其走狗对我实行封锁政策的条件下，还须加上一条疏散人口的工作。"

[1] 胡琏部，指胡琏任军长的国民党军重建的第18军。

7月下旬 审阅新华社广播稿《八一介绍》，加写一段话："二十二年的人民解放军的历史证明，只要坚持了正确的政治路线和军事路线，保持艰苦奋斗的工作作风，完全和人民群众打成一片，任何强大的敌人都是能够打倒的，任何严重的困难都是能够克服的。"

8月1日 为中共中央起草致华南分局并告华中局、华东局电：（一）广西成立省委，拟以张云逸同志为书记。（二）广东不成立省委，可设潮梅、东江、北江、中区等几个区党委或地委，受华南分局直接领导。（三）华南分局以叶剑英为第一书记，张云逸为第二书记，方方为第三书记。（四）华南分局领导广东、广西两省及香港工委。（五）华南分局受华中局领导。华中局第一书记林彪，第二书记罗荣桓（因病留北平），第三书记邓子恢，管辖豫、鄂、湘、赣、粤、桂六省及第四野战军（正规军九十万人）。华中局现在武汉，将来可能移至长沙。（六）西南局以邓小平为第一书记，刘伯承为第二书记，贺龙为第三书记，管辖云、贵、川、康四省及第二野战军全部、第一野战军一部共六十万人。今年冬季可占领四省各要地。第二野战军之陈赓兵团三个军，第一步协助邓华兵团解决广东；第二步入广西，协助四野五个军解决白崇禧；第三步出云南。在我大军（共八个军）入广西打白崇禧的作战中，华南分局有以广东的财力、物力及干部协助解决广西问题的任务。（七）在福建省委接收闽西、闽南，江西省委接收赣南，湖南省委接收湘南，云南省委（陈赓等）接收云南之后，原受华南分局领导之各该省党的组织及武装力量，即归入各该省委及军区领导。

8月2日 就陈明仁在谈判中提出的要求，为中共中央军委起草复林彪、邓子恢、萧克、赵尔陆电："可以答应陈明仁保留兵团司令名义"。

同日 为中共中央军委起草复粟裕并告华东局电：同意三十日电意见，“张爱萍[1]海军系统暂时不迁青岛，并仍归华东系统即归粟裕指挥。”“你们积极准备攻台湾是正确的。必须从各方面准备攻台，打破干部中的畏难心理”。

8月4日 关于进取新疆的时间问题，复电在苏联访问的刘少奇、王稼祥：我曾以甘新路上的情况及何时可以向新疆进军电询彭德怀。接彭八月三日复电说，“自胡宗南主力被歼后，两马节节后退，我一路已占平凉、固原，另路日内可占天水，接着即向兰州进军，八月底或九月初可能占领兰州，那时即可准备进取新疆”。

8月5日 和朱德复电程潜。复电说：“为对抗广州伪府，为维护湖南秩序，为稳定军心，为便利谈判，为号召各方，所提设立由先生领导的中国国民党湖南人民临时军政委员会及陈明仁将军的中国国民党湖南人民解放军司令部两项临时机构，并由临时军政委员会派出临时性质的省政府主席及湖南人民解放军司令官，均属必要，可即施行。省政府移交会议略延时日，以期避免刺激军政人员，亦属有益无害。弟等并认为，湖南临时军政委员会不应为空洞名义，应行使必要之职权，除敝军已接收之地方外，其余地方，应由临时军政委员会指挥，庶使秩序易于维持。总之，解放湖南及西南各地需要借重先生及贵方同志之处甚多，只要于人民解放军进军及革命工作有利，各事均可商量办理。此次先生及陈明仁将军毅然脱离伪府，参加人民革命，义旗昭著，薄海欢迎。南望湘云，谨致祝贺。”

同日 为中共中央军委起草致林彪、邓子恢、萧克、赵尔陆并告萧劲光、王首道电：“我们认为，程潜所提临时机构是必要

[1] 张爱萍，当时任第三野战军兼华东军区海军司令员兼政治委员。

的，应予同意。毛、朱复程潜电请林、邓即转去，林、邓亦应根据毛、朱复电意旨去电鼓励程潜。”

同日 为中共中央起草致华中局并告湖南省委电，指出：（一）“我军接管长沙后，除成立长沙军事管制委员会（李明灏应参加为委员）外，湖南省政府及湖南军区两机构不要马上成立，即用长沙军管会名义统一指挥已占各县”。（二）“我军入长沙，望注意维持良好秩序，极力注意做程潜、陈明仁及其一派人物中的工作，尊重他们，给他们以起义者的待遇，帮助他们进步，团结多数，打击反动分子，以便经过这种统一战线的方式，顺利地接管全省政权及改编陈明仁军队为人民解放军。”

同日 致电各中央局、中央分局，各野战军前委：“现在将华北人民革命大学负责人刘澜涛、胡锡奎二同志写的该校对于一万二千新学生短期班的教育经验的总结〔1〕转发给你们，请你们注意这种经验。假如你们同意的话，请将这个文件转发给你们所属学校的负责同志，并在党内刊物上发表，以资传播和仿效。我认为这个总结里所说的方针和方法是正确的。”

8月6日 为中共中央起草致华中局并转湖南省委电，指出：林彪、邓子恢五日十二时电悉，处置甚好。“我军入长沙后，除反动报纸应当准备封闭外，程潜系统的报纸不应封闭。”“同时

〔1〕 华北人民革命大学校长刘澜涛、副校长胡锡奎1949年7月26日在关于该校第一期教育经验总结中，介绍的经验是：平津解放后，根据中共中央和华北局的指示，采取大量招收与严肃改造知识分子的方针，以历史唯物主义为中心，结合学生的思想实际，进行马列主义基本理论和思想教育，并让学生参加一定体力劳动的锻炼，把理论学习作为改造思想的武器，把改造思想作为理论学习的直接目的，逐步使学生确立革命的人生观。

请湖南工委和程潜商量，如果他在新化有报纸，希望他指示该报采用新华社稿件，以为团结和教育程部党政军多数人员，打击反动分子的工具。”“请你们考虑，物色若干程潜系统中的开明分子，在程潜及本人同意的条件下，任命他们为长沙军管会的顾问。”“争取程潜、陈明仁及其一派站在我们方面，对于分化台湾、广州、广西、昆明、四川等地国民党特别是分化台湾及宋希濂等部，有极大的政治作用。对于顺利地接管湖南及改造程、陈系统则有直接作用。你们对此要当作一件重要工作去做。程潜的临时机构，不忙很快取消，省政府接交可以推延一个月左右，使程潜有时间在其内部进行教育工作，利于将来的改编和改造。”“在将来接收省政府及改编军队时，除陈明仁应任军职外，应给程潜及其一派中的开明分子以位置，并吸收他们参加工作。其办法为组织湖南军政委员会，由两方面的人成立，以程潜为主席，以我们的人为副主席，湖南省政府亦照此方式组织，成为统一战线的临时过渡机构。此办法是否可行，请你们先作考虑。”

同日　关于兼取政治方式去解决西北问题，致电彭德怀并告贺龙、习仲勋：“现在西北敌军分向汉中、兰州、宁夏三处退却，我军亦须分向三路解决退敌。”“我们认为，西北地区甚广，民族甚复杂，我党有威信的回民干部又甚少，欲求彻底而又健全又迅速的解决，必须采用政治方式，以为战斗方式的辅助。现在我军占优势，兼用政治方式利多害少。其办法即为利用靠拢我们的国民党人和我们的人一道组织军政委员会，以为临时过渡机构。这样的国民党人就是张治中、傅作义、邓宝珊。”“关于绥远和宁夏问题，我们准备和傅作义合作去解决。”“故我们决定组织绥远军政委员会，以傅为主席，我们的高克林〔1〕为副主席；委员十余

〔1〕高克林，当时任中共绥远省委书记、绥远军区政治委员。

人，傅部占多数，我们的人占少数。以傅部五万人，我军姚喆、王平〔1〕两部二万人合编为两个军，以傅部董其武〔2〕等为军长，我们的人为副军长。实行人民解放军的军政制度，汰坏留好，逐步改造。两个绥远省政府合而为一，以傅部董其武为主席，我们的杨植霖〔3〕为副主席，省府委员亦用双方的人作适当配备。此项方法对双方都有利益，可以经过一个工作过程，达到彻底改造之目的。傅作义对此项办法表示满意，拟于数日后，即令傅去绥远和我们的人一道解决绥远问题。”“我们认为在马步芳解决后，必须使用杨得志兵团深入宁夏给马鸿逵部以歼灭的打击，迫使残部退入后套，然后经过傅作义用政治方式去解决。”“对马步芳必须歼灭其主力，但他有玉树等地为后方，可以保存残部。欲最后解决青海，亦须找些与青海有联系的旧人，如我们使用邓宝珊主甘，可能打开寻找此项旧人及最后解决青海问题的门路。此外，班禅〔4〕现到兰州，你们攻兰州时，请十分注意保护并尊重班禅及甘、青境内的西藏人，以为解决西藏问题的准备。”“陶峙岳〔5〕现在动摇，有和平解决新疆的意向，我们认为应利用张治中组织新疆军政委员会，以张治中为主席，我们的人（是否王震去新疆）为副主席，再加伊犁方面〔6〕一人为副主席，以为过渡机关。”“整个西北亦可考虑在将来组织军政委员

---

〔1〕 姚喆、王平，当时分别任绥远军区司令员、察哈尔军区司令员。

〔2〕 董其武，当时任国民党绥远省政府主席、国民党军西北军政长官公署副长官。1949年6月同华北人民政府签订绥远和平协议。

〔3〕 杨植霖，当时任绥远省人民政府主席。

〔4〕 班禅，指班禅额尔德尼·确吉坚赞，西藏地方宗教和政治领袖之一。

〔5〕 陶峙岳，当时任国民党军西北军政长官公署副长官兼新疆警备总部总司令。

〔6〕 指新疆伊犁、塔城、阿勒泰三区革命政府。

会，以彭为正，以张治中为副。”

8月7日 收到华东局关于上海市人民政府三日至五日召开各界代表会议的情况报告后，为中共中央起草复电，指出：“你们已召开上海各界代表会议，甚好。此种会议有很大用，可以依靠它去联系群众，帮助我们克服困难。华东所属各城市均应举行，并应看重此种会议。”

8月8日 关于方方赴赣州参加华南分局会议问题，为中共中央军委起草致方方并告华中局及陈赓电：叶剑英八月九日由北平动身，经汉口转江西，九月五日前到达赣州。方方务须于九月五日到达赣州。

8月10日 为中共中央起草复华中局并告各中央局、各分局、各野战军电：“八月六日电及转来河南省委八月一日电均悉。我们同意以‘中间不动两头平’的政策，作为解决河南土地问题的基点，对中农土地完全不动，而不要照土地法大纲上关于中农土地的规定。在中央政府成立后，土地法大纲须要有所修改。除上述一点外，在南方及其他新区实行改革土地制度时，必须在某些政策上（例如不要使地富扫地出门等）及工作方法上（例如要开区乡农民代表会议等）改正过去在北方土改中做得不好的地方。而且各级党的领导机关必须完全掌握全部农村运动的领导，绝不许再有过去那样无政府无纪律的状况出现。除河南等若干地方外，最广大的新区，今年及明年的全年都不是实行分配土地的时期，而是准备分配土地的时期。但就在此准备期间，各中央局、中央分局及省委、区党委，必须完全掌握农村工作的领导职务，千万不能放松此种职务。一切重大决定，均须事先报告中央，获得批准然后实行。”

同日 复信杨开智[1]："来函已悉。老夫人健在，甚慰，敬致祝贺。岸英、岸青均在北平。岸青尚在学习。岸英或可回湘工作，他很想看外祖母。展儿[2]于八年前在华北抗日战争中光荣地为国牺牲，她是数百万牺牲者之一，你们不必悲痛。我身体甚好，告老夫人勿念。兄从事农场生产事业甚好，家中衣食能过得去否，有便望告。"

8月11日 复电周世钊[3]："虞[4]电诵悉，极感盛意。目前革命尚未成功，前途困难尚多，希望先生团结全校师生加紧学习，参加人民革命事业，是所切盼。"本日，还复电湖南省立第一师范校友会，希望他们"努力进修，为人民的文教工作服务"。

同日 出席全国工会组织工作会议举行的宴会，并即席讲话。他说：第六次劳动大会以来，已有一年了。劳动大会规定的政治纲领和工作方针是完全正确的，必须实现的。据李立三同志说，我们工作中有组织上的关门主义倾向和方法上的形式主义、官僚主义的倾向。我们有将近二千万的大军，但我们组织得太少。老解放区发展太少，新解放区刚才开始。除了破坏分子外，一切职工，即使是政治上落后的人，即使是国民党的工会工作人员，但有改造可能的均包括在内（资本家不能加入）。对于落后的和犯错误的人，要采取团结教育的方针，从团结出发，经过批评斗争，达到团结的目的。否则，我们便会成为少数，便会孤立。工会工作同志应主动地和资本家搞好关系，和行政方面搞好关

〔1〕 杨开智，毛泽东妻子杨开慧的哥哥。

〔2〕 展儿，指杨展，杨开智的女儿。

〔3〕 周世钊，毛泽东在湖南省立第一师范学校读书时的同学。当时任湖南省立第一师范学校代理校长。

〔4〕 虞，即7日。

系。党、政、工三方面共同的目的都是为了搞好生产，有什么不能解决的问题呢？你们要做宣传工作，要向市委书记、市长做宣传工作，也要向我做宣传工作。要主动地团结进步分子、中间分子、落后分子，主动地团结各个方面，团结工人阶级、其他劳动人民、小资产阶级和民族资产阶级，消灭帝国主义及一切反动势力！

8月12日 新华社发表社论《无可奈何的供状——评美国关于中国问题的白皮书》。次日，毛泽东函告新华社社长胡乔木："应利用白皮书做揭露帝国主义阴谋的宣传。应将各国评论中摘要评介。"

8月13日 和朱德复电陈明仁："未文电〔1〕敬悉。湖南举义，遐迩欢迎，颂云先生及贵主席领导有方，为功极大。贵主席主持之过渡时期省政机构极为必要，仍应行使职权，借维秩序，并利号召。尚望贵主席团结所属，再接再厉，弟等则嘱中共人员与颂云先生及贵主席推诚合作，以利革命事业之推进。至人民省政府之建立，当俟军事有进一步发展，并与颂云先生及贵主席商酌，然后办理较为适宜。贵主席如有所见，尚望随时见教。"

同日 下午，出席北平市各界代表会议，并作简短讲演，庆祝各界代表会议的成功，希望全国各城市都能迅速召集同样的会议，加强政府与人民的联系，协助政府进行各项建设工作，克服困难，并从而为召集普选的人民代表大会准备条件。他说："一俟条件成熟，现在方式的各界人民代表会议即可执行人民代表大会的职权，成为全市的最高权力机关，选举市政府。依北平的情况来说，大约几个月后就可以这样做了。这样做的利益很多，希

---

〔1〕 陈明仁1949年8（未）月12（文）日致电毛泽东、朱德，建议取消湖南人民临时军政委员会派出的临时性质的湖南省政府，正式成立省人民政府。

望代表们加紧准备。”讲演号召北平市人民，除了国民党反动派的残余及其潜伏的特务分子以外，一致团结起来，为克服困难，建设人民的首都而奋斗。会上，毛泽东取出一封随身带来的未署名的市民来信（向他反映物价高涨、捐税多和失业多等问题），当即交代表会议处理。

8月14日 新华社发表毛泽东写的社论《丢掉幻想，准备斗争》，评美国国务院的白皮书和艾奇逊的信。社论揭露美国对华政策的帝国主义本质，批评国内一部分具有“民主个人主义思想”的人对美帝国主义的幻想。社论指出：“捣乱，失败，再捣乱，再失败，直至灭亡——这就是帝国主义和世界上一切反动派对待人民事业的逻辑，他们决不会违背这个逻辑的。”“斗争，失败，再斗争，再失败，直至胜利——这就是人民的逻辑，他们也是决不会违背这个逻辑的。”社论号召先进的人们，共产党人，各民主党派，觉悟了的工人，青年学生，进步的知识分子，有责任去团结人民中国内部的中间阶层、中间派、各阶层中的落后分子、一切还在动摇犹豫的人们，用善意去帮助他们，批评他们的动摇性，教育他们，争取他们站到人民大众方面来，不要让帝国主义把他们拉过去，叫他们“丢掉幻想，准备斗争”。这篇社论编入《毛泽东选集》。

同日 为中共中央起草复华东局电，请对发行公债问题[1]加以说明：“（一）二千四百亿元的用途；（二）为什么需要二千四百亿元之多，是否可以减少；（三）估计城市工商业家对此项公债的态度将如何，是否会拥护，如不拥护，是否有失败之可能；（四）

---

〔1〕 陈云受中共中央委托，于1949年7月27日至8月15日在上海主持召开有华东、华北、华中、东北、西北5个地区的财政、金融、贸易部门领导干部参加的财经会议。陈云和华东局就这次会议情况向中央的报告中提出，为克服财政经济困难，控制市场物价，拟在城市和新区的农村市镇发行公债2400亿元（旧人民币）。

利息四厘是否适当，为什么是适当的；（五）为什么规定明年十一月起还本付息，三年还清，期限是否太促，为什么要如此规定?”十五日，陈云复电中央，对发行公债的数额、用途、利率和还本付息的时间等问题作了说明。十七日，毛泽东为中央起草致陈云并告饶漱石、陈毅电：“公债问题关系重大，请陈云立即回来向中央报告，加以讨论然后决定。同时，请饶、陈试探民建〔1〕方面资本家的意见，电告我们。”经中共中央讨论研究，十二月十六日中华人民共和国政府政务院通过决定，从一九五〇年一月一日起发行人民建设折实公债，第一期发行一万万分（每分之值按当时物价计算约等于一万二千元旧人民币），计一万二千亿旧人民币。

8月16日 和朱德复电原国民党湖南省政府主席、长沙绥靖公署主任程潜，国民党军第一兵团司令官陈明仁暨全体起义将士：“接读八月五日通电，义正词严，极为佩慰。中国人民解放事业的胜利，已成全世界公认的定局。”“诸公率三湘健儿，脱离反动阵营，参加人民革命，义声昭著，全国欢迎，南望湘云，谨致祝贺。尚望团结部属，与人民解放军亲密合作，并准备改编为人民解放军，以革命精神教育部队，改变作风，力求进步，为消灭残匪，解放全中国人民而奋斗。”

8月17日 为中共中央起草致华中局并萧劲光、王首道、金明、高文华、袁任远、周礼〔2〕电，提出湖南省人民军政委员会等四机构主要领导成员名单和人员配备原则，征询他们的意见。经过多次磋商，湖南省四机构先后成立和改组。十九日，长

---

〔1〕 民建，即中国民主建国会。

〔2〕 金明、高文华，当时任中共湖南省委副书记。袁任远，当时任湖南省临时政府副主席。周礼，当时任中共湖南省工委书记，1949年8月20日任新组建的中共湖南省委常委。

沙市军管会成立，萧劲光为主任，王首道、陈明仁为副主任。二十九日，中国国民党湖南人民临时军政委员会扩大改组为湖南人民军政委员会，程潜为主任，黄克诚为副主任。三十日，湖南军区成立，萧劲光为司令员，黄克诚为政治委员，陈明仁、韩先楚为副司令员，金明、唐天际为副政治委员。九月一日，湖南临时政府成立，陈明仁为主席，袁任远为副主席。

8月18日 新政治协商会议筹备会主任毛泽东致电新疆伊犁特别区人民政府阿合买提江，邀请他们派代表参加全国人民政治协商会议。电文说："我国反对帝国主义、封建主义、官僚资本主义及以蒋介石为首的国民党反动统治的人民解放战争，即将取得全中国的胜利。包括全中国各民主党派，各人民团体，人民解放军各野战军，各解放区，国内各少数民族及海外华侨在内的新的全国人民政治协商会议，经过慎重筹备之后，即将在九月内召开全体会议。""你们多年来的奋斗，是我全中国人民民主革命运动的一部分，随着西北人民解放战争的胜利发展，新疆的全部解放已为期不远，你们的奋斗即将获得最后的成功。我们衷心地欢迎你们派出自己的代表五人前来参加全国人民政治协商会议的全体会议，如蒙同意，请赶于九月上旬到达北平"。二十七日，新疆省政府副主席、新疆保卫和平民主同盟主席阿合买提江，新疆省伊犁、塔城、阿勒泰三区民族军总指挥伊斯哈克伯克，民族军副总指挥达力立汗，新疆保卫和平民主同盟中央委员阿不都克里木，新疆中苏文化协会罗志等五名代表，前往北平出席会议，途中因飞机失事不幸遇难。十一月二十二日，毛泽东致电新疆保卫和平民主同盟中央委员会，对遇难烈士表示哀悼。

同日 新华社发表毛泽东写的社论《别了，司徒雷登》，再评美国国务院的白皮书和艾奇逊的信。社论揭露美国出钱出枪，蒋介石出人，替美国打仗杀中国人，借以变中国为美国殖民地的侵略政策。社论指出："我们中国人是有骨气的。许多曾经是自由主义者或民主个人主义者的人们，在美国帝国主义者及其走狗面前站起来了。闻一多拍案而起，横眉怒对国民党的手枪，宁可倒下去，不愿屈服。朱自清一身重病，宁可饿死，不领美国的'救济粮'。""中国还有一部分知识分子和其他人存有糊涂思想，对美国存有幻想，因此应当对他们进行说服、争取、教育和团结的工作，使他们站到人民方面来，不上帝国主义的当。"这篇社论编入《毛泽东选集》。

8月19日　为中共中央起草致各中央局、分局电，指出："太原解放至今不到三个月，开了五次各界代表会议，成绩极好。各地除石家庄、上海、北平已报告开会外，尚未据报开会，这是很不好的。兹规定：（一）三万以上人口城市均须开各界代表会。（二）会期，中小城市至少每月一次，每次一天，至多两天。大城市每月或每两月一次，每次一天两天，至多三天。（三）每次解决问题不要多，应集中在一两个问题上。（四）代表应固定为半年改选一次，连选者得连任。在六个月内，不称职者临时改换，未吸收者逐步增加。（五）代表会毕，有向人民传达和解释会议报告和决定的任务。（六）此指示转达所属三万人口以上的一切城市勿误。（七）你们应重视此事，总结经验，报告中央为要。"

同日　复信江庸〔1〕："大示敬悉。时局发展甚快，新政协有迅速召开之必要，拟请先生及颜俊人〔2〕先生参加，不识可以成行否？许先生事〔3〕，已嘱法学方面的同志注意延接。"

---

〔1〕 江庸，法学家。当时是上海江庸律师事务所律师。

〔2〕 颜俊人，即颜惠庆，字骏人。

〔3〕 指江庸向毛泽东推荐法学界的许藻镕一事。

8月20日 为中共中央军委起草复刘伯承、邓小平、张际春、李达电：同意你们十九日关于向川、黔进军的基本命令。该命令中说：本野战军主力（除四兵团）之任务在于攻略贵阳及川东南，以大迂回之动作，先进击宜宾、泸县、江津地带之敌，并控制上述地带以北地区，以使宋希濂、孙震〔1〕及重庆等地之敌，完全孤立于川东地区，尔后即聚歼这些敌人，或运用政治方法解决之，以便协同川北我军逐次解放全川问题。

8月21日 为中共中央起草致东北局电，告知上海产业界提出国内可生产的工业品，请东北尽量在国内采购，勿再由苏联输入，并反映有大量苏联花布在平、津倾销。电报指出：请你们加以注意，使上海民族资本家有出路，并将东北过去及现在与友方交换物品的品名、数量电告。

8月22日 复电彭德怀并告贺龙、习仲勋：十九兵团何时向宁夏进军，待占领兰州后看情况决定。如果王震四个军确有把握占领青海，则十九兵团可在兰州休息十天或半月后即向宁夏，否则可略为推迟。入新疆部队至少休整一个月，必要时酌量增加休整时间，好作充分准备。入川部队待与贺面商后作最后决定，大体上以十八兵团入川是适宜的。

同日 关于和平解决绥远问题，致电彭德怀、张宗逊并中共中央西北局："傅作义、邓宝珊定于二十三日由北平动身去绥远。约定他们到绥远后，以两星期时间召集干部会议，宣布我党中央和平解决绥远问题的方针，成立双方合作的绥远军政委员会及绥远省政府。两星期后，傅、邓回北平参加政协会议。会后傅去绥远实行改编军队及政权系统，邓去甘肃。""邓去甘肃的问题，已

---

〔1〕 宋希濂，当时任国民党军川湘鄂边绥靖公署主任。孙震，当时任国民党军西南军政长官公署副长官兼川鄂边绥靖公署主任。

约定待贺到北平参加政协会议时，与邓见面谈好后，随贺一道去西北，张治中也须那时才能去西北。”

8月23日　为祝贺美国共产党成立三十周年，致电美国共产党中央主席福斯特和政治局委员丹尼斯，指出：“美国共产党和美国进步分子，在美国反动势力高压之下，为着国际和平，为着美国工人和美国人民的民主权利，为着中美人民的真诚友谊，坚持不屈不挠的奋斗，对于中国人民和世界各国人民都是一个重要的鼓励和援助。美国的未来，不属于外强中干的美国反动势力，而属于你们和美国人民。”

同日　关于歼灭马步芳和攻占兰州问题，为中共中央起草致彭德怀、张宗逊并告贺龙、习仲勋电，指出：“马步芳既决心守兰州，有利于我军歼灭该敌。为歼灭该敌起见，似须集中三个兵团全力于攻兰战役。王震兵团从上游渡河后，似宜迂回于兰州后方，即切断兰州通青海及通新疆的路并参加攻击，而主要是切断通新疆的路，务不使马步芳退至新疆为害无穷。攻击前似须有一星期或更多时间使部队恢复疲劳，详细侦察敌情、地形和鼓励士气，作充分的战斗准备。并须准备一次打不开而用二次、三次攻击去歼灭马敌和攻占兰州。”

8月24日　阅本日《人民日报》刊登的中国民主建国会在北平的发言人发表痛斥美国白皮书的声明〔1〕后，批示胡乔木：“民建发言人对白皮书的声明写得极好，请予全文文播、口播，并播记录新闻，当对民族资产阶级的教育起很大作用。”当天，写信

---

〔1〕　这个声明题为《加强内部团结和警惕，答告美帝好梦做不成》。声明指出：中国民族资产阶级和帝国主义基本利益的矛盾决定了它对一切帝国主义（包括美帝国主义在内）的态度，中国民族资产阶级不会变成美帝发展“民主个人主义”的资本或条件。只有新民主主义才是它唯一的光明幸福的道路。

给民建负责人黄炎培，称赞民建发言人对白皮书的声明，信中说："民建的这一类文件（生动的、积极的、有原则的、有前途的、有希望的），当使民建建立自己的主动性，而这种主动性是一个政党必不可少的。"二十六日，收到黄炎培的复信后，再致信黄炎培："八月二十四日大示敬悉，很高兴。""民建此次声明，不但是对白皮书的，而且说清了民族资产阶级所以存在发展的道理，即建立了理论，因此建立了民建的主动性，极有利于今后的合作。民建办事采用民主方式亦是很好的，很必要的。此种方式，看似缓慢，实则迅速，大家思想弄通了，一致了，以后的事情就好办了。"

同日 为中共中央起草复东北局电，同意对东北人民政府组成人员名单的调整及分工，并指出："据华北经验，政府机构中设人民监察委员会置于人民政府委员会之下，对检查工作反对官僚主义有很大好处。"二十七日，东北人民政府委员会第一次全体会议推选高岗为东北人民政府主席，李富春、林枫、高崇民为副主席，林枫兼监察委员会主任。

同日 收到王首道关于三个师已地方化的报告〔1〕后，复电王首道并告林彪、邓子恢："八月二十一日电收到。我们欢迎此类简单明了的报告，而不欢迎冗长的沉闷的报告。"

8月25日 为中共中央起草复华中局并告东北局、华北局、华东局、西北局、山东分局、华南分局电，指出："（一）八月二十日电悉。望将各城各界人民代表会经验扼要电告。（二）务须催促各城开会每月至少一次。（三）各县应开县各界代表会议，

---

〔1〕 王首道1949年8月21日给毛泽东，林彪、邓子恢的报告如下："一五八师（原属四十六军）已归长沙分区。一六〇师（原属四十七军）已归常德分区。一六二师（原属四十九军）已归益阳分区，现尚在河南。"

由农会，工会，学生会，文化教育界，工商业界及党政军选派代表，可以选择若干开明绅士参加，讨论全县工作。大县代表二百余人，中县代表一百余人，小县代表数十人，每月或每两月开会一次，每次两天至三天开完。此事华东，华中，西北，南方各新区均可做。各老解放区更不待说。”

同日 新华社发表经毛泽东修改的时评《湖南起义的意义》。文中指出，程潜、陈明仁两将军在湖南起义，严重地震撼了华南、东南、西南、西北的国民党军残部。湖南的起义告诉他们，对于人民解放军的抵抗是没有前途的，唯一的光明前途，就是脱离蒋介石、李宗仁、白崇禧集团，接受中国共产党的领导，而无论什么人，只要真正做到这一步，就有受到人民谅解的希望。

8月26日 晨一时，为中共中央军委起草复彭德怀、张宗逊并告贺龙、习仲勋电：“二十四日电〔1〕悉。（一）如你们二十五日攻兰得手，则局面起了变化。（二）如不得手，则作为侦察性质的作战，全军将因此种流了血的侦察战获得有益的教训而确定了再战的胜利。（三）如二十五日不得手，则请照你们二十四日电的决心，确定先打援，后打城。如此，则须令对城防御之四个军或三个军构筑坚固防御阵地。并须预计打援及攻城两战所必需的充分的时间，估计至少要半个月，多则可能要一个月或更多时间。（四）为了要筹一个月或两个月的粮食及由西安接济食油、弹药及棉衣，请令十八兵团用全力向胡宗南军所在的空隙地区举行袭击，确保天水及西兰公路，以利运输。同时，在兰州附近周围二三百里区域有计划地筹措粮食。请西北局全力支持兰州前线的需要。”

〔1〕 彭德怀、张宗逊1949年8月24日致电中共中央军委，报告决定集中3个兵团全力于攻兰战役，25日晨开始攻击兰州。

同日 复电彭德怀："（一）完全同意二十五日二十四时电的部署〔1〕。（二）六十二军暂留临夏，必要时亦宜令其移兰州参战。（三）务请注意筹足至少一个月的粮食、弹药，准备持久坚决歼灭两马。"同时，应彭德怀来电要求，毛泽东起草聂荣臻、薄一波致傅作义电："我军正攻兰州，马鸿逵有向兰州增援模样。毛主席意见，如有可能，请兄电劝马鸿逵勿去增援，准备和平解决宁夏问题，如去增援，则马部和平解决机会将更少了。"本日，第一野战军攻克兰州，马步芳部主力二万七千余人被歼，其余守敌分别向永登、西宁逃跑。

同日 为中共中央起草复华东局并告各中央局、各分局、各野战军前委电："（一）你们过去对城市召开各界人民代表会议一项重大问题，没有发出指示，自己亦未在上海执行，故对此事处于被动地位，并因此使城市工作受到了相当大的损失。现在你们已在上海开了一次各界代表会议，收到了良好效果，并已于八月二十四日给所属发了指示，你们因此就在此项问题上恢复了主动权。中央看了，极为高兴。除将你们电报转知各局各野外，现在请你们严催所属三万人口以上的城市，务于九月份一律开一次各界人民代表会议，并一律将开会情形在报纸上公开发表，在广播台上公开广播。不许可有不开的，不许可不公开发表和不做口语广播。借此以使所属三万人口以上城市的党的组织和各界人民代表亲密结合，经过他们去团结各界人民，克服困难，恢复和发展

---

〔1〕 彭德怀1949年8月25日24时致毛泽东的电报说：攻城部队25日拂晓对兰州守敌发起攻击，与敌恶战一天，敌我伤亡相等。马鸿逵部4个军八万人左右，正倾巢援兰州，似有放弃宁夏模样，如能经过傅作义迟延宁马10日或半月出动，对我有利。根据上述情形，我军拟留62军停临夏，一、二两军东移，参加攻击兰州之敌及便于适时打击增援兰州的宁夏马鸿逵部。

生产，并克服党的领导机关中的许多人只相信少数人的党内干部会议，不相信人民代表会议的官僚主义作风。以后一切三万人以上的城市至少每月开各界人民代表会议一次，每次一天至多二天就够，每次讨论和决定的问题有一个或二个就够。（二）各县要开全县各界人民代表会议，其办法照中央最近致华中局并告各局的电报办理。要各省委、区党委、地委负责领导办理，一改过去长期不开各界人民代表会议的不良作风。此项全县各界人民会议，不论新区老区一律举行，新区在占领两三星期后即可举行，无须待乡村农会建立然后举行。举行此项会议的一个重要目的，即是经过此种会议去发动农民群众。（三）上述两项请东北局、华北局、山东分局、西北局、华中局、华南分局一律遵照办理。各野前委注意研究和协助。”

同日 为中共中央起草致东北局，华东局，山东分局，刘伯承、邓小平、张际春、李达，华中局，西北局电：“兹将彭真同志关于今年五月至七月的北平工作情况的报告〔1〕转发给你们作为研究材料，其中有些经验是各地可以采用的。”本日，写信给彭真：“八月十四日的报告收到阅悉，很高兴。已转各中央局参

〔1〕 指彭真1949年8月24日给毛泽东并告中共中央华北局的报告。报告中介绍北平工作的情况和经验是：通过举办工业展览会，邀请各地代表参观，借以了解彼此供求关系；贸易公司、合作社及银行采取先给农民以工业品，秋后再收回农产品的形式，开展城乡贸易；贸易公司、合作社以原料换成品、委托加工、收购成品、代销成品等方式，取得了大量的农民和市民所需要的工业品；开展城乡和内外的贸易，必须以公营企业和合作社为领导骨干，团结和指导有经验的正派商人，共同和分头担负此项任务；在劳资关系方面，由劳资双方签订集体合同的方式，解决劳资纷争，特别是通过宣传党的“四面八方”政策，并实际解决原材料、市场问题以及给以其他可能与必要的扶助，安定资本家的情绪。

考。请你将此报告抄一份送给黄敬[1]同志看一下，并请你转告他，我希望他写一关于天津情况的报告给我，同时抄给华北局。”

8月27日 出席新政协筹备会第四次常务委员会会议，会议讨论修改《中央人民政府组织法（草案）》。毛泽东就中央集权与地方分权问题作了发言。他说：历来的中央集权地方分权问题，只有我们能解释。对于必须集中的尽量集中，必须抓紧的要抓紧，例如对司徒雷登的外交问题。有人说我们只管政策不管事务。事务是管不胜管，而政策问题是关乎几十万、几百万人民的政治经济生活的。我们是抓紧大的人事、大的政策。我们要有些集中有些不集中才能搞好，所以有些地方要给地方以监督之权。鉴于蒋介石集权，我们是又集中又不集中，需要集中的则集中。

8月28日 新华社发表毛泽东写的社论《四评白皮书》。社论指出，现在全世界都在讨论中国革命和美国的白皮书，这表示了中国革命在整个世界历史上的伟大意义。白皮书是一部反革命的书，它公开地表示美帝国主义对于中国的干涉，这就变成了中国人民的教育材料。社论针对艾奇逊骂共产党领导的政府是“极权政府”的话，指出：“这个政府是对于内外反动派实行专政或独裁的政府，不给任何内外反动派有任何反革命的自由活动的权利。反动派生气了，骂一句‘极权政府’。其实，就人民政府关于镇压反动派的权力来说，千真万确地是这样的。这个权力，现在写在我们的纲领上，将来还要写在我们的宪法上。对于胜利了的人民，这是如同布帛菽粟一样地不可以须臾离开的东西。这是一个很好的东西，是一个护身的法宝，是一个传家的法宝，直到国外的帝国主义和国内的阶级被彻底地干净地消灭之日，这个法宝是万万不可以弃置不用的。越是反动派骂‘极权政府’，就越

〔1〕 黄敬，当时任天津市市长。

显得是一个宝贝。但是艾奇逊的话有一半是说错了。共产党领导的人民民主专政的政府，对于人民内部来说，不是专政或独裁的，而是民主的。这个政府是人民自己的政府。这个政府的工作人员对于人民必须是恭恭敬敬地听话的。同时，他们又是人民的先生，用自我教育或自我批评的方法，教育人民。”这篇社论编入《毛泽东选集》时，题为《为什么要讨论白皮书?》。

同日 下午四时，和朱德、周恩来、林伯渠、董必武等到北平车站欢迎宋庆龄自沪抵平。晚上，设宴招待宋庆龄。

同日 为中国人民解放军海军题词：“我们一定要建设一支海军，这支海军要能保卫我们的海防，有效地防御帝国主义的可能的侵略。”〔1〕

8月29日 复信华北大学校长吴玉章：“来信〔2〕已悉。当付郭、茅、马〔3〕三先生审议，提出意见。现已接复信，特付上，请予考虑，并请回答你对于他们的意见之赞成，或反对，或修改的意见。如果你同意的话，请付范文澜、成仿吾、黎邵西〔4〕三位一阅，或者座谈一次，以集体意见见告为盼!”

同日 函告胡乔木，请找清末中国和美国订立的几个不平等条约，为写评美国国务院白皮书的社论时参考。

同日 为中共中央起草致华中局电，询问第四野战军的病员情况及解决问题的办法：“野司转来四十三军病员情况的电报已阅悉，甚为怀念。未知其他各军是否也有相似的情形。你们是否

---

〔1〕 为中国人民解放军海军题词的时间，据海军政治部的说明，是在1949年8月28日或者9月。

〔2〕 指吴玉章1949年8月25日写给毛泽东的关于文字改革问题的信。

〔3〕 郭、茅、马，指郭沫若、茅盾（沈雁冰）、马叙伦。

〔4〕 范文澜、成仿吾，当时均任华北大学副校长。黎邵西，即黎锦熙，当时任北平师范大学校务委员会主席兼中文系主任。

已采取统一的办法克服这个困难，即是说是否需要推迟进军的时间，以便使部队多得休息，及是否需要普遍增加伙食费，使战士恢复体力，请将你们的意见电告。”

8月30日 致电程潜：“八月十九日电示今日收到，敬悉。尊见极好，完全同意。当接陈子良〔1〕兄未皓〔2〕电时，我即复电（经中共湖南省委转）请他仍照前议兼领省主席，与尊意吻合。新政协召开在即，拟请我公及仇亦山〔3〕、陈子良出席，共商国是，倘能命驾，无任欢迎。”

同日 为中共中央起草致各中央局、分局并告各野战军电，指出：“（一）兹将华北局未俭电〔4〕转给你们。请你们仿照此电，将你们区域三万以上人口的城市列举出来，指明哪些已开过各界代表会议，哪些还未开，会议开得好还是不好，你们处置如何等项报告我们。（二）老解放区村、区、县、省等级人民代表会议开会情况如何，新解放区县的各界代表会是否可以举行，均望电复。”

同日 新华社发表毛泽东写的社论《五评白皮书》。社论列举一八四〇年以来美帝国主义侵略中国的历史事实，指出：“美帝国主义侵略中国的历史，自从一八四〇年帮助英国人进行鸦片战争起，直到被中国人民轰出中国止，应当写一本简明扼要的教科书，教育中国的青年人。”这篇社论编入《毛泽东选集》时，题为《“友谊”，还是侵略？》。

同日 为中共中央军委起草致彭德怀、张宗逊电：马步芳和马

---

〔1〕 陈子良，即陈明仁，字子良。

〔2〕 未皓，即8月19日。

〔3〕 仇亦山，即仇鳌，字亦山，湖南知名人士。当时任湖南人民军政委员会委员。

〔4〕 指中共中央华北局1949年8（未）月28（俭）日关于召开各界代表会议的情况报告。

鸿逵分两路退却，且有退新疆可能。为此请你们考虑青海、宁夏两方面暂缓进兵，先占张掖、武威，再占青海、宁夏。如何？盼复。

9月1日　为中共中央军委起草复林彪、邓子恢、萧克、赵尔陆电，指出：“（一）你们歼灭宋希濂的计划是很好的。（二）程子华兵团主力在澧州[1]、常德以西地区歼灭宋希濂以后，请考虑该部取道沅陵向芷江前进，歼灭该地区之黄杰[2]部，然后沿湘、黔、桂三省交界向柳州前进，迫使白崇禧退入广西，而不使他退入贵州，以利我军在广西境内歼灭他。因贵州太穷，运输不便，广西较贵州为富，又可取得广东接济，又有我们的游击区及游击队以为协助，较利于我军作战。（三）叶剑英、方方、陈赓、邓华等九月上旬可在赣州会合，中旬可会商完毕，下旬即可开始向广东进军。若萧劲光、程子华各部亦能于九月下旬或十月上旬进至芷江、宝庆、衡州之线，则可与我入粤部队互相配合。我们希望能于十一月占领广州及粤汉全路，十二月或明年一月全路通车，则对全国财政经济有很大利益。”

9月2日　为中共中央军委起草致彭德怀、张宗逊电：“同意你们未世亥[3]电作战方针，占领青海、宁夏及永登休整一时期再分兵西进。”并询问是否可于九月十五日以前占领青海、宁夏。三日，彭、张复电说：十五日占西宁有可能，九月底能占宁夏省会。四日，毛泽东致电彭德怀并告贺龙、习仲勋：“向青、宁进军以适合情况解决问题，不使军队太疲劳为原则，早一点迟一点都可以。”“宁夏马军力争全部缴械，其次则争取大部缴械，一部改编。总之，改编的部队愈少愈好。”“请考虑利用马鸿宾，

---

〔1〕澧州，今湖南澧县。

〔2〕黄杰，当时任重新组建的国民党军华中军政长官公署第1兵团司令官。

〔3〕未世亥，即8月31日亥时。

派人向马鸿宾做些工作，争取大部和平缴械，一部改编的局面。宁夏人少地狭，马部军政党可能有二十万人，加上十九兵团十万人，粮食问题必甚严重，请预为筹备。”据此，第一野战军在解放兰州后，以第一、第二兵团进军青海，进行河西地区追击作战，求歼马步芳残部。以第十九兵团发起宁夏战役，攻歼退守宁夏的马鸿逵部。

9月3日　关于必须维持上海统筹全局问题，致电饶漱石：“陈云同志已回，九月二日在中央会议上作了报告。中央同意此次上海会议决定的总方针及许多具体办法。我们必须维持上海，统筹全局。不轻议迁移，不轻议裁员。着重整理税收，以增加收入。三个人的饭五个人匀吃。多余人员，设法安插到需要人的岗位上去。自愿和可能迁移的工厂、学校，必须精密筹划，到新地后能够维持下去，并有前途，否则不要迁移。对难民的迁移，亦须如此。着重节约那些本来可以减少的开支，但不要减少那些必不可少的开支。着重反对浪费，从这里可以得到一笔很大的钱。封锁在目前时期对于我们极为有利，无论从政治上或经济上看，都是有利的。已裁的二万七千人〔1〕，是一件大事，已引起很多人不满，应加以处理。其办法是立即加以调查，分别自己有办法生活和自己无法生活的两类。对于后一类人，应予收回，给以饭吃。现在无事做，也应给以饭吃，维持他们，使他们活下去，否则政治上对我们极为不利。就全局来说，全国养九百万至一千万人是完全有办法的。各级领导人多和党外各界人士接触，如像陈云此次找各界代表人物谈话，你找三个旧职员谈话那样，探听各界气候，将具体问题向他们请教及交换意见，而不是泛泛的交际性的接触。”

---

〔1〕 指南京、上海、杭州解放后所裁减的原国民党政府工作人员。

9月3日—11日 修改、审校《中国人民政治协商会议共同纲领》草案。在此期间，毛泽东对纲领草案作过多次修改，并写了若干条批语。三日，毛泽东看过纲领草案后，给胡乔木写的批语中说："题应是《共同纲领》"。后来，又在审稿时改写了三段话：（一）"国民党反动派的残余的地方政府及军事集团，如有愿意停止战争，承认错误，要求和平解决者，可以按照一九四九年四月十五日国内和平协定草案的大意，用和平方法解决之。"（二）"鼓励并欢迎国民党残余力量中的爱国分子及国民党残余力量统治区域的人民群众组织响应人民解放军，配合人民解放军作战，维护社会秩序及保护国家财产的工作。"（三）"各级人民代表大会闭会期间的各级政权机关为各级人民政府。国家最高政权机关为全国人民代表大会。全国人民代表大会闭会期间中央人民政府为行使国家政权的最高机关。"二十九日正式通过的《共同纲领》第二章"政权机关"第十二条中，采用了毛泽东改写的第三段话。

9月4日 为中共中央起草致各中央局、各分局、各野战军前委电，转发察哈尔省委关于召开各界代表会的报告，要求各地研究他们的经验，指出："经验证明，凡未注意召开各界代表会，仍然束缚于党内狭小圈子的，就走了弯路。""必须反对形式主义，每次会议要有充分准备，要有中心内容，要切切实实讨论工作中存在的为人民所关心的问题，要展开批评和自我批评，要当作一件大事去办，否则将损害党的政治威信。""无论是各界代表会议，或人民代表会，党员均不要太多，以能保证通过决议为原则。大体上，党员及可靠左翼分子，略为超过二分之一即够，以便吸收大批中间分子及少数不反动的右翼分子，争取他们向我们靠拢。""会议之前由党委（市委、县委等）召集代表中的党员开会一次，决定方针。"

同日 函告周恩来、聂荣臻："程潜九月二日抵汉，四日由汉动身来平，请即令铁道部注意沿途保护照料，不可疏忽。问准到平时刻，请周组织一批人去欢迎，并先备好住处。"周恩来当即提出具体安排计划送毛泽东阅后，即交聂荣臻办理。七日晚十时，程潜到达北平，毛泽东、朱德、周恩来、林伯渠、董必武、李济深、郭沫若等一百余人到车站迎接。八日，毛泽东在中南海会见和宴请程潜，朱德、刘少奇、周恩来等参加会见和宴会。

9月5日 致电在长沙的陈明仁："吾兄参加新政协已获筹委会通过。倘能命驾极表欢迎。"十日，陈明仁到达北平。北平市市长聂荣臻等到车站迎接。

9月7日 为中共中央起草复华中局并告各中央局、各分局、各野战军电："同意你们所提关于召开县的各界代表会议的各项意见。并将此电转发各局、各野研究照办。关于召开县的各界代表会问题，自西北局提议后，引起了我们的注意，认为有益无害。而不召开各界代表会，要等到农协在乡村中建立了基础，再召开人民代表会议，如一九四八年十二月二日中央复电（载在《政策汇编》）那样，则是很不利的。事实上，县的许多大政方针，例如剿匪，反霸，借粮，征粮，救济灾荒，修理堤坝，推动农民组织起来建立农协，减租减息问题，恢复和发展县范围内的工商业及文化教育问题，推行人民币及县的财政金融问题等，均以召开各界代表会议，经过讨论，取得代表们同意，然后传达推行，比较不开这种会，长期限于党内干部的讨论、传达和推行，要有利得多。县的各界代表会的成分，应包括党政军的代表，农民及工人的代表，革命知识分子及妇女的代表，工商业的代表，及若干开明绅士的代表。""至于区乡，则照你们意见召开区的及乡的农民代表会议，但应吸收革命知识分子参加。"

9月8日 为中共中央起草致前线各野战军负责人、全体指挥员战斗员、南方人民武装及各界人民电，祝贺各军事前线连续告捷。全文如下："我各路英勇的人民解放军奉命出师，向南方及西北各省大举进军以来，业已四个多月。除完成第一步计划，解放江苏、安徽、浙江各全省，江西的东北部及北部，湖北及陕西的大部，山西及豫北的残余敌占区，山东的青岛地区，共消灭数十万敌军，解放数千万人民以外，又复继续前进，解放甘肃及青海的大部，湖北的一部，湖南的中部、北部，江西全省，福建的大部，渤海的长山列岛，包括长沙、福州、兰州、西宁四个省城及赣州、常德、宜昌、天水诸重镇在内，消灭了大批敌军，解放了广大人民。在此期间，程潜将军及陈明仁将军率部起义，站在人民方面，给了国民党反动派以重大打击，有力地配合了人民解放军的进军。我广东、福建、广西、云南诸省的人民解放军在各该省的胜利发展，极大地威胁着国民党反动派的后方。我各路人民解放军军行所至，全体人民同胞及各界民主人士表示热烈欢迎，给予人民解放军以极大的帮助。其中，有甘肃的青海的回民同胞，和汉民同胞一样，表示热烈的欢迎和帮助人民解放军。我军全体指挥员战斗员长途远征，冒着酷热的气候，以无比的英勇和自我牺牲精神，为解放全国人民、统一全国领土的伟大的神圣的志愿所鼓舞，以短促的时间，完成了巨大的任务。中国共产党中央委员会特表示热烈的祝贺和深切的慰问。尚望你们继续努力，为完成新的军事政治任务，为消灭残余敌军，解放全国人民而奋斗。"

同日 为中共中央军委起草致叶剑英、方方、陈赓、邓华并告林彪、邓子恢电，指出："(一)你们业已聚会于赣州，极为欣慰。你们会议内容应照中央迭次电示及面告剑英者扼要做出决定。(二)方方等同志领导的华南分局及华南各地党委和人民武装有很大的成绩，新的华南分局及即将进入华南的人民解放军主力，应对此种成绩有足够而适当的估计，使两方面的同志团结融洽，互相学习，互相取长补短，以利争取伟大的胜利。（三）你们一面开会，一面即可命两兵团〔1〕开始向南进军，第一步进至韶关、翁源之线。准备在该线休息若干天，然后夺取广州。我们认为不应分兵去惠州，待夺取广州再占惠州为适宜。因为四野主力九月中旬即可向芷江、宝庆〔2〕、衡州之线前进。白崇禧必然不战而向广西撤退（他决不会在湖南境内和我决战，所布疑阵是为迟滞我军前进之目的）。我陈、邓两兵团应争取于十月下半月占领广州。陈兵团预计十一月进至梧州区域。四野主力则于同时进至柳州、桂林区域。十二月即可深入广西，寻找白部作战。刘、邓率二野主力，十一月可入贵州境内，十二月可入重庆。如此，则我各路军可以互相配合。”

同日 新华社发表毛泽东写的关于叶剑英、聂荣臻任职问题的新闻稿，全文如下：“北平市长兼北平军事管制委员会主任叶剑英将军奉命赴两广工作，担任中共华南分局第一书记（张云逸为第二书记，方方为第三书记）及广东军区司令员兼政治委员。为此，中国人民革命军事委员会任命了聂荣臻将军继任北平市长兼北平市军事管制委员会主任。”

9月9日 关于攻歼白崇禧部的部署问题，为中共中央军委起草致林彪、邓子恢电：“陈赓、邓华两兵团，第一步进占韶关、翁源地区，第二步直取广州，第三步邓兵团留粤，陈兵团入桂，包抄白崇禧后路。陈兵团不派任何部队入湖南境，即不派部去郴州、宜章等处。”“程子华兵团除留一个军于常德地区，另一个军

〔1〕 指第二野战军第4兵团（陈赓兵团）和第四野战军第15兵团（邓华兵团）。

〔2〕 宝庆，今湖南邵阳。

已到安化地区外，主力两个军，取道沅陵、芷江，直下柳州。”“另以三个军，经湘潭、湘乡攻歼宝庆之黄杰匪部，与程子华出芷江的两个军摆在相隔不远的一线上。”十三日起，在林彪、邓子恢指挥下，第四野战军和第二野战军第四兵团采取大迂回方针，分三路南进，并于十月六日至十六日在衡阳、宝庆地区歼灭白崇禧第七军、第四十八军等部四万七千余人，解放衡阳、宝庆、芷江、大庸等城，为尔后进军广西和第二野战军入川创造了有利条件。

9月10日 关于同新疆当局接洽和平谈判事，为中共中央起草复在新疆伊犁的邓力群并告彭德怀、张宗逊电，指出：“如伊犁当局将迪化当局所提问题向我方征求意见时，你可以表示：（一）新疆问题的解决方案各方均可以提出，但最后须取决于北平中共中央；（二）谈判地点在兰州，中共中央的负责代表为彭德怀将军；（三）如迪化当局愿派去代表去兰州谈判，我们表示欢迎。”并要求彭德怀、张宗逊电台于十二日开始同伊犁邓力群电台联系通报。本日晨八时，又为中央起草复邓力群电：为了快点同迪化当局接上头，你可以于日内进驻迪化，并迅即架设电台通报。邓力群随即从伊犁秘密前往迪化，同国民党新疆省主席兼保安司令包尔汉、国民党新疆警备总司令陶峙岳商谈新疆和平解放问题。

同日 约见张治中。谈话时毛泽东说：解放军将由兰州和青海分两路向新疆进军，希望你去电给新疆军政负责人叫他们起义为好。还说，我从新疆得到的情况，只要你去电，他们是一定照办的。张治中答道：我早有此意，不过我在五月间曾接陶峙岳、包尔汉来电问候我的情况以后，音讯就断绝了，现在我还不知道怎样同他们取得联系。毛泽东说：我们已经在伊犁建立电台，你的电报可以先拍到伊犁再转迪化，我可以告知在伊犁负责的邓力群。十日，张治中根据毛泽东的意见，致电陶峙岳、包尔汉，希望他们为革命大义，为新疆和平计，亟应及时表明态度，正式宣布同广州政府断绝关系，归向人民民主阵营。

同日 复电彭德怀，指出："集中注意力争取于十一月初、中旬由玉门向新疆进军。""由你们自己做准备的事项，请你抓紧进行，除帐篷、水壶、粮食外，你未提皮衣、皮帽、毡鞋，这些是很重要且须立即准备的，是否需要我们帮助你们办皮衣，要多少，请即告。""陶峙岳、赵锡光〔1〕等已准备与我们和平解决，新疆主席包尔汉已派人至伊犁附近接洽和平谈判，我们已令邓力群率电台日内进驻迪化，故新疆已不是战争问题，而是和平解决的问题，本日我们邀请张治中正式谈了，请他帮助解决新疆的问题，并在新疆方面担负工作任务（尚未提到具体职位），他表示愿意听候驱策，做什么事也可以。"我们认为，应设立西北军政委员会，统辖西北五省，以彭德怀为主任，习仲勋、赵寿山、张治中、邓宝珊四人为副主任，办公地点在兰州或西安；以张治中为新疆军政委员会主任，王震及少数民族的二人至三人为副主任（或须加上陶峙岳），以为新疆的过渡机关。

9月11日 托去湖南长沙探亲的朱仲丽〔2〕看望杨开慧的母亲及杨开智夫妇，并带去书信。信中说："托朱小姐来看你们。皮衣料一套，送给老太太。另衣料二套，送给开智夫妇。"

---

〔1〕 赵锡光，当时任国民党军新疆省警备总部副总司令兼整编第42师师长。

〔2〕 朱仲丽，湖南教育界人士朱剑凡的女儿。朱剑凡同杨开慧的父亲杨昌济曾一起留学日本，回国后创办周南女校，毛泽东曾寄宿于该校。

9月12日 为中共中央军委起草复叶剑英、陈赓电："八日电[1]悉。两兵团第一步集结并休息数日，第二步齐头进至曲江、翁源地区并休息数日，第三步协力夺取广州。除此以外均同意。"

同日 为中共中央军委起草复邓小平、张际春、李达并告林彪、邓子恢、谭政电："（一）同意二野在华中地区通过时的作战事宜统由四野首长指挥。（二）如果白崇禧占领贵州省城，无论二野、四野均暂时不要去打他。二野的两个兵团以主力一直进至重庆以西叙府[2]、泸州地区，然后向东打，占领重庆。以一个军留在乌江以北（以遵义为中心）。二野之陈赓兵团，在配合四野五个军完成广西作战以后，即进占云南，完成对贵阳之包围。然后，四野以一部由广西向北，二野以适当力量分由云南、黔北向东向南包围贵阳之敌而歼灭之。总之，我对白崇禧及西南各敌均取大迂回动作，插至敌后，先完成包围，然后再回打之方针。"

同日 为中共中央起草致邓力群并告彭德怀、张宗逊电，发去张治中十一日关于和平解决新疆问题给陶峙岳的电报，让他设法转交，并告如陶有复电速转来为要。

9月13日 致电王首道："湖南大学教授谭戒甫先生来函称，拟于交通全复时北上观光等语。此人是我过去认识的，教了几十年书，请派人调查其政治背景告我。并向他说明我的意见：

---

〔1〕 叶剑英、陈赓1949年9月8日致电中共中央军委，报告华南分局赣州会议制定的解放广东的作战计划，提出依照中央军委意图先消灭北江、东江之敌，进占曲江（现属韶关市）、惠阳，创造和平解决条件，争取和平解决。同时，准备对付坚守广州顽抗之敌。因第4兵团与第15兵团相隔过远，为求得同时展开，齐头并进，实行钳形合围，必须先行集结预定地区，9月底集结完毕。

〔2〕 叙府，今四川宜宾。

交通全复时可以来北平游历一次，仍然回湘在湖大任教，不作在北平久居的打算。如果他是这个意思，我是欢迎他来平看一看的。”同时，复电谭戒甫：“惠函诵悉，极慰平生，交通全复时，倘愿北来游览一次仍返湖大任教，甚表欢迎。”

同日 修改聂荣臻、薄一波给傅作义的复电，修改后的电文中说：“同意来电所提处理绥远问题的四项原则和三个步骤〔1〕，经过这些步骤，使绥远成为和全国一样的解放区，使绥远军队成为和全国一样的解放军。主席说，不论什么步骤和办法，只要能使绥远及其军队成为全国一样的解放区和解放军便都是好的，可以照办的。”

9月14日 关于原绥远国民党军政领导人出席政协会议的人员问题，起草薄一波致周北峰信：“毛主席说，绥远军政委员会贵方名单，除傅、邓、董、孙〔2〕四人外，还有些什么人，请电傅将军速即电告，以便在董其武通电发表后迅即发表”。本日，起草薄一波、聂荣臻致周北峰信：“关于傅、邓二先生出席政协会议事，本日毛主席说：如因工作关系，可以在九月二十日至二

〔1〕 指傅作义1949年9月11日致薄一波、聂荣臻电中提出的处理绥远问题的四项原则三个步骤。四项原则是：（一）坚决团结，耐心教育，使最大多数干部均可成全；（二）肃清特务，使不能散布反动宣传，发生破坏作用；（三）纪律不好的小单位，需妥慎安排，以免操之过急，流为地方土匪盗贼，影响治安及生产建设；（四）军队逐渐整编教育，最后转入工农业生产。三个步骤是：（一）董其武等通电发出后，即彻底成为解放区，解放军，与反动政权完全断绝关系并站在敌对立场；（二）董其武等通电发出后，立刻先恢复交通；（三）他们要求我保证他们，并要求由我负责教育整编，故于董其武等通电发出后，成立军政委员会，拟再以几个月时间进行思想教育，并调整人事，逐渐将干部中进步的与落后的分开。

〔2〕 傅、邓、董、孙，指傅作义、邓宝珊、董其武、孙兰峰。

十四日之间到达北平出席。如能在二十日到平则更好。在绥远军政人员表明态度后，董其武、孙兰峰可能被邀参加政协。北峰兄参加政协事，毛主席认为是可以的，当与董、孙一道向筹备会提出。等情特达，请转告宜生〔1〕、宝珊。”十九日，董其武等在绥远通电起义。经新政协筹备会协商通过，董其武、孙兰峰和周北峰作为特邀代表出席中国人民政治协商会议第一届全体会议。

9月15日　致电祝贺法国共产党中央政治局委员、《人道报》总编辑马赛·加香八十寿辰。

9月16日　新华社发表毛泽东写的社论《六评白皮书》。社论指出：“从一八四〇年的鸦片战争到一九一九年的五四运动的前夜，共计七十多年中，中国人没有什么思想武器可以抵御帝国主义。旧的顽固的封建主义的思想武器打了败仗了，抵不住，宣告破产了。”中国人被迫从帝国主义的老家即西方资产阶级革命时代的武器库中学来的东西，“也和封建主义的思想武器一样，软弱得很，又是抵不住，败下阵来，宣告破产了”。“一九一七年的俄国革命唤醒了中国人，中国人学得了一样新的东西，这就是马克思列宁主义。中国产生了共产党，这是开天辟地的大事变。孙中山也提倡‘以俄为师’，主张‘联俄联共’。总之是从此以后，中国改换了方向。”“马克思列宁主义来到中国之所以发生这样大的作用，是因为中国的社会条件有了这种需要，是因为同中国人民革命的实践发生了联系，是因为被中国人民所掌握了。任何思想，如果不和客观的实际的事物相联系，如果没有客观存在的需要，如果不为人民群众所掌握，即使是最好的东西，即使是马克思列宁主义，也是不起作用的。我们是反对历史唯心论的历史唯物论者。”社论对中国革命的发生和胜利的原因作了理论上

---

〔1〕 宜生，即傅作义，字宜生。

的说明。这篇社论编入《毛泽东选集》时，题为《唯心历史观的破产》。

9月17日 出席新政协筹备会第二次全体会议。会议批准周恩来代表新政协筹备会常委会所作的筹备工作报告；原则通过常委会提出的《中国人民政治协商会议组织法（草案）》、《中国人民政治协商会议共同纲领（草案）》、《中华人民共和国中央人民政府组织法（草案）》；同意将起草大会宣言和拟制中华人民共和国国旗、国歌、国徽两项工作移交给政协第一次全体会议并向大会主席团提出报告的提议；通过常委会提出的大会主席团及秘书长名单。会议决定，将新的政治协商会议正式定名为中国人民政治协商会议，简称中国人民政协。

9月19日 为中共中央起草复邓力群并告彭德怀、张宗逊、西北局电："新疆在人民解放军到达并获得和平解放以后，中央准备考虑成立新疆军政委员会，统辖军政财经各方面工作。除中共方面的人以外，拟请张治中、陶峙岳、包尔汉及伊犁方面的人参加，成为统一战线的领导机关，彭德怀以西北军政委员会主任兼新疆军政委员会主任。新疆省政府改组，包尔汉仍为主席，委员由中共方面及新疆各民族方面为主体，酌加张治中、陶峙岳方面的人。以上请你向包尔汉及迪化友人透露，并征求他们的意见。"

同日 为中共中央军委起草致彭德怀、张宗逊电，告知：顷接傅作义九月十七日电称，宁夏马鸿宾到包头，说八十一军军长系其子马惇靖，与马鸿逵部系属两事。无论如何方式，只要解放军不打，能使八十一军成为人民的军队，他均乐于接受，请先停止作战，以便商谈。中央军委请彭、张即考虑处置办法电告。同时，毛泽东起草薄一波复傅作义电："毛主席说：我们可以将马鸿宾部与马鸿逵部分别看待，但问题的解决必须在前线而不能在北平。全国各地都是如此，宁夏不能独异。无论马鸿宾或马敦静〔1〕如欲解决问题，应速派代表至兰州第一野战军司令部找彭德怀司令员接洽，或到固原十九兵团司令部找杨得志司令员接洽。如马鸿宾能亲去兰州或固原一趟，则更好。彭德怀将军已知马鸿宾为人是和马鸿逵有区别的，他正想找马鸿宾接洽。如马能亲自去，或派代表去，必被欢迎，不会有任何危险。请傅宜生速为转知，以免误事。又西北前线对宁夏进军的时间已很迫近，宁夏代表应速去固原或兰州，不要再迁延了。”本日，国民党军西北军政长官公署副长官马鸿宾及其子第八十一军军长马惇靖在人民解放军第十九兵团的进逼下，接受和平条件，率部在宁夏中卫县起义。

9月20日 和朱德致电原国民党军西北军政长官公署副长官兼绥远省政府主席董其武及其领导下的全体官兵、政府工作人员和各界同胞，欢迎董其武等在绥远通电起义，指出：“看了你们九月十九日的声明，你们的立场是正确的。自从傅作义将军领导北平和平解放后，人民表示欢迎，反动派表示反对。反动派还企图破坏绥远军民和平解放的努力，但是终归失败，你们已经率部起义，脱离反动派，站在人民方面了。希望你们团结一致，力求进步，改革旧制度，实行新政策，为建设人民的新绥远而奋斗。”

同日 函告薄一波，请他和聂荣臻在派往绥远促成起义的傅作义、邓宝珊到达北平时前往车站迎接。二十二日，傅作义、邓宝珊及孙兰峰到达北平。

同日 为中共中央起草复邓力群并告彭德怀、张宗逊电，指出：“蒋介石对新疆必然还要勾引，陶峙岳及其部下还可能观望一下，目前不要强陶立即派代表去兰州，因我军未入新疆，陶派

---

〔1〕 马敦静，马鸿逵的次子，当时任国民党军西北军政长官公署宁夏兵团司令官。

代表去也不能立即解决问题。我们已通知陶派代表，至于是否派及何时派则由陶自己决定，不要催他，事实上新疆局面以暂维现状等待我军入新时解决为宜。”

9月21日—30日 中国人民政治协商会议第一届全体会议在中南海怀仁堂举行。

9月21日 晚七时，出席中国人民政协全体会议开幕会，当选为大会主席团成员，并为大会执行主席之一。毛泽东致开幕词。他说：我们的会议代表着全中国所有的民主党派，人民团体，人民解放军，各地区，各民族和国外华侨。“我们的会议之所以称为政治协商会议，是因为三年以前我们曾和蒋介石国民党一道开过一次政治协商会议。那次会议的结果是被蒋介石国民党及其帮凶们破坏了，但是已在人民中留下了不可磨灭的印象。”“现在的中国人民政治协商会议是在完全新的基础之上召开的，它具有代表全国人民的性质，它获得全国人民的信任和拥护。因此，中国人民政治协商会议宣布自己执行全国人民代表大会的职权。中国人民政治协商会议在自己的议程中将要制定中国人民政治协商会议的组织法，制定中华人民共和国中央人民政府的组织法，制定中国人民政协协商会议的共同纲领，选举中国人民政治协商会议的全国委员会，选举中华人民共和国中央人民政府委员会，制定中华人民共和国的国旗和国徽，决定中华人民共和国国都的所在地以及采取和世界大多数国家一样的年号。”毛泽东庄严宣告：“我们的工作将写在人类的历史上，它将表明：占人类总数四分之一的中国人从此站立起来了。”“我们的民族将再也不是被人侮辱的民族了”。“随着经济建设的高潮的到来，不可避免地将要出现一个文化建设的高潮。中国人被人认为不文明的时代已经过去了，我们将以一个具有高度文化的民族出现于世界。”

同日 致信张治中：“前次先生致陶峙岳电，我在电尾加了几句话，要陶与中共联络员邓力群妥为接洽。邓力群（邓飞黄[1]之弟）已由伊宁于十五日至迪化与陶、包[2]见了面，谈得还好。关于周、黄[3]两军，自向甘、凉、肃退后，现至何地不明。已电彭德怀同志注意与该两军联络，不采歼灭方针而取改编方针，未知能如所期否？要紧的，除由迪化派代表去兰州谈判外，周、黄自己应迅速主动派代表去前线认真谈判，表示诚意。因我军已由兰州、青海分两路向张掖疾进；而周、黄自天水西撤后，沿途派人谈判均未表示诚意，一面谈，一面跑（大概是惧歼，图至河西集中保全），使我前线将领有些不耐烦。（兄给周嘉彬信已送达周部，但未知周本人看到否？）现在先生如有电给周，可由邓力群交陶峙岳转去。”

9月22日　出席中国人民政协全体会议。会议听取政协筹备工作经过报告、中国人民政治协商会议组织法起草经过的报告、中华人民共和国中央人民政府组织法起草经过的报告、中国人民政治协商会议共同纲领起草经过的报告。董必武在关于中央人民政府组织法的起草经过及其基本内容的报告中说：“国家的名称问题：本来过去许多人写文章或演讲都用中华人民民主共和国；黄炎培、张志让[4]两先生曾经写过一个节略，主张用中华人民民主国。在第四小组第二次全体会议讨论中，张奚若[5]先生以为用中华人民民主国，不如用中华人民共和国。我们现在采用了最后

〔1〕邓飞黄，曾任国民党中央执行委员、云南省党部主任委员。1949年8月参加湖南起义。

〔2〕包，指包尔汉。

〔3〕周、黄，指周嘉彬、黄祖勋，当时分别任国民党军第120军、第91军军长。周为张治中女婿。该两军之残部在人民解放军政治争取下，于1949年9月24日在甘肃酒泉起义。

〔4〕张志让，法学家。当时任复旦大学法律系主任、教授。

〔5〕张奚若，无党派民主人士、法学家。当时任清华大学教授。

这个名称”。

同日 晚上，出席中共中央为欢迎来访的意大利共产党中央委员、意大利参议员斯巴诺举行的宴会。

9月23日 复电彭德怀：“宁夏与绥远无关，你们应尽可能解决马鸿逵部，越彻底越好。酌量保存马鸿宾部，照我军制度改编。”

同日 阅包尔汉关于和平解放新疆的准备工作的来电，复电包尔汉：“新疆局面的转变及各族人民的团结，有赖于贵主席鼎力促成。尚望联络各方爱国民主分子，配合人民解放军入疆之行动，为解放全新疆而奋斗。”

同日 下午，出席中国人民政协全体会议。会议听取各党派、团体代表发言。

同日 晚上，中国共产党中央委员会毛泽东主席同中国人民解放军朱德总司令举行宴会，宴请程潜、张治中、傅作义、邓宝珊、黄绍竑、李书城、李明灏、刘斐、陈明仁、孙兰峰、李任仁、吴奇伟、高树勋、张轸、曾泽生、何基沣、刘善本、林遵、邓兆祥、左协中、廖运周、李明扬、张翮村、黄琪翔、周北峰、程星龄等二十六名国民党起义将领。应邀作陪的有李济深、陈铭枢、蔡廷锴、蒋光鼐、周恩来、陈毅、刘伯承、粟裕、黄克诚、聂荣臻、罗瑞卿、邢肇棠、周保中、赵寿山、张学思、杨拯民。席间，毛泽东几次举杯庆祝到会的原国民党军将领举行起义和响应人民和平运动的功绩。毛泽东说：由于国民党军中一部分爱国军人举行起义，不但加速了国民党残余军事力量的瓦解，而且使我们有了迅速增强的空军和海军。

同日 应沈雁冰的要求，为《人民文学》创刊号题词：“希望有更多好作品出世”。并复信说：“写了一句话，作为题词，未知可用否？封面宜由兄写，或请沫若兄写，不宜要我写。”

9月24日 出席中国人民政协全体会议。会议继续听取各党派、团体代表发言。会上，毛泽东接受新疆代表团团长赛福鼎献给的新疆维吾尔族服装，并走到主席台前穿上，同新疆代表们一一握手。随后又接受西北回族代表的献旗，旗上用回汉两种文字写着“中国人民的舵师”。

9月25日 出席中国人民政协全体会议。会议继续听取各党派、团体代表发言。会上，毛泽东接受北平市妇女和儿童代表献花。

同日 晚上，在中南海召集关于国旗、国徽、国歌、纪年、国都问题协商座谈会。出席座谈会的有周恩来、郭沫若、沈雁冰、黄炎培、陈嘉庚、张奚若、马叙伦、田汉、徐悲鸿、李立三、洪深、艾青、马寅初、梁思成、马思聪、吕骥、贺绿汀等。在讨论中，毛泽东说：过去我们脑子老想在国旗上画上中国特点，因此画上一条，以代表黄河，其实许多国家国旗也不一定有什么该国的特点。苏联之斧头镰刀，也不一定代表苏联特征。英、美之国旗也没有什么该国特点。我们这个五星红旗图案表现我们革命人民大团结。现在要大团结，将来也要大团结，因此现在也好将来也好，又是团结又是革命。这次座谈会上，除国徽一项决定继续由原小组设计外，其他各项均获一致意见。

9月26日 晨三时，函告周恩来：“尚未讲话而应讲话或想讲话的人们，如林遵、邓兆祥、刘善本、章伯钧、张元济、周善培、李书城、柳亚子、张学思、杨拯民、罗隆基、李锡九、李烛尘……等人（名单应加斟酌），本日上午或下午必须逐一通知他们写好讲稿，否则明天即来不及讲了。请注意及时组织此事。”

同日 关于解决新疆问题，复电彭德怀并告西北局：“你们应确切地于十一月一日或十月以前准备完毕（皮衣、皮帽、毡鞋、水壶、汽车、汽油、粮食、现洋、钞票等等及最重要的政治动员和干部准备），以便在十一月上旬或中旬实行进军。”“解决新疆问题的关键是我党和维族的紧密合作。”

9月27日 出席中国人民政协全体会议。大会讨论和通过《中国人民政治协商会议组织法》、《中华人民共和国中央人民政府组织法》。讨论和通过关于中华人民共和国国都、纪年、国歌、国旗四个议案：（一）中华人民共和国国都定于北平，自即日起改名为北京；（二）中华人民共和国的纪年采用公元，本年为一九四九年；（三）在中华人民共和国的国歌未正式制定前，以《义勇军进行曲》为国歌；（四）中华人民共和国的国旗为五星红旗，象征中国人民的大团结。

9月28日 和朱德复电陶峙岳、包尔汉，欢迎他们率领新疆军政人员于九月二十五日、二十六日先后通电起义，指出："你们声明脱离广州反动残余政府，归向人民民主阵营，接受人民政治协商会议的领导，听候中央人民政府及人民革命军事委员会的命令处置，此种态度符合全国人民的愿望，我们极为欣慰。希望你们团结军政人员，维持民族团结和地方秩序，并和现正准备出关的人民解放军合作，废除旧制度，实行新制度，为建立新新疆而奋斗。"

9月29日 出席中国人民政协全体会议。大会一致通过：《中国人民政治协商会议共同纲领》；中央人民政府副主席和全体委员的名额；关于选举中国人民政协全国委员会和中央人民政府委员会的规定；主席团常务委员会关于代表提案的审查报告及报告中提出的由即将成立的中央人民政府致电联合国大会，声明中华人民共和国业已成立，中国人民政协所选举之中央人民政府为唯一能代表中国人民的政府，否认国民党政府所派出席联合国会议所有代表的代表资格等议案。

同日 为《新华月报》创刊号题词："爱祖国，爱人民，爱劳动，爱护公共财产为全体国民的公德。"

9月30日 出席中国人民政治协商会议第一届全体会议闭幕会。会议选举中国人民政协第一届全国委员会委员，选举中华人民共和国中央人民政府主席、副主席及全体委员。毛泽东当选为中国人民政协全国委员会委员、中央人民政府主席。大会通过由毛泽东起草的《中国人民政治协商会议宣言》。宣言指出："中国人民政治协商会议第一届全体会议业已胜利地完成了自己的任务。""中国的历史，从此开辟了一个新的时代。""中华人民共和国现已宣告成立，中国人民业已有了自己的中央政府。这个政府将遵照共同纲领在全中国境内实施人民民主专政。它将指挥人民解放军将革命战争进行到底，消灭残余敌军，解放全国领土，完成统一中国的伟大事业。它将领导全国人民克服一切困难，进行大规模的经济建设和文化建设，扫除旧中国所留下来的贫困和愚昧，逐步地改善人民的物质生活和提高人民的文化生活。它将保卫人民的利益，镇压一切反革命分子的阴谋活动。它将加强人民的陆海空军，巩固国防，保卫领土主权完整，反对任何帝国主义国家的侵略。它将联合一切爱好和平自由的国家、民族和人民，首先是联合苏联和各新民主国家，以为自己的盟友，共同反对帝国主义者挑拨战争的阴谋，争取世界的持久和平。"大会还通过《给全国人民解放军的致敬电》、竖立"为国牺牲的人民英雄纪念碑"的决定和由毛泽东起草的纪念碑碑文。下午六时，出席政协会议的全体代表在天安门广场举行人民英雄纪念碑奠基典礼。周恩来代表主席团致词。毛泽东宣读纪念碑碑文："三年以来，在人民解放战争和人民革命中牺牲的人民英雄们永垂不朽！三十年以来，在人民解放战争和人民革命中牺牲的人民英雄们永垂不朽！由此上溯到一千八百四十年，从那时起，为了反对内外敌人，争取民族独立和人民自由幸福，在历次斗争中牺牲的人民英雄们永垂不朽！"毛泽东和出席会议的各单位首席代表执锹铲土，为纪念碑奠基，表示对先烈的崇敬。